"十三五"国家重点图书出版规划项目

中国现代化报告 2017

——健康现代化研究

何传启　主编

中国现代化战略研究课题组　编
中国科学院中国现代化研究中心

图书在版编目(CIP)数据

中国现代化报告.2017:健康现代化研究/何传启主编.—北京:北京大学出版社,2017.8
ISBN 978-7-301-28495-7

Ⅰ.①中… Ⅱ.①何… Ⅲ.①现代化建设—研究报告—中国—2017 Ⅳ.①D61

中国版本图书馆 CIP 数据核字(2017)第 143703 号

书　　　名	中国现代化报告 2017——健康现代化研究 ZHONGGUO XIANDAIHUA BAOGAO 2017
著作责任者	何传启　主编
责任编辑	黄　炜
标准书号	ISBN 978-7-301-28495-7
出版发行	北京大学出版社
地　　　址	北京市海淀区成府路 205 号　100871
网　　　址	http://www.pup.cn
电子信箱	zpup@pup.cn
新浪微博	@北京大学出版社
电　　　话	邮购部 62752015　发行部 62750672　编辑部 62752021
印　刷　者	北京大学印刷厂
经　销　者	新华书店
	850 毫米×1168 毫米　16 开本　26.75 印张　729 千字 2017 年 8 月第 1 版　2017 年 8 月第 1 次印刷
定　　　价	108.00 元

未经许可,不得以任何方式复制或抄袭本书之部分或全部内容。
版权所有,侵权必究
举报电话:010-62752024　电子信箱:fd@pup.pku.edu.cn
图书如有印装质量问题,请与出版部联系,电话:010-62756370

内 容 提 要

健康是人的基本权利,是人生的首要财富。健康长寿是人类发展的一个核心目标,是世界人民的一个共同愿望,是国家发达的一个重要标志。健康现代化是健康领域的现代化,是国家现代化的一个组成部分,是18世纪工业革命以来人类健康发展的世界前沿,以及追赶、达到和保持世界前沿水平的行为和过程。本《报告》主要从健康消费和健康需求的角度,定量和系统地分析世界健康现代化的基本规律和中国健康现代化的理性选择。

《报告》内容主要包括五个方面。其一,世界健康现代化的客观事实和发展趋势;其二,健康现代化的评价模型和定量评价;其三,健康现代化的国际案例和基本原理;其四,中国健康现代化的发展趋势和战略选择;其五,2014年世界现代化评价。《报告》提出了健康现代化的100个核心指标和中国健康现代化的路线图。

2014年中国健康现代化指数排世界131个国家的第59位。《报告》建议中国健康现代化建设,可以借鉴中国高铁的发展经验,可采用"系统升级、四轮驱动"的发展战略,简称"健康高铁"战略,重点实施"中国健康高铁工程",实现从工业时代分立的医疗卫生体系向信息时代的整合型分工合作制国民健康体系的转型升级,实现健康生活、健康服务、健康环境和健康治理的现代化,建成一个人人享有健康服务、家家拥有健康保险、健康生活和健康服务达到世界先进水平、健康环境和健康质量达到发达国家水平的健康长寿社会。

2017中国现代化报告稿收阅。总体秉承一贯坚持的系统科学研究思路和方法,将中国健康现代化置于时代发展和全球大环境中进行研究,其系统性都达到了新的水平,给人以启迪。唯关于心理健康拟应适当增补,在工业社会和知识网络社会心理和精神健康问题面临新挑战,中国有2亿农民工和留守儿童、老人等特殊问题。

——路甬祥(2017.5.16)

本报告的主题是健康。毫无疑问,健康现代化的研究意义非同一般,因为它不仅是人类社会现代化的重要组成部分,也是人类追求现代化的目的之一;它不仅事关国家发展战略,也与每一个公民的自身利益相联。对报告择要择重阅读了部分篇章,已读过的部分,无原则不同意见。4月25日会议上提到的几个问题,目前版本似已都有改进和回应。

——郭传杰(2017.5.10)

中国现代化战略研究课题组

顾　问

　　周光召　院　士　中国科学院
　　路甬祥　院　士　中国科学院
　　徐冠华　院　士　国家科学技术部
　　白春礼　院　士　中国科学院
　　许智宏　院　士　北京大学
　　陈佳洱　院　士　国家自然科学基金委员会
　　李主其　教　授　国家自然科学基金委员会
　　郭传杰　研究员　中国科学院、国际欧亚科学院院士
　　方　新　研究员　中国科学院、发展中国家科学院院士

组　长

　　何传启　研究员　中国科学院中国现代化研究中心、国际欧亚科学院院士

成　员（按姓氏笔画为序）

　　于维栋　研究员　中共中央办公厅调研室
　　马　诚　研究员　中国科学院生物科学与技术学部
　　方竹兰　教　授　中国人民大学经济学院
　　叶　青　副　研　中国科学院中国现代化研究中心
　　刘　雷　副　研　中国科学院中国现代化研究中心
　　刘细文　研究员　中国科学院文献情报中心
　　刘洪海　编　审　国际欧亚科学院中国科学中心
　　朱文瑜　助　研　中国科学院中国现代化研究中心
　　朱庆芳　研究员　中国社会科学院社会学研究所
　　汤锡芳　编　审　国家自然科学基金委员会
　　吴述尧　研究员　国家自然科学基金委员会
　　张　凤　研究员　中国科学院科技战略咨询研究院
　　李　力　助　研　中国科学院中国现代化研究中心
　　李　宁　副教授　美国东华盛顿大学
　　李　扬　助　研　中国科学院中国现代化研究中心
　　李存富　高　编　中国科学报社
　　李泊溪　研究员　国务院发展研究中心
　　杜占元　研究员　国家教育部
　　杨重光　研究员　中国社会科学院城市与环境研究中心
　　邹力行　研究员　国家开发银行研究院

陈　丹	研究员	中国科学院文献情报中心
陈永申	研究员	国家国有资产管理局
武夷山	研究员	国家科技部中国科技发展战略研究院
胡志坚	研究员	国家科技部中国科技发展战略研究院
赵西君	副　研	中国科学院中国现代化研究中心
赵学文	研究员	国家自然科学基金委员会
程　萍	教　授	国家行政学院
董正华	教　授	北京大学世界现代化进程研究中心
谢文蕙	教　授	清华大学经济管理学院
裘元伦	研究员	中国社会科学院欧洲研究所
靳　京	助　研	中国科学院中国现代化研究中心

前　言

今天是邓小平同志提出"三步走"发展战略30周年的日子。1987年4月30日,邓小平同志系统提出"三步走"战略。第一步,从1980年到1990年,人均国民生产总值翻一番,解决温饱问题。第二步,从1990年到2000年,人均国民生产总值再翻一番,达到小康水平。第三步,从2000年到2050年左右,达到当时世界中等发达国家水平,基本实现现代化。

根据过去30多年中国现代化指数的年均增长率计算,中国有可能在2020年左右完成第一次现代化,基本完成工业化和城市化进程,全面建成小康社会。根据现代化科学的基本原理和世界经验,完成第一次现代化的国家将先后进入第二次现代化,目前约有30个国家已经进入第二次现代化。可以预计,在2020年以后,中国也将进入第二次现代化的发展阶段。

如果说第一次现代化是"以经济建设为中心"的经典现代化,它以工业经济和工业社会为导向,那么,第二次现代化则是"以生活质量为中心"的新型现代化,它以知识经济和知识社会为导向。由此可见,"三步走"战略的前40年(1980~2020年)是"以经济建设为中心"的经典现代化,后30年(2020~2050年)将是"以生活质量为中心"的新型现代化。

健康不仅是人的基本权利,而且是生活质量的生理基础。没有健康现代化,就没有人的现代化,也没有生活质量的现代化。所以,《中国现代化报告2017——健康现代化研究》(以下简称本《报告》)选择"健康现代化"作为研究主题。

2016年10月中共中央和国务院正式发布了《"健康中国2030"规划纲要》,给中国健康现代化提供了政策指引。本《报告》着重从健康需求和定量分析角度,分析世界健康现代化的发展趋势和国际经验,探讨21世纪中国健康现代化的理性选择。我们认为,中国健康现代化可以采用"健康高铁"战略,按照"系统升级、四轮驱动"的设想,实施"中国健康高铁工程",实现从工业时代的医疗卫生体系向信息时代的国民健康体系的转型升级,实现健康生活、健康服务、健康环境和健康治理的现代化,建设具有世界先进水平的健康服务强国和健康长寿社会。

现代化不仅是我们的国家目标,而且是世界交叉科学的一个前沿课题。2001年既是新世纪的纪元,也是中国"第三步战略"的起点。2001年开始出版的《中国现代化报告》(简称《报告》)是一份年度系列报告,《报告》每年主题各不相同。2000年以来,《报告》研究先后得到国家自然科学基金、国家科技部和中国科学院的资助,得到课题组顾问们的关怀和指导,受到许多著名学者的充分肯定,受到部分知名媒体的持续关注,特此感谢!

《报告》研究得到中国科学前辈们的关怀和支持。中国科学院前院长周光召院士题词:为可持续发展的现代化奋斗。中国科学院前院长路甬祥院士题词:研究现代化规律,创新现代化理论,促进现代化建设。中国科学院院长白春礼院士为《报告》作序。中国工程院前院长宋健院士亲笔指导:你们近几年出版的《现代化报告》,非常好,对各界极有参考价值,很有思想性。国家科技部前部长徐冠华院士为《报告》作序:系统和科学地研究现代化,全面揭示现代化的客观规律,是中国科学家的一个历史责任。北京大学前校长、国家自然科学基金委员会前主任陈佳洱院士为《报告》作序:中国现代化研究既是关系国家目标和国家长远发展的重大基础研究,又是跨学科、跨领域和跨部门的综合研究,值得社会各界给予关注和支持。

美国杜克大学社会学荣誉教授图亚江(E. Tiryakian)说:《报告》覆盖的领域很广,而且毫无疑问,它代表了这些领域的世界先进水平。联合国教科文组织国际社会学理事会理事长、意大利米兰大学马蒂内利教授(A. Martinelli)说:《报告》采用自然科学与社会科学相结合的研究方法,这种方法是促进现代化研究的有效方法。德国学者认为《现代化科学》英文版是"一个原创性贡献"。第二次现代化理论在俄罗斯等国得到应用。俄罗斯科学院通讯院士拉宾教授(N. Lapin)发现,2010年俄罗斯有19个地区已进入第二次现代化,有64个地区处于第一次现代化。

2001年以来,新华社、中国新闻社、《人民日报》《光明日报》《科技日报》和《中国科学报》等280多家中国媒体对《报告》进行报道或评论;美国、英国、德国、韩国和澳大利亚等国家的媒体进行了多次报道。2008年香港《中国评论通讯社》说:《中国现代化报告》的影响力很大,对政府长远政策的制定、对社会精英的思考模式、对社会舆论的理论引导、对民意的启发,都具有无法低估的作用。2011年元月《科学时报》头版报道:现代化科学是民族复兴基础。《中国现代化报告》两次入选国家重点图书出版规划,三次获得中国大学出版社协会图书出版奖。

迄今为止,《报告》已经走过了16年历程。《报告》前15年的主题分别是:现代化科学、现代化理论、现代化与评价、知识经济与现代化、世界现代化、国际现代化、地区现代化、城市现代化、经济现代化、社会现代化、文化现代化、生态现代化、农业现代化、工业现代化和服务业现代化,分别涉及现代化原理、分层次现代化、分领域现代化和分部门现代化研究等。

本《报告》与前15本《报告》一样,下篇的世界现代化评价中注意了如下几个方面:(1)有限目标;(2)评价方法的科学性;(3)评价指标的合理性;(4)评价数据的权威性和一致性;(5)评价结果的相对性和客观性。影响现代化的因素很多,评价结果更多反映一种发展趋势。

本《报告》研究得到中国科学院发展规划局和中国科学院中国现代化研究中心理事会的大力支持。中国科学院文献情报中心和中国未来研究会现代化研究分会给予了许多的帮助。中国科学院中国现代化研究中心的全体同仁齐心协力,相互配合。北京大学出版社在很短时间内完成了《报告》的编辑出版工作。特此,向有关领导、单位、学者及工作人员表示诚挚的谢意!

本《报告》是集体合作的成果。课题组对《报告》进行了多次讨论和修改。

各部分执笔人分别是:前言和综述:何传启;第一章:刘雷;第二章第一节和第四节:李力;第二章第二节:李扬;第二章第三节:刘雷;第三章前三节:赵西君;第三章第四节:何传启;第四章:叶青;第五章:何传启和张凤;附录一:叶青;附录二和附录三:张凤。

本《报告》包含450多张图表和数据,在处理过程中难免出现遗漏和错误;有些统计指标有多个版本,有些观点只是一家之言。敬请读者不吝赐教,我们将虚心学习和不断改进。

本《报告》突出了健康现代化的定量分析,但关于健康科技的定性分析有所不足。不同健康部门具有不同特点,它们的现代化需要专题研究。这些是课题组今后的研究课题。

何传启

国际欧亚科学院院士

中国现代化战略研究课题组组长

中国科学院中国现代化研究中心主任

2017年4月30日

目 录

综述 促进全民的健康长寿 ·· i

上篇 健康现代化研究

第一章 世界健康现代化的基本事实 ··· 4
第一节 健康现代化的研究方法 ·· 4
一、健康现代化的基本概念 ·· 5
二、健康现代化的研究方法 ·· 8
三、健康现代化的系统分析法 ··· 9
第二节 健康现代化的时序分析 ·· 15
一、世界健康生活的时序分析 ··· 16
二、世界健康服务的时序分析 ··· 31
三、世界健康环境的时序分析 ··· 43
四、世界健康治理的时序分析 ··· 49
第三节 健康现代化的截面分析 ·· 57
一、世界健康生活的截面分析 ··· 57
二、世界健康服务的截面分析 ··· 63
三、世界健康环境的截面分析 ··· 68
四、世界健康治理的截面分析 ··· 71
第四节 健康现代化的过程分析 ·· 74
一、世界健康现代化的历史进程 ·· 74
二、世界健康现代化的客观现实 ·· 79
三、世界健康现代化的前景分析 ·· 81
本章小结 ·· 87

第二章 健康现代化的专题研究 ·· 93
第一节 健康现代化的制度分析 ·· 93
一、国民健康体系 ··· 93
二、健康保险制度 ··· 94

三、国家健康战略 ·· 100
第二节　健康现代化的国家案例研究 ·· 101
　　一、美国的健康现代化 ··· 102
　　二、英国的健康现代化 ··· 107
　　三、德国的健康现代化 ··· 109
第三节　健康现代化的基本原理 ·· 111
　　一、健康现代化的内涵 ··· 112
　　二、健康现代化的过程 ··· 113
　　三、健康现代化的结果 ··· 114
　　四、健康现代化的动力 ··· 114
　　五、健康现代化的模式 ··· 116
第四节　健康现代化的指标体系 ·· 116
　　一、健康指标国际比较 ··· 116
　　二、健康战略规划指标 ··· 117
　　三、健康现代化的100个核心指标 ·· 118
本章小结 ·· 119

第三章　中国健康现代化的理性分析 ·· 121
第一节　中国健康现代化的时序分析 ·· 121
　　一、中国健康生活的时序分析 ·· 122
　　二、中国健康服务的时序分析 ·· 128
　　三、中国健康环境的时序分析 ·· 135
　　四、中国健康治理的时序分析 ·· 138
第二节　中国健康现代化的截面分析 ·· 141
　　一、中国健康生活的截面分析 ·· 142
　　二、中国健康服务的截面分析 ·· 144
　　三、中国健康环境的截面分析 ·· 146
　　四、中国健康治理的截面分析 ·· 147
第三节　中国健康现代化的过程分析 ·· 148
　　一、中国健康现代化的历史进程 ·· 149
　　二、中国健康现代化的客观现实 ·· 154
　　三、中国健康现代化的前景分析 ·· 161
第四节　中国健康现代化的战略分析 ·· 165
　　一、中国健康现代化的目标分析 ·· 165
　　二、中国健康现代化的路线图 ·· 169
　　三、中国健康现代化的"健康高铁"战略 ··· 173
本章小结 ·· 197

下篇　世界和中国现代化评价

第四章　健康现代化二十年 ... 210
第一节　健康现代化评价方法 ... 210
一、健康现代化的相关评价 ... 210
二、健康现代化指数的评价模型 ... 212
第二节　世界健康现代化二十年 ... 215
一、2014年世界健康现代化指数 ... 215
二、1990~2014年世界健康现代化进程 ... 218
第三节　中国健康现代化二十年 ... 221
一、2014年中国健康现代化水平 ... 221
二、1990~2014年中国健康现代化进程 ... 222
本章小结 ... 223

第五章　2014年世界和中国现代化指数 ... 225
第一节　2014年世界现代化指数 ... 225
一、2014年世界现代化的总体水平 ... 226
二、2014年世界现代化的国际差距 ... 232
三、2014年世界现代化的国际追赶 ... 234
第二节　2014年中国现代化指数 ... 236
一、2014年中国现代化的总体水平 ... 236
二、2014年中国现代化的国际差距 ... 239
三、2014年中国现代化的国际追赶 ... 241
第三节　2014年中国地区现代化指数 ... 243
一、2014年中国地区现代化的总体水平 ... 243
二、2014年中国地区现代化的国际差距 ... 248
三、2014年中国地区现代化的国际追赶 ... 249
本章小结 ... 250

技术注释 ... 252
参考文献 ... 261
数据资料来源 ... 268

附　录

附录一　健康现代化的数据集 ... 271
附录二　世界现代化水平评价的数据集 ... 312

附录三　中国地区现代化水平评价的数据集 ·· 357

"中国现代化报告系列"详目 ·· 379
"第二次现代化丛书"详目 ··· 380

图 表 目 录

图 A　分工合作制国民健康体系的系统结构（5＋3 钻石模型） ·································· ii
图 B　中国健康现代化的"健康高铁"战略 ·· xv
图 C　"中国健康高铁工程"的系统结构（一期工程） ··· xxi

图一　健康现代化的路线图 ·· 3

图 1-1　健康现代化犹如一场健康发展的国际马拉松 ··· 4
图 1-2　健康现代化的研究对象 ·· 4
图 1-3　健康内涵和外延的操作性界定 ·· 5
图 1-4　健康现代化的研究对象（示意图） ·· 6
图 1-5　现代化现象的过程分析 ·· 9
图 1-6　现代化过程的结果分析 ·· 9
图 1-7　健康现代化的一种分析框架 ·· 15
图 1-8　开放变量示意图 ·· 16
图 1-9　极值变量示意图 ·· 16
图 1-10　2000～2014 年典型国家乳腺癌筛查比例 ··· 18
图 1-11　2000～2014 年典型国家老龄人自我感觉健康良好的比例 ··························· 18
图 1-12　1970～2015 年育龄妇女（15—49 周岁）避孕率 ·· 19
图 1-13　2000～2012 年女性成人吸烟率 ·· 19
图 1-14　1960～2014 年成人（15 岁以上）人均酒精消费量 ·· 20
图 1-15　1984～2015 年专业人员接生比例 ·· 21
图 1-16　1961～2013 年人均食物供应量 ·· 22
图 1-17　1961～2013 年人均蛋白质供应量 ·· 23
图 1-18　1961～2013 年人均脂肪供应量 ·· 23
图 1-19　1750～2014 年出生时平均预期寿命 ·· 25
图 1-20　1750～2015 年婴儿死亡率 ·· 25
图 1-21　2002～2013 年出生时预期健康寿命 ·· 26

图 1-22	1960～2013 年潜在的寿命损失	27
图 1-23	1960～2014 年总和生育率	27
图 1-24	1960～2014 年少女(15—19 岁)生育率	28
图 1-25	1990～2015 年新生儿死亡率	28
图 1-26	1960～2015 年 5 岁以下儿童死亡率	28
图 1-27	1990～2014 年结核发病率	29
图 1-28	2000～2013 年成人(15 岁以上)自我感觉健康中等的比例	30
图 1-29	1960～2013 年 12 岁儿童龋齿平均数目	30
图 1-30	1995～2013 年成人乳腺癌五年存活率	33
图 1-31	1970～2014 年平均住院天数	33
图 1-32	1960～2014 年门诊咨询率	33
图 1-33	1960～2014 年医生年均门诊次数	33
图 1-34	2000～2013 年急性心肌梗死住院 30 天内死亡率(45 岁以上)	34
图 1-35	2000～2013 年出血性卒中住院 30 天内死亡率	34
图 1-36	1980～2014 年儿童 DPT 免疫接种率	35
图 1-37	1990～2014 年结核患病率	36
图 1-38	1970～2014 年传染病和寄生虫病住院时间	36
图 1-39	1990～2014 年 HIV 患病率(15—49 岁)	36
图 1-40	1995～2014 年私人健康保险的人口覆盖率	38
图 1-41	1960～2014 年公共和私人健康保险的人口覆盖率	38
图 1-42	1960～2014 年政府/社会健康保险的人口覆盖率	38
图 1-43	1960～2013 年医生比例	39
图 1-44	1990～2013 年护士和助产士比例	40
图 1-45	1990～2014 年医护人员收入	40
图 1-46	1960～2014 年床位比例	42
图 1-47	1990～2015 年清洁饮水普及率	44
图 1-48	1990～2015 年卫生设施普及率	44
图 1-49	1990～2013 年 PM 2.5 年均浓度	45
图 1-50	1990～2013 年 PM 2.5 浓度超标暴露人口比例	45
图 1-51	1750～2014 年 65 岁以上人口比例	46
图 1-52	1870～2014 年成人识字率	46
图 1-53	1960～2014 年抚养比率	47
图 1-54	1820～2014 年出生率	47
图 1-55	1820～2014 年死亡率	47
图 1-56	1820～2014 年失业率	48
图 1-57	1962～2014 年人均国民收入	48
图 1-58	2000～2014 年外来医生比例	49
图 1-59	2000～2014 年外来护士比例	49

图 1-60	1995~2014 年人均健康支出	51
图 1-61	1995~2014 年人均寿命成本	51
图 1-62	1995~2014 年公共健康支出占政府支出比例	51
图 1-63	1995~2014 年健康支出占 GDP 比例	52
图 1-64	2000~2013 年出生率的公民登记覆盖率	53
图 1-65	2000~2013 年死亡率的公民登记覆盖率	53
图 1-66	1980~2014 年 CT 扫描仪比例	55
图 1-67	1982~2014 年核磁共振仪比例	55
图 1-68	1980~2014 年人均药物销售	55
图 1-69	1980~2014 年放射治疗仪比例	55
图 1-70	1970~2010 年健康产业增加值占 GDP 比例	55
图 1-71	1970~2010 年健康产业劳动力比例	56
图 1-72	1970~2010 年健康产业劳动生产率	56
图 1-73	世界健康现代化的过程分析	74
图 1-74	世界现代化和人类文明的主要阶段	76
图 1-75	2000~2014 年世界健康现代化的国际体系的结构(根据健康现代化指数分组)	79
图 2-1	分工合作制国民健康体系的功能结构(3+5 双环模型)	93
图 2-2	2014 年美国 65 岁以下人口健康保险覆盖率	105
图 2-3	健康现代化过程的创新驱动模型	115
图 2-4	健康风险—健康状况—健康响应指标框架	118
图 3-1	21 世纪中国健康现代化的路径选择——综合健康现代化的运河路径	122
图 3-2	2011 年中国健康科技经费的国际比较	140
图 3-3	2013 年中国健康产业的国际比较	141
图 3-4	中国健康现代化的过程分析	149
图 3-5	中国健康现代化的路线图——运河路径	171
图 3-6	中国健康现代化路线图的"健康高铁"战略	174
图 3-7	"健康高铁"战略的基本任务和主要措施	176
图 3-8	人的健康状况和健康需求	177
图 3-9	分工合作制国民健康体系的系统结构(5+3 车轮模型)	178
图 3-10	公益型全民健康保险体系的经费支出结构和保险计划人口覆盖率	181
图 3-11	健康创新体系的系统结构	193
图 3-12	"中国健康高铁工程"的系统结构(一期工程)	197
图二	现代化评价的结构	209
图 4-1	健康现代化水平评价内容	213

图 4-2　1990～2014 年中国健康现代化指数 ·· 222

图 5-1　2014 年世界现代化进程的坐标图 ·· 225
图 5-2　2014 年世界现代化的定位图（基于现代化阶段和第二次现代化水平）········ 228
图 5-3　2014 年中国第一次现代化的特点 ·· 237
图 5-4　2014 年中国第二次现代化的特点 ·· 237
图 5-5　2014 年中国综合现代化的特点 ··· 238
图 5-6　1950～2014 年中国现代化指数的增长 ······································ 241
图 5-7　1970～2014 年中国现代化水平的提高 ······································ 241
图 5-8　2014 年中国地区现代化进程的坐标图 ······································ 243
图 5-9　2014 年中国现代化的地区定位图（第二次现代化水平的定位）············· 245
图 5-10　2014 年中国地区第一次现代化指数 ·· 246
图 5-11　2014 年中国地区第二次现代化指数 ·· 246
图 5-12　2014 年中国地区综合现代化指数 ··· 247

图 a　第一次现代化阶段评价的信号指标变化 ·· 255

表 A　发达国家健康指标的发展趋势 ··· i
表 B　六个国家的健康保险结构和健康回报指数 ···································· viii
表 C　中国健康指标的发展趋势 ··· x

表 1-1　健康现代化的研究范围与研究单元的研究矩阵 ······························ 5
表 1-2　健康现代化研究的研究内容分类 ·· 6
表 1-3　健康现代化研究的结构矩阵 ·· 7
表 1-4　健康现代化与分领域和分层现代化的交叉 ··································· 7
表 1-5　健康现代化研究的主要类型 ·· 8
表 1-6　现代化研究的系统分析方法 ··· 10
表 1-7　文明时间与历史时间的对照表 ·· 10
表 1-8　人类历史上的文明范式及其代表性特征 ····································· 11
表 1-9　人类历史上的健康范式及其代表性特征 ····································· 11
表 1-10　健康现代化的时序分析的国家样本（2015 年）···························· 12
表 1-11　2014 年截面分析的国家分组 ·· 13
表 1-12　健康现代化研究的分析变量的主要类型 ···································· 14
表 1-13　健康现代化的分析指标和分析变量 ··· 14
表 1-14　健康变量的特点和分类 ··· 16
表 1-15　1700～2015 年健康生活的变迁 ··· 16
表 1-16　1970 年以来健康观念的变化趋势（举例）································· 17
表 1-17　1970 年以来健康行为的变化趋势（举例）································· 19

表 1-18	2010 年典型国家缺乏体育锻炼比例	20
表 1-19	1984~2015 年孕妇产前检查比例的世界前沿和国际差距	21
表 1-20	1984~2015 年专业人员接生比例的世界前沿和国际差距	21
表 1-21	1970 年以来健康营养的变化趋势（举例）	22
表 1-22	2010~2014 年典型国家成人超重比例	22
表 1-23	1961~2013 年人均食物供应量的世界前沿和国际差距	24
表 1-24	1995~2011 年育龄妇女贫血发生率的世界前沿和国际差距	24
表 1-25	1970 年以来健康状况的变化趋势（举例）	24
表 1-26	2000~2012 年全球三大类死因的国际比较	26
表 1-27	1750~2014 年出生时平均预期寿命的世界前沿和国际差距	30
表 1-28	1750~2014 年婴儿死亡率的世界前沿和国际差距	30
表 1-29	健康生活分析指标分类统计	31
表 1-30	1700~2015 年健康服务的变迁	31
表 1-31	1970 年以来健康医护的变化趋势（举例）	32
表 1-32	1995~2013 年成人乳腺癌五年存活率的世界前沿和国别差异	35
表 1-33	1970 年以来公共健康的变化趋势（举例）	35
表 1-34	1980~2014 年儿童 DPT 免疫接种率的世界前沿和国别差异	37
表 1-35	1990~2014 年结核患病率的世界前沿和国别差异	37
表 1-36	1960 年以来健康保险的变化趋势（举例）	37
表 1-37	2000~2014 年典型国家健康保险覆盖率	38
表 1-38	1960~2014 年公共和私人健康保险覆盖率的世界前沿和国别差异	39
表 1-39	1970 年以来健康人力资源的变化趋势（举例）	39
表 1-40	2014 年典型国家健康人力资源概况	41
表 1-41	1960~2013 年医生比例的世界前沿和国别差异	41
表 1-42	1990~2013 年护士和助产士比例的世界前沿和国别差异	42
表 1-43	1970 年以来健康基础设施的变化趋势（举例）	42
表 1-44	健康服务分析指标分类统计	43
表 1-45	1700~2015 年健康环境的变迁	43
表 1-46	1990 年以来健康生态环境变化趋势（举例）	43
表 1-47	1990~2013 年清洁饮水普及率的世界前沿和国别差异	45
表 1-48	18 世纪以来健康社会环境的变化趋势（举例）	46
表 1-49	健康环境分析指标分类统计	49
表 1-50	1700~2015 年健康治理的变迁	50
表 1-51	1970 年以来健康监管的变化趋势（举例）	50
表 1-52	2014 年典型国家健康支出概况	52
表 1-53	2011 年典型国家医药产业科研经费占 GDP 比例	54
表 1-54	1970 年以来健康用品的变化趋势（举例）	54
表 1-55	健康治理分析指标分类统计	56

表 1-56	健康变量的截面特征及其与时序特征的关系	57
表 1-57	2014 年健康生活 53 个变量与国家经济水平的特征关系	58
表 1-58	2014 年健康生活变量与国家经济水平的特征关系的分类	59
表 1-59	2014 年截面健康生活变量的世界前沿和国际差距（9 组国家特征值之间的比较）	60
表 1-60	2014 年健康生活变量的截面特征与时序特征的关系	61
表 1-61	2000 年截面健康生活变量与国家经济水平的特征关系的分类	61
表 1-62	2000 年健康生活变量的截面特征与时序特征的关系	61
表 1-63	1980 年截面健康生活变量与国家经济水平的特征关系的分类	62
表 1-64	1980 年健康生活变量的截面特征与时序特征的关系	62
表 1-65	1900 年截面健康生活变量与国家经济水平的特征关系的分类	62
表 1-66	健康生活变量与国家经济水平的关系分类	62
表 1-67	2014 年健康服务 60 个定量指标与国家经济水平的特征关系	63
表 1-68	2014 年截面健康服务变量与国家经济水平的特征关系的分类	65
表 1-69	2014 年截面健康服务变量的世界前沿和国际差距（9 组国家特征值之间的比较）	65
表 1-70	2014 年健康服务变量的截面特征与时序特征的关系	66
表 1-71	2000 年截面健康服务变量与国家经济水平的特征关系的分类	66
表 1-72	2000 年健康服务变量的截面特征与时序特征的关系	67
表 1-73	1980 年截面健康服务变量与国家经济水平的特征关系的分类	67
表 1-74	1980 年健康服务变量的截面特征与时序特征的关系	67
表 1-75	健康服务变量与国家经济水平的关系分类	68
表 1-76	2014 年健康环境 14 个定量指标与国家经济水平的特征关系	68
表 1-77	2014 年健康环境指标与国家经济水平的特征关系的分类	68
表 1-78	2014 年截面健康环境指标的世界前沿和国际差距（9 组国家特征值之间的比较）	69
表 1-79	2014 年健康环境指标的截面特征与时序特征的关系	69
表 1-80	2000 年截面健康环境指标与国家经济水平的特征关系的分类	69
表 1-81	2000 年健康环境指标的截面特征与时序特征的关系	70
表 1-82	1980 年截面健康环境指标与国家经济水平的特征关系的分类	70
表 1-83	1980 年健康环境指标的截面特征与时序特征的关系	70
表 1-84	1900 年截面健康环境变量与国家经济水平的特征关系的分类	70
表 1-85	健康环境指标与国家经济水平的关系分类	71
表 1-86	2014 年健康治理 24 个定量指标与国家经济水平的特征关系	71
表 1-87	2014 年健康治理指标与国家经济水平的特征关系的分类	72
表 1-88	2014 年截面健康治理指标的世界前沿和国际差距（9 组国家特征值之间的比较）	72
表 1-89	2014 年健康治理指标的截面特征与时序特征的关系	73
表 1-90	2000 年截面健康治理指标与国家经济水平的特征关系的分类	73
表 1-91	2000 年健康治理指标的截面特征与时序特征的关系	73
表 1-92	健康治理指标与国家经济水平的关系分类	74
表 1-93	世界现代化的两大阶段和六次浪潮	76

表 1-94	世界健康现代化的两大阶段	76
表 1-95	20 世纪以来健康指标的变化趋势	77
表 1-96	20 世纪以来健康指标与国家经济水平的相关性	77
表 1-97	1760～1970 年世界整体健康现代化的结果分析（举例说明）	78
表 1-98	1970～2014 年世界整体健康现代化的结果分析（举例说明）	78
表 1-99	2000～2014 年世界健康现代化的整体水平和速度分析	80
表 1-100	2000～2014 年世界健康现代化的国际体系	80
表 1-101	2000～2014 年世界和 15 个国家健康现代化的速度	81
表 1-102	21 世纪世界健康现代化的情景分析	81
表 1-103	健康生活指标的世界前沿水平的情景分析	82
表 1-104	健康生活指标的世界平均水平的情景分析	83
表 1-105	健康服务指标的世界前沿水平的情景分析	83
表 1-106	健康服务指标的世界平均水平的情景分析	84
表 1-107	健康环境指标的世界前沿水平的情景分析	85
表 1-108	健康环境指标的世界平均水平的情景分析	85
表 1-109	健康治理指标的世界前沿水平的情景分析	86
表 1-110	健康治理指标的世界平均水平的情景分析	87
表 1-111	健康现代化的现实与预测	87

表 2-1	健康保险分类	95
表 2-2	OECD 国家的健康保险体系（基于健康保险人口覆盖率的国家分组）	95
表 2-3	典型国家主要医护服务项目健康保险覆盖深度比较（费用报销比例）	98
表 2-4	28 个 OECD 国家的健康回报指数	99
表 2-5	2014 年七国健康相关指标与中国对比	102
表 2-6	美国健康支出和预期寿命（1960～2014）	103
表 2-7	1980～2013 年美国医院体系（按所有权分类）	103
表 2-8	美国健康保险体系概览	104
表 2-9	英国健康国民体系的构成	107
表 2-10	英国健康支出和预期寿命（1960～2014）	107
表 2-11	德国健康支出和预期寿命（1960～2014）	110
表 2-12	健康现代化理论的结构	111
表 2-13	广义健康现代化的一般理论	112
表 2-14	健康现代化的两个判据和三个标准	113
表 2-15	健康现代化过程的动力模型	115
表 2-16	健康现代化 100 个核心指标	119

表 3-1	1820～2014 年出生时平均预期寿命的国际比较	121
表 3-2	1980～2014 年中国健康指标的变化趋势	122

表 3-3	1980~2014 年中国健康行为的变化	123
表 3-4	2000~2012 年中国女性成人吸烟率的国际比较	123
表 3-5	2010 年或近年中国健康行为的国际比较	124
表 3-6	1980~2013 年中国健康营养的变化	124
表 3-7	1995~2011 年中国育龄妇女贫血发生率的国际比较	125
表 3-8	2014 年或近年中国健康营养的国际比较	126
表 3-9	1980~2014 年中国健康状况的变化	126
表 3-10	2002~2015 年出生时预期健康寿命的国际比较	127
表 3-11	2014 年或近年中国健康状况的国际比较	128
表 3-12	1990~2014 年中国健康医护的变化	129
表 3-13	2015 年健康医护的结构	129
表 3-14	1990~2014 年中国出院率的国际比较	130
表 3-15	2014 年或近年中国健康医护的国际比较	130
表 3-16	1983~2014 年中国公共健康的变化	130
表 3-17	1980~2014 年中国儿童 DPT 免疫接种率的国际比较	131
表 3-18	2014 年或近年中国公共健康的国际比较	131
表 3-19	2010~2015 年中国健康保险的变化	132
表 3-20	1990~2013 年中国健康人力资源的变化	132
表 3-21	1960~2013 年中国医生比例的国际比较	133
表 3-22	2014 年或近年中国健康人力资源的国际比较	133
表 3-23	1965~2014 年中国健康基础设施的变化	134
表 3-24	1960~2014 年中国床位比例的国际比较	134
表 3-25	2014 年或近年中国健康基础设施的国际比较	135
表 3-26	1990~2015 年中国健康生态环境的变化	135
表 3-27	1990~2015 年中国 PM 2.5 平均浓度的国际比较	136
表 3-28	2015 年中国健康生态环境的国际比较	136
表 3-29	1960~2014 年中国健康社会环境的变化	137
表 3-30	1960~2014 年中国 65 岁以上人口比例的国际比较	137
表 3-31	2014 年中国健康社会环境的国际比较	138
表 3-32	1995~2014 年中国健康监管的变化	139
表 3-33	1995~2014 年中国人均健康支出的国际比较	139
表 3-34	2014 年中国健康监管的国际比较	140
表 3-35	2010~2014 年中国健康产业的变化	141
表 3-36	1980、2000 和 2014 年截面中国健康指标的水平分布	142
表 3-37	2014 年截面中国健康生活指标的相对水平	142
表 3-38	2014 年中国健康生活指标的国际比较	142
表 3-39	2000 年截面中国健康生活指标的相对水平	143
表 3-40	1980 年截面中国健康生活指标的相对水平	144

表号	标题	页码
表 3-41	2014 年截面中国健康服务指标的相对水平	144
表 3-42	2014 年截面中国健康服务指标的国际比较	145
表 3-43	2000 年截面中国健康服务指标的相对水平	145
表 3-44	1980 年截面中国健康服务指标的相对水平	146
表 3-45	2014 年截面中国健康环境指标的相对水平	146
表 3-46	2014 年截面中国健康环境指标的国际比较	146
表 3-47	2000 年截面中国健康环境指标的相对水平	147
表 3-48	1980 年截面中国健康环境指标的相对水平	147
表 3-49	2014 年截面中国健康治理指标的相对水平	147
表 3-50	2014 年截面中国健康治理指标的国际比较	148
表 3-51	2000 年截面中国健康治理指标的相对水平	148
表 3-52	中国社会现代化的阶段	149
表 3-53	中国健康现代化的发展阶段	150
表 3-54	健康相关政策文件的分类	151
表 3-55	1980~2014 年中国健康指标的国际差距(举例)	153
表 3-56	2014 年中国健康四大方面的现代化水平	154
表 3-57	2014 年中国健康指标的现代化水平	155
表 3-58	2014 年中国健康指标的世界排名和国际差距(举例)	155
表 3-59	2014 年或近年中国健康生活指标的国际差距	155
表 3-60	2014 年或近年中国健康服务指标的国际差距	156
表 3-61	2014 年或近年中国健康环境定量指标的国际差距	156
表 3-62	2014 年中国健康治理指标的国际差距	157
表 3-63	2014 年或近年中国健康生活指标的国际比较	157
表 3-64	2014 年中国健康服务指标的国际比较	158
表 3-65	2014 年或近年中国健康环境指标的国际比较	159
表 3-66	2014 年或近年中国健康治理指标的国际比较	160
表 3-67	2014 年中国健康发展水平的年代差	161
表 3-68	中国健康生活指标的情景分析	162
表 3-69	中国健康服务指标的情景分析	162
表 3-70	中国健康环境指标的情景分析	163
表 3-71	中国健康治理指标的情景分析	163
表 3-72	中国健康现代化指数的国际比较	165
表 3-73	中国健康现代化指数的世界排名的情景分析	166
表 3-74	《"健康中国 2030"规划纲要》的主要目标	166
表 3-75	中国健康现代化指标的国际比较和预测	167
表 3-76	2050 年中国健康现代化指标的预测分析	168
表 3-77	中国健康现代化路线图的战略目标	169
表 3-78	中国健康现代化的动态监测	171

表 3-79	医疗卫生体系和国民健康体系的比较	174
表 3-80	"健康高铁"的三种用法	175
表 3-81	"健康高铁"战略的原则和理念	175
表 3-82	"健康高铁"战略的"四轮驱动"	177
表 3-83	人的健康需求和健康供给	177
表 3-84	建立分工合作制国民健康体系	179
表 3-85	健康生活体系的行为主体和系统分工	179
表 3-86	健康医护体系的行为主体和系统分工	180
表 3-87	公益型全民健康保险体系的系统设想	182
表 3-88	健康用品体系的行为主体和系统分工	183
表 3-89	健康治理体系的行为主体和系统分工	183
表 3-90	《"健康中国 2030"规划纲要》关于健康生活的要求	184
表 3-91	健康生活行动议程的行动框架	184
表 3-92	《"健康中国 2030"规划纲要》关于健康服务的要求	187
表 3-93	健康医护优质工程的行动框架	188
表 3-94	《"健康中国 2030"规划纲要》关于健康环境的要求	190
表 3-95	《"健康中国 2030"规划纲要》关于健康治理的要求	191
表 3-96	健康能力提升工程的行动框架	192
表 3-97	"健康高铁"的基础设施建设(举例)	195
表 3-98	"健康高铁"的主干线路(举例)	196
表 4-1	WHO对会员国1997年健康系统成就和绩效的评价结构	210
表 4-2	健康系统绩效评价的维度和指标	211
表 4-3	健康指标概念框架国际标准	212
表 4-4	健康现代化指数的评价指标	214
表 4-5	健康现代化水平评价指标的标准值	215
表 4-6	2014年健康现代化指数	215
表 4-7	2014年世界健康现代化的前沿	216
表 4-8	2014年世界健康现代化水平的国家差距	217
表 4-9	世界健康现代化的国家地位的转移概率(马尔可夫链分析)	217
表 4-10	1990～2014年世界健康现代化指数的国际差距	218
表 4-11	2000～2014年健康现代化的世界地位发生升降的国家	219
表 4-12	2000～2014年世界健康现代化水平的结构	219
表 4-13	1990～2014年中国健康现代化指数	221
表 4-14	2014年中国健康现代化水平的国际差距	221
表 4-15	1990～2014年中国健康现代化进程	222
表 4-16	1990～2014年中国健康现代化评价指标的表现	223

表 5-1	世界现代化指数的组成	226
表 5-2	2000~2014 年的世界现代化进程	226
表 5-3	2000~2014 年根据第二次现代化水平的国家分组	227
表 5-4	2014 年国家现代化的水平与阶段的关系	227
表 5-5	20 个发达国家的现代化指数	228
表 5-6	26 个中等发达国家的现代化指数	229
表 5-7	34 个初等发达国家的现代化指数	230
表 5-8	51 个欠发达国家的现代化指数	231
表 5-9	2014 年处于第二次现代化发展期的国家	233
表 5-10	2014 年世界现代化的前沿国家	233
表 5-11	2014 年世界现代化的后进国家	233
表 5-12	世界现代化水平的国际差距	234
表 5-13	2000~2014 年世界现代化的国际地位发生变化的国家	234
表 5-14	1960~2014 年世界现代化的国际地位发生变化的国家	235
表 5-15	世界现代化的国家地位的转移概率（马尔科夫链分析）	235
表 5-16	1950~2014 年中国现代化指数	236
表 5-17	1970~2017 年中国第二次现代化指数	238
表 5-18	1980~2014 年中国综合现代化指数	238
表 5-19	2014 年中国现代化指数的国际比较	239
表 5-20	2014 年中国第一次现代化评价指标的差距	239
表 5-21	2014 年中国第二次现代化评价指标的国际比较	239
表 5-22	2014 年中国综合现代化评价指标的国际比较	240
表 5-23	21 世纪中国第二次现代化指数的世界排名的估算	242
表 5-24	21 世纪中国现代化水平的推算	242
表 5-25	2014 年中国地区现代化指数	244
表 5-26	1990~2014 年的中国现代化进程	245
表 5-27	2014 年中国不同区域的现代化水平的比较	247
表 5-28	2014 年中国内地地区现代化的前沿水平和国际比较	248
表 5-29	1990~2014 年中国内地地区现代化的地区差距	248
表 5-30	1990~2014 年中国内地地区现代化的国际差距	249
表 5-31	2000~2014 年中国内地地区第二次现代化指数的地区分组变化	249
表 5-32	2000~2014 年中国内地地区综合现代化指数的分组变化	250

表 a	《中国现代化报告 2003》的国家分组	253
表 b	第一次现代化的评价指标和评价标准(1960 年工业化国家指标平均值)	254
表 c	第一次现代化信号指标的划分标准和赋值	255
表 d	第二次现代化评价指标	256
表 e	第二次现代化信号指标的标准和赋值	258
表 f	综合现代化评价指标	259

综述　促进全民的健康长寿

根据世界卫生组织（WHO）的定义，健康不仅是没有疾病和虚弱，而且是身体的、精神的、道德的和社会适应的良好状态。健康是人的基本权利，是人生的首要财富。健康长寿，既是人类发展的一个核心目标，也是国家发达的一个重要标志，更是健康现代化的最高目标。健康现代化是健康领域的现代化，是18世纪以来人类健康发展的世界前沿，以及追赶、达到和保持世界前沿水平的行为和过程。

人既是现代化的行为主体，也是现代化的受益者。没有健康现代化，就没有人的现代化，就没有国家现代化。本《报告》着重从定量分析角度，分析世界健康现代化的发展趋势和国际经验（表A），探讨21世纪中国健康现代化的理性选择。

表 A　发达国家健康指标的发展趋势

指标	1990	2000	2010	2015	2020	2030	2040	2050
健康生活								
出生时平均预期寿命/岁	75.4	77.6	79.9	80.6	81.9	84.2	86.5	88.9
出生时预期健康寿命/岁	66.9	69.1	71.4	72.1	73.1	75.2	77.4	79.6
婴儿死亡率/(‰)	10.2	6.6	5.3	4.6	4.1	3.2	2.5	2.0
5岁以下儿童死亡率/(‰)	12.2	7.9	6.2	5.5	4.9	3.8	3.0	2.4
孕产妇死亡率/(例/10万活产)	7.1	6.3	5.3	5.1	4.7	4.0	3.5	3.0
健康服务								
医生比例/(‰)	2.1	2.7	2.9	3.4	3.7	4.3	5.0	5.9
护士和助产士比例/(‰)	7.2	9.4	10.8	11.3	12.1	14.0	16.2	18.6
床位比例/(‰)	7.1	7.0	5.6	4.8	4.5	4.1	3.7	3.3
平均住院天数/天	12.3	9.4	7.8	7.4	6.7	5.6	4.7	4.0
健康保险覆盖率/(%)	96.1	99.0	99.1	99.5	99.6	100.0	100.0	100.0
健康环境								
清洁饮水普及率/(%)	98.8	98.8	99.4	99.5	99.8	100.0	100.0	100.0
卫生设施普及率/(%)	98.8	98.6	99.2	99.4	99.7	100.0	100.0	100.0
PM2.5年均浓度/(微克/立方米)	17.2	15.4	16.2	16.3	16.6	17.2	17.8	18.4
交通事故受伤比例/(例/万人)	45.2	44.0	33.1	31.7	27.5	21.8	17.2	13.6
65岁及以上人口比例/(%)	12.3	13.8	15.5	17.2	18.6	21.5	24.9	28.9

(续表)

指标	1990	2000	2010	2015	2020	2030	2040	2050
健康治理								
人均健康支出/美元	2321*	2540	4770	5251	7169	12 043	20 231	33 987
健康支出占GDP比例/(%)	9.2*	9.9	12.1	12.3	13.1	14.4	15.9	17.6
公共健康支出占健康支出比例/(%)	—	71.5	75.2	74.3	75.3	77.3	79.3	81.4
健康产业增加值比例/(%)	6.3	6.3	7.7	7.8	8.4	9.7	11.3	13.0
健康产业劳动力比例/(%)	8.9	10.6	12.5	12.9	13.7	15.1	16.7	18.5

注：1990～2015年数值为高收入国家或21个OECD高收入国家平均值，其中，2015年数据为2013～2015年期间的数值。* 为1995年数据。2020～2050年数值是按2000～2015年期间年均增长率计算的估算值，部分指标数值有调整。健康产业指国际标准产业分类4.0版中的"健康和社会工作"部分。

数据来源：World Bank，2017；OECD，2017.

健康现代化研究大致有三个视角：健康治理角度、健康服务供给角度、健康服务消费角度。本《报告》主要从健康消费和社会需求角度研究健康现代化。健康现代化是一个复杂的历史过程，既包括健康体系（图A）、健康生活、健康服务、健康环境和健康治理的现代化，也包括健康行为、健康结构、健康制度和健康观念的现代化。本《报告》重点研究健康生活、健康服务、健康环境和健康治理的发展趋势，其中，健康服务包括健康医护和健康保险服务，健康治理涉及健康监管、健康科技、健康用品和健康产业等。

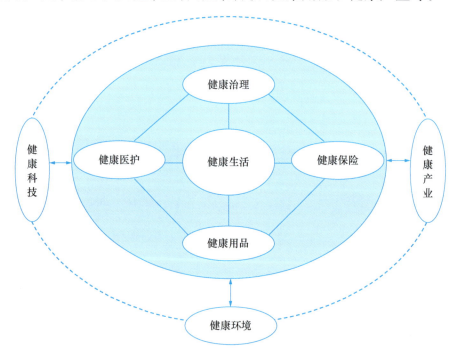

图A 分工合作制国民健康体系的系统结构（5+3钻石模型）

注：国民健康体系包括五个子系统和三个影响因子。详见后文解释。
资料来源：何传启，2016.

本《报告》健康数据主要来自世界银行的《世界发展指标》、联合国统计署、世界卫生组织和经济合作与发展组织(OECD)的数据库等。不同数据库的数据有所不同;同一数据库有时会进行调整,有不同数据版本。不同国家健康数据的质量有较大差别,会影响国际比较。根据面板数据的分析结果,主要反映其发展趋势。

一、世界健康现代化的发展趋势

我们选择健康生活等四个方面的150多个健康指标,进行时间序列分析、截面分析和过程分析,分析的时间跨度为400年(1700~2100年),分析空间范围为131个国家,覆盖世界97%人口,试图发现和归纳世界健康现代化的事实和特征。

20世纪以来,世界健康发展有规律可循。在100多个健康指标中,上升变量约占52%,下降变量约占15%,转折变量约占14%;开放变量约占11%,极值变量(有极限值的变量)约占89%;大约43%的健康指标与国家经济水平正相关,30%的指标与国家经济水平负相关。健康发展的国别差异、指标差异和时代差异非常明显。

1. 世界健康生活的发展趋势

健康生活是有利于全面健康的日常生活,涉及健康观念、健康行为和健康状况等方面,涵盖人的全生命周期和患者医护过程以外的全部健康相关因素。

首先,健康观念。18世纪以来,人类的健康观念不断变化。随着科技水平和生活水平的提高,人们对健康的认识不断发展,对健康的定义不断深化,同时存在很大的国别差异。目前,发达国家注重健康的整体性,强调综合身体、精神、道德和社会适应等多个维度的健康,倡导健康生活和全民健康;发展中国家对健康的理解,许多时候停留于生理健康的层面,重视临床治疗,传统医学仍然发挥作用。未来,随着科技发展和社会进步,人们对健康的认识会更加全面,更加深刻。

其次,健康行为。19世纪以来,成人吸烟率先上升后下降。1960年以来,人均酒精消费量先上升后下降。1970年以来,育龄妇女避孕率先上升后下降。1984年以来,孕妇产前检查的比例和接受专业人员接生比例上升。1990年以来,非法药物使用比例上升。非法药物使用比例,英国由1990年的8.2%上升为2014年的11.1%;德国由2.3%(2000年)上升为3.1%;法国由1.5%(2000年)上升为2.2%。

其三,健康营养。1961年以来,发达国家人均食物供应量、人均脂肪供应量、人均蛋白质供应量先上升后波动,人均食物需求有极限。在1990~2013年期间,22个发达国家人均食物供应量的平均值在3300千卡/天附近波动,2013年世界平均值为2870千卡/天,人均食物供应量的国际差距逐步变小。20世纪90年代以来,营养不良人口比例下降,育龄妇女贫血发生率下降,新生儿低体重比例下降,但国别差异较大。1969~2014年期间,5岁以下儿童超重比例上升,但国别差异明显。

其四,健康状况。18世纪以来,出生时平均预期寿命延长,但有短期波动。2014年世界平均预期寿命为72岁,高收入国家平均为81岁。2000年以来,多数国家出生时预期健康寿命延长。

- 18世纪以来,婴儿死亡率下降;2015年,婴儿死亡率世界平均为31.7‰,高收入国家平均为4.6‰。1990年以来,新生儿死亡率呈现下降趋势。1960年以来,5岁以下儿童死亡率和孕产妇死亡率都呈现下降趋势。
- 1990年以来,结核病发病率先上升后下降。1981年以来,部分国家艾滋病发病率先上升后下降。2000年以来,恶性肿瘤发病率呈现上升趋势,但存在国别差异。
- 2000年以来,多数国家三大类死因比重的变化为:慢性、非传染性疾病致死的比重上升,传染性疾病致死的比重下降。

21世纪,出生时平均预期寿命和出生时预期健康寿命会继续延长,到2050年,世界平均预期寿命有可能达到82岁,世界平均预期健康寿命达到73岁;婴儿死亡率和5岁以下儿童死亡率会进一步降低,到2050年,世界平均婴儿死亡率有可能降至约10‰,5岁以下儿童死亡率降至约12‰。

2. 世界健康服务的发展趋势

首先,健康医护服务。涉及可及性、服务效率和效果、质量和安全等方面。

- 20世纪以来,发达国家医护服务的可及性普遍提高,但国别差异非常明显。2013年,成人因费用放弃治疗的比例,美国为27.7%,德国为7.9%,英国为2.2%,加拿大为5.4%。
- 1960年以来,OECD国家国民年均门诊次数呈上升趋势,但国别差异明显;2014年,日本为人均12.8次,德国9.9次,俄罗斯10.2次,墨西哥2.6次。同期,牙医门诊咨询率呈上升趋势;2014年,日本人均为3.2次,德国1.5次,墨西哥0.1次。
- 1995~2014年期间,CT(计算机断层扫描)检查率和核磁共振检查率都呈上升趋势;2014年,美国的CT检查率和核磁共振检查率分别为254.7次/千人、109.5次/千人,澳大利亚分别为115.5次/千人、35.3次/千人,加拿大分别为148.5次/千人、54.9次/千人。
- 1970年以来,OECD国家国民人均出院率(住院率)呈上升趋势,但国别差异明显。2014年,英国的出院率为13 252例/10万人,德国为25 602例/10万人,日本为12 106例/10万人。
- 1960~2014年期间,医生年均门诊次数(门、急诊总次数/医生总数),不同国家的变化趋势有所差异;2010年,加拿大为3723人次、墨西哥为1457人次,美国为1660人次;主要国家大致在2000~3000人次之间,医生日均门诊次数在5.4~8.2人次。
- 1970年以来,患者平均住院天数下降;2014年,美国患者平均住院天数约为6天,英国为7天,德国为9天,法国为10天,墨西哥为3.6天。2000年以来,住院一天占全部患者的比例上升;2013年,英国为55.8%,法国为39%,加拿大为25.6%。
- 1995年以来,OECD国家成人乳腺癌五年存活率上升,许多发达国家成人乳腺癌五年存活率保持在80%以上;2013年,美国约为88.9%,英国为81.1%,德国为85.8%。
- 2000年以来,OECD国家医疗质量和安全性提高。急性心肌梗死住院30天内死亡率和出血性卒中住院30天内死亡率都下降,但存在国别差异。成人手术后伤口开裂率和成人手术后感染率下降,而成人出院后手术异物遗留率呈波动态势。
- 在患者满意度方面,存在很大国别差异。2013年,美国患者对门诊时间的满意率为82.2%,英国为88.7%,德国为87%,加拿大为80.2%;美国患者对门诊解释的满意率为86.3%,英国为89.5%,德国为90.7%,加拿大为85.4%。

其次,公共健康服务。1980年以来,儿童(12~23个月)百白破疫苗(DPT)免疫接种率和麻疹接种率上升。2000年以来,成人流感免疫接种率上升,但国别差异较大。

1990~2014年期间,结核患病率下降,治愈率上升,但国别差异大。2014年,结核病患病率的世界平均值为174例/10万人,高收入国家为26例/10万人,中等收入国家为193例/10万人,低收入国家为330例/10万人。

1990~2014年期间,艾滋病患病率先上升后下降,抗逆转录病毒疗法的覆盖率上升,但国别差异比较大。

其三,健康保险服务。1960~2014年期间,世界大多数国家健康保险的覆盖率都在上升。OECD统计数据表明:私人健康保险覆盖率、公共(政府/社会)健康保险覆盖率、公共和私人健康保险覆盖率均呈上升趋势。

其四,健康人力资源。下面简介健康医护人员和社会工作人员的变化。

- 1960~2014年期间,医生比例上升,但存在国别差异;2011年,世界平均为1.54‰,高收入国家为3.10‰,中等收入国家为1.24‰,低收入国家为0.07‰。
- 1980~2014年期间,全科医生比例上升,但是国别差异较大;2014年,美国为0.31‰,英国为0.8‰,法国为1.55‰,墨西哥为0.79‰。
- 1990~2013年期间,护士和助产士比例上升,但国别差异较大;2010年世界平均为3.3‰,高收入国家为8.6‰,中等收入国家为2.2‰,日本为10.9‰,德国为11.4‰,美国为9.8‰。
- 1980年以来,世界多数国家健康和社会工作人员占总人口比例呈上升趋势;2014年,美国为61.4‰,英国为63.5‰,德国为61.4‰,日本为57.7‰,意大利为29.7‰,墨西哥为12.6‰。

其五,健康基础设施。1980年以来,OECD国家的医院密度和公立医院密度先上升后下降;2014年,美国的医院密度和公立医院密度分别为17.97所/百万人、4.55所/百万人,日本分别为66.72所/百万人、12.25所/百万人,加拿大分别为20.54所/百万人、20.31所/百万人。

1960~2014年期间,发达国家床位比例(每千人病床数)先上升后下降;2014年,美国为2.9‰,英国为2.7‰,德国为8.2‰。

21世纪医护服务和公共健康服务的可及性和服务质量会进一步提高,健康保险服务的覆盖率提高,医生比例和护士比例会提高,但病床比例可能下降。

3. 世界健康环境的发展趋势

首先,健康生态环境。1990年以来,清洁饮水普及率和卫生设施普及率都呈上升趋势。1990~2015年期间,许多国家PM 2.5年均浓度和PM 2.5浓度超标暴露人口比例先上升后下降。2015年,世界平均PM 2.5年均浓度为42.3微克/立方米,高收入国家为16微克/立方米,中等收入国家为49微克/立方米,低收入国家为34微克/立方米;世界平均PM 2.5浓度超标暴露人口比例为92%,高收入国家为62%,中等收入国家为97%,低收入国家为99%。

其次,健康社会环境。19世纪以来,出生率和死亡率均呈先上升后下降的趋势,65

岁及以上人口比例上升,成人识字率上升,人均国民收入呈现上升趋势等。1985年以来,世界贫困人口比例下降。

其三,健康国际合作。2000年以来,发达国家外来医生比例和外来护士比例上升,国际健康服务的互动增强,但仍然存在国别差异。

21世纪健康环境将不断改善。2050年,世界平均清洁饮水普及率预期接近100%,卫生设施普及率预期达到约90%,65岁及以上人口比例增加,国际合作加强。

4. 世界健康治理的发展趋势

首先,健康监管。1995年以来,人均健康支出和人均寿命成本上升。2014年,人均健康支出世界平均为1061美元,高收入国家为5251美元,中等收入国家为292美元,低收入国家为37美元。

1995~2014年期间,许多国家健康支出占GDP比例、公共健康支出占健康支出比例和公共健康支出占政府支出比例上升;而私人健康支出占健康支出比例、现金健康支出占健康支出比例和药物支出占健康支出比例下降,但国别差异普遍存在。

其次,健康科技。2000年以来,许多国家出生率和死亡率的公民登记覆盖率上升,但国别差异明显。现代医药科技和生物科技的发展日新月异。

其三,健康用品。1980年以来,许多国家人均药物销售上升,心血管药的日使用量上升,但是国别差异较大。

1980年以来,CT扫描仪比例、核磁共振仪比例和放射治疗仪比例上升,但国别差异大。2014年CT扫描仪比例,日本为107台/百万人,美国为41台/百万人,加拿大为15台/百万人,俄罗斯为9台/百万人,英国为8台/百万人。

其四,健康产业。1970年以来,发达国家健康产业增加值比例上升。2015年健康产业增加值比例,瑞典为11.1%,美国为7.4%,德国为7.7%。健康产业劳动力比例上升;2014年健康产业劳动力比例,瑞典为15.4%,美国为13.4%,德国为12.5%。

21世纪人均健康支出和人均寿命成本会继续增长,健康科技和健康用品会继续发展,健康产业比例会继续增长,健康治理将走向全球化等。

5. 世界健康现代化的历史进程

在18~21世纪期间,世界健康现代化的前沿过程大致分为两大阶段。

第一次健康现代化是从传统健康向现代健康的转变,主要特点包括现代健康观念的形成,现代医疗体系、公共卫生体系和医疗保险制度的建立和完善,健康服务的专业化、体系化、大众化、标准化和福利化等。

第二次健康现代化是从现代健康向全民健康的转变,目前特点包括健康观念从"以疾病为中心"向"以健康为中心"、从"治疗为主"向"防治结合"转变,健康生活方式普及,健康服务信息化和智能化,国民健康体系的发展和完善等。

在2000~2014年期间,健康发达国家的比例约为18%~19%,健康发展中国家的比例约为81%~82%。健康水平从高到低的排序大致是:欧洲、美洲、亚洲和非洲。

6. 世界健康现代化的客观现实

2014年，在131个国家中，瑞典等25个国家是健康发达国家，俄罗斯等23个国家是健康中等发达国家，中国等33个国家是健康初等发达国家，肯尼亚等51个国家是健康欠发达国家。健康中等发达国家、初等发达国家和欠发达国家都属于健康发展中国家。

7. 世界健康现代化的主要特点

首先，健康现代化是相对可以预期的。20世纪以来，在151个健康指标中，78个指标为上升变量，22个为下降变量，21个为转折变量，11个为波动变量。

其次，健康现代化是一个复杂的过程。20世纪以来，在100多个健康指标中，大约73%的健康指标与国家经济水平显著相关，27%的指标与国家经济水平不相关。

其三，健康现代化是一个动态的过程。健康现代化不仅内涵是变化的，而且不同国家的表现也是变化的。世界健康前沿、国际健康差距和国家健康地位是可变的。

其四，健康现代化是一个可逆的过程，可以出现停滞、中断或倒退现象等。整个世界的健康现代化进程是连续的和不可逆的，但是，一个国家和地区的健康现代化进程有多种表现形式，可以出现停滞或中断，也可以出现暂时的倒退等。

其五，健康现代化是一个进步的过程。过去300年里，平均预期寿命延长，婴儿死亡率和儿童死亡率下降，传染病致死比重下降，疾病治愈率提高等。

其六，政府和科技在健康现代化过程中的作用不同，但都是不可替代的。

8. 世界健康现代化的前景分析

如果按2000~2014年的年均增长率计算，2050年健康现代化指数的世界先进水平会比2014年提高约1倍；2050年世界健康现代化的平均水平，比世界先进水平落后约50年；不同健康指标的表现有很大不同。

二、世界健康现代化的历史经验

1. 国民健康体系

健康现代化是一个复杂的社会工程，包括健康行为、健康结构、健康制度和健康观念的现代化，健康体系现代化是其重要内涵。国民健康体系是以国家为单元的健康体系，是维持健康生活、提供健康服务、提升健康质量的开放体系。

2. 健康保险体系

健康保险体系既有多样性也有共性。根据保险功能不同，健康保险可分为基本健康保险和非基本健康保险（补充健康保险）。根据健康保险结构特点，OECD国家的基本健康保险主要有三种类型：国家福利型、社会强制型、混合型。

根据健康投入、健康产出和健康回报指数的评价结果，国家福利型和社会强制型健康保险，在健康回报指数上没有明显差异，国家福利型表现略好（表B）。

表 B 六个国家的健康保险结构和健康回报指数

指标/单位(年)	英国	瑞典	德国	法国	美国	墨西哥	福利型	强制型	混合型
国家福利健康保险覆盖率/(％)(2008)	100	100	0.5	2.5	34.5	0	100	1.5	17.3
社会强制健康保险覆盖率/(％)(2008)	0	0	83.3	97.5	0	59	0.0	90.4	29.5
私人自愿健康保险覆盖率/(％)(2008)	0	0	15.2	0	54	22.5	0.0	7.6	38.3
无健康保险人口比例/(％)(2008)	0	0	0	0	11.5	17.5	0.0	0.0	14.5
补充健康保险覆盖率/(％)(2015)	11.1	2.3	22.9	95.5	7.6	3.3	6.7	59.2	5.5
健康回报指数(2015)	1.31	1.23	1.15	1.24	1.01	1.79	1.27	1.20	1.40
健康产出指数(2015)	74.9	87.2	78.4	75.3	63.6	53.6	81.0	76.8	58.6
健康投入指数(2015)	56.9	71.0	68.2	60.7	63.0	30.0	64.0	64.5	46.5
平均预期寿命/岁(2014)	81.1	82.0	80.8	82.4	78.9	76.7	81.5	81.6	77.8
预期健康寿命/岁(2015)	71.4	72	71.3	72.6	69.1	67.4	71.7	72.0	68.3
医生比例/(‰)(2014年或近年)	2.79	4.12	4.11	3.11	2.56	2.23	3.5	3.6	2.4
人均健康支出/美元(2014)	3935	6808	5411	4959	9403	677	5371	5185	5040
健康支出占 GDP 比例/(％)(2014)	9.1	11.9	11.3	11.5	17.1	6.3	10.5	11.4	11.7
公共健康支出占 GDP 比例/(％)(2014)	7.6	10.0	8.7	9.0	8.3	3.3	8.8	8.9	5.8
公共健康支出占健康支出比例/(％)(2014)	83.1	84	77	78.2	48.3	51.8	83.6	77.6	50.1
政府支出占公共健康支出比例/(％)(2014)	100	100	10.4	5.1	12.4	44.4	100.0	7.8	28.4
社会保险占公共健康支出比例/(％)(2014)	0.0	0.0	89.6	94.6	89.0	56.0	0.0	92.1	72.5

注：福利型为英国和瑞典的算术平均，强制型为德国和法国的算术平均，混合型暂时为美国和墨西哥的算术平均。健康产出指数等于预期寿命、健康寿命、婴儿死亡率、5岁以下儿童死亡率指数的算术平均。健康投入指数等于人均健康支出、公共健康支出占健康总支出比例以及医生比例、护士和助产士比例指数的算术平均。健康回报指数=健康产出指数/健康投入指数。

数据来源：正文表 2-2 和表 2-3；World Bank，2017；OECD，2017．

OECD 国家健康保险医疗项目覆盖率和报销比例存在国别差异（Paris，Devaux，Wei，2010）。在多数 OECD 国家，急诊住院、门诊、检测和诊断影像医疗项目的保险覆盖率很高。不同国家基本健康保险支付比例，因人群而变化。大部分 OECD 国家的基本健康保险，针对急诊住院、门诊、检测和诊断影像的报销比例较高。

3. 国家健康战略

国家健康战略是促进全民健康、提升健康质量的国家战略。在过去 60 多年里，健康战略由"健康个人"发展到"健康国家"或"健康社会"。20 世纪 70 代以来，美国、日本、欧盟、加拿大、中国、泰国等国家和地区陆续启动国家健康战略。

4. 健康现代化的国家案例

国家健康现代化，既有共性，也有国别差异。

美国健康现代化过程大致分为两大阶段。第一阶段是现代医疗和保险体系的形成，主要内容包括公共卫生、医疗服务和医疗保险及其管理体系的形成。第二阶段是国民健康体系的改革与发展阶段，大致时间为 20 世纪 70 年代以来。伴随着信息革命的兴起和发展,以及社会保障制度的改革和调整。主要内容包括健康保险体系的改革、健康服务的信息化、健康生活的普及化,以及国家健康发展战略等。

英国是福利型国民健康体系,是真正实行免费医疗制度的国家之一。英国健康体系由国家健康服务、私人健康服务和医疗援助三个部分组成。该体系具有全民覆盖、免费医疗、投入较低,回报较高和公平性较好等特点,但服务供给不足。

德国是世界上最早实施社会保障制度的国家,是社会强制型保险体制的典型代表。德国的健康保险以社会强制型健康保险为主,自愿型商业健康保险为辅。

5. 健康现代化的基本原理

健康现代化的基本原理,包括内涵、过程、结果、动力和模式等。

健康现代化是18世纪工业革命以来健康领域的一种深刻变化,是从传统健康向现代健康和全面健康的转变,它包括现代健康的形成、发展、转型和国际互动,健康要素的创新、选择、传播和退出,以及国际健康体系和国家地位的变化等。

在18世纪至21世纪期间,健康现代化可以分为两大阶段,第一次健康现代化是从传统健康向现代健康的转变;第二次健康现代化是从现代健康向全民全面健康的转变。健康现代化是社会现代化的组成部分,遵循现代化科学的一般规律。

6. 健康现代化的核心指标

健康现代化指标是监测和评估国家和地区的健康状况、健康生活、健康服务和健康治理等方面发展状况的重要工具。世界卫生组织、OECD、世界银行等国际机构,以及美国、欧盟、日本、加拿大和中国等国家,都建立了健康指标体系。

健康现代化100个核心指标(附表1-1-2),是基于健康风险—健康状况—健康响应分析框架建立的。它涉及健康风险、健康状况、健康响应三大主题,健康风险主题包括营养失衡、疾病风险、非健康行为、环境风险、社会风险五个方面的30个指标,健康状况包括人口结构、健康感知、发病率、死亡率四个方面的30个指标,健康响应主题包括健康生活、健康服务和健康体系三个方面的40个指标。

7. 健康现代化的水平评价

2014年健康现代化指数世界排名前10位的国家分别是:瑞典、法国、德国、芬兰、澳大利亚、瑞士、挪威、奥地利、英国、新西兰。美国排第18位。

在2000~2014年期间,健康现代化的国际地位发生变化的国家有20个;其中,地位升级的国家有14个,地位降级的国家有6个。

三、中国健康现代化的理性思考

健康长寿不仅是人类发展的一个核心目标,而且是中国人民的一个共同愿望,更是中国复兴的一个重要标志。2016年10月发布的《"健康中国2030"规划纲要》,给中国健康现代化提供了政策指引。我们认为,中国健康现代化的战略目标是:努力建设一个人民健康长寿的社会,一个人人享有健康服务的社会,一个家家拥有健康保险的社会,一个健康生活和健康服务达到世界先进水平的社会。

下面简要讨论中国健康现代化的发展趋势(表C)和政策建议。其中,关于中国健康指标的数据,主要来自世界银行和世界卫生组织,部分来自《中国卫生和计划生育统计年鉴》和《中国统计年鉴》;有些时候,不同来源的数据存在差异。关于健康现代化的政策分析大致有三种视角:健康治理角度、健康服务供给角度、健康服务消费角度。本《报告》根据世界健康现代化的发展趋势和国际经验,从健康消费和社会需求角度,讨论中国健康现代化的政策建议。这种讨论只是一家之言,或可作为《"健康中国2030"规划纲要》的一种政策补充,供大家批评指正。

表C 中国健康指标的发展趋势

指标	1990	2000	2010	2015	2020	2030	2040	2050
健康生活								
出生时平均预期寿命/岁	69.0	71.7	75.0	75.8	77.2	79.5	81.9	84.4
出生时预期健康寿命/岁	—	64.6	—	68.5	69.5	71.6	73.8	76.1
婴儿死亡率/(‰)	42.1	30.2	13.5	9.2	7.9	5.8	4.3	3.2
5岁以下儿童死亡率/(‰)	53.8	36.9	15.7	10.7	9.2	6.8	5.0	3.7
孕产妇死亡率/(例/10万活产)	—	53	30	20.1	16.4	10.9	7.2	4.8
健康服务								
医生比例/(‰)	1.1	1.3	1.5	2.2	2.5	3.2	4.1	5.2
护士和助产士比例/(‰)	0.8	1.0	1.0	2.4	3.0	4.8	7.6	12.2
床位比例/(‰)	2.6	2.5	3.6	5.1	5.2	5.5	5.7	5.5
平均住院天数/天	—	11.6	10.5	9.6	9.0	8.0	7.1	6.3
健康保险覆盖率/(%)	—	—	79.7	91.6	94.4	100	100	100
健康环境								
清洁饮水普及率/(%)	66.9	80.3	91.4	95.5	97.9	100	100	100
卫生设施普及率/(%)	47.5	58.8	70.8	76.5	78.4	100	100	100
PM 2.5年均浓度/(微克/立方米)	47.5	50.6	57.0	57.2	51.7	42.2	34.5	28.2
交通事故受伤比例/(例/万人)	—	3.3	1.9	1.5	1.9	3.1	5.1	8.3
65岁及以上人口比例/(%)	5.3	6.7	8.2	9.6	10.8	13.6	17.3	21.9
健康治理								
人均健康支出/美元	—	44	220	474	696	1504	3246	7008
健康支出占GDP比例/(%)	3.5	4.6	4.7	6.0	6.6	8.1	9.8	12.0
公共健康支出占健康支出比例/(%)	50.5	38.3	54.3	55.8	59.2	65.4	72.3	79.8
健康产业增加值比例/(%)	—	—	1.43	1.98	2.6	4.0	6.2	9.6
健康产业劳动力比例/(%)	—	—	2.29	3.16	4.1	6.4	9.9	15.4

注:2015年数据为2015年或2012~2015年期间的数值。健康产业指国际标准产业分类4.0版中的"健康和社会工作"部分,2010年和2015年健康产业劳动力比例是估计值。2020~2050年数值是按2000~2015年期间年均增长率计算的估算值。3个指标(床位比例、PM 2.5年均浓度、交通事故受伤比例)的国别差异比较大,部分发达国家经历先上升后下降的过程,本表预测仅代表一种可能性。

数据来源:World Bank, 2017;中国国家统计局, 2016.

20世纪以来,中国健康发展与世界健康发展的趋势基本一致,但不同指标表现不同,不同地区表现不同。中国健康发展取得巨大成就,但具有较大不平衡性。

1. 中国健康生活的发展趋势

首先,健康观念。2014年中国居民健康素养水平达到9.79%,比2008年的6.48%提高3.31个百分点,中国居民健康素养水平呈上升趋势。

其次,健康行为。2000年以来,女性成人吸烟率下降了43%,但人均酒精消费翻了一番;育龄妇女避孕率、孕妇产前检查比例和专业人员接生比例上升。2010～2012年,中国女性成人吸烟率、育龄妇女避孕率、孕妇产前检查比例、专业人员接生比例等反映健康行为的指标,都好于世界平均水平。

其三,健康营养。1980年以来,中国人均脂肪供应量提高了约1.8倍,人均蛋白质供应量和人均食物供应量分别提高了约81%和44%。1990年以来,人口营养不良比例下降了约56%。2000年以来,5岁以下儿童超重比例、成人超重比例和女性成人肥胖比例上升,女性成人肥胖比例提高了1.4倍,2013年达到8%。2013年中国人均脂肪供应量、人均蛋白质供应量和人均食物供应量分别约为96克/天、98克/天和3108千卡/天,都超过世界平均水平。

其四,健康状况。中国人出生时平均预期寿命,从1980年的66.5岁提高到2014年的75.8岁,提高了9.3岁。1980年以来,婴儿死亡率、新生儿死亡率和5岁以下儿童死亡率分别下降了80%、80%和82%,妇女总和生育率和少女生育率分别下降了38%和57%。2000年以来,孕产妇死亡率、慢性呼吸道疾病死亡率和肺结核发病率均有不同程度降低。2014年中国人出生时平均预期寿命、婴儿死亡率、新生儿死亡率和5岁以下儿童死亡率等指标,都好于世界平均水平。

其五,中国健康生活的前景分析。未来30年,中国健康观念将进一步增强,参与体育活动的人数比例将会增加,成人吸烟率和人均酒精消费将会下降;人口营养不良比例将会进一步下降,人口超重和肥胖比例可能会继续增加。同时,中国健康状况将会持续改善,出生时平均预期寿命和出生时预期健康寿命将会继续提高,而婴儿死亡率、新生儿死亡率、5岁以下儿童死亡率等指标将会继续下降。

2. 中国健康服务的发展趋势

首先,健康医护服务。近年来医护服务工作量增长较快。中国人年均门诊次数由2005年的1.7次上升到2015年的5.4次;医生平均年门诊次数从2010年1759次上升到2015年的1951次;2014年中医诊疗率为1990年中医诊疗率的2.2倍。2015年基层医疗机构医生的年均门诊次数高于医院的医生年均门诊次数;村卫生室门诊次数占全国门诊次数的比例约为23.4%。

其次,公共健康服务。中国免疫水平不断提高,从1983年到2014年,中国儿童DPT免疫接种率和儿童麻疹免疫接种率分别提高了70.7%和26.9%。中国传染病防治水平有所提升,1994年以来,结核病患病率下降,结核病治愈率提高。2014年儿童免疫接种率、结核病患病率和结核病治愈率,都好于世界平均水平。

其三，健康保险服务。目前，中国形成了由城镇职工医保、城镇居民医保和农村新农合三大险种为主的医疗保险制度，2015年新农合参合率达到98.8%。根据统计数据估算，扣除重复保险，2015年中国医疗保险人口覆盖率约为91.6%。

其四，健康人力资源。1990年以来，中国医生比例提高了34%，护士和助产士比例提高了1.4倍，医生专业毕业生比例提高了10.5倍。2014年，中国医生比例高于世界平均水平，但护士和助产士比例低于世界平均水平。

其五，健康基础设施。1965年以来，中国医院密度提高了1.6倍，2014年医院密度达到18.9所/百万人；每千人拥有的医疗床位数提高了2.4倍，2014年床位比例为4.8‰。2005年以来，公立医院密度下降。

其六，中国健康服务的前景分析。未来30年，中国医护服务水平将会提升，医护结构将有所改善；公共健康水平将会提升，免疫接种率将会提高，结核病患病率将会继续下降；健康保险覆盖率将会继续提升，保险质量将会提高；中国医生比例、护士和助产士比例将会继续提高；中国基础设施将会继续完善。

3. 中国健康环境的发展趋势

首先，健康生态环境。中国清洁饮水普及率和卫生设施普及率上升，分别从1990年的66.9%和47.5%提高到2015年的95.5%和76.5%。中国PM2.5年均浓度和PM2.5浓度超标暴露人口比例上升，分别由1990年的39.3%和99.2%上升到2015年的57.2%和约100%。2015年中国清洁饮水普及率和卫生设施普及率高于世界平均水平，2015年中国PM2.5年均浓度和PM2.5浓度超标暴露人口比例高于世界平均值。

其次，健康社会环境。1960年以来，中国成人识字率提高了1.2倍，2015年达到96%；65岁及以上人口比例提高了1.5倍，2014年达到9.2%。2014年，中国出生率、死亡率和人均国民收入都低于世界平均水平，65岁及以上人口比例高于世界平均值。

其三，中国健康环境的前景分析。未来30年，中国健康生态环境将会受到重视；中国健康社会环境水平将会不断改进；中国将继续加强国际健康合作。

4. 中国健康治理的发展趋势

首先，健康监管。根据《世界发展指标》的统计数据，1995年以来，中国人均健康支出提高了10.3倍，人均寿命成本增长了9.5倍；健康支出占GDP比例和公共健康支出占健康支出比例分别提高了57.2%和10.5%，公共健康支出占政府支出比例下降了35%，私人健康支出占健康支出比例下降了10.8%；2014年，中国私人健康支出占健康总支出的比例、现金健康支出占健康总支出比例，都高于世界平均值。

其次，健康科技。2011年，中国医药产业科技经费比例，约为美国和英国的15%，约为日本的17%，约为德国的30%。

其三，健康用品。中国药品供应能力不断提高，2013年中国七大类医药商品销售额总计13 040亿元，2015年七大类医药商品销售总额达到16 613亿元。

其四，健康产业。2014年健康产业增加值比例比2010年提高了38%。2014年中国健康产业增加值比例和健康产业劳动力比例分别约为2%和3.2%。

其五，中国健康治理的前景分析。未来30年，中国人均健康支出、人均寿命成本有可能继续增加；健康科技投入将会增加，健康药品和医疗设备供给将会更加丰富，医疗设备也将趋向智能化；中国健康产业比例会大幅提高。

5. 中国健康现代化的基本事实

中国健康现代化的发端，可以追溯到19世纪中后期。

19世纪后期以来，中国健康现代化大致分为三个阶段：清朝末年的健康现代化起步、民国时期的局部健康现代化、新中国的全面健康现代化。

2014年，中国健康现代化水平属于健康初等发达水平，处于发展中国家的中间位置；中国健康现代化指数为41，排名世界131个国家的第59位。

2014年，中国健康指标发展不平衡，健康生活等四个方面52个指标的发展水平大致是：11.5%的指标为发达水平，23.1%的指标为中等发达水平，51.9%的指标为初等发达水平，13.5%的指标为欠发达水平。

6. 中国健康现代化的前景分析

根据健康统计的面版数据，如果131个参加评价的国家都大致按2000～2014年健康现代化指数的年均增长率计算（部分国家的增长率做出调整），中国健康现代化指数的世界排名，2030～2040年有可能进入世界前40位左右，进入健康中等发达国家行列；在2050～2060年有可能进入前20位左右，进入健康发达国家行列；在2080年前后有可能进入前10位左右，达到世界先进水平。

7. 中国健康现代化的主要挑战

中国健康现代化的挑战来自许多方面。这里介绍几个具体挑战。

其一，提高护士和助产士比例。2015年护士和助产士比例，中国约为2.4‰，发达国家（21个OECD高收入国家）平均为11.3‰，英国、德国、日本、瑞典和挪威分别为8.4‰、13.4‰、11.2‰、11.9‰和16.9‰。发达国家护士和助产士比例平均值是中国的3.8倍。

其二，提高健康环境质量。2015年PM 2.5年均浓度，中国为57.2微克/立方米，高收入国家平均值为16.3微克/立方米，世界平均值的41.7微克/立方米。中国PM 2.5年均浓度是高收入国家平均值的2.5倍。

其三，增加公共健康投入。2014年公共健康支出占政府支出比例，中国为10.4%，美国、英国、德国、法国、日本、意大利、瑞典和挪威的比例分别为：21.3%、16.5%、19.7%、15.7%、20.3%、13.7%、19.3%和18.2%，2013年高收入国家平均值为17.4%。

其四，提高健康产业增加值比例。2014年健康产业增加值占GDP比例，中国为2.0%，发达国家（21个OECD高收入国家）平均为7.8%。发达国家健康产业增加值比例是中国的3倍多。

8. 中国健康现代化的路线图

中国健康现代化路线图是健康现代化的战略目标和基本路径的一种系统集成。

战略目标：全面建立分工合作制国民健康体系，全面提升健康生活和健康服务水平，全面改进健康环境和健康治理,逐步达到健康现代化的世界先进水平,分步实现健康现代化,建成国民健康长寿水平达到世界先进水平的健康长寿社会。

中国健康现代化的分阶段目标：

- 第一步,在2030年前后,建成和完善"分工合作制国民健康体系"和"公益型全民健康保险体系",实现健康服务全覆盖和公共卫生服务均等化,健康生活和健康服务水平全面超过世界平均水平,部分健康指标进入高收入国家行列,基本实现健康现代化。
- 第二步,在2060年前后,建成高效运行的福利型国民健康体系,建成具有世界先进水平的健康服务强国、健康科技强国和绿色健康家园,健康生活、健康服务、健康环境和健康治理水平进入发达国家行列,全面实现健康现代化。
- 第三步,在2080年前后,建成高水平的健康长寿社会,健康生活和健康服务水平进入发达国家前列,高标准实现健康现代化。

中国健康现代化的四个方面目标：

- 健康生活目标：出生时平均预期寿命,2030年提高到79岁,2050年提高到84岁；出生时预期健康寿命,2030年提高到71岁,2050年提高到76岁；婴儿死亡率,2030年下降到6‰,2050年下降到3‰；5岁以下儿童死亡率,2030年下降到7‰,2050年下降到4‰；孕产妇死亡率,2030年下降到10/10万,2050年下降到5/10万。
- 健康服务目标：医生比例,2030年提高到3‰,2050年提高到5‰；全科医生比例,2030年提高0.3‰,2050年提高到1‰；护士和助产士比例,2030年提高到5‰,2050年提高到12‰；平均住院天数,2030年下降到8天,2050年下降到6天；健康保险覆盖率,2030年提高到100%。
- 健康环境目标：清洁饮水普及率和家庭卫生设施普及率,2030年提高到100%；65岁及以上人口比例,2030年达到13%,2050年达到21%；PM2.5年均浓度,有可能从上升到下降,2050年下降到30以下等。
- 健康治理目标：人均健康支出,2030年提高到1500美元,2050年提高到7000美元；人均寿命成本,2030年控制在19美元/岁,2050年控制在88美元/岁；健康支出占GDP比例,2030年提高到8%,2050年提高到12%；公共健康支出占健康支出比例,2030年提高到65%,2050年提高到80%；健康产业增加值比例,2030年提高到4%,2050年提高到10%；健康产业劳动力比例,2030年提高到6.3%,2050年提高到15%。

运河路径：瞄准健康发展的未来世界前沿,加速从传统健康向现代健康和全民健康的转型升级,迎头赶上健康发展的未来前沿；在2030年左右全面超过健康现代化的世界平均水平；在2060年左右进入健康现代化的发达国家行列；在2080年左右走到健康现代化的发达国家前列,健康体系、健康生活、健康服务、健康环境和健康治理等达到当时世界先进水平,高标准实现健康现代化。

9. 实施"健康高铁"战略,建设健康长寿社会

中国健康现代化包括五个现代化,即健康体系现代化、健康生活现代化、健康服务现代化、健康环境现代化和健康治理现代化。未来30年,中国健康现代化可以借鉴中国高铁的发展经验,采用"系统升级、四轮驱动"的发展战略,简称"健康高铁"战略(图B)。"系统升级"指健康体系现代化,实现从医疗卫生体系向国民健康体系的转型升级；"四轮

驱动"指以健康生活、健康服务、健康环境和健康治理四个方面现代化为动力,实现四化联动。

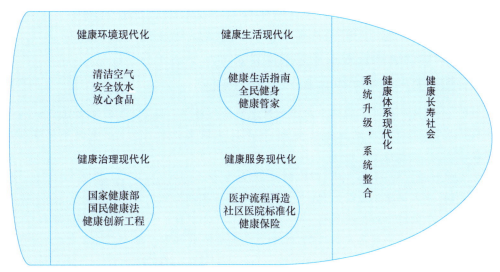

图 B　中国健康现代化的"健康高铁"战略

(1) 健康高铁战略的宗旨和思路

宗旨:促进全民的健康长寿。健康体系建设是手段,健康长寿社会是目标。

基本思路:以"系统升级"为先导,顶层设计,系统优化;以"四轮驱动"为动力,全民参与,四化协同;以"健康优先、质量优先、公平优先和共建共享"为原则,促进国民健康体系的五个子体系的系统整合,推动健康生活现代化等四个方面的协调发展,建设中国健康现代化的"健康高铁"(Health Superhighway System),建成一个具有世界先进水平的健康长寿社会(图 B);全面实现"健康生活少生病,有病好治好康复;环境安全营养好,优质公平可持续;健康服务全覆盖,健康长寿生活美"的健康目标。

这里"健康高铁"是一个形象化比喻。就像中国铁路系统从工业时代的"普通铁路"升级为信息时代的"高速铁路"一样,中国健康体系也需要转型升级,从医疗卫生体系升级为整合型国民健康体系,即从工业时代分立的医疗卫生体系、医疗保险体系和医疗用品体系,向信息时代整合型分工合作制国民健康体系的转型升级。"健康高铁"是高速运行的整合型国民健康体系的一个"形象化说法"。

国民健康体系,不同于医疗卫生体系。例如,前者以人为本,后者以疾病防治为本;前者以人的"健康需求"为中心,后者以"救死扶伤"为中心;前者以健康长寿为目标,后者以患者康复为目标。在一定意义上说,现代医疗卫生和医疗保险体系是工业社会的产物,国民健康体系则是知识社会的前沿。

在本《报告》里,"健康高铁"有三种用法。首先,从系统角度看,"健康高铁"是信息时代的整合型国民健康体系的一种"形象化比喻",包括五个子体系和三个影响因子(图 A)。其次,从战略角度看,"健康高铁"战略是健康现代化的一个战略构想,包括"系统升级和四轮驱动"等(图 B)。其三,从工程角度看,"健康高铁"是一个"健康高速运行系统",包括健康基础设施、健康服务平台和主干线路等。

(2) 健康高铁战略的目标和任务

目标：全面建成信息时代的整合型国民健康体系和具有世界先进水平的健康长寿社会，全面实现《"健康中国2030"规划纲要》和中国健康现代化的战略目标。所谓"健康长寿社会"，就是人民健康和长寿水平达到世界先进水平的社会。

任务：包括六项主要任务和三个方面的行动计划。

- 六项任务：完成从医疗卫生体系向国民健康体系的转型升级，全面控制健康风险，全面提升健康医护质量，全面改善健康环境质量，全面提高国家健康能力，完成国民健康体系的系统整合。
- 三个方面行动计划：系统升级、四轮驱动、系统整合。
  系统升级：加速健康体系现代化，完善国民健康体系的五个子体系（第10条）。
  四轮驱动：加速健康四个现代化，提升健康体系四个方面的能力（第11～14条）。
  系统整合：实施中国健康高铁工程，完成国民健康体系的系统整合（第15条）。

10. 加速健康体系现代化，建设分工合作制国民健康体系

国民健康体系是一个以"人的健康需求"为中心的、健康需求和健康供给协同进化的开放体系；主要包括五个子体系和三个影响因子，即健康生活体系、健康医护体系、健康保险体系、健康用品体系和健康治理体系，以及相关的健康科技、健康环境和健康产业等（图A）。

分工合作制国民健康体系，是分工合作、责权明确、全民参与、全程覆盖的整合型国民健康体系。其主要特点是：以促进全民的健康长寿为宗旨，以信息技术为支撑，分工明确，责任到人，健康生活和健康服务相互促进、经济与社会相互支撑。其主要功能是：为全民提供"从胎儿到生命终点"的全程健康服务。

首先，健康生活体系。健康生活体系是支撑和维系健康生活的各种要素的总和。

- 促进健康知识和健康观念的传播和普及。
- 促进健康生活场所的现代化和"便利化"。
- 促进健身运动设施的现代化和"便利化"。
- 促进公共卫生设施的现代化和"便利化"等。

其次，健康医护体系。健康医护体系是提供健康医护服务的服务体系。

- 深化医护体制改革，规范医护机构的法律地位和系统分工。取消所有医护机构的行政级别，建立医护机构的法律平等地位。其中，非营利医护机构占全部医护机构比例超过80%，营利医护机构占全部医护机构比例不超过20%。
- 采用立法形式，规范非营利和营利医护机构的利润率，确保医护服务的公益性占主导地位。其中，非营利医护机构的年盈余率不高于4%（扣除科研经费部分），营利医护机构的税后年利润率不高于8%（扣除科研经费部分）。
- 规范公立普通医院的系统定位。主要职责是常规医护和急救医护服务。服务内容以手术和住院服务为主，包括急救服务等。服务对象为需要手术服务和需要急救的患者。
- 规范公立社区医院的系统定位。主要职责是常规医护和受委托的公共卫生服务。服务内容以

初诊服务为主,包括康复服务和公共卫生服务等。服务对象为社区居民和患者。
- 规范公立公共卫生机构的系统定位。主要职责是公共卫生服务。服务内容为院前急救、疾病防控、妇幼保健和计划生育、卫生监督和执法等。服务对象为全体居民。
- 推进公立医院综合改革,落实公立医院非营利机构法人地位和法人治理。坚持公立医院的公益属性,完善现代医院管理制度,完善医护质量管理和财务审计制度。
- 推进非营利性私立医院和公立医院同等待遇。
- 促进健康教育现代化,完善健康院校的法人治理制度。
- 促进健康科研机构现代化,完善健康科研机构的法人治理制度等。

其三,健康保险体系。健康保险体系是提供健康保险服务的服务体系。
- 建立和完善"公益型全民健康保险体系"。它包括基本健康保险、大病互助保险、医疗援助基金和商业健康保险等。其中,基本健康保险是"公益型健康保险",由政府健康保险机构提供保险服务,人口覆盖率为100%,其经费来自政府投入和社会健康保险缴费(个人和单位缴费)等。公共健康经费支出占总健康支出的比例逐步达到80%。当条件成熟时,可从"公益型健康保险体系"转型为"福利型健康保险体系"。
- 建立和完善"健康保险卡制度",实现健康支付全国互联互通"一卡通",自动支付。

其四,健康用品体系。它是生产和提供各种健康用品的健康支撑体系。
- 完善国家食品药品监督管理总局职能。职能覆盖食品、药品(含中药)、医疗器械等。
- 建立和健全健康用品的国家标准,逐步与发达国家标准接轨。
- 加快健康用品领域的健康物联网建设等。

其五,健康治理体系。健康治理体系是健康治理的相关机构和制度的总和。
- 组建国家健康部。功能覆盖:计划生育、公共卫生、医护、健康保险、健身、健康用品等。
- 研究制定《国家健康法》。为国民健康体系建设提供法律依据。
- 加快健康大数据建设,完善国家基本药物制度等。

11. 实施健康生活行动议程,加速健康生活现代化,实现"健康生活少生病"

健康长寿,从我做起。树立健康观念,掌握健康知识,养成健康习惯,完善健康行为,维护公共卫生。就是普及健康生活方式,实现"健康生活少生病、精神饱满身体好",全面提升全民健康水平。

健康生活行动议程是促进国民健康长寿的议程。它要求坚持"以健康为中心"的原则,全民动员,全员参与,全程规划,全域覆盖,分工明确,责任到人,建设一个国民健康长寿的社会。其主要内容包括:健康生活全程规划、健康生活行为指南、健康中国人计划、国家健康服务平台、母婴健康平安计划、儿童健康成长计划、农村健康儿童专项、职业人群远离亚健康计划、心理健康行动计划、健康老人计划、农村健康老人专项、残疾人健康生活计划、全民健康素养促进行动计划、全民健身运动、公共卫生服务能力倍增计划等。

(1) 健康生活全程规划

健康生活全程规划,是从全生命周期和全民覆盖的角度,对国民的健康理念、健康行为、健康心理、健康环境、健康生活服务和基本健康状况进行系统设计、动态监测和综合评估，提供促进健康生活的咨询、指导、服务和健康管理。可五年修订一次。

（2）健康生活行动指南

健康生活行为指南，以健康生活全程规划和《中国公民健康素养》为基础，针对健康生活重点领域的健康观念、健康心理和健康行为，设计具体的操作细则，提供一份健康生活的"健康说明书"。可五年修订一次。

（3）健康中国人计划

制定健康中国人标准，推动健康中国人达标行动，每年对达标典型给予奖励。鼓励不同地区和不同部门制定相应的"健康人"行动计划。

（4）健康日历

以健康生活行动指南为基础，研制和发行"健康日历"，普及健康生活方式。

（5）健康管家

促进人工智能与健康服务的深度合作，研制家用"健康仿生人"等。

12. 实施健康医护优质工程，促进健康服务现代化，做到"有病好治好康复"

健康长寿，医护先行。医护部门和医护人员是健康长寿社会建设的主力军。实施健康医护优质工程，全面改善医院的医护环境，全面提高健康医护服务的质量和水平，实现"有病早治早康复、有病能治能康复、有病好治好康复"。

健康医护优质工程的内容包括：医护服务流程再造、社区医院标准化、临床路径计划、诊疗常规计划、整体护理行动计划、医护人员收入倍增计划、医护质量监督体系计划、医院医护环境现代化、健康教育的现代化等。

医护服务流程再造工程，在医护体系和医院两个层次同时进行。在医护体系层次，建立分工合作制医护服务体系，完善医护机构之间的合作机制，引导患者合理就诊和转诊。在医院层次，对"进入、诊断、治疗、康复和退出"的医护流程全过程的每个环节，进行系统改造、动态监测和综合评估，明确医护服务职责，控制医护成本，降低患者的等待和逗留时间，全面提升医护服务质量和患者满意度。

（1）提升常规医护服务的服务质量

其一，普通医院医护服务流程再造。全面建立现代医院管理制度，全面推行医护服务流程再造和医护质量标准认证，提高医护服务质量和医护服务竞争力。

其二，社区医院标准化工程。按照医护服务流程再造的原理和分工合作制医护体系的分工，明确社区医院的定位和职能，标准化配置医护力量，改善医护环境和条件，提升社区医院健康服务的水平和能力。

其三，改善医护人员待遇。医护人员既是国家和医院的宝贵财富，也是医护服务的提供者。一方面，医护人员要自觉提高医护水平和服务能力，恪守医护职业规范，保持良好医德医风。另一方面，让医护人员享有体面的生活，获得应有的社会尊重。

- 启动医护人员收入倍增计划，建立公立和非营利医疗机构"医护人员收入指导线"。医护人员收入包括基本工资和绩效工资。基本工资一般不低于本地区职工平均工资。绩效工资根据医护服务的服务数量、服务质量和患者满意度来决定。医护人员人均年收入的指导线为：医疗机构医护人员的年人均收入一般为其所在地区职工人均年收入的1.5~2倍，中高级医师的年人均收入一般为其所在地区职工人均年收入的2~5倍。

- 同时，完善医护人力资源管理制度，促进医护人员自主合理流动。

其四，做理性患者。患者既是医护服务的对象，也是医护服务的客户。医护服务是一个互动过程，需要医生和患者的真诚合作。

(2) 提升急救医护服务的服务质量

优化急救医护服务的全过程和相关方职责。其一，突发公共事件的医护救援服务；其二，平时急症患者的急救医护服务；其三，常规急诊和重症患者的急救医护服务；其四，急救医护人员；其五，急症患者和家属。

(3) 提升中医医护服务的服务质量

大力发展中医医护服务，符合我国基本国情。发挥中医"治未病"和"治慢病"优势，支持发展具有中医药特色的康复服务、养老服务和养生保健。提高社区医院的中医服务能力，增强中医服务的可选性和可及性。鼓励患者选择中医医护服务，提高中医药服务的报销比例。支持民族医学的传承和发展。

(4) 建立和完善"家庭医生制度"和"社区医生制度"

其一，家庭医生制度。制定家庭医生行为准则。规范家庭医生的职责和权利，制定家庭医生收费和报销标准、投诉和处罚条例、家庭医生服务登记制度等。

其二，社区医生制度。建立社区医院与生活社区的健康服务合作关系。每一个城市社区，可以选择一个社区医院为健康合作单位；社区医院为合作社区，选择一组"社区医生"，提供健康咨询服务。制定社区医生的行为准则、职责和权利、收费和报销标准、投诉和处罚条例、争议协商机制、社区医生服务登记制度等。

(5) 构建国家健康服务平台

国家健康服务平台是为全民提供免费健康在线咨询服务的网络平台。它将集成健康生活行为指南、健康营养指南、健身运动指南、健康中国人、家庭医生（人工智能全科医生）、健康百科知识、医院指南、急救指南、孕产妇指南、育儿指南、健康老人指南、残疾人生活指南、"健康高铁"的服务平台和主干线路等。

(6) 健康教育的现代化

健康教育既是国民教育体系的组成部分，也是健康服务体系的组成部分。全面推进健康普及教育、健康职业教育、健康高等教育和健康继续教育的现代化。

13. 全面改善健康环境，加速健康环境现代化，建设健康美丽新家园

健康长寿，环境必美。健康环境是健康生活的重要基础。健康环境涉及生态环境、社会环境和经济环境等。改善健康环境，需要全社会的支持和参与。

实施健康环境改善计划，建设健康城镇和乡村。全面提升食品安全水平，为国民提供放心食品。全面提高公共健康安全水平。

14. 实施健康能力提升工程,加速健康治理现代化,实现"优质公平可持续"

健康长寿,政府有责。提升国家健康能力,实现"健康服务全覆盖、优质公平可持续",是政府部门的首要职责。健康能力提升工程,坚持"以人为本、公平优先、需求导向、适度超前"的原则,主要从健康服务和健康治理方面提升健康能力;建立和完善分工合作制国民健康体系,实现人人享有优质、公平、可持续的健康服务。

(1) 提升健康服务能力,提供全方位的健康服务

健康服务能力主要包括公共卫生服务、医护服务和健康保险服务的服务能力。

其一,提升公共卫生服务能力,推进基本公共卫生服务均等化。其二,提升医护服务的服务能力,推进"健康扶贫"。其三,提升健康保险的服务能力。其四,实施健康人才强国工程。其五,实施健康服务信息化工程,建设"健康大数据"。其六,完善健康用品供应体系,建设"健康物联网"。其七,建立药品成本免费登记制度。其八,推进健康基础设施现代化。其九,促进健康社会组织(NGO)的有序发展。

实施健康创新工程。抓住新生物学和新医学革命的战略机遇,构建面向世界前沿和国家需求的健康创新体系,促进健康科技的全面发展。重点关注再生医学、仿生医学、精准医学、医用生物技术、医用信息技术和手术机器人等领域的前沿发展。

(2) 提升健康治理能力,完善健康监管体系

提升健康治理能力是政府的主要职责,需要多部门的协作。其一,完善健康治理体制。其二,提高健康体系监管能力。其三,提高卫生行政执法能力。其四,增加公共健康投入,公共健康支出占健康支出比例,2050年达到80%左右。

(3) 适度发展健康产业,坚守健康服务的公益性

健康服务和健康保障既有公益性,也有市场性。规范健康服务和健康保障的公益性,适度发展健康产业,有利于提高人民健康水平。市场性健康产业,必须尊重生命,诚实守信,兼顾公益性。其一,支持民营医护机构的发展。其二,支持商业健康服务的发展。其三,探索健康服务的新业态。

15. 实施"中国健康高铁工程",建设高水平的国民健康体系和健康长寿社会

"中国健康高铁工程"是一项系统工程,是中国"健康高铁"战略的诸多政策举措的系统集成和工程化设计。从系统工程角度看,"健康高铁"是以健康基础设施、健康物联网、健康大数据和健康服务网等为基础的"健康高速运行系统"。"中国健康高铁工程"建设,大致可以分两期建设,一期工程可以在三个层次协同推进(图C)。

(1)"健康高铁"的物理基础设施建设

健康物理基础设施是"健康高铁"的物理基础(硬件设施),如健身场所、公共卫生设施、医护机构、健康保险机构、健康教育和科研机构、健康监管机构等。在前5条(第10~14条)中提出的政策举措,部分属于健康物理基础设施建设。

(2)"健康高铁"的信息和知识基础设施建设

健康信息和知识基础设施是"健康高铁"的信息基础(软件设施),如健康生活指南、健康营养指南、健身指南、健康服务指南、健康服务网络平台、健康大数据、健康物联网、

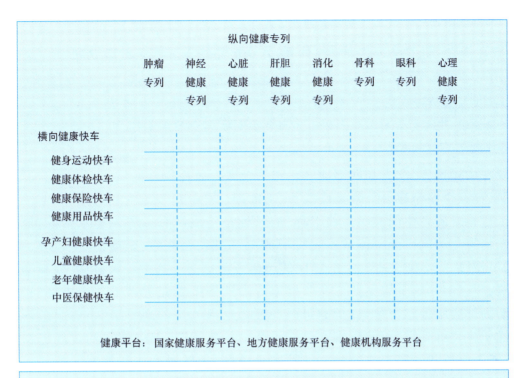

图 C "中国健康高铁工程"的系统结构(一期工程)

健康标准和健康法规等。在前5条(第10～14条内容)中提出的政策举措,部分属于健康信息和知识基础设施建设。

(3) "健康高铁"的服务平台体系和主干线路体系建设

"健康高铁"的服务平台体系,大致按三级设置和建设。

- 国家健康服务平台:健康高铁的国家总站,由中国医学科学院负责研制和维护。
- 地区健康服务平台:健康高铁的地区分站,由地区医学高等院校负责研制和维护。
- 健康机构服务平台:健康高铁的单元基站,由健康服务提供方按统一标准研制和维护。

"健康高铁"的主干线路体系,按"纵横"两个维度进行规划和建设。

- 横向干线:健康快车主干线。根据不同人群的健康需求,设立健康快车,提供便捷、公平、优质的健康服务,包括"健康指南、健康咨询、健康预约、健康服务、满意退出和电子档案"的一条龙服务。
- 纵向干线:健康专列主干线。根据不同器官的健康需求,设立健康专列,提供精准、高效、优质的健康服务,包括"健康指南、健康咨询、健康预约、健康服务、满意退出和电子档案"的一条龙服务。
- 无缝衔接:健康快车主要提供健康生活服务、公共卫生服务和初级医疗服务等,健康专列主要提供专科医护服务、综合医护服务、手术治疗服务等,两者有分工有交叉,建立两者之间的合作和转轨衔接机制,形成无缝衔接的健康服务网络。

"健康高铁"一期工程的健康干线体系:八条健康快车和八条健康专列:

- 健康快车:健身运动快车、健康体检快车、健康保险快车、健康用品快车、孕产妇健康快车、儿童健康快车、老年健康快车、中医保健快车等。
- 健康专列:肿瘤专列、神经健康专列、心脏健康专列、肝胆健康专列、消化健康专列、骨科专列、眼科专列、心理健康专列等。

建议在中国南方、北方和西部地区各选一个医疗条件较好的城市,先行启动"健康高铁工程"。这三个城市建议分别是武汉市、天津市、西安市。

从工程角度看,"中国健康高铁工程"的目标是建成具有世界先进水平的"健康高铁系统",即信息化的国民健康体系。它将形成"大健康、长寿命、全周期、全覆盖、高质量、可支付、可持续、一卡通、一条龙"的国民健康体系新形态。其中,"大健康"指覆盖健康的全部因素,"长寿命"指平均预期寿命和健康寿命达到世界先进水平,"全周期"指提供全生命周期的健康服务,"全覆盖"指健康服务覆盖全部人口,"高质量"指健康生活和健康服务的优质化,"可支付"指健康成本可以承受,"可持续"指健康体系的发展可持续,"一卡通"指健康服务和健康支付的"一卡通","一条龙"指健康生活和健康服务的"一条龙"服务。

关于"新生物学和再生革命"对中国健康现代化的影响,需要专题研究。

四、世界和中国现代化评价

1. 2014年世界现代化水平

首先,整体水平。2014年美国等29个国家进入第二次现代化,中国等99个国家处于第一次现代化,乍得等3个国家处于传统农业社会,还有一些原始部落。

其次,国际体系。根据第二次现代化指数的国家分组,2014年美国等20个国家为发达国家,俄罗斯等26个国家为中等发达国家,中国等34个国家为初等发达国家,肯尼亚等51个国家为欠发达国家。

其三,世界前沿。2014年第二次现代化指数排世界前10名的国家是:瑞典、新加坡、荷兰、美国、丹麦、芬兰、瑞士、日本、比利时、挪威。

2. 2014年中国现代化水平

2014年中国是一个发展中国家,具有初等发达国家水平(发展中国家的中间水平)。2014年中国第一次现代化指数为99,排名世界131个国家的第51位;第二次现代化指数和综合现代化指数分别为45和42,排名第51位和第63位。

3. 2014年中国地区现代化水平

首先,整体水平。2014年北京等5个地区进入第二次现代化,天津等29个地区处于第一次现代化,局部地区属于传统农业社会。

其次,水平结构。根据第二次现代化指数分组,2014年中国多数地区属于发展中地区；北京、上海、香港、澳门和台湾5个地区的部分指标达到发达国家水平，天津、江苏、广东、浙江、山东、辽宁、陕西、福建和重庆9个地区的部分指标达到中等发达国家水平，吉林等19个地区具有初等发达水平的特征。

其三，前沿水平。2014年中国内地地区现代化的前沿已经进入第二次现代化的发展期，地区现代化的前沿水平接近发达国家的底线，部分指标达到发达国家的底线。例如，2014年北京和上海的部分指标接近或达到意大利和西班牙的水平。

五、结束语

"健康中国"大致有三层含义。首先，它是一个发展目标，是人民健康和长寿水平达到世界先进水平的中国。其次，它是一种生活方式，是人人拥有健康观念和健康生活，家家享有健康服务和健康保险的生活方式。其三，它是一种发展理念，是"把人民健康放在优先发展的战略地位，把健康融入所有政策，努力实现全方位和全周期保障人民健康"的发展理念。全面建设健康中国，全面建成健康长寿社会，既是中国健康现代化的核心目标，也是一项社会工程，需要全民动员和全员参与，需要群策群力和共建共享。不同地区有不同特点，其健康现代化需要专题研究。

根据现代化科学的基本原理和国际经验，20世纪60年代以来，国家现代化成为一项复杂的系统工程，涉及方方面面，其中，人的现代化是核心，制度现代化是本质，器物现代化是外观。在过去30多年里，中国现代化是"以经济建设为中心"的现代化，大致属于以工业经济和工业社会为导向的经典现代化。目前中国工业化进程已经接近完成。在未来30多年里，中国现代化需要战略升级，需要向"以生活质量为中心"的现代化转型；这种现代化是以知识经济和知识社会为导向的新型现代化。健康现代化是新型现代化和人的现代化的坚实基础。

何传启

国际欧亚科学院院士

中国现代化战略研究课题组组长

中国科学院中国现代化研究中心主任

2017年4月20日

上 篇
健康现代化研究

人,既是现代化的行为主体,也是现代化的受益者。

健康既是人的基本权利,也是人类发展的生理基础。

没有健康现代化,就没有人的现代化和国家现代化。

国家现代化是一项复杂的系统工程,涉及方方面面,其中,人的现代化是核心,制度现代化是本质,器物现代化是表象。人的现代化包括人的健康、素质、行为和观念的现代化;其中,健康和素质现代化是基础,观念现代化是本质,行为现代化是表现形式。

健康现代化研究大致有三个视角。其一,从健康治理角度进行研究。其二,从健康服务供给角度进行研究。其三,从健康服务消费角度进行研究。通俗地说,就是从政府角度、医院角度、社会角度(需求角度)进行分析。本《报告》从社会需求和消费角度研究健康现代化(图一),它既是健康现代化研究的一个视角,也是研究人的现代化的一个重要方面。

图一 健康现代化的路线图

注:人类文明曾经发生过四次革命,文明中轴发生了三次转换,形成四个时代和四种基本社会形态,每个时代和每种社会的生产力结构不同,坐标的刻度不同。结构刻度采用劳动力结构数值:原始社会为非狩猎采集与狩猎采集劳动力之比,农业社会为非农业与农业劳动力之比,工业社会为工业与非工业劳动力之比,知识社会为非知识产业与知识产业劳动力之比。圆圈代表工具制造革命、农业革命、工业革命和知识革命(包含信息革命和生态革命)等。

第一章　世界健康现代化的基本事实

健康是人的基本权利,是人生的首要财富。健康长寿是人类发展的一个核心目标,是世界人民的一个共同愿望,是国家发达的一个重要标志。健康现代化是18世纪以来人类健康发展的世界前沿,以及追赶、达到和保持世界前沿水平的行为和过程。形象地说,世界范围的健康现代化,犹如一场人类健康发展的国际马拉松比赛;跑在前面的国家为健康发达国家,其他国家为健康发展中国家,两类国家之间可以转换(图1-1),地位转换有一定规律性。目前,健康体系是一个复杂大系统,健康现代化是一项系统工程(图1-2)。

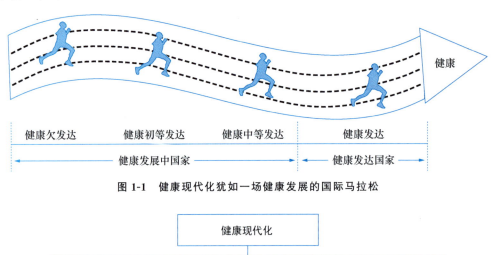

图1-1　健康现代化犹如一场健康发展的国际马拉松

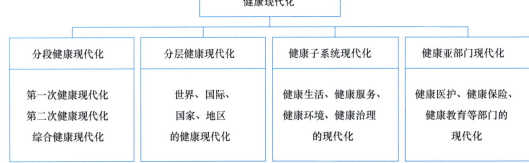

图1-2　健康现代化的研究对象

注:综合健康现代化是两次健康现代化的协调发展,是发展中国家健康现代化的一条基本路径。

第一节　健康现代化的研究方法

健康现代化研究以国家为基本研究单元,它可以合理延伸到世界和地区层面;健康现代化研究的地理范围,可以是世界、国家或地区等,健康现代化与领域现代化、分段现代化和分层现代化有交叉(表1-1)。

表 1-1 健康现代化的研究范围与研究单元的研究矩阵

		研究范围(Scale)		
		全球范围	国家范围	地区范围
研究单元（Unit）	世界	世界层面的健康现代化	—	—
	国家	全球范围的国家健康现代化	某国的健康现代化	—
	地区	全球范围的地区健康现代化	某国的地区健康现代化	某地的健康现代化

一、健康现代化的基本概念

健康现代化是现代化的一种表现形式，健康现代化研究是现代化研究的一个重要分支。以 18 世纪初为起点，可以从历史进程、客观现实和未来前景三个角度进行健康现代化研究。

1. 健康现代化的词义分析

健康现代化包含两个单词：健康和现代化。

(1) 什么是健康

关于健康，不同的学科有不同的理解。有学者从生物医学的角度出发，认为传统意义上的健康是指一个人没有任何的临床症状和体征；而经济学家往往用无病天数来表示健康，或者用有病时间内发生的直接和间接费用来估算健康损失的风险；社会学家则立足人们在社会中的角色及承担其角色所规定的职责的能力来诠释健康（梁君林，2006）。

1948 年世界卫生组织（WHO）提出健康的三维定义，即"健康不仅仅是没有疾病和虚弱，而且是身体的、心理的和社会适应的良好状态"。1989 年世界卫生组织又将健康的概念调整为四维定义："健康不仅是没有疾病和虚弱，而且是身体的、精神的、道德的和社会适应的良好状态"（张亮，胡志，2013）。随着时代发展，健康概念在不断演进（图 1-3）。

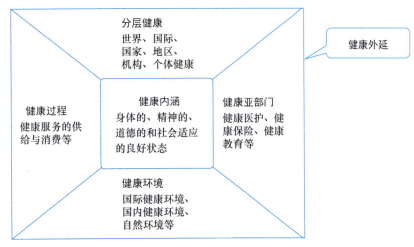

图 1-3 健康内涵和外延的操作性界定

(2) 什么是现代化

现代化科学认为：现代化既是一个世界现象，也是一种文明进步，同时还是一个发展目标。作为一种世界现象，现代化是 18 世纪工业革命以来人类发展的世界前沿，以及达到和保持世界前沿的过程。作为一种文明进步，现代化是从传统文明向现代文明的范式转变，它包括现代文明的形成、发展、转型和国际互动，文明要素的创新、选择、传播和退出，以及追赶、达到和保持世界先进水平的国际竞争和国际分化;达到和保持世界先进水平的国家是发达国家,其他国家是发展中国家,两类国家之间可以转换。作为一个发展目标,已经现代化的国家要保持现代化水平;尚未现代化的国家要早日实现现代化。

(3) 什么是健康现代化

现代化科学认为:从政策角度看,健康现代化是18世纪工业革命以来人类健康发展的世界前沿,以及达到和保持世界前沿的行为和过程。健康现代化包括现代健康的形成、发展、转型和国际互动,健康要素的创新、选择、传播和退出,以及追赶、达到和保持世界健康先进水平的国际竞争和国际分化;达到和保持世界先进水平的国家是健康发达国家,其他国家是健康发展中国家,两类国家之间可以转换。

如果把健康看成是一个部门,健康现代化是健康部门的现代化。如果把健康看成是一个领域,健康现代化是健康领域的现代化。如果把健康看成是一个系统,健康现代化是健康系统的现代化。

2. 健康现代化的研究对象

显而易见,健康现代化现象是健康现代化研究的研究对象。

健康现代化现象是18世纪以来的一个历史现象,包括健康的变迁和健康的国际竞争等,但是,并非所有的健康变迁和健康国际竞争都属于健康现代化。一般而言,健康现代化研究重点关注18世纪以来健康变迁的世界前沿、达到前沿的过程和国际竞争(图1-4)。

图1-4 健康现代化的研究对象(示意图)

具体而言,健康现代化的研究对象包括世界、国家和地区的健康现代化,包括健康子系统和亚部门的现代化、健康与现代化的互动等(图1-2)。

3. 健康现代化的研究内容

健康现代化现象是一种复杂的世界现象,可以和需要从不同角度进行研究。根据研究的目的和性质的不同,可以对健康现代化研究的研究内容进行分类(表1-2)。

表1-2 健康现代化研究的研究内容分类

分类的依据	研究内容的描述
概念研究	现代健康的世界前沿的形成、发展、转型、国际互动 现代健康要素的创新、选择、传播、退出等
过程和行为研究	四个方面:健康现代化的过程、结果、动力、模式 四个要素:健康行为、结构、制度、观念的现代化 不同角度:健康生活、健康服务、健康环境、健康治理的现代化 相互作用:健康不同系统、不同要素的相互作用等
结果研究	四种结果:健康现代化的现代性、特色性、多样性、副作用 四种分布:健康现代化的地理结构、国际结构(水平结构)、人口结构、系统结构等
研究问题	理论问题:健康现代化的世界前沿、长期趋势、文明转型、国际分化等 应用问题:健康现代化的国际竞争、国际经验、国际追赶、前沿创新等

分类的依据	研究内容的描述
研究性质	基础研究：健康发展的世界前沿和前沿变化的特征和规律，健康发达的科学原理等 应用研究：达到和保持世界健康现代化前沿的方法和途径，健康发达的基本方法等 开发研究：健康现代化的战略、规划和政策等

4. 健康现代化研究的研究矩阵

首先，研究范围与研究单元的研究矩阵。一般而言，健康现代化的实证研究，需要明确研究范围和研究单元，它们可以组成一个研究矩阵（表1-1）。研究范围可以是全球、国家或地区范围等，研究单元可以是世界、国家或地区等。国家是现代化研究的基本单元。

其次，研究对象与研究内容的研究矩阵。健康现代化的研究对象包括健康生活、健康服务、健康环境和健康治理的现代化等；研究内容包括健康行为、结构、制度和观念的现代化等。它们可以组成一个结构矩阵（表1-3）。

表1-3 健康现代化研究的结构矩阵

研究内容		研究对象		
		健康	健康生活、健康服务、健康环境、健康治理	世界、国家、地区健康
		健康现代化	四个健康子系统的现代化	三个层次的健康现代化
要素	行为结构制度观念	健康行为、健康结构、健康制度和健康观念的现代化	四个健康子系统的健康行为、健康结构、健康制度和健康观念的现代化	三个层次的健康行为、健康结构、健康制度和健康观念的现代化
方面	过程结果动力模式	健康现代化的过程、结果、动力和模式	四个健康子系统的现代化的过程、结果、动力和模式	三个层次的健康现代化的过程、结果、动力和模式

注：健康生活涉及健康观念、健康行为、健康营养、健康状况等。健康服务涉及健康医护、公共卫生服务、健康保险服务、健康人力资源、健康基础设施等。健康环境涉及健康生态环境、健康社会环境、健康国际合作等。健康治理涉及健康监管、健康科技、健康用品、健康产业等。健康现代化的研究内容还有许多，例如，分段健康现代化、健康亚部门现代化、健康前沿分析、健康趋势分析、健康前沿过程分析、健康追赶过程分析、国际竞争分析、国际健康差距分析、健康现代化要素和不同领域之间的相互作用等。

其三，健康现代化与分领域和分层次现代化的交叉（表1-4）。一般而言，现代化科学包括分领域现代化和分层次现代化研究，健康现代化研究包括健康部门、亚部门和健康子系统现代化研究等。它们可以组成一个研究矩阵，反映了健康现代化研究的交叉性。

表1-4 健康现代化与分领域和分层现代化的交叉

部门现代化	分领域现代化						分层次现代化		
	经济现代化	社会现代化	政治现代化	文化现代化	生态现代化	人的现代化	世界和国际现代化	国家现代化	地区现代化
健康现代化	*	*	*	*	*	*	*	*	*
健康生活		*		*	*	*	*	*	*
健康服务	*	*		*	*	*	*	*	*
健康环境		*		*	*	*	*	*	*
健康治理	*	*	*	*			*	*	*

注：* 表示该部门现代化与主要的领域和层次现代化的交叉。

二、健康现代化的研究方法

健康现代化研究是现代化研究的一个组成部分,可以沿用《现代化科学》的研究方法。

1. 健康现代化研究的方法论

健康现代化研究,可以采用现代化科学的方法论,大致有五种研究视角和方法论。

首先,从科学角度研究健康现代化,可以采用实证主义的研究方法,揭示健康现代化的客观事实和基本规律,建立客观的和没有偏见的因果模型。

其次,从人文角度研究健康现代化,可以采用阐释主义的研究方法,描述健康现代化的意义和关联,建构健康现代化现象的话语和理念。

其三,从政策角度研究健康现代化,可以采用现实主义的研究方法,归纳健康现代化现象的因果关系和价值导向,提出健康现代化的解释模型和政策建议。

在现代化科学里,实证研究、阐释研究和实用研究的区分是相对的,有些时候会交替采用三种方法论,有些时候会同时采用三种方法论。一般而言,实证研究提供现代化现象的事实和原理,阐释研究提供现代化现象的意义和关联,实用研究提供现代化现象的选择和建议。

其四,从未来学角度研究健康现代化,分析健康现代化的趋势,预测它的未来。

其五,从批判角度研究健康现代化,分析和批判健康现代化的现行理论、实践和失误,提出改进的对策和建议等。

2. 健康现代化研究的主要方法

健康现代化研究是一种交叉研究,自然科学和社会科学的诸多研究方法,都可以作为它的研究方法。例如,观察、调查、模拟、假设、心理分析、统计分析、定量分析、定性分析、模型方法、理论分析、比较分析、历史分析、文献分析、过程分析、情景分析和案例研究等。

健康现代化研究有许多的研究类型,不同研究类型可以采用不同研究方法(表1-5)。

表1-5 健康现代化研究的主要类型

编号	类型	特点和方法
1	事后分析	在健康现代化现象发生后进行研究,是对现代化进程和结果的研究
2	事先分析	在健康现代化现象发生前进行研究,是对现代化前景和战略的研究
3	系统分析	从健康现代化的源头到末尾进行系统研究。健康现代化的源头是创新,健康现代化的末尾是健康现代化的结果。从创新到现代化的系统研究,是一种多学科的交叉研究
4	单维研究	对健康现代化进行单维度、单学科的研究
5	交叉研究	对健康现代化进行两维度或多维度、跨学科的交叉研究
6	综合研究	对健康现代化进行多维度、多学科的综合研究
7	历史研究	健康现代化的历史研究,时序、截面、过程、前沿、范式、文献、历史和案例研究等
8	现实研究	健康现代化的现状研究,层次、截面、统计、比较、前沿分析、社会调查、案例研究等
9	前景分析	健康现代化的前景分析,回归、趋势分析、线性和非线性外推、目标逼近和情景分析等

健康现代化现象的前沿分析。前沿分析包括健康现代化的世界前沿的识别、比较和变化分析等。通过分析世界前沿的特征、水平和变化等,研究健康前沿的变化规律和健康发达的基本原理。

健康现代化现象的过程分析。过程分析包括健康现代化过程的类型、阶段、特点、内容、原理、动力、路径和模式分析等(图1-5)。健康现代化过程的阶段分析,旨在识别和描述它的主要阶段和阶段特征等,分析方法包括定性和定量分析等。它的阶段划分,应该与社会现代化过程的阶段划分相协调。

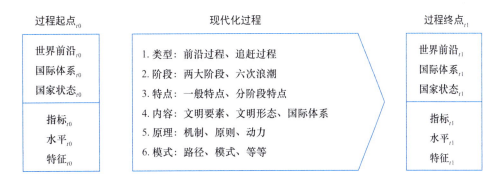

图 1-5　现代化现象的过程分析

注：文明要素包括文明的行为、结构、制度和观念等。
资料来源：何传启，2010.

健康现代化过程的结果分析。过程的结果与它的时间跨度紧密相关，与起点截面和终点截面（或分析截面）紧密相关（图 1-6）。在不同历史截面，健康现代化的世界前沿、国际体系和国家状态有所不同，它的指标、水平和特征有所不同；通过两个截面的宏观和微观层次的比较，可以分析在两个截面之间的健康现代化的主要结果。截面比较包括定量和定性比较等。一般而言，健康现代化过程的结果是时间的函数，健康现代性是时间的函数。

图 1-6　现代化过程的结果分析

注：从起点截面$_a$到终点截面$_b$，现代化过程的主要结果包括：① 宏观变化，如世界前沿、国际体系和国家状态的变化等；② 微观变化，如指标变化（新增的指标、消失的指标）、水平变化（原有指标的水平变化、新增指标的水平变化）和特征变化（新增的特征、消失的特征）等，包括健康的现代性、特色性、多样性和副作用等。健康现代化过程的有些变化，有可能消失在过程中，在结果里没有体现。
资料来源：何传启，2010.

在起点截面$_a$和终点截面$_b$之间，健康现代化进程的结果＝截面$_b$－截面$_a$。

简化的数学表达式：$f_{b-a}=f_b-f_a$

其中，f 为健康现代化状态函数，f_{b-a} 为状态变化，f_b 为截面$_b$的状态，f_a 为截面$_a$的状态。

三、健康现代化的系统分析法

现代化研究的系统分析方法是《现代化科学》的一种常用方法，它主要包括三个步骤和六个部分（表 1-6）。其主要特点是：时序分析与截面分析相结合，定量分析与定性分析相结合，分析方法和结果表达的模型化、图形化、数量化、系统性、实证性和科学性等。三个步骤和六个部分相互关联和相互支持，形成现代化的连续的、系列的时间坐标图和截面分布图，从而相对直观和系统地刻画现代化的进程和分布。这种方法可应用于健康现代化研究。

表1-6 现代化研究的系统分析方法

序号	主要步骤	六个部分	注释
1	建立坐标系	现代化的坐标体系	确定坐标系的横坐标和纵坐标
2	变量分析	范式分析、定量评价、时序分析和截面分析	分析现代化的各种变量
3	表达结果	现代化的坐标图和路径图	将分析结果标记到坐标系上

资料来源:何传启,2010.

1. 建立健康现代化的坐标体系

健康现代化的坐标体系是坐标分析的核心内容,包括健康变迁和健康现代化的时间表、周期表、坐标系和路线图等。健康变迁和健康现代化的坐标系由横坐标和纵坐标组成。横坐标可以是历史时间、文明时间等,纵坐标可以是健康现代化水平、健康现代化指标水平等。文明时间是根据人类文明的"前沿轨迹"所标识的一种时间刻度(表1-7)。

表1-7 文明时间与历史时间的对照表

文明时间	历史时间(大致时间)	文明时间	历史时间(大致时间)
原始文化时代	250万年前~公元前3500年	工业文明时代	1763~1970年
起步期	250万年前~20万年前	起步期	1763~1870
发展期	20万年前~4万年前	发展期	1870~1913
成熟期	4万年前~1万年前	成熟期	1914~1945
过渡期	1万年前~公元前3500年	过渡期	1946~1970
农业文明时代	公元前3500年~公元1763年	知识文明时代	1970~2100年
起步期	公元前3500年~前500年	起步期	1970~1992
发展期	公元前500年~公元500年	发展期	1992~2020
成熟期	公元500年~1500年	成熟期	2020~2050
过渡期	1500年~1763年	过渡期	2050~约2100

注:历史时间指自然的物理时间,文明时间指根据人类文明的"前沿轨迹"所标识的一种时间刻度。
资料来源:何传启,2010.

在世界上,不同国家都采用统一的历史时间,但是,在同一历史时间,不同国家可能处于不同的文明时间。历史时间好比人的生物年龄,文明时间好比人的生理年龄。对于走在人类文明前列的国家,文明时间可能与历史时间是一致的;对于后进国家,文明时间与历史时间是不一致的。例如,2000年,美国处于知识文明时代,一些非洲国家处于农业文明时代。

如果将健康现代化进程评价、时序分析、截面分析、范式分析和一般过程分析的结果,标记在健康现代化的坐标系里,就可以构成健康现代化的坐标图、路线图等。健康现代化的坐标图和路线图,既有基本图,也有分阶段、分层次、分部门、分专题和分指标的分解图,它们组成一个健康现代化的坐标图和路线图的系统,全方位地表征健康现代化的进程和分布。

2. 健康现代化的系统分析的四种方法

(1) 健康现代化研究的范式分析

一般而言,健康现代化研究不仅要有单要素分析,而且要有整体分析。不能只见树木不见森林。健康现代化研究的整体分析,就是分析它的整体变化。那么,如何分析健康现代化的整体变化呢?目前没有通用方法。现代化研究,借鉴科学哲学的"范式"概念,分析现代化的"范式"变化,建立现代化研究的范式分析。它适用于健康现代化研究。

美国科学哲学家库恩在《科学革命的结构》一书中提出了"范式"的概念，认为成熟科学的发展模式是"范式Ⅰ——科学革命——范式Ⅱ"。简单地说，范式指科学共同体公认的范例，包括定理、理论和应用等。在科学发展史上，一种范式代表一种常规科学（成熟的科学），从一种范式向另一种范式的转变就是科学革命。在科学哲学领域，尽管还存在争议，范式和科学革命被认为是解释科学进步的一种有力理论。

借鉴库恩的"范式"思想，可以把与经济、社会、政治、文化、环境管理和个人行为的典型特征紧密相关的"文明类型"理解为一种"文明范式"（表1-8）。依据这种假设，文明发展可以表述为"文明范式Ⅰ——文明革命（文明转型）——文明范式Ⅱ"，或者"文明类型Ⅰ——文明革命（文明转型）——文明类型Ⅱ"。这样，可以抽象地认为，文明发展表现为文明范式的演变和交替，现代化表现为现代文明范式的形成和转变。反过来说，可以用文明范式和范式转变为分析框架，讨论文明特征和现代化特征的定性变化。

表1-8 人类历史上的文明范式及其代表性特征

项目	原始文明	农业文明	工业文明	知识文明
历史时间	人类诞生至 公元前3500年	公元前3500年至 公元1763年	公元1763年至 1970年	1970年至 约2100年
经济特征	狩猎采集	农业经济	工业经济	知识经济
社会特征	原始社会	农业社会	工业社会	知识社会
政治特征	原始民主	专制政治	民主政治	多元政治
文化特征	原始文化	农业文化	工业文化	网络文化
个人特征	部落生活方式	农村生活方式	城市生活方式	网络生活方式
环境特征	自然崇拜 部落互动	适应自然 国际关系等	征服自然 国际战争等	人与自然互利共生 国际依赖等

注：本表的四种文明范式分类，是文明范式分类的一种分类方式。
资料来源：何传启，2010.

健康现代化研究的范式分析，可以参考现代化研究的文明范式分析。依据社会生产力水平和结构进行分类，人类健康事业发展大致有四个阶段：原始社会、农业社会、工业社会和知识社会的健康（1-9）。它们既是健康变迁的不同历史阶段的形态，又同时存在于现今世界。

表1-9 人类历史上的健康范式及其代表性特征

项目	原始社会的健康	农业社会的健康	工业社会的健康	知识社会的健康
历史时间	人类诞生至 公元前3500年	公元前3500年至 公元1763年	公元1763年至 1970年	1970年至 约2100年
健康生活	烹制食物	强身、养生	营养、预防、健身	预防为主、全民参与
健康服务	巫术	传统医药	现代医疗、大众服务	智慧医护、定制服务
健康环境	自然、部落	居住环境	公共卫生、安全饮水	绿色家园、生态平衡
健康治理	—	多元并存*	医疗体系、医疗监管	健康体系、全球治理

注：本表四种健康范式分类，是健康范式分类的一种分类方式。反映健康变迁的世界前沿的轨迹。
*指官办医疗、宗教医疗服务、民间医生并存。

一般而言，健康变迁是不同步的，国家内部发展也是不平衡的。例如，当某个国家进入工业社会的健康状态时,它的内部可以存在一些比工业社会的健康状态更低或者更高水平的健康形态。

(2) 健康现代化研究的定量评价

健康现代化是一种健康变化,包括定性变化和定量变化。其中,定量变化可以定量评价。例如,《中国现代化报告》提出了一批现代化过程的定量评价模型,包括第一次现代化、第二次现代化、综合现代化、地区现代化、经济现代化、社会现代化、文化生活现代化、生态现代化和国际现代化等的评价方法,并完成1950年以来131个国家的现代化定量评价。健康现代化的定量评价,已经有大量的研究文献。

(3) 健康现代化研究的时序分析

健康现代化研究的时序分析是现代化坐标分析的重要内容。它旨在通过分析比较健康现代化的时间系列数据、特征、资料和变化,揭示健康现代化的长期趋势及其变化规律。时序分析主要用于健康现代化的历史进程研究,可以作为一种趋势分析。

首先,选择分析指标。一般选择关键指标进行分析。可以从三个方面选择:健康现代化的综合指标,健康行为、结构、制度和观念现代化,健康供给、流通、需求、科技、环境和农民现代化等。行为和结构指标,多数是定量指标;制度和观念指标多数是定性指标。

其次,选择分析的国家样本。目前,世界上有190多个国家。如果条件许可,可以对每一个国家进行时序分析。如果条件不许可,或者根据研究目的,可以选择若干国家进行时序分析。《中国现代化报告》选择15个国家作为分析样本(表1-10)。包括8个发达国家和7个发展中国家,它们的国民收入(GNI)约占世界总收入的73%,人口约占世界总人口的60%。这些分析样本,与经济、社会、文化和生态现代化研究的时序分析的国家样本是一致的。

表1-10 健康现代化的时序分析的国家样本(2015年)

国家	人均收入/美元	国民收入占世界比例/(%)	人口占世界比例/(%)	国家	人均收入/美元	国民收入占世界比例/(%)	人口占世界比例/(%)
美国	54 960	23.05	4.38	俄罗斯	11 400	2.18	1.96
日本	36 680	6.08	1.73	墨西哥	9710	1.61	1.73
德国	45 790	4.86	1.11	巴西	9850	2.67	2.83
英国	43 340	3.68	0.89	中国	7820	13.99	18.66
法国	40 580	3.54	0.91	印度尼西亚	3440	1.16	3.51
澳大利亚	60 070	1.86	0.32	印度	1590	2.72	17.85
意大利	32 790	2.60	0.83	尼日利亚	2820	0.67	2.48
加拿大	47 500	2.22	0.49	合计	—	72.89	59.66

数据来源:World Bank, 2016.

其三,选择分析的时间范围。一般的时间跨度约为300年(1700年至今)。

其四,采集和建立分析指标的时序数据和资料。一般而言,定量指标采用权威部门的统计数据或著名学术机构的相关数据;定性指标应采用比较科学客观的研究资料。

其五,系统分析现代化的定量指标的变化和长期趋势等。

其六,系统分析现代化的定性指标的长期趋势和特征等。

(4) 健康现代化研究的截面分析

健康现代化研究的截面分析是现代化坐标分析的重要内容。它旨在通过分析比较健康现代化的不同时间截面的数据、特征、资料和变化,揭示或阐释健康现代化的结构特征及其规律等。截面分析主要用于健康现代化的现状研究和历史进程研究。

首先,选择分析变量。同时序分析一样,从三个方面选择关键指标进行分析。

其次,选择分析国家和国家分组(表 1-11)。世界范围的健康现代化研究的截面分析,可以包括全部国家(有数据的国家)。为便于表述截面特征,可以对国家进行分组,并计算每组国家的特征值。除按国家经济水平分组外(根据人均国民收入对国家分组),还可以按国家现代化水平和健康现代化水平分组。

表 1-11 2014 年截面分析的国家分组

分组号		1	2	3	4	5	6	7	8	9	合计
分组标准	人均国民收入/美元	小于701	701~1000	1001~3000	3001~6000	6001~10 798	10 799~20 000	20 001~40 000	40 001~60 000	大于60 000	—
分组结果	国家/个	11	12	26	20	17	18	8	14	5	131
	人均国民收入/美元	424	798	1697	4300	7962	14 052	27 409	47 998	75 168	—

注:数据来自世界银行 2016。2016 年人均国民收入的世界平均值为 10 799 美元,高收入国家平均值为 38 301 美元,中等收入国家平均值为 4681 美元,低收入国家平均值为 628 美元。

其三,选择分析截面。可以根据研究目的和需要选择截面。

其四,采集和建立分析指标的截面数据和资料。一般而言,定量指标采用权威部门的统计数据或著名学术机构的相关数据;定性指标应采用比较科学客观的研究资料。

其五,定量分析需要计算每组国家某个变量的"特征值"。计算方法大致有三种:"中值法""平均值法"和"回归分析法"。《中国现代化报告》采用第二种方法——算术平均值法。

$$X_{ij} = \sum x_{ij}/n_{ij}$$

其中,X_{ij} 为第 i 组国家第 j 个变量的"特征值";$\sum x_{ij}$ 为第 i 组国家第 j 个变量的每个国家的数值的加和;n_{ij} 为国家个数,即第 i 组国家第 j 个变量的具有数据的国家个数。

其六,单个截面的系统分析。主要分析截面的结构特征、水平特征和性质特征,包括国家经济水平与现代化变量的截面"特征关系"和统计关系,制度和观念的截面特征等。关于截面特征的分析,可以是定性、定量或综合分析。

其七,多个截面的比较分析。两个或多个截面之间的比较,包括结构比较、水平比较、特征比较和性质比较等,还可以计算分析指标的变化速率等。

3. 健康现代化的系统分析的分析变量

(1) 选择分析变量的原则

由于健康现代化的研究对象非常复杂,一项研究不可能对它的所有方面和全部过程进行分析。比较合理和有效的方法是选择有限的关键变量进行分析。分析变量的选择,需要考虑三个因素:具有学术或政策意义,便于进行国际比较和分析,可以获得连续数据或资料。

(2) 分析变量的性质

健康现代化研究的分析变量,包括定量和定性指标、共性和个性指标(表 1-12)。定量指标,多数可以通过统计资料获得数据;没有统计数据的定量指标(新现象),需要专题研究。一般而言,制度和观念变化是定性指标,缺少统计数据,可以定性分析。有些时候,定性指标可以通过社会调查,转换成相应的定量指标。共性指标是反映健康现代化的共性、普遍特征和要求的指标,如健康和社会工作人员占就业总数的比例等,多数为定量指标。个性指标是反映健康现代化的个性、特殊性和多样性的指标,多数为定性指标,如健康制度等;部分为定量指标,如公立医院密度等。

表 1-12　健康现代化研究的分析变量的主要类型

类型		解释	举例
定量指标	综合指标	若干个单项指标经过模型计算合成一个综合指标	健康现代化指数
	总量指标	指标数值反映总量	人口
	人均指标	指标数值反映人均量	人均健康支出
	结构指标	指标数值反映结构比例	公共健康支出比例
	效率指标	指标数值反映单位产出	健康产业劳动生产率
	增长率指标	指标数值反映年度变化率	出生率
	前沿指标	指标数值反映世界先进水平	发达国家人均预期寿命
	平均指标	指标数值反映世界平均水平	世界平均人均预期寿命
	末尾指标	指标数值反映世界末尾水平	欠发达国家人均预期寿命
	差距指标	指标数值反映国际差距	婴儿死亡率的最大差距
定性指标	制度指标	制度的特征和变化	健康保险制度
	观念指标	观念的特征和变化	健康观念
两类指标	共性指标	反映健康现代化的共性、普遍特征和要求的指标	孕产妇死亡率
	个性指标	反映健康现代化的个性、特殊性和多样性的指标	公立医院密度

一般而言，人均指标、结构指标、效率指标和共性指标，可以用于健康现代化的定量评价；总量指标、增长率指标、定性指标和个性指标，可以用于健康现代化的特征分析。

(3) 分析变量的类型

健康现代化研究的分析变量，根据长期趋势和变化特点的不同，可大致分为八种类型。

① 上升变量：有些变量随时间而上升，其数值会发生短期波动。
② 下降变量：有些变量随时间而下降，其数值会发生短期波动。
③ 转折变量：有些变量经历上升和下降（或者下降和上升）两个阶段。
④ 波动变量：有些变量长期在一定范围内波动，运动没有明显的方向性，趋势很平缓。
⑤ 随机变量：有些变量的变化是随机的，趋势不明显。
⑥ 地域变量：有些变量的变化趋势存在明显的地域差异和多种形式，没有统一趋势。
⑦ 稳定变量：有些变量的变化幅度非常小，或几乎没有明显变化，如国土资源等。
⑧ 饱和变量：在上升或下降变量中，有些变量的数值已经饱和或接近饱和，数值不再发生变化或变化不大。例如，许多国家的安全饮水普及率已经达到100%。

此外，还可分为开放变量（数值没有极限）和极值变量（数值有极限）。

一般而言，上升和下降变量可以用于现代化评价，转折变量和波动变量用于政策分析。

本《报告》选择16类151个指标作为健康现代化研究的分析变量（表1-13）。

表 1-13　健康现代化的分析指标和分析变量

健康生活	指标数量	健康环境	指标数量
（1）健康观念	5个指标	（10）健康生态环境	4个指标
（2）健康行为	11个指标	（11）健康社会环境	8个指标
（3）健康营养	10个指标	（12）健康国际合作	2个指标
（4）健康状况	27个指标		

(续表)

健康服务	指标数量	健康监管	指标数量
（5）健康医护	29 个指标	（13）健康监管	12 个指标
（6）公共健康	9 个指标	（14）健康科技	3 个指标
（7）健康保险	3 个指标	（15）健康用品	6 个指标
（8）健康人力资源	15 个指标	（16）健康产业	3 个指标
（9）健康基础设施	4 个指标		

注：指标名称、解释和单位详见附表 1-1-1。

本《报告》研究的定量数据，集中采集于 2016 年 10 月；2017 年 3 月对部分指标数据进行了更新。

第二节　健康现代化的时序分析

健康现代化的时序分析，是对健康现代化的全过程的时间序列数据和资料进行分析，试图去发现和归纳健康现代化的客观事实和基本规律。本研究旨在立足需求方（Customer-orientated）视角，从健康生活、健康服务、健康环境和健康治理四个方面来分析研究健康现代化（图 1-7）。我们选择 15 个国家为分析样本，分析健康生活、健康服务、健康环境和健康治理的变迁，时间跨度约为 300 年（1700～2015 年），分析内容包括长期趋势、世界前沿、国际差距或国别差异等。本章第一节介绍了时序分析方法，本节讨论分析结果。

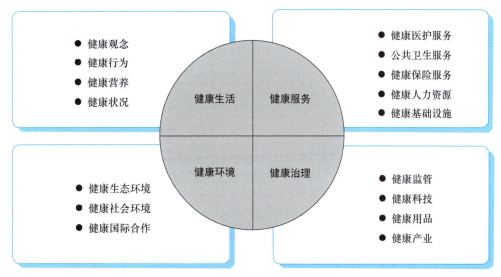

图 1-7　健康现代化的一种分析框架

注：关于健康生活、健康服务、健康环境和健康治理的归类划分是相对的，它们既相互交叉，又相互影响。

一般而言，健康现代化的时序分析需要鉴别健康变量的趋势和特征。根据它们的变化趋势，健康变量可以分为上升变量、下降变量、转折变量、波动变量和地域变量等；根据它们的发展极限，健康变量可以分为开放变量（图 1-8）和极值变量（图 1-9）；根据它们与健康水平的关系，健康变量可以分为水平变量、特征变量和交叉变量等（表 1-14）。其中，水平变量，反映健康的"发展水平"，具有很好的国际可比性和历史可比性；特征变量，反映健康的地理特点，不反映健康的发展水平，历史（纵向）可比性好，国际（横向）可比性差；交叉变量，同时与健康的发展水平和地理特点有关，历史可比性好，但国际可比性差。由于报告篇幅有限,我们选择少数指标为代表,用"图形"显示它们的变化趋势。

表1-14 健康变量的特点和分类

变量分类	变量的特点	变量的举例
水平变量	反映"发展水平",不反映国别特色。历史可比性好,国际可比性好	平均预期寿命等
特征变量	不反映"发展水平",反映国别特色。历史可比性好,国际可比性差	中医诊疗率等
交叉变量	反映"发展水平",反映国别特色。历史可比性好,国际可比性差	成人吸烟率等
上升变量	指标数值长期上升,短期波动,反映健康的"发展水平"	人均健康支出等
下降变量	指标数值长期下降,短期波动,反映健康的"发展水平"	婴儿死亡率等
转折变量	指标数值发生转折,先升后降,或先降后升,与"发展阶段"有关	人均酒精消费等
波动变量	指标数值不断波动,趋势不明显,与"发展状态"有关	失业率等
地域变量	指标数值与健康的"地理特征"有关,与"发展水平"没有关系	健康产业增加值占世界比重等
开放变量	指标的数值是开放的,与国家发展水平线性相关	人均健康支出等
极值变量	指标的数值存在极值,表现为一种逻辑斯蒂曲线形式	婴儿死亡率等

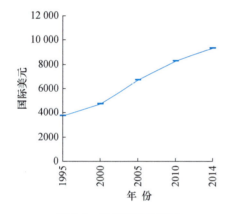

图1-8 开放变量示意图
(人均健康支出的世界前沿变化趋势)

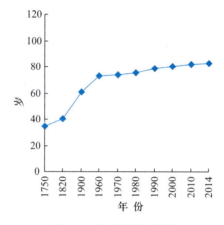

图1-9 极值变量示意图
(平均预期寿命的世界前沿变化趋势)

一、世界健康生活的时序分析

健康生活涉及许多方面和要素,我们不可能对每一个方面和要素都进行分析,只能选择有代表性的方面和统计数据比较齐全的指标进行分析。这里重点讨论健康观念、健康行为、健康营养和健康状况四个方面53个指标的变化(表1-15)。尽管这种分析很不完备,但可以提供有用信息。

表1-15 1700~2015年健康生活的变迁

方面	健康变量				长期趋势和特点
	18世纪	19世纪	1900~1970年	1970~2015年	
健康观念				国民健康素养水平、成人拥有艾滋病知识的比例、健康体检和筛查比例	上升,国别差异
				成人自我感觉健康良好的比例、老龄人自我感觉健康良好的比例	国别差异

(续表)

方面	健康变量				长期趋势和特点
	18世纪	19世纪	1900～1970年	1970～2015年	
健康行为				成人吸烟率、人均酒精消费	先升后降,国别差异
				睡眠不足人数比例、缺乏体育锻炼比例	国别差异
				育龄妇女避孕率、青年避孕套使用率	上升,国别差异
				剖腹产比例	上升,国别差异
				孕妇产前检查比例、产妇产后护理比例	上升
				专业人员接生比例	上升,波动
				非法药物使用的比例	国别差异
健康营养				人均食物供应量、人均蛋白质供应量、人均脂肪供应量	先升后波动,国别差异
				母乳喂养比例	先降后升,国别差异
				营养不良人口比例、育龄妇女贫血发生率、新生儿低体重的比例	下降,国别差异
				5岁以下儿童超重比例	上升,国别差异
				成人超重比例、成人肥胖比例	上升
健康状况			出生时平均预期寿命		上升
				出生时预期健康寿命、心血管病死亡率、非传染性疾病致死的比重、恶性肿瘤发病率、成人自我感觉健康中等的比例	上升,国别差异
				潜在的寿命损失、癌症死亡率、艾滋病发病率、结核发病率、口腔疾病发病率	先升后降,国别差异
			总和生育率		先升后降,国别差异
			婴儿死亡率		下降
				5岁以下儿童死亡率	下降
				新生儿死亡率	下降
				慢性呼吸道疾病死亡率、传染性疾病等致死的比重、少女生育率、孕产妇死亡率	下降,国别差异
				伤害致死的比重	国别差异
				糖尿病患病率、哮喘患病登记率、痴呆患病率、自杀率、身体和感官功能的局限性、交通伤害致死率、抑郁症患病率	世界历史统计数据有限

注:本表的指标发展趋势仅根据可获得的统计数据进行研判;某些指标受限于数据获取,发展趋势的判断会受影响,请谨慎对待。

1. 健康观念的时序分析

健康观念决定健康行为。健康观念与健康行为紧密相关,许多指标既可以反映健康观念的变化,也可以反映健康行为的变化。这里从健康素养和健康认知两个方面选择5个指标为代表分析健康观念的变化。20世纪70年代以来,国民健康素养水平等3个健康观念指标为水平变量,成人自我感觉健康良好的比例等2个指标为交叉变量(表1-16)。

表1-16　1970年以来健康观念的变化趋势(举例)

变化趋势	水平变量	交叉变量
上升变量	成人拥有艾滋病知识的比例*、健康体检和筛查比例*、国民健康素养水平*	成人自我感觉健康良好的比例*、老龄人自我感觉健康良好的比例*

注:*为极值变量;**为开放变量。

(1) 健康观念的变化趋势

18世纪以来,人类的健康观念在不断变化。随着科技水平和生活水平的不断提高,人们对健康的认识不断发展,对健康的定义也在不断深化,同时存在很大的国别差异。1970年以来,国民健康素养水平等5个指标均表现为上升趋势(表1-16)。其中,健康体检和筛查比例(图1-10)的变化可以反映水平变量的特点,老龄人(65+)自我感觉健康良好的比例(图1-11)可以反映交叉变量的特点。

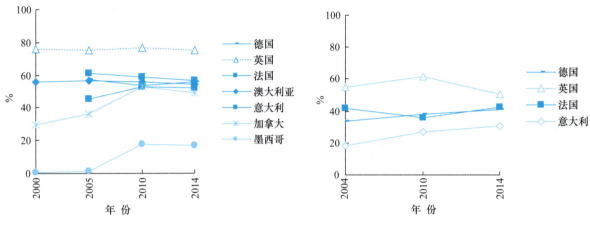

图1-10 2000~2014年典型国家乳腺癌筛查比例
数据来源:OECD,2016.

图1-11 2000~2014年典型国家老龄人自我感觉健康良好的比例
数据来源:OECD,EU,2016.

首先,国民健康素养水平的变化。自1974年Simonds在国际健康教育大会提出"健康素养"这一概念,到2005年世界健康促进大会把"提高人们的健康素养作为健康促进的重要行动和目的"写入《全球健康促进的曼谷宪章》,健康素养在世界范围内受到越来越广泛的重视(刘小娜,常春,孙昕霙,2012)。特别是美国、中国等国家将提升国民健康素养作为国家健康战略的目标。以中国为例,国民健康素养由2008年的6.48%上升到2014年的9.79%。同时,世界卫生组织指出,无论是发达国家还是发展中国家,国民健康素养水平普遍偏低。例如,在美国,约50%的成人在对健康信息的理解方面存在困难。

其次,健康认知的变化。健康认知是一个多层次的体系,受到来自个体、社区以及医疗系统等诸多方面的影响(王萍,2010)。2004~2014年期间,OECD典型国家在成人自我感觉健康良好的比例和老龄人自我感觉健康良好的比例方面基本呈现上升趋势。

(2)健康观念的世界前沿和国别差异

健康观念的国别差异目前主要表现为:发达国家注重人的健康的整体性,强调综合身体、精神、道德和社会适应等多个维度测量健康,特别是在疾病应对方面,倡导健康生活,以预防为主;而发展中国家人们对健康的理解还主要停留于生理健康的层面,医疗观念也尚处于传统医学阶段,重视针对具体病症的临床治疗。

2. 健康行为的时序分析

健康行为是指与健康直接相关的行为,涉及烟草和酒精消费、睡眠、体育活动、安全性行为、生殖健康、药物滥用等诸多方面。我们选择11个与健康行为相关的指标作为代表进行分析。20世纪以来,孕妇产前检查比例等4个指标为水平变量,剖腹产比例等5个指标为交叉变量,2个指标数据不全(表1-17)。

表 1-17　1970 年以来健康行为的变化趋势（举例）

变化趋势	水平变量	交叉变量
上升变量	孕妇产前检查比例*、产妇产后护理比例*、专业人员接生比例*、育龄妇女避孕率*	青年避孕套使用率*、剖腹产比例*
转折变量		成人吸烟率*、人均酒精消费**
波动变量		非法药物使用的比例*

注：限于数据的获取，睡眠不足人数比例、缺乏体育锻炼比例只进行案例分析。* 为极值变量；** 为开放变量。

（1）健康行为的变化趋势

健康行为指标的变化趋势，1970 年以来，6 个指标属于上升变量、2 个指标属于转折变量、1 个指标属于波动变量（表 1-17）。其中，育龄妇女避孕率（图 1-12）的变化可以反映水平变量的特点，成人吸烟率（图 1-13）的变化可以反映交叉变量的特点。

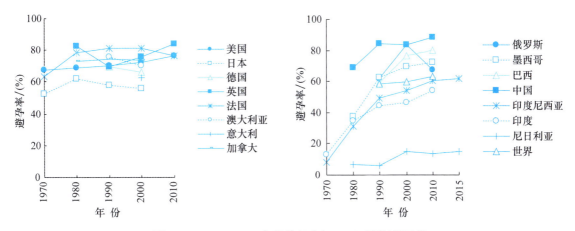

图 1-12　1970～2015 年育龄妇女（15—49 周岁）避孕率

数据来源：World Bank，2016.

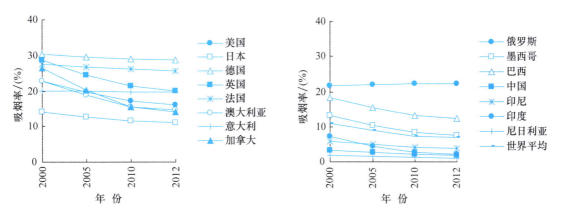

图 1-13　2000～2012 年女性成人吸烟率

数据来源：World Bank，2016.

首先，吸烟和酗酒的变化。2000 年以来，成人吸烟率在不断下降（图 1-13）。2012 年成年女性吸烟率的世界平均值为 7.0%，高收入国家为 19.3%，中等国家为 3.8%。1960～2014 年期间，成人人均酒精消费量先上升后下降，目前，俄罗斯人均酒精消费 13.8 升，美国为 8.9 升。

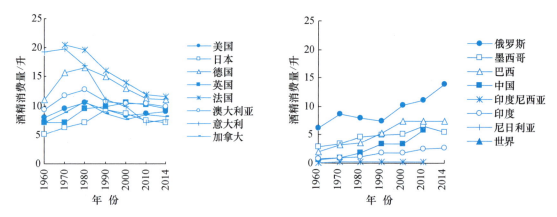

图 1-14　1960~2014 年成人(15 岁以上)人均酒精消费量

数据来源:OECD,2016.

其二,睡眠不足比例的变化。美国国家睡眠基金会(National Sleep Foundation)研究建议成人(18 岁以上)每日健康睡眠时间为 7~9 小时。1942 年,美国的平均睡眠时间是 8 小时;目前,这个数字减少到 6.8 小时(琼斯,2013)。

其三,缺乏体育锻炼的情况。世界卫生组织统计数据表明:2010 年,美国成人缺乏体育锻炼比例为 35.0%,中国为 21.6%(表 1-18)。

表 1-18　2010 年典型国家缺乏体育锻炼比例　　　　　　　　　　　　　　　　　单位:%

国家	成人(18 岁以上)	青少年(11—17 岁)	国家	成人(18 岁以上)	青少年(11—17 岁)
美国	35.0	72.6	俄罗斯	11.1	87.5
日本	38.7	—	墨西哥	25.4	—
德国	23.4	83.1	巴西	27.2	86.7
英国	40.0	79.0	中国	21.6	85.2
法国	26.4	88.1	印度尼西亚	22.8	83.7
澳大利亚	25.8	83.9	印度	12.1	70.5
意大利	35.9	91.8	尼日利亚	19.8	—
加拿大	9.7	93.4	世界平均	—	—

数据来源:WHO,2016.

其四,安全性行为方面的变化。1994~2015 年期间,青年(15—24 岁)避孕套使用率在不断上升。1970~2015 年期间,育龄妇女避孕率先上升后下降。2010 年,育龄妇女避孕率世界平均值为 63.3%,中等收入国家平均值为 65.2%,低收入国家平均值为 31.2%,美国为 76.4%,英国为 84.0%。

其五,生殖健康方面的变化。世界银行统计数据表明:在 1984~2015 年期间,孕妇产前检查的比例在不断上升;2010 年,世界平均为 83.3%,中等收入国家为 84.2%,低收入国家为 77.9%;而德国、澳大利亚、加拿大、瑞典、芬兰、奥地利等国已经达到 100%。与此同时,接受专业人员接生比例也在不断上升;2010 年,世界平均为 70.1%,中等收入国家为 71.8%,低收入国家为 49.8%,而美国、芬兰、澳大利亚等发达国均已达到 100%(图 1-15)。在 2005~2015 年期间,产妇产后护理比例,在不断上升。世界卫生组织数据表明:在 2000~2014 年期间,剖腹产比例的变化国别差异较大。

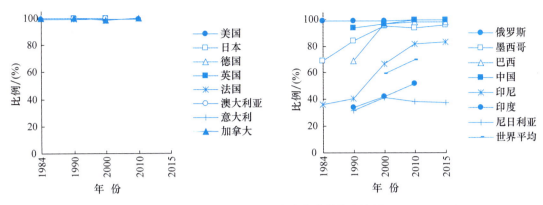

图 1-15　1984~2015 年专业人员接生比例

数据来源:World Bank,2016.

其六,非法药物使用比例的变化。OECD 数据表明:1990~2014 年期间,非法药物使用的比例在不断上升。例如,英国非法药物使用比例由 1990 年的 8.2% 上升为目前的 11.1%;德国由 2.3% 上升为 3.1%;法国由 1.5% 上升为 2.2%。

(2) 健康行为的世界前沿和国际差距

这里选择孕妇产前检查比例和专业人员接生比例两个指标为例进行分析。

首先,孕妇产前检查比例的世界前沿和国际差距。在 1984~2015 年期间,孕妇产前检查比例相对差距逐步减小(表 1-19)。2010 年,孕妇产前检查比例的世界平均值约为 83.3%,世界前沿为 100%。

表 1-19　1984~2015 年孕妇产前检查比例的世界前沿和国际差距

项目	1984	1990	2000	2010	2015
前沿(最大值)	78.8	100	100	100	99
末尾(最小值)	55.7	15.4	26.5	42.5	41.2
平均值	—	—	68.9	83.3	—
绝对差距	23.1	84.6	73.5	57.5	57.8
相对差距	1.4	6.5	3.8	2.4	2.4
国家样本数	5	68	109	97	38

注:绝对差距=最大值-最小值;相对差距=最大值/最小值。指标单位见附表 1-1-1,后同。

其次,专业人员接生比例的世界前沿和国际差距。在 1984~2015 年期间,专业人员接生比例的世界前沿为 100%,国际相对差距不断缩小,目前专业人员接生比例的相对差距约为 6 倍(表 1-20)。

表 1-20　1984~2015 年专业人员接生比例的世界前沿和国际差距

项目	1984	1990	2000	2010	2015
前沿(最大值)	100	100	100	100	100
末尾(最小值)	19.1	5.0	5.6	10.8	15.5
平均值	—	—	59.8	70.0	—
绝对差距	80.9	95.0	94.4	89.2	84.5
相对差距	5	20	18	10	6
国家样本数	60	100	121	111	63

注:绝对差距=最大值-最小值;相对差距=最大值/最小值。

3. 健康营养的时序分析

健康营养的指标非常多,这里从合理饮食和营养不良(营养缺乏、超重和肥胖)两个方面选择10个指标为代表,来分析健康营养的变化。20世纪以来,营养不良人口比例等6个健康营养指标为水平变量,成人超重比例等4个指标为交叉变量(表1-21)。

表1-21 1970年以来健康营养的变化趋势(举例)

变化趋势	水平变量	交叉变量
上升变量		5岁以下儿童超重比例*、成人超重比例*、成人肥胖比例*
下降变量	营养不良人口比例*、育龄妇女贫血发生率*、新生儿低体重的比例*	
转折变量	人均食物供应量*、人均蛋白质供应量*、人均脂肪供应量*	母乳喂养比例*

注:*为极值变量;**为开放变量。

(1) 健康营养的变化趋势

在健康营养的10个指标中,1970年以来,3个指标属于上升变量,3个指标属于下降变量,4个指标属于转折变量(表1-21)。其中,人均食物供应量(图1-16)的变化可以反映水平变量的特点,成人超重比例(表1-22)的变化可以反映交叉变量的特点。

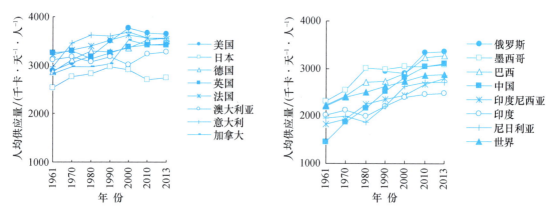

图1-16 1961~2013年人均食物供应量

数据来源:FAO, 2016.

表1-22 2010~2014年典型国家成人超重比例 单位:%

国家	2010年	2014年	国家	2010年	2014年
美国	65.5	67.3	俄罗斯	56.4	58.7
日本	23.2	24.2	墨西哥	62.1	64.4
德国	53.1	54.8	巴西	51.1	54.1
英国	61.3	63.4	中国	30.1	34.4
法国	58.7	60.7	印度尼西亚	21.2	24.5
澳大利亚	61.6	64.0	印度	19.7	22.0
意大利	57.2	58.8	尼日利亚	29.8	33.3
加拿大	62.6	64.4	世界平均	—	—

数据来源:World Bank, 2016.

首先,合理饮食方面。1961年以来,人均食物供应量(图1-16)、人均蛋白质供应量(图1-17)、人均脂肪供应量(图1-18)先上升后波动,人均食物需求有极限。发达国家人均食物供应量、人均蛋白质供应量和人们脂肪供应量分别在3300千卡/天、100克/天、150克/天左右波动。在1987~2015年期间,母乳喂养比例不断上升,但是国别差异较大;目前,中等收入国家的平均值为32.8%,低收入国家的平均值为46.6%。

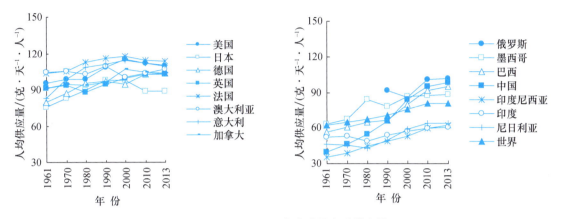

图1-17　1961~2013年人均蛋白质供应量

数据来源:FAO,2016.

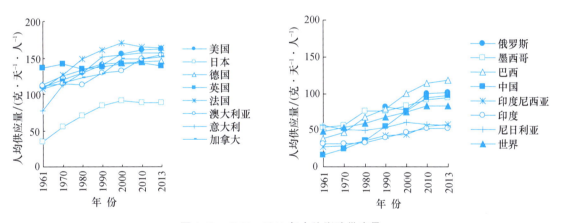

图1-18　1961~2013年人均脂肪供应量

数据来源:FAO,2016.

其次,营养不良方面。营养不良一方面表现为营养缺乏,另一方面表现为营养过剩。世界银行数据表明:在1991~2015年期间,营养不良人口比例不断下降,目前,世界平均值为10.8%。

世界卫生组织和联合国粮农组织把膳食中缺乏维生素、矿物质称为"隐性饥饿",目前全球约有20亿人在遭受隐性饥饿,其中包括中国的3亿人口(万建民,2016)。在1995~2011年期间,育龄妇女贫血发生率不断下降,但存在国别差异,2011年世界平均值为29.4%。在1990~2012年期间,新生儿低体重比例在不断下降,但是国别差异较大;2010年世界平均值为10.5%,高收入国家为7.5%,低收入国家为12.5%,二者相差5个百分点。

在超重和肥胖方面。在1969~2014年期间,5岁以下儿童超重比例在不断上升,但是国别差异明显;目前,世界平均值为6.1%,高收入国家为6.3%,中等收入国家为5.6%,低收入国家为3.4%。在2010~2014年期间,成人超重比例快速上升(表1-22)。在2000~2014年期间,成人肥胖比例不断上升,但是存在国别差异。

(2) 健康营养的世界前沿和国际差距

健康营养的世界前沿、国际差距和国别差异,这里以人均食物供应量和育龄妇女贫血发生率为代表进行分析。

首先,人均食物供应量的世界前沿和国际差距。在1990~2013年期间,人均食物供应量的世界最大值在3700千卡/天左右波动,22个发达国家平均值在3300千卡/天左右波动,2013年世界平均值为2870千卡/天,国际差距逐步变小(表1-23)。

表1-23 1961~2013年人均食物供应量的世界前沿和国际差距

项目	1961	1970	1980	1990	2000	2010	2013
前沿(最大值)	3576	3498	3603	3775	3803	3777	3793
末尾(最小值)	1326	1455	1551	1508	1786	1904	1930
平均值	2196	2389	2489	2621	2728	2851	2870
绝对差距	2250	2043	2052	2267	2017	1873	1863
相对差距	2.7	2.4	2.3	2.5	2.1	2.0	2.0
国家样本数	105	105	104	120	121	122	122

注:绝对差距=最大值-最小值;相对差距=最大值/最小值。

其次,营养不良的世界前沿和国际差距。在1995~2011年期间,育龄妇女贫血发生率的国际差距在不断缩小,2011年育龄妇女贫血发生率的世界前沿为11.9%,高收入国家为18.2%,中等收入国家为31.4%,低收入国家为35.8%,世界平均值为29.4%(表1-24)。

表1-24 1995~2011年育龄妇女贫血发生率的世界前沿和国际差距

项目	1995	2000	2005	2010	2011
前沿(最小值)	9.0	7.9	8.5	11.1	11.9
末尾(最大值)	64.5	64.9	62.2	58.3	57.5
平均值	33.6	31.7	31.0	29.5	29.4
绝对差距	55.5	57	53.7	47.2	45.6
相对差距	7.2	8.2	7.3	5.3	4.8
国家样本数	135	135	135	135	135

注:绝对差距(逆指标)=最大值-最小值;相对差距(逆指标)=最大值/最小值。

4. 健康状况的时序分析

健康状况涉及预期寿命、生育率、死亡率、死亡原因、发病率、自杀率、遗传和残疾、伤害和暴力、亚健康、口腔健康、精神健康等诸多方面。我们选择27个健康状况指标为代表;20世纪以来,出生时平均预期寿命等7个指标为水平变量,传染性疾病等致死比重等13个指标为交叉变量,7个指标仅有一年统计数据(表1-25)。

表1-25 1970年以来健康状况的变化趋势(举例)

变化趋势	水平变量	交叉变量
上升变量	出生时平均预期寿命*、出生时预期健康寿命*	成人自我感觉健康中等的比例*、非传染性疾病致死的比重*、心血管病死亡率*、慢性呼吸道疾病死亡率*、恶性肿瘤发病率*

(续表)

变化趋势	水平变量	交叉变量
下降变量	少女生育率*、孕产妇死亡率*、婴儿死亡率*、新生儿死亡率*、5岁以下儿童死亡率*	传染性疾病等致死的比重*
转折变量		潜在的寿命损失**、总和生育率*、癌症死亡率*、艾滋病发病率*、结核发病率*、口腔疾病发病率*
波动变量		伤害致死的比重*

注:糖尿病患病率、哮喘患病登记率、痴呆患病率、自杀率、身体和感官功能的局限性、交通伤害致死率、抑郁症患病率仅有一年统计数据。* 为极值变量;** 为开放变量。

（1）健康状况的变化趋势

在健康状况的20个指标中,20世纪70年代以来,7个指标属于上升变量,6个指标属于下降变量,6个指标属于转折变量,1个指标属于波动变量(表1-25)。其中,出生时预期寿命(图1-19)和婴儿死亡率(图1-20)的变化可以反映为水平变量的特点;传染性疾病等致死的比重、非传染性疾病致死的比重和伤害致死的比重可以反映交叉变量的特点(表1-26)。

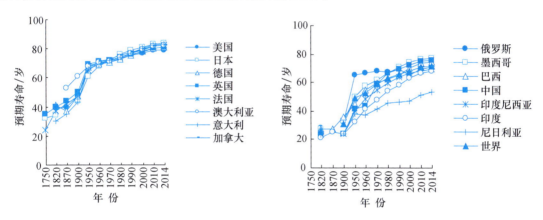

图1-19　1750～2014年出生时平均预期寿命

数据来源:麦迪森,2001;Rothenbacher,2002;World Bank,2016.

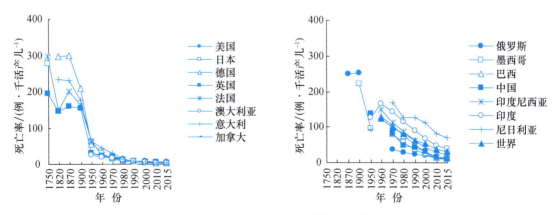

图1-20　1750～2015年婴儿死亡率

数据来源:麦迪森,2001;米切尔,2002;Rothenbacher,2002;World Bank,2016.

表 1-26 2000～2012 年全球三大类死因的国际比较

国家	传染病、母婴及营养性疾病死亡率/(%)		慢性非传染疾病死亡率/(%)		伤害死亡率/(%)	
	2000	2012	2000	2012	2000	2012
美国	6.2	5.7	87.6	87.9	6.1	6.4
日本	12.1	13.2	80.0	79.5	7.8	7.4
德国	4.0	4.9	91.8	91.2	4.2	3.8
英国	11.8	7.2	85.1	89.3	3.1	3.5
法国	6.6	6.1	85.6	87.2	7.8	6.7
澳大利亚	4.2	3.6	89.6	90.5	6.1	5.9
意大利	3.7	3.8	91.7	92.2	4.7	4.0
加拿大	4.5	5.4	89.6	88.4	5.9	6.2
俄罗斯	4.9	6.0	81.3	85.7	13.8	8.3
墨西哥	16.8	10.5	71.0	77.3	12.2	12.2
巴西	17.5	13.5	70.5	74.2	12.0	12.3
中国	10.4	5.3	79.6	87.1	10.0	7.5
印度尼西亚	31.1	22.0	61.5	71.3	7.4	6.7
印度	39.8	27.9	48.4	59.8	11.8	12.4
尼日利亚	73.3	65.6	19.2	24.2	7.6	10.2
世界平均	30.9	23.0	59.5	67.8	9.5	9.2

数据来源：World Bank，2016.

首先，预期寿命和预期健康寿命的变化。18 世纪以来，出生时预期寿命不断延长（图 1-19），特别是在 1980 年前后，有 30 多个国家的寿命最大增幅进入平台期（Dong 等，2016）。目前，世界平均预期寿命为 72 岁，高收入国家为 81 岁，中等收入国家为 71 岁，低收入国家为 61 岁。在 2000～2015 年期间，出生时预期健康寿命不断延长，2015 年日本出生时预期健康寿命为 74.9 岁，美国为 69.1 岁（图 1-21）。在 1960～2013 年期间，世界多数国家潜在的寿命损失均大幅降低（图 1-22）。

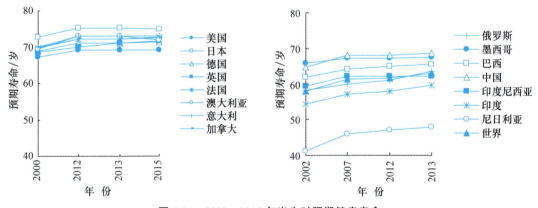

图 1-21 2002～2013 年出生时预期健康寿命

数据来源：WHO，2016.

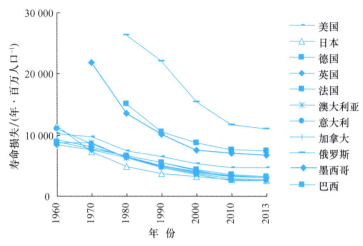

图 1-22　1960~2013 年潜在的寿命损失

数据来源：OECD，2016.

其次，生育率的变化。在 1960~2014 年期间，总和生育率呈现下降趋势，但是存在国别差异。特别是西班牙、瑞士、俄罗斯、波兰等国的总和生育率先下降后上升的变化趋势，对"低生育率陷阱"理论提出了挑战。目前，总和生育率的世界平均值为 2.5 胎/妇女，高收入国家为 1.7 胎/妇女，中等收入国家为 2.4 胎/妇女，低收入国家为 4.8 胎/妇女（图 1-23）。与此同时，少女生育率也呈现下降趋势；目前，世界平均少女生育率为 44.8 位/千少女，高收入国家为 19.8 位/千少女，中等收入国家为 41.0 位/千少女，低收入国家为 98.2 位/千少女，美国为 24.1 位/千少女，日本为 4.2 位/千少女（图 1-24）。

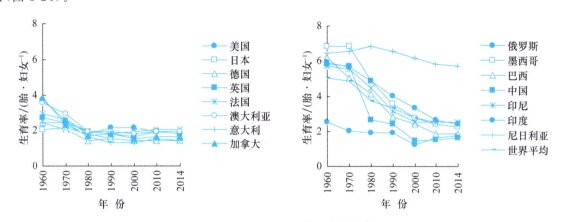

图 1-23　1960~2014 年总和生育率

数据来源：World Bank，2016.

其三，死亡率的变化。18 世纪以来，婴儿死亡率大幅降低。目前，世界平均婴儿死亡率为 31.7 例/千活产儿，高收入国家为 5.8 例/千活产儿，中等收入国家为 31.2 例/千活产儿，低收入国家为 53.1 例/千活产儿，日本为 2.0 例/千活产儿（图 1-20）。在 1990~2015 年期间，新生儿死亡率呈现下降趋势；目前，世界平均新生儿死亡率为 19.2 例/千活产儿，高收入国家为 3.7 例/千活产儿，中等收入国家为 19.9 例/千活产儿，低收入国家为 26.9 例/千活产儿，新加坡为 1.0 例/千活产儿（图 1-25）。在 1960~2015 年期间，5 岁以下儿童死亡率呈现下降趋势，目前，5 岁以下儿童死亡率的世界平均值为 42.5 例/千人，高收入国家为 6.8 例/千人，中等收入国家为 40.9 例/千人，低收入国家为 76.1 例/

千人,中国为 10.7 例/千人,瑞典为 3.0 例/千人(图 1-26)。在 1960～2014 年期间,孕产妇死亡率呈现下降趋势,但是国别差异明显;目前,加拿大孕产妇死亡率为 11 例/10 万活产儿,美国为 28 例/10 万活产儿。

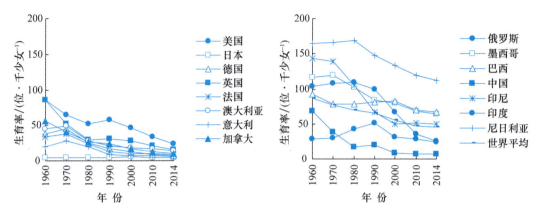

图 1-24　1960～2014 年少女(15—19 岁)生育率

数据来源:World Bank,2016.

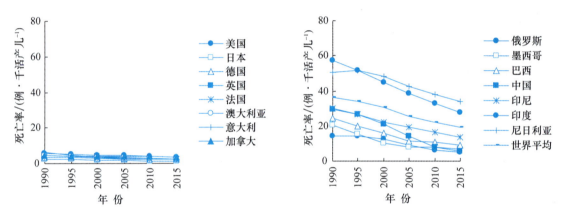

图 1-25　1990～2015 年新生儿死亡率

数据来源:World Bank,2016.

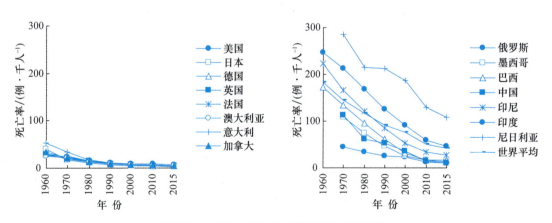

图 1-26　1960～2015 年 5 岁以下儿童死亡率

数据来源:World Bank,2016.

其四,死亡原因的变化。从2000年以来全球三大类死因变化的国际比较可以看到:慢性、非传染性疾病致死的比重在不断上升,传染性疾病致死的比重在不断下降,而伤害致死的比重呈现波动性(表1-26)。

其五,发病率的变化。OECD统计数据表明:在1981~2014年期间,艾滋病发病率先上升后下降;2014年,美国艾滋病发病率为8.5例/10万人,德国为0.3例/10万人,墨西哥为4.1例/10万人。在2000~2012年期间,恶性肿瘤发病率呈现上升趋势,但是存在国别差异;目前,美国为318例/10万人。2015年,痴呆发病率美国为12.4‰,日本为21.0‰。

世界银行统计数据表明:在1990~2014年期间,结核病发病率先上升后下降;目前,世界平均为133例/10万人,高收入国家为21例/10万人,中等收入国家为150例/10万人,低收入国家为238例/10万人(图1-27)。目前,糖尿病发病率(20—79岁)的世界平均值为8.5%,高收入国家为8.2%,中等收入国家为9.0%,低收入国家为4.2%。

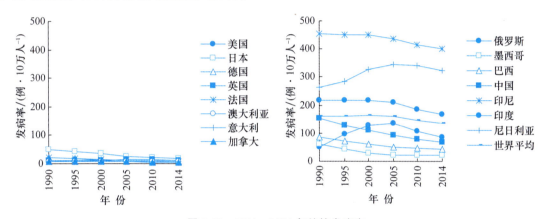

图1-27　1990~2014年结核发病率

数据来源:World Bank,2016.

其六,其他方面的变化。

- **自杀率**。世界卫生组织统计数据表明,2012年,自杀率的世界平均值为11.4例/10万人,美国为13.7例/10万人。
- **遗传和残疾**。欧盟统计数据表明,2008年,身体和感官功能的局限性比例,法国为36.8%,希腊为35.3%,罗马尼亚为40%。
- **伤害和暴力**。世界银行统计数据表明,2013年道路交通伤害致死率的世界平均值为17.3例/10万人,高收入国家为9.3例/10万人,中等收入国家为18.3例/10万人,低收入国家为27.4例/10万人,美国为10.6例/10万人。
- **亚健康**。OECD统计数据表明,在2000~2014年期间,成人自我感觉健康中等的比例呈现上升趋势,但是存在国别差异(图1-28)。
- **口腔健康**。OECD统计数据表明,在1960~2013年期间,12岁儿童龋齿平均数目先上升后下降,但是存在国别差异(图1-29)。
- **精神健康**。欧盟统计数据表明,2008年,法国抑郁症患病率为3.7%,西班牙为5.3%,希腊为2.3%,罗马尼亚为0.8%,土耳其为2.6%。

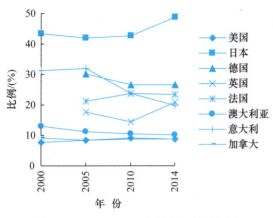

图 1-28　2000～2013 年成人(15 岁以上)
自我感觉健康中等的比例

数据来源：OECD，2016．

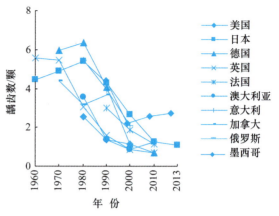

图 1-29　1960～2013 年 12 岁
儿童龋齿平均数目

数据来源：OECD，2016．

(2) 健康状况的世界前沿和国际差距

健康状况的世界前沿、国际差距和国别差异，这里选用预期寿命和婴儿死亡率为代表进行分析。

首先，出生时平均预期寿命的世界前沿和国际差距。在 1750～2014 年期间，出生时平均预期寿命的国际相对差距不断缩小；目前，出生时平均预期寿命的世界前沿为 83.6 岁（表 1-27），国际绝对差距为 33.9 岁，相对差距为 1.7 倍。

表 1-27　1750～2014 年出生时平均预期寿命的世界前沿和国际差距

项目	1750	1820	1900	1960	1970	1980	1990	2000	2010	2014
前沿(最大值)	35	41	61	73.5	74.6	76.1	78.8	81.1	82.8	83.6
末尾(最小值)	24	21	24	28.2	32.4	27.7	33.5	38.7	47.5	49.7
平均值	—	26	31	52.5	58.6	62.8	65.4	67.6	70.5	71.5
绝对差距	11	20	37	45.3	42.2	48.4	45.3	42.4	35.3	33.9
相对差距	1.5	2.0	2.5	2.6	2.3	2.7	2.4	2.1	1.7	1.7
国家样本数	3	14	15	134	135	135	135	135	135	135

注：绝对差距＝最大值－最小值；相对差距＝最大值/最小值。

其次，婴儿死亡率的世界前沿和国际差距。在 1750～2014 年期间，婴儿死亡率的国际绝对差距在不断缩小，相对差距逐渐扩大；目前，绝对差距为 94.1‰，相对差距超过 50 倍。

表 1-28　1750～2014 年婴儿死亡率的世界前沿和国际差距

项目	1750	1820	1900	1960	1970	1980	1990	2000	2010	2014
前沿(最小值)	195	146	154	16.3	11.3	7.2	4.6	3.1	2.2	1.9
末尾(最大值)	296	297	252	223.6	221.1	174.6	159.7	143.3	109.6	96.0
平均值	—	—	—	—	152.1	135.6	113.3	92.6	63.0	53.1
绝对差距	101	151	98	207.3	209.8	167.4	155.1	140.2	107.4	94.1
相对差距	1.5	2.0	1.6	13.7	19.6	24.3	34.7	46.2	49.8	50.5
国家样本数	3	4	7	81	105	128	135	135	135	135

注：绝对差距(逆指标)＝最大值－最小值；相对差距(逆指标)＝最大值/最小值。

世界健康生活的发展具有一定的规律性,在分析的53个变量中,从变化趋势的角度归类:上升变量为21个,下降变量为9个,转折变量为12个,波动变量为2个;从发展水平的角度归类:水平变量为20个,交叉变量为24个;从发展极限的角度归类:开放变量为2个,极值变量为51个(表1-29)。

表1-29 健康生活分析指标分类统计

变量类型	指标数	变量类型	指标数	变量类型	指标数
上升变量	21	水平变量	20	开放变量	2
下降变量	9	特征变量	0	极值变量	51
转折变量	12	交叉变量	24	—	—
波动变量	2	其他	9	—	—
地域变量	0	—	—	—	—
其他	9	—	—	—	—
合计	53	合计	53	合计	53

二、世界健康服务的时序分析

健康服务涉及许多方面和要素,这里我们从健康医护、公共健康、健康保险、健康人力资源和健康基础设施五个方面选择60个指标为代表进行分析(表1-30),虽然这种分析的指标很有限,但是可以提供一定的参考信息,加深我们对健康服务的认识。18世纪和19世纪的健康服务数据非常稀少,这在一定程度上会影响我们对健康服务发展趋势的分析。

表1-30 1700～2015年健康服务的变迁

方面	健康变量				长期趋势和特点
	18世纪	19世纪	1900～1970年	1970～2015年	
健康医护			门诊咨询率、牙医门诊咨询率		上升,国别差异
				CT检查率、成人乳腺癌五年存活率、成人结肠癌五年存活率、住院一天占全部患者比例	上升
				核磁共振检查率、出院率、医院的护士和病床之比、长期护理的护理员密度、长期护理的病床密度、中医诊疗率	上升,国别差异
				平均住院天数、成人心力衰竭住院率	先升后降,国别差异
				成人手术后伤口开裂率	下降
				抗菌剂的日使用量、成人出院后手术异物遗留率、医生年均门诊次数	国别差异
				白内障手术等待时间、急性心肌梗死住院30天内死亡率、出血性卒中住院30天内死亡率、精神病人住院自杀率、成人手术后感染率	下降,国别差异
				成人因费用放弃治疗的比例、出院30天内再住院率、等待专家治疗超过4周的比例、外科手术率、患者对门诊时间的满意率、患者对门诊解释的满意率	世界历史统计数据仅有一年的指标

(续表)

方面	健康变量				长期趋势和特点
	18世纪	19世纪	1900～1970年	1970～2015年	
公共健康				儿童DPT免疫接种率、儿童麻疹免疫接种率、成人流感免疫接种率、传染病和寄生虫病出院率、结核治愈率	上升,波动
				传染病和寄生虫病住院时间、结核患病率	下降,波动
				HIV患病率	上升,国别差异
				抗逆转录病毒疗法的覆盖率	上升
健康保险			公共和私人健康保险的人口覆盖率、政府/社会健康保险的人口覆盖率		上升,波动
				私人健康保险的人口覆盖率	上升,国别差异
健康人力资源				健康和社会工作人员比例、全科医生比例、牙医比例、药剂师比例、理疗医生比例、医院雇员比例	上升,波动
		医生比例			上升,波动
				医护人员收入、执业医师收入、护士和助产士比例、护工比例	上升,国别差异
				专科手术人员比例、社区健康工作者比例、医学毕业生比例、护士毕业生比例	国别差异
健康基础设施		床位比例			先升后降,国别差异
				医院密度、公立医院密度	先升后降,国别差异
				人均体育场地面积	上升,国别差异

1. 健康医护的时序分析

健康医护是指医疗机构为患者提供的服务。这里选择29个健康医护指标为代表进行分析。1970年以来,成人乳腺癌五年存活率等11个指标为水平变量,平均住院天数等8个指标为交叉变量,门诊咨询率等4个指标为特征变量(表1-31)。

表1-31 1970年以来健康医护的变化趋势(举例)

变化趋势	水平变量	交叉变量	特征变量
上升变量	成人乳腺癌五年存活率*、成人结肠癌五年存活率*、医院的护士和病床之比*、长期护理的护理员密度*、长期护理的病床密度*	住院一天占全部患者比例*、出院率*、CT检查率**、核磁共振检查率**	门诊咨询率**、牙医门诊咨询率**、中医诊疗率*
下降变量	成人手术后伤口开裂率*、急性心肌梗死住院30天内死亡率*、出血性卒中住院30天内死亡率*、精神病人住院自杀率*、成人手术后感染率*	白内障手术等待时间**	
转折变量		平均住院天数*、成人心力衰竭住院率*	
波动变量	成人出院后手术异物遗留率*	抗菌剂的日使用量*	医生年均门诊次数**

注:成人因费用放弃治疗的比例、出院30天内再住院率、等待专家治疗超过4周的比例、外科手术率、患者对门诊时间的满意率、患者对门诊解释的满意率等指标仅有一年统计数据。* 为极值变量;** 为开放变量。

(1) 健康医护的变化趋势

在健康医护的23个指标中,1970年以来,12个指标属于上升变量,6个指标属于下降变量,2个指标属于转折变量、3个指标属于波动变量(表1-31)。其中,成人乳腺癌五年存活率(图1-30)的变化可以反映水平变量特点,平均住院天数(图1-31)可以反映交叉变量的特点,门诊咨询率(图1-32)可以反映特征变量的特点。下面按照健康服务流程来分析它的变化。

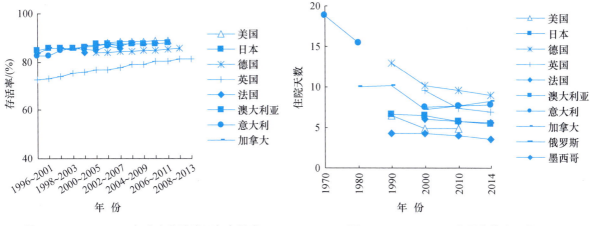

图1-30　1995~2013年成人乳腺癌五年存活率
数据来源:OECD,2016.

图1-31　1970~2014年平均住院天数
数据来源:OECD,2016.

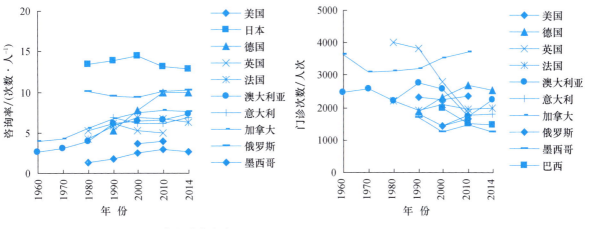

图1-32　1960~2014年门诊咨询率
数据来源:OECD,2016.

图1-33　1960~2014年医生年均门诊次数
数据来源:OECD,2016.

首先,医护服务可及性方面的变化。20世纪以来,发达国家医护服务的可及性普遍提高,但是国别差异非常明显。OECD统计数据表明:2013年,成人(16岁以上)因费用放弃治疗的比例,美国高达27.7%,德国为7.9%,英国为2.2%,加拿大为5.4%。2013年,患者等待专家治疗超过4周的比例,美国为25.3%,瑞典48.7%,德国27.2%,加拿大62.1%,瑞士17.7%。在2000~2014年期间,白内障手术等待时间呈下降趋势;目前,英国需要72.8天,意大利为49.9天,荷兰为33.3天。在2000~2013年期间,成人心力衰竭住院率呈上升趋势,但存在国别差异。

其次,诊断和治疗方面的变化。1960年以来,OECD国家国民年均门诊次数呈上升趋势,但是国别差异很明显(图1-32);2014年,日本人均12.8次,德国9.9次,俄罗斯10.2次,墨西哥2.6次。同期,牙医门诊咨询率也呈现相似的变化趋势;2014年,日本人均为3.2次,德国1.5次,墨西哥0.1次。在1995~2014年期间,CT检查率和核磁共振检查率都呈现上升趋势;目前,美国的CT检查率和核磁共振检查率分别为254.7次/千人、109.5次/千人,澳大利亚分别为115.5次/千人、35.3次/千人,加拿大分别为148.5次/千人、54.9次/千人。

1970年以来,OECD国家国民人均出院率(住院率)呈现上升趋势,但存在国别差异。2014年,英国的出院率为13 252例/10万人,德国为25 602例/10万人,日本为12 106例/10万人。

世界银行统计数据表明:2012年,世界平均外科手术率为4511例/10万人,美国为30 537例/10万人,日本为14 833例/10万人,加拿大6778例/10万人。

医生年均门诊次数(门急诊总次数/医生总数),在1960~2014年期间,不同国家的变化趋势有所差异;2010年,加拿大为3723人次、墨西哥为1457人次、美国为1660人次;主要国家大致在2000~3000人次之间。

其三,护理和康复方面的变化。2000年以来,OECD国家医院的护士和病床之比上升;2014年,美国为3.32,日本为2.45,澳大利亚1.27,德国0.88。与此同时,长期护理的护理员密度和长期护理的病床密度均呈现上升趋势,但存在国别差异;2014年,美国分别为17.1人/千人、5.1张/千人,日本分别为15.3人/千人、6.2张/千人,德国分别为9.8人/千人、11.2张/千人。

其四,效率和有效性方面的变化。1970年以来,OECD国家医疗效率不断提高,患者平均住院天数不断下降。2014年英国为7天,德国为9天,法国约为10天,墨西哥为3.6天(图1-31)。在2000~2013年期间,住院一天占全部患者的比例不断上升;目前,德国为2.6%,英国为55.8%,加拿大为25.6%。1995年以来,OECD国家成人乳腺癌五年存活率不断上升;2013年,美国为88.9%,英国为81.1%,德国为85.8%(图1-30)。与此同时,成人结肠癌五年存活率也呈现上升趋势;2013年,美国为64.2%,英国为56.1%,德国为64.1%。

其五,质量和安全方面的变化。2000年以来,OECD国家医疗质量和安全性方面不断提高。急性心肌梗死住院30天内死亡率(图1-34)和出血性卒中住院30天内死亡率(图1-35)都不断下降,但存在国别差异。与此同时,精神病人住院自杀率也不断下降;目前,英国为0.01%,加拿大为0.06%。在2009~2013年期间,成人手术后伤口开裂率和成人手术后感染率不断下降,而成人出院后手术异物遗留率呈波动态势。

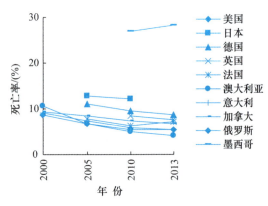

图1-34 2000~2013年急性心肌梗死住院30天内死亡率(45岁以上)

数据来源:OECD,2016.

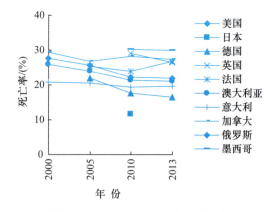

图1-35 2000~2013年出血性卒中住院30天内死亡率

数据来源:OECD,2016.

其六,传统医学方面的变化。以中国为例,1980年以来中医诊疗率不断上升,1980年为0.05次/人,2011年上升为0.25次/人。

其七,患者满意度方面存在很大的国别差异。OECD统计数据表明:2013年,美国患者对门诊时间的满意率为82.2%,英国为88.7%,德国为87%,加拿大为80.2%;美国患者对门诊解释的满意率为86.3%,英国为89.5%,德国为90.7%,加拿大为85.4%。

(2) 健康医护的世界前沿和国别差异

健康医护的世界前沿和国别差异,这里主要以成人乳腺癌五年存活率为例进行分析。1995年以来,成人乳腺癌五年存活率的世界前沿基本保持在80%以上,并不断上升(表1-32)。

表1-32 1995～2013年成人乳腺癌五年存活率的世界前沿和国别差异

项目	1995～2000	2000～2005	2005～2010	2008～2013
最大值	84.8	87.3	89.4	89.4
最小值	70.9	71.4	73.4	74.8
平均值	—	—	—	—
绝对差别	13.9	15.9	16	14.6
相对差别	1.2	1.2	1.2	1.2
国家样本数	13	16	22	12

注:绝对差距=最大值－最小值;相对差距=最大值/最小值。

2. 公共健康的时序分析

公共健康涉及免疫、传染病防治等。我们选择9个公共健康指标为代表进行分析。1970年以来,儿童DPT免疫接种率等6个指标为水平变量,HIV患病率等3个指标为交叉变量(表1-33)。

表1-33 1970年以来公共健康的变化趋势(举例)

变化趋势	水平变量	交叉变量
上升变量	儿童DPT免疫接种率*、儿童麻疹免疫接种率*、成人流感免疫接种率*、结核治愈率*、抗逆转录病毒疗法的覆盖率*	传染病和寄生虫病出院率*、HIV患病率*
下降变量	结核患病率*	传染病和寄生虫病住院时间**

注:* 为极值变量;** 为开放变量。

(1) 公共健康的变化趋势

在公共健康的9个指标中,7个指标属于上升变量,2个指标属于下降变量(表1-33)。其中,儿童DPT免疫接种率(图1-36)和结核患病率(图1-37)的变化可以分别反映水平变量的特点,传染病和寄生虫病住院时间(图1-38)的变化可以反映交叉变量的特点。

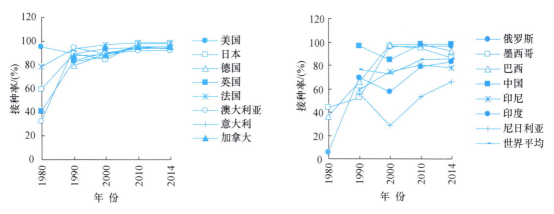

图1-36 1980～2014年儿童DPT免疫接种率

数据来源:World Bank,2016.

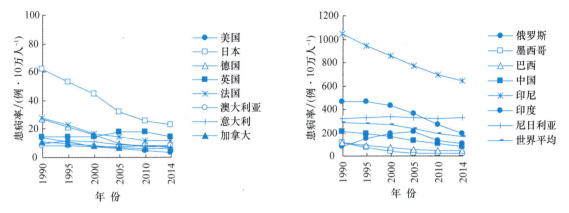

图 1-37 1990～2014 年结核患病率

数据来源：World Bank，2016.

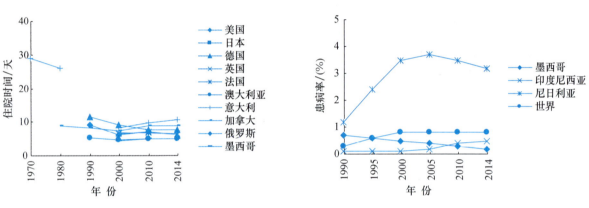

图 1-38 1970～2014 年传染病和寄生虫病住院时间

数据来源：OECD，2016.

图 1-39 1990～2014 年 HIV 患病率（15—49 岁）

数据来源：World Bank，2016.

首先，公共免疫方面的变化。1980 年以来，世界多数国家公共免疫接种率不断提高。儿童（12—23 个月）DPT 免疫接种率不断上升；2014 年，世界平均值为 86.0%，高收入国家为 95.0%，中等收入国家为 86.0%，低收入国家为 78.5%（图 1-36）。与此同时，儿童（12—23 个月）麻疹接种率也呈现上升趋势；2014 年，世界平均值为 84.5%，高收入国家为 94.0%，中等收入国家为 84.6%，低收入国家为 76.9%。OECD 统计数据表明：在 2000～2014 年期间，成人流感免疫接种率不断上升，但是国别差异较大。

其次，传染病防治方面的变化。以结核病为例，在 1990～2014 年期间，结核患病率不断下降，治愈率不断上升，但是存在国别差异；目前，结核病患病率的世界平均值为 174 例/10 万人，高收入国家为 26 例/10 万人，中等收入国家为 193 例/10 万人，低收入国家为 330 例/10 万人。

世界银行统计数据表明：在 1990～2014 年期间，HIV 患病率先升后降，但国别差异大（图 1-39）。同时，抗逆转录病毒疗法的覆盖率不断上升；目前，低收入国家的平均值为 43.4%。

（2）公共健康的世界前沿和国别差异

公共健康的世界前沿和国别差异，我们选择儿童 DPT 免疫接种率和结核病患病率为代表进行分析。在 1980～2014 年期间，儿童 DPT 免疫接种率的国际差距逐渐减小；2014 年，国际相对差距大约是 4 倍（表 1-34）。在 1980～2014 年期间，结核病患病率的国家差距逐步减小；目前，国家相对差距依然超过 170 倍（表 1-35）。

表1-34　1980~2014年儿童DPT免疫接种率的世界前沿和国别差异

项目	1980	1990	2000	2010	2014
最大值	99	99	99	99	99
最小值	1	18	29	39	24
平均值	—	77	73	85	86
绝对差别	98	81	70	60	75
相对差别	99	6	3	3	4
国家样本数	66	112	135	135	135

注：绝对差距＝最大值－最小值；相对差距＝最大值／最小值。

表1-35　1990~2014年结核患病率的世界前沿和国别差异

项目	1990	2000	2010	2014
最大值	1667	1619	875	696
最小值	8	7	5	4
平均值	290	269	198	174
绝对差别	1659	1612	870	692
相对差别	208	231	175	174
国家样本数	135	135	135	135

注：绝对差距（逆指标）＝最大值－最小值；相对差距（逆指标）＝最大值／最小值。

3. 健康保险的时序分析

关于健康保险，我们选择私人健康保险的人口覆盖率、公共和私人健康保险的人口覆盖率和政府／社会健康保险的人口覆盖率3个指标为代表进行分析。1960年以来，它们均表现为水平变量（表1-36）。

表1-36　1960年以来健康保险的变化趋势（举例）

变化趋势	水平变量
上升变量	私人健康保险的人口覆盖率*、公共和私人健康保险的人口覆盖率*、政府／社会健康保险的人口覆盖率*

注：*为极值变量。私人健康保险的人口覆盖率、公共和私人健康保险的人口覆盖率、政府／社会健康保险的人口覆盖率三个指标的具体解释详见 http://stats.oecd.org/。

(1) 健康保险的变化趋势

1960年以来，3个健康保险指标均属于上升变量（表1-36）。私人健康保险的人口覆盖率（图1-40）、公共和私人健康保险的人口覆盖率（图1-41）、政府／社会健康保险的人口覆盖率（图1-42）的变化可以反映水平变量的变化特点。

世界多数国家不论采用何种健康制度，健康保险的覆盖率都在不断上升。OECD统计数据表明：在1960~2014年期间，私人健康保险覆盖率（图1-40）、公共和私人健康保险覆盖率（图1-41）、政府／社会健康保险覆盖率（图1-42）均呈现上升趋势。

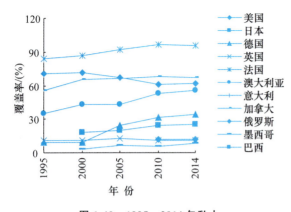

图1-40 1995~2014年私人
健康保险的人口覆盖率

数据来源:OECD,2016.

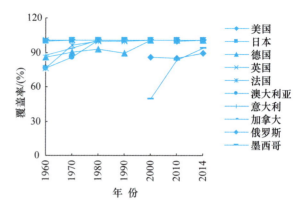

图1-41 1960~2014年公共和私人
健康保险的人口覆盖率

数据来源:OECD,2016.

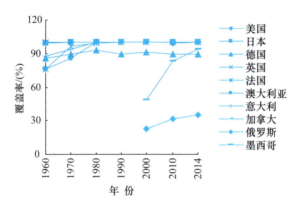

图1-42 1960~2014年政府/社会健康保险的人口覆盖率

数据来源:OECD,2016.

表1-37 2000~2014年典型国家健康保险覆盖率

项目	私人健康保险覆盖率		公共和私人健康保险覆盖率		政府/社会健康保险覆盖率	
	2000	2014	2000	2014	2000	2014
美国	70.7	61.6	85	88.5	22.5	34.5
日本	—	—	100	100	100	100
德国	9.1	33.8	99.8	99.8	90.7	88.9
英国	11	10.5	100	100	100	100
法国	85.8	95.5	99.9	99.9	99.9	99.9
澳大利亚	43	55.2	100	100	100	100
意大利	—	—	100	100	100	100
加拿大	65	67	100	100	100	100
俄罗斯	—	11.3	—	99.9	—	99.9
墨西哥	2.8	7.7	48.3	92.9	48.3	92.9
巴西	18.2	25.1	—	—	—	—

(2) 健康保险的世界前沿和国别差异

健康保险的世界前沿和国别差异,仅以公共和私人健康保险覆盖率为代表(表1-38)。目前,公共和私人健康保险覆盖率的世界前沿为100%,国际相对差距小于1倍,绝对差距为14%。

表1-38 1960~2014年公共和私人健康保险覆盖率的世界前沿和国别差异

项目	1960	1970	1980	1990	2000	2010	2014
最大值	100	100	100	100	100	100	100
最小值	18	27	30	55	48	82	86
平均值	—	—	—	—	—	—	—
绝对差别	82	73	70	45	52	18	14
相对差别	6	4	3	2	2	1	1
国家样本数	22	24	26	29	37	37	37

注:绝对差距=最大值-最小值;相对差距=最大值/最小值。

4. 健康人力资源的时序分析

关于健康人力资源,我们选择15个相关指标为代表进行分析。1970年以来,医生比例等8个为水平变量,医护人员收入等7个为交叉变量(表1-39)。

表1-39 1970年以来健康人力资源的变化趋势(举例)

变化趋势	水平变量	交叉变量
上升变量	医生比例*、护士和助产士比例*、护工比例*、健康和社会工作人员比例*、全科医生比例*、牙医比例*、药剂师比例*、理疗医生比例*	医护人员收入**、执业医师收入**、医院雇员比例*
波动变量		专科手术人员比例*、社区健康工作者比例*、医学毕业生比例*、护士毕业生比例*

注:*为极值变量;**为开放变量。

(1) 健康人力资源的变化趋势

在健康人力资源的15个指标中,1970年以来,11个指标属于上升变量,4个指标为波动变量(表1-39)。医生比例(图1-43)和护士和助产士比例(图1-44)的变化可以反映水平变量的变化特点;医护人员收入(图1-45)可以反映交叉变量的变化特点。

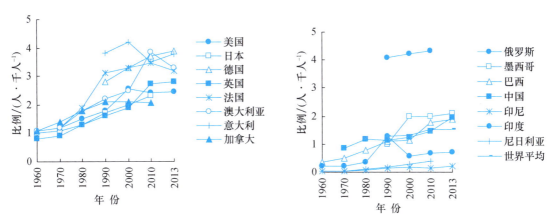

图1-43 1960~2013年医生比例

数据来源:World Bank,2016.

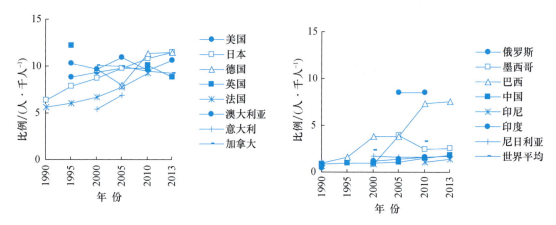

图 1-44　1990～2013 年护士和助产士比例

数据来源：World Bank，2016.

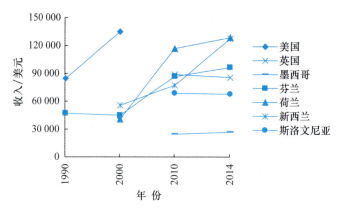

图 1-45　1990～2014 年医护人员收入

数据来源：OECD，2016.

首先，人力资源比例的变化。1980 年以来，世界多数国家健康和社会工作人员的比例呈现上升趋势；2014 年，美国为 61.4 人/千人，日本为 57.7 人/千人，意大利为 29.7 人/千人，墨西哥为 12.6 人/千人。在 1960～2014 年期间，医生比例不断上升，但存在国别差异；2013 年，世界平均为 1.54 人/千人，高收入国家为 3.10 人/千人，中等收入国家为 1.24 人/千人，低收入国家为 0.07 人/千人（图 1-43）。与此同时，全科医生的比例也在不断上升，但是国别差异较大；目前，美国为 0.31 人/千人，英国为 0.8 人/千人，法国为 1.55 人/千人，墨西哥为 0.79 人/千人。

在 1990～2013 年期间，护士和助产士比例不断上升，但国别差异较大；2010 年世界平均为 3.28 人/千人，高收入国家为 8.59 人/千人，中等收入国家为 2.15 人/千人，日本为 10.86 人/千人，德国为 11.38 人/千人，美国为 9.82 人/千人。

表 1-40　2014 年典型国家健康人力资源概况

项目	医生比例/(人·千人$^{-1}$)	护士和助产士比例/(人·千人$^{-1}$)	全科医生比例/(人·千人$^{-1}$)	专科手术人员比例/(人·10万$^{-1}$)	护工比例/(人·千人$^{-1}$)	牙医比例/(人·千人$^{-1}$)	药剂师比例/(人·千人$^{-1}$)	理疗医生比例/(人·千人$^{-1}$)
美国	2.45	9.82	0.31	64.56	7.54	—	—	0.63
日本	2.30	11.49	—	32.19	—	0.79	1.70	—
德国	3.89	11.49	1.72	112.85	—	0.85	0.64	2.16
英国	2.81	8.80	0.8	92.39	10.46	0.54	0.82	0.44
法国	3.19	9.30	1.55	63.06	—	0.64	1.06	1.26
澳大利亚	3.27	10.65	1.56	49.33	—	0.58	0.84	0.87
意大利	3.76	0.29	0.88	121.48	—	—	—	1
加拿大	2.07	9.29	1.24	36.27	5.25	—	0.91	0.57
俄罗斯	4.31	8.52	0.07	63.13	—	—	—	—
墨西哥	2.10	2.53	0.79	40.23	—	0.13	—	—
巴西	1.89	7.60	—	31.93	—	—	—	—
中国	1.94	1.85	—	40.06	—	—	—	—
印尼	0.20	1.38	0.17	—	—	—	—	—
印度	0.70	1.71	—	6.82	—	—	—	—
尼日利亚	0.40	1.61	—	1.36	—	—	—	—
世界平均	1.54	3.28	—	30.57	—	—	—	—

数据来源：OECD，2016. 中国数据为国家统计局数据。

其次，人力资源管理的变化。在 1980～2014 年期间，医院雇员比例不断上升，但国别差异较大；2014 年，美国为 19.3 人/千人，德国为 16 人/千人，意大利为 10.6 人/千人。在收入方面，1990 年以来，医护人员和执业医师的收入都不断上升，但是国别差异较大（图 1-45）。在人才培养方面，1980 年以来多数国家医学毕业生比例和护士毕业生比例的波动性比较大；2014 年，日本医学毕业生比例和护士毕业生比例分别为 6.01 人/10 万人、50.23 人/10 万人，墨西哥分别为 9.92 人/10 万人、10.79 人/10 万人。

（2）健康人力资源的世界前沿和国别差异

健康人力资源的世界前沿和国别差异，仅以医生比例（表 1-41）、护士和助产士比例为代表进行分析（表 1-42）。1960 年以来，世界医生比例的国际差距先扩大后缩小；目前，世界前沿值为 4.95 人/千人，国际相对差距超过 150 倍。1990 年以来，世界护士和助产士比例的国际差距先扩大后缩小；目前，国际相对差距接近 80 倍。

表 1-41　1960～2013 年医生比例的世界前沿和国别差异

项目	1960	1970	1980	1990	2000	2010	2013
最大值	2.47	3.20	9.81	4.93	4.73	6.17	4.95
最小值	0.01	0.01	0.01	0.01	0.01	0.01	0.03
平均值	—	—	—	1.26	1.31	1.54	1.54
绝对差别	2.46	3.19	9.8	4.92	4.72	6.16	4.92
相对差别	247	320	981	493	473	617	165
国家样本数	95	102	112	133	135	125	73

注：绝对差距＝最大值－最小值；相对差距＝最大值/最小值。

表 1-42 1990～2013 年护士和助产士比例的世界前沿和国别差异

项目	1990	1995	2000	2005	2010	2013
最大值	6.87	12.21	15.09	19.45	17.49	17.36
最小值	0.32	0.05	0.11	0.13	0.14	0.22
平均值	—	—	2.37	—	3.28	—
绝对差别	6.55	12.16	14.98	19.32	17.35	17.14
相对差别	21	244	137	150	125	79
国家样本数	19	25	104	98	118	64

注：绝对差距＝最大值－最小值；相对差距＝最大值/最小值。

5. 健康基础设施的时序分析

在健康基础设施方面，我们选择 4 个相关指标为代表进行分析。1970 年以来，人均体育场地面积为水平变量，床位比例等 3 个指标为交叉变量（表 1-43）。

表 1-43 1970 年以来健康基础设施的变化趋势（举例）

变化趋势	水平变量	交叉变量
上升变量	人均体育场地面积*	
转折变量		床位比例*、医院密度*、公立医院密度*

注：*为极值变量。

（1）健康基础设施的变化趋势

在健康基础设施的 4 个指标中，1 个指标属于上升变量，3 个指标为转折变量（表 1-43）。人均体育场地面积可以反映水平变量的变化特点；而床位比例（图 1-46）和医院密度的变化可以反映交叉变量的变化特点。

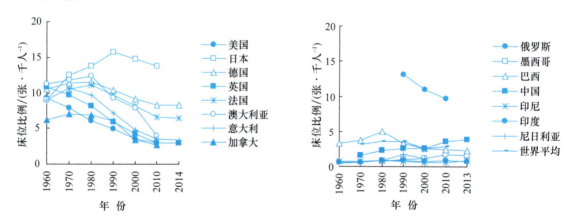

图 1-46 1960～2014 年床位比例

数据来源：World Bank，2016.

健康基础设施的变化，我们采用人均体育场地面积、床位比例、医院密度和公立医院密度四个指标的变化进行分析。关于人均体育场地面积的变化，以中国为例，2003 年中国人均体育场地面积为 1.03 m²，2013 年增长为 1.46 m²，2030 年计划达到 2.3 m²，整体呈现上升趋势。

在医院设置方面，OECD 统计数据表明：1980 年以来，医院密度和公立医院密度先上升后下降；目前，美国医院密度和公立医院密度分别为 17.97 所/百万人、4.55 所/百万人，日本分别为 66.72 所/百万人、12.25 所/百万人，加拿大分别为 20.54 所/百万人、20.31 所/百万人。

在床位配备方面,世界银行统计数据表明:在1960～2014年期间,床位比例先上升后下降;2014年,德国为8.2张/千人,美国为2.9张/千人,英国为2.7张/千人,中国为4.8张/千人。

(2) 健康基础设施的世界前沿和国别差异

健康基础设施的世界前沿和国别差异,仅以人均体育场地面积为代表进行分析。2013年,日本人均体育场地面积约为19 m^2,美国约为16 m^2,中国约为1.5 m^2。

在世界健康服务的60个分析变量中,从变化趋势的角度归类:上升变量为34个,下降变量为8个,转折变量为5个,波动变量为7个;从发展水平的角度归类:水平变量为29个,交叉变量为21个,特征变量4个;从发展极限的角度归类:开放变量为9个,极值变量为51个(表1-44)。

表1-44 健康服务分析指标分类统计

变量类型	指标数	变量类型	指标数	变量类型	指标数
上升变量	34	水平变量	29	开放变量	9
下降变量	8	特征变量	4	极值变量	51
转折变量	5	交叉变量	21	—	—
波动变量	7	其他	6	—	—
地域变量	—	—	—	—	—
其他	6	—	—	—	—
合计	60	合计	60	合计	60

三、世界健康环境的时序分析

健康环境涉及生态环境、社会环境等诸多方面。这里,重点讨论健康生态环境、健康社会环境和健康国际合作三个方面的变化趋势和特点(表1-45)。

表1-45 1700～2015年健康环境的变迁

方面	健康变量				长期趋势和特点
	18世纪	19世纪	1900～1970年	1970～2015年	
健康生态环境			清洁饮水普及率、卫生设施普及率		上升
				PM 2.5年均浓度、PM 2.5浓度超标暴露人口比例	先升后降,国别差异
健康社会环境			65岁以上人口比例、成人识字率		上升
			出生率、死亡率		先升后降,国别差异
			失业率		波动
		抚养比率			下降,国别差异
			人均国民收入		上升
				贫困人口比率	下降
健康国际合作			外来医生的比例、外来护士的比例		上升,国别差异

1. 健康生态环境的时序分析

我们选择4个相关指标为代表:1990年以来,清洁饮水普及率和卫生设施普及率为水平变量,PM 2.5年均浓度和PM 2.5浓度超标暴露人口比例为交叉变量(表1-46)。

表1-46 1990年以来健康生态环境变化趋势(举例)

变化趋势	水平变量	交叉变量
上升变量	清洁饮水普及率*、卫生设施普及率*	
转折变量		PM 2.5年均浓度**、PM 2.5浓度超标暴露人口比例*

注:*为极值变量;**为开放变量。

(1) 健康生态环境的变化趋势

1990年以来,清洁饮水普及率和卫生设施普及率属于上升变量,PM 2.5年均浓度和PM 2.5浓度超标暴露人口比例为转折变量(表1-46)。清洁饮水普及率(图1-47)和卫生设施普及率(图1-48)的变化可以反映水平变量的变化特点;PM 2.5年均浓度(图1-49)和PM 2.5浓度超标暴露人口比例(图1-50)可以反映交叉变量的变化特点。

首先,室内环境的变化。1990年以来,清洁饮水普及率(图1-47)和卫生设施普及率(图1-48)的变化都呈现上升趋势;2015年,世界平均清洁饮水普及率为91%,高收入国家为99%,中等收入国家为92%,低收入国家为66%;世界平均卫生设施普及率为68%,高收入国家为96%,中等收入国家为65%,低收入国家为28%。

其次,室外环境的变化。以PM 2.5为例,在1990～2013年期间,PM 2.5年均浓度(图1-49)和PM 2.5浓度超标暴露人口比例(图1-50)的变化先上升后下降;目前,世界平均PM 2.5年均浓度为32微克/立方米,高收入国家为16微克/立方米,中等收入国家为36微克/立方米,低收入国家为20微克/立方米;世界平均PM 2.5浓度超标暴露人口比例为87%,高收入国家为74%,中等收入国家为91%,低收入国家为80%。

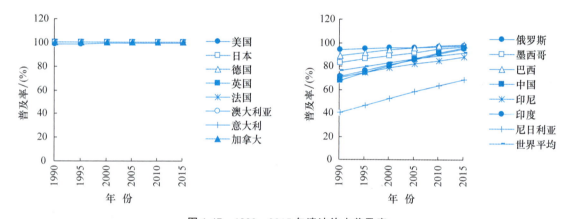

图1-47 1990～2015年清洁饮水普及率

数据来源:World Bank, 2016.

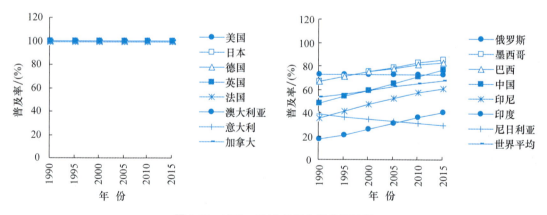

图1-48 1990～2015年卫生设施普及率

数据来源:World Bank, 2016.

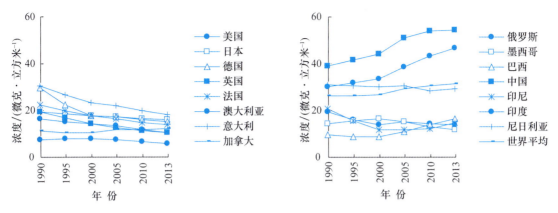

图 1-49　1990～2013 年 PM 2.5 年均浓度

数据来源：World Bank，2016.

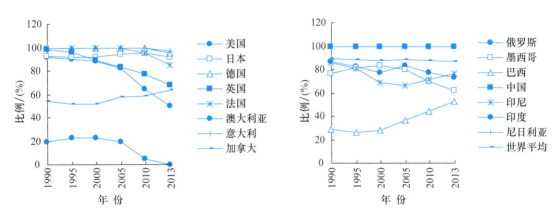

图 1-50　1990～2013 年 PM 2.5 浓度超标暴露人口比例

数据来源：World Bank，2016.

（2）健康生态环境的世界前沿和国别差异

健康生态环境的世界前沿和国别差异，仅以清洁饮水普及率为代表进行分析。1990 年以来，清洁饮水普及率的国际差距逐步缩小；2013 年，国际相对差距接近 3 倍。

表 1-47　1990～2013 年清洁饮水普及率的世界前沿和国别差异

项目	1990	1995	2000	2005	2010	2013
最大值	100	100	100	100	100	100
最小值	13.2	19.5	28.9	37.1	39.1	40
平均值	76.1	79.3	82.5	85.5	88.4	91.0
绝对差别	86.8	80.5	71.1	62.9	60.9	60
相对差别	8	5	3	3	3	3
国家样本数	124	134	135	135	135	135

注：绝对差距＝最大值－最小值；相对差距＝最大值/最小值。

2. 健康社会环境的时序分析

健康社会环境涉及人口、教育、就业、收入等诸多方面，我们选择 8 个相关指标为代表。1960 年以来，4 个指标为水平变量，3 个为交叉变量，1 个为特征变量（表 1-48）。

表 1-48　18 世纪以来健康社会环境的变化趋势（举例）

变化趋势	水平变量	交叉变量	特征变量
上升变量	65 岁以上人口比例*、成人识字率*、人均国民收入**		
下降变量	贫困人口比率*	抚养比率*	
转折变量		出生率*、死亡率*	
波动变量			失业率*

注：* 为极值变量；** 为开放变量。

（1）健康社会环境的变化趋势

1960 年以来，3 个指标属于上升变量，2 个指标为下降变量，2 个指标为转折变量，1 个指标为波动变量（表 1-48）。65 岁以上人口比例（图 1-51）和成人识字率（图 1-52）的变化可以反映水平变量的变化特点；抚养比率（图 1-53）可以反映交叉变量的变化特点。

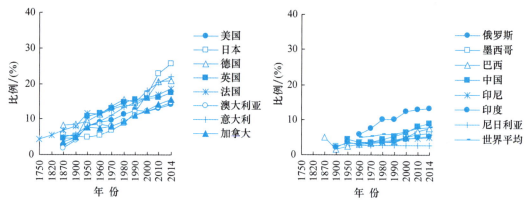

图 1-51　1750～2014 年 65 岁以上人口比例

数据来源：米切尔，2002；World Bank，2016.

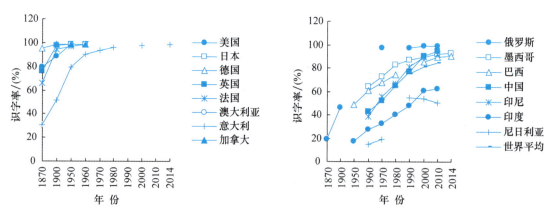

图 1-52　1870～2014 年成人识字率

数据来源：麦迪森，2001；World Bank，2016.

首先，人口方面的变化。19 世纪以来，出生率（图 1-54）和死亡率（图 1-55）均呈现先上升后下降的趋势，但是也存在国别差异，特别是在死亡率方面，20 世纪 60～70 年代，死亡率出现小幅回升，以美国、英国、德国、荷兰等发达国家为代表。2014 年，世界平均出生率为 19.4‰，死亡率为 7.8‰。在人口老龄化方面,18 世纪以来,世界多数国家 65 岁以上人口比例不断上升;2014 年,世界平均为 9.1%,高收入国家为 15.8%,中等收入国家为 6.6%,低收入国家为 3.4%(图 1-51)。在人口抚育方面,1960 年以来,世界多数国家抚养比率呈下降趋势,但是存在国别差异(图 1-53)。

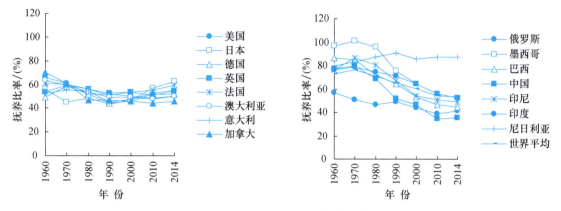

图 1-53　1960~2014 年抚养比率

数据来源:World Bank,2016.

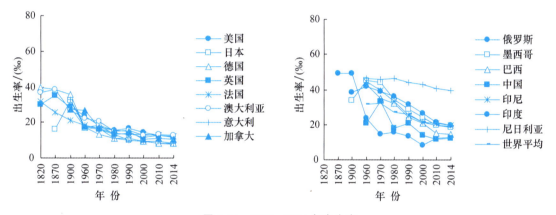

图 1-54　1820~2014 年出生率

数据来源:米切尔,2002;World Bank,2016.

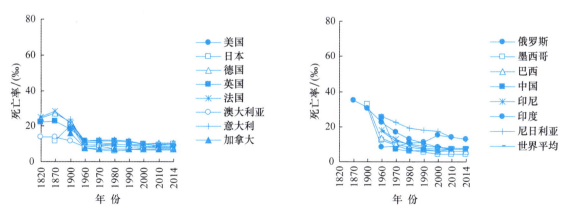

图 1-55　1820~2014 年死亡率

数据来源:米切尔,2002;World Bank,2016.

其次,教育方面的变化。19世纪以来,成人识字率不断上升;2010年,世界平均为85.2%,高收入国家为98.7%,中等收入国家为83.4%,低收入国家为57.5%(图1-52)。

其三,就业方面的变化。19世纪以来,世界多数国家失业率呈现波动趋势,没有一致性规律。

其四,收入和贫困方面的变化。在1962~2014年期间,多数国家人均国民收入不断上升;2014年,世界平均为10 799美元,高收入国家为38 300美元,中等收入国家为4681美元,低收入国家为628美元(图1-57)。贫困仍然是发展中国家的面临的突出问题,1985年以来,多数国家贫困人口比例不断下降;2014年,俄罗斯为11.2%,墨西哥为53.2%,巴西为7.4%。

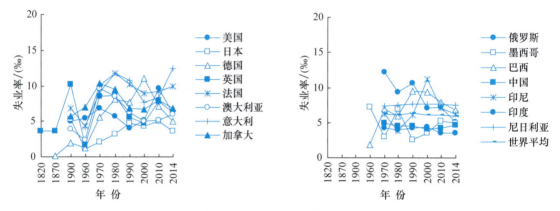

图1-56　1820~2014年失业率

数据来源:米切尔,2002;World Bank,2016.

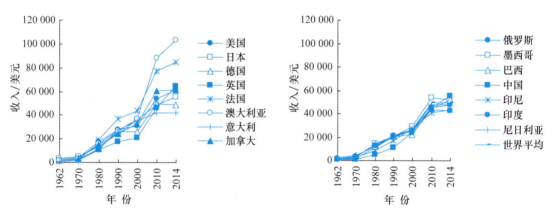

图1-57　1962~2014年人均国民收入

数据来源:World Bank,2016.

3. 健康国际合作的时序分析

健康国际合作主要关注健康人才的流动,我们选择外来医生的比例和外来护士的比例两个相关指标为代表进行分析,它们均为水平、上升变量。OECD统计数据表明:2000以来,多数国家外来医生比例(图1-58)和外来护士比例(图1-59)不断上升,国际互动不断增强,但是仍然存在国别差异。

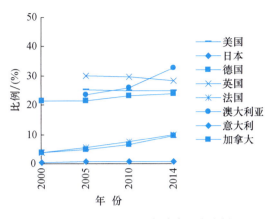

图 1-58 2000~2014 年外来医生比例
数据来源：OECD，2016.

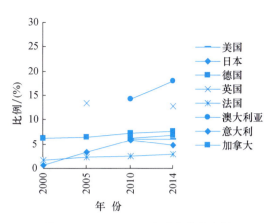

图 1-59 2000~2014 年外来护士比例
数据来源：OECD，2016.

世界健康环境的发展具有一定的规律性，在分析的 14 个变量中，从变化趋势的角度归类：上升变量为 7 个，下降变量为 2 个，转折变量为 4 个，波动变量为 1 个；从发展水平的角度归类：水平变量为 8 个，交叉变量为 5 个，特征变量为 1 个；从发展极限的角度归类：开放变量为 2 个，极值变量为 12 个（表1-49）。

表 1-49 健康环境分析指标分类统计

变量类型	指标数	变量类型	指标数	变量类型	指标数
上升变量	7	水平变量	8	开放变量	2
下降变量	2	特征变量	1	极值变量	12
转折变量	4	交叉变量	5	—	—
波动变量	1	其他	—	—	—
地域变量	—	—	—	—	—
其他	—	—	—	—	—
合计	14	合计	14	合计	14

四、世界健康治理的时序分析

健康治理现代化涉及诸多方面。这里我们从健康监管、健康科技、健康用品和健康产业四个方面选择 24 个指标为代表进行分析（表 1-50），虽然这种分析的指标很有限，但是可以提供一定的参考信息，加深我们对健康服务的认识。18 和 19 世纪的健康治理数据非常稀少，这在一定程度上会影响我们对健康治理发展趋势的分析。

表 1-50　1700～2015 年健康治理的变迁

方面	健康变量				长期趋势和特点
	18 世纪	19 世纪	1900～1970 年	1970～2015 年	
健康监管				人均健康支出、人均寿命成本	上升
				公共健康支出占政府支出比例、健康支出占 GDP 比例、公共健康支出占健康支出比例、基本药物可获得性	上升,国别差异
				私人健康支出占健康支出比例、现金健康支出占健康支出比例、药物支出占健康支出比例	下降,国别差异
				疾病治疗引发财务危机的人口比例、疾病治疗致贫人口比例	世界历史统计数据仅有一年的指标
				食品安全	案例分析
健康科技				出生率的公民登记覆盖率、死亡率的公民登记覆盖率	上升
				医药产业科技经费比例	世界历史统计数据仅有一年的指标
健康用品				人均药物销售、心血管药的日使用量	上升,国别差异
				医院售药比例	国别差异
				CT 扫描仪比例、核磁共振仪比例、放射治疗仪比例	上升
健康产业				健康产业增加值比例	上升,国别差异
				健康产业劳动力比例、健康产业劳动生产率	上升

1. 健康监管的时序分析

关于健康监管,我们选择 12 个相关指标为代表进行分析。1970 年以来,人均健康支出和人均寿命成本为水平变量,公共健康支出占政府支出比例等 7 个指标为交叉变量(表 1-51)。

表 1-51　1970 年以来健康监管的变化趋势(举例)

变化趋势	水平变量	交叉变量
上升变量	人均健康支出**、人均寿命成本**	公共健康支出占政府支出比例*、健康支出占 GDP 比例*、公共健康支出占健康支出比例*、基本药物可获得性*
下降变量		私人健康支出占健康支出比例*、现金健康支出占健康支出比例*、药物支出占健康支出比例*

注:疾病治疗引发财务危机的人口比例、疾病治疗致贫人口比例、食品安全等数据不全,仅做案例分析。* 为极值变量;** 为开放变量。

(1) 健康监管的变化趋势

在健康监管的 12 个指标中,1995 年以来,6 个指标属于上升变量,3 个指标属于下降变量,3 个指标数据不全(表 1-51)。其中,人均健康支出(图 1-60)和人均寿命成本(图 1-61)的变化可以反映水平变量的特点,公共健康支出占政府支出比例(图 1-62)和健康支出占 GDP 比例(图 1-63)的变化可以反映交叉变量的特点。

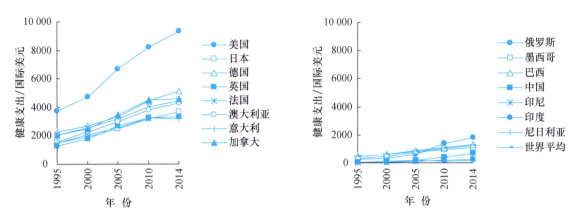

图 1-60　1995～2014 年人均健康支出

数据来源：World Bank，2016.

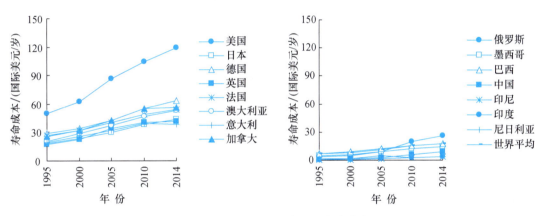

图 1-61　1995～2014 年人均寿命成本

数据来源：World Bank，2016.

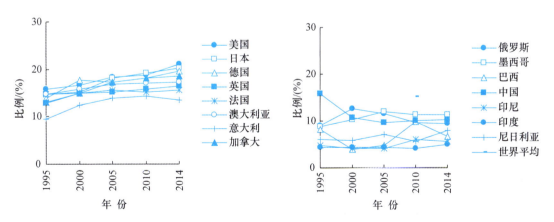

图 1-62　1995～2014 年公共健康支出占政府支出比例

数据来源：World Bank，2016.

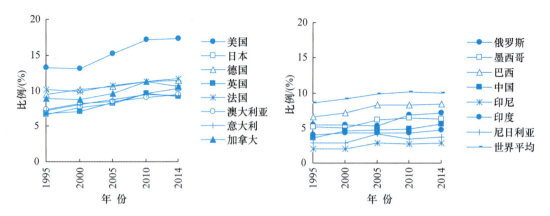

图 1-63　1995～2014 年健康支出占 GDP 比例

数据来源：World Bank，2016.

首先，健康财政方面的变化。1995 年以来，世界多数国家人均健康支出不断上升；2014 年，世界平均为 1275 国际美元，高收入国家为 4611 国际美元，中等收入国家为 539 国际美元，低收入国家为 93 国际美元，中国为 730 国际美元（图 1-60）。与此同时，人均寿命成本不断上升；目前，世界平均为 18 国际美元/岁，高收入国家为 58 国际美元/岁，中等收入国家为 8 国际美元/岁，低收入国家不足 2 国际美元/岁（图 1-61）。

从宏观方面看，在 1995～2014 年期间，公共健康支出占政府支出比例、健康支出占 GDP 比例和公共健康支出占健康支出比例不断上升；而私人健康支出占健康支出比例、现金健康支出占健康支出比例和药物支出占健康支出比例不断下降，但是这六个指标的变化均存在国别差异（表 1-52）。

关于疾病治疗引发财务危机，甚至是致贫的情况，世界银行统计数据表明：2014 年，世界平均疾病治疗引发财务危机的人口比例为 44％，高收入国家为 10％，中等收入国家为 50％，低收入国家为 73％，美国为 3.2％，英国为 0.9％。而世界平均疾病治疗致贫人口比例为 47％，高收入国家为 5％，中等收入国家为 53％，低收入国家为 87％，美国为 1.4％，英国为 0.6％。

表 1-52　2014 年典型国家健康支出概况　　　　　　　　　　　　　　　　　单位：%

项目	健康支出占 GDP 比例	公共健康支出占政府支出比例	公共健康支出占健康支出比例	私人健康支出占健康支出比例	现金健康支出占健康支出比例	药物支出占健康支出比例
美国	17.1	21.3	48.3	51.7	11.1	—
日本	10.2	20.3	83.6	16.4	13.9	13.2
德国	11.3	19.7	77.0	23.0	13.2	10.2
英国	9.1	16.5	83.1	16.9	9.7	9.8
法国	11.5	15.7	78.2	21.8	6.3	10.9
澳大利亚	9.4	17.3	67.0	33.0	18.8	6.8
意大利	9.3	13.7	75.6	24.4	21.2	17.6
加拿大	10.5	18.8	70.9	29.1	13.6	12.3
俄罗斯	7.1	9.5	52.2	47.8	45.9	—
墨西哥	6.3	11.6	51.8	48.2	44.0	25.2

(续表)

项目	健康支出占GDP比例	公共健康支出占政府支出比例	公共健康支出占健康支出比例	私人健康支出占健康支出比例	现金健康支出占健康支出比例	药物支出占健康支出比例
巴西	8.3	6.8	46.0	54.0	25.5	—
中国	5.6	10.4	55.8	44.2	32.0	—
印尼	2.9	5.7	37.8	62.2	46.9	—
印度	4.7	5.1	30.0	70.0	62.4	—
尼日利亚	3.7	8.2	25.2	74.9	71.7	—
世界平均	10.0	—	60.1	40.0	18.3	—

数据来源：World Bank, 2016；OECD, 2016.

其次，基本药物和食品安全方面的变化。世界卫生组织提出基本药物可及性核心要素可包括：可获得性、可负担性、可供应性、可支付性、贯穿各要素的药物质量和使用适当性。其统计数据表明：在2000～2013年期间，多数国家基本药物可获得性不断上升，但存在国别差异。

2. 健康科技的时序分析

这里我们选择医药产业科技经费比例、出生率的公民登记覆盖率和死亡率的公民登记覆盖率3个相关指标为代表进行分析；2000年以来，出生率的公民登记覆盖率（图1-64）和死亡率的公民登记覆盖率（图1-65）两个指标均为水平、上升变量。

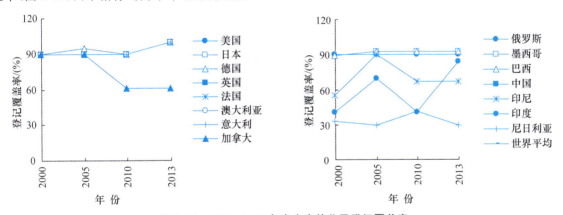

图1-64　2000～2013年出生率的公民登记覆盖率

数据来源：WHO, 2016.

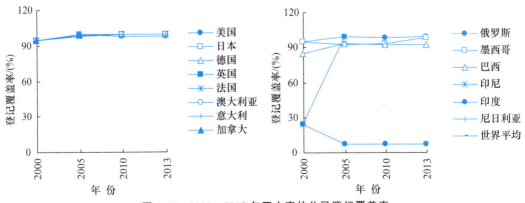

图1-65　2000～2013年死亡率的公民登记覆盖率

数据来源：WHO, 2016.

首先,健康科技投入方面的变化。OECD 统计数据表明:2011 年,在 33 个样本国家中,瑞士医药产业科研经费占 GDP 比例最高,达 0.63%,英国和美国均为 0.3%,德国为 0.15%(表 1-53)。

其次,健康信息化方面的变化。在 2000~2013 年期间,世界多数国家出生率的公民登记覆盖率(图 1-64)和死亡率的公民登记覆盖率(图 1-65)不断上升,但是存在国别差异。

表 1-53 2011 年典型国家医药产业科研经费占 GDP 比例   单位:%

国家	2011 年	国家	2011 年
瑞士	0.63	以色列	0.12
比利时	0.45	爱尔兰	0.07
斯洛文尼亚	0.45	西班牙	0.07
丹麦	0.36	韩国	0.06
英国	0.30	芬兰	0.06
美国	0.30	奥地利	0.06
冰岛	0.28	荷兰	0.05
日本	0.26	葡萄牙	0.05
瑞典	0.21	中国	0.04
匈牙利	0.19	意大利	0.04
法国	0.15	希腊	0.03
德国	0.15	加拿大	0.03

数据来源:OECD,2016.

3. 健康用品的时序分析

这里我们选择 6 个相关指标为代表进行分析。1980 年以来,CT 扫描仪比例等 3 个指标为水平变量,人均药物销售等 3 个指标为交叉变量(表 1-54)。

表 1-54 1970 年以来健康用品的变化趋势(举例)

变化趋势	水平变量	交叉变量
上升变量	CT 扫描仪比例*、核磁共振仪比例*、放射治疗仪比例*	人均药物销售**、心血管药的日使用量*
波动变量		医院售药比例*

注:* 为极值变量;** 为开放变量。

1980 年以来,5 个指标属于上升变量,1 个指标属于波动变量(表 1-54)。其中,CT 扫描仪比例(图 1-66)和核磁共振仪比例(图 1-67)的变化可以反映水平变量的特点,人均药物销售(图 1-68)的变化可以反映交叉变量的特点。

首先,药品相关方面的变化。1980 年以来,人均药物销售不断上升,但是国别差异较大(图 1-68);其中,医院售药比例呈现波动趋势,同时存在国别差异。在用药安全方面,以心血管药的日使用量为例,在 1980~2014 年期间,多数国家心血管药的日使用量不断上升;德国从 1990 年的 309 DDDs*/(千人·天)上升为当前的 683 DDDs/(千人·天),瑞典从 2000 年的 242 DDDs/(千人·天)上升为当前的 480 DDDs/(千人·天)。

其次,医疗器械方面的变化。1980 年以来,CT 扫描仪比例(图 1-66)、核磁共振仪比例(图 1-67)和放射治疗仪比例(图 1-69)不断上升,但是存在国别差异;就 CT 扫描仪比例而言,2014 年,日本为

---

* DDDs,即 DDD(每日限定剂量)数,DDDs = 总用药量/DDD。

107台/百万人,美国为41台/百万人,加拿大为15台/百万人,俄罗斯为9台/百万人,英国为8台/百万人(图1-66)。

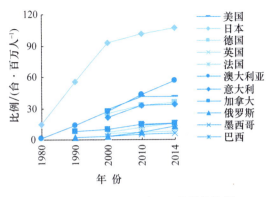

图1-66　1980～2014年CT扫描仪比例
数据来源:OECD,2016.

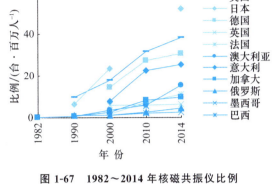

图1-67　1982～2014年核磁共振仪比例
数据来源:OECD,2016.

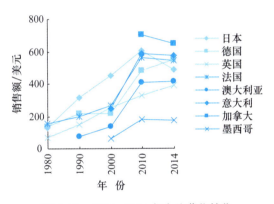

图1-68　1980～2014年人均药物销售
数据来源:OECD,2016.

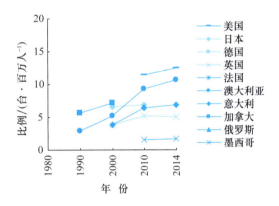

图1-69　1980～2014年放射治疗仪比例
数据来源:OECD,2016.

4. 健康产业的时序分析

这里我们选择健康产业增加值占GDP比例(图1-70)、健康产业劳动力比例(图1-71)和健康产业劳动生产率(图1-72)3个相关指标为代表进行分析。1970年以来,它们均为水平、上升变量。

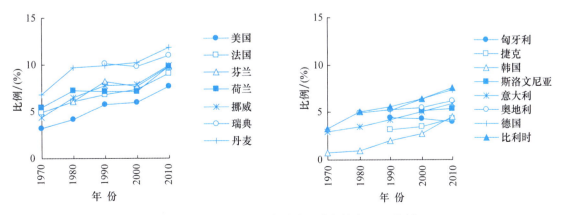

图1-70　1970～2010年健康产业增加值占GDP比例
数据来源:OECD,2016.

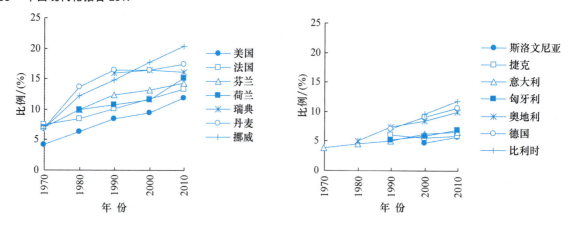

图 1-71　1970～2010 年健康产业劳动力比例

数据来源：OECD，2016.

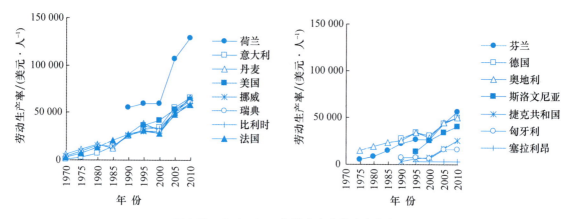

图 1-72　1970～2010 年健康产业劳动生产率

数据来源：OECD，2016.

1970 年以来，发达国家健康产业的规模不断扩大。OECD 统计数据表明：在 1970～2010 年期间，发达国家健康产业增加值比例不断上升；2010 年，瑞典健康产业增加值占 GDP 比例为 10.9%，美国为 7.6%，德国为 7.3%（图 1-70）。与此同时，健康产业劳动力比例也不断上升；2010 年，瑞典健康产业劳动力比例为 16.2%，美国为 11.9%，德国为 10.6%（图 1-71）。

在世界健康治理的 24 个分析变量中，从变化趋势的角度归类：上升变量为 16 个，下降变量为 3 个，波动变量为 1 个，地域变量为 3 个；从发展水平的角度归类：水平变量为 10 个，交叉变量为 11 个；从发展极限的角度归类：开放变量为 4 个，极值变量为 20 个（表 1-55）。

表 1-55　健康治理分析指标分类统计

变量类型	指标数	变量类型	指标数	变量类型	指标数
上升变量	16	水平变量	10	开放变量	4
下降变量	3	特征变量	—	极值变量	20
转折变量	—	交叉变量	11		—
波动变量	1	其他	3		—
地域变量	3		—		—
其他	1		—		—
合计	24	合计	24	合计	24

第三节 健康现代化的截面分析

健康现代化的截面分析,是对健康现代化的历史过程的关键时期的截面数据和资料进行分析,试图去发现和归纳健康现代化的客观事实和基本规律。截面分析的结果需要谨慎对待,并与时序分析结果进行交叉检验和对照,以确认结果的真实性。在本《报告》中,我们选择人口超过100万和统计数据相对完整的131个国家作为分析样本,分析变量涉及健康生活、健康服务、健康环境和健康治理四个方面,分析内容包括基本特征、世界前沿、国际差距或国别差异等,时间跨度约为300年(1700~2015年),分析对象包括6个历史截面(1750、1820、1900、1980、2000和2014年),并以2014年截面为重点。需要特别注意的是,具有18~19世纪的健康数据的国家非常少,而且数据是不系统的和不完整的,这对分析结果的客观性有一定影响。

一般而言,健康变量与国家经济水平的截面特征关系,可以大致分为三种类型:正相关、负相关和不相关;健康变量与国家经济水平的相关程度可以大致分为四个等级:不相关、相关(正或负相关)、显著相关(正或负相关)和非常显著相关(正或负相关);截面分析的结果和时序分析的结果相比,可能出现三种情况:完全一致、不完全一致和相互矛盾(表1-56)。如果截面分析与时序分析的结果完全一致,表示该指标的变化,有很强规律性。如果截面分析与时序分析的结果不一致,表示该指标的变化,具有多样性。如果截面分析与时序分析的结果相互矛盾,表示该指标的变化,需要个案分析。由于报告篇幅有限,我们选择少数指标为代表,用"图形"显示它们与国家经济水平的特征关系。

表1-56 健康变量的截面特征及其与时序特征的关系

类型	健康变量与国家经济水平的截面关系			健康变量截面特征与时序特征的关系		
	正相关	负相关	不相关	完全一致	不完全一致	相互矛盾
特点	国家经济水平越高,健康指标的数值越大	国家经济水平越低,健康指标的数值越大	健康指标的数值变化,与国家经济水平的变化不相关	截面分析和时序分析的结果是一致的	截面分析和时序分析的结果不完全一致	截面分析和时序分析的结果是相互矛盾的
举例	国家经济水平越高,出生时平均预期寿命越长	国家经济水平越低,婴儿死亡率越高	自杀率是波动的,与国家经济水平不相关	孕妇产前检查比例:时序特征是上升变量,截面特征是正相关变量	成人吸烟率:时序特征是转折变量,截面特征是正相关变量	HIV患病率;时序特征是上升变量,截面特征是负相关变量

注:时序特征与截面特征的关系:① 完全一致:时序分析的上升变量(下降变量)——截面分析的正相关(负相关)、时序分析的其他变量——截面分析的不相关;② 不完全一致:时序分析的上升变量(下降变量)——截面分析的不相关,时序分析的其他变量——截面分析的正相关(负相关);③ 相互矛盾:时序分析的上升变量(下降变量)——截面分析的负相关(正相关)。

一、世界健康生活的截面分析

1. 健康生活的2014年截面分析

(1) 2014年健康生活的截面特征

健康生活涉及健康观念、健康行为、健康营养和健康状况等方面。我们选择53个变量进行比较。很显然,不同变量的"发展水平"与国家经济水平的特征关系是不同的(表1-57和表1-58),许多指标的变化是波动的,而不是平滑的。

表 1-57 2014 年健康生活 53 个变量与国家经济水平的特征关系

国家经济水平	经济欠发达			初等发达		中等发达		经济发达		相关系数+	显著性
国家分组	1	2	3	4	5	6	7	8	9		
人均国民收入	424	798	1697	4300	7962	14 052	27 409	47 998	75 168		
(1) 健康观念											
国民健康素养水平	—	—	—	—	9.79	—	—	—	—		
成人拥有艾滋病知识比例	27.7	33.5	26.9	25.4	32.4	41.7	—	—	—	0.772	*
健康体检和筛查比例	—	—	—	—	17.5	41	68	68	71	0.787	
成人自我感觉健康良好比例	—	—	—	78.1	68.2	55.3	65	72.2	77.6		
老龄人自我感觉健康良好比例	—	—	—	22.9	19.7	14.1	29.6	50.1	64.7	0.962	***
(2) 健康行为											
成人吸烟率	3.4	5.5	3.7	6.1	10.7	20.4	17.8	20.5	20.5	0.787	**
人均酒精消费	—	—	2.6	—	5.5	10.2	9	9.8	8.4	0.529	
睡眠不足人数比例	—	—	—	—	—	—	—	—	—		
缺乏体育锻炼比例	15.1	12.7	17.7	21.6	30.5	26.3	34.2	31.8	28		
育龄妇女避孕率	21.8	30.6	43.6	61.8	65.5	65.9	56.5	74.3	77.5	0.703	**
青年避孕套使用率	21.8	41.7	45.2	66.4	41.3	—	—	—	—	0.384	
孕妇产前检查比例	81.2	83.7	84.4	94.3	96	97.5	97	100	98.3	0.664	*
产妇产后护理比例	32.5	40.7	58.4	79.8	67	—	—	—	—	0.731	
专业人员接生比例	48.7	52.7	65.1	90.6	94.5	98.4	98.5	99.8	100	0.620	*
剖腹产比例	4	4.4	9.8	24.3	30.2	30	28.3	22.1	24	0.401	
非法药物使用的比例	—	—	—	—	—	2	1.7	4.4	5.2		
(3) 健康营养											
人均食物供应量	2292	2373	2513	2836	2887	3160	3383	3423	3352	0.779	**
人均脂肪供应量	45	51	56.5	71.3	85.3	107.9	136.7	139	145.1	0.869	***
人均蛋白质供应量	57.8	61.2	66.7	78.2	79.8	93.4	106.5	104.4	104.8	0.805	***
母乳喂养比例	51.6	42.1	37.2	31.5	25	56.2	—	—	—	0.178	
营养不良人口比例	24.2	24.9	16.2	11.6	8.3	5.5	5	5	—	−0.706	**
育龄妇女贫血发生率	37.9	38.6	36.6	25.8	25.5	22.2	22.2	17.9	17.9	−0.770	**
新生儿低体重的比例	16.9	15.9	12.9	8.6	7.1	7	8.2	6.9	5.5	−0.654	*
5 岁以下儿童超重比例	3.9	6.5	5.2	10	9.7	9	6.4	5.2	8	0.027	
成人超重比例	21.7	28.5	34.7	49.6	55.7	59.2	57.9	56.3	57.7	0.593	*
成人肥胖比例	8.4	12.9	15.1	23.4	26.3	27	23.9	22	20.5	0.296	
(4) 健康状况											
出生时平均预期寿命	59.1	60.5	64.9	72.8	72	75.8	80.9	80.9	81.9	0.781	**
出生时预期健康寿命	52.0	53.0	57.9	64.7	63.9	67.2	71.3	71.5	72.0	0.762	**
潜在的寿命损失	—	—	—	8618	5662	2742	3073	2576		−0.763	
总和生育率	5.3	4.5	3.5	2.4	2.2	1.8	1.7	1.7	1.7	−0.619	*
少女生育率	110.9	95.9	67.7	39.2	47.1	33.2	7.2	10.3	6.6	−0.744	**
婴儿死亡率	57.9	51.3	40	16.4	20.6	7.9	4.2	3.6	2.7	−0.695	**
新生儿死亡率	28.9	25.4	23.4	10.2	11.9	5.1	2.9	2.3	2.1	−0.724	**
5 岁以下儿童死亡率	85.3	74.6	52.5	19.5	25.3	9.2	5	4.3	3.4	−0.662	*
孕产妇死亡率	567	632	256	96.5	50.6	16.3	9.3	13.6	—	−0.608	
心血管病死亡率	—	—	—	—	6.7	1.7	3.7	2.6	3	−0.392	

(续表)

国家经济水平	经济欠发达			初等发达		中等发达		经济发达		相关系数‡	显著性
国家分组	1	2	3	4	5	6	7	8	9		
人均国民收入	424	798	1697	4300	7962	14 052	27 409	47 998	75 168		
癌症死亡率	—	—	—	75	224	217	232	222			
慢性呼吸道疾病死亡率	51.5	56.1	57.8	37.9	32.5	26	20.6	19.8	22.2	−0.728	**
传染性疾病等致死的比重	62.6	51.8	40.8	14.9	17.5	7.1	7.2	7.6	5.4	−0.633	*
非传染性疾病致死的比重	28	35.3	49.4	76.1	72.2	84.4	86.5	86.4	89.7	0.674	**
伤害致死的比重	10.8	7.3	9	9.9	10.7	10	7	6.3	5.6	−0.779	**
艾滋病发病率	—	—	—	4.1	2	1.2	1.2	0.6		−0.785	
结核发病率	241	154	227	156	123	38	20	12	7	−0.785	**
恶性肿瘤发病率	—	—	94	134	167	238	261	286	307		
糖尿病患病率	4	3.9	5.9	8.7	8.6	8.3	8.8	7.6	5.8	0.117	
哮喘登记患病率	—	—	—		1.8	3.4	3.8	5.2			
痴呆患病率	—	—	3.3	3.6	4.2	10	15.6	16.5	16.3		
自杀率	10.5	16.7	7.1	9.1	9.1	8.4	10.2	9.3	9.5	−0.172	
身体和感官功能的局限性	—	—	—	39	38.7	37.4		37.6			
交通伤害致死率	29.4	27.3	20.7	18.9	17.9	12.9	9.5	6.2	3.8		
成人自我感觉健康中等的比例						28.9	27.7	20.1	15.6		
口腔卫生	—	—	—		2.6	1.9	1.5	1	0.8	−0.915	**
抑郁症自报患病率	—	—	—		0.8	2.6	3.7	4.7	—		

注：指标单位见附表1-1-1。有些指标2014年没有数据，采用临近年数据。* 表示相关，** 表现显著相关，*** 表示非常显著相关，其他为不相关。"—"表示没有数据。‡部分指标统计数据不全，部分指标的版面数据存在疑点，暂不进行相关性分析。后同。

表1-58 2014年健康生活变量与国家经济水平的特征关系的分类

方面	正相关变量/个	负相关变量/个	不相关变量/个	其他变量/个	合计/个
健康观念	2	—	1	2	5
健康行为	4	—	4	3	11
健康营养	4	3	3	0	10
健康状况	4	10	7	6	27
合计	14	13	15	11	53

注：其他变量指因为数据不全而不能分类的指标。后同。

(2) 2014年截面健康生活的世界前沿和国际差距

健康生活变量的世界前沿和国际差距的判断和分析非常复杂，因健康生活变量而异。如果健康生活变量与国家经济水平显著相关，那么，可以根据截面分析9组国家健康生活变量的特征值大致分辨世界前沿和国际差距；当然这只是一种简化处理。一般而言，第9组国家的健康生活变量的水平代表了前沿水平，国际差距可进行统计学分析；从统计角度看，正相关指标的最大值或负相关指标的最小值代表前沿水平，正相关指标的最小值或负相关变量的最大值代表末尾水平（表1-59）。

表 1-59 2014 年截面健康生活变量的世界前沿和国际差距（9 组国家特征值之间的比较）

变量	最大值	最小值	绝对差距	相对差(倍)	平均值	标准差	相关系数	相关性
(1) 健康观念								
成人拥有艾滋病知识比例	41.7	25.4	16.3	2	31.3	6.0	0.772	正相关
老龄人自我感觉健康良好比例	54.7	14.1	40.6	4	33.5	19.7	0.962	正相关
(2) 健康行为								
成人吸烟率	20.5	3.4	17.1	6	12.1	7.7	0.787	正相关
育龄妇女避孕率	77.5	21.8	55.7	4	55.3	19.3	0.703	正相关
孕妇产前检查比例	100	81.2	18.8	1	92.5	7.3	0.664	正相关
专业人员接生比例	100	48.7	51.3	2	83.1	21.4	0.620	正相关
(3) 健康营养								
人均食物供应量	3383	2292	1091	1	2913	444	0.779	正相关
人均脂肪供应量	145.1	45	100.1	3	93.1	40.1	0.869	正相关
人均蛋白质供应量	106.5	57.8	48.7	2	83.6	19.4	0.805	正相关
营养不良人口比例	24.9	5	19.9	5	12.6	8.3	−0.706	负相关
育龄妇女贫血发生率	38.6	17.9	20.7	2	27.2	8.4	−0.770	负相关
新生儿低体重的比例	16.9	5.5	11.4	3	9.9	4.2	−0.654	负相关
成人超重比例	59.2	21.7	37.5	3	46.8	14.5	0.593	正相关
(4) 健康状况								
出生时平均预期寿命	81.9	59.1	22.8	1	72.1	8.8	0.781	正相关
出生时预期健康寿命	72.0	52.0	20.0	1	63.7	7.8	0.762	正相关
总和生育率	5.3	1.7	3.6	3	2.8	1.4	−0.619	负相关
少女生育率	110.9	6.6	104.3	17	46.5	38.3	−0.744	负相关
婴儿死亡率	57.9	2.7	55.2	21	22.7	21.6	−0.695	负相关
新生儿死亡率	28.9	2.1	26.8	14	12.5	10.7	−0.724	负相关
5 岁以下儿童死亡率	85.3	3.4	81.9	25	31.0	31.8	−0.662	负相关
慢性呼吸道疾病死亡率	57.8	19.8	38	3	36.0	15.5	−0.728	负相关
传染性疾病等致死的比重	62.6	5.4	57.2	12	23.9	21.9	−0.633	负相关
非传染性疾病致死的比重	89.7	28	61.7	3	67.6	23.8	0.674	正相关
伤害致死的比重	10.8	5.6	5.2	2	8.5	2.0	−0.779	负相关
结核发病率	241	7	234	34	109	93	−0.785	负相关
口腔卫生	2.6	0.8	1.8	3	1.6	0.7	−0.915	负相关

注：变量的单位见附表 1-1-1。绝对差距＝最大值－最小值，相对差距＝最大值÷最小值。有些指标的变化比较复杂，在 9 组国家的特征值中，第 9 组国家的特征值不等于它们的最大值（正相关变量）或最小值（负相关变量），第 1 组国家的特征值不等于它们的最小值（正相关变量）或最大值（负相关变量）。后同。

(3) 健康生活变量的截面特征和时序特征的比较

2014 年截面的 53 个健康生活变量中，有 21 个量的截面特征与时序特征完全一致，有 21 个变量的截面特征与时序特征不完全一致，7 个指标数据不全，4 个指标版面数据存疑，没有截面特征与时序特征相互矛盾的变量（表 1-60）。这说明健康生活指标的变化是非常复杂的。

表 1-60 2014 年健康生活变量的截面特征与时序特征的关系

方面	完全一致/个	不完全一致/个	相互矛盾/个	合计/个
健康观念	1	3（老龄人自我感觉健康良好比例、健康体检和筛查比例、成人自我感觉健康良好比例）	0	4
健康行为	3	5（成人吸烟率、人均酒精消费、青年避孕套使用率、产妇产后护理比例、剖腹产比例）	0	8
健康营养	7	3（母乳喂养比例、5 岁以下儿童超重比例、成人肥胖比例）	0	10
健康状况	10	10（潜在的寿命损失、总生育率、孕产妇死亡率、心血管病死亡率、伤害致死的比重、艾滋病发病率、结核发病率、糖尿病患病率、自杀率、口腔卫生）	0	20
合计	21	21	0	42

2. 健康生活的其他截面

（1）2000 年健康生活的截面特征

2000 年健康生活截面分析，国家分组按 2000 年国家经济水平（人均国民收入）分组，分析变量为 53 个。其中，14 个指标与国家经济水平正相关，14 个指标负相关，5 个指标相关性不显著，19 个指标数据不全，1 个指标版面数据存疑（表 1-61）；22 个变量的截面特征与时序特征完全一致，11 个变量的截面特征与时序特征不完全一致，没有截面特征与时序特征相矛盾的变量（表 1-62）。

表 1-61 2000 年截面健康生活变量与国家经济水平的特征关系的分类

方面	正相关变量/个	负相关变量/个	相关性不显著变量/个	其他变量/个	合计/个
健康观念	1	0	1	3	5
健康行为	7	0	0	4	11
健康营养	3	4	2	1	10
健康状况	3	10	2	12	27
合计	14	14	5	20	53

表 1-62 2000 年健康生活变量的截面特征与时序特征的关系

方面	完全一致/个	不完全一致/个	相互矛盾/个	合计/个
健康观念	1	1	0	2
健康行为	5	2	0	7
健康营养	6	3	0	9
健康状况	10	5	0	15
合计	22	11	0	33

（2）1980 年健康生活的截面特征

1980 年服务截面分析，国家分组按 1980 年国家经济水平（人均国民收入）分组，分析变量为 53 个。其中，6 个指标与国家经济水平正相关，4 个负相关，3 个指标相关性不显著，40 个指标数据不全（表 1-63）；9 个健康生活变量的截面特征与时序特征完全一致，4 个变量的截面特征与时序特征不完全一致（表 1-64）。

表 1-63　1980 年截面健康生活变量与国家经济水平的特征关系的分类

方面	正相关变量/个	负相关变量/个	相关性不显著变量/个	其他变量/个	合计/个
健康观念	0	0	0	5	5
健康行为	2	0	1	8	11
健康营养	3	0	1	6	10
健康状况	1	4	1	21	27
合计	6	4	3	40	53

表 1-64　1980 年健康生活变量的截面特征与时序特征的关系

方面	完全一致/个	不完全一致/个	相互矛盾/个	合计/个
健康观念	0	0	0	0
健康行为	2	1	0	3
健康营养	3	1	0	4
健康状况	4	2	0	6
合计	9	4	0	13

（3）1900 年健康生活的截面特征

1900 年数据非常少。其中，出生时平均预期寿命与国家经济水平正相关，婴儿死亡率与国家经济水平负相关（表 1-65）。

表 1-65　1900 年截面健康生活变量与国家经济水平的特征关系的分类

方面	正相关变量/个	负相关变量/个	相关性不显著变量	合计/个
健康观念	—	—	—	2
健康行为	—	—	—	—
健康营养	—	—	—	—
健康状况	出生时平均预期寿命	婴儿死亡率	—	2
合计	1	1	—	2

20 世纪以来，健康生活的变化是巨大的，而且变化是复杂的和有逻辑的。在 53 个健康生活指标中，大约 41% 的指标的变化是相对连续的和可以预期的，大约 15% 的指标难以预测（表 1-66）。

表 1-66　健康生活变量与国家经济水平的关系分类

项目	2014 年	2000 年	1980 年	1900 年	合计/个	比例/(%)
正相关的变量/个	13	14	6	1	34	21
负相关的变量/个	13	14	4	1	32	20
没有显著关系的变量/个	16	5	3	0	24	15
其他变量/个	11	20	40	0	71	44
合计/个	53	53	53	2	161	100

（4）1820 年和 1750 年健康生活的截面特征

1820 年和 1750 年的数据非常少。其中，出生时平均预期寿命与国家经济水平正相关，婴儿死亡率与国家经济水平负相关。

二、世界健康服务的截面分析

健康服务的截面分析选择 3 个截面为对象,重点是 2014 年截面。

1. 健康服务的 2014 年截面分析

(1) 2014 年健康的截面特征

一般而言,健康服务涉及健康医护、公共健康、健康保险、健康人力资源和健康基础设施等方面。我们选择 60 个变量进行比较。很显然,不同变量的"发展水平"与国家经济水平的特征关系是不同的(表 1-67 和表 1-68),许多指标的变化是波动的,而不是平滑的。

表 1-67　2014 年健康服务 60 个定量指标与国家经济水平的特征关系

国家经济水平	经济欠发达			初等发达		中等发达		经济发达		相关系数†	显著性
国家分组	1	2	3	4	5	6	7	8	9		
人均国民收入	424	798	1697	4300	7962	14 052	27 409	47 998	75 168		
(1) 健康医护											
成人因费用放弃治疗的比例	—	—	—	—	—	17.9	4.4	11.3	8.5		
等待专家治疗超过 4 周比例	—	—	—	—	—	47.4	46.7	34.9	39.2		
白内障手术等待时间	—	—	—	—	—	222	93.1	73.4	100.1		
成人心力衰竭住院率	—	—	—	441	258	255	207	219	225	−0.557	
门诊咨询率	—	—	—	—	2.3	7.9	8	7.2	4.6	0.016	
牙医门诊咨询率	—	—	—	—	0.1	1.1	1	1.5	0.9	0.437	
CT 检查率	—	—	—	—	—	169	128	144	133		
核磁共振检查率	—	—	—	—	—	51	48	78	55		
出院率	—	—	—	—	7882	17 406	14 756	17 509	16 700		
平均住院天数	—	—	—	—	3.6	7.3	8.4	7.3	6.2	0.228	
外科手术率	703	1035	1602	3868	4473	5343	5800	12 743	20 741		
医院的护士和病床之比	—	—	—	—	—	0.66	2.47	1.68	1.74		
长期护理的护理员密度	—	—	—	—	—	5.5	6.3	11.7	18.4		
长期护理的病床密度	—	—	—	—	—	5.4	4.5	8.6	9.7		
成人乳腺癌五年存活率	—	—	—	—	—	79.5	85.8	83.1	87.8		
成人结肠癌五年存活率	—	—	—	—	—	54.2	61.5	61.6	63.2		
住院一天占全部患者比例	—	—	—	—	27.6	19.2	31.1	38.1	26.2	0.305	
出院 30 天内再住院率	—	—	—	—	—	—	—	—	—		
抗菌剂的日使用量	—	—	—	—	—	20.5	19.7	15.2	14.8		
急性心梗住院 30 天内死亡率	—	—	—	—	28.2	9.9	7.2	7.6	5.7	−0.653	
出血性卒中住院 30 天内死亡率	—	—	—	—	30.1	31.6	22.8	23	21.8	−0.815	*
精神病人住院自杀率	—	—	—	—	—	0.1	0.02	0.05	0.06		
成人出院后手术异物遗留率	—	—	—	—	—	0.4	3.5	5.7	10.5		
成人手术后伤口开裂率	—	—	—	—	—	185	429	182	98		
成人手术后感染率	—	—	—	—	—	—	1064	1115	893		

(续表)

国家经济水平	经济欠发达			初等发达		中等发达		经济发达		相关系数+	显著性
国家分组	1	2	3	4	5	6	7	8	9		
人均国民收入	424	798	1697	4300	7962	14 052	27 409	47 998	75 168		
医生年均门诊次数	—	—	—	—	—	2591	2784	2016	1234		
中医部门设置比例	—	—	—	—	0.25	—	—	—	—		
患者对门诊时间满意率	—	—	—	—	—	59.6	92.1	84	81.1		
患者对门诊解释满意率	—	—	—	—	—	69.5	95.9	87.4	83.4		
(2) 公共健康											
儿童DPT免疫接种率	79	76	87	91	86	94	97	95	95	0.654	*
儿童麻疹免疫接种率	78	77	84	91	89	95	96	93	93	0.576	
成人流感免疫接种率	—	—	—	—	—	22	53	57	40		
传染病和寄生虫病出院率	—	—	—	—	—	565	483	432	456		
传染病和寄生虫病住院时间	—	—	—	—	—	8.5	8	7	6.1		
艾滋病患病率	3.1	3.5	2.5	1.4	4.1	0.4	0.1	0.3	0.2	−0.688	**
抗逆转录病毒疗法覆盖率	33	37	30	32	38	41	—	—	—	0.748	*
结核患病率	319	204	293	158	125	47.5	23.9	15.1	8.8	−0.752	**
结核治愈率	79	82	85	85	80	73	75	73	81		
(3) 健康保险											
公共和私人健康保险覆盖率	—	—	—	—	94.8	95.9	98	98.9	100	0.943	**
政府/社会健康保险覆盖率	—	—	—	—	94.8	93.5	97.9	93.5	100	0.625	
私人健康保险人口覆盖率	—	—	—	—	9.9	6.1	45.2	50.8	39.9	0.699	
(4) 健康人力资源											
健康和社会工作人员比例	—	—	—	—	12.6	26.8	31.9	60.8	81.1	0.988	***
医生比例	0.04	0.1	1	2.3	2.3	3.1	3.3	3.3	3.9	0.765	**
全科医生比例	—	—	—	0.2	0.5	0.6	0.9	1.2	1	0.814	**
护士和助产士比例	0.4	0.9	2.8	3.7	3.8	5.8	5.8	10.3	15.1	0.976	***
专科手术人员比例	1	2	11	24	50	53	46	92	98	0.905	***
护工比例	—	—	—	—	—	2	5	10	11		
牙医比例	—	—	—	0.6	0.7	0.6	0.8	0.7	0.6	−0.064	
药剂师比例	—	—	—	—	—	0.7	0.8	0.9	0.7		
理疗医生比例	—	—	—	—	—	0.5	0.7	1.2	1.5		
医院雇员比例	—	—	—	—	—	11	10	17.2	21.9		
社区健康工作者比例	0.5	0.05	0.28	0.21	0.45	0.44	—	—	—	0.433	
医护人员收入	—	—	—	—	27 200	32 854	76 609	105 562	—		
执业医师收入	—	—	—	—	35 599	39 898	89 999	161 391	148 342	0.899	**
医学毕业生比例	—	—	—	—	10	12	11	11.7	13.5	0.826	*
护士毕业生比例	—	—	—	—	10.8	29.4	44.1	48.2	83.7	0.964	***

(续表)

国家经济水平	经济欠发达			初等发达		中等发达		经济发达		相关系数‡	显著性
国家分组	1	2	3	4	5	6	7	8	9		
人均国民收入	424	798	1697	4300	7962	14 052	27 409	47 998	75 168		
(5)健康基础设施											
人均体育场地面积	—	—	—	—	1.5	—	—	17	—		
医院密度	—	—	—	—	—	25	26	33	47		
公立医院密度	—	—	—	12	17	8	16	32		0.793	
床位比例	1.8	1.6	1.9	2.6	3.5	4.5	3.3	4.5	3.7	0.620	*

注：有些指标2014年没有数据，采用临近年数据。指标单位见附录。*表示相关，**表现显著相关，***表示非常显著相关，其他为不相关。"—"表示没有数据。‡部分指标统计数据不全，部分指标的版面数据存在疑点，暂不进行相关性分析。后表1-76，表1-86同。

表1-68　2014年截面健康服务变量与国家经济水平的特征关系的分类

方面	正相关变量/个	负相关变量/个	相关性不显著变量/个	其他变量/个	合计/个
健康医护	0	1	6	22	29
公共健康	2	2	1	4	9
健康保险	1	0	2	0	3
健康人力资源	8	0	2	5	15
健康基础设施	1	0	1	2	4
合计	12	3	12	33	60

(2) 2014年健康服务的世界前沿和国际差距

关于健康服务变量的世界前沿和国际差距的分析方法，在健康生活的世界前沿和国际差距分析时已有介绍。这里，介绍2014年健康服务的世界前沿和国际差距（表1-69）。

表1-69　2014年截面健康服务变量的世界前沿和国际差距（9组国家特征值之间的比较）

变量	最大值	最小值	绝对差距	相对差(倍)	平均值	标准差	相关系数	相关性
(1)健康医护								
出血性卒中住院30天内死亡率	30.1	21.8	8.3	1	25.9	4.1	−0.815	负相关
(2)公共健康								
儿童DPT免疫接种率	97	76	21	1	88.9	7.0	0.654	正相关
艾滋病患病率	3.5	0.1	3.4	35	1.7	1.5	−0.688	负相关
抗逆转录病毒疗法覆盖率	41	30	11	1	35	4	0.748	正相关
结核患病率	319	8.8	310.2	36	132.7	112.8	−0.752	负相关
(3)健康保险								
公共和私人健康保险覆盖率	100	94.8	5.2	1	97.5	1.9	0.943	正相关
(4)健康人力资源								
健康和社会工作人员比例	81.1	12.6	68.5	6	42.6	24.8	0.988	正相关
医生比例	3.9	0.04	3.86	98	2.1	1.4	0.765	正相关
全科医生比例	1	0.2	0.8	5	0.7	0.3	0.814	正相关

(续表)

变量	最大值	最小值	绝对差距	相对差(倍)	平均值	标准差	相关系数	相关性
护士和助产士比例	15.1	0.4	14.7	38	5.4	4.4	0.976	正相关
专科手术人员比例	98	1	97	98	41.9	34.0	0.905	正相关
执业医师收入	161 391	35 599	125 792	5	95 046	52 617	0.899	正相关
医学毕业生比例	13.5	10	3.5	1	11.6	1.2	0.826	正相关
护士毕业生比例	83.7	10.8	72.9	8	43.2	24.1	0.964	正相关
(5) 健康基础设施								
床位比例	4.5	1.6	2.9	3	3.0	1.1	0.620	正相关

注：变量的单位见附表1-1。一般而言，正相关变量：最大值为世界前沿；负相关变量：最小值为世界前沿。

(3) 健康服务变量的截面特征和时序特征的比较

2014年截面的60个健康服务变量中，有11个健康服务的截面特征与时序特征完全一致，有14个健康服务变量的截面特征与时序特征不完全一致，1个变量的截面特征与时序特征相互矛盾，30个健康服务变量数据不全，4个指标的版面数据存疑（表1-70）。这说明健康服务指标的变化同样是复杂的。

表1-70 2014年健康服务变量的截面特征与时序特征的关系

方面	完全一致/个	不完全一致/个	相互矛盾/个	合计/个
健康医护	1	5（门诊咨询率、牙医门诊咨询率、平均住院天数、住院一天占全部患者比例、急性心梗住院30天内死亡率）	0	6
公共健康	3	1（儿童麻疹免疫接种率）	1（HIV患病率）	5
健康保险	1	2（政府/社会健康保险覆盖率、私人健康保险人口覆盖率）	0	3
健康人力资源	5	5（专科手术人员比例、牙医比例、社区健康工作者比例、医学毕业生比例、护士毕业生比例）	0	10
健康基础设施	1	1（公立医院密度）	0	2
合计	11	14	1	26

2. 2000年健康服务的截面特征

2000年健康服务截面分析，国家分组按2000年国家经济水平（人均国民收入）分组，分析变量为60个。其中，6个指标与国家经济水平正相关，2个指标负相关，4个指标相关不显著，47个指标数据不全，1个指标的版面数据存疑（表1-71）；6个指标的截面特征与时序特征完全一致，5个指标的截面特征与时序特征不完全一致，1个指标的截面特征与时序特征相互矛盾（表1-72）。

表1-71 2000年截面健康服务变量与国家经济水平的特征关系的分类

方面	正相关变量/个	负相关变量/个	相关性不显著变量/个	其他变量/个	合计/个
健康医护	0	0	0	29	29
公共健康	1	2	1	5	9
健康保险	1	0	2	0	3
健康人力资源	3	0	1	11	15
健康基础设施	1	0	0	3	4
合计	6	2	4	48	60

表 1-72　2000 年健康服务变量的截面特征与时序特征的关系

方面	完全一致/个	不完全一致/个	相互矛盾/个	合计/个
健康医护	0	0	0	0
公共健康	2	1（儿童麻疹免疫接种率）	1（HIV 患病率）	4
健康保险	1	2（公共和私人健康保险覆盖率、政府/社会健康保险覆盖率）	0	3
健康人力资源	3	1（社区健康工作者比例）	0	4
健康基础设施	0	1（床位比例）	0	1
合计	6	5	1	12

3. 1980 年健康服务的截面特征

1980 年健康服务截面分析，国家分组按 1980 年国家经济水平（人均国民收入）分组，分析变量为 60 个变量。其中，4 个指标与国家经济水平正相关，0 个指标负相关，2 个指标相关不显著，54 个指标数据不全（表 1-73）；3 个指标的截面特征与时序特征完全一致，3 个指标的截面特征与时序特征不完全一致，没有截面特征与时序特征相互矛盾的指标（表 1-74）。

表 1-73　1980 年截面健康服务变量与国家经济水平的特征关系的分类

方面	正相关变量/个	负相关变量/个	相关性不显著变量/个	其他变量/个	合计/个
健康医护	0	0	0	29	29
公共健康	2	0	0	7	9
健康保险	0	0	2	1	3
健康人力资源	1	0	0	14	15
健康基础设施	1	0	0	3	4
合计	4	0	2	54	60

表 1-74　1980 年健康服务变量的截面特征与时序特征的关系

方面	完全一致/个	不完全一致/个	相互矛盾/个	合计/个
健康医护	0	0	0	0
公共健康	2	0	0	2
健康保险	0	2（公共和私人健康保险覆盖率、政府/社会健康保险覆盖率）	0	2
健康人力资源	1	0	0	1
健康基础设施	0	1（床位比例）	0	1
合计	3	3	0	6

20 世纪以来，健康服务的变化是巨大的，而且变化是复杂的和有逻辑的。在 60 个健康服务指标中，大约 15% 的指标的变化是相对连续的和可以预期的（表 1-75）。

表 1-75　健康服务变量与国家经济水平的关系分类

项目	2014 年	2000 年	1980 年	合计/个	比例/(%)
正相关的变量/个	12	6	4	22	12
负相关的变量/个	3	2	0	5	3
没有显著关系的变量/个	12	4	2	18	10
其他变量/个	33	48	54	135	75
合计/个	60	60	60	180	100

三、世界健康环境的截面分析

1. 健康环境的 2014 年截面分析

(1) 2014 年健康环境的截面特征

一般而言,健康环境涉及健康生态环境、健康社会环境和健康国际合作。我们选择 13 个变量进行比较(表 1-76 和表 1-77)。

表 1-76　2014 年健康环境 14 个定量指标与国家经济水平的特征关系

国家经济水平	经济欠发达			初等发达		中等发达		经济发达		相关系数+	显著性
国家分组	1	2	3	4	5	6	7	8	9		
人均国民收入	424	798	1697	4300	7962	14 052	27 409	47 998	75 168		
(1) 健康生态环境											
清洁饮水普及率	61.4	73.1	79.2	93	91.1	98.1	99.5	99.7	100	0.644	*
卫生设施普及率	26.3	32.6	53.5	81.6	81.6	92.9	99.7	98.6	99.4	0.671	**
PM 2.5 年均浓度	17.92	23.53	24.95	16.32	19.24	13.6	22.23	15.62	9.66	−0.671	**
PM 2.5 浓度超标暴露人口比例	74.1	87.2	82.9	80.4	78.3	69.2	87.2	69.3	32.8	−0.822	***
(2) 健康社会环境											
抚养比率	90.6	84.5	66.7	51.8	49.6	48.7	51	50.8	52.7	−0.475	
65 岁以上人口比例	3	3.2	4.2	7.8	8	12.7	15.7	16.2	17.4	0.861	***
出生率	39	34.9	28.1	19.2	18	13.9	11.8	11.6	11.3	−0.686	**
死亡率	9.8	9.3	8	7.2	7.9	9.1	7.7	7.9	8.1	−0.294	
成人识字率	58	64	75	91	93	97	98	96	—	0.639	*
失业率	7.9	4.6	7.7	10.4	9.6	8	12.8	6.4	5.7	−0.230	
贫困人口比率	64.1	39.4	29.3	21.3	25.1	13.6	14.5	—	—	−0.666	*
(3) 健康国际合作											
外来医生的比例	—	—	—	—	—	4.7	24.3	19.4	25.6		
外来护士的比例	—	—	—	—	—	0.7	4	7.3	9.9		

表 1-77　2014 年健康环境指标与国家经济水平的特征关系的分类

方面	正相关变量/个	负相关变量/个	相关性不显著变量/个	其他变量/个	合计/个
健康生态环境	2	2	0	0	4
健康社会环境	2	2	3	0	7
健康国际合作	0	0	0	2	2
合计	4	4	3	2	13

（2）2014 年截面健康环境指标的世界前沿和国际差距

关于健康环境变量的世界前沿和国际差距的分析方法，在健康生活的世界前沿和国际差距分析时已有介绍。这里，介绍 2014 年健康环境指标的世界前沿和国际差距（表 1-78）。

表 1-78　2014 年截面健康环境指标的世界前沿和国际差距（9 组国家特征值之间的比较）

变量	最大值	最小值	绝对差距	相对差（倍）	平均值	标准差	相关系数	相关性
（1）健康生态环境								
清洁饮水普及率	100	61.4	38.6	2	88.3	13.9	0.644	正相关
卫生设施普及率	99.7	26.3	73.4	4	74.0	29.1	0.671	正相关
（2）健康社会环境								
65 岁以上人口比例	17.4	3	14.4	6	9.8	5.8	0.861	正相关
成人识字率	98	58	40	2	84.0	16.0	0.639	正相关
贫困人口比率	64.1	13.6	50.5	5	29.6	17.6	−0.666	负相关
（3）健康国际合作								
	—	—	—	—	—	—	—	—

注：变量的单位见附表 1-1-1。绝对差距＝最大值－最小值，相对差距＝最大值÷最小值。

（3）健康环境指标的截面特征和时序特征的比较

2014 年截面的 13 个健康环境指标中，有 5 个健康环境变量的截面特征与时序特征完全一致，有 6 个变量的截面特征与时序特征不完全一致，2 个指标数据不全（表 1-79）。这说明健康环境指标的变化同样是复杂的。

表 1-79　2014 年健康环境指标的截面特征与时序特征的关系

方面	完全一致/个	不完全一致/个	相互矛盾/个	合计/个
健康生态环境	2	2（PM 2.5 年均浓度、PM 2.5 浓度超标暴露人口比例）	0	4
健康社会环境	3	4（抚养比率、出生率、死亡率、失业率）	0	7
健康国际合作	0	0	0	0
合计	5	6	0	11

2. 健康环境的 2000 年截面

2000 年健康环境的截面分析，国家分组按 2000 年国家经济水平（人均国民收入）分组，分析变量为 13 个。其中，4 个指标与国家经济水平正相关，5 个指标负相关，2 个指标相关性不显著（表 1-80）；6 个指标的截面特征与时序特征完全一致，5 个指标的截面特征与时序特征不完全一致，没有截面特征与时序特征相互矛盾的指标（表 1-81）。

表 1-80　2000 年截面健康环境指标与国家经济水平的特征关系的分类

方面	正相关变量/个	负相关变量/个	相关性不显著变量/个	其他变量/个	合计/个
健康生态环境	2	1	1	0	4
健康社会环境	2	4	1	0	7
健康国际合作	0	0	0	2	2
合计	4	5	2	2	13

表 1-81　2000 年健康环境指标的截面特征与时序特征的关系

方面	完全一致/个	不完全一致/个	相互矛盾/个	合计/个
健康生态环境	2	2	0	4
健康社会环境	4	3	0	7
健康国际合作	0	0	0	0
合计	6	5	0	11

3. 健康环境的 1980 年截面

1980 年健康环境截面分析，国家分组按 1980 年国家经济水平（人均国民收入）分组，分析变量为 13 个。其中，1 个指标与国家经济水平正相关，3 个指标负相关，1 个指标相关性不显著（表 1-82）；2 个指标的截面特征与时序特征完全一致，3 个指标的截面特征与时序特征不完全一致，没有截面特征与时序特征相互矛盾的指标（表 1-83）。

表 1-82　1980 年截面健康环境指标与国家经济水平的特征关系的分类

方面	正相关变量/个	负相关变量/个	相关性不显著变量/个	其他变量/个	合计/个
健康生态环境	0	0	0	4	4
健康社会环境	1	3	1	2	7
健康国际合作	0	0	0	2	2
合计	1	3	1	8	13

表 1-83　1980 年健康环境指标的截面特征与时序特征的关系

方面	完全一致/个	不完全一致/个	相互矛盾/个	合计/个
健康生态环境	0	0	0	0
健康社会环境	2	3	0	5
健康国际合作	0	0	0	0
合计	2	3	0	5

4. 健康环境的 1900 年截面

1900 年数据非常少。其中，65 岁以上人口比例、成人识字率与国家经济水平正相关，出生率与国家经济水平负相关（表 1-84）。

表 1-84　1900 年截面健康环境变量与国家经济水平的特征关系的分类

方面	正相关变量	负相关变量	相关性不显著变量	合计/个
健康生态环境	—	—	—	—
健康社会环境	65 岁以上人口比例、成人识字率	出生率	—	3
健康国际合作	—	—	—	—
合计/个	2	1	—	3

20 世纪以来，健康环境指标的变化是巨大的，而且变化是复杂的和有逻辑的。在 13 个健康环境指标中，大约 57% 的指标的变化是相对连续的和可以预期的，大约 14% 的指标难以预测，大约 29% 的指标的统计数据不全（表 1-85）。

表 1-85 健康环境指标与国家经济水平的关系分类

项目	2014年	2000年	1980年	1900年	合计/个	比例/(%)
正相关的变量/个	4	4	1	2	11	26
负相关的变量/个	4	5	3	1	13	31
没有显著关系的变量/个	3	2	1	—	6	14
其他变量/个	2	2	8	—	12	29
合计/个	13	13	13	3	42	100

5. 1820年和1750年健康环境的截面特征

1820年和1750年的数据非常少。其中,65岁以上人口比例、成人识字率与国家经济水平正相关,出生率与国际经济水平负相关。

四、世界健康治理的截面分析

健康治理的截面分析选择2个截面为对象。

1. 健康治理的2014年截面分析

(1) 2014年健康治理的截面特征

健康治理涉及健康监管、健康科技、健康用品和健康产业。我们选择24个变量进行比较(表1-86和表1-87)。

表 1-86 2014年健康治理24个定量指标与国家经济水平的特征关系

国家经济水平	经济欠发达			初等发达		中等发达		经济发达		相关系数±	显著性
国家分组	1	2	3	4	5	6	7	8	9		
人均国民收入	424	798	1697	4300	7962	14 052	27 409	47 998	75 168		
(1) 健康监管											
人均健康支出	72.5	153	230	618	977	1515	2661	4525	5435	0.985	***
人均寿命成本	1.3	2.5	3.5	8.5	13.7	20	32.9	55.9	66.3	0.983	***
健康支出占GDP比例	5.1	6.7	5.5	6.2	6.3	6.6	8.1	9.9	10.7	0.962	***
公共健康支出占健康支出比例	48.9	36.7	48.1	51.5	58.3	63.9	66.8	74	77.5	0.873	***
公共健康支出占政府支出比例	9.5	9.1	9.1	11	12.6	11.6	11.9	16.7	18.8	0.956	***
私人健康支出占健康支出比例	51.1	63.4	51.9	48.5	41.7	36.1	33.2	26.1	22.5	−0.873	***
现金健康支出占健康支出比例	34.5	41.7	44.1	40.1	31.3	28.8	24.5	15.8	17.3	−0.878	***
疾病治疗引发财务危机的比例	70	67.6	57.8	42.2	34	31.7	11.8	6.6	3.2	−0.854	***
疾病治疗致贫人口比例	86.5	76.9	63.7	36.8	32.7	16.2	3.5	1.8	0.2	−0.766	**
药物支出占健康支出比例	—	—	—	—	—	19.3	15.8	10.2	8.1	−0.964	***
基本药物可获得性	50	66	42	49	50	41	—	—	—		
家庭食品不安全											
(2) 健康科技											
医药产业科技经费比例	—	—	—	0.04	0.05	0.12	0.16	0.31		0.986	***
出生率的公民登记覆盖率	55	63	66	93	90	95	97	94	100	0.638	*
死亡率的公民登记覆盖率	—	—	47	77	91	95	94	97	100	0.620	

(续表)

国家经济水平	经济欠发达			初等发达		中等发达		经济发达		相关系数	显著性
国家分组	1	2	3	4	5	6	7	8	9		
人均国民收入	424	798	1697	4300	7962	14 052	27 409	47 998	75 168		
(3) 健康用品											
人均药物销售	—	—	—	170	227	385	485	618		0.980	***
医院售药比例	—	—	—	—	—	—	23.2	15.6	9.3		
心血管药的日使用量	—	—	—	—	—	514	405	483	454		
CT 扫描仪比例	—	—	—	—	—	17.3	24.2	29.1	43.3		
核磁共振仪比例	—	—	—	—	—	8	17	21	15		
放射治疗仪比例	—	—	—	—	—	5	5	9	13		
(4) 健康产业											
健康产业增加值比例	—	—	—	—	—	4.1	5.3	8.2	10.9		
健康产业劳动力比例	—	—	—	—	—	6.4	6.2	12.5	18		
健康产业劳动生产率	—	—	—	—	—	20 547	53 034	66 904	63 074		

表 1-87 2014 年健康治理指标与国家经济水平的特征关系的分类

方面	正相关变量/个	负相关变量/个	相关性不显著变量/个	其他变量/个	合计/个
健康监管	5	5	0	2	12
健康科技	2	0	1	0	3
健康用品	1	0	0	5	6
健康产业	0	0	0	3	3
合计	8	5	1	10	24

(2) 2014 年截面健康治理指标的世界前沿和国际差距

表 1-88 2014 年截面健康治理指标的世界前沿和国际差距(9 组国家特征值之间的比较)

变量	最大值	最小值	绝对差距	相对差(倍)	平均值	标准差	相关系数	相关性
(1) 健康监管								
人均健康支出	5435	72.5	5362.5	75	1798.5	1876.7	0.985	正相关
人均寿命成本	66.3	1.3	65	51.0	22.7	22.7	0.983	正相关
健康支出占 GDP 比例	10.7	5.1	5.6	2.1	7.2	1.8	0.962	正相关
公共健康支出占健康支出比例	77.5	48.9	28.6	1.6	58.4	12.6	0.873	正相关
公共健康支出占政府支出比例	18.8	9.1	9.7	2.1	12.3	3.2	0.956	正相关
私人健康支出占健康支出比例	63.4	22.5	40.9	2.8	41.6	12.6	−0.873	负相关
现金健康支出占健康支出比例	44.1	15.8	28.3	2.8	30.9	9.7	−0.878	负相关
疾病治疗引发财务危机的比例	70	3.2	66.8	21.9	36.1	24.1	−0.854	负相关
疾病治疗致贫人口比例	86.5	0.2	86.3	432.5	35.4	31.4	−0.766	负相关
(2) 健康科技								
医药产业科技经费比例	0.31	0.04	0.27	7.8	0.1	0.1	0.986	正相关
出生率的公民登记覆盖率	100	55	45	1.8	83.7	16.2	0.638	正相关

(续表)

变量	最大值	最小值	绝对差距	相对差(倍)	平均值	标准差	相关系数	相关性
(3) 健康用品								
人均药物销售	618	170	448	3.6	377.0	164.4	0.980	正相关
(4) 健康产业								
	—	—	—	—	—	—	—	—

注:变量的单位见附表1-1-1。绝对差距=最大值-最小值,相对差距=最大值÷最小值。

(3) 健康治理指标的截面特征和时序特征的比较

2014年截面的24个健康治理指标中,有10个健康治理变量的截面特征与时序特征完全一致,有3个变量的截面特征与时序特征不完全一致,10个指标数据不全,1个指标版面数据存疑(表1-89)。这说明健康治理指标的变化同样是复杂的。

表1-89　2014年健康治理指标的截面特征与时序特征的关系

方面	完全一致/个	不完全一致/个	相互矛盾/个	合计/个
健康监管	8	2(疾病治疗引发财务危机的比例、疾病治疗致贫人口比例)	0	10
健康科技	1	1(医药产业科技经费比例)	0	2
健康用品	1	0	0	1
健康产业	—	—	—	—
合计	10	3	0	13

2. 健康治理的2000年截面

2000年健康治理的截面分析,国家分组按2000年国家经济水平(人均国民收入)分组,分析变量为24个。其中,6个指标与国家经济水平正相关,2个指标负相关(表1-90);8个指标的截面特征与时序特征完全一致,没有截面特征与时序特征不完全一致或矛盾的指标(表1-91)。

表1-90　2000年截面健康治理指标与国家经济水平的特征关系的分类

方面	正相关变量/个	负相关变量/个	相关性不显著变量/个	其他变量/个	合计/个
健康监管	5	2	0	5	12
健康科技	1	0	0	2	3
健康用品	0	0	0	6	6
健康产业	0	0	0	3	3
合计	6	2	0	16	24

表1-91　2000年健康治理指标的截面特征与时序特征的关系

方面	完全一致/个	不完全一致/个	相互矛盾/个	合计/个
健康监管	7	0	0	7
健康科技	1	0	0	1
健康用品	—	—	—	—
健康产业	—	—	—	—
合计	8	0	0	8

21世纪以来,健康治理指标的变化是复杂的和有逻辑的。在 24 个健康环境指标中,大约 48%的指标的变化是相对连续的和可以预期的,大约 2%的指标难以预测,大约 50%的指标的统计数据不全(表 1-92)。

表 1-92　健康治理指标与国家经济水平的关系分类

项目	2014 年	2000 年	合计/个	比例/(%)
正相关的变量/个	8	6	14	29
负相关的变量/个	5	2	7	15
没有显著关系的变量/个	1	0	1	2
其他变量/个	10	16	26	54
合计/个	24	24	48	100

第四节　健康现代化的过程分析

世界健康现代化的过程分析包括世界健康现代化的历史进程(1700~2014 年)、客观现实(2014 年)和未来前景(2015~2100 年)三个部分。根据系统论的观点,整体不等于局部之和。前面关于健康现代化的时序分析和截面分析,揭示了世界健康四个方面的事实。但是,它们尚不能构成健康现代化的完整概念。全面和系统地认识健康现代化,不仅要有四个方面的现代化研究,还要有健康现代化的整体研究,包括世界整体的健康现代化、国家和地区的健康现代化研究(图 1-73)等。

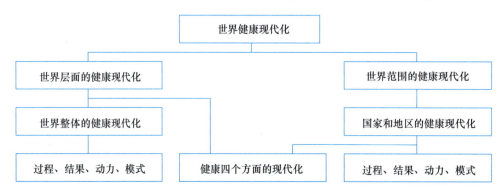

图 1-73　世界健康现代化的过程分析

注:健康四个方面指健康生活(健康观念、健康行为、健康营养、健康状况)、健康服务(健康医护、公共健康、健康保险、健康人力资源、健康基础设施)、健康环境(健康生态环境、健康社会环境、健康国际合作)和健康治理(健康监管、健康科技、健康用品、健康产业),包括十六个小方面。世界、国家和地区的健康现代化,都涉及健康四大方面的现代化。关于世界健康四大方面的现代化,前面两节已有专门分析(时序分析和截面分析)。

一、世界健康现代化的历史进程

世界健康现代化的历史进程,指从它的起步到目前的历史过程。世界健康现代化的进程研究,时间跨度约为 300 年;分析内容包括世界整体的健康现代化、世界健康四大方面的现代化、世界范围的国家和地区健康现代化等。关于世界健康四大方面现代化,前面已有专门分析。关于国家和地区健康现代化,需要专题研究。这里重点讨论世界整体的健康现代化。

世界整体的健康现代化是一个多维度的历史过程,需要从多个角度进行分析,分析内容可以根据需要进行选择。下面简要讨论它的阶段、内容、特点、结果、动力和模式。

1. 世界健康现代化的主要阶段

世界健康现代化的阶段划分,应该与世界现代化的阶段划分相协调,因为健康现代化是世界现代化的组成部分。当然,它们并非完全同步,而且存在国家差异。

首先,关于世界现代化的阶段划分没有统一认识(图 1-74,专栏 1-1)。一般而言,阶段划分可以依据它的前沿轨迹和特征进行。事实上,人类文明的历史阶段和社会阶段的划分,都是依据人类文明进程的前沿轨迹和特征进行的。当然研究角度不同,认识会有所差别。

专栏 1-1 世界现代化的起点和阶段

关于世界现代化的起点大致有三种主要观点。① 16~17 世纪的科学革命是世界现代化的起点;② 17~18 世纪的启蒙运动是世界现代化的起点;③ 18 世纪的英国工业革命和法国大革命是世界现代化的起点。其中,第三种观点得到较多支持。《中国现代化报告》认为,18 世纪的工业革命可以作为世界现代化的起点。

关于世界现代化的阶段划分大致有七种观点。根据现代化进程的前沿特征和水平划分,在 18~21 世纪期间,现代化进程可以分为第一次现代化和第二次现代化两大阶段,两个阶段的分界点大约是 1970 年前后(知识和信息革命);每个大阶段又分为起步、发展、成熟和过渡四个小阶段。

表 世界现代化进程的阶段划分

阶段划分	内容	备注
三次浪潮	第一次浪潮(1780~1860 年)、第二次浪潮(19 世纪下半叶至 20 世纪初)和第三次浪潮(20 世纪下半叶)(罗荣渠,1993)	经典现代化的内部阶段
四个阶段	现代性的挑战、现代化领导集团的巩固、社会和经济转型、社会整合(Black,1966)	
五个阶段	经济成长的五个阶段:传统社会、为起飞创造前提条件阶段、起飞阶段、向成熟推进阶段和大众消费阶段(Rostow,1960);后来增加了第六个阶段:生活质量阶段	
四个时期	准备时期、转变时期、高级现代化时期和国际一体化时期(Black,1976)	
两大阶段	经典现代化和后现代化(现代社会和后现代社会)(Crook, Pakulski, Waters, 1992; Inglehart, 1997) 简单现代化和反思性现代化(工业社会和风险社会)(Beck, 1986; Beck, Giddens, Lash, 1994) 第一次现代化和第二次现代化(工业社会和知识社会)(何传启,1998a, b, 1999, 2003, 2013)	两次现代化

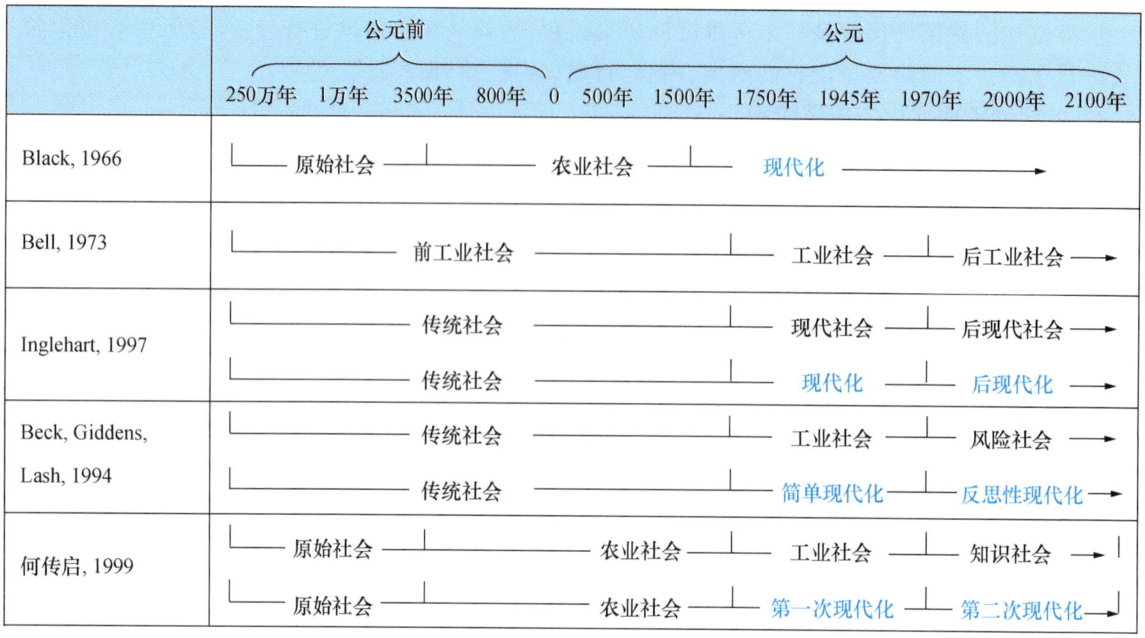

	公元前				公元						
	250万年	1万年	3500年	800年	0	500年	1500年	1750年	1945年	1970年	2000年	2100年
Black, 1966	原始社会			农业社会				现代化				
Bell, 1973	前工业社会							工业社会		后工业社会		
Inglehart, 1997	传统社会							现代社会		后现代社会		
	传统社会							现代化		后现代化		
Beck, Giddens, Lash, 1994	传统社会							工业社会		风险社会		
	传统社会							简单现代化		反思性现代化		
何传启, 1999	原始社会			农业社会				工业社会		知识社会		
	原始社会			农业社会				第一次现代化		第二次现代化		

图 1-74　世界现代化和人类文明的主要阶段

第二次现代化理论认为，在18～21世纪期间，根据它的前沿内涵和特征，世界现代化过程可以分为两大阶段和六次浪潮（表1-93）；其中，第五次和第六次浪潮是一种预测。

表 1-93　世界现代化的两大阶段和六次浪潮

浪潮	大致时间	六次浪潮的内容	两大阶段
第一次	1763～1870	第一次工业革命、机械化、城市化、社会分化流动	第一次现代化
第二次	1870～1945	第二次工业革命、电气化、电器化、普及义务教育	工业化、城市化、民主化
第三次	1946～1970	第三次产业革命、自动化、福利化、普及中等教育	理性化、福利化、流动化
第四次	1970～2020	知识和信息革命、信息化、网络化、普及高等教育	第二次现代化
第五次	2020～2050	新生物学和再生革命、生物经济、仿生化、再生社会	知识化、信息化、生态化
第六次	2050～2100	新物理学和时空革命、宇航经济、体验化、宇航社会	全球化、个性化、多元化

注：依据现代化前沿轨迹的内涵和特征进行划分。第五和第六次浪潮是一种预测。不同国家的现代化进程是不同步的，不同国家的现代化阶段划分可以有所差别。对于先行国家，六次浪潮是先后发生的。对于后发国家，可以两次或多次浪潮的内容同时发生，可以把几次浪潮的内容压缩在同一个时期进行。

其次，世界健康现代化的主要阶段。参照世界现代化的阶段划分，在18～21世纪期间，世界健康现代化的前沿过程大致分为两大阶段，它们有不同特点（表1-94）。

表 1-94　世界健康现代化的两大阶段

浪潮	大致时间	主要特点	两大阶段
第一次	1763～1870	现代医学、城市卫生等	第一次健康现代化
第二次	1870～1945	现代医药、公共卫生、医疗保险等	医疗体系、医疗保险、公共卫生、
第三次	1946～1970	医疗体系、医疗保险、专业化、职业化、标准化等	专业化、职业化、标准化等
第四次	1970～2020	国民健康体系、信息化、智能化、国际化、环境保护等	第二次健康现代化
第五次	2020～2050	再生革命、再生医学、仿生医学、精准医疗、智能化等	国民健康体系、再生医学、太空医学、
第六次	2050～2100	再生医学、仿生医学、太空医学等	信息化、智能化、个性化等

2. 世界健康现代化的主要特点

关于世界健康现代化的特点,可以和需要从不同角度进行分析。

首先,健康现代化是相对可以预期的。在一般情况下,20世纪以来世界健康变化是相对连续的和有规律可循的(表1-95)。

表1-95 20世纪以来健康指标的变化趋势

变量类型	指标数	比例	变量类型	指标数	比例	变量类型	指标数	比例
上升变量	78	52	水平变量	67	44	开放变量	17	11
下降变量	22	14	特征变量	5	3	极值变量	134	89
转折变量	21	14	交叉变量	61	40	—	—	—
波动变量	11	7	其他	18	12	—	—	—
地域变量	3	2	—	—	—	—	—	—
其他	16	11	—	—	—	—	—	—
合计	151	100	合计	151	100	合计	151	100

注:指标数单位为个;比例单位为%。

其次,健康现代化是一个复杂的过程。

- 健康的内涵在不断演化。
- 健康现代化是一个多因素综合作用的过程。在具有统计数据的健康指标中,大约73%的健康指标与国家经济水平显著相关(表1-96);同时,有89%的健康指标属于极值变量(表1-95)。
- 随着人类文明的演进,人类疾病谱、死因谱在不断变化,需要持续应对新的健康问题。

表1-96 20世纪以来健康指标与国家经济水平的相关性

项目	2014年	2000年	1980年	1900年	合计/个	比例/(%)
正相关变量/个	41	31	11	3	86	43
负相关变量/个	27	24	7	2	60	30
没有显著关系变量/个	34	12	6	0	52	27
合计/个	102	67	24	5	198	100

其三,健康现代化是一个长期的过程。在过去的300年里,健康现代化包括从传统健康向现代健康和全面健康的转变。

其四,健康现代化是一个不平衡的过程。在过去300年里,健康现代化是不同步的,表现为健康观念、健康制度等变化的不同步;健康现代化成就的空间分布不均衡。

其五,健康现代化是一个动态的过程。健康现代化不仅内涵是变化的,而且不同国家的表现也是变化的。世界健康中心是可变的,世界健康前沿是变化的,国际健康差距是变化的,国家健康地位是可变的。

其六,健康现代化是一个可逆的过程,可以出现停滞、中断或倒退现象等。整个世界的健康现代化进程是连续的和不可逆的,但是,某个国家和地区的健康现代化进程就有多种表现形式,它可以是连续的,也可以是不连续的;可以出现停滞或中断,也可以出现暂时的倒退,甚至长期的倒退。

其七,健康现代化是一个全球的过程。在过去300年里,所有发达国家都是参与国际竞争的国家;健康现代化波及全球的绝大多数国家和地区。

其八,健康现代化是一个进步的过程。过去 300 年的健康现代化过程,是人均寿命不断延长、死亡率不断下降的过程。

其九,政府在健康现代化过程中有不可替代的作用,特别是社会保障制度的完善。

其十,教育和科技在健康现代化过程中发挥重要作用。

3. 世界健康现代化的主要结果

世界健康现代化的结果,包括一般结果和分段结果,需要截面比较(图 1-74)。

(1) 世界健康现代化的一般结果

世界健康现代化的一般结果包括健康生活、健康服务、健康环境、健康治理和国际健康体系的变化,包括世界健康前沿、国际健康体系结构和国家国民健康状态的变化等。世界健康前沿的特征可以简称为健康现代性。

(2) 世界健康现代化的分段结果

首先,1760~1970 年世界健康现代化的主要结果。如果把世界健康 1760 年和 1970 年截面进行比较,可以发现它们的差别,显示了世界健康现代化 210 年的主要结果(表 1-97)。结果包括:现代健康观念的形成,健康服务的专业化、标准化和体系化,医疗体系、公共卫生体系和医疗保障制度的建立和完善,科技进步、医疗技术的发展等。

表 1-97 1760~1970 年世界整体健康现代化的结果分析(举例说明)

1760 年截面	1970 年截面	1760~1970 年健康现代化的结果
世界健康是传统健康,秉持疾病为中心的健康观,以传统医学模式为主导,国民健康的国际差距比较小等	"生物—心理—社会"三维健康观的确立,以三维医学模式为主导的现代系统医学,国民健康的国际差距较大等	现代健康观念的形成;医疗体系、公共卫生体系和医疗保障制度的建立和完善;科技进步、医疗技术的发展等。现代健康的主要特征包括健康服务的专业化、标准化、体系化等

其次,1970~2014 年健康现代化的主要结果。如果把世界健康 1970 年和 2014 年截面进行比较,可以发现它们的主要差别,这个差别显示了世界健康现代化 44 年的主要结果(表 1-98)。主要结果包括:健康观念的演进,健康服务的知识化、信息化和国际化,环境治理的国际化等。

表 1-98 1970~2014 年世界整体健康现代化的结果分析(举例说明)

1970 年截面	2014 年截面	1970~2014 年健康现代化的结果
"生物—心理—社会"三维健康观的确立,以三维医学模式为主导的现代医学体系,环境污染对健康带来新危害,国民健康的国际差距较大等	"生物—心理—社会—道德"四维健康观的形成,提倡健康生活和预防为主,健康服务的信息化、智能化、精准医疗,全球合作,完善国民健康体系等	健康观念从"以疾病为中心"向"以健康为中心"、从"治疗为主"向"防治结合"转变,健康服务的信息化和智能化水平大幅提高,国民健康体系的发展和完善,健康治理的国际差距较大,国民健康的国际差距较大等

其三,2015~2100 年世界健康现代化的主要结果。需要专题研究。

(3) 世界健康现代化的国际体系变化

首先,世界健康现代化的国际体系的水平结构(图 1-75)。在 2000~2014 年期间,健康发达国家的比例约为 18%~19%,健康发展中国家的比例约为 81%~82%。

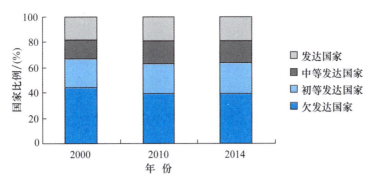

图 1-75　2000～2014 年世界健康现代化的国际体系的结构(根据健康现代化指数分组)

其次,世界健康现代化的国际体系的地理结构。在 2000～2014 年期间,健康现代化水平从高到低的排序大致是:欧洲、美洲、亚洲和非洲;大洋洲国家较少。

(4) 世界健康现代化的国家地位变化

马尔科夫链分析表明:在 2000～2014 年期间,健康发达国家降级为健康中等发达国家的概率约为 4%,健康中等发达国家升级为健康发达国家的概率约为 10%;健康初等发达国家升级为健康中等发达国家的概率为 22%,健康欠发达国家升级为健康初等发达国家的概率约为 9%(详见第四章)。

4. 世界健康现代化的主要动力

世界健康现代化的动力分析,需要专题进行。一般而言,科技创新是健康现代化的根本源泉,制度变革、经济和教育的发展都对世界健康现代化有重大影响。

二、世界健康现代化的客观现实

关于世界健康现代化的客观现实,不可能有标准答案,因为国际差距非常之大。在本《报告》里,世界健康现代化的现实分析以 2014 年截面为分析对象,分析内容包括世界健康现代化的整体水平、世界健康四大方面的水平、国家和地区水平(图 1-73)。关于 2014 年截面世界健康四大方面的水平,请参考本章第三节的分析。这里讨论世界健康现代化的整体水平和国家水平。关于 2014 年世界健康现代化的评价结果,请参考本《报告》第四章。

1. 世界健康现代化的整体水平

世界健康现代化的整体水平是以"世界为核算单位"的健康现代化水平。世界健康现代化的整体水平分析,分析内容包括它的阶段、水平和结构等,分析指标包括世界的平均水平、前沿水平和末尾水平等;世界前沿水平可以用高收入国家平均值代表,世界末尾水平可以用低收入国家平均值来反映。

(1) 2014 年世界健康现代化的整体阶段

世界健康现代化的整体进程包括两次现代化(表 1-94)。2014 年世界健康现代化的前沿已经进入第二次健康现代化,世界整体的健康现代化大约处于第一次健康现代化,世界健康现代化处于两次健康现代化并存的阶段。

(2) 2014 年世界健康现代化的整体水平和速度

世界健康现代化的整体水平可以采用健康现代化指数的世界平均值来表征(表 1-99)。2014 年,世界健康整体水平约为世界健康先进水平的 1/3。

表 1-99　2000～2014 年世界健康现代化的整体水平和速度分析

指标	2000～2014 年		2000 年				2014 年			
	变化	年增长率	平均	前沿	末尾	差距	平均	前沿	末尾	差距
健康现代化指数	9	1.82	29	79	3	76	38	100	7	93

注:健康现代化指数,以 2014 年高收入国家平均值为标准值(100)计算。前沿用高收入国家平均值代表。末尾用低收入国家平均值代表。平均为世界平均值。差距＝前沿－末尾。变化＝2014 年的世界平均值－2000 年的世界平均值。年增长率为 2000～2014 年期间的年均增长率,单位为％。

2014 年世界健康现代化指数的平均值约为 38,比 2000 年提高约 9。在 2000～2014 年期间,健康现代化指数世界平均值的年增长率约为 1.82％。

(3) 2014 年世界健康现代化的宏观结构

2014 年在 131 个参加评价国家中,健康发达国家、中等发达国家、初等发达国家和欠发达国家的比例分别约为 19％、17％、25％和 39％(表 1-100)。

表 1-100　2000～2014 年世界健康现代化的国际体系

健康现代化的水平		2014 年		2000 年		备注
		国家个数	国家比例/(％)	国家个数	国家比例/(％)	
水平	发达国家	25	19	24	18	健康发达国家
	中等发达国家	22	17	20	15	健康发展中国家
	初等发达国家	33	25	30	23	
	欠发达国家	51	39	57	44	
	合计	131	100	131	100	—

2. 世界健康现代化的国家水平

世界健康现代化的国家水平是以"国家为核算单位"的健康现代化水平。世界范围的国家健康现代化水平分析的对象包括国家健康现代化的阶段、水平和四大方面水平等。关于国家健康四大方面的水平,请参考本章第三节的 2014 年截面分析。

(1) 2014 年世界范围的国家健康现代化的阶段

首先,在国家层面,2014 年国家健康现代化的阶段具有差异性。有些国家已经进入第二次健康现代化,有些国家处于第一次健康现代化。

其次,在国际体系层面,2014 年国家现代化的阶段具有多样性。瑞典等高收入国家进入第二次健康现代化,中国等发展中国家处于第一次健康现代化。

(2) 2014 年世界范围的国家健康现代化的水平和速度

首先,在国家层面,2014 年国家健康现代化的水平具有差异性,不同国家水平不同。在国际体系层面,2014 年国家健康现代化的水平具有多样性。根据国家的健康现代化指数分组,瑞典等 25 个国家是健康发达国家,希腊等 23 个国家是健康中等发达国家,中国等 33 个国家是健康初等发达国家,印度等 51 个国家是健康欠发达国家。健康中等发达、初等发达和欠发达国家都属于健康发展中国家。

其次,2000～2014 年国家健康现代化的速度。不同时期和不同国家健康现代化的速度有很大差别,在 2000～2014 年期间有些国家健康现代化指数的年均增长率为 3.73％(表 1-101)。

表 1-101　2000～2014 年世界和 15 个国家健康现代化的速度

国家	健康现代化指数 2000 年	2014 年	年均增长率/(%)	国家	健康现代化指数 2000 年	2014 年	年均增长率/(%)
美国	84	90	0.49	俄罗斯	40	67	3.73
日本	83	93	0.84	墨西哥	40	58	2.69
德国	92	99	0.53	巴西	33	54	3.56
英国	84	97	1.02	中国	19	41	5.71
法国	89	99	0.80	印度尼西亚	11	18	3.16
澳大利亚	85	99	1.09	印度	11	16	2.49
意大利	79	91	0.97	尼日利亚	10	14	2.41
加拿大	86	94	0.60				
高收入国家	79	100	1.68	低收入国家	3	7	4.59
中等收入国家	16	22	2.53	世界	29	38	1.82

三、世界健康现代化的前景分析

关于世界健康现代化的前景分析，带有科学猜想的性质。在本《报告》中，世界健康现代化的前景分析，时间跨度为 2015～2100 年（约 85 年），分析对象包括世界健康现代化的整体前景、世界健康四大方面的前景和国家前景等，分析方法包括情景分析和外推分析等。这种前景分析，只是讨论一种可能性，而不是精确预见，有一定参考意义。

1. 世界健康现代化的整体前景

世界健康现代化的整体前景分析需要专题研究。这里主要讨论两个问题：21 世纪世界健康现代化水平和宏观结构。显然这种讨论是非常初步的。

(1) 21 世纪世界健康现代化的整体水平

如果 21 世纪全球科技突破的频率、创新扩散的速率、世界文化和国际竞争的合理程度不低于 20 世纪后 50 年，如果 21 世纪不发生改变人类命运的重大危机（如核危机、能源和宇宙危机等），那么，可以根据 20 世纪后期世界健康现代化水平和速度，外推 21 世纪世界健康现代化水平。当然，21 世纪有很多不确定因素，外推分析只能提供一种可能性。

首先，世界健康现代化的先进水平的情景分析（表 1-102）。一般而言，世界健康现代化的先进水平可以用健康发达国家（高收入国家）平均值代表。大体而言，2050 年健康现代化指数的世界先进水平会比 2014 年提高约 1 倍，2100 年会比 2050 年提高约 1 倍。

表 1-102　21 世纪世界健康现代化的情景分析

	年均增长率/(%)	2020	2030	2040	2050	2060	2070	2080	2090	2100
世界先进水平	1.68	111	131	154	182	215	254	300	355	419
世界平均水平	1.82	42	51	61	73	87	104	125	150	179

注：世界先进水平的健康现代化指数年均增长率为 2000～2014 年高收入国家的年均增长率；世界平均水平的健康现代化指数年均增长率为 2000～2014 年世界年均增长率。

其次，世界健康现代化的平均水平的情景分析（表 1-102）。一般而言，世界健康现代化的平均水平可以用世界平均值代表。大体而言，2050 年健康现代化指数的世界平均值将达到 73，世界健康现代化的平均水平大致比世界先进水平落后约 50 年。

(2) 21 世纪世界健康现代化的宏观结构

首先，世界健康现代化的地理结构。世界健康现代化的地理结构的突出特征包括进程不平衡和分布不均衡。世界健康现代化从欧洲起步,然后扩散到美洲和亚洲,最后波及非洲。2014 年,欧洲健康现代化水平相对较高,美洲和亚洲水平次之,非洲现代化相对较低。

其次,世界健康现代化的国际体系。在过去 20 年,世界健康现代化的国际体系的水平结构相对稳定。但国家水平的国际地位会发生改变。131 个国家大致维持下列比例关系:健康发达国家:中等发达国家:初等发达国家:欠发达国家≈25:22:33:51。如果没有发生重大改变和重大危机,21 世纪国际体系将大致维持这种比例结构。

2. 世界健康四大方面现代化的前景分析

世界健康四大方面现代化的前景分析需要专题研究。这里采用举例分析。

(1) 世界健康生活现代化的前景分析

世界健康生活现代化的前景分析,选择 9 个指标,分析世界前沿和世界平均水平。其中,关于出生时平均预期寿命、出生时预期健康寿命、婴儿死亡率、5 岁以下儿童死亡率、孕产妇死亡率、5 岁以下儿童超重比例、恶性肿瘤发病率、营养不良人口比例和国民健康素养水平的数据,分别反映健康发达国家和世界的平均值,不代表世界前沿或世界平均水平。

首先,健康生活的世界前沿水平(用高收入国家平均值代表)。整体而言,寿命延长、死亡率下降,慢性病发病率提高。但是需要强调的是:这些指标均属于极值变量,发展有极限(表 1-103)。

表 1-103　健康生活指标的世界前沿水平的情景分析

项目	增长率/(%)		2015	2020	2030	2040	2050
参考 1990~2015 年增长率估算	实际值	预测值	基线值				
出生时平均预期寿命/岁	0.278	0.278	80.6	82.0	84.3	86.6	89.1
出生时预期健康寿命/岁	—	—	—	—	—	—	—
婴儿死亡率/(‰)	−3.135	−3.135	4.6	3.9	2.9	2.1	1.5
5 岁以下儿童死亡率/(‰)	−3.265	−3.265	5.5	4.7	3.3	2.4	1.7
孕产妇死亡率/(例/10 万活产)	−1.375	−1.375	5.1	4.7	4.1	3.6	3.1
恶性肿瘤发病率/(例/10 万人)	—	—	—	—	—	—	—
5 岁以下儿童超重比例/(%)	0.659	0.659	6.0	6.2	6.6	7.0	7.5
营养不良人口比例/(%)	—	—	—	—	—	—	—
国民健康素养水平/(%)	—	—	—	—	—	—	—
参考 2000~2015 年增长率估算	实际值	预测值	基线值				
出生时平均预期寿命/岁	0.271	0.271	80.6	81.9	84.2	86.5	88.9
出生时预期健康寿命/岁	0.283	0.283	72.1	73.1	75.2	77.4	79.6
婴儿死亡率/(‰)	−2.378	−2.378	4.6	4.1	3.2	2.5	2.0
5 岁以下儿童死亡率/(‰)	−2.385	−2.385	5.5	4.9	3.8	3.0	2.4
孕产妇死亡率/(例/10 万活产)	−1.459	−1.459	5.1	4.7	4.0	3.5	3.0
恶性肿瘤发病率/(例/10 万人)	0.869	0.434	282.4	292.4	305.3	318.8	332.9
5 岁以下儿童超重比例/(%)	0.658	0.658	6.0	6.2	6.6	7.0	7.5
营养不良人口比例/(%)	—	—	—	—	—	—	—
国民健康素养水平/(%)	—	—	—	—	—	—	—

注:本表中的出生时预期健康寿命、孕产妇死亡率和恶性肿瘤发病率采用 OECD 21 国平均值。OECD 21 国指澳大利亚、奥地利、比利时、加拿大、丹麦、芬兰、法国、德国、爱尔兰、以色列、意大利、日本、韩国、荷兰、新西兰、挪威、西班牙、瑞典、瑞士、英国、美国。基线值为 2015 年或最近年统计数据。

其次,健康生活的世界平均水平。以出生时平均预期寿命和出生时预期健康寿命两个指标为例,世界平均水平大约落后世界先进水平 30 年(表 1-104)。

表 1-104　健康生活指标的世界平均水平的情景分析

项目	增长率/(%)		2015	2020	2030	2040	2050
参考 1990~2015 年增长率估算	实际值	预测值	基线值				
出生时平均预期寿命/岁	0.37	0.372	71.5	73.1	75.9	78.7	81.7
出生时预期健康寿命/岁	—	—	—	—	—	—	—
婴儿死亡率/(‰)	-2.70	-2.698	31.7	27.6	21.0	16.0	12.2
5 岁以下儿童死亡率/(‰)	-2.86	-2.857	43.9	38.0	28.4	21.3	15.9
孕产妇死亡率/(例/10 万活产)	-3.24	-3.243	38.9	33.0	23.7	17.1	12.3
恶性肿瘤发病率/(例/10 万人)	—	—	—	—	—	—	—
5 岁以下儿童超重比例/(%)	0.97	0.968	6.1	6.5	7.1	7.8	8.6
营养不良人口比例/(%)	-2.24	-2.240	10.8	9.6	7.7	6.1	4.9
国民健康素养水平/(%)	—	—	—	—	—	—	—
参考 2000~2015 年增长率估算	实际值	预测值	基线值				
出生时平均预期寿命/岁	0.401	0.401	71.5	73.2	76.2	79.3	82.6
出生时预期健康寿命/岁	1.086	0.475	62.2	63.7	66.8	70.0	73.4
婴儿死亡率/(‰)	-3.381	-3.381	31.7	26.7	18.9	13.4	9.5
5 岁以下儿童死亡率/(‰)	-3.584	-3.584	43.9	36.6	25.4	17.6	12.2
孕产妇死亡率/(例/10 万活产)	-4.205	-4.205	38.9	31.4	20.4	13.3	8.6
恶性肿瘤发病率/(例/10 万人)	-1.128	2.000	131.5	154.1	187.8	228.9	279.1
5 岁以下儿童超重比例/(%)	1.363	1.363	6.1	6.6	7.6	8.7	9.9
营养不良人口比例/(%)	-2.166	-2.166	10.8	9.7	7.8	6.2	5.0
国民健康素养水平/(%)	6.070	3.000	9.79	11.3	15.3	20.5	27.5

注:孕产妇死亡率、恶性肿瘤发病率以墨西哥为代表,国民健康素养水平以中国为代表。基线值为 2015 年或最近年统计数据。

(2) 世界健康服务现代化的前景分析

世界健康服务现代化的前景分析,选择 8 个指标,分析世界前沿和世界平均水平。

首先,健康服务的世界前沿水平(用高收入国家平均值代表)。健康从业人员的比例、儿童 DPT 免疫接种率、成人乳腺癌五年存活率和健康保险覆盖率有不同程度的提高,而床位比例和平均住院天数进一步减少(表 1-105)。

表 1-105　健康服务指标的世界前沿水平的情景分析

项目	增长率/(%)		2015	2020	2030	2040	2050
参考 1990~2015 年增长率估算	实际值	预测值	基线值				
医生比例/(‰)	1.881	1.881	3.4	3.7	4.5	5.4	6.5
全科医生比例/(‰)	0.620	0.620	0.79	0.8	0.9	0.9	1.0
护士和助产士比例/(‰)	1.824	1.824	11.3	12.4	14.8	17.8	21.3
床位比例/(‰)	-1.657	-1.657	4.8	4.3	3.7	3.1	2.6

(续表)

项目	增长率/(%)		2015	2020	2030	2040	2050
参考1990~2015年增长率估算	实际值	预测值	基线值				
平均住院天数/天	−2.095	−2.095	7.4	6.5	5.3	4.3	3.5
儿童DPT免疫接种率/(%)	0.327	0.327	95.8	97.4	100	100	100
成人乳腺癌五年存活率/(%)	0.444	0.444	86.0	88.7	92.7	96.9	100
健康保险覆盖率/(%)	0.138	0.138	99.5	100	100	100	100
参考2000~2015年增长率估算	实际值	预测值	基线值				
医生比例/(‰)	1.607	1.607	3.4	3.7	4.3	5.0	5.9
全科医生比例/(‰)	0.891	1.600	0.79	0.9	1.0	1.2	1.4
护士和助产士比例/(‰)	1.440	1.440	11.3	12.1	14.0	16.2	18.6
床位比例/(‰)	−2.632	−2.632	4.8	4.1	3.1	2.4	1.8
平均住院天数/天	−1.694	−1.694	7.4	6.7	5.6	4.7	4.0
儿童DPT免疫接种率/(%)	0.220	0.220	95.8	96.9	99.0	100	100
成人乳腺癌五年存活率/(%)	0.195	0.195	86.0	87.2	88.9	90.6	92.4
健康保险覆盖率/(%)	0.032	0.032	99.5	99.6	100	100	100

注：全科医生比例、护士和助产士比例、平均住院天数、成人乳腺癌五年存活率和健康保险覆盖率取OECD 21个国家的平均值。

其次，健康服务的世界平均水平。世界平均水平与世界先进水平相比，医生比例大约落后60年，儿童DPT免疫接种率、健康保险覆盖率大约落后30年（表1-106）。

表1-106 健康服务指标的世界平均水平的情景分析

项目	增长率/(%)		2015	2020	2030	2040	2050
参考1990~2015年增长率估算	实际值	预测值	基线值				
医生比例/(‰)	0.806	0.806	1.54	1.6	1.7	1.9	2.0
全科医生比例/(‰)	1.004	1.004	0.61	0.6	0.7	0.8	0.9
护士和助产士比例/(‰)	1.971	1.971	2.7	3.0	3.7	4.5	5.5
床位比例/(‰)	−1.385	0.500	2.9	3.1	3.3	3.5	3.7
平均住院天数/天	—	—	—	—	—	—	—
儿童DPT免疫接种率/(%)	0.425	0.380	85.4	87.0	90.4	93.9	97.5
成人乳腺癌五年存活率/(%)	—	—	—	—	—	—	—
健康保险覆盖率/(%)	—	—	—	—	—	—	—
参考2000~2015年增长率估算	实际值	预测值	基线值				
医生比例/(‰)	1.084	1.084	1.54	1.6	1.8	2.0	2.2
全科医生比例/(‰)	−0.116	−0.116	0.61	0.6	0.6	0.6	0.6
护士和助产士比例/(‰)	1.507	1.507	2.7	3.0	3.4	4.0	4.6
床位比例/(‰)	0.898	0.898	2.9	3.3	3.7	4.0	4.4
平均住院天数/天	−1.178	0.500	3.6	3.7	3.9	4.1	4.3
儿童DPT免疫接种率/(%)	1.070	0.370	85.4	87.0	90.3	93.7	97.2
成人乳腺癌五年存活率/(%)	0.506	0.506	74.8	77.5	81.5	85.7	90.2
健康保险覆盖率/(%)	5.108	0.200	92.3	93.2	95.1	97.0	99.0

注：全科医生比例、护士和助产士比例、平均住院天数和健康保险覆盖率四个指标数据以墨西哥为代表。成人乳腺癌五年存活率以波兰为代表。

(3) 世界健康环境现代化的前景分析

世界健康环境现代化的前景分析,选择 7 个指标,分析世界前沿和世界平均水平。

首先,健康环境的世界前沿水平(用高收入国家平均值代表)。清洁饮水普及率和卫生设施普及率不断提高(表 1-107)。

表 1-107 健康环境指标的世界前沿水平的情景分析

项目	增长率/(%)		2015	2020	2030	2040	2050
参考 1990~2015 年增长率估算	实际值	预测值	基线值				
清洁饮水普及率/(%)	0.030	0.030	99.5	99.7	100	100	100
卫生设施普及率/(%)	0.024	0.024	99.4	99.5	99.8	100	100
PM 2.5 平均浓度/(微克/立方米)	−0.225	−0.225	16.3	16.1	15.7	15.4	15.0
交通事故受伤率/(人/百万人)	−1.473	−1.473	31.7	29.0	25.0	21.5	18.6
自杀率/(例/10 万人)	−1.405	−1.405	11.7	10.6	9.2	8.0	6.9
贫困人口比例/(%)	—	—	—	—	—	—	—
65 岁以上人口比例/(%)	1.357	1.357	17.2	18.4	21.1	24.1	27.6
参考 2000~2015 年增长率估算	实际值	预测值	基线值				
清洁饮水普及率/(%)	0.049	0.049	99.5	99.8	100	100	100
卫生设施普及率/(%)	0.054	0.054	99.4	99.7	100	100	100
PM 2.5 平均浓度/(微克/立方米)	0.362	0.362	16.3	16.6	17.2	17.8	18.4
交通事故受伤率/(人/百万人)	−2.320	−2.320	31.7	27.5	21.8	17.2	13.6
自杀率/(例/10 万人)	−1.741	−1.741	11.7	10.3	8.7	7.3	6.1
贫困人口比例/(%)	1.818	1.000	0.36	0.4	0.4	0.5	0.5
65 岁以上人口比例/(%)	1.490	1.490	17.2	18.6	21.5	24.9	28.9

注:交通事故受伤率、自杀率和贫困人口比例取 OECD 21 个国家的平均值。

其次,健康环境的世界平均水平。世界平均水平与世界先进水平相比,在 21 世纪中叶,清洁饮水普及率和卫生设施普及率大致相当(表 1-108)。

表 1-108 健康环境指标的世界平均水平的情景分析

项目	增长率/(%)		2015	2020	2030	2040	2050
参考 1990~2015 年增长率估算	实际值	预测值	基线值				
清洁饮水普及率/(%)	0.716	0.350	90.97	92.6	95.9	99.3	100
卫生设施普及率/(%)	0.980	0.980	67.5	70.9	78.1	86.1	94.9
PM 2.5 平均浓度/(微克/立方米)	0.372	0.372	41.7	42.5	44.1	45.8	47.5
交通事故受伤率/(人/百万人)	0.174	0.174	23.4	23.6	24.1	24.5	24.9
自杀率/(例/10 万人)	1.680	1.680	11.4	13.0	15.4	18.2	21.5
贫困人口比例/(%)	—	—					
65 岁以上人口比例/(%)	1.141	1.141	8.1	8.6	9.6	10.8	12.0

(续表)

项目	增长率/(%)		2015	2020	2030	2040	2050
参考2000~2015年增长率估算	实际值	预测值	基线值				
清洁饮水普及率/(%)	0.654	0.320	90.97	92.4	95.4	98.5	100
卫生设施普及率/(%)	0.924	0.924	67.5	70.7	77.5	85.0	93.1
PM 2.5平均浓度/(微克/立方米)	0.464	0.464	41.7	42.7	44.7	46.8	49.0
交通事故受伤率/(人/百万人)	−2.191	−2.191	23.4	20.5	16.4	13.2	10.5
自杀率/(例/10万人)	1.618	1.618	11.4	13.0	15.2	17.9	21.0
贫困人口比例/(%)	−8.855	−2.000	7.4	6.6	5.4	4.4	3.6
65岁以上人口比例/(%)	1.173	1.173	8.1	8.6	9.6	10.8	12.2

注：交通事故受伤率和自杀率数据以墨西哥为代表，贫困人口比例以巴西为代表。

(4) 世界健康治理现代化的前景分析

世界健康治理现代化的前景分析，选择6个指标，分析世界前沿和世界平均水平。

首先，健康治理的世界前沿水平（用高收入国家平均值代表）。人均健康支出、人均寿命成本、健康支出占GDP比例、公共健康支出占健康支出比例、健康产业增加值比例和健康产业劳动力比例有不同程度的提高（表1-109）。

表1-109 健康治理指标的世界前沿水平的情景分析

项目	增长率/(%)		2015	2020	2030	2040	2050
参考1990~2015年增长率估算	实际值	预测值	基线值				
人均健康支出/美元	4.392	4.392	5251	6796	10 446	16 055	24 676
人均寿命成本/(美元/年)	4.090	4.090	65.2	83	124	185	276
健康支出占GDP比例/(%)	1.540	1.540	12.3	13	16	18	21
公共健康支出占健康支出比例/(%)	—						
健康产业增加值比例/(%)	0.847	0.847	7.8	8	9	10	11
健康产业劳动力比例/(%)	1.559	1.559	12.9	14	17	19	23
参考2000~2015年增长率估算	实际值	预测值	基线值				
人均健康支出/美元	5.324	5.324	5251	7169	12 043	20 231	33 987
人均寿命成本/(美元/年)	5.041	5.041	65.2	88	143	234	383
健康支出占GDP比例/(%)	1.563	1.000	12.3	13	14	16	18
公共健康支出占健康支出比例/(%)	0.261	0.261	74.32	75	77	79	81
健康产业增加值比例/(%)	1.461	1.461	7.8	8	10	11	13
健康产业劳动力比例/(%)	1.413	1.000	12.9	14	15	17	18

注：人均寿命成本=人均健康支出/出生时平均预期寿命。公共健康支出占健康支出比例、健康产业增加值比例和健康产业劳动力比例取OECD 21个国家的平均值。

其次，健康治理的世界平均水平。世界平均水平与世界先进水平相比，健康产业增加值比例和健康产业劳动力比例落后超过60年，健康支出占GDP比例落后约30年，人均健康支出和公共健康支出占健康支出比例落后约30年（表1-110）。

表 1-110 健康治理指标的世界平均水平的情景分析

项目	增长率/(%)		2015	2020	2030	2040	2050
参考 1990~2015 年增长率估算	实际值	预测值	基线值				
人均健康支出/美元	4.478	4.478	1061	1380	2139	3314	5136
人均寿命成本/(美元/年)	3.989	3.989	14.8	19	28	41	61
健康支出占 GDP 比例/(%)	0.843	0.843	10.0	10	11	12	13
公共健康支出占健康支出比例/(%)	−0.164	−0.164	60.1	60	59	58	57
健康产业增加值比例/(%)	—	—	—	—	—	—	—
健康产业劳动力比例/(%)	0.663	0.663	3.05	3.2	3.4	3.6	3.8
参考 2000~2015 年增长率估算	实际值	预测值	基线值				
人均健康支出/美元	5.626	5.626	1061	1473	2547	4404	7613
人均寿命成本/(美元/年)	5.204	5.204	14.8	20	33	55	92
健康支出占 GDP 比例/(%)	0.717	0.717	10.0	10	11	12	13
公共健康支出占健康支出比例/(%)	0.292	0.292	60.1	61	63	65	67
健康产业增加值比例/(%)	0.227	0.227	2.42	2	3	3	3
健康产业劳动力比例/(%)	0.536	0.536	3.05	3	3	4	4

注：人均寿命成本＝人均健康支出/出生时平均预期寿命。健康产业增加值比例和健康产业劳动力比例以墨西哥为代表。

本 章 小 结

健康现代化是一个系统过程。本章关于健康现代化的时序分析、截面分析和过程分析，加深了对健康现代化的历史进程和未来前景的认识，从中可以发现和归纳出健康现代化的长期趋势和基本事实，它们是分析健康现代化规律的历史基础。关于健康现代化的前景分析，可以为制定健康现代化政策提供国际背景（表 1-111）。

表 1-111 健康现代化的现实与预测

健康现代化	现实（2013~2015 年）					预测（2050 年）	
	年份	最大值	最小值	平均值	中国	世界先进	世界平均
健康生活							
出生时平均预期寿命/岁	2014	84.0	48.9	71.5	75.8	89.1	81.7
婴儿死亡率/(‰)	2015	1.5	96	31.7	9.2	1.5	12.2
5 岁以下儿童死亡率/(‰)	2015	1.9	156.9	42.5	10.7	1.7	15.9
健康服务							
医生比例/(‰)	2013	5.1	0.07	1.5*	2.05	6.5	2.0
护士和助产士比例/(‰)	2013	16.8	0.7	3.3*	1.85	21.3	5.5
儿童 DPT 免疫接种率/(%)	2015	99	16	85.8	99	100	97.2

(续表)

健康现代化	现实（2013~2015年）					预测（2050年）	
	年份	最大值	最小值	平均值	中国	世界先进	世界平均
健康环境							
清洁饮水普及率/(%)	2015	100	40	91.0	95.5	100	100
卫生设施普及率/(%)	2015	100	6.7	67.5	76.5	100	94.9
PM 2.5 年平均浓度/(微克/立方米)	2015	3.4	104.2	42.3	57.2	15.0	49.0
健康治理							
人均健康支出/美元	2014	9403	25	1276	420	24676	5136
健康支出占 GDP 比例/(%)	2014	17.1	1.5	9.9	5.5	21	13
公共健康支出占健康支出比例/(%)	2014	99.2	17.0	60.1	55.8	81	67

注：数据来源于世界银行。最大值、最小值和平均值分别表示当年统计数据的情况。预测值为按 1990~2015 年的增长率的估算。世界先进值为高收入国家的平均值。* 为 2013 邻近年值。

1. 健康生活的事实和前景

首先，关于健康观念。18 世纪以来，人类的健康观念在不断变化。随着科技水平和生活水平的不断提高，人们对健康的认识不断发展，对健康的定义也在不断深化，同时存在很大的国别差异，目前主要表现为：发达国家注重人的健康的整体性，强调综合身体、精神、道德和社会适应等多个维度测量健康，特别是在疾病应对方面，倡导健康生活，以预防为主；而发展中国家人们对健康的理解还主要停留于生理健康的层面，重视针对具体病症的临床治疗。未来，随着科技的发展、人类社会的进步，人们对健康的认识会更加全面，更加深刻。

其二，关于健康行为。19 世纪以来，成人吸烟率先上升后下降。1960 年以来，人均酒精消费量先上升后下降。1970 年以来，育龄妇女避孕率先上升后下降。1984 年以来，孕妇产前检查的比例和接受专业人员接生比例在不断上升。1990 年以来，非法药物使用的比例在不断上升。非法药物使用比例，英国由 1990 年的 8.2% 上升为 2014 年的 11.1%；德国由 2.3%（2000 年）上升为 3.1%；法国由 1.5%（2000 年）上升为 2.2%。

其三，关于健康营养。1961 年以来，发达国家人均食物供应量、人均脂肪供应量、人均蛋白质供应量先上升后波动，人均食物需求有极限。在 1990~2013 年期间，人均食物供应量的世界最大值在 3700 千卡/天左右波动，22 个发达国家平均值在 3300 千卡/天左右波动，2013 年世界平均值为 2870 千卡/天，国际差距变小。20 世纪 90 年代以来，营养不良人口比例不断下降，育龄妇女贫血发生率不断下降，新生儿低体重比例在不断下降，但是国别差异较大；1969~2014 年期间，5 岁以下儿童超重比例不断上升，但国别差异明显。

其四，关于健康状况。18 世纪以来，出生时平均预期寿命延长，但有短期波动。2014 年，世界平均预期寿命为 72 岁，高收入国家为 81 岁。2000 年以来，出生时预期健康寿命延长。

19 世纪以来，婴儿死亡率降低；2015 年，世界平均婴儿死亡率为 31.7 例/千活产儿，高收入国家为 4.6 例/千活产儿。1990 年以来，新生儿死亡率呈现下降趋势。1960 年以来，5 岁以下儿童死亡率和孕产妇死亡率呈现下降趋势。

1990 年以来，结核病发病率先上升后下降。1981 年以来，部分国家艾滋病发病率先上升后下降。2000 年以来，恶性肿瘤发病率呈现上升趋势，但是存在国别差异。

2000 年以来全球三大类死因比例的变化：慢性、非传染性疾病致死的比重在不断上升，传染性疾病致死的比重在不断下降。

21世纪，出生时平均预期寿命和出生时预期健康寿命会继续延长，到2050年，世界平均预期寿命达到82岁，世界平均预期健康寿命达到73岁；婴儿死亡率和5岁以下儿童死亡率会进一步降低，到2050年，世界平均婴儿死亡率预期降至9.5‰，5岁以下儿童死亡率降至12.2‰。

2. 健康服务的事实和前景

首先，关于健康医护。下面简要介绍医护服务可及性、诊断和治疗、效率和有效性、质量和安全等方面的客观事实。

- 20世纪以来，发达国家医护服务的可及性普遍提高，但是国别差异非常明显。2013年，成人因费用放弃治疗的比例，美国为27.7%，德国为7.9%，英国为2.2%，加拿大为5.4%。
- 1960年以来，OECD国家国民年均门诊次数呈上升趋势，但是国别差异很明显；2014年，日本人均12.8次，德国9.9次，俄罗斯10.2次，墨西哥2.6次。同期，牙医门诊咨询率也呈现相似的变化趋势；2014年，日本人均为3.2次，德国1.5次，墨西哥0.1次。
- 1995~2014年期间，CT检查率和核磁共振检查率都呈现上升趋势；目前，美国的CT检查率和核磁共振检查率分别为254.7次/千人、109.5次/千人，澳大利亚分别为115.5次/千人、35.3次/千人，加拿大分别为148.5次/千人、54.9次/千人。
- 1970年以来，OECD国家国民人均出院率（住院率）呈现上升趋势，但存在国别差异。2014年，英国的出院率为13 252例/10万人，德国为25 602例/10万人，日本为12 106例/10万人。
- 1960~2014年期间，医生年均门诊次数（门、急诊总次数/医生总数），不同国家的变化趋势有所差异；2010年，加拿大为3723人次，墨西哥为1457人次，美国为1660人次；主要国家大致在2000~3000人次之间，医生日均门诊次数在5.4~8.2人次。
- 1970年以来，患者平均住院天数不断下降；2014年，英国为7天，德国为9天，法国约为10天，墨西哥为3.6天。2000年以来，住院一天占全部患者的比例不断上升；2013年，英国为55.8%，法国为39%，意大利为25.6%。
- 1995年以来，OECD国家成人乳腺癌五年存活率不断上升，成人乳腺癌五年存活率的世界前沿基本保持在80%以上，并不断上升；2013年，美国为88.9%，英国为81.1%，德国为85.8%。
- 2000年以来，OECD国家医疗质量和安全性方面不断提高。急性心肌梗死住院30天内死亡率和出血性卒中住院30天内死亡率都不断下降，但存在国别差异。成人手术后伤口开裂率和成人手术后感染率不断下降，而成人出院后手术异物遗留率呈波动态势。
- 在患者满意度方面，存在很大的国别差异。2013年，美国患者对门诊时间的满意率为82.2%，英国88.7%，德国87%，加拿大为80.2%；美国患者对门诊解释的满意率为86.3%，英国为89.5%，德国为90.7%，加拿大为85.4%。

其二，关于公共健康。1980年以来，儿童（12—23个月）DPT免疫接种率和麻疹接种率不断上升。2000年以来，成人流感免疫接种率不断上升，但是国别差异较大。

1990~2014年期间，结核患病率不断下降，治愈率不断上升，但是存在国别差异；2014年，结核病患病率的世界平均值为174例/10万人，高收入国家为26例/10万人，中等收入国家为193例/10万人，低收入国家为330例/10万人，中国为89例/10万人。

1990~2014年期间，HIV患病率先升后降，国别差异大。与此同时，抗逆转录病毒疗法的覆盖率不断上升；2014年，低收入国家的平均值为43.4%。

其三,关于健康保险。1960~2014年期间,世界大多数国家健康保险的覆盖率都在上升。OECD 统计数据表明:私人健康保险覆盖率、公共(政府/社会)健康保险覆盖率、公共和私人健康保险覆盖率均呈现上升趋势。2014年,公共和私人健康保险覆盖率的最大值为100%。

其四,关于健康人力资源。下面简要介绍健康医护人员及其收入的变化。

- 1960~2014年期间,医生比例不断上升,但存在国别差异;2011年,世界平均为1.54人/千人,高收入国家为3.10人/千人,中等收入国家为1.24人/千人,低收入国家为0.07人/千人。
- 1980~2014年期间,全科医生的比例在上升,但是国别差异较大;2014年,美国为0.31人/千人,英国为0.8人/千人,法国为1.55人/千人,墨西哥为0.79人/千人。
- 1990~2013年期间,护士和助产士比例不断上升,但国别差异较大;2010年世界平均为3.28人/千人,高收入国家为8.59人/千人,中等收入国家为2.15人/千人,日本为10.86人/千人,德国为11.38人/千人,美国为9.82人/千人。
- 1990年以来,医护人员和执业医师的收入都不断上升,但是国别差异较大。
- 1980年以来,世界多数国家健康和社会工作人员的比例呈现上升趋势;2014年,美国为61.4人/千人,日本为57.7人/千人,意大利为29.7人/千人,墨西哥为12.6人/千人。

其五,关于健康基础设施。1980年以来,OECD国家医院密度和公立医院密度先上升后下降;2014年,美国医院密度和公立医院密度分别为17.97所/百万人、4.55所/百万人,日本分别为66.72所/百万人、12.25所/百万人,加拿大分别为20.54所/百万人、20.31所/百万人。

1960~2014年期间,发达国家床位比例先上升后下降;2014年,德国为8.2张/千人,美国为2.9张/千人,英国为2.7张/千人。

21世纪健康服务的效率、质量和可及性会进一步提高。2050年,世界平均医生比例预期达到2人/千人,床位比例预期达到4床/千人,儿童DPT免疫接种率预期达到97.5%。

3. 健康环境的事实和前景

首先,关于健康生态环境。1990年以来,清洁饮水普及率和卫生设施普及率都呈现上升趋势。

1990~2015年期间,PM 2.5年均浓度和PM 2.5浓度超标暴露人口比例的变化先上升后下降;2015年,世界平均PM 2.5年均浓度为42.3微克/立方米,高收入国家为16微克/立方米,中等收入国家为49微克/立方米,低收入国家为34微克/立方米;世界平均PM 2.5浓度超标暴露人口比例为92%,高收入国家为62%,中等收入国家为97%,低收入国家为99%。

其二,关于健康社会环境。19世纪以来,出生率和死亡率均呈现先上升后下降的趋势,65岁以上人口比例不断上升,成人识字率不断上升,人均国民收入呈现上升趋势等。1985年以来,世界贫困人口比例不断下降。

其三,关于健康国际合作。2000年以来,发达国家外来医生比例和外来护士比例在不断上升,国际互动不断增强,但是仍然存在国别差异。

21世纪健康环境会不断改善。2050年,世界平均清洁饮水普及率预期达到100%,卫生设施普及率预期达到93.1%,65岁及以上人口上升,国际合作加强。

4. 健康治理的事实和前景

首先,关于健康监管。1995年以来,人均健康支出和人均寿命成本不断上升。2014年,人均健康支出世界平均为1061美元,高收入国家为5251美元,中等收入国家为292美元,低收入国家为37美元。

1995~2014年期间,健康支出占GDP比例、公共健康支出占健康支出比例和公共健康支出占政府支出比例不断上升;而私人健康支出占健康支出比例、现金健康支出占健康支出比例和药物支出占健康支出比例不断下降,但是这六个指标的变化均存在国别差异。

2000~2013年期间,基本药物可获得性上升,但存在国别差异。

其二,关于健康科技。2000年以来,出生率的公民登记覆盖率和死亡率的公民登记覆盖率在上升,但是存在国别差异。现代医药科技和生物科技的发展日新月异。

其三,关于健康用品。1980年以来,人均药物销售不断上升,心血管药的日使用量不断上升,但是国别差异较大。

1980年以来,CT扫描仪比例、核磁共振仪比例和放射治疗仪比例不断上升,但是存在国别差异;就CT扫描仪比例而言,2014年,日本为107台/百万人,美国为41台/百万人,加拿大为15台/百万人,俄罗斯为9台/百万人,英国为8台/百万人。

其四,关于健康产业。1970年以来,发达国家健康产业增加值比例上升;2015年,瑞典健康产业增加值比例为11.1%,美国为7.4%,德国为7.7%。健康产业劳动力比例也在上升;2014年,瑞典健康产业劳动力比例为15.4%,美国为13.4%,德国为12.5%。

21世纪人均健康支出和人均寿命成本会继续增长,健康科技和健康用品会继续发展,健康产业比例会继续增长;健康治理将走向全球化等。

5. 世界健康现代化的历史进程

在18~21世纪期间,世界健康现代化的前沿过程大致包括两大阶段。

第一次健康现代化是从传统健康向现代健康的转变,主要特点包括现代健康观念的形成,现代医疗体系、公共卫生体系和医疗保险制度的建立和完善,健康服务的专业化、体系化、标准化和福利化等。

第二次健康现代化是从现代健康向全民健康的转变,目前特点包括健康观念从"以疾病为中心"向"以健康为中心"、从"治疗为主"向"防治结合"转变,健康生活方式普及,健康服务信息化和智能化,国民健康体系的发展和完善等。

2000~2014年期间,健康发达国家的比例约为18%~19%,健康发展中国家的比例约为81%~82%;健康现代化水平从高到低的排序大致是:欧洲、美洲、亚洲和非洲。

6. 世界健康现代化的客观现实

2014年,在131个国家中,25个国家是健康发达国家,23个国家是健康中等发达国家,33个国家是健康初等发达国家,51个国家是健康欠发达国家。

7. 世界健康现代化的主要特点

首先,健康现代化是相对可以预期的。在一般情况下,20世纪以来世界健康变化是相对连续的和有规律可循的。在151个健康变量中,上升变量约占52%,下降变量占15%,转折变量占14%;水平变量占44%,特征变量占3%,交叉变量占40%;开放变量占11%,极值变量占89%。

其次,健康现代化是一个复杂的过程。20世纪以来,在具有统计数据的健康指标中,大约73%的健康指标与国家经济水平显著相关,27%的健康指标与国家经济水平不相关。

其三,健康现代化是一个动态的过程。健康现代化不仅内涵是变化的,而且不同国家的表现也是变化的。世界健康前沿是变化的,国际健康差距是变化的,国家健康地位是可变的。

其四,健康现代化是一个可逆的过程,可以出现停滞、中断或倒退现象等。整个世界的健康现代化进程是连续的和不可逆的,但是,某个国家和地区的健康现代化进程就有多种表现形式,可以出现停滞或中断,也可以出现暂时的倒退,甚至长期的倒退。

其五,健康现代化是一个进步的过程。过去300年的健康现代化过程,是人均寿命不断延长、死亡率不断下降的过程。

其六,政府和科技在健康现代化过程中,发挥不可替代的作用。

8. 世界健康现代化的前景分析

如果按2000～2014年的年均增长率计算,2050年健康现代化指数的世界先进水平会比2014年提高约1倍;2050年世界健康现代化的平均水平,比世界先进水平落后约50年;不同健康指标的表现有很大不同。

第二章 健康现代化的专题研究

本章简要讨论健康现代化的制度演化、国家案例、基本原理和指标体系。

第一节 健康现代化的制度分析

健康现代化是一个复杂的系统工程,包括健康行为、健康结构、健康制度、健康观念的现代化等。健康制度是与健康相关的组织、法规和政策的总和,涉及健康生活、健康医护、健康保险、健康用品、健康环境、健康产业和健康治理各个方面。本节简要讨论其中的国民健康体系、健康保险制度和国家健康战略。

一、国民健康体系

一般而言,健康体系是维持健康生活、提供健康服务、提升健康质量的一个开放体系。国民健康体系是以国家为单元的健康体系。世界卫生组织认为:健康体系包括所有为了促进、恢复和维持健康的组织、人力和行动(WHO,2007)。何传启认为:分工合作制国民健康体系(图2-1),是分工合作、责权明确、全民参与、全程覆盖的整合型健康体系;它包括健康生活体系、健康医护体系、健康保险体系、健康用品体系、健康治理体系,以及相关的健康科技、健康环境和健康产业等。其主要特点是:以促进全民的健康长寿为宗旨,以信息技术为支撑,分工明确,责任到人,健康生活和健康服务相互促进、经济与社会相互支撑。其主要功能是:维持全民的健康生活,提供"从胎儿到生命终点"的全程健康服务,提升全民健康质量(何传启,2016)。

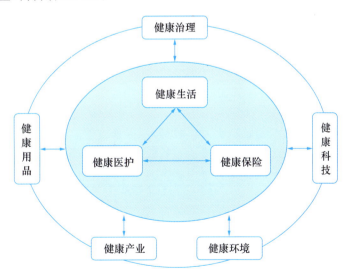

图 2-1　分工合作制国民健康体系的功能结构(3+5双环模型)

1. 健康生活体系

健康生活是一种有利于健康长寿的生活方式。它涉及公民的健康观念、健康行为和健康状况,以及相应的健康设施和健康制度等,它涵盖人的全生命周期和患者医疗过程以外的全部健康相关因素。

健康生活体系是支撑和维系健康生活的各种要素的总和,它包括健康生活的行为主体、健康生活场所、健康基础设施、健康制度和健康文化等。健康生活的行为主体包括个人、家庭、幼儿园、中小学、福利院、养老院等。

健康生活体系的主要功能是:普及健康观念和健康知识,发展和推广健康的生活方式,提高公民身体素质和免疫力,减少和控制健康风险,降低发病率和亚健康人群比例,提高全民的健康生活质量。

2. 健康医护体系

健康医护体系是提供健康医护服务的服务体系,它包括医护人员、医护机构、医护教育机构、医护科研机构和医护组织等。它的功能是为全民提供公共卫生服务、为患者提供健康医护服务,提升医护服务能力和服务质量,促进健康服务体系的可持续发展。

一般而言,医护机构主要包括普通医护服务机构和公共卫生服务机构等。普通医护服务机构可以分为三种类型:公立医院、私营非营利医院、私营营利医院。

3. 健康保险体系

健康保险体系是提供健康保险服务的服务体系,是社会保障体系的一个组成部分,它包括医疗救助、基本医疗保险、补充医疗保险、商业医疗保险、免费医疗和特殊人群医疗等。它的主要功能是保障医疗费用支出的可持续性,减少患者的医疗负担,防止因病致贫,提高医护服务的可及性和公平性等。

健康保险服务涉及保险资金的筹措、管理和支付。健康保险资金的来源包括政府、雇主、组织和个人等。健康保险资金的支付方式因国家而异。

4. 健康用品体系

健康用品体系是生产和提供各种医药和医疗用品的健康支撑体系,它包括健康用品的研发机构、生产商、销售商和管理制度等。它的功能是生产和提供健康生活和健康服务所需要的健康用品。

5. 健康治理体系

健康治理体系是健康治理的相关机构和制度的总和,涉及健康资源的配置、健康行为的规范、健康科技的发展、健康能力的提升、健康环境的改善和健康产业的发展等。

健康治理机构包括政府健康机构和社会健康组织等,健康资源涉及健康人力资源和经费资源等,健康行为涉及健康生活、健康医护和健康保险等,健康能力涉及健康教育和健康科技的发展等,健康环境涉及健康的生态环境和社会环境等。

二、健康保险制度

健康保险制度涉及健康筹资、健康支出和健康保险服务等方面。根据世界银行的定义,健康支出包括健康的现金支付和健康投资。公共健康支出包括政府预算、外部借款和捐赠(含国际机构和非政府组织的援助)、强制社会保险。私人健康开支包括个人和家庭直接健康现金支付、私人健康保险、捐赠、私人公司的直接健康服务。2014年世界131个国家中,公共健康支出占健康总支出比例超过60%的国家有54个;发达国家除美国、新加坡、韩国外,公共健康开支占总健康开支比例都超过60%(附表1-1-5)。

健康保险是健康筹资的主要形式,合理的健康保险制度可以有效地分担健康开支的社会经济风险,健康保险形式具有多样性(表2-1)。

表 2-1 健康保险分类

分类标准	保险分类
按保险责任	疾病保险、医疗保险、收入保障保险
按保障范围	综合医疗保险、住院医疗保险、病种医疗保险
按给付方式	给付型保险、报销型保险、津贴型保险
按保障对象	居民健康保险、雇员健康保险、特殊人群健康保险
按保障性质	公共健康保险和私人健康保险
按筹资模式/经费来源	全民健康服务(国家福利保险)、社会强制保险、个人自愿保险
按保险层次	基本健康保险和非基本健康保险(补充健康保险)

1. OECD 国家的健康保险体系

OECD 认为,健康覆盖和费用安排是健康体系的基本特征。OECD 的健康保险服务包括基本健康服务(basic primary health care)和非基本健康保险(non-primary private health insurance)(Paris, Devaux and Wei, 2010)。基本健康服务是全体国民或绝大多数国民可以获得的健康服务和健康保险服务,非基本健康保险(私人健康保险)的人口覆盖率因国家而异(表 2-2);非基本健康保险经费支出占总健康支出比例一般比较低,多数 OECD 国家都低于 10%。

表 2-2 OECD 国家的健康保险体系(基于健康保险人口覆盖率的国家分组)

国家分组	国家	基本健康服务人口覆盖率(%,2008 年或最近年)				非基本健康保险人口覆盖率(%,2015 年或最近年)*			基本健康服务的提供者(典型成人雇员的基本健康服务的提供者)
		全民健康服务	社会强制健康保险	私人自愿健康保险	没有健康保险	加强型私人保险	互补型私人保险	补充型私人保险	
福利型	澳大利亚	100	0	0	0	47.3	0	55.8	国家健康服务
	加拿大	100	0	0	0	0	0	67	地方健康服务
	丹麦	100	0	0	0	0	15.5	15.5	地方健康服务
	芬兰	100	0	0	0	0	11.5	11.4	地方健康服务
	冰岛	100	0	0	0	0	0	0	国家健康服务
	爱尔兰	100	0	0	0	51.2	0	0	国家健康服务
	意大利	100	0	0	0	15.6	0	0	国家健康服务
	新西兰	100	0	0	0	32.8	0	0	国家健康服务
	挪威	100	0	0	0	0	0	0	地方健康服务
	葡萄牙	100	0	0	0	17.9	8.7	8.7	国家健康服务
	西班牙	100	0	0	0	10.3	0	0	地方健康服务
	瑞典	100	0	0	0	0	0	2.3	国家健康服务
	英国	100	0	0	0	11.1	0	0	国家健康服务
强制型	奥地利	0	98.7	0	1.3	0	33.3	33.3	保险机构
	比利时	0	99	0	1	0	77.4	77.4	公共健康保险
	捷克	0	100	0	0	0	0	0	保险机构**
	法国	2.5	97.5	0	0	0	95.5	0	保险机构
	德国	0.5	83.3	15.2	0	0	22.9	0	保险机构**
	希腊	0	100	0	0	8	0	0	保险机构
	匈牙利	0	100	0	0	0	0	0	国家健康服务
	日本	0	98.8	0	0	n.a.	n.a.	n.a.	保险机构
	韩国	0	100	0	0	0	63.2	63.2	公共健康保险
	卢森堡	0	96.8	1.1	2.1	0	59.4	2.4	公共健康保险

(续表)

国家分组	国家	基本健康服务人口覆盖率 (%,2008年或最近年)				非基本健康保险人口覆盖率 (%,2015年或最近年)*			基本健康服务的提供者(典型成人雇员的基本健康服务的提供者)
		全民健康服务	社会强制健康保险	私人自愿健康保险	没有健康保险	加强型私人保险	互补型私人保险	补充型私人保险	
强制型	波兰	0	99	0	1	2.6	0	0	公共健康保险
	荷兰	0	100	0	0	0	0	92	保险机构**
	瑞士	0	100	0	0	0	0	29.5	保险机构**
混合型	墨西哥	0	59	22.5	17.5	3.3	0	0	保险机构
	斯洛伐克	55.7	44.3	0	0	0	0	0	保险机构**
	土耳其	0	58.6	8.6	32.8	0	0	0	公共健康保险
	美国	34.5*	0*	54*	11.5*	0	7.6	0	政府、保险公司

注:n.a.不适用。* 数据来自OECD HEALTH DATA,美国"全民健康服务"数据指美国政府提供的健康保险的人口覆盖率。** 国民可以自选保险机构投保。国家分组是根据基本健康保险人口覆盖率进行的,福利型指采用"全民健康服务"模式的国家,强制型指采用"社会强制保险"模式的国家,混合型指采用多种模式或保险体系处于发展中的国家。如果按照健康经费来源划分会有变化(附表1-1-5),例如,瑞士(公共健康支出的经费主要来自政府,具有福利型特点)、希腊(社会保障基金和私人健康经费占健康总开支比例相当,具有混合型特点)、斯洛伐克(社会保障基金是主要经费来源,具有强制型特点)。

数据来源:Paris, Devaux and Wei, 2010. OECD Survey on Health System Characteristics 2008—2009. OECD Health Data 2009 and OECD Estimates.

根据健康服务人口覆盖和提供方式,OECD国家的基本健康服务(basic primary health care)主要分为三种:全民健康服务(automatic health coverage)、社会强制保险(social health insurance with compulsory for all or almost all)和自愿健康保险(voluntary private coverage);其他还有一些针对特定人群的健康保险或健康援助(public assistance)。非基本健康保险基金也主要有三类。

(1) 全民健康服务

"全民健康服务"(automatic coverage),指国家通过财政拨款提供基本健康服务的费用覆盖,经费主要来自税收,符合条件人群自动覆盖或者通过申请实现覆盖(Paris, Devaux and Wei, 2010)。其优点是全民覆盖,保证健康公平;有计划地实施疾病预防措施,有效控制医疗费用增长。其缺点是患者等待时间比较长,服务供给不足。

实行"全民健康服务"的国家,国家为全体国民提供基本健康服务的全部或部分费用覆盖,其经费来自税收。健康服务费用纳入国家预算,由国家按照计划拨付给医疗机构,由医疗机构免费为患者提供医疗服务,具有高福利性质。

"全民健康服务"通常被称为"国家福利型""国家福利健康保险"或"国家福利保险",因为它具有部分的保险性质(国民给政府纳税,政府将一部分税收用来支付国民的健康服务费用,相当于国民通过纳税购买了政府的健康保险)。

它的典型代表国家:英国、瑞典等。在20世纪后半期,一些以"社会强制健康保险"模式为主的国家,转为"国家福利保险"为主,例如,丹麦(1973年)、意大利(1978年)、葡萄牙(1979年),希腊(1983年)和西班牙(1986年)等。

目前,13个OECD国家采用这种制度,包括澳大利亚、加拿大、丹麦、芬兰、冰岛、爱尔兰、意大利、新西兰、挪威、葡萄牙、西班牙、瑞典和英国。

(2) 社会强制健康保险

"社会强制健康保险"(compulsory coverage)(简称社会强制保险),指根据国家相关法律,强制国民购买健康保险。它的经费来自与工资相关的社会缴费(包括个人和雇主缴费),通常会有少量的政府补贴;政府补贴经费来自一般政府税收。社会健康保险覆盖率通常与职业相关联,常常会延伸到雇员亲属(Paris, Devaux and Wei, 2010)。

其优点是资金筹资渠道多,经费充足,具有一定的社会福利性。其缺点是医疗费用控制不力,居民负担日渐沉重,健康服务公平性不足,缺乏医疗质量管理和预防服务等(Saltman, Busse and Figueras, 2004)。

目前,10个OECD国家采用这种制度,包括奥地利、比利时、法国、德国、希腊、匈牙利、日本、韩国、卢森堡和波兰等;捷克、荷兰和瑞士也采用此模式。

20世纪80年代以来,部分中东欧国家引入改良的"社会强制健康保险",包括匈牙利(1989年)、立陶宛(1991年)、捷克(1992年)、爱沙尼亚(1992年)、拉脱维亚(1994年)、斯洛伐克(1994年)和波兰(1999年)。

(3) 私人自愿保险

个人或雇主为自身或雇员自愿购买的健康保险,包括通过雇佣政策带来的工作福利。其优点是政府负担轻,市场效率高。其缺点是医疗企业唯利是图,大量滥用医疗服务,难以遏制医疗费用增长,产生医疗供给不公平。

目前,私人自愿基本保险主要有两类。其一,没有国家福利保险或者社会强制保险,个人通过购买私人保险获得基本健康保障。其二,国家福利保险或社会强制保险不能满足高收入人群的需求,私人自愿购买健康保险,起替代作用。如德国、英国允许高收入人群放弃社会强制保险或国家福利保险,加入私人保险,德国大约有15%人口的健康保险属于这一类(Thomson, 2016)。

个人自愿保险,通过市场竞争来调节医疗服务等。政府不出资、不补贴、不干预,政府主要负责制定法律、法规,监督执行。典型代表:美国、菲律宾等。

(4) 其他健康保险

例如,特殊人群健康保险是在没有全民健康保险的国家,政府为特殊人群(老人、儿童、贫困人口、残障人士或者退伍军人等特殊职业者)提供免费健康保险或者健康保险补贴。如美国为政府雇员、军人和退伍军人、65岁以上老年人、贫困人口/残疾人、贫困儿童等提供专门健康保险,法国、韩国为低收入人士提供免费健康保险。

(5) 非基本健康保险

非基本健康保险,属于补充健康保险。它对基本健康保险没有覆盖的项目或费用,提供额外风险分担和更高水平财务风险保护,主要通过私人保险提供。

非基本健康保险主要有三类。其一,互补性保险,提供被排除在基本健康保险给付项目外的健康服务,或覆盖基本健康保险的自付费用。其二,补充型保险,针对少部分人群对健康服务质量和及时性的更高要求,提供更快捷的健康服务通道、更多服务提供方以及便利的服务流程。其三,加倍型保险,可以基于自费通道或者通过双重执业的医生获得基本健康服务,增加服务提供方的选择范围。

除澳大利亚、加拿大、爱尔兰、卢森堡、比利时、法国和韩国外,大部分OECD国家非基本健康保险的人口覆盖率大大低于50%。加拿大主要提供基本健康保险没有覆盖的服务项目,法国主要提供额外赔偿。

2. OECD国家健康保险的管理

OECD的健康调查,揭示了健康系统的管理特征(Paris, Devaux and Wei, 2010)。

(1) 健康保险服务的提供

全民健康服务(国家福利保险),一般由政府健康机构提供。例如,13个OECD福利型国家中,英国和瑞典等8个国家由中央政府健康机构提供,加拿大和西班牙等5个国家由地方政府健康机构提供(表2-2)。

社会强制健康保险,一般由私人保险机构或公共保险机构提供。在有些国家,私人保险机构既有非营利保险基金,也有营利的保险公司。例如,13个OECD强制型国家中,德国和法国等8个国家由私人保险机构提供,匈牙利和韩国等5个国家由政府健康机构或公共健康保险机构提供(表2-2)。

私人自愿保险,一般由私人保险公司或保险机构提供。

在OECD国家中,德国等5个国家的国民可以选择保险机构,法国等5个国家的国民只能接受一家保险机构的服务,通常与投保人的职业有关。

(2) 健康保险的覆盖宽度(给付项目覆盖率)

健康保险的覆盖宽度因国家而异(Paris, Devaux and Wei, 2010)。大部分OECD国家,急诊住院、医疗服务、检测和诊断影像给付项目的覆盖率很高。在15个OECD国家,眼科产品不在健康保险给付项目覆盖范围内;在6个国家,牙科治疗不在健康保险给付项目覆盖范围内;在12个国家,假牙不在健康保险给付项目覆盖范围内(附表1-1-8)。

(3) 健康保险的覆盖深度(费用报销比例)

不同国家基本健康保险覆盖的深度(保险支付比例),因人群而变化(不同年龄、职业、健康状况等)(Paris, Devaux and Wei, 2010)。大部分OECD国家的基本健康保险针对急诊住院、门诊、检测和诊断影像的报销比例较高,基本超过75%(附表1-1-8)。但有4个国家(法国、爱尔兰、韩国和新西兰),基本医疗服务的报销比例低于75%。

除英国、意大利、荷兰药物覆盖能够达到100%外,药物通常覆盖程度较低。加拿大药物没有包括在基本给付项目中,但是联邦和省政府为30%人口,包括老年人,提供不同费用分担机制的覆盖。大部分雇主提供药物覆盖作为一项雇员福利。牙科和眼科产品保险的覆盖深度很低(报销比例低),或者不覆盖(表2-3)。

表2-3 典型国家主要医护服务项目健康保险覆盖深度比较(费用报销比例)   单位:%

医护服务项目	英国	加拿大	澳大利亚	德国	法国	日本	韩国
急诊住院	100	100	100	100	76~99	76~99	76~99
门诊签约医生	100	100	76~99	76~99	51~75	76~99	51~75
门诊签约专科	100	100	76~99	76~99	51~75	76~99	51~75
诊所实验室检测	100	100	51~75	100	51~75	76~99	76~99
诊断影像	100	100	51~75	100	76~99	76~99	76~99
理疗服务	100	全自费	1~99	1~99	1~99	1~99	1~99
药物	100	51~75	76~99	76~99	51~75	76~99	51~75
眼镜或隐形眼镜	全自费	全自费	全自费	1~50	1~50	全自费	全自费
牙科治疗	76~99	全自费	全自费	76~99	1~50	76~99	51~75
假牙	76~99	全自费	全自费	1~50	1~50	76~99	全自费

注:根据资料(Paris, Devaux and Wei, 2010)表8整理,为2008~2009年OECD调查结果。

3. 健康体系的回报指数

根据基本健康保险的提供方式和人口覆盖率的差别,我们把国家健康体系大致分为三种类型。其一,"国家福利型"指健康服务采用"全民健康服务"模式的国家;其二,"社会强制型"指健康保险采用"社会强制保险"模式的国家;其三,"混合型"指健康服务和健康保险采用多种模式并存或健康保险体系处于发展中的国家。

目前,三种类型中,哪种模式的健康效率和健康回报比较高呢?

健康回报指数评价的基本模型为:健康回报指数等于健康产出指数除以健康投入指数;健康产出指数等于健康产出指标的指数的算术平均值;健康投入指数等于健康投入指标的指数的算术平均值。

它的数学模型如下：

$$\begin{cases} \text{HRI} = \text{HOI}/\text{HII} \\ \text{HOI} = \left(\sum O_j\right)\big/4 \ (j=1,2,3,4) \\ \text{HII} = \left(\sum I_k\right)\big/4 \ (k=1,2,3,4) \\ O_j = 100 \times j_{\text{实际值}} \div j_{\text{标准值}} (\text{正指标}, O_j \leqslant 100) \\ O_j = 100 \times j_{\text{标准值}} \div j_{\text{实际值}} (\text{逆指标}, O_j \leqslant 100) \\ I_k = 100 \times k_{\text{实际值}} \div k_{\text{标准值}} (\text{正指标}, I_k \leqslant 100) \\ I_k = 100 \times k_{\text{标准值}} \div k_{\text{实际值}} (\text{逆指标}, I_k \leqslant 100) \end{cases}$$

其中，HRI 是健康回报指数，HOI 是健康产出指数，HII 是健康投入指数；O_j 是第 j 号健康产出指标的指数，$j_{\text{实际值}}$ 是第 j 号健康产出指标的实际值，$j_{\text{标准值}}$ 是第 j 号健康产出指标的世界最高水平（正指标为最大值，逆指标为最小值）；I_k 是第 k 号健康投入指标的指数，$k_{\text{实际值}}$ 是第 k 号健康投入指标的实际值，$k_{\text{标准值}}$ 是第 k 号健康投入指标的世界最高水平（正指标为最大值，逆指标为最小值）；O_j 和 $I_k \leqslant 100$，避免单个指标数值过高影响总结果。

健康产出指标：预期寿命、健康寿命、婴儿死亡率、5 岁以下儿童死亡率。健康投入指标：人均健康投入、公共健康投入占健康总投入比例、医生比例、护士和助产士比例。其中，婴儿死亡率、5 岁以下儿童死亡率为逆指标，其余为正指标。

利用世界银行《世界发展指标》和 OECD 的健康数据，分别评价 131 个国家 2015 年（或接近 2015年）的健康回报指数（附表 1-1-3 和附表 1-1-4）。然后按不同健康保险类型，抽取 28 个 OECD 国家进行比较分析。

研究结果表明，国家福利型和社会强制型在健康回报指数上没有明显差异（表 2-4），国家福利型表现略好一些。世界各国可以根据实际情况选择适宜的健康保险体系。

表 2-4 28 个 OECD 国家的健康回报指数

类型	国家	投入指数	产出指数	回报指数	投入—产出相关系数	投入—回报相关关系	产出—回报相关关系	人均国民收入（2014）	公共健康支出占健康支出比例（2014）	健康绩效*
福利型		61.4	80.7	1.34	0.42	−0.75	0.26	50 625	75.9	0.873
强制型		60.5	77.0	1.33	0.24	−0.87	0.21	38 436	73.7	0.858
混合型		44.3	57.6	1.38	0.95	−0.97	−0.87	23 420	62.5	0.791
国家福利型	澳大利亚	59.5	79.6	1.34				64 600	67	0.844
	加拿大	54.5	71.0	1.3				51 630	70.9	0.849
	丹麦	75.4	79.9	1.06				61 330	84.8	0.785
	芬兰	58.9	97.6	1.66				48 440	75.3	0.829
	爱尔兰	62.5	79.4	1.27				46 520	66.1	0.859
	意大利	46.0	81.6	1.77				34 580	75.6	0.976
	新西兰	61.1	68.2	1.12				41 070	82.3	0.766
	挪威	83.7	93.7	1.12				103 620	85.5	0.897
	葡萄牙	51.2	79.3	1.55				21 360	64.8	0.929
	西班牙	56.5	76.5	1.35				29 390	70.9	0.968
	瑞典	71.0	87.2	1.23				61 570	84	0.89
	英国	56.9	74.9	1.31				43 390	83.1	0.883

(续表)

类型	国家	投入指数	产出指数	回报指数	投入—产出相关系数	投入—回报相关关系	产出—回报相关关系	人均国民收入(2014)	公共健康支出占健康支出比例(2014)	健康绩效*
社会强制型	奥地利	66.8	80.5	1.21				49 600	77.9	0.914
	比利时	78.0	75.9	0.97				47 240	77.9	0.878
	捷克	56.8	80.0	1.41				18 350	84.5	0.765
	法国	60.8	75.3	1.24				42 950	78.2	0.974
	德国	68.2	78.4	1.15				47 590	77	0.836
	希腊	64.4	73.4	1.14				22 810	61.7	0.936
	匈牙利	45.6	62.8	1.38				13 340	66	0.698
	日本	59.8	94.7	1.58				42 000	83.6	0.945
	韩国	38.2	81.9	2.15				27 090	54.1	0.834
	波兰	42.4	66.8	1.57				13 680	71	0.742
	荷兰	67.2	77.7	1.16				51 860	87	0.893
	瑞士	77.6	77.2	0.99				84 720	66	0.879
混合型	墨西哥	30.0	53.6	1.79				9 870	51.8	0.789
	斯洛伐克	48.8	61.1	1.25				17 750	72.5	0.742
	土耳其	35.4	52.2	1.47				10 830	77.4	0.858
	美国	63.0	63.6	1.01				55 230	48.3	0.774

注：福利型数值是12个福利国家的算术平均值，强制型数值是12个强制型国家的算术平均值，混合型数值是4个混合型国家的算术平均值。人均国民收入单位为美元，公共健康支出比例单位为%。* 对世界卫生组织所有会员国1997年按健康水平（残疾调整预期寿命）评估的效能指数。见世界卫生组织. 2000世界卫生报告.

三、国家健康战略

国家健康战略是促进全民健康、提升健康质量的国家战略。过去60多年，健康战略思想由"健康个人"发展到"健康国家"或"健康社会"。20世纪70年代以来，美国、日本、欧盟、加拿大、中国、泰国等国家和地区陆续启动国家健康战略。下面举例介绍：

1. 美国健康战略规划

美国的"健康国民"（Healthy People）战略规划始于1980年颁布的"健康国民1990：促进健康与预防疾病"。"健康国民"是美国促进全面健康、实施疾病预防、改善全体国民健康的十年战略规划。目前，美国已经颁布"健康国民1990""健康国民2000""健康国民2010""健康国民2020"四个国家健康战略。"健康国民2020"的宗旨是构建全民健康长寿的社会，其战略总目标包括避免遭受可预防的疾病、残疾、伤害和早死，获得高质量长寿的生命，实现健康公平、消除差异、促进各类人群的健康，创造能够改善全民健康的社会和自然环境，提升人生各阶段生活质量、促进健康发展和健康行为。

美国"健康国民"战略规划以解决国民健康突出问题为导向，根据各时期国民主要健康问题制订相应的重点关注领域。美国"健康国民1990"包括15个重点关注领域226个具体目标。"健康国民2000"包括22个重点关注领域319个具体目标。"健康国民2010"重点关注28个领域969个具体目标，扩展领域主要集中于高质量卫生服务的可及性、关节炎、骨质疏松症、慢性背部疾病、慢性肾病、健康传播、呼吸道疾病、视力与听觉等。"健康国民2020"重点关注42个领域约1200个具体目标，增加了提高大肠癌筛查比例、降低成人糖尿病患者比例、膳食指导等14个领域。

2. 日本健康战略规划

日本的健康战略规划始于1978年实施的"国民健康促进计划（1978—1988）"。目前，日本已经颁布"国民健康促进计划(1978—1988)""国民健康促进计划(1988—1998)""健康日本 21"战略(即"国民健康促进计划"(2000—2010))、"健康日本 2035"四个国家健康战略。第一个"国民健康促进计划"强调基础卫生保健、对疾病的早期发现和早期治疗,以及健康的生活方式。第二个"国民健康促进计划"实施国民健康促进工作,并着重培养国民的运动习惯,以此增强国民身体素质。"健康日本 21"构筑一个控制慢性疾病的蓝图。"健康日本 21"战略规划最初目标是通过加强基础卫生保健、促进健康生活方式来解决国民主要健康问题。"健康日本 2035"战略目标是建设可持续的医疗卫生系统,确保每个社会成员都能得到公平服务和优质健康,同时通过建设健康先进国,促进日本和世界的共同繁荣。

"健康日本 21"战略共由 9 个方面组成,即营养与饮食、身体活动与运动、休养与心理健康、吸烟、饮酒、牙齿卫生、糖尿病、循环系统疾病以及肿瘤。

3. 欧盟健康战略规划

欧盟的健康战略规划(EU Health Programme)始于 2003 年。目前,欧盟已经颁布"欧盟健康规划(2003—2007)""欧盟健康规划(2008—2013)"和"欧盟健康计划(2014—2020)"三个健康战略。第一个健康规划的目标是建立健康指标体系,加强欧盟层面上的医疗保健基础性工作。第二个健康规划的目标是共享欧盟医疗保健资源,提高欧盟公民的整体健康水平。第三个健康规划的战略目标拓展为四个方面:促进健康、防止疾病、建设健康生活方式所必需的健康支持性环境;保护欧盟成员国公民免受严重的跨境健康威胁;为所有欧盟成员国公民提供更好和更安全的医疗保健设施;构建创新、高效和可持续型的医疗保健体系。欧盟第三个健康规划明确提出健康是一种手段,其目的是促进经济和其他领域的增长,认为健康可以为国家经济增长和包容性社会的构建提供强大驱动力,第三个"欧盟健康计划"将对"欧洲 2020 战略"的实施具有重要作用。

"欧盟健康计划(2014—2020)"确立了 23 个优先领域,包括慢性疾病防控、控烟履约、健康信息管理、欧盟传染病防控立法、欧盟医药和医疗器械生产管理立法、健康技术创新与评估、健康人力资源规划等。

4. 中国健康战略规划

中国的健康战略规划始于 2012 年卫生部组织专家开展的"健康中国 2020"战略研究。2016 年中共中央、国务院印发《"健康中国 2030"规划纲要》。"健康中国 2030"以人民健康为中心,以"共建共享、全民健康"为战略主题,力争到 2020 年主要健康指标居于中高收入国家前列,到 2030 年主要健康指标进入高收入国家行列,到 2050 年建成与社会主义现代化国家相适应的健康国家。

"健康中国 2030"主要内容包括普及健康生活、优化健康服务、完善健康保障、建设健康环境、发展健康产业、健全支撑与保障六大部分。涉及健康教育、健康行为、健身运动、公共卫生服务、医疗服务、中医药、重点人群健康服务、健康保障、药品供应保障、健康环境、食品药品安全、公共安全体系、健康服务新业态、健康政策、健康人力资源、健康科技创新、健康信息化、健康法治等重大领域和关键问题。

第二节 健康现代化的国家案例研究

健康现代化,既有共性,也有国别差异。我们选择了美国、英国、德国、日本、新加坡、印度和古巴等七个国家(表 2-5)进行案例分析研究,试图去归纳健康现代化的基本特征。根据世界卫生组织的年度报告《健康系统:改进绩效》(The World Health Report,2000),1997 年新加坡、日本、英国、德国、美国、古巴和印度的健康系统绩效排名分别为第 6 位、第 10 位、第 18 位、第 25 位、第 37 位、第 39 位和第 112 位,国际差别非常明显。由于篇幅有限,下面我们简要介绍美国、英国、德国的健康现代化概况。

表 2-5 2014 年七国健康相关指标与中国对比

国家	人均 GDP /现价 美元	人均健康支出/现价 美元	健康总支出占 GDP 的百分比/(%)	每千人医师数 (2008~2014)	每千人医院床位数 (2011)	出生时预期寿命/年	人类发展指数 (HDI)	健康系统效能 (1997)
美国	54 540	9403	17.14	2.5	2.9	78.9	0.915	0.838
英国	46 412	3935	9.12	2.8	2.9	81.1	0.907	0.925
德国	47 903	5411	11.30	3.9	8.2	80.8	0.916	0.902
日本	38 139	3703	10.23	2.3	13.7	83.6	0.891	0.957
新加坡	56 007	2752	4.92	2.0	2.0	82.6	0.912	0.973
印度	3500	75	4.69	0.7	0.7	68.0	0.609	0.617
古巴	6790	817	11.06	6.7	5.1	79.5	0.769	0.834
中国	7684	420	5.55	1.9	3.8	75.8	0.727	0.485
数据来源	WDI						UNDP	WHO

一、美国的健康现代化

美国健康现代化过程大致可以分为两大阶段：第一阶段为现代医保体系的形成，大致时间为从建国初期到 20 世纪 60 年代。主要内容包括公共卫生体系、医疗服务体系、医疗保险体系和医保管理体系的形成。第二阶段为国民健康体系的改革与发展阶段，大致时间为 20 世纪 70 年代以来。伴随着信息革命的兴起和发展，以及社会保障制度的改革和调整。主要内容包括健康保险体系的改革、健康服务的信息化、健康生活的普及化，以及国家健康发展战略等。下面重点介绍美国的国民健康体系和国家健康战略等内容。

1. 美国国民健康体系

目前，美国的国民健康体系大致包括健康生活、健康医护、健康保险、健康用品、健康治理五个子系统以及相关的健康环境和健康产业等。许多学者认为，美国健康体系是市场主导型健康体系的典型代表(Roemer，1982；Cockerham，2011；张奇林，2005)。例如，美国健康服务的提供方以市场为主，私立医院占医院总数的比例超过 60%；美国健康保险的提供方也以市场为主，商业健康保险的 65 岁以下人口覆盖率超过 60%。下面简要介绍美国健康体系中的健康生活、健康服务和健康保险等。

(1) 健康生活

1979 年，美国卫生与人类服务部在《人人健康：疾病预防与健康促进》中指出，应该更加关注日常生活中那些习以为常的行为和社区生活条件，它导致了 50% 以上的过早死亡，还应关注那些支持或影响这些行为或生活条件的政策，其中最要紧的是药物滥用及药瘾（包括烟草和酒精）、饮食不当、久坐的工作以及与情绪有关的行为。

1980 年美国卫生部出版了《促进健康/预防疾病：国家目标》，向全体国民提出，改变国家的卫生面貌，实现"人人健康"的目标，不是靠更好、更高级的新医疗设备和技术，而是依靠预防保健工作。通过健康的生活方式预防疾病和伤残，提高人民的生活质量、延长寿命，缩小各人群之间的健康差异。并向公众推荐了 6 种有益于健康的生活方式，即：不吸烟、少饮酒、平衡膳食、适量运动、定期健康检查和遵守交通规则。

随着人均健康支出的增加（表 2-6）和健康意识的深化，美国国民健康水平在提高，健康生活方式的内容和范围不断扩大，例如，保持心情愉快、规律的作息制度和避免被动吸烟等。目前，健康生活现代化成为美国健康现代化的重要方面。

表 2-6　美国健康支出和预期寿命(1960~2014)

年份	人均健康支出/(美元/人)	健康支出占 GDP 比例/(%)	出生时平均预期寿命/岁
1960	146	5.0	69.7
1970	355	6.9	70.8
1980	1108	8.9	73.7
1990	2843	12.1	75.4
2000	4857	13.3	76.8
2010	8269	17.0	78.7
2014	9523	17.5	78.8

数据来源：美国疾病预防控制中心(DHHS，CDCP)，2016.

(2) 健康服务

目前，美国的健康服务主要由小型私人诊所、各类医院、康复和护理保健院等健康相关机构提供(朱毅，2004)。其中，美国早期的医院并不是政府机构，而是由个人自愿筹建(Cockerham，2011)。威廉·佩恩1713年在费城建立美国第一家医院，当时主要是为穷人提供住宿，照顾病人仅是偶尔为之。第一家只用于治疗病人的医院是1751年由本杰明·富兰克林筹建的宾夕法尼亚医院。1798年第一个海事医务局成立，美国联邦政府才真正开始介入健康服务领域(牛胜利，1987)。19世纪初，州政府开始介入健康服务领域。1873年，美国各类型的医院仅有178所，2013年，这个数字增加到5686所(表2-7)。按照所有权不同，美国医院分为联邦(federal)医院和非联邦(nonfederal)医院两大类。联邦医院是指由联邦政府运营的医院，包括军队医院、退伍军人医院、印第安人医院及监狱医院等。非联邦医院包括社区(community)医院和其他医院[①]。2013年联邦医院占全美医院总数的3.7%，非联邦医院占96.3%，其中，社区医院占87.5%，其他医院占8.8%(表2-7)。

表 2-7　1980~2013 年美国医院体系(按所有权分类)

医院的所有权类型和规模	1980	1990	2000	2010	2013	比例[2](2013)
全部医院[1]	6965	6649	5810	5754	5686	100
联邦医院	359	337	245	213	213	3.7
非联邦医院	6606	6312	5565	5541	5473	96.3
社区医院(community)	5830	5384	4915	4985	4974	87.5
非营利(nonprofit)	3322	3191	3003	2904	2904	51.1
营利(for profit)	730	749	749	1013	1060	18.6
州及地方政府	1778	1444	1163	1068	1010	17.8
其他医院	776	928	650	556	499	8.8

数据来源：美国疾病预防控制中心(DHHS，CDCP)，2016.
注：1. 根据美国医院协会(Ameircan Hospital Association)的定义，医院最少应有6张病床并获得营业执照。
2. 各类医院占总医院比例，单位%。

下面简要介绍目前美国健康服务的大致流程。

首先，病人进入医院健康服务的途径大致有三种：

预约式就诊(make appointment)：这是美国最常见的就医方式，也是大部分医患之间首次接触的途径。病人可以通过电话或直接到医生办公室来预约时间。如果病人未按预定的时间就诊，将交付

---

① 其他医院包括长期(long-term)综合医院及专科医院、精神病院和肺结核疗养院等。

一定的罚款。

直接就诊(walk in):没有任何保险或病情较急的少部分病人,可直接去医院的门诊就诊,但需要等待已预约的病人处理完毕后才可就诊。

急诊就诊(emergency):大部分社区医院设有急诊室,主要处理急重病人或生命受到威胁的病人。这类病人常常由他人或救护车送到医院。进入医院急诊室后,无论病人的经济状况如何均要给予处理。在急诊室期间的挂号费及诊治费用常常高过普通预约诊治的3倍左右。如果病人的经济条件或保险无力负担其诊治费,医院将帮助其寻找某个慈善机构协助付费,或由医院把此部分成本打入慈善项目。这笔款项的支出可根据数目的大小由医院不同层次的管理部门决定。

其次,医院健康服务的大致流程:

初次诊疗(primary care):常常是一个人获得医疗保健服务的起始点。它主要提供一些基本的、常规的及较低费用的检查和诊治,视病情需要再把患者提交给专科医生及专家进行诊治。目前多数医疗改革的新措施要求所有享有健康保险的病人,必须经过此入口才能被转送到专科医生及专家手中。否则,医药费需要病人自己负担。

二段诊疗(secondary care):提供病人常规住院治疗、常规外科处理、专科或专家门诊。尽管这些诊治更高级、更复杂,但一般仍属于短期治疗范围。

三段治疗(tertiary care):指具有高精尖技术的机构才能提供的那些复杂疑难疾病的诊疗过程。这些机构主要是大的教学医院或大学的附属医院。它们主要提供外科治疗,如烧伤、器官移植、冠状动脉旁路外科治疗等。因为这里的医生对某种类别的病人负有长期的责任,所以它们也被称为长期(long-term care)诊治机构。其病人主要来自初级或二段诊疗过程结束后的病人。

最后,病人的康复、理疗和护理。在美国,需要康复和护理的患者,可以在初次、二段或三段诊疗完成后,直接进入康复理疗阶段。医疗机构会根据其具体病情、家庭支持程度、医疗保险覆盖程度和其他一些相关因素将其进行康复转诊。

(3) 健康保险

美国健康保险主要由政府健康保险和商业健康保险两个部分组成(表2-8)。在2014年65岁以下人口中,商业健康保险覆盖率约为63.7%,政府健康保险覆盖率约为23%,无保险人口约为13.3%(图2-2)。而2014年,33.9%的个人健康支出由商业健康保险支出,22.7%由医疗照顾计划(Medicare)支出,17.4%由医疗救助计划(Medicaid)支出,患者自付费12.9%,剩余的支出来自其他类型保险和计划。

表2-8 美国健康保险体系概览

政府健康保险			商业健康保险和慈善健康基金		
编号	健康保险计划	目标人群	编号	健康保险计划	目标人群
1	政府雇员健康保险	政府雇员	1	非营利性商业健康保险	开放
2	现役/退伍军人健康保险	现役军人及家属、退伍军人等	2	营利性商业健康保险	开放
3	医疗照顾计划	65岁以上符合条件的公民、残疾人等	3	管理式医疗保险	开放
4	医疗救助计划	贫困人群	4	其他商业健康保险	开放
5	儿童保险计划(CHIP)	低收入家庭的儿童	5	慈善健康基金	需要帮助者
6	其他政府健康保险(印第安人健康计划等)	印第安人等	6	其他社会健康救助	需要帮助者

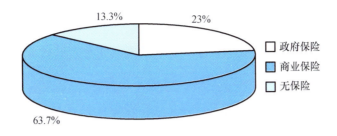

图 2-2　2014 年美国 65 岁以下人口健康保险覆盖率

注：本图数据为 65 岁以下非机构人员（civil noninstitutionalized population）健康保险覆盖率。2014 年美国总人口为 31 886 万，65 岁以上人口为 4591 万，65 岁以下总人口为 27 295 万人；65 岁以下非机构人员为 26 797 万人，机构类人员为 498 万人。在政府健康保险中，Medicare 的目标人群为 65 岁以上人群和残疾人，2014 年 Medicare 的参保人数为 5380 万人；Medicaid 的目标人群主要是 65 岁以下贫困人群，其非机构人员健康保险覆盖率为 19.6%。

① 美国政府提供的健康保险。

美国政府提供的健康保险有多种类型，这里主要介绍其中的两个计划：医疗照顾计划和医疗救助计划：

- 医疗照顾计划：医疗照顾计划是美国联邦政府于 1966 年开始实施的国家健康保险计划，旨在为已经缴纳过工薪税（payroll tax）的年满 65 岁的美国公民，以及被社会保障局认证为残疾人或患有晚期肾病、肌萎缩侧索硬化症的病人（年龄小于 65 岁）提供健康保险。医疗照顾计划的资金来源为医院保险信托基金（Hospital Insurance Trust Fund）和辅助医疗保险信托基金（Supplementary Medical Insurance Trust Fund）①。它包括四部分，分别为住院保险（Part A Hospital Insurance）、补充医疗保险（Part B Medical Insurance）、医保优势计划（Part C Medicare Advantage Plans）以及处方药计划（Part D Drug Plans）。其中，住院保险部分是强制性的，所需资金通过政府征收的工薪税来筹集，所有雇主和雇员各交纳工资总额的 1.45%，以支持住院医疗保险的资金需求。

- 医疗救助计划：医疗救助计划是为那些收入和资产不足以支付其健康保险的所有年龄段居民提供的政府保险计划。医疗救助计划的经费来源主要是州政府，联邦政府通过医保和医助服务中心（Centers for Medicare & Medicaid Services, CMS）提供配套资金。在联邦政府的指导下，各州政府制定本州的医疗救助计划并负责具体实施，包括贫困线和资产标准的设定以确定申请人资格、保险涵盖的医疗服务范围、医疗费用报销水平等。州政府每年审核参保人的收入和资产状况，以确定是否保留其投保资格。医疗救助计划可提供包括住院和门诊服务、医疗化验检查、母婴保健、预防医疗、家庭护理等各种日常生活需要的健康服务，且各州的医疗保障不尽相同（Roemer, 1982）。

② 美国商业健康保险。

美国的商业健康保险主要包括三类：非营利性商业健康保险、营利性商业健康保险和管理式健康保险计划（张奇林，2005；李超民，2009）：

- 非营利性商业健康保险：蓝十字（Blue Cross）和蓝盾（Blue Shield）医保组织由蓝十字蓝盾医保联合会（双蓝联合会）和 39 家独立经营的蓝十字蓝盾地区医保公司组成，创立于 20 世纪 30 年

---

① https://www.medicare.gov

代,是美国目前最大的非营利商业健康保险公司。蓝盾由医生组织(美国医疗协会)发起,成立了全美蓝盾计划协会,开展医疗保险服务,承保范围主要为医生出诊费用保险和手术费用保险。蓝十字由医院组织(全美医院协会)发起,成立了全国性的蓝十字协会,承保范围主要为住院医疗服务。

- 营利性商业健康保险:营利性商业健康保险主要包括以下三类:一是团体健康保险,根据法律规定,雇主必须为符合参保条件的员工购买团体健康保险。二是补充健康保险,承担主要保险产品所不能保障的一些医疗费用风险,对健康保险的起付金额(或称免赔额,Deductible)、最高封顶线以及不予承保的某些疾病提供补充或替代的保障。三是个人健康保险,指个人直接从商业保险公司购买健康保险产品(侯宗忠,等,2009)。

- 管理式健康保险:管理式医疗出现于20世纪60年代,起初是为了提高医疗服务的质量和效率,并提供预防保健服务,后来发展成为以控制医疗费用为主要目的的一种医疗保险模式。典型代表有健康维护组织(HMO)、优先选择提供者组织(PPO)、专有提供者组织(EPO)和服务点集合(POS)等。到2008年,管理式医疗在美国健康保险市场中的市场份额已超过60%。

(4) 医生的培养和管理

在美国,一名合格的专科医生往往需经历以下几个过程:普通的本科教育—医学院医学生教育—住院医师培训—专科医师培养—晋升专科主治医生—成为某一医院的正式雇员,前后约需15年时间。美国学生获得大学本科学士学位,并通过美国医学院入学考试,可申请到医学院就读。医学院毕业获得医学博士学位后,可参加美国执业医师执照考试。住院医师培训需要3~7年,专科医生培训需要3~5年,并通过相应考核(王晓阳,2007;刘滨,等,2007)。

美国医师执照由各州政府颁发。执业医师每隔1~3年须向州医学委员会提供行医情况报告,每隔10年还要通过一轮资格考试,才能继续获取医师执照。美国提倡医师终身继续教育,执业医师每年必须取得相应的继续医学教育学分(陈天辉,等,2002)。

美国医生大致有三种行医方式:其一,自主行医,指在私人诊所行医和与医院建立合同关系行医。其二,医院雇佣。其三,合伙人制集体行医。

2. 美国国家健康战略

1948年,美国联邦安全局发表了"国民健康"(The Nation's Health),提出了健康促进目标:① 建立保健系统,制定国民健康保险计划;② 强调社区行动及合作,制订残疾人重新就业计划;③ 提供精神健康服务等。20世纪70年代末以来,美国政府开始制定国家的健康战略。

(1) 美国"健康国民1990"

1980年,美国卫生与人类服务部(DHHS)颁布了"促进健康/预防疾病:国民健康目标",即"健康国民1990"。确立三大类(预防性的健康服务、健康防护与健康促进)15个优先领域、226个可检测的量化子目标,并以此作为全国、各州及地方健康促进政策的依据。

(2) 美国"健康国民2000"

1991年,美国卫生与人类服务部正式颁布了"健康国民2000:健康促进与疾病预防国家目标",包括三个总目标:一是延长美国人的寿命;二是缩小国民健康水平的群体差异;三是使所有美国人都能接受到预防服务。分为四大类(健康促进、健康防护、预防性服务监督与数据系统)22个优先领域,319个子目标。

(3) 美国"健康国民2010"

2000年11月,美国卫生与人类服务部颁布了"健康国民2010"(第二版),明确提出到2010年应达到的国民健康目标,确立了两个高层次的总目标:一是延长国民的健康生活年限并提高国民的生活质量;二是消除健康中的不平等现象。并通过四个范畴(健康促进行为、促进健康及安全的社区、增进个人及公众健康的制度、避免及减少疾病或不适)、28个优先领域进行实施与检测。

(4) 美国"健康国民 2020"

2010年10月2日,美国卫生与人类服务部颁布了"健康国民2020",提出了4个总目标:一是避免遭受可预防的疾病、残疾、伤害和早死,获得高质量长寿的生命;二是实现健康公平、消除差异、促进各类人群的健康;三是创造能够改善全体公民良好健康的社会和自然环境;四是提升人生各阶段生活质量、促进健康发展和健康行为。并提供了美国国民健康促进的10年目标,分为42个优先领域。在"健康国民2010"的基础上增加了优先领域:青少年健康(10~24岁);血液病与血制品安全;痴呆症,包括老年痴呆症(阿尔茨海默病);早期(0~8岁)和中期(6~12岁)儿童健康;基因组学;全球卫生;健康相关生命质量和幸福感;医源性感染;同性恋、两性恋及变性人的健康;老年人健康;公共卫生事件应急机制;睡眠健康;健康的社会决定因素。在42个优先领域中,"健康国民2020"提出了一些对公众健康构成显著威胁的高优先领域健康问题,从中遴选出12个优先领域的26个主要健康指标(Leading Health Indicators,HHIs)。

二、英国的健康现代化

1. 英国国民健康体系

英国是典型的政府主导型国民健康体系,是真正实行免费医疗制度的国家之一(Jone,1994;孙秉耀,2000;乌日图,2003;Oliver,2005;闵凡祥,2013)。1948年,英国正式颁布了《国家健康服务法》(The National Health Service Act),开始建立国民健康服务体系,英国国家健康体系由国家健康服务、私人健康服务和医疗援助三个部分组成(表2-9)。该体系具有全民覆盖、免费医疗、投入低、质量高和公平性较好等特点(表2-10)。

表2-9 英国健康国民体系的构成

项目	目标人群	资金来源
国家健康服务(NHS)	全体居民	政府
私人健康服务	自愿投保人	雇主或个人
医疗救助	老人、儿童、精神病人等	政府

表2-10 英国健康支出和预期寿命(1960~2014)

年份	人均健康支出/(美元/人)	健康支出占GDP比例/(%)	出生时平均预期寿命/岁
1970	148	3.97	71.9
1980	447	5.06	73.2
1990	888	5.09	75.7
2000	1719	6.26	77.9
2010	3036	8.46	80.6
2014	3971	9.88	81.4

数据来源:OECD,2017.

(1) 国家健康服务体系

NHS建立之初的核心思想有三点:其一,应对每个人提供广泛的健康服务;其二,健康服务经费应该全部或大部分从国家税收中支出;其三,健康服务体系应由初级健康服务、社区服务和专科服务三个部分组成(Rivett,1998;孙秉耀,2000;Oliver,2005)。其中,初级卫生服务由全科医生提供,社区服务由当地政府组织提供,专科服务由国立医院提供。NHS体系由国家财政支持,由英国卫生部监管,实行政府主导的垂直管理方式,包括卫生部(Department of Health)、健康战略管理局(Strategic Health Authorities,SHAs)和区卫生局。区卫生局负责健康和社会关怀信息中心(Imformation Centre for Health and Social Care,IC)、初级保健信托(Primary Care Trusts,PCTs)和NHS主要合作伙伴(Key NHS partners)。

(2) 私人健康服务

20世纪60年代中期,政府重新允许成立私人医疗保险组织,把商业健康保险作为其健康保障体制的重要补充,来满足公民对医疗服务的不同层次需要,缓解政府健康服务的供给压力(张瑶,等,2010;Sawers,2013;张红专,2013)。私人健康保险主要提供那些在NHS体系下需要长期候诊的可选择项目,服务对象是收入较高、对医疗服务要求也较高的人群。私人健康保险组织的参加者一般是集体加入,即私营企业部门将私人健康保险作为职工的一种福利而集体投保,为其雇员缴纳部分或全部保险费。英国私人健康保险的主要客户群是职业经理人和白领。

(3) 医疗救助

英国绝大多数的费用都由国家承担,个人承担的主要是与医疗相关的不在NHS免费范围内的一些费用,如NHS的处方费、牙医费用、眼科治疗费用和就医路费、麻醉和手术材料费等。英国医疗救助的内容就是针对特定人群免除这些费用。救助对象主要是老年人、身体欠佳者、享受政府津贴者、税收抵免者和低收入者;救助总原则是有能力承担费用者须自己支付,没有能力承担费用的可以获得救助。判断支付能力除了收入标准外,还考虑居民的健康状况。需要先进行申请,然后接受生活状况和医疗需求的调查,最后根据官方规定来确定是否享有救助资格。一旦查出弄虚作假,将处以费用5倍的罚款(李小华,等,2006;余臻峥,2010)。

2. 英国国家健康战略

英国是世界上较早开展健康战略研究的国家之一,英国的健康战略是与其NHS体系的改革与发展紧密地联系在一起,国家健康战略的实施完全贯穿于NHS制度的改革与发展过程中。在制定健康战略的程序上,采取由上而下逐渐过渡到自下而上的模式,近期的战略制定,民众得以广泛参与,重视社会资源与资本,动员社会各界共同参与健康改革与发展。在关注质量和注重效率的基础上,突出对弱势群体的关注,强调健康服务可及性的公平。关注健康投入,关注人、财、物等资源对国家健康制度改革的支撑作用。注重科技发展,及时将信息技术应用到NHS中,以改善NHS的效率。基于居民健康服务需要的变化,适时调整健康战略,一般5~10年为一个战略周期。

(1) 1989年改革

1989年,针对当时NHS制度缺乏效率,尤其是住院手术等候时间较长,引起了广大民众的强烈不满,政府发表了一份对NHS进行改革的白皮书。这次改革强调多层次、广覆盖和公平就医的原则,从健康机构、健康管理部门和全科医生三个主要方面实施改革措施。

其一,健康机构方面,首先要求大型医院,接着是所有其他健康相关机构和健康协会脱钩,变成自我管理、自我经营的NHS健康组织。其二,健康管理部门方面,进行职能转换,从管理者变成购买者,在对比价格和服务质量的基础上,通过合同方式,从公立或私立健康组织购买服务。其三,全科医生方面,① 规定为NHS服务的全科医生退休年龄为70岁;② 对全科医生实行按人头付费,并将注册居民人头费在全科医生总收入中的比重从原来的40%提高到60%,对在贫困地区开业的全科医生给予特殊津贴,提高75岁以上老者和5岁以下儿童的人头费用;③ 引进全科医生预算拥有计划。

(2) 1997年改革

1997年11月,英国卫生部发布了白皮书,提出了NHS改革的十年规划。该规划基于6个基本原则;坚持广覆盖、就医机会人人平等原则;进一步下放权力,地方政府有权决定当地健康服务的供给水平;打破部门障碍,强调合作精神;提高效率,消除官僚作风,确保 NHS 的每一分钱都花在病人身上;在控制成本的同时要保证医疗服务的质量;重新树立社会对 NHS 的信心,使 NHS 制度成为全民可以信赖的健康服务制度。

(3) 21 世纪的 NHS 改革

在 2001 年启动"获得未来的健康——从长远角度看"的研究工作,以 Derek Wanless 博士为首的研究小组经过 2 年的努力,对国家健康服务制度未来 20 年的发展趋势进行了系统分析,提出了英国健康事业发展的长期战略(Wanless,2002)。该研究报告还根据英国健康事业发展的状况和所面临的挑战,提出了健康系统改革与发展的两个目标:其一,是消除国内健康系统绩效不可接受的差距;其二,是消除与其他发达国家健康系统绩效的差距。基于这两个目标,该研究提出实现目标所需的三个支撑体系:健康资源、人力资源、信息和技术资源;同时,系统分析了影响获得这些资源的主要因素:健康服务的质量及其持续性,病人和社会不断变化的期望,医疗技术的进步,人口结构变化及其产生的不断变化的健康需要,健康服务资源的价格(包括人力资源的价格),生产力的提高。最后,专家还提出每隔 5 年左右的时间,对实现战略计划目标所需的健康人力、信息和技术等资源进行评估。

另外,该研究报告还对 2022 年英国的 NHS 进行了展望,报告认为:2022 年英国的 NHS 应该致力于实现高水平的临床诊疗标准,满足患者和社会日益增长的健康期望,即以患者为中心,保证健康服务供给和需求的安全,提供高质量的快速而舒适的诊疗服务。

2007 年,NHS 投资与改革计划的目标基本完成。由此,英国卫生部又委托 Lord Darzi 博士开展了"我们的 NHS,我们的未来"(Our NHS, Our Future)的项目研究,该研究系统回顾了 NHS 最近 10 年的改革和发展历程,通过与患者、居民以及健康转移人员的互动,系统评述了 NHS 改革与发展所面临的调整,并提出 NHS 未来的发展方向和策略(Darzi, 2007)。NHS 面临的四个挑战是:与 NHS 人员一起确保临床决策是未来 NHS 的核心和服务提供模式;改善患者保健,包括为慢性、致命性疾病的患者提供高质量与连续性的服务,确保患者受到尊重,并享有安全与整洁的环境;提供方便可及的卫生保健服务,整合初级卫生保健与二级医疗服务;提高卫生资源的利用效率,为患者提供最适宜的卫生保健服务。

同时,该研究报告提出了新的 NHS 愿景:提供具有世界水平的高质量的健康保健服务,主要包括以下几个方面:① 公平:充分考虑个体和多样性基础上的可及性的公平;② 个性化:满足每个人的需要和愿望,尤其是最弱势人群,使他们能够在可以选择的时间和地点得到服务;③ 有效性:强调患者所接受的服务效果应该是世界上最好的;④ 保证安全,当患者和居民接受卫生服务时给他们以信心。

另外,为了实现这一愿景,研究报告提出了以下建议:① 提升 NHS 的服务能力,并集中改善卫生服务质量;② 鼓励 NHS 工作人员和其他相关人员为患者和居民提供个性化的卫生保健服务;③ 转变领导方式:有效地满足患者需求,使其参与 NHS 决策,基于循证依据,对患者的需要和选择做出快速反应;④ 中央政府应支持地方的卫生改革,而不是指挥地方的卫生改革,并为地方的改革提供适当的激励机制;⑤ 充分利用有限的卫生资源,提供高效与高质量的卫生保健服务。

该研究报告所关注的重点领域在以下几个方面:孕产妇和新生儿保健;健康促进;儿童健康;计划保健;心理健康;慢性疾病;急性病治疗;临终关怀。

三、德国的健康现代化

德国是世界上最早实施社会保障制度的国家,是社会强制型健康保险体制的典型代表(Cockerham,2011)。从1883年俾斯麦政府的制度化改革以来,德意志联邦共和国的健康服务体系没有很大变化。当时制定的健康计划建立在三个主要部分之上：① 强制保险；② 免费健康服务；③ 患病救济。目前,德国的健康保险以强制型社会健康保险为主,自愿型商业健康保险为辅(Busse,2014；刘涛,2014)。2014年,德国人均健康支出为5119美元/人,健康支出占GDP比例为11.03%,平均预期寿命为81.2岁(表2-11)。

表2-11 德国健康支出和预期寿命(1960～2014)

年份	人均健康支出/(美元/人)	健康支出占GDP比例/(%)	出生时平均预期寿命/岁
1970	258	5.71	70.6
1980	941	8.10	72.9
1990	1722	8.03	75.3
2000	2613	9.81	78.2
2010	4359	11.00	80.5
2014	5119	11.03	81.2

数据来源：OECD,2017.

德国的健康保险有两种类型：一种是法定健康保险(SHI,Statutory Health Insurance,Gesetzliche Krankenversicherung),也叫疾病基金(Sickness Funds),另一种是私人健康保险(PHI,Private Health Insurance,Private Krankenversicherung),即商业健康保险,分别由疾病基金与商业保险公司负责提供。

1. 法定健康保险

法定健康保险是强制性的,为大多数国民提供基本医疗保障。德国《社会保险法》中明确规定了必须参加法定医疗保险的标准,大约税前年收入低于5万欧元的人必须参加法定医疗保险,而税前年收入超过这个标准的人就不被强制参加法定医疗保险。这些人可以在法定健康保险机构和商业健康保险公司之间进行选择。

目前,德国疾病基金提供的法定医疗保险通过强制或自愿的方式覆盖了全德国近90%约7200万的人口。其中,属于义务投保者的主要是工人、职员及学徒,此外还有海员、养老保险金及失业金领取者、自由职业者、传媒工作者和大学生等。余下的近10%的居民大都参加商业健康保险,其中某些特定的职业(如公务员)强制投保PHI,而其他的可作为SHI的替代。剩余的特定人群(如军人和警察等)享受免费医疗。

每人必须交纳健康保险费,参加法定健康保险的保险费根据雇员和雇主各付50%的原则(无工作单位的,国家支付一半,其余部分个人支付),按照一定的百分比逐年从被保险人的工资中扣除。缴费基数设封顶线和保底线,2001年封顶线为3350欧元,保底线为325欧元,即3350欧元以上部分不再征缴,而工资性收入低于325欧元可免除缴费义务,封顶线和保底线由政府每年酌情加以调整。

德国健康体制的最大特点是第三方付费：对每个参保人,一旦发生疾病,即可到有关诊所、医院及康复机构进行诊治,所产生费用由所投保的保险机构支付。目前,德国全国共有三百余家有权提供法定健康保险服务的保险公司。这些保险公司依靠雇员、雇主依法缴纳的保险费和政府酌情给予的财政补贴为投保人提供健康保险服务,实行按病种标准定额付费,医师会在短时间内安排各种检查、治疗,使患者早日康复出院。

2. 商业健康保险

德国的商业健康保险具有几乎与法定健康保险相同的历史,目前德国最大的商业健康保险公司——德国健康保险公司(DKV公司)就已经有90年的历史(刘青,2015)。一部分德国人是商业健康保险的独立投保人,另一部分既是法定医疗保险的投保人,也是商业健康保险的自愿投保人,商业保险与社会保险互为补充。"双元并立,结构互容"的特点使德国健康保险体制具有较高的稳定性和一定的灵活性。

在德国,近90%的人口参加了法定健康保险,约10%的人口也已经购买了商业健康保险,商业健康保险市场已接近饱和状态。全国人口只有八千多万,而市场上专业的商业健康保险公司却超过了50家(张玲玉,等,2008)。商业健康保险市场已经进入垄断竞争阶段,大部分业务集中在少数几家公司手中,业务规模增长平稳、缓慢。

德国商业健康保险的产品丰富、保障全面。既有针对不参加法定医疗保险人群的保障全面的替代型健康保险产品,也有针对已参加了法定医疗保险人群的各种保障单一的补充型健康保险产品。既有终生保障的产品,也有短期的产品。保障内容涵盖了住院和门诊的检查费、诊断费、治疗费、手术费、护理费、康复费、住院津贴、病后疗养、海外治疗和急救、牙科和眼科治疗,甚至健康体检和验光配镜等名目。

第三节 健康现代化的基本原理

健康现代化是现代化的一种表现形式,健康现代化研究是现代化科学的一个组成部分,也与医学、生物学、药物学、人口学、人类学、公共卫生学、健康经济学、健康统计学、健康社会学、公共管理学等有很多交叉。现代化科学的基本原理可以适用于健康现代化,同时健康现代化具有一些特有的规律和性质。

我们认为可以把《现代化科学:国家发达的科学原理》推广到健康现代化领域(表2-12),并建立"广义健康现代化的一般理论"(表2-13),涵盖健康现代化的内涵、过程、结果、动力和模式五方面内容。

表2-12 健康现代化理论的结构

分类	理论	主要内容
一般理论	元理论	健康现代化的内涵、过程、结果、动力和模式等
分支理论	分阶段研究 分层次研究 分领域研究 分部门研究	第一次健康现代化、第二次健康现代化、综合健康现代化 世界、国家、地区等的健康现代化 健康生活、健康服务、健康环境、健康治理的现代化 健康医护现代化、健康教育现代化等
相关理论	其他现代化理论 其他相关理论	第二次现代化理论、服务业现代化理论、现代化科学等 医学、生物学、人口学、健康经济学、健康社会学、公共卫生学等

注:健康生活涉及健康观念、健康行为、健康营养、健康状况等。健康服务涉及健康医护、公共卫生服务、健康保险服务、健康人力资源、健康基础设施等。健康环境涉及健康生态环境、健康社会环境、健康国际合作等。健康治理涉及健康监管、健康科技、健康用品、健康产业等。

表 2-13 广义健康现代化的一般理论

方面	基本内容
内涵	健康现代化是18世纪工业革命以来人类健康发展的世界前沿,以及达到和保持世界前沿的行为和过程。健康现代化包括现代健康的形成、发展、转型和国际互动,健康要素的创新、选择、传播和退出,国际健康体系和国家地位的变化等
过程	健康现代化是一个复杂过程,其中,发达国家的健康现代化是前沿过程,发展中国家的健康现代化是追赶过程。在18～21世纪期间,健康现代化过程的前沿过程可以分为两大阶段,其中,第一次健康现代化的主要特点包括现代健康观念的形成,医疗体系、公共卫生体系和医疗保障制度的建立和完善,健康服务的专业化、体系化、标准化、普及化、福利化等。第二次健康现代化目前的特点包括健康观念从"以疾病为中心"向"以健康为中心"、从"治疗为主"向"防治结合"转变,健康服务的信息化和智能化水平大幅提高,国民健康体系的发展和完善,以及信息化、智能化、个性化、仿生和再生等。两次健康现代化的协调发展是综合健康现代化。22世纪健康现代化还会有新变化
结果	健康现代性、特色性和多样性的形成,包括国民健康体系的形成和发展、健康生活方式的建立和普及、健康服务水平和质量的提高、健康服务可及性和健康公平的提升、健康保险的建立和完善、健康环境的变化、健康科技、健康用品和健康产业的提升、健康治理和健康制度的发展以及国家健康水平、国际健康地位和国际健康体系的变化等
动力	健康现代化的动力因素包括科技创新、制度创新、模式创新、健康需求、社会公平和国际竞争等。动力模型包括:创新驱动、双轮驱动、联合作用、创新扩散、创新溢出、竞争驱动、健康要素优化等。不同国家和不同阶段健康现代化的动力有所不同
模式	健康现代化的路径和模式是多样的,具有路径依赖性,受历史传统和国际环境的影响

一、健康现代化的内涵

本书第一章第一节介绍了健康现代化的基本概念。

1. 健康现代化的含义

一般而言,健康现代化既是一种状态,是现代健康的世界先进水平;又是一个过程,是达到和保持世界健康先进水平的过程。

首先,健康现代化没有统一定义。下面是它的两种操作性定义。

- 健康现代化是18世纪以来健康发展的世界前沿,以及追赶、达到和保持这种世界前沿的行为和过程。达到和保持健康的世界前沿水平的国家是健康发达国家,其他国家是健康发展中国家,两类国家之间的转换有一定概率。
- 健康现代化是18世纪以来健康领域的一种深刻变化,是从传统健康向现代健康和全民健康的转变,它包括现代健康的形成、发展、转型和国际互动,健康要素的创新、选择、传播和退出,以及健康国际体系和国家地位的变化等。

其次,健康现代化的两重性。从健康发展和转型角度看,每个国家的健康现代化都会前进和有可能成功,但国家的健康进步有快慢,健康水平有高低,成功时间有先后。从世界前沿和国际竞争角度看,只有部分国家的健康能够达到和保持世界先进水平,不同国家成功的概率有差异。

2. 健康现代化的判断标准

健康现代化是健康变迁的一个组成部分,是现代化与健康变迁的一个交集。

一般而言,健康变迁没有时间和性质限制,现代化有时间和性质限制,显然,时间和性质可以作为判断依据的主要指标。时间是一个判断依据,18世纪是分界线。性质是一个判断依据,可以参考现代化的三个标准,同时保持健康特色。现代化的三个标准是:有利于生产力的解放和提高、有利于社会的公平和进步、有利于人类的自由解放和全面发展。

由此,我们认为健康现代化的三个标准是:有利于国民健康和长寿水平的提高、有利于健康服务质量和可及性的提高、有利于健康科技水平和竞争力的提高(表2-14)。

表2-14 健康现代化的两个判据和三个标准

	属于健康现代化的健康变迁	不属于健康现代化的健康变迁
时间判据	18世纪以来的健康变迁,同时满足性质判据的标准	18世纪以前的健康变迁
性质判据	属于健康进步和正向适应的健康变迁,满足下列标准	属于健康倒退和反向适应的健康变迁,满足下列标准
判断标准	标准一:有利于国民健康和长寿水平的提高	标准一:不利于国民健康和长寿水平的提高
	标准二:有利于健康服务质量和可及性的提高	标准二:不利于健康服务质量和可及性的提高
	标准三:有利于健康科技水平和健康竞争力的提高	标准三:不利于健康科技水平和健康竞争力的提高

二、健康现代化的过程

健康现代化是一个历史过程。关于它的起点和终点,目前没有统一认识。关于健康现代化的过程分析,可关注七个方面:类型、阶段、结构、特点、原理、动力和模式。这里主要讨论类型、阶段和特点三个方面的内容。

1. 健康现代化过程的类型

在18~21世纪期间,健康现代化过程可以分为两种类型:前沿过程和追赶过程。

前沿过程是发达国家的健康现代化,同时也是领先型健康现代化。发达国家并非每一个方面都是领先的,有时候需要向其他发达国家和发展中国家学习。

追赶过程是发展中国家的健康现代化,同时也是追赶型健康现代化。发展中国家可以创造新模式和新经验,供其他发展中国家甚至发达国家借鉴。

这两类过程既有联系又有区别,而且相互影响。发达国家可以掉下来,发展中国家可以赶上去,两类国家是动态变化的。

2. 健康现代化过程的阶段

在18~21世纪期间,健康现代化过程大致分为两大阶段,不同阶段有不同特点,不同国家的阶段划分有所不同。在18~21世纪期间,世界健康现代化的前沿轨迹可以分为第一次和第二次健康现代化两大阶段。如果说,第一次健康现代化是初级健康现代化,是从农业时代的健康向工业时代的健康的转变;那么,第二次健康现代化是高级健康现代化,是从工业时代的健康向知识时代的健康的转变;两次健康现代化的协调发展是综合健康现代化。22世纪健康现代化还会有新变化。

3. 健康现代化过程的特点

健康现代化过程的特点,可以从不同角度和不同层次来讨论。

首先,健康现代化过程的一般特点。健康现代化过程的一般特点包括:部分可预期、不均衡、不同步、有阶段、多样性、系统性、复杂性、长期性、进步性、全球性、风险性、政府作用等。

其次,健康现代化过程的分阶段特点。在18~21世纪的400年里,健康现代化过程可以分为第一次健康现代化和第二次健康现代化两大阶段。两个阶段的特点有所不同。第一次健康现代化的主要特点包括现代健康观念的形成,医疗体系、公共卫生体系和医疗保障制度的建立和完善,健康服务的专业化、体系化、标准化、福利化、普及化等。第二次健康现代化目前的特点包括健康观念从"以疾病为中心"向"以健康为中心"、从"治疗为主"向"防治结合"转变,健康服务的信息化和智能化水平大幅提高,国民健康体系的发展和完善,以及个性化、国际化、仿生和再生等。

三、健康现代化的结果

健康现代化过程的结果,是时间的函数,随时间而变化。健康现代化结果不仅与健康现代化过程的时间跨度紧密相关,与它的起点截面、终点截面(分析的终点)和地理范围紧密相关,还与健康现代化目标紧密相关。

1. 健康现代化的一般结果

健康现代化的一般结果,主要包括健康现代性、特色性、多样性和副作用的形成,包括健康体系的形成和发展、健康生活方式的建立和普及、健康服务水平和质量的提高、健康服务可及性和健康公平的提升、健康保险的建立和完善、健康环境的变化、健康科技、健康用品和健康产业的提升、健康治理和健康制度的发展以及国家健康水平、国际健康地位和国际健康体系的变化等。不同国家健康现代化的结果既有共性又有差异;两次健康现代化的结果是不同的。

2. 健康现代化的三种变化

(1) 世界健康的前沿变化

一般而言,世界健康的前沿变化主要是健康发达国家前沿变化的一个集合。通过比较健康发达国家的健康现代化过程的起点截面和终点截面(分析截面)的前沿差别,可以认识世界前沿的变化。世界健康前沿就是健康现代化的前沿,它与健康现代性紧密相关。健康现代性的研究方法大致包括思辨方法和实证方法两种。

(2) 国际健康体系的变化

通过比较健康现代化过程的起点截面和终点截面(分析截面)的国际健康体系的差别,可以认识国际体系的变化。国际健康体系变化包括体系组成、结构、水平和特征的变化等。国家健康体系在水平结构方面相对稳定。例如,在2000~2014年期间,健康发达国家的比例为18%~19%,健康发展中国家的比例为81%~82%;两类国家之间的转移概率小于5%。

国际健康体系的水平差距因指标而异。在1700~2014年期间,有些健康指标的国际差距缩小,如出生时平均预期寿命国际差距持续缩小;有些健康指标的国际差距不断扩大,如婴儿死亡率的相对差距逐步扩大等。

(3) 国家健康状态的变化

在健康现代化过程中,国家健康状态是国家健康现代化状态的简称,包括它的阶段、前沿、水平和国际地位等。国家健康状态的变化可以定性和定量分析。通过比较国家健康现代化过程的起点和终点截面(分析截面)的国家健康状态的差别,可以分析它的变化。

首先,从国家健康前沿变化角度分析,健康现代化过程的主要结果包括健康现代性和特色性的形成。

其次,国家第一次健康现代化过程的主要结果是健康第一现代性和特色性的形成,可能还有副作用,不同国家的副作用可能有所差别。国家第二次健康现代化过程的主要结果是健康第二现代性和特色性的形成,可能还有副作用,不同国家的副作用可能有所差别。

其三,在健康现代化过程中,一部分国家达到和保持世界健康先进水平,成为健康发达国家,其他国家是健康发展中国家,两类国家之间可以转换,处于动态平衡中。

四、健康现代化的动力

健康现代化过程的动力分析,涉及动力因素和动力机制两个方面。第二次现代化理论分析了现代化的动力因素和动力模型(何传启,2010),它们可以应用于健康现代化领域。

1. 健康现代化的动力因素

健康现代化是一个复杂过程,影响因素很多,不同因素的作用不同。有些因素有促进作用,有些有抑制作用。促进作用比较大的影响因素,可以称为现代化过程的动力因素。

健康现代化的主要动力因素包括科技创新、制度创新、模式创新、健康需求、社会公平和国际竞争等。科技创新是健康现代化的技术来源,制度创新是健康现代化的制度来源,模式创新是健康现代化的重要途径,健康需求是健康现代化的激励机制,社会公平是健康发展的影响因子,国际竞争是健康产品创新的主导因素。在健康发达国家,技术创新和服务创新作用比较突出;在健康发展中国家,健康需求和学习作用比较突出。

2. 健康现代化的动力模型

健康现代化是现代化的一种表现形式,健康现代化的动力模型可以借鉴现代化的动力模型。当然,健康现代化的动力模型会有一些新特点(表2-15),以下仅以创新驱动模型为例进行说明。

表2-15 健康现代化过程的动力模型

编号	动力模型	备注
1	创新驱动模型:创新产生新观念、新制度、新知识和新模式,推动健康现代化	微观层次模型
2	双轮驱动模型:健康需求和社会公平的共同作用,推动健康现代化	
3	联合作用模型:创新、竞争和学习的联合作用,推动健康现代化	
4	创新扩散模型:重大健康创新的国内扩散和国际扩散	宏观层次模型
5	创新溢出模型:一个行业重大创新对其他行业的促进作用	
6	竞争驱动模型:国际竞争、市场竞争和政治竞争的作用	

资料来源:何传启,2010.

健康现代化的创新驱动模型(图2-3)。创新是健康现代化的根本来源。创新产生新观念、新制度、新知识和新模式,它们形成新健康生活、新健康服务、新健康环境和新健康治理,从而推动健康现代化;在每一个阶段都有信息反馈,形成从创新到健康现代化的正反馈循环驱动。

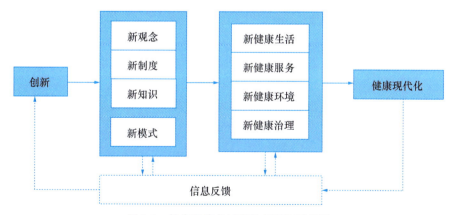

图2-3 健康现代化过程的创新驱动模型

熊彼特的"创新理论"认为:创新包括五种形式:新产品、新工艺、新原料来源、新市场和新企业组织,一般而言,新产品和新工艺属于技术创新,新企业组织属于一种制度创新。我们认为,科技创新和制度创新是健康创新的两个关键因素。科技创新和制度创新联合作用导致新产品、新服务、新环境和新制度,它们联合作用促进健康现代化;在创新过程的每一步都有信息反馈,形成从创新到健康现代化的正反馈循环驱动。

五、健康现代化的模式

首先,健康现代化具有模式多样性。一般而言,不同国家和不同阶段可以选择不同模式,可以创造不同的模式。它们与国内、国际环境和政策选择紧密相关。总的来说,健康发展模式是相对的,相关模式之间没有明显疆界,不同模式可以交叉进行。几个模式可以组合成一种复合模式。例如,健康保险制度目前主要有国家福利型、社会强制型和混合型三种类型。

其次,健康现代化没有标准模式,没有最佳模式,只有合适模式。国家可以选择或创造模式。模式的创造和选择,受客观条件和国际环境的影响,需要专题研究。

其三,一般而言,第一次健康现代化的模式选择,更多受自身条件的影响。第二次健康现代化的模式选择,更多受科技水平和国际环境的影响。

第四节 健康现代化的指标体系

国民健康指标是反映国民在身体上、精神上、道德上和社会适应方面完全幸福状态的指标体系(人口科学辞典,1997),是人口素质指标体系之一。而健康现代化指标体系是衡量国家和地区在健康状况、健康生活、健康服务、健康环境和健康治理等方面发展状况的指标体系。本节首先比较世界卫生组织、OECD、世界银行等国际机构健康指标体系,以及美国、欧盟、日本、加拿大、中国等国家和地区的健康指标体系,其次在主要健康指标体系框架分析基础上,提出基于健康风险—健康状况—健康响应的健康现代化的核心指标体系,包括100个核心指标(附表1-1-2)。

一、健康指标国际比较

不同国际组织、国家、学术机构、团体纷纷建立各种健康指标体系,用于项目管理、资源配置、国家发展监测、绩效评价和全球比较。

1. 世界卫生组织健康指标体系

世界卫生组织的主要健康指标体系包括:

(1) 全球健康观察

全球健康观察指标体系涉及八大主题46个领域,涵盖疾病死亡率和负担、健康系统、环境健康、非传染病、传染病、健康公平性、药物使用和精神健康、伤害和暴力(附表1-2-1),超过1000项指标,覆盖194个成员国家。通过这套指标体系监测总体健康目标发展、健康公平性、与可持续发展相关的健康问题。

(2) 世界卫生统计

《世界卫生统计》系列收录了194个世界卫生组织成员国每年度的卫生数据,以及实现千年发展目标(卫生部分)及其具体目标的进展情况概要。世界卫生统计指标涉及九大领域:死亡率和疾病负担,不同死因的死亡率和发病率,部分传染病,卫生服务覆盖率,危险因素,卫生人力、基础设施和基本药物,卫生费用,健康不平等,人口与社会经济统计,共100多个指标。

(3) 100个核心健康指标全球参考目录

2015年全球健康机构领导人会议通过了建立100个核心健康指标全球参考目录的议程,旨在形成统一的国家健康部门平台,减少过度和重复的报告要求,提升国家数据采集投资的效率,扩大数据的可得性和质量,提高透明度和完善问责制度,为全球报告提供基础。

100个核心健康指标分为四大主题、24个领域(附表1-2-2)。此外,100个核心指标根据结果链框架可以分为投入、产出、结果、影响四个层次。

2. OECD 健康指标体系

(1) OECD 健康统计指标

OECD 关于健康领域的指标体系[①]包括 12 个主题，97 个指标，最多覆盖 45 个国家，最长的时间跨度达到 75 年。12 个健康主题分别是：健康支出和财务，健康状况，健康的非医疗决定因素，健康服务资源，健康人力资源迁移，健康服务使用，健康服务质量指标，药物市场，长期护理资源和使用，社会保护，人口参数，经济参数。

(2) OECD 健康概览统计指标

OECD 健康概览统计指标(OECD,2015)主要集合 OECD 成员国以及一些观察国(巴西、中国、哥伦比亚、印度、印度尼西亚、俄罗斯、南非等)有关健康体系绩效的指标，包括健康状况、健康非医疗因素、健康人力资源、健康服务活动、健康服务获得、健康服务质量、健康支出和财务、制药行业、老龄化和长期护理等 9 大领域、74 个核心指标(附表 1-2-3)。

3. 世界银行健康指标体系

世界银行的健康统计(Health Stats)[②]是有关卫生健康、营养和人口(HNP)统计的综合数据库，涉及健康融资、艾滋病、免疫、疟疾和结核、健康人力资源和健康设施使用、营养、生殖健康、人口和人口预测、死亡原因、非传染病、饮水和卫生、贫困背景信息、劳动力、经济和教育等主题，集合 200 多个国家和地区共 335 个健康指标。

二、健康战略规划指标

1. 欧盟健康计划指标体系

"欧盟健康计划(2014—2020)"确立了 23 个优先领域，包括慢性疾病防控、控烟履约、健康信息管理、欧盟传染病防控立法、欧盟医药和医疗器械生产管理立法、健康技术创新与评估、健康人力资源规划等，在核心指标的选择上，欧盟委员会着重从人口和社会经济概况、健康状况、健康因素、健康服务以及健康促进五个方面入手，遴选了 88 个核心指标(European Core Health Indicators，ECHI)来跟踪监测健康规划的实施效果(附表 1-2-4)。

2. 美国"健康国民"指标体系

健康国民战略通过设立主要健康指标(Leading Health Indicators，LHIs)来跟踪测量国民的健康情况，评估战略规划的实施效果。经过四个阶段的发展，美国健康国民战略不断完善其监督和评价指标体系，"健康国民 2020"共有 12 类 26 个主要健康指标(附表 1-2-5)。

3. "健康日本"指标体系

"健康日本 21"战略共由 9 个方面组成，即营养与饮食、身体活动与运动、休养与心理健康、吸烟、饮酒、牙齿卫生、糖尿病、循环系统疾病以及肿瘤(附表 1-2-6)；各部分制定了相应的目标和指标，共有 70 个目标 100 多项具体的指标。这些指标系统地构筑出了一个控制慢性疾病的蓝图。它是日本全国水平上的健康目标值，各地以此为参考基数，结合当地实际情况制定出各自的标准。

4. "健康加拿大"指标体系

加拿大"健康指标工程"涵盖了健康状况、健康的非医学决定因素、健康系统执行力、社区和健康系统特征、公平性等五个维度，包括 17 个领域，105 个具体指标，用以测度加拿大国民健康状况和健康

---

① 来源：http://stats.oecd.org/Index.aspx
② 来源：http://datatopics.worldbank.org/hnp/

关怀系统的执行力(附表1-2-7)。

5. "健康中国"指标体系

"健康中国2020"指标体系包括10个领域和95个指标,涵盖"健康国家"建设的三个基本问题:健康状况(国民基本健康状况)、健康因素(健康危险因素控制、传染病控制、食品药品安全)和健康服务(卫生服务可及性、疾病经济风险控制、医药科技发展、中医药发展、健康产业提升、政府健康投入)。突出解决地区间、特别是城乡间人群健康差异问题,包括5岁以下儿童死亡率(城市和农村)、婴儿死亡率(城市和农村)、孕产妇死亡率(城市和农村)、住院分娩率(城市和农村)、农村妇女病检查率、农村安全饮用水普及率和农村卫生厕所普及率等。

"健康中国2030"规划主要指标体系涵盖健康水平、健康生活、健康服务与保障、健康环境、健康产业5大领域13个指标(附表1-2-8)。

三、健康现代化的100个核心指标

1. 主要的健康指标体系框架

(1) 重点领域框架

一些健康指标体系是根据不同时期的国情和国民健康问题制订相应的重点关注领域,以此为基础制定各重点关注领域的监测指标,形成一整套的健康指标体系,如美国的健康战略规划指标体系。

(2) 结果链框架

结果链框架包括投入、产出、结果和影响四个环节,不仅有利于辨识结果链各环节的核心指标,而且有助于把指标和以此为基础的国家数据系统和数据采集方法相衔接。结果链框架被列为国际健康合作技术检测和评估框架(World Health Organization,2011)以及全民健康覆盖的监测框架(World Health Organization and the World Bank,2014),世界卫生组织100个核心健康指标全球参考目录也采用这个框架进行聚类。

(3) 健康指标概念框架标准

健康指标概念框架标准是国际标准化组织(ISO)在加拿大"健康指标框架"基础上,结合OECD健康统计指标制订的,该标准的制定和实施,有助于推动跨国交流健康信息通用语言的发展、促进健康数据的国际化比对以及进行国际范围内健康信息的统一报告、发布和分析,对于进一步解决人口健康信息化方面的问题和促进人口健康信息化具有重要意义。

2. 基于健康风险—健康状况—健康响应的健康现代化核心指标体系

为了理清健康现代化的内在逻辑关系,突出不同主体在健康现代化中的角色和作用,有利于健康促进和健康现代化建设。基于前述国内外健康指标体系,本研究构建健康风险—健康状况—健康响应三位一体的健康现代化核心指标体系(图2-4)。

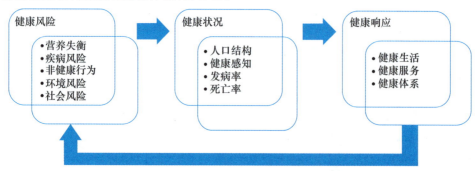

图2-4 健康风险—健康状况—健康响应指标框架

风险—状况—响应模型遵循原因—效应—响应这一思维逻辑,反映各主体行为和健康之间的相互作用关系。一方面,各种健康风险对健康状况产生直接影响;另一方面,健康状况的改变促使各主体通过不同层次的健康响应行为,降低健康风险,改善健康状况。

健康现代化100个核心指标体系分为健康风险、健康状况、健康响应三大主题(表2-16)。健康风险主题包括营养失衡、疾病风险、非健康行为、环境风险、社会风险五大领域30个指标。健康状况主题包括人口结构、健康感知、发病率、死亡率四大领域30个指标。健康响应主题包括健康生活、健康服务和健康体系三大领域40个指标,从微观层次上,个人和医疗机构分别通过倡导健康生活方式和提高健康服务水平进行健康响应,从宏观层次上,通过完善健康体系推动健康政府治理和健康机构协作。

表2-16 健康现代化100个核心指标

健康风险指标		健康状况指标		健康响应指标	
营养失衡	4个	人口结构	7个	健康生活	7个
疾病风险	5个	健康感知	5个	健康服务	15个
非健康行为	7个	发病率	8个	健康体系	18个
环境风险	8个	死亡率	10个		
社会风险	6个				
小计	30个	小计	30个	小计	40个

健康现代化100个核心指标的具体指标、发达国家水平、世界平均水平和中国水平以及数据来源,参见附表1-1-2。

本 章 小 结

1. 国民健康体系

健康现代化是一个复杂的系统工程,包括健康行为、健康结构、健康制度、健康观念的现代化,健康体系现代化是其重要内涵。国民健康体系是以国家为单元的健康体系,是维持健康生活、提供健康服务、提升健康质量的一个开放体系。

分工合作制国民健康体系,是全民参与、全程覆盖、分工合作、责权明确的整合型健康体系。它包括健康生活体系、健康医护体系、健康保险体系、健康用品体系、健康治理体系,以及相关的健康科技、健康环境和健康产业等。其主要功能是:维持全民的健康生活,提供"从胎儿到生命终点"的全程健康服务,提升全民健康质量。

2. 健康保险体系

健康保险体系既有多样性也有共性。按保险功能不同,可分为基本健康保险和非基本健康保险(补充健康保险)。根据健康保险结构特点,欧美国家基本健康保险主要有三种类型:国家福利型、社会强制型、混合型。

建立健康投入、健康产出和健康回报评价模型。根据对OECD国家的评价结果,国家福利型和社会强制型健康保险,在健康回报指数上没有明显差异,国家福利型表现略好。

OECD国家,在健康保险覆盖宽度(给付项目覆盖率)和健康保险覆盖深度(费用报销比例)方面存在很大国别差异。多数OECD国家,急诊住院、门诊、检测和诊断影像给付项目的覆盖率很高。不同国家基本健康保险支付比例,因人群而变化(不同年龄、职业、健康状况等)。大部分OECD国家的基本健康保险,针对急诊住院、门诊、检测和诊断影像的报销比例较高,基本超过75%。但牙科和眼睛用品保险覆盖率低,报销比例低。

3. 国家健康战略

国家健康战略是促进全民健康、提升健康质量的国家战略。过去60多年,健康战略思想由"健康个人"发展到"健康国家"。20世纪70代以来,美国、日本、欧盟、加拿大、中国、泰国等国家和地区陆续启动国家健康战略。

4. 健康现代化的国家案例

国家健康现代化,既有共性,也有国别差异。

美国健康现代化过程大致可以分为两大阶段:第一阶段为现代医保体系的形成,主要内容包括公共卫生体系、医疗服务体系、医疗保险体系和医保管理体系的形成。第二阶段为国民健康体系的改革与发展阶段,大致时间为20世纪70年代以来。伴随着信息革命的兴起和发展,以及社会保障制度的改革和调整。主要内容包括健康保险体系的改革、健康服务的信息化、健康生活的普及化,以及国家健康发展战略等。

英国是典型的政府主导型国民健康体系,是真正实行免费医疗制度的国家之一。1948年,英国正式颁布了《国家健康服务法》,开始建立国民健康服务体系,英国国家健康体系由国家健康服务、私人健康服务和医疗援助三个部分组成。该体系具有全民覆盖、免费医疗、投入低、质量高和公平性好等特点,但服务供给不足。

德国是世界上最早实施社会保障制度的国家,是社会强制型保险体制的典型代表。目前,德国的健康保险以社会强制型健康保险为主,自愿型商业健康保险为辅。

5. 健康现代化的基本原理

健康现代化的基本原理,涉及它的内涵、过程、结果、动力和模式等。

在18世纪至21世纪期间,健康现代化可以分为两大阶段,第一次健康现代化是从传统健康向现代健康的转变,第二次健康现代化是从现代健康向全民健康的转变。

健康现代化是社会现代化的组成部分,遵循现代化科学的一般规律。

6. 健康现代化的核心指标

健康现代化指标体系是监测国家和地区健康状况、健康生活、健康服务、健康治理等方面发展状况的指标体系。世界卫生组织、OECD、世界银行等国际机构,以及美国、欧盟、日本、加拿大、中国等均建立了健康指标体系。

健康现代化100个核心指标,是基于健康风险—健康状况—健康响应分析框架建立的。它涉及健康风险、健康状况、健康响应三大主题,健康风险主题包括营养失衡、疾病风险、非健康行为、环境风险、社会风险五大领域30个指标,健康状况主题包括人口结构、健康感知、发病率、死亡率四大领域30个指标,健康响应主题包括健康生活、健康服务和健康体系三大领域40个指标(附表1-1-2)。

第三章 中国健康现代化的理性分析

健康是人类的永恒追求。中国是世界人口大国,中国人的健康对人类健康具有重要意义。在农业文明时代,中国创造了辉煌历史。例如,中国曾经是四大古代文明之一,与古埃及、古巴比伦和古印度并列;曾经是四大古典文明之一,与古希腊、古罗马和印度并列;在18世纪以前中国曾走在世界前列(约公元500年至1500年)(何传启,1999),并为世界贡献了《黄帝内经》《本草纲目》《伤寒杂病论》等伟大医学著作。中国对人类健康做出了重要贡献。

从19世纪到20世纪60年代,中国人出生时平均预期寿命一直低于世界平均水平,更低于美国、英国、日本等发达国家,国际差距非常明显。经过100多年的发展,2010年中国人出生时平均预期寿命比世界平均水平高了4.5年,但仍低于美、英、德、法等发达国家水平。中国健康现代化的任务仍然艰巨(表3-1)。中国现代化是世界现代化的组成部分,中国健康现代化遵循世界健康现代化的基本原理。所以,我们沿用第一章世界健康现代化的分析逻辑,先开展时序分析、截面分析和过程分析,然后讨论中国的战略选择(图3-1)。

本章所采用数据主要来自世界银行和世界卫生组织,部分数据来自《中国卫生和计划生育统计年鉴》和《中国统计年鉴》。有些时候,不同来源的数据存在差异,需要谨慎对待。

表3-1 1820~2014年出生时平均预期寿命的国际比较   单位:岁

地区	1820	1870	1900	1950	2000	2010	2014
中国	23.0	—	24.0	41.0	71.7	75.0	75.8
美国	39.0	40.0	47.0	68.0	76.6	78.5	78.9
英国	40.0	43.6	50.0	69.0	77.7	80.4	81.1
德国	41.0	37.0	47.0	67.0	77.9	80.0	80.8
法国	37.0	42.2	47.0	65.0	79.1	81.7	82.4
日本	34.0	—	44.0	61.0	81.1	82.8	83.6
印度	21.0	25.0	24.0	32.0	62.6	66.5	68.0
世界	26.0	—	31.0	49.0	67.6	70.5	71.5

注:1820~1950年数据来自麦迪森(Maddison,2001)。1960~2013年数据来源:世界银行世界发展指标(World development indicators online 2015)。"—"表示没有数据,后同。

第一节 中国健康现代化的时序分析

中国健康现代化的时序分析,是对中国健康现代化的全过程的时间序列数据和资料进行分析,试图去发现和归纳它的事实和特点。世界健康时序分析的国家样本为15个。我们选择其中的8个国家、高收入国家、中等收入国家、低收入国家和世界平均值为参照,分析中国健康生活、健康服务、健康环境和健康治理的变迁,时间跨度约为30多年(表3-2),分析内容包括长期趋势和国际比较等。关于中国健康现代化的地区差异和地区多样性,需要专题研究。

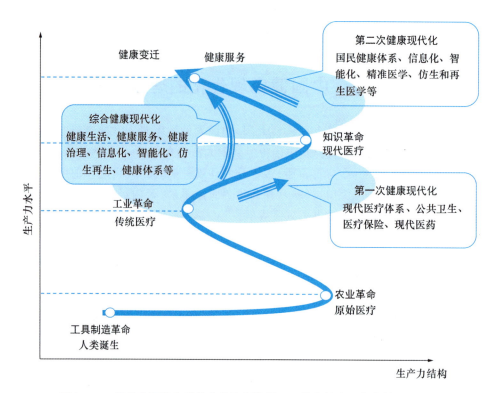

图 3-1 21 世纪中国健康现代化的路径选择——综合健康现代化的运河路径

注:关于中国健康现代化的路径选择,必然见仁见智。运河路径是一种理性选择。中国不同地区的现代化水平和健康现代化水平有所不同,他们可以选择适合自己的健康现代化路径。

表 3-2 1980~2014 年中国健康指标的变化趋势

变化类型	健康生活指标/个	健康服务指标/个	健康环境指标/个	健康治理指标/个	合计/个	比例/(%)
上升变量	12	16	7	4	39	57
下降变量	15	4	3	2	24	36
转折变量	—	—	—	2	2	3
波动变量	1	1	1	—	3	4
合计	28	21	11	8	68	100

一、中国健康生活的时序分析

健康生活涉及许多方面。本章重点讨论健康观念、行为、营养和状况四个方面。健康生活相关指标非常多,健康观念与健康行为是相互交叉的,许多指标非常重要,但数据难以获取。关于健康生活的时序分析,选取数据可获取和可进行国际比较的指标进行分析。

1. 中国健康观念的时序分析

健康观念涉及众多指标,本《报告》的健康观念分析选择了国民健康素养水平、成人拥有艾滋病知识的比例、健康体检和筛查比例、成人自我感觉健康良好的比例、老龄人自我感觉健康良好的比例 5 个指标。由于后四个指标无法获取数据,暂不作分析。

根据国家卫生和计划生育委员发布的《2013 年中国居民健康素养监测报告》显示,2013 年中国居民健康素养水平达到9.48%,比2008年的6.48%提高3个百分点,比2012年的8.80%提高0.68个百分点。中国居民健康素养水平呈现稳步上升趋势。

2. 中国健康行为的时序分析

(1) 中国健康行为的变化趋势

健康行为的相关指标很多,不同指标的变化趋势有所差异。1980年以来,3个指标为上升变量,2个指标为下降变量,1个指标为波动变量(表3-3)。

表3-3　1980～2014年中国健康行为的变化

指标	1980	1990	2000	2005	2010	2014	变化	趋势
女性成人吸烟率/(%)	—	—	3.5	2.8	2.2	2.0*	0.57	下降
人均酒精消费/升	1.7	3.4	3.3	2.9	5.8	—	3.4	波动
缺乏体育锻炼比例/(%)	—	—	—	—	21.6	—	—	—
育龄妇女避孕率/(%)	69.5	84.6	83.8	—	89.1	87.9*	1.26	上升
孕妇产前检查比率/(%)	—	69.7	89.4	89.8	94.1	95.6**	1.37	上升
专业人员接生比例/(%)	—	94	96.6	97.5	99.6	99.9**	1.06	上升
剖腹产率/(%)	—	—	40.5	27	—	27	0.67	下降

注:* 为2012年数据,** 为2013年数据,变化=终点/起点。

首先,6个健康行为指标的变化特征。

上升变量:育龄妇女避孕率、孕妇产前检查比率、专业人员接生比例等。

下降变量:女性成人吸烟率、剖腹产率等。

波动变量:人均酒精消费量。

其次,烟草和酒精消费的变化。2000年以来,女性成人吸烟率下降了约43%,人均酒精消费在不断波动。

其三,安全性行为的变化。1980年以来,育龄妇女避孕率提高了约26%。

其四,生殖健康的变化。1990年以来,孕妇产前检查比率和专业人员接生比例分别上升了37%和6.3%,剖腹产比例下降了33%。

(2) 中国健康行为的国际比较

首先,过程比较,以女性成人吸烟率为例。2000年以来,中国女性成人吸烟率低于世界平均水平,也低于美国、德国、英国、日本等发达国家(表3-4)。

表3-4　2000～2012年中国女性成人吸烟率的国际比较　　　　　　　　　　　　单位:%

区域	2000	2005	2010	2012	2012/1990
中国	3.5	2.8	2.2	2.0	0.57
美国	23	19.9	17.3	16.3	0.71
德国	30.4	29.6	29	28.7	0.94
英国	28.9	24.7	21.4	20.1	0.70
日本	14.4	13	11.7	11.3	0.78
新加坡	5.8	5.5	5.3	5.2	0.90
墨西哥	13.3	10.5	8.4	7.6	0.57
巴西	18.5	15.6	13.3	12.4	0.67
印度	7.3	4.6	2.9	2.4	0.33

(续表)

区域	2000	2005	2010	2012	2012/1990
高收入国家	24.0	21.8	20.0	19.3	0.80
中等收入国家	7.1	5.4	4.2	3.8	0.54
低收入国家	—	—	—	—	—
世界平均	11.0	9.0	7.5	7.0	0.64
中国÷世界	0.32	0.31	0.29	0.29	0.90

其次,前沿比较(表3—5)。2010年中国育龄妇女避孕率、孕妇产前检查比例、专业人员接生比例等指标表现相对较好。

表3-5 2010年或近年中国健康行为的国际比较

区域	女性成人吸烟率/(%)**	人均酒精消费/(升/人)	缺乏体育锻炼比例/(%)*	育龄妇女避孕率/(%)*	孕妇产前检查比例/(%)*	专业人员接生比例/(%)*	剖腹产率/(%)***
中国	2.0	5.8	21.6	89.1	94.1	99.6	27
美国	16.3	8.6***	35	76.4	—	99.2	33
德国	28.7	11.2***	23.4	—	—	100	32
英国	20.1	10.1	40	84	—	—	—
新加坡	5.2	—	89.9	—	—	—	—
日本	11.3	7.3	38.7	—	—	—	19
墨西哥	7.6	6.5	25.4	72.5	95.8	94.1	46
巴西	12.4	7.4	27.2	80.3	98.2	98.1	56
印度	2.4	2.5	12.1	54.8	75.2	52.3	8
高收入国家	19.3	—	—	—	—	—	—
中等收入国家	3.8	—	—	65.2	84.2	71.8	—
低收入国家	—	—	—	31.2	77.9	49.8	—
世界平均	7.0	—	—	63.3	83.3	70.1	—
中国÷世界	0.29	—	—	1.4	1.1	1.4	—

注:* 为2010年数据,** 为2012年数据,*** 为2014年数据。

3. 中国健康营养的时序分析
(1) 中国健康营养的变化趋势

中国健康营养的变化趋势因指标而异(表3-6)。1980年以来,6个指标为上升变量,3个指标为下降变量。其中,人均脂肪供应量、女性成人肥胖比例、营养不良人口比例和6个月内婴儿母乳喂养比例指标变化较大;育龄妇女贫血发生率指标变化不大。

表3-6 1980~2013年中国健康营养的变化

指标	1980	1990	2000	2005	2010	2013	变化	趋势
人均食物供应量/(千卡/天)	2161	2515	2814	2883	3044	3108	1.44	上升
人均蛋白质供应量/(克/天)	54.0	65.0	84.0	87.1	95.0	98.0	1.81	上升
人均脂肪供应量/(克/天)	34.4	53.9	76.0	82.5	93.9	95.9	2.79	上升
6个月内婴儿母乳喂养比例/(%)	—	—	67	50.8	27.6*	28	0.42	下降
营养不良人口比例/(%)	—	23.9	16.2	15.6	12.5	10.4	0.44	下降

(续表)

指标	1980	1990	2000	2005	2010	2013	变化	趋势
育龄妇女贫血发生率/(%)	—	—	19.8	17.4	18.9	—	0.95	下降
新生儿低体重的比例/(%)	—	—	2.4	2.21	2.34	2.38**	0.99	—
5岁以下儿童超重比例/(%)	—	5.3	3.4	5.9	6.6	—	1.25	上升
成人超重比例/(%)	—	—	—	—	30.1	34.4***	1.14	上升
成人肥胖比例(女性)/(%)	—	—	3.4	—	6.5*	8.0****	2.35	上升

注：* 为2008年数据，** 为2012年数据，*** 为2014年数据，变化＝终点/起点。

首先，9个健康营养指标的变化特征。

上升变量：人均食物供应量、人均蛋白质供应量、人均脂肪供应量、5岁以下儿童超重比例、成人超重比例、女性成人肥胖比例等。

下降变量：6个月内婴儿母乳喂养比例、营养不良人口比例、育龄妇女贫血发生率等。

其次，国民饮食的变化。1980年以来，中国人均脂肪供应量提升了1.79倍，人均食物供应量和人均蛋白质供应量分别提升了43.8%和81.5%。6个月内婴儿母乳喂养比例下降幅度较大，下降了58%。

其三，营养不良人口比例逐步下降。1990年以来，营养不良人口比例下降了56.5%。2000年至2010年，育龄妇女贫血发生率下降了4.5%；2000年以来，新生儿低体重的比例下降幅度较小，2013年与2000年基本持平。

其四，国民超重和肥胖比例在不断上升。1990年至2010年，5岁以下儿童超重比例上升了24.5%；2010年至2014年，成人超重比例分别上升了14.3%；2000年以来，女性成人肥胖比例提升幅度较大，提升了大约1.35倍。

(2) 中国健康营养的国际比较

首先，过程比较，以育龄妇女贫血发生率为代表。1995年以来，中国育龄妇女贫血发生率一直低于世界平均水平，约为世界平均值的60%（表3-7），但高于美国、德国、英国等高收入国家，说明中国健康营养水平的国际差距仍较明显。

表3-7　1995～2011年中国育龄妇女贫血发生率的国际比较　　　　单位：%

区域	1995	2000	2005	2010	2011	2011/1995
中国	26.8	19.8	17.4	18.9	19.5	0.73
美国	9.0	7.9	8.5	11.1	11.9	1.32
德国	16.9	14.7	15	17.1	17.9	1.06
英国	12.6	9.9	10.1	13.4	14.7	1.17
日本	18.1	19.2	19.9	21.3	22.1	1.22
新加坡	19.8	17.6	18.2	21	22	1.11
墨西哥	24.9	24.4	20.9	15.2	14.4	0.58
巴西	24	21.1	19.5	19.2	19.6	0.82
印度	53.9	54.4	54.1	49.2	48.1	0.89
高收入国家	17.3	15.9	16.2	17.6	18.2	1.05
中等收入国家	37.4	34.9	33.6	31.6	31.4	0.84
低收入国家	45.3	44.6	42.4	37.0	35.8	0.79
世界平均	33.6	31.7	31.0	29.5	29.4	0.88
中国÷世界	0.80	0.62	0.56	0.64	0.66	0.83

其次,前沿比较(表3-8)。2013年中国人均食物供应量、人均蛋白质供应量、人均脂肪供应量高于世界平均水平。2014年中国成人超重比例和女性肥胖比例低于美国、德国、英国等发达国家。

表3-8 2014年或近年中国健康营养的国际比较

区域	人均食物供应量/(千卡/天)*	人均蛋白质供应量/(克/天)*	人均脂肪供应量/(克/天)*	母乳喂养的比例/(%)	育龄妇女贫血发生率/(%)*	新生儿低体重的比例(%)**	成人超重比例/(%)	成人肥胖比例(女性)/(%)
中国	3108***	98.0***	95.9***	28	19.5	2.4	34.4	8.0
美国	3639	109.2	161.6	19	11.9	—	67.3	34.7
德国	3539	103.1	145.8	—	17.9	6.9	54.8	18.5
英国	3414	102.7	138.1	1.0	14.7	7.0	63.4	29.2
日本	2719	88.4	87.3	—	22.1	9.6	24.2	3.2
新加坡	—	—	—	—	22	9.5	32.8	6.8
墨西哥	3072	87.6	93.6	14	14.4	9.2	64.4	33.1
巴西	3263	95.0	117.8	40	19.6	8.5	54.1	22.7
印度	2459	60.3	52.3	46	48.1	—	22	6.7
高收入国家	3413.5**	105.4**	141.2**	—	18.2	—	—	—
中等收入国家	—	—	—	—	31.4	—	—	—
低收入国家	2438	60.6	49.9	—	35.8	—	—	—
世界平均	2870	80.5	82.6	—	29.4	—	—	—
中国÷世界	1.08	1.22	1.16	—	0.66	—	—	—

注:* 为2011年数据,** 为2012年数据,*** 为2013年数据。高收入国家的人均食物供应量、人均蛋白质供应量、人均脂肪供应量数据为瑞典、美国、芬兰、澳大利亚、瑞士等21国家的平均值。

4. 中国健康状况的时序分析

(1) 中国健康状况的变化趋势

中国健康状况的变化趋势因指标而异;1980年以来,3个指标为上升变量,10个指标为下降变量(表3-9)。

表3-9 1980~2014年中国健康状况的变化

指标	1980	1990	2000	2005	2010	2014	变化	趋势
出生时平均预期寿命/岁	66.5	69.0	71.7	73.8	75.0	75.8	1.14	上升
出生时预期健康寿命/岁	—	—	64	66	68*	68.5**	1.07	上升
总和生育率/个	2.6	2.4	1.4	1.5	1.5	1.6	0.62	下降
少女生育率/(‰)	17.1	19.8	8.8	8.0	7.7	7.3	0.43	下降
婴儿死亡率/(‰)	48.0	42.1	30.2	20.3	13.5	9.4	0.20	下降
新生儿死亡率/(‰)	—	29.7	21.2	14	8.2	5.9	0.20	下降
5岁以下儿童死亡率/(‰)	62.4	53.8	36.9	24	15.7	11.4	0.18	下降
孕产妇死亡率/(例/10万活产)	—	—	53	47.7	30	23.2	0.44	下降
慢性呼吸道疾病死亡率/(例/10万人)	—	—	148	—	—	77.1*	0.52	下降
传染性疾病等致死的比重/(%)	—	—	10.4	—	—	5.3*	0.51	下降

(续表)

指标	1980	1990	2000	2005	2010	2014	变化	趋势
非传染性疾病等致死的比重/(%)			79.6			87.1*	1.09	上升
伤害致死的比重/(%)	—	—	10	—	—	7.5*	0.75	下降
肺结核发病率/(例/10万人)	—	152	109	92	78	68	0.45	下降

注：* 为2012年数据，** 为2015年数据。变化=终点/起点。

首先，13个健康状况指标的变化特征。

上升变量：出生时平均预期寿命、出生时预期健康寿命、非传染性疾病等致死的比重等。

下降变量：总和生育率、少女生育率、婴儿死亡率、新生儿死亡率、5岁以下儿童死亡率、孕产妇死亡率、慢性呼吸道疾病死亡率、传染性疾病等致死的比重、伤害致死的比重、肺结核发病率等。

其次，预期寿命不断提高。1980年以来，出生时平均预期寿命提高了约14%；出生时预期健康寿命由2000年的64岁提高到2015年的68.5岁。

其三，生育率持续降低。1980年以来，总和生育率下降了38%，少女生育率下降了57%。

其四，死亡率不断下降。1980年以来，婴儿死亡率、新生儿死亡率、5岁以下儿童死亡率、孕产妇死亡率、慢性呼吸道疾病死亡率均有不同程度降低，其中5岁以下儿童死亡率下降82%，婴儿死亡率下降80%。

其五，2000年至2012年，传染性疾病等致死占死亡人数的比重和伤害致死占死亡总人数的比重分别下降49%和25%，非传染性疾病等致死占死亡人数的比重上升了9.4%。

（2）中国健康状况的国际比较

首先，过程比较，以出生时预期健康寿命为例。2002年至2013年，中国出生时预期健康寿命低于世界平均水平，也低于美国、德国、英国、日本等发达国家（表3-10）。

表3-10　2002～2015年出生时预期健康寿命的国际比较　　　单位：年

区域	2002	2007	2012	2015	2015/2002
中国	64	66	68	68.5	1.07
美国	69	70	70	69.1	1.00
德国	72	73	71	71.3	0.99
英国	71	72	71	71.4	1.01
日本	75	76	75	74.9	1.00
新加坡	70	73	76	73.9	1.06
墨西哥	65	62	67	67.4	1.04
巴西	60	64	64	65.5	1.09
印度	53	56	57	59.6	1.12
高收入国家	63	—	66	72.1	1.14
中等收入国家	62	—	57	66.0	1.06
低收入国家	50	—	53	57.5	1.15
世界平均	71	—	70	62.2	0.88
中国÷世界	0.90	—	0.97	1.10	1.22

其次，前沿比较（表3-11）。在2012年～2014年期间，中国出生时平均预期寿命、总和生育率、少女生育率、婴儿死亡率、新生儿死亡率、5岁以下儿童死亡率、传染性疾病等致死的比重、伤害致死的比

重和肺结核发病率等指标,好于世界平均水平。2014 年出生时预期寿命和 2015 年出生时预期健康寿命均低于美国、德国、英国、日本等发达国家。2014 年婴儿死亡率、新生儿死亡率、5 岁以下儿童死亡率均高于美国、德国、英国、日本等发达国家。

表 3-11 2014 年或近年中国健康状况的国际比较

区域	出生时平均预期寿命/年	出生时预期健康寿命/年*	总和生育率/个	少女生育率/(‰)	婴儿死亡率/(‰)	新生儿死亡率/(‰)	5 岁以下儿童死亡率/(‰)
中国	75.8	68.5	1.6	7.3	9.8	5.9	11.4
美国	78.9	69.1	1.9	24.1	5.7	3.7	6.7
德国	80.8	71.3	1.4	7.0	3.2	2.2	3.8
英国	81.1	71.4	1.8	15.3	3.7	2.5	4.4
日本	83.6	74.9	1.4	4.2	2.1	1.0	2.8
新加坡	82.6	73.9	1.3	3.8	2.2	1.1	2.8
墨西哥	76.7	67.4	2.2	63.5	11.9	7.4	13.8
巴西	74.4	65.5	1.8	67.3	14.4	9.6	16.2
印度	68.0	59.6	2.4	25.7	39.3	28.6	49.8
高收入国家	80.6	72.1	1.7	19.8	6.0	3.8	7
中等收入国家	70.6	66.0	2.4	41.0	32.1	20.5	42.3
低收入国家	61.3	57.5	4.8	98.2	54.6	27.5	78.8
世界平均	71.5	62.2	2.5	44.8	32.6	19.7	43.9
中国÷世界	1.06	1.10	0.64	0.16	0.30	0.30	0.26

区域	慢性呼吸道疾病死亡率/(例/10 万人)**	传染性疾病等致死的比重/(%)**	伤害致死的比重/(%)**	肺结核发病率/(例/10 万人)	恶性肿瘤发病率/(例/10 万人)**	自杀率/(例/10 万人)**	交通伤害致死率(例/10 万人)***
中国	77.1	5.3	7.5	68	174	8.7	18.8
美国	37	5.7	6.4	3.1	318	15.1	10.6
德国	19.4	4.9	3.8	6.2	284	3.8	4.3
英国	—	7.2	3.5	12	274	3	2.9
日本	15.8	13.2	7.4	18	217	1.2	4.7
新加坡	11.7	19	4.6	49	—	5.6	3.6
墨西哥	34	10.5	12.2	21	132	8.5	12.3
巴西	38.2	13.5	12.3	44	206	6	23.4
印度	154.8	27.9	12.4	167	94	15.1	16.6
高收入国家	—	6.7	6.6	21.0	—		9.3
中等收入国家	—	23.0	9.9	150	—		18.3
低收入国家	—	57.9	10.2	238	—	16.6	27.4
世界平均	—	23.0	9.2	133	—	11.4	17.3
中国÷世界	—	0.23	0.82	0.51	—	0.76	1.09

注:* 为 2015 年数据,** 为 2012 年数据,*** 为 2013 年数据。

二、中国健康服务的时序分析

健康服务涉及许多方面。这里重点讨论健康医护、公共健康、健康保险、健康人力资源和健康基础设施。健康服务的许多指标非常重要,但数据难以获取。关于健康服务的时序分析,选择数据获取率比较高和国际可比性较好的指标进行分析。

1. 中国健康医护的时序分析

(1) 中国健康医护的变化趋势

本《报告》选用的健康医护指标为 29 个指标,其中 5 个指标可以获得中国统计数据。1990 年以来,4 个指标为上升变量,1 个指标为下降变量(表 3-12)。

表 3-12　1990～2014 年中国健康医护的变化

指标	1990	2000	2005	2010	2014	变化	趋势
门诊咨询率/(次/人)	—	—	1.70	4.12	5.36*	3.15	上升
医生年均门急诊次数/(次/人)	—	—	—	1759	1951*	1.11	上升
出院率/(例/10 万人)	2756	2822	4162	7102	14 872	5.40	上升
平均住院天数/天	—	—	10.9	10.5	9.6	0.88	下降
中医诊疗率/(次/人)	0.14	0.13	0.16	0.23	0.31	2.21	上升

注:门诊咨询率=门、急诊次数/人口;医生年均门诊次数=(门、急诊次数－村卫生室门、急诊次数)/(执业(助理)医师－村卫生室执业(助理)医师)。根据 2011 年和 2016 年的《中国卫生和计划生育统计年鉴》数据计算。"出院率"数据来自 OECD。* 为 2015 年数据。

首先,5 个健康医护指标的变化特征。

上升变量:门诊咨询率、医生年均门诊次数、出院率、中医诊疗率等。

下降变量:平均住院天数。

其次,医生工作强度不断加大。2010 年,医生平均年门诊次数为 1759 次,2014 年上升为 1951 次。

其三,门诊咨询率由 2005 年的 1.70 次上升到 2014 年的 5.36 次。

其四,出院率不断上升。1990 年出院率为 2756 例/10 万人,2014 年出院率达到 14 872 例/10 万人。

其五,平均住院天数在不断减少。2005 年中国医院平均住院日为 10.9 天,2014 年平均住院日减少为 9.6 天。

其六,中医诊疗率不断提升。2014 年中医诊疗率为 1990 年中医诊疗率的 2.21 倍。

其七,中国健康医护结构特征(表 3-13)。2015 年基层医疗机构医生的年均门诊次数高于医院的医生年均门诊次数;村卫生室门诊次数占全国门诊次数的比例为 23.4%。

表 3-13　2015 年健康医护的结构

项目	2010 年			2015 年		
	执业(助理)医师/万人	门、急诊次数/万次	医生年均门诊咨询次数	执业(助理)医师/万人	门、急诊次数/万次	医生年均门诊咨询次数
医院	126.1	199 177.9	1580	169.3	301 655.0	1782
基层医疗卫生机构(不含村卫生室)	84.2	188 461.2	2239	95.6	237 163.7	2480
专业公共卫生机构	18.9	17 515.9	929	23.1	25 453.2	1102
其他机构	1.5	371.2	252	1.4	302.8	223
村卫生室	119.9	146 606.1	1223	117.7	172 049.2	1462

注:医生年均门诊次数=(门、急诊次数－村卫生室门、急诊次数)/(执业(助理)医师－村卫生室执业(助理)医师)。基层医疗卫生机构(不含村卫生室)医生年均门诊次数=(基层门、急诊次数－村卫生室门、急诊次数)/(基层执业(助理)医师－村卫生室执业(助理)医师)。村卫生室医生年均门诊次数=村卫生室门、急诊次数/(村卫生室执业(助理)医师＋乡村医生和乡卫生员)。根据 2011 年和 2016 年的《中国卫生和计划生育统计年鉴》数据计算。

(2) 中国健康医护的国际比较

首先,过程比较,以出院率为例。1990 年,中国出院率低于德国、日本等发达国家,也低于墨西哥、巴西等发展中国家;2014 年,中国出院率已经高于美国和日本,但低于德国(表 3-14)。

表 3-14　1990～2014 年中国出院率的国际比较　　　　　　　　　　　　　单位:例/10 万人

区域	1990	1995	2000	2005	2010	2014	2014/1990
中国	2756	2503	2822	4162	7102	14 872	5.40
英国	—	—	13 400	13 596	13 574	13 253	0.99
德国	23 851	20 688	22 543	21 840	23 994	25 602	1.07
日本	8201	9184	10 327	11 048	11 528	12 106	1.48
墨西哥	3830	3830	4017	4237	4650	5338	1.39
巴西	7956	7956	6871	6161	5775	5522	0.69

注:世界平均水平缺少数据。

其次,前沿比较(表 3-15)。2014 年中国出院率低于德国,但高于英国和日本。2015 年中国门诊咨询率高于美国和英国,低于德国和日本;医生平均年门诊次数低于日本和德国,但高于美国和英国。2014 年中国平均住院天数高于美国、德国、英国等发达国家。

表 3-15　2014 年或近年中国健康医护的国际比较

区域	出院率 /(例/10 万人)	门诊咨询率 /(次/人)	医生年均门诊次数 /次	平均住院天数 /天
中国	14 871.6	5.4***	1951***	9.6
美国	—	4.0*	1660*	4.8*
德国	25 602.3	9.9	2546**	9.0
英国	13 252.9	5.0*	1823*	6.9
日本	12 106.4	12.8**	5703*	—
墨西哥	5337.7	2.6	1241**	3.6
巴西	5522.4	2.8**	1481**	—

注:* 为 2010 年数据,** 为 2013 年数据,*** 为 2015 年数据。

2. 中国公共健康的时序分析

我们从免疫和传染病防治两个方面分析了公共健康的变化。

(1) 中国公共健康的变化趋势

中国公共健康的变化趋势因指标而异;1983 年以来,3 个指标为上升变量,1 个指标为下降变量(表 3-16)。

表 3-16　1983～2014 年中国公共健康的变化

指标	1983	1990	2000	2005	2010	2014	变化	趋势
儿童 DPT 免疫接种率/(%)	58	97	85	87	99	99	1.71	上升
儿童麻疹免疫接种率/(%)	78	98	84	86	99	99	1.27	上升
结核病患病率/(例/10 万人)	—	215	170	140	108	89	0.41	下降
结核病治愈率/(%)	—	91*	93	92	95	95**	1.04	上升

注:* 为 1994 年数据,** 为 2013 年数据。变化=终点/起点。

首先,4个公共健康指标变化特征。

上升变量:儿童DPT免疫接种率、儿童麻疹免疫接种率、结核病治愈率等。

下降变量:结核病患病率等。

其次,中国免疫水平不断提高。1983年至2014年,中国儿童DPT免疫接种率和儿童麻疹免疫接种率分别提升了70.7%和26.9%。

其三,中国传染病防治水平有所提升。结核病患病率由1990年的215例/10万人下降为2014年的89例/10万人;1994年以来,结核病治愈率提高了4个百分点。

(2)中国公共健康的国际比较

首先,过程比较,以儿童DPT免疫接种率为例。1990年中国儿童DPT免疫接种率为世界平均水平的1.26倍,2014年为世界平均水平的1.15倍,高于高收入国家(表3-17)。

表3-17 1980~2014年中国儿童DPT免疫接种率的国际比较　　单位:%

区域	1980	1990	2000	2005	2010	2014	2014/1980
中国	58*	97	85	87	99	99	1.71
美国	96	90	94	96	95	94	0.98
德国	—	80	90	96	96	96	1.20
英国	41	84	91	91	94	95	2.32
日本	60	90	85	98	98	98	1.63
新加坡	84	85	98	96	97	97	1.15
墨西哥	44	53	97	98	95	87	1.98
巴西	37	66	98	99	99	93	2.51
印度	6	70	58	65	79	83	13.83
高收入国家	—	87	92	96	95	95	1.09
中等收入国家	—	78	73	77	86	86	1.10
低收入国家	—	52	51	66	73	78	1.50
世界平均	—	77	73	78	85	86	1.12
中国÷世界	—	1.26	1.16	1.12	1.16	1.15	1.53

注:*为1983年数据。

其次,前沿比较(表3-18)。2014年中国儿童DPT免疫接种率、儿童麻疹免疫接种率都高于世界平均值,结核病患病率约为世界平均水平的50%。2013年中国结核病治愈率高于世界平均值。

表3-18 2014年或近年中国公共健康的国际比较

区域	儿童DPT免疫接种率/(%)	儿童麻疹免疫接种率/(%)	结核病患病率/(例/10万人)	结核病治愈率/(%)*
中国	99	99	89	95
美国	94	91	3.8	83
德国	96	97	7.8	67
英国	95	93	15	82
日本	98	98	23	54
新加坡	97	95	62	77
墨西哥	87	97	27	80
巴西	93	97	52	72
印度	83	83	195	88

(续表)

区域	儿童 DPT 免疫接种率/(%)	儿童麻疹免疫接种率/(%)	结核病患病率/(例/10 万人)	结核病治愈率/(%)*
高收入国家	95	94	26	71
中等收入国家	86	85	193	87
低收入国家	78	77	330	86
世界平均	86	85	174	86
中国÷世界	1.15	1.16	0.51	1.10

注:* 为 2013 年数据。

3. 中国健康保险的时序分析

1998 年,国务院颁发了《关于建立城镇职工基本医疗保险制度的决定》,2003 年,国家卫生部、财政部和农业部联合发布了《关于建立新型农村合作医疗保险制度的意见》,2007 年,国务院发布了《关于开展城镇居民基本医疗保险试点的指导意见》,将城镇居民、学生和低保对象等纳入其中,形成了由职工医保、居民医保和"新农合"三大险种为主的医疗保险制度。截至 2015 年末,全国参加职工医保人数为 28 894 万人,比 2010 年末增加 5159 万人,参加居民医保人数为 37 675 万人,比 2010 年末增加 18 147 万人,2015 年"新农合"参合率比 2010 年高出 2.8 个百分点(表 3-19)。

表 3-19　2010～2015 年中国健康保险的变化

指标	2010	2011	2012	2013	2014	2015	变化	趋势
参加"新农合"人数/亿人	8.36	8.32	8.05	8.02	7.36	6.70	0.80	下降
参加"新农合"参合率/(%)	96.00	97.48	98.26	98.70	98.90	98.80	1.03	上升
城镇居民基本医保/万人	19 528	22 116	27 156	29 629	31 451	37 675	1.93	上升
城镇职工基本医保/万人	23 735	25 227	26 486	27 443	28 296	28 894	1.22	上升

注:数据来源于《中国卫生和计划生育统计年鉴 2016》。变化=终点/起点。

4. 中国健康人力资源的时序分析

(1) 中国健康人力资源的变化趋势

中国健康人力资源指标中,3 个指标为上升变量,1 个指标为波动变量(表 3-20)。1990 年以来,医生比例、护士和助产士比例提高较大,社区健康工作者比例呈现波动性变化。

表 3-20　1990～2013 年中国健康人力资源的变化

指标	1990	2000	2005	2010	2013	变化	趋势
医生比例/(‰)	1.54	1.64	1.56	1.80	2.06*	1.34	上升
护士和助产士比例/(‰)	0.84	0.99	1.03	1.51	2.05	2.44	上升
社区健康工作者比例/(‰)	1.06	1.03	0.70	0.81	0.83**	0.78	波动
医学专业毕业生比例/(人/10 万人)	3.75	4.72	17.0	36.1	43.0	11.5	上升

注:变化=终点/起点。* 根据《中国卫生和计划生育统计年鉴 2016》中"执业(助理)医师"数据与"年末总人口"之比所得,** 为 2011 年数据。

首先,4 个健康人力资源指标变化特征。

上升变量:医生比例、护士和助产士比例、医学专业毕业生比例等。

波动变量:社区健康工作者比例等。

其二,中国健康人力资源不断上升。1990 年以来,中国医生比例提高了 34%,护士和助产士比例提高了 1.4 倍,医生专业毕业生比例提高了 10.5 倍。1990 年,医学专业毕业生比例为 3.75 人/10 万人,2013 年上升到 43 人/10 万人。

其三,1990 年以来,中国社区健康工作者比例由 1990 年的 1.06 人/每千人,下降到 2003 年的 0.66 人/每千人,随后上升至 2011 年的 0.83 人/每千人。

(2) 中国健康人力资源的国际比较

首先,过程比较,以医生比例为例。1990 年中国医生比例约为世界平均水平的 1.22 倍,2013 年上升为 1.33 倍,但与美国、德国、英国等发达国家相比,仍较低(表 3-21)。

表 3-21　1960～2013 年中国医生比例的国际比较　　　　单位:‰

区域	1960	1970	1980	1990	2000	2010	2013	2013/1960
中国*	0.90	0.85	1.17	1.54	1.64	1.80	2.06	2.28
美国	1.10	1.20	1.50	1.80	2.56	2.41	2.45	2.23
德国	—	—	—	2.80	3.30	3.69	3.89	1.39**
英国	0.80	0.90	1.30	1.60	1.90	2.74	2.81	3.51
日本	1.00	1.10	1.30	1.71	2.01	2.30	—	2.30
新加坡	0.42	0.66	0.85	1.27	1.40	1.92	1.95	4.64
墨西哥	—	—	—	1.00	1.98	1.99	2.10	2.10**
巴西	0.37	0.49	0.77	1.09	1.15	1.79	1.89	5.11
印度	0.21	0.20	0.37	1.26	0.55	0.69	0.70	3.33
高收入国家	—	—	—	2.38	2.85	3.10	3.10	1.30**
中等收入国家	—	—	—	1.01	0.95	1.24	1.24	1.23**
低收入国家	—	—	—	0.06	0.06	0.07	0.07	1.17**
世界平均	—	—	—	1.26	1.31	1.54	1.54	1.22**
中国÷世界	—	—	—	1.22	1.25	1.17	1.33	1.09**

注:* 根据《中国卫生和计划生育统计年鉴 2016》中"执业(助理)医师"数据与"年末总人口"之比所得,** 为 2013/1990 数据。

其次,前沿比较(表 3-22)。2014 年中国医生比例高于世界平均水平,但仍低于高收入国家平均水平;护士和助产士比例低于世界平均水平。

表 3-22　2014 年或近年中国健康人力资源的国际比较

区域	医生比例/(‰)	护士和助产士比例/(‰)	专科手术人员比例/(人/10 万人)	医学专业毕业生比例(人/10 万人)
中国	2.1	2.2	40.06*	43.0***
美国	2.45**	9.82****	64.56**	7.26***
英国	2.81***	8.83*	92.39	13.45
日本	2.30**	11.49*	32.19	6.01
墨西哥	2.10**	2.53**	—	9.92***
巴西	1.89***	7.60***	31.93	—
印度	0.70*	1.71**	—	—
高收入国家	3.10**	8.59**	63.71	
中等收入国家	1.24**	2.15**	24.57	
低收入国家	0.07**	—	0.75	
世界平均	1.54**	3.28**	30.57	
中国÷世界	1.36	0.67	1.31	

注:* 为 2012 年数据,** 为 2011 年数据,*** 为 2013 年数据,**** 为 2010 年数据。

5. 中国健康基础设施的时序分析

(1) 中国健康基础设施的变化趋势

健康基础设施选择医院密度、公立医院密度、床位比例3个指标,其中,2个指标为上升变量,1个指标为下降变量(表3-23)。

表3-23 1965～2014年中国健康基础设施的变化

指标	1965	1970	1980	1990	2000	2010	2014	变化	趋势
医院密度/(所/百万人)*	7.35	7.19	10.03	12.57	12.87	15.60	18.91	2.57	上升
公立医院密度/(所/百万人)*	—	—	—	—	11.8**	10.33	9.73	0.82	下降
床位比例/(‰)	1.4	1.5	2.2	2.6	2.5	3.6	4.83	3.45	上升

注:变化=终点/起点。* 依据《中国卫生和计划生育统计年鉴2016》提供的医院数与人口数相比所得,其中医院包括综合医院、中医医院和专科医院。** 为2005年数据。

首先,3个健康基础设施指标变化特征。

上升变量:床位比例、医院密度。

下降变量:公立医院密度。

其次,中国医疗机构数量不断增加。1965年中国医院密度7.35所/百万人,2014年中国医院密度达到18.91所/百万人,提高了1.57倍,公立医院密度则呈下降趋势。

其三,每千人拥有的医疗床位数不断增加。1965年为1.4张/千人,2014年则达到4.8张/千人。2014年床位比例是1965年床位比例的2.45倍。

其四,每百万人拥有的公立医院数量不断下降。公立医院密度则由2005年的11.84所/百万人,下降到2014年的9.73所/百万人。

(2) 中国健康基础设施的国际比较

首先,过程比较,以床位比例为例。1970年,中国床位比例约为世界平均水平的48%,2010年中国床位比例已经超过世界平均水平。2014年,中国床位比例高于美国和英国,但低于德国、日本等国家(表3-24)。床位比例指标是一个转折变量,先上升后下降。

表3-24 1960～2014年中国床位比例的国际比较   单位:‰

区域	1960	1970	1980	1990	2000	2010	2011	2011/1960
中国	1.4*	1.5	2.2	2.6	2.5	3.6	3.8	2.71
美国	9.2	7.9	6.0	4.9	3.5	3.0	2.9	0.32
德国	10.5	11.3	11.5	10.4	9.1	8.3	8.2	0.78
英国	10.7	9.6	8.1	5.9	4.2	3.0	2.9	0.27
日本	9.0	12.5	13.7	15.6	14.7	13.7	—	—
新加坡	4.4	3.7	4.0	3.6	2.9	3.1	2.0	0.45
墨西哥	—	—	0.7	1.0	1.1	1.7	1.5	—
巴西	3.2	3.7	5.0	3.3	2.6	2.4	2.3	0.72
印度	0.5	0.6	0.8	0.8	0.7	0.9	0.7	1.40
高收入国家	—	9.0	8.3	7.1	7.0	5.6	—	—
中等收入国家	—	1.3	2.1	2.6	1.6	2.0	2.2	—
低收入国家	1.4	1.3	—	0.8	—	—	—	—
世界平均	—	3.1	3.6	3.6	2.6	2.9	—	—
中国÷世界	—	0.48	0.61	0.72	0.96	1.24	—	—

注:* 为1965年数据。

其次,前沿比较(表3-25)。2014年中国医院密度和公立医院密度高于美国,但低于德国和日本;中国床位比例高于美国和英国,但低于德国和日本。

表3-25 2014年或近年中国健康基础设施的国际比较

区域	医院密度/(所/百万人)	公立医院密度/(所/百万人)	床位比例/(‰)*
中国	18.91	9.73	4.83**
美国	17.97	4.55	2.89
德国	38.75	10.10	8.23
英国	—	—	2.73
日本	66.72	12.25	13.20
新加坡	—	—	—
墨西哥	38.00	12.20	1.62
巴西	—	—	—
印度	—	—	0.52

注:*为2011年数据,**为2014年数据。

三、中国健康环境的时序分析

健康环境涉及许多方面。这里重点讨论健康生态环境、健康社会环境和健康国际合作。

1. 中国健康生态环境的时序分析

(1) 中国健康生态环境的变化趋势

健康生态环境选择4个指标进行分析。1990年以来,中国清洁饮水普及率和卫生设施普及率均有明显上升,PM 2.5年均浓度增加了38.3%(表3-26)。

表3-26 1990~2015年中国健康生态环境的变化

指标	1990	2000	2005	2010	2015	变化	趋势
清洁饮水普及率/(%)	66.9	80.3	86.3	91.4	95.5	1.43	上升
卫生设施普及率/(%)	47.5	58.8	64.9	70.8	76.5	1.61	上升
PM 2.5年均浓度/(微克/立方米)	39.3	44.2	51.0	54.2	57.2*	1.46	上升
PM 2.5浓度超标暴露人口比例/(%)	99.2	99.3	99.4	99.5	100*	1.01	上升

注:变化=终点/起点。*为2013年的数据。

首先,4个健康生态环境指标的变化特征。

上升变量:清洁饮水普及率、卫生设施普及率、PM 2.5年均浓度、PM 2.5浓度超标暴露人口比例等。

其次,室内健康环境的改善。主要表现是清洁饮水普及率和卫生设施普及率提升,分别由1990年的66.9%和47.5%,提高到2015年的95.5%和76.5%。

其三,室外健康环境的下降。PM 2.5年均浓度和PM 2.5浓度超标暴露人口比例持续提高,分别由1990年的39.3%和99.2%,提高到2015年的57.2%和100%。

(2) 中国健康生态环境的国际比较

首先,过程比较,以PM 2.5年均浓度为例。1990年中国PM 2.5年均浓度一直高于世界平均水平,1990年为世界平均值的1.49倍,2015年为世界平均值的1.35倍(表3-27)。

表 3-27　1990～2015 年中国 PM 2.5 平均浓度的国际比较　　单位:微克/立方米

区域	1990	1995	2000	2005	2010	2015	2015/1990
中国	39.30	41.91	44.15	51.03	54.15	57.2	1.46
美国	16.42	15.45	14.68	13.67	11.79	8.3	0.51
德国	29.75	22.75	17.91	17.42	15.99	13.7	0.46
英国	19.74	17.00	14.55	12.68	11.39	12.2	0.62
日本	19.42	18.64	18.04	17.59	16.76	13.1	0.67
新加坡	49.80	29.30	13.65	10.20	12.49	16.7	0.33
墨西哥	14.51	15.93	16.42	15.36	13.04	19.7	1.36
巴西	9.68	8.86	9.11	11.20	14.24	11.1	1.15
印度	30.25	31.78	33.66	38.71	43.40	72.6	2.40
高收入国家	22.09	19.65	17.86	17.30	16.25	16.3	0.74
中等收入国家	28.21	28.74	29.57	33.04	35.17	48.7	1.73
低收入国家	18.36	18.28	18.28	18.85	18.84	34.0	1.85
世界平均	26.33	26.30	26.63	29.17	30.57	42.3	1.61
中国÷世界	1.49	1.59	1.66	1.75	1.77	1.35	0.91

其次,前沿比较,以 2015 年为例(表 3-28)。2015 年,中国清洁饮水普及率、卫生设施普及率高于世界平均水平,PM 2.5 年均浓度、PM 2.5 浓度超标暴露人口比例等逆指标也高于世界平均值。

表 3-28　2015 年中国健康生态环境的国际比较

区域	清洁饮水普及率/(%)	卫生设施普及率/(%)	PM 2.5 年均浓度/(微克/立方米)	PM 2.5 浓度超标暴露人口比例/(%)
中国	95.5	76.5	57.2	100
美国	99.2	100	8.3	8.64
德国	100	99.2	13.7	99.93
英国	100	99.2	12.2	89.84
日本	100	100	13.1	98.42
墨西哥	96.1	85.2	19.7	99.96
巴西	98.1	82.8	11.1	55.8
印度	94.1	39.6	72.6	99.99
高收入国家	99.0	96.3	16.3	61.87
中等收入国家	92.0	64.7	48.7	97.24
低收入国家	65.6	28.2	34.0	99.23
世界平均	91.0	67.5	42.3	91.83
中国÷世界	1.05	1.13	1.35	1.09

2. 中国健康社会环境的时序分析

(1) 中国健康社会环境的变化趋势

中国健康社会环境的变化趋势因指标而异(表 3-29),1960 年以来,3 个指标为上升变量,3 个指标为下降变量,1 个指标为波动变量。

表 3-29　1960～2014 年中国健康社会环境的变化

指标	1960	1970	1980	1990	2000	2010	2014	变化	趋势
抚养比率/(%)	77.3	79.6	68.6	51.9	46.4	34.5	35.8	0.46	下降
65 岁以上人口比例/(%)	3.7	3.7	4.5	5.3	6.7	8.2	9.2	2.49	上升
出生率/(‰)	20.9	33.4	18.2	21.1	14.0	11.9	12.4	0.59	下降
死亡率/(‰)	25.4	7.6	6.3	6.7	6.5	7.1	7.2	0.28	下降
成人识字率/(%)	43.0	53.0	65.5	77.8	90.9	95.1	96.3*	2.24	上升
失业率/(%)	—	—	—	4.9	4.5	4.2	4.7	0.96	波动
人均国民收入/美元	70	120	220	330	930	4300	7400	106	上升

注：* 为 2015 年值。变化＝终点/起点。

首先，7 个健康社会环境指标变化特征。

上升变量：65 岁以上人口比例、成人识字率、人均国民收入等。

下降变量：出生率、死亡率、抚养比率等。

波动变量：失业率等。

其次，中国老龄人口比重不断增加。1960 年，中国 65 岁以上人口比例为 3.7%，2014 年达到 9.2%，抚养比率（工作年龄的人口比）不断下降。

其三，中国国民文化水平不断提升。1960 年以来，中国成人识字率提升了 1.24 倍。

其四，中国国民经济不断增强。2014 年人均国民收入为 1960 年的 106 倍。

(2) 中国健康社会环境的国际比较

首先，过程比较，以 65 岁以上人口比例为例。1960 年以来，中国 65 岁以上人口比例不断增加，1960 年为世界平均水平的 74%，2000 年接近世界平均值，2014 年中国 65 岁以上人口比例已达到世界平均值的 1.14 倍（表 3-30）。

表 3-30　1960～2014 年中国 65 岁以上人口比例的国际比较　　　　单位：%

区域	1960	1970	1980	1990	2000	2010	2014	2014/1960
中国	3.7	3.7	4.5	5.3	6.7	8.2	9.2	2.49
美国	9.1	9.7	11.4	12.5	12.3	13.0	14.4	1.58
德国	11.5	13.6	15.7	14.9	16.2	20.6	21.1	1.83
英国	11.8	13.0	14.9	15.7	15.8	16.2	17.5	1.48
日本	5.7	7.0	9.0	11.9	17.2	22.9	25.7	4.51
新加坡	2.0	3.3	4.7	5.6	7.3	9.0	11.1	5.55
墨西哥	3.4	3.7	3.8	4.3	5.0	5.9	6.3	1.85
巴西	3.1	3.4	4.0	5.1	6.7	7.6	2.45	
印度	3.1	3.3	3.6	3.8	4.4	5.1	5.5	1.77
高收入国家	8.2	9.3	10.9	11.6	13.1	14.6	15.8	1.93
中等收入国家	3.6	3.8	4.2	4.5	5.3	6.2	6.6	1.83
低收入国家	2.8	2.8	3.0	3.1	3.2	3.3	3.4	1.21
世界平均	5.0	5.3	5.8	6.1	6.8	7.6	8.1	1.62
中国÷世界	0.74	0.70	0.78	0.87	0.99	1.08	1.14	1.53

其次,前沿比较(表3-31)。2014年中国抚养比率、出生率、死亡率、失业率和人均国民收入均低于世界平均水平,65岁以上人口比例高于世界平均值,但低于美国、德国、英国、日本和新加坡等发达国家。

表3-31　2014年中国健康社会环境的国际比较

区域	抚养比率/(%)	65岁以上人口比例/(%)	出生率/(‰)	死亡率/(‰)	失业率/(%)	人均国民收入/(美元)
中国	35.8	9.2	12.4	7.2	4.7	7400
美国	50.3	14.4	12.5	8.1	6.2	55 230
德国	51.6	21.1	8.6	10.8	5.0	47 590
英国	54.3	17.5	12.0	8.8	6.3	43 390
日本	63.0	25.7	8.0	10.0	3.7	42 000
新加坡	36.9	11.1	9.8	4.7	3.0	55 150
墨西哥	52.4	6.3	18.8	4.8	4.9	9870
巴西	45.1	7.6	14.7	6.1	6.8	11 790
印度	53.1	5.5	20.0	7.3	3.6	1570
高收入国家	50.5	15.8	11.7	8.8	7.2	38 301
中等收入国家	50.8	6.6	19.4	7.3	5.6	4681
低收入国家	87.0	3.4	36.0	8.9	5.7	628
世界平均	53.9	8.1	19.4	7.7	5.9	10 799
中国÷世界	0.66	1.14	0.64	0.94	0.80	0.69

3. 中国健康国际合作的时序分析

中国的健康国际合作分为两个方面,一方面是接受国际的健康的援助,到2006年,世界银行卫生贷款项目在卫生领域投资达到20多亿美元[1];另一方面,中国对非洲国家的医疗援助持续不断。目前,中国已在大湄公河次区域、中亚区域经济合作、中国—东盟、东盟与中日韩、中日韩、亚太经济合作组织和上海合作组织等7个区域性合作机制下,开展与周边国家和本区域的卫生合作和国际援助。截至2011年底,中国共帮助52个国家建成100所医院和医疗中心,1960年以来的50年,中国援外医疗队共诊疗患者约2.6亿人次[2]。

四、中国健康治理的时序分析

健康治理涉及许多方面。这里重点讨论健康监管、健康科技、健康用品和健康产业四个方面。

1. 中国健康监管的时序分析

(1) 中国健康监管的变化趋势

中国健康监管的变化趋势因指标而异(表3-32)。1995年以来,3个指标为上升变量,2个指标为下降变量,2个指标为转折变量。

---

[1] 蔡仕魁,加强卫生国际合作的意义及对策,学理论,2010,36.
[2] 中华人民共和国国家卫生和计划生育委员会.《中国的医疗卫生事业》白皮书,2012,12.

表 3-32　1995～2014 年中国健康监管的变化

指标	1995	2000	2005	2010	2014	变化	趋势
人均健康支出/国际美元	64.3	133	235	450	731	11.4	上升
人均寿命成本/国际美元	0.92	1.86	3.19	6.00	9.64	10.5	上升
健康支出占 GDP 比例/(%)	3.53	4.60	4.66	4.89	5.55	1.57	上升
公共健康支出占健康支出比例/(%)	50.5	38.3	38.8	54.3	55.8	1.10	转折
公共健康支出占政府支出比例/(%)	15.9	10.8	9.8	10.2	10.4	0.65	转折
私人健康支出占健康支出比例/(%)	49.5	61.7	61.2	45.7	44.2	0.89	下降
现金健康支出占健康支出比例/(%)	46.4	59.0	52.2	35.3	32.0	0.69	下降

注：变化＝终点/起点。

首先，7 个健康监管指标变化特征。

上升变量：人均健康支出、人均寿命成本、健康支出占 GDP 比例等。

下降变量：私人健康支出占健康支出比例、现金健康支出占健康支出比例等。

转折变量：公共健康支出占政府支出比例、公共健康支出占健康支出比例等。

其次，人均健康支出逐步增加。人均健康支出由 1995 年的 64.3 国际美元提升到 2014 年的 731 国际美元，人均寿命成本 2014 年是 1995 年的 10.5 倍。1995 年以来，中国人均健康支出提高了 10.4 倍，人均寿命成本增长了 9.5 倍。

其三，健康财政支出逐步提升。1995 年以来，健康支出占 GDP 比例和公共健康支出占健康支出比分别提高了 57.2% 和 10.5%。

其四，私人健康支出占健康支出降低。1995 年以来，私人健康支出占健康支出比例下降了 10.8%。

（2）中国健康监管的国际比较

首先，过程比较，以人均健康支出为例。1995 年以来，中国人均健康支出一直低于世界平均水平，1990 年为世界平均值的 13%，2014 年为世界平均值的 57%（表 3-33）。

表 3-33　1995～2014 年中国人均健康支出的国际比较　　　　单位：国际美元

区域	1995	2000	2005	2010	2014	2014/1995
中国	64	133	235	450	731	11.4
美国	3788	4788	6741	8269	9403	2.48
德国	2280	2693	3384	4456	5182	2.27
英国	1350	1834	2746	3269	3377	2.50
日本	1534	1974	2491	3232	3727	2.43
新加坡	972	1139	1959	2792	4047	4.16
墨西哥	378	500	750	975	1122	2.97
巴西	524	634	899	1167	1318	2.52
印度	60	85	123	187	267	4.45
高收入国家	1786	2293	3156	4070	4611	2.58
中等收入国家	125	173	268	404	539	4.31
低收入国家	32	42	60	85	93	2.91
世界平均	481	605	831	1094	1275	2.65
中国÷世界	0.13	0.22	0.28	0.41	0.57	4.31

其次,前沿比较,以 2014 年为例(表 3-34)。2014 年,中国私人健康支出占健康总支出的比例、现金健康支出占健康总支出比例均高于世界平均值,其中,现金健康支出占健康总支出比例约为世界平均值的 1.78 倍。人均健康支出、人均寿命成本、健康支出占 GDP 比例、公共健康支出占政府支出比例均低于世界平均值,其中,人均健康支出约为世界平均值的 57%,健康支出占 GDP 比例约为世界平均值的 60%。

表 3-34　2014 年中国健康监管的国际比较

区域	人均健康支出/(国际美元)	人均寿命成本/(国际美元)	健康支出占GDP比例/(%)	公共健康支出占健康支出比例/(%)	公共健康支出占政府支出比例/(%)	私人健康支出占健康支出比例/(%)	现金健康支出占健康支出比例/(%)
中国	731	10	6	56	10	44	32
美国	9403	119	17	48	21	52	11
德国	5182	64	11	77	20	23	13
英国	3377	42	9	83	17	17	10
日本	3727	45	10	84	20	16	14
新加坡	4047	49	5	42	14	58	55
墨西哥	1122	15	6	52	12	48	44
巴西	1318	18	8	46	7	54	25
印度	267	4	5	30	5	70	62
高收入国家	4611	58	12	62	—	38	14
中等收入国家	539	8	6	52	—	48	35
低收入国家	93	2	6	39	—	61	40
世界平均	1275	18	10	60	—	40	18
中国÷世界	0.57	0.56	0.60	0.93	—	1.10	1.78

2. 中国健康科技的时序分析

健康科技选用医药产业科技经费比例、出生率的公民登记覆盖率和死亡率的公民登记覆盖率 3 个分析指标。其中,仅医药产业科技经费比例指标可获取 2011 年数据(图 3-2),中国医药产业科技经费比例约为美国和英国的 13.3%,约为日本的 15.4%,约为德国的 26.7%。

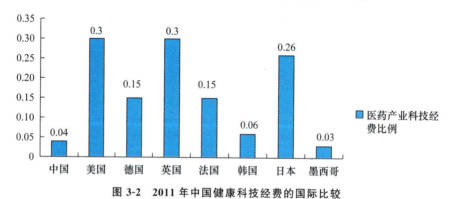

图 3-2　2011 年中国健康科技经费的国际比较

3. 中国健康用品的时序分析

根据中国社会科学院发布的《中国药品市场报告(2012)》显示,2005 年~2010 年,中国药品市场的复合增长率超过 20%。据商务部统计系统数据显示,近年来,国内药品市场销售规模逐年增长,

2013年,中国七大类医药商品①销售额总计13 040亿元,2015年七大类医药商品销售总额达到16 613亿元。

4. 中国健康产业的时序分析

(1) 中国健康产业的变化趋势

健康产业指标选用健康产业增加值比例、健康产业劳动力比例、健康产业劳动生产率3个指标,其中,健康产业劳动力比例为估计值,健康产业劳动生产率没有数据。2014年健康产业增加值为2010年健康产业增加值的1.38倍(表3-35)。

表3-35　2010~2014年中国健康产业的变化

指标	2010	2011	2012	2013	2014	变化	趋势
健康产业增加值比例/(%)	1.43	1.53	1.68	1.87	1.98	1.38	上升
健康产业劳动力比例/(%)	2.29	2.44	2.69	2.99	3.16	1.38	上升

注:变化=终点/起点。健康产业的数值为国际标准产业分类4.0版中"卫生和社会工作"部分的数值。

上升变量:健康产业增加值比例、健康产业劳动力比例。

(2) 中国健康产业的国际比较

2013年,中国健康产业增加值占GDP比例低于美国、德国等发达国家,约为美国的24%,约为德国的26%(图3-3)。

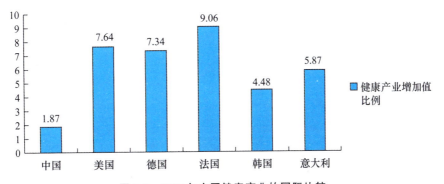

图3-3　2013年中国健康产业的国际比较

注:美国、德国、法国、韩国和意大利为2010年数据。

第二节　中国健康现代化的截面分析

中国健康现代化的截面分析,是对中国健康现代化的历史过程的关键时期的截面数据和资料进行分析,试图去发现和归纳中国健康现代化的事实和特征。分析变量涉及健康生活、健康服务、健康环境和健康治理四个方面,分析内容包括国际比较等,分析对象包括3个历史截面(表3-36),并以2014年为重点。1700年、1820年和1900年截面数据少,需专题研究。

---

① 主要是指药品、医疗器械、化学试剂、玻璃仪器、中成药、中药材及其他类等。

表 3-36　1980、2000 和 2014 年截面中国健康指标的水平分布

项目		指标个数/个			指标比例/(%)		
		1980	2000	2014	1980	2000	2014
分析指标		19	60	67	—	—	—
水平相关指标		15	37	52	100	100	100
其中	发达水平	0	1	6	0	2.7	11.5
	中等发达水平	5	10	12	33.3	27.0	23.1
	初等发达水平	7	18	27	46.7	48.6	51.9
	欠发达水平	3	8	7	20.0	21.6	13.5

一、中国健康生活的截面分析

1. 中国健康生活的 2014 年截面分析

2014 年世界健康生活的截面分析包括 53 个变量；其中，约 26 个变量与国家经济水平相关。将中国指标与世界水平进行比较，可大致判断中国健康生活的水平（表 3-37）。

表 3-37　2014 年截面中国健康生活指标的相对水平

指标	经济欠发达			经济初等发达		经济中等发达		经济发达		合计
	1组	2组	3组	4组	5组	6组	7组	8组	9组	
健康观念	—	—	—	—	—	—	—	—	—	—
健康行为	—	—	—	2	2	—	—	1	—	5
健康营养	—	—	1	1	1	2	1	—	1	7
健康状况	1	—	—	—	1	6	1	2	—	11
合计	1	—	1	3	4	8	2	3	1	23

2014 年截面，中国健康生活约有 4 个指标达到经济发达国家组的水平，约有 10 个指标达到经济中等发达国家组的水平，约有 7 个指标达到经济初等发达国家组的水平，2 个指标为经济欠发达水平（表 3-37，表 3-38）。

表 3-38　2014 年中国健康生活指标的国际比较

指标	中国数值	中国分组	国际对照（经济水平、国家分组、人均国民收入、指标特征值）								
			经济欠发达			经济初等发达		经济中等发达		经济发达	
			1	2	3	4	5	6	7	8	9
			424	798	1697	4300	7962	14 052	27 409	47 998	75 168
(1) 健康观念											
国民健康素养水平/(%)	9.79	—	—	—	—	—	9.79	—	—	—	—
(2) 健康行为											
女性成人吸烟率/(%)	2.0*	—	3.4	5.5	3.7	6.1	10.7	20.4	17.8	20.5	20.5
人均酒精消费/升	5.8**	5	—	—	2.6	—	5.5	10.2	9	9.8	8.4
缺乏体育锻炼比例/(%)	21.6**	4	15.1	12.7	17.7	21.6	30.5	26.3	34.2	31.8	28
育龄妇女避孕率/(%)	87.9*	—	21.8	30.6	43.6	61.8	65.5	65.9	56.5	74.3	77.5
孕妇产前检查比例/(%)	95.6***	5	81.2	83.7	84.4	94.3	96	97.5	97	100	98.3
专业人员接生比例/(%)	99.9***	8	48.7	52.7	65.1	90.6	94.5	98.4	98.5	99.8	100
剖腹产率/(%)	27	4	4	4.4	9.8	24.3	30.2	30	28.3	22.1	24

(续表)

指标	中国数值	中国分组	国际对照(经济水平、国家分组、人均国民收入、指标特征值)								
			经济欠发达			经济初等发达		经济中等发达		经济发达	
			1	2	3	4	5	6	7	8	9
			424	798	1697	4300	7962	14 052	27 409	47 998	75 168
(3)健康营养											
人均食物供应量/(千卡/天)*	3108***	6	2292	2373	2513	2836	2887	3160	3383	3423	3352
人均脂肪供应量/(克/天)*	95.9***	5	45	51	56.5	71.3	85.3	107.9	136.7	139	145.1
人均蛋白质供应量/(克/天)*	98.0***	6	57.8	61.2	66.7	78.2	79.8	93.4	106.5	104.4	104.8
6个月内婴儿母乳喂养比例/(%)	28***	—	51.6	42.1	37.2	31.5	25	56.2	—	—	—
营养不良人口比例/(%)	9.8	4	24.2	24.9	16.2	11.6	8.3	5.5	5	5	—
育龄妇女贫血发生率/(%)	19.5*****	7	37.9	38.6	36.6	25.8	25.5	22.2	22.2	17.9	17.9
新生儿低体重的比例/(%)	2.38*	9	16.9	15.9	12.9	8.6	7.1	7	8.2	6.9	5.5
5岁以下儿童超重比例/(%)	6.6**	—	3.9	6.5	5.2	10	9.7	9	6.4	5.2	8
成人超重比例/(%)	34.4	3	21.7	28.5	34.7	49.6	55.7	59.2	57.7	56.3	57.7
成人肥胖比例(女性)/(%)	8.0	—	8.4	12.9	15.1	23.4	26.3	27	23.9	22	20.5
(4)健康状况											
出生时平均预期寿命/岁	75.8	6	59.1	60.5	64.9	72.8	72	75.8	80.9	80.9	81.9
出生时预期健康寿命/岁	68.0***	6	49.5	51.5	55.8	62.8	62.9	65.9	70.9	71.5	71.6
总和生育率/个	1.6	—	5.3	4.5	3.5	2.4	2.2	1.8	1.7	1.7	1.7
少女生育率/(个/千人)	7.3	7	110.9	95.9	67.7	39.2	47.1	33.2	7.2	10.3	6.6
婴儿死亡率/(‰)	9.8	6	57.9	51.3	40	16.4	20.6	7.9	4.2	3.6	2.7
新生儿死亡率/(‰)	5.9	6	28.9	25.4	23.4	10.2	11.9	5.1	2.9	2.3	2.1
5岁以下儿童死亡率/(‰)	11.4	6	85.3	74.6	52.5	19.5	25.3	9.2	5	4.3	3.4
孕产妇死亡率/(例/10万活产)	21.7	6	567	632	256	96.5	50.6	16.3	9.3	13.6	—
慢性呼吸道疾病死亡率/(例/10万人)	77.1*	1	51.5	56.1	57.8	37.9	32.5	26	20.6	19.8	22.2
传染性疾病等致死的比重/(%)	5.3*	8	62.6	51.8	40.8	14.9	17.5	7.1	7.2	7.6	5.4
非传染性疾病等致死的比重/(%)	87.1*	8	28	35.3	49.4	76.1	72.2	84.4	86.5	86.4	89.7
伤害致死的比重/(%)	7.5*	—	10.8	7.3	9	9.9	10.7	10	7	6.3	5.6
肺结核发病率/(例/10万人)	68	5	241	154	227	156	123	38	20	12	7

注:*为2012年数据;**为2010年数据;***为2013年数据,****为2008年数据,*****为2011年数据。

2. 中国健康生活的2000年截面分析

2000年世界健康生活的截面分析包括53个变量;其中,约28个变量与国家经济水平相关。将中国指标与世界水平进行比较,可大致判断中国健康生活的水平。

2000年截面,中国健康生活大约有1个指标达到经济发达国家组的水平,9个指标达到经济中等发达国家组的水平,约有8个指标为经济初等发达国家组的水平(表3-39)。

表3-39 2000年截面中国健康生活指标的相对水平

指标	经济欠发达			经济初等发达		经济中等发达		经济发达		合计
	1组	2组	3组	4组	5组	6组	7组	8组	9组	
健康观念	—	—	—	—	—	—	—	—	—	—
健康行为	—	—	—	1	—	2	—	—	—	3
健康营养	—	—	—	1	3	1	—	—	1	6
健康状况	—	—	—	—	3	5	1	—	—	9
合计	—	—	—	2	6	8	1	—	1	18

注:2000年健康观念数据无法获得。

3. 中国健康生活的 1980 年截面分析

1980 年世界健康生活的截面分析包括 53 个变量；其中，约 10 个变量与国家经济水平相关。将中国指标与世界水平进行比较，可大致判断中国健康生活的水平。

1980 年截面，中国健康生活约有 3 个指标达到经济中等发达国家组的水平，约有 3 个指标达到经济初等发达水平，约有 2 个指标仍为经济欠发达组水平（表 3-40）。

表 3-40 1980 年截面中国健康生活指标的相对水平

指标	经济欠发达			经济初等发达		经济中等发达		经济发达		合计
	1组	2组	3组	4组	5组	6组	7组	8组	9组	
健康观念	—	—	—	—	—	—	—	—	—	—
健康行为	—	—	—	—	—	1	—	—	—	1
健康营养	1	—	1	1	—	—	—	—	—	3
健康状况	—	—	—	—	2	1	1	—	—	4
合计	1	—	1	1	2	2	1	—	—	8

注：1980 年健康观念数据无法获得。

4. 中国健康生活的 1900 年截面分析

1900 年中国平均预期寿命为 24 岁，该指标为经济欠发达组水平。

二、中国健康服务的截面分析

1. 中国健康服务的 2014 年截面分析

2014 年世界健康服务的截面分析包括 60 个变量；其中，约 15 个变量与国家经济水平显著相关。将中国指标与世界水平进行比较，可大致判断中国健康服务的水平。

表 3-41 2014 年截面中国健康服务指标的相对水平

指标	经济欠发达			经济初等发达		经济中等发达		经济发达		合计
	1组	2组	3组	4组	5组	6组	7组	8组	9组	
健康医护	—	—	—	—	2	1	—	—	—	3
公共健康	—	—	—	—	1	—	—	—	2	3
健康保险	—	—	—	—	—	—	—	—	—	—
健康人力资源	—	—	1	1	—	—	—	—	—	2
健康基础设施	—	—	—	1	2	—	—	—	—	3
合计	—	—	1	2	5	1	—	—	2	11

注：2000 年健康保险数据无法获得。

2014 年截面，中国健康服务大约有 2 个指标达到经济发达国家组的水平，1 个指标达到经济中等发达国家组的水平，约有 7 个达到经济初等发达国家组的水平，1 个指标为经济欠发达国家组的水平（表 3-41，表 3-42）。

表 3-42 2014 年截面中国健康服务指标的国际比较

指标	中国数值	中国分组	国际对照(经济水平、国家分组、人均国民收入、指标特征值)								
			经济欠发达			经济初等发达		经济中等发达		经济发达	
			1	2	3	4	5	6	7	8	9
			424	798	1697	4300	7962	14 052	27 409	47 998	75 168
(1) 健康医护											
出院率/(例/10万人)	14 872	5	—	—	—	—	7882	17 406	14 756	17 509	16 700
平均住院天数/天	9.6	7	—	—	—	—	3.6	7.3	8.4	7.3	6.2
门诊咨询率/次	5.36*	5	—	—	—	—	2.3	7.9	8	7.2	4.6
中医诊疗率/(次/人)	0.31		—	—	—	—	0.31				
(2) 公共健康											
儿童DPT免疫接种率/(%)	99	9	79	76	87	91	86	94	97	95	95
儿童麻疹免疫接种率/(%)	99	9	78	77	84	91	89	95	96	93	93
结核病患病率/(例/10万人)	89	5	319	204	293	158	125	47.5	23.9	15.1	8.8
结核病治愈率/(%)	95***	—	79	82	85	85	80	73	75	73	81
(3) 人力资源											
医生比例/(‰)	2.1	4	0.04	0.1	1	2.3	2.3	3.1	3.3	3.3	3.9
护士和助产士比例/(‰)	2.2	3	0.4	0.9	2.8	3.7	3.8	5.8	5.8	10.3	15.1
社区健康工作者比例/(‰)**	0.83**		0.5	0.05	0.28	0.21	0.45	0.44	—		
医学专业毕业生比例/(人/10万人)	43.0***		—	—	—	10	12	11	11.7	13.5	
(4) 基础设施											
医院密度/(所/百万人)	18.9	5	—	—	—	—	—	25	26	33	47
公立医院密度/(所/百万人)	9.73	4	—	—	—	—	12	17	8	16	32
床位比例/(‰)	4.8	5	1.8	1.6	1.9	2.6	3.5	4.5	3.3	4.5	3.7

注:* 为 2015 年数据,** 为 2011 年数据,*** 为 2013 年数据。

2. 中国健康服务的 2000 年截面分析

2000 年世界健康服务的截面分析包括 60 个变量;其中,约 8 个变量与国家经济水平相关。将中国指标与世界水平进行比较,可大致判断中国健康服务的水平。

2000 年截面,中国健康服务大约有 3 个指标达到经济初等发达国家组的水平,约有 3 个指标为经济欠发达国家组的水平(表 3-43)。

表 3-43 2000 年截面中国健康服务指标的相对水平

指标	经济欠发达			经济初等发达		经济中等发达		经济发达		合计
	1组	2组	3组	4组	5组	6组	7组	8组	9组	
健康医护	—	—	—	—	—	—	—	—	—	—
公共健康	—	—	—	2	1	—	—	—	—	3
健康人力资源	—	1	1	—	—	—	—	—	—	2
健康基础设施	—	—	1	—	—	—	—	—	—	1
合计	—	1	2	2	1	—	—	—	—	6

3. 中国健康服务的 1980 年截面分析

1980 年世界健康服务的截面分析包括 60 个变量;其中,约 4 个变量与国家经济水平相关。将中国指标与世界水平进行比较,可大致判断中国健康服务的水平。

1980 年截面,中国健康服务大约有 2 个指标达到经济初等发达国家组的水平,1 个指标为经济欠发达国家组的水平(表 3-44)。

表 3-44 1980 年截面中国健康服务指标的相对水平

指标	经济欠发达			经济初等发达		经济中等发达		经济发达		合计
	1组	2组	3组	4组	5组	6组	7组	8组	9组	
健康医护	—	—	—	—	—	—	—	—	—	—
公共健康	—	—	—	—	1	—	—	—	—	1
健康人力资源	—	—	—	1	—	—	—	—	—	1
健康基础设施	—	—	1	—	—	—	—	—	—	1
合计	—	—	1	1	1	—	—	—	—	3

三、中国健康环境的截面分析

1. 中国健康环境的 2014 年截面分析

2014 年世界健康环境指标的截面分析包括 13 个变量；其中，约 8 个变量与国家经济水平显著相关。将中国指标与世界水平进行比较，可大致判断中国健康环境的水平。

表 3-45 2014 年截面中国健康环境指标的相对水平

指标	经济欠发达			经济初等发达		经济中等发达		经济发达		合计
	1组	2组	3组	4组	5组	6组	7组	8组	9组	
健康生态环境	—	1	1	1	1	—	—	—	—	4
健康社会环境	—	—	—	—	3	1	—	—	—	4
合计	—	1	1	1	4	1	—	—	—	8

2014 年截面，中国健康环境指标大约有 1 个指标达到经济中等发达国家组的水平，约有 5 个指标达到经济初等发达国家组的水平，约有 2 个指标仍处于经济欠发达国家组的水平（表 3-45、表 3-46）。

表 3-46 2014 年截面中国健康环境指标的国际比较

指标	中国数值	中国分组	国际对照（经济水平、国家分组、人均国民输入、指标特征值）								
			经济欠发达			经济初等发达		经济中等发达		经济发达	
			1	2	3	4	5	6	7	8	9
			424	798	1697	4300	7962	14 052	27 409	47 998	75 168
(1) 健康生态环境											
清洁饮水普及率/(%)	95.5*	5	61.4	73.1	79.2	93	91.1	98.1	99.5	99.7	100
卫生设施普及率/(%)	76.5*	4	26.3	32.6	53.5	81.6	81.6	92.9	99.7	98.6	99.4
PM 2.5 年均浓度/(微克/立方米)	57.2*	3	17.92	23.53	24.95	16.32	19.24	13.6	22.23	15.62	9.66
PM 2.5 浓度超标暴露人口比例/(%)	100*	2	74.1	87.2	82.9	80.4	78.3	69.2	87.2	69.3	32.8
(2) 健康社会环境											
抚养比例/(%)	35.8	—	90.6	84.5	66.7	51.8	49.6	48.7	51	50.8	52.7
65 岁以上人口比例/(%)	9.2	5	3	3.2	4.2	7.8	8	12.7	15.7	16.2	17.4
出生率/(‰)	12.4	6	39	34.9	28.1	19.2	18	13.9	11.8	11.6	11.3
死亡率/(‰)	7.2	—	9.8	9.3	8	7.2	7.9	9.1	7.7	7.9	8.1
成人识字率/(%)	95.1**	5	58	64	75	91	93	97	98	96	
失业率/(%)	4.7	—	7.9	4.6	7.7	10.4	9.6	8	12.8	6.4	5.7
人均国民收入/美元	7400	5	424	798	1697	4300	7962	14 052	27 409	47 998	75 168

注：指标单位见表 1-13。* 为 2015 年数据，** 为 2010 年数据。

2. 中国健康环境的 2000 年截面

2000 年世界健康环境指标的截面分析包括 13 个变量；其中，约 9 个变量与国家经济水平显著相关。将中国指标与世界水平进行比较，可大致判断中国健康环境的水平。

2000 年截面，中国健康环境指标大约有 1 个指标达到经济中等发达国家组的水平，约有 5 个指标达到经济初等发达国家组的水平（表 3-47）。

表 3-47 2000 年截面中国健康环境指标的相对水平

指标	经济欠发达			经济初等发达		经济中等发达		经济发达		合计
	1组	2组	3组	4组	5组	6组	7组	8组	9组	
健康生态环境	—	—	—	2	—	—	—	—	—	2
健康社会环境	—	—	—	2	1	—	1	—	—	4
合计	—	—	—	4	1	—	1	—	—	6

3. 中国健康环境的 1980 年截面

1980 年世界健康环境指标的截面分析包括 13 个变量；其中，约 4 个变量与国家经济水平显著相关。将中国指标与世界水平进行比较，可大致判断中国健康环境的水平。

1980 年截面，中国健康环境指标大约有 2 个指标为经济中等发达国家组的水平，约有 2 个指标为经济初等发达国家组的水平（表 3-48）。

表 3-48 1980 年截面中国健康环境指标的相对水平

指标	经济欠发达			经济初等发达		经济中等发达		经济发达		合计
	1组	2组	3组	4组	5组	6组	7组	8组	9组	
健康生态环境	—	—	—	—	—	—	—	—	—	—
健康社会环境	—	—	—	2	—	2	—	—	—	4
合计	—	—	—	2	—	2	—	—	—	4

注：健康生态环境缺少国家组的对照水平。

四、中国健康治理的截面分析

1. 中国健康治理的 2014 年截面分析

2014 年世界健康治理指标的截面分析包括 24 个变量；其中，约 13 个变量与国家经济水平显著相关。将中国指标与世界水平进行比较，可大致判断中国健康治理的水平。

表 3-49 2014 年截面中国健康治理指标的相对水平

指标	经济欠发达			经济初等发达		经济中等发达		经济发达		合计
	1组	2组	3组	4组	5组	6组	7组	8组	9组	
健康监管	—	—	2	4	1	—	—	—	—	7
健康科技	—	—	—	—	1	—	—	—	—	1
健康产业	—	—	—	2	—	—	—	—	—	2
合计	—	—	2	6	2	—	—	—	—	10

2014 年截面，中国健康治理指标大约有 8 个指标达到经济初等发达国家组的水平，约有 2 个指标

为经济欠发达国家组的水平(表 3-49、表 3-50)。

表 3-50 2014 年截面中国健康治理指标的国际比较

指标	中国数值	中国分组	国际对照(经济水平、国家分组、人均国民输入、指标特征值)								
			经济欠发达			经济初等发达		经济中等发达		经济发达	
			1	2	3	4	5	6	7	8	9
			424	798	1697	4300	7962	14 052	27 409	47 998	75 168
(1) 健康监管											
人均健康支出/国际美元	731	4	72.5	153	230	618	977	1515	2661	4525	5435
人均寿命成本/国际美元	9.64	4	1.3	2.5	3.5	8.5	13.7	20	32.9	55.9	66.3
健康支出占 GDP 比例/(%)	5.55	3	5.1	6.7	5.5	6.2	6.3	6.6	8.1	9.9	10.7
公共健康支出占健康支出比例/(%)	55.8	4	48.9	36.7	48.1	51.5	58.3	63.9	66.8	74	77.5
公共健康支出占政府支出比例/(%)	10.4	3	9.5	9.1	9.1	11	12.6	11.6	11.9	16.7	18.8
私人健康支出占健康支出比例/(%)	44.2	4	51.1	63.4	51.9	48.5	41.7	36.1	33.2	26.1	22.5
现金健康支出占健康支出比例/(%)	32.0	5	34.5	41.7	44.1	40.1	31.3	28.8	24.5	15.8	17.3
(2) 健康科技											
医药产业科技经费比例/(%)*	0.04*	5	—	—	—	—	0.04	0.05	0.12	0.16	0.31
(3) 健康产业											
健康产业增加值比例/(%)	1.98	4	—	—	—	—	—	4.1	5.3	8.2	10.9
健康产业劳动力占就业劳动力比例/(%)	3.16	4	—	—	—	—	—	6.4	6.2	12.5	18

注:指标单位见表 1-13。* 为 2011 年数据。中国健康产业劳动力占就业劳动力比例为估计数。

2. 中国健康治理的 2000 年截面

2000 年世界健康治理指标的截面分析包括 24 个变量;其中,约 8 个变量与国家经济水平显著相关。将中国指标与世界水平进行比较,可大致判断中国健康治理的水平。

2000 年截面,中国健康治理指标大约有 2 个指标达到经济初等发达国家组的水平,约有 5 个指标为经济欠发达国家组的水平(表 3-51)。

表 3-51 2000 年截面中国健康治理指标的相对水平

指标	经济欠发达			经济初等发达		经济中等发达		经济发达		合计
	1组	2组	3组	4组	5组	6组	7组	8组	9组	
健康监管	3	1	1	2	—	—	—	—	—	7
健康科技	—	—	—	—	—	—	—	—	—	
健康产业	—	—	—	—	—	—	—	—	—	
合计	3	1	1	2	—	—	—	—	—	7

注:健康科技和健康产业数据无法获得。

第三节 中国健康现代化的过程分析

中国健康现代化包括中国整体的健康现代化、中国健康四大方面的现代化、中国各地区的健康现代化(图 3-4)等。中国健康现代化的过程分析的分析对象可以分为三类:历史进程(1860~2010 年)、客观现实(2014 年)和未来前景(2020~2050 年)。

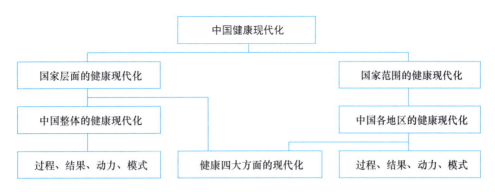

图 3-4 中国健康现代化的过程分析

注：健康四大方面指健康生活（健康观念、健康行为、健康营养和健康状况）、健康服务（健康医护、公共健康、健康保险、健康人力资源和健康基础设施）、健康环境（健康生态环境、健康社会环境和健康国际合作）和健康治理（健康监管、健康科技、健康用品和健康产业）。国家层面的健康现代化和地区的健康现代化，都涉及健康四大方面的现代化。

一、中国健康现代化的历史进程

中国健康现代化的历史进程，指从它的起步到目前的历史过程。中国健康现代化的进程研究，时间跨度约为 150 年。关于中国健康四大方面现代化，前面已有专门分析。关于中国的地区健康现代化，需要专题研究。这里重点讨论中国整体的健康现代化。

中国整体的健康现代化是一个多维度的历史过程，需要从多个角度进行分析，分析内容可以根据需要进行选择。下面简要讨论它的阶段、内容、特点、结果、动力和模式。

1. 中国健康现代化的主要阶段

中国健康现代化是中国现代化的重要组成部分，与中国社会现代化紧密相关。

（1）中国社会现代化的发展阶段

目前，我国学术界比较普遍的看法是，中国现代化可以分为三个阶段，它们是 1840/60～1911 年、1912～1949 年、1949 年至今。第一个阶段是清朝末年的现代化起步，第二个阶段是民国时期的局部现代化，第三个阶段是新中国的全面现代化。新中国指中华人民共和国。

《中国现代化报告 2006》认为，中国社会现代化的历史过程，同样分为三个阶段：清朝末年、民国时期和新中国时期；而且每一个阶段又可分为三个时期（表 3-52）。

表 3-52 中国社会现代化的阶段

阶段	时期	大致时间	历史阶段	社会发展的新特点	经济转型	经济地位
现代化起步（清朝末年）	准备	1840～1860	鸦片战争	引进现代科学知识	无	下降
	起步	1860～1894	洋务运动	现代运输和教育	无	下降
	调整	1895～1911	维新新政	现代教育和卫生	起步	下降
局部现代化（民国时期）	探索	1912～1927	北洋政府时期	现代教育的发展	比较慢	下降
	探索	1928～1936	国民政府早期	交通运输和教育	比较慢	下降
	调整	1937～1949	战争时期	局部社会现代化	比较慢	下降
全面现代化（新中国）	探索	1949～1977	计划时期	教育、卫生和福利	比较慢	相对上升
	市场化	1978～2001	改革时期	城市化和社会变革	比较快	相对上升
	全球化	2002～至今	追赶时期	新城市化和全球化	比较快	相对上升

参考资料：罗荣渠，1993；许纪霖、陈达凯，1995；周积明，1996；虞和平，2002；张琢、马福云，2001。

资料来源：中国现代化战略研究课题组等，2006。

(2) 中国健康现代化的发展阶段

参照中国社会现代化的阶段划分,19世纪后期以来,中国健康现代化的前沿过程大致分为三个阶段:清朝末年的健康现代化起步、民国时期的局部健康现代化、新中国的全面健康现代化(表3-53)。

表3-53 中国健康现代化的发展阶段

阶段	大致时间	历史阶段	健康现代化的主要内容和特点(举例)
健康现代化起步 (清朝末年)	1840~1860	鸦片战争	西方医学通过传教士引入中国
	1860~1894	洋务运动	医学院(医学馆)的建立等
	1895~1911	维新新政	设立公共卫生管理机构(卫生司)等
局部健康现代化 (民国时期)	1912~1927	北洋政府时期	设立卫生部,公布《全国卫生行政系统大纲》,颁布《传染病预防条例》和《中华药典》,建立卫生研究机构等
	1928~1936	国民政府早期	
	1937~1949	战争时期	
全面健康现代化 (新中国)	1949~1977	计划时期	建立公共卫生和医疗体系等
	1978~2001	改革时期	医药和医疗机构的市场化改革、医疗保险等
	2002~至今	全球化时期	健康服务的信息化、智能化、网络化、国际化等

注:本表内容只是一个提纲,不是全面阐述。

2. 中国健康现代化的主要内容

中国健康现代化的主要内容与世界健康现代化的主要内容是基本一致的。在不同阶段,中国健康现代化的内涵和特点有所不同。

(1) 清朝末年的健康现代化起步

清朝末年的健康现代化,可以从思想和实践两个方面来认识。

首先,现代健康的知识传播。洋务运动之前,西方医学已经在中国开始传播,但大多是不成体系的。洋务运动期间,中国开始主动学习西方先进医疗技术,并着手翻译西方医学著作,现代健康知识得以系统传播。

其次,现代健康的实践。在19世纪中后期,一些现代医院和医学教育有所发展。1881年,李鸿章在天津创办了中国第一所医学院。

(2) 民国时期的局部健康现代化

首先,健康现代化的探索。民国时期,国民政府在南京成立卫生部(后改为卫生署),开始着手发展医疗和公共卫生事业,并出台了一批代表健康现代化方向的法规条例。

其次,健康现代化的实践。主要内容包括创办医院,发展医学教育,以防疫为主的公共卫生体系和医疗保障制度也得以初步建立。健康服务方面,1919年中国正式成立了中央防疫处,掌管各种急性传染病的调查、研究、防治和讲习,并开始制造生物制品,如白喉抗毒素、免疫血清、牛痘苗及各种疫苗等。健康治理方面,1927年,南京国民政府在内务部设卫生司,掌管全国卫生行政。1928年,卫生司改为卫生部,另设中央防疫委员会。民国时期也比较重视医学科研,1932年国民政府成立了中央卫生实验处,主要负责创设各项卫生实验与研究机关,设立各实验区以及训练各种卫生保健和防疫的专门人才。

(3) 新中国的全面健康现代化

新中国成立之后,中央政府为健康卫生工作制定了"面向工农兵、预防为主、团结中西医、卫生工作与群众运动相结合"的四大方针。1950年8月,第一届全国卫生工作会议召开,标志着中国健康现代化进入一个新的阶段。之后,中央国务院以及卫生部门出台了一系列关于健康生活、健康服务、健康环境、健康综合以及其他相关政策文件(表3-54)。

表 3-54 健康相关政策文件的分类

健康分类	文件名称	颁发部门	颁发日期
综合	《中共中央、国务院关于卫生改革与发展的决定》	中共中央	1997 年 1 月
	《中共中央、国务院关于深化医药卫生体制改革的意见》(中发〔2009〕6 号)	中共中央	2009 年 3 月
	《国务院关于印发"十二五"期间深化医药卫生体制改革规划暨实施方案的通知》(国发〔2012〕11 号)	国务院	2012 年 3 月
	《"健康中国 2030"规划纲要》	中共中央、国务院	2016 年 10 月
	《国务院关于印发"十三五"深化医药卫生体制改革规划的通知》(国发〔2016〕78 号)	国务院	2016 年 12 月
	《"十三五"卫生与健康规划》(国发〔2016〕77 号)	国务院	2016 年 12 月
健康生活	《关于坚持开展爱国卫生运动的通知》	国务院	1978 年 4 月
	《关于进一步加强新时期爱国卫生工作的意见》(国发〔2014〕66 号)	国务院	2014 年 12 月
健康服务	《关于全国各级人民政府、党派、团体及所属事业单位的国家工作人员实行公费医疗预防的指示》	政务院	1952 年 6 月
	《国务院关于印发国家基本公共服务体系"十二五"规划的通知》(国发〔2012〕29 号)	国务院	2012 年 7 月
	《关于县级公立医院综合改革试点意见》(国办发〔2012〕33 号)	国务院办公厅	2012 年 6 月
	《国务院关于促进健康服务业发展的若干意见》(国发〔2013〕40 号)	国务院	2013 年 9 月
	《国务院关于加快发展现代保险服务业的若干意见》(国发〔2014〕29 号)	国务院	2014 年 8 月
	《国务院办公厅关于印发全国医疗卫生服务体系规划纲要(2015—2020 年)的通知》(国办发〔2015〕14 号)	国务院办公厅	2015 年 3 月
	《关于全面推开县级公立医院综合改革的实施意见》(国办发〔2015〕33 号)	国务院办公厅	2015 年 4 月
	《关于城市公立医院综合改革试点的指导意见》国办发〔2015〕38 号	国务院办公厅	2015 年 5 月
	《关于促进社会办医加快发展的若干政策措施》(国办发〔2015〕45 号)	国务院办公厅	2015 年 6 月
	《关于推进分级诊疗制度建设的指导意见》(国办发〔2015〕70 号)	国务院办公厅	2015 年 9 月
	《关于整合城乡居民基本医疗保险制度的意见》(国发〔2016〕3 号)	国务院	2016 年 1 月
	《关于城镇医疗机构分类管理的实施意见》(卫医发〔2000〕233 号)	卫生部、中医药管理局、财政部、国家计委	2000 年 7 月
	《医药卫生中长期人才发展规划(2011—2020 年)》	卫人发〔2011〕15 号	2011 年 2 月
	《关于加快发展社会办医的若干意见》(国卫体改发〔2013〕54 号)	卫计委体制改革司	2013 年 12 月
	《关于推进县级公立医院综合改革的意见》(国卫体改发〔2014〕12 号)	卫计委体制改革司	2014 年 3 月
	《关于印发进一步改善医疗服务行动计划实施方案(2015—2017 年)的通知》(国卫办医发〔2015〕33 号)	卫计委、国家中医药管理局	2015 年 5 月
	《关于进一步规范社区卫生服务管理和提升服务质量的指导意见》(国卫基层发〔2015〕93 号)	卫计委、国家中医药管理局	2015 年 11 月
	《全国新型农村合作医疗异地就医联网结报实施方案》(国卫基层发〔2016〕23 号)	卫计委、财政部	2016 年 5 月
	《"十三五"全国卫生计生人才发展规划》	卫计委	2017 年 1 月
	《关于公立医院改革试点的指导意见》(卫医管发〔2010〕20 号)	卫生部	2010 年 7 月

(续表)

健康分类	文件名称	颁发部门	颁发日期
健康服务	《关于加强公立医疗卫生机构绩效评价的指导意见》(国卫人发〔2015〕94号)	国家卫生计生委、人力资源和社会保障部、财政部、国家中医药管理局	2015年12月
	《关于加强公立医疗卫生机构绩效评价的指导意见》(国卫人发〔2015〕94号)	卫计委人事司	2015年12月
	《关于印发加强儿童医疗卫生服务改革与发展意见的通知》(国卫医发〔2016〕21号)	卫计委、发改委等6部委	2016年5月
	《国家卫生计生委关于印发全国护理事业发展规划(2016—2020年)的通知》(国卫医发〔2016〕64号)	卫计委	2016年11月
	《"十三五"国家医学中心及国家区域医疗中心设置规划》(国卫医发〔2017〕3号)	卫计委	2017年1月
	《国务院办公厅关于印发中医药健康服务发展规划(2015—2020年)的通知》(国办发〔2015〕32号)	国务院办公厅	2015年5月
	《关于进一步加强医疗救助与城乡居民大病保险有效衔接的通知》(民发〔2017〕12号)	民政部、卫计委等6部委	2017年2月
健康环境	《中华人民共和国劳动保险条例》	政务院	1951年2月
	《关于印发严厉打击涉医违法犯罪专项行动方案的通知》(国卫医发〔2016〕34号)	国家卫生计生委等9部委	2016年6月
	《关于加强健康促进与教育的指导意见》(国卫宣传发〔2016〕62号)	国家卫生计生委等10部委	2016年11月
	《国家卫生计生委关于印发"十三五"全国人口健康信息化发展规划的通知》(国卫规划发〔2017〕6号)	卫计委	2017年2月
其他	《关于把卫生工作重点放到农村的报告》	中共中央	1965年
	《关于推进医疗卫生与养老服务相结合指导意见的通知》(国办发〔2015〕84号)	国务院办公厅	2015年11月
	《关于全面推进卫生与健康科技创新的指导意见》(国卫科教发〔2016〕50号)	卫计委、科技部等5部委	2016年9月
	《关于鼓励民间资本参与养老服务业发展的实施意见》(民发〔2015〕33号)	民政部、发展改革委等10部委	2015年2月

其一,健康生活水平持续改善。2014年,中国居民人均期望寿命为75.8岁,与新中国成立前的35.0岁相比,大幅提升;全国孕产妇死亡率已由新中国成立之初的1500/10万下降至2013年的23.2/10万,婴儿死亡率由成立之初的200‰下降到2015年9.2‰,均居发展中国家前列。居民健康素养水平由2008年的6.48%上升到2014年的9.79%。

其二,健康服务能力不断增强。一是我国医疗卫生体系不断完善,新中国成立初期,医生比例由1965年的1.07‰上升到2015年的2.21‰,护士和助产士比例由1990年的0.84‰上升到2012年的1.85‰、床位比例由1965年的1.4‰上升到2011年的3.8‰;二是重大传染疾病得到有效控制,新中国成立近70年来,中国通过大力开展爱国卫生运动、实施国家免疫规划和重大疾病防控、防治政策,严重威胁群众健康的重大传染病得到有效控制,有效控制了麻风病、血吸虫病、疟疾等曾经严重威胁人民群众健康的疾病,全国甲乙类法定传染病发病率从1949年的20 000/10万下降到2015年的223.6/10万;三是基本建立医疗保险体系并不断改革发展和完善。

其三，健康环境逐步受到重视。一是健康生态环境日渐受到重视，清洁饮水普及率由1990年的66.9%上升到2015年的95.5%；卫生设施普及率由1990年的47.5%上升到2015年的76.5%；二是健康社会环境不断改善，农村人口贫困发生率由2010年的17.2%下降到2015年的5.7%，65岁以上人口比例由1990年的5.34%上升到2015年的9.55%。

其四，健康治理能力不断提高。一是药品监管法规体系基本形成，目前已基本形成了《中华人民共和国药品管理法》《药品管理法实施条例》和《医药器械监督管理条例》为核心的药品监管法规体系。二是医药产业获得长足发展，新中国成立以前，中国能够生产的原料药品种很少，1956年能够生产的原料药有149种，目前，中国生产的原料药已经达到1500余种，其中青霉素和维生素C等不少品种产量已经跃居世界第一，其他品种抗生素、激素和氨基酸的原料药产量，也在国际医药市场上占有较大份额。三是卫生科技不断进步，医学基础研究取得了快速发展，研究水平逐步与国际接轨。

3. 中国健康现代化的主要结果

(1) 中国健康现代化的一般结果

中国健康现代化是世界健康现代化的组成部分，中国健康现代化的一般结果与世界健康现代化的一般结果是基本一致的，包括健康现代性、多样性和副作用的形成，包括中国健康状态和国际地位的变化等。从面板数据看，2014年中国健康现代化水平高于世界平均值，约为健康发达国家的41%。

从理论角度看，中国健康现代化的结果包括健康观念的提升、健康状况的改善、健康医护水平的提高、技术进步和健康效率提高、健康治理制度的完善等；从政策角度看，中国健康现代化的结果包括健康生活、健康服务、健康环境、健康治理的深刻变化，包括从传统健康向现代健康的转变等。

(2) 中国健康现代化的国际地位变化

在1990~2014年期间，中国已经从健康欠发达国家升级为健康初等发达国家，1990年中国健康现代化指数在131个国家中排名为第76位，2014年健康现代化指数世界排名为第59位左右，中国国际地位有较大提高。

(3) 中国健康现代化的国际差距变化

首先，中国健康现代化水平的国际差距。1990年以来，中国健康现代化指数的国际差距逐步缩小，1990年低于世界平均值3个分值，2014年高于世界平均值3个分值。

其次，中国健康现代化指标的国际差距（表3-55）。1980年以来，中国健康指标的国际差距的变化因指标而异。有些指标的国际差距扩大，如人均健康支出等；有些指标的国际差距缩小，如出生时平均预期寿命、卫生设施普及率、新生儿死亡率等。

表3-55　1980~2014年中国健康指标的国际差距（举例）

项目		1980	1990	2000	2005	2010	2014
平均预期寿命/岁	中国值	66.5	69.0	71.7	73.8	75.0	75.8
	高收入国家平均值	72.2	74.4	76.0	77.0	78.4	79.2
	世界平均值	62.8	65.4	67.6	69.0	70.5	71.5
	高收入国家平均值－中国值	5.7	5.4	4.3	3.2	3.4	3.4
	世界平均值－中国值	－3.7	－3.6	－4.1	－4.8	－4.5	－4.3
人均健康支出/国际美元	中国值	—	64.3*	133	235	450	731
	高收入国家均值	—	1786*	2293	3156	4070	4611
	世界平均值	—	481*	605	831	1094	1275
	高收入国家平均值－中国值	—	1722	2160	2921	3620	3880
	世界平均值－中国值	—	417	472	596	644	544

(续表)

项目		1980	1990	2000	2005	2010	2014
卫生设施普及率/(%)	中国值	—	47.5	58.8	64.9	70.8	75.4
	高收入国家均值	—	94.7	95.1	95.6	96.1	96.3
	世界平均值	—	52.9	58.8	61.9	64.8	67.0
	高收入国家平均值－中国值	—	47.2	36.3	30.7	25.3	20.9
	世界平均值－中国值	—	5.4	0	−3	−6	−8.4
新生儿死亡率/(‰)	中国值	—	29.7	21.2	14	8.2	5.9
	高收入国家平均值	—	8.1	5.8	4.9	4.2	3.8
	世界平均值	—	36.2	30.5	25.7	22.3	19.7
	高收入国家平均值－中国值	—	−21.6	−15.4	−9.1	−4	−2.1
	世界平均值－中国值	—	6.5	9.3	11.7	14.1	13.8

注：*为1995年数据。

二、中国健康现代化的客观现实

在本《报告》中，中国健康现代化的现实分析以2014年截面为分析对象，分析内容包括中国健康现代化的整体水平、健康四大方面的现代化水平、中国健康现代化的地区水平。这里重点讨论前两者。

1. 中国健康现代化的整体水平

2014年中国健康现代化水平属于健康初等发达水平，处于发展中国家的中间位置。2014年中国健康现代化指数为41，排名世界131个国家的第59位。

2. 中国健康四大方面的现代化水平

(1) 2014年中国健康四大方面的指标水平

2014年中国健康四大方面指标的现代化水平大致是：11.5%的指标为发达水平，23.1%的指标为中等发达水平，51.9%的指标为初等发达水平，13.5%的指标为欠发达水平（表3-56）。

表3-56 2014年中国健康四大方面的现代化水平

项目	健康生活指标	健康服务指标	健康环境指标	健康治理指标	合计	比例/(%)
发达水平	4	2	—	—	6	11.5
中等发达水平	10	1	1	—	12	23.1
初等发达水平	7	7	5	8	27	51.9
欠发达水平	2	1	2	2	7	13.5
合计	23	11	8	10	52	100

2014年，中国达到发达水平的健康指标包括儿童DPT免疫接种率、儿童麻疹免疫接种率、新生儿低体重的比例、专业人员接生比例等；达到中等发达水平的健康指标包括出生时平均预期寿命、出生时预期健康寿命、婴儿死亡率、新生儿死亡率、5岁以下儿童死亡率等；达到初等发达水平的指标包括医生比例、床位比例等；处于欠发达水平的指标包括护士和助产士比例、PM2.5年均浓度等（表3-57）。

表 3-57 2014 年中国健康指标的现代化水平

项目	表现很好的指标	表现较好的指标	表现一般的指标	表现不佳的指标
指标举例	儿童 DPT 免疫接种率 儿童麻疹免疫接种率 新生儿低体重的比例 专业人员接生比例 传染性疾病等致死比重 非传染性疾病致死比重	出生时平均预期寿命 出生时预期健康寿命 婴儿死亡率 新生儿死亡率 5 岁以下儿童死亡率 孕产妇死亡率 少女生育率 平均住院天数 育龄妇女贫血发生率 出生率 人均食物供应量 人均蛋白质供应量	医生比例 床位比例 医院密度 公立医院密度 门诊咨询率 孕妇产前检查比率 出院率 清洁饮水普及率 卫生设施普及率 成人识字率 营养不良人口比例 缺乏体育锻炼比例 人均健康支出 人均寿命成本 健康产业增加值比例 医药产业科技经费比例	护士和助产士比例 慢性呼吸道疾病死亡率 成人超重比例 PM 2.5 年均浓度 PM 2.5 浓度超标暴露人口比例 健康支出占 GDP 比例 公共健康支出占政府支出比

2014 年,中国不同健康指标的世界排名有很大差别。例如,中国儿童 DPT 免疫接种率与法国、比利时、韩国等 14 个国家并排第 1 位,出生时平均预期寿命排第 41 位,人均健康支出排第 66 位(表 3-58)。

表 3-58 2014 年中国健康指标的世界排名和国际差距(举例)

项目	儿童 DPT 免疫接种率/(%)	出生时平均预期寿命/岁	育龄妇女贫血发生率/(%)*	人均健康支出/国际美元	卫生设施普及率/(%)
中国值	99	75.8	19.5	731	75.4
中国排名	1	41	36	66	77
国家数	131	131	131	131	128
世界最大值	99	83.6	11.9	9403	100
世界最大值÷中国值	1	1.1	0.60	12.9	1.33

注:* 为 2011 年数据,育龄妇女贫血发生率为逆指标。

(2) 2014 年中国健康四大方面的国际差距

首先,健康生活指标的国际差距(表 3-59)。中国女性成人吸烟率、少女生育率、传染性疾病等致死的比重等 3 个指标情况与高收入国家相比,相对较好。

表 3-59 2014 年或近年中国健康生活指标的国际差距

指标	中国	高收入国家	绝对差	相对差	世界平均	绝对差	相对差
女性成人吸烟率/(%,逆指标)*	2.0	19.3	17.3	9.65	7.0	5	3.50
育龄妇女贫血发生率/(%,逆指标)**	19.5	18.2	-1.3	0.93	29.4	9.9	1.51
出生时平均预期寿命/岁	75.8	80.6	4.8	1.06	71.5	-4.3	0.94
总和生育率/(个/妇女)	1.6	1.7	0.1	1.06	2.5	0.9	1.56
少女生育率/(‰,逆指标)	7.3	19.8	12.5	2.71	44.8	37.5	6.14

(续表)

指标	中国	高收入国家	绝对差	相对差	世界平均	绝对差	相对差
婴儿死亡率/(‰,逆指标)	9.8	6.0	−3.8	0.61	32.6	22.8	3.33
新生儿死亡率/(‰,逆指标)	5.9	3.8	−2.1	0.64	19.7	13.8	3.34
5岁以下儿童死亡率/(‰,逆指标)	11.4	7.0	−4.4	0.61	43.9	32.5	3.85
传染性疾病等致死的比重/(%,逆指标)*	5.3	6.7	1.4	1.26	23.0	17.7	4.34
伤害致死的比重/(%,逆指标)*	7.5	6.6	−0.9	0.88	9.2	1.7	1.23
结核发病率/(例/10万人,逆指标)	68	21	−47	0.31	133	65	1.96
交通伤害致死率/(例/10万人,逆指标)***	18.8	9.3	−9.5	0.49	17.3	−1.5	0.92

注:绝对差=高收入国家值(世界平均值)−中国值。相对差=高收入国家值(世界平均值)÷中国值。
* 为2012年数据,** 为2011年数据,*** 为2013年数据。

其次,健康服务指标的国际差距(表3-60)。中国儿童DPT免疫接种率、儿童麻疹免疫接种率、结核病治愈率等3个指标高于高收入国家;中国护士和助产士比例指标远远低于高收入国家和世界平均值。

表3-60　2014年或近年中国健康服务指标的国际差距

指标和单位	中国	高收入国家	绝对差	相对差	世界平均	绝对差	相对差
儿童DPT免疫接种率/(%)	99	95	−4.00	0.96	86	−13	0.87
儿童麻疹免疫接种率/(%)	99	94	−5.00	0.95	85	−14	0.86
结核病患病率/(例/10万人)	89	26	−63.0	0.29	174	85	1.96
结核病治愈率/(%)*	95	71	−24.0	0.75	86	−9	0.91
医生比例/(‰)	1.73	3.4	1.67	1.97	1.54	−0.19	0.89
护士和助产士比例/(‰)	2.19	11.3***	9.11	5.16	2.7	0.51	1.23
专科手术人员比例/(人/10万人)	40.1**	63.7*	23.7	1.59	30.6*	−9.49	0.76
床位比例/(‰)	3.62	4.8	1.18	1.33	2.9	−0.72	0.80

注:绝对差=高收入国家值(世界平均值)−中国值。相对差=高收入国家值(世界平均值)÷中国值。* 为2013年数据,** 为2012年数据,*** 为OECD 21国2015年平均值。结核病患病率等指标为逆指标。

其三,健康环境指标的国际差距(表3-61)。中国PM 2.5年均浓度是高收入国家平均值的3倍多。

表3-61　2014年或近年中国健康环境定量指标的国际差距

指标和单位	中国	高收入国家	绝对差	相对差	世界平均	绝对差	相对差
清洁用水普及率/(%)	95.5	99.0	3.5	1.04	91.0	−4.5	0.95
卫生设施普及率/(%)	76.5	96.3	19.8	1.26	67.5	−9	0.88
PM 2.5年均浓度/(微克/立方米)*	54.36	15.6	−38.8	0.29	31.5	−22.9	0.58
PM 2.5浓度超标暴露人口比例/(%)*	99.57	73.7	−25.9	0.74	86.9	−12.7	0.87
抚养比率/(%)	35.8	50.5	14.7	1.41	53.9	18.1	1.51
65岁以上人口比例/(%)	9.2	15.8	6.6	1.72	8.1	−1.1	0.88
出生率/(‰)	12.4	11.7	−0.7	0.94	19.4	7	1.56

(续表)

指标和单位	中国	高收入国家	绝对差	相对差	世界平均	绝对差	相对差
死亡率/(‰)	7.2	8.8	1.6	1.22	7.7	0.5	1.07
失业率/(%)	4.7	7.2	2.5	1.53	5.9	1.2	1.26
人均国民收入/美元	7400	38 301	30 901	5.18	10 799	3399	1.46

注：绝对差＝高收入国家值(世界平均值)－中国值。相对差＝高收入国家值(世界平均值)÷中国值。* 为2013年数据。

其四，健康治理指标的国际差距(表3-62)。中国与高收入国家的相对差距超过5倍的指标有2个，超过1倍的指标有1个。

表3-62 2014年中国健康治理指标的国际差距

指标和单位	中国	高收入国家	绝对差	相对差	世界平均	绝对差	相对差
人均健康支出/国际美元	731	4611	3880	6.31	1275	544	1.74
人均寿命成本/(国际美元/岁)	9.64	58.2	48.56	6.04	17.9	8.26	1.86
健康支出占GDP比例/(%)	5.55	12.0	6.45	2.16	9.97	4.42	1.80
公共健康支出占健康支出比例/(%)	55.79	61.93	6.14	1.11	60.05	4.26	1.08
公共健康支出占政府支出比例/(%)	10.43	17.38*	6.95	1.67	—	—	—
私人健康支出占健康支出比例/(%)	44.2	38.1	−6.1	0.86	40.0	−4.2	0.90
现金健康支出占健康支出比例/(%)	32.0	14.3	−17.7	0.45	18.3	−13.7	0.57

注：绝对差＝高收入国家值(世界平均值)－中国值。相对差＝高收入国家值(世界平均值)÷中国值。* 为2013年数据。私人健康支出占健康支出比例等指标为逆指标。

3. 中国健康现代化与典型国家的比较

(1) 中国健康生活指标的国际比较

我们选择出生时平均预期寿命、出生时预期健康寿命、新生儿死亡率、结合发病率、育龄妇女贫血发生率指标进行分析(表3-63)。很显然，不同指标的国别差异是不同的。

表3-63 2014年或近年中国健康生活指标的国际比较

国家	出生时平均预期寿命/岁		出生时健康预期寿命/岁*		新生儿死亡率/(‰)		结核发病率/(例/10万人)		育龄妇女贫血发生率/(%)**	
	数值	指数	数值	指数	数值	指数	数值	指数	数值	指数
中国	75.8	100	68.5	100	5.9	100	68	100	19.5	100
美国	78.9	104	69.1	101	3.7	63	3.1	5	11.9	61
日本	83.6	110	74.9	109	1.0	17	18	26	22.1	113
德国	80.8	107	71.3	104	2.2	37	6.2	9	17.9	92
英国	81.1	107	71.4	104	2.5	42	12	18	14.7	75
法国	82.4	109	72.6	106	2.3	39	8.7	13	18.9	97
新加坡	82.6	109	73.9	108	1.1	19	49	72	22	113
澳大利亚	82.3	109	71.9	105	2.3	39	6.4	9	17.5	90
意大利	82.7	109	72.8	106	2.1	36	6	9	19.4	99
加拿大	82.0	108	72.3	106	3.3	56	5.2	8	16.5	85
俄罗斯	70.4	93	63.4	93	5.2	88	84	124	21.4	110

(续表)

国家	出生时平均预期寿命/岁		出生时健康预期寿命/岁*		新生儿死亡率/(‰)		结核发病率/(例/10万人)		育龄妇女贫血发生率/(%)**	
	数值	指数	数值	指数	数值	指数	数值	指数	数值	指数
墨西哥	76.7	101	67.4	98	7.4	125	21	31	14.4	74
巴西	74.4	98	65.5	96	9.6	163	44	65	19.6	101
印尼	68.9	91	62.1	91	14	237	399	587	22.5	115
印度	68.0	90	59.6	87	28.6	485	167	246	48.1	247
世界平均	71.5	94	62.9	92	19.7	334	133	196	29.4	151

注：* 为2015年数据，** 为2011年数据。新生儿死亡率、结核发病率、育龄妇女贫血发生率为逆向指标。

2014年中国健康生活指标的国际差距如下：

- 出生时平均预期寿命比发达国家低，比俄罗斯、巴西等国要高。
- 出生时健康预期寿命比发达国家低，比巴西、印度等国家高。
- 新生儿死亡率，日本是中国的17%，新加坡是中国的19%，意大利是中国的36%，德国、英国、法国、澳大利亚均低于中国，印尼、印度、巴西等国家都高于中国。
- 结核发病率，美国仅为中国的5%，德国、澳大利亚、意大利、加拿大均为中国的10%以下，俄罗斯、印尼、印度等国家高于中国。
- 育龄妇女贫血发生率，美国、德国、英国、法国、澳大利亚、意大利、加拿大均低于中国，俄罗斯、印度等国高于中国。

（2）中国健康服务指标的国际比较

我们选择医生比例、护士和助产士比例、千人床位比例、儿童麻疹免疫接种率指标进行分析（表3-64）。

表3-64　2014年中国健康服务指标的国际比较

国家	医生比例/(‰)		护士和助产士比例/(‰)		床位比例/(‰)		儿童麻疹免疫接种率/(%)	
	数值	指数	数值	指数	数值	指数	数值	指数
中国	2.1	100	2.19	100	3.62	100	99	100
美国	2.56	122	—	—	2.89	80	91	92
日本	2.36	112	10.96	500	13.2	365	98	99
德国	4.11	196	13.14	600	8.23	227	97	98
英国	2.79	133	8.19	374	2.73	75	93	94
法国	3.11	148	—	—	6.2	171	90	91
新加坡	—	—	—	—	—	—	95	96
澳大利亚	3.47	165	11.56	528	3.74	103	93	94
意大利	3.88	185	—	—	3.31	91	86	87
加拿大	2.5	119	9.78	447	2.72	75	95	96
俄罗斯	4.9	233	7.43	339	8.81	243	98	99
墨西哥	—	—	—	—	1.62	45	97	98
巴西	—	—	—	—	—	—	97	98
印尼	0.32	15	1.16	53	—	—	77	78
印度	0.72	34	1.37	63	0.52	14	83	84
世界平均	1.54	73	2.7	123	2.9	80	85	86

2014年中国健康服务指标的国际差距如下：

- 医生比例，美国、日本、德国、英国、法国、澳大利亚、意大利、加拿大、俄罗斯等国高于中国，印尼、印度等国低于中国。
- 护士和助产士比例，日本、德国、英国、澳大利亚、加拿大、俄罗斯等国高于中国，印尼、印度等国低于中国。
- 床位比例，日本、德国、法国、俄罗斯、澳大利亚等国高于中国，美国、英国、意大利、加拿大、墨西哥、印度等国低于中国。
- 儿童麻疹免疫接种率，美国、日本、德国、英国、法国、新加坡都低于中国。

(3) 中国健康环境指标的国际比较

我们选择卫生设施普及率、清洁饮水普及率、PM 2.5年均浓度、死亡率指标进行分析（表3-65）。

表3-65 2014年或近年中国健康环境指标的国际比较

国家	卫生设施普及率/(%)		清洁饮水普及率/(%)		PM 2.5年均浓度/(微克/立方米)*		死亡率/(‰)	
	数值	指数	数值	指数	数值	指数	数值	指数
中国	75.4	100	94.8	100	54.36	100	7.2	100
美国	100	133	99.2	105	10.75	20	8.1	113
日本	100	133	100	105	16.03	29	10	139
德国	99.2	132	100	105	15.35	28	10.8	150
英国	99.2	132	100	105	10.81	20	8.8	122
法国	98.7	131	100	105	14.02	26	8.4	117
新加坡	100	133	100	105	16.68	31	4.7	65
澳大利亚	100	133	100	105	5.93	11	6.5	90
意大利	99.5	132	100	105	18.34	34	9.8	136
加拿大	99.8	132	99.8	105	12.14	22	7.4	103
俄罗斯	72.2	96	96.9	102	14.23	26	13.1	182
墨西哥	85.1	113	96.1	101	11.93	22	4.79	67
巴西	82.7	110	98.1	103	16.5	30	6.12	85
印尼	60.6	80	86.8	92	14.77	27	7.16	99
印度	39.5	52	94.1	99	46.68	86	7.34	102
世界平均	67.02	89	90.55	96	31.54	58	7.75	108

注：*为2013年数据，PM 2.5年均浓度、死亡率为逆指标。

2014年中国健康环境指标的国际差距如下：

- 卫生设施普及率，美国、日本、新加坡、澳大利亚、德国、英国、意大利、加拿大、法国高于中国，俄罗斯、印尼等国家低于中国。
- 清洁饮水普及率，美国、日本、德国、英国、法国、新加坡、澳大利亚、意大利、加拿大等国高于中国。
- PM 2.5年均浓度，所选的14个国家值均低于中国。
- 死亡率，俄罗斯、德国、日本、意大利、英国高于中国，新加坡、澳大利亚等国家低于中国。

(4) 中国健康治理指标的国际比较

我们选择人均健康支出、健康支出占 GDP 比例、医药产业科技经费比例、健康产业增加值比例等指标进行分析(表 3-66)。

表 3-66　2014 年或近年中国健康治理指标的国际比较

国家	人均健康支出 /(国际美元)		健康支出占 GDP 比例 /(%)		医药产业科技经费比例 /(%)*		健康产业增加值比例 /(%)	
	数值	指数	数值	指数	数值	指数	数值	指数
中国	731	100	5.55	100	0.04	100	1.98	100
美国	9403	1286	17.14	309	0.3	750	7.26	367
日本	3727	510	10.23	184	0.26	650	—	—
德国	5182	709	11.3	204	0.15	375	7.46	377
英国	3377	462	9.12	164	0.3	750	7.31	369
法国	4508	617	11.54	208	0.15	375	9.41	475
新加坡	4047	554	4.92	89	—	—	—	—
澳大利亚	4357	596	9.42	170	0.03	75	7.17	362
意大利	3239	443	9.25	167	0.04	100	6.13	310
加拿大	4641	635	10.45	188	0.03	75	7.16	362
俄罗斯	1836	251	7.07	127	—	—	—	—
墨西哥	1122	153	6.3	114	0.03	75	—	—
巴西	1318	180	8.32	150	—	—	—	—
印尼	299	41	2.85	51	—	—	—	—
印度	267	37	4.69	85	—	—	—	—
世界平均	1275	174	9.97	180	—	—	—	—

注：* 为 2011 年数据；疾病治疗致贫人口比例为逆指标。

2014 年中国健康治理指标的国际差距如下：

- 人均健康支出，美国、德国、法国、加拿大、日本、新加坡、澳大利亚、英国、意大利等国高于中国，印尼、印度等国低于中国。
- 健康支出占 GDP 比例，美国、德国、法国、日本、英国、澳大利亚、意大利、加拿大、巴西等国高于中国，新加坡、印尼、印度等国低于中国。
- 医疗产业科技经费比例，美国、英国、日本、德国、法国高于中国，澳大利亚、加拿大、墨西哥低于中国。
- 健康产业增加值比例，美国、德国、英国、法国、澳大利亚、意大利、加拿大均高于中国。

(5) 中国健康现代化的国别年代差

如果按出生时平均预期寿命、婴儿死亡率和医生比例 3 个指标的年代差的平均值计算，2014 年中国健康发展水平，比瑞典、挪威、荷兰、法国大致落后 30 多年(表 3-67)。

表 3-67　2014 年中国健康发展水平的年代差

国家	出生时平均预期寿命/年			婴儿死亡率/(‰)			医生比例/(‰)			平均年差
	数值	年代	年差	数值	年代	年差	数值	年代	年差	
中国	75.8	2014		9.8	2014		2.1	2014		
瑞典	75.7	1980	34	9.8	1973	41	2.0	1978	36	37
挪威	75.7	1980	34	9.9	1976	38	2.1	1982	32	35
荷兰	75.7	1980	34	9.7	1977	37	2.1	1983	31	34
法国	75.8	1987	27	9.8	1981	33	2.1	1982	32	31
日本	75.9	1977	37	10.0	1975	39	2.06	2002	12	29
丹麦	75.9	1997	17	9.7	1986	28	2.1	1983	31	25
奥地利	75.8	1992	22	10.0	1986	28	2.1	1988	26	25
英国	75.6	1990	24	9.7	1985	29	2.0	2001	13	22
美国	75.2	1990	24	9.7	1989	25	2.1	1997	17	22
西班牙	75.5	1981	33	9.7	1989	25	—	—	—	29
意大利	75.8	1986	28	9.9	1986	28				28
德国	75.8	1992	22	9.8	1984	30				26
韩国	75.8	2000	14	9.8	1983	31	2.1	2011	3	16
墨西哥	75.7	2008	6	—	—	—	2.1	2011	3	5

注：年差＝2014－对比国年代。

三、中国健康现代化的前景分析

关于中国健康现代化的前景分析，属于一种预测研究。在本《报告》中，中国健康现代化的前景分析，时间跨度为 2020～2050 年(约 30 年)，分析对象包括中国健康现代化的整体前景和健康四大方面的前景等。这种前景分析，只是提出一种可能性，而不是精确预见。

1. 中国健康现代化的整体前景

《中国现代化报告 2003》建议，21 世纪中国现代化路径将是综合现代化路径，不同地区可以选择合适的路径：比较发达的地区选择第二次现代化路径，其他地区选择第一次现代化路径或综合现代化路径，全国将是两次现代化的协调发展，并持续向第二次现代化转型。

21 世纪中国健康现代化的路径，将是中国现代化路径和中国社会现代化路径在健康领域的体现，将是综合健康现代化路径，将是两次健康现代化的协调发展，并持续向第二次健康现代化转型。

2. 中国健康四大方面的前景分析

中国健康四大方面的前景分析，主要选择与国家经济水平有显著相关性的指标进行分析，采用线性外推分析方法。分别参考 1990～2015 年和 2000～2015 年的年均增长率，预测未来的发展水平。未来水平的预测值，与所采用的年均增长率紧密相关。这种分析只供参考。

(1) 中国健康生活指标的前景分析

中国健康生活现代化的前景分析，选择 9 个指标(表 3-68)。

表 3-68 中国健康生活指标的情景分析

项目	增长率/(%)		2015	2020	2030	2040	2050
参考 1990～2015 年增长率估算	实际值	预测值					
出生时平均预期寿命/岁	0.392	0.200	75.8*	76.7	78.3	79.8	81.5
婴儿死亡率/(‰)	−5.902	−3.000	9.2	7.90	5.83	4.30	3.17
5 岁以下儿童死亡率/(‰)	−6.256	−3.130	10.7	9.13	6.64	4.83	3.52
恶性肿瘤发病率/(例/10 万人)	1.272	1.650	159.8	173.4	204.2	240.6	283.3
5 岁以下儿童超重比例/(%)	1.166**	0.580	7.0*	7.2	7.7	8.1	8.6
营养不良人口比例/(%)	−3.705	−3.700	9.3	7.70	5.28	3.62	2.48
参考 2000～2015 年增长率估算	实际值	预测值					
出生时平均预期寿命/年	0.397****	0.200	75.8*	76.7	78.3	79.8	81.5
出生时预期健康寿命/年	0.392	0.200	68.5	69.2	70.6	72.0	73.5
婴儿死亡率/(‰)	−7.618	−2.300	9.2	8.19	6.49	5.14	4.07
5 岁以下儿童死亡率/(‰)	−7.922	−2.380	10.7	9.49	7.46	5.86	4.61
孕产妇死亡率/(例/10 万活产)	−6.259	−4.300	20.1	16.1	10.4	6.7	4.3
恶性肿瘤发病率/(例/10 万人)	1.655	1.660	159.8	173.5	204.5	241.1	284.3
营养不良人口比例/(%)	−3.632	−3.630	9.3	7.73	5.34	3.69	2.55
5 岁以下儿童超重比例/(%)	5.293****	0.580	7.0*	7.2	7.7	8.1	8.6
国民健康素养水平/(%)	6.070***	3.000	9.79*	11.3	15.3	20.5	27.5

注:* 为 2014 年数据,** 为 1990~2014 年的平均增长率,*** 为 2008~2014 年的平均增长率,**** 为 2000~2014 年增长率。当中国指标 2050 年预测数值处于发达国家 2015 年至 2030 年之间的水平时,直接采用实际增长率估算;当 2050 年预测数据低于发达国家 2015 年水平或高于发达国家 2030 年水平时,预测增长率做适度调整,后同。

(2) 中国健康服务指标的前景分析

中国健康服务现代化的前景分析,选择 8 个指标(表 3-69)。

表 3-69 中国健康服务指标的情景分析

项目	增长率/(%)		2015	2020	2030	2040	2050
参考 1990～2015 年增长率估算	实际值	预测值					
医生比例/(‰)	1.455	1.455	2.21	2.38	2.74	3.17	3.66
护士和助产士比例/(‰)	4.288	5.000	2.40	3.06	4.99	8.13	13.24
床位比例/(‰)	2.732	0.270	5.10	5.17	5.31	5.46	5.60
儿童 DPT 免疫接种率/(%)	0.082	0.041	99	99.20	99.61	100	100
参考 2000～2015 年增长率估算	实际值	预测值					
医生比例/(‰)	3.872	1.900	2.21	2.43	2.93	3.54	4.27
全科医生比例/(人/千人)	13.6*	5.41	0.138	0.18	0.30	0.52	0.87
护士和助产士比例/(‰)	5.977	4.870	2.40	3.04	4.90	7.88	12.68
床位比例/(‰)	4.868	0.480	5.10	5.22	5.48	5.75	6.03
平均住院天数/天	−1.25	−1.20	9.6	9.04	8.01	7.10	6.29
儿童 DPT 免疫接种率/(%)	1.022	0.050	99	99.25	99.75	100	100

(续表)

项目	增长率/(%)		2015	2020	2030	2040	2050
参考2000~2015年增长率估算	实际值	预测值					
成人乳腺癌五年存活率/(%)	—	0.200	73**	75.22	76.74	78.29	79.87
健康保险覆盖率/(%)	2.822***	0.280	92.75	92.89	95.52	98.23	100

注：* 为2013年至2015年的平均增速，** 成人乳腺癌五年存活率为2003~2005年数据，*** 为2010~2015年的平均增速。健康保险覆盖率＝(农村户籍人口×新农合比例＋城镇户籍人口×城镇户籍人口保险率)/全国总人口，其中，城镇户籍人口保险率＝(城镇居民和基本医保参保人数－(城镇常住人口－城镇户籍人口))/城镇户籍人口。

(3) 中国健康环境指标的前景分析

中国健康环境现代化的前景分析，简要讨论7个定量指标的前景(表3-70)。

表3-70 中国健康环境指标的情景分析

项目	增长率/(%)		2015	2020	2030	2040	2050
参考1990~2015年增长率估算	实际值	预测值					
清洁饮水普及率/(%)	1.434	0.140	95.5	96.2	97	98	100
卫生设施普及率/(%)	1.925	0.960	76.5	80.2	88.3	97.1	100
PM 2.5年均浓度/(微克/立方米)	0.746	0.100	57.2	57.5	58.1	58.6	59.2
农村贫困人口发生率/(%)	−9.722	−4.800	5.7	4.46	2.73	1.67	1.02
65岁以上人口比例/(%)	2.405	2.000	9.6	10.6	12.9	15.7	19.2
参考2000~2015年增长率估算	实际值	预测值					
清洁饮水普及率/(%)	1.162	0.120	95.5	96.1	97.2	98.4	100
卫生设施普及率/(%)	1.770	0.880	76.5	79.9	87.2	95.2	100
PM 2.5年均浓度/(微克/立方米)	0.821	−0.100	57.2	56.9	56.3	55.8	55.2
交通事故受伤比率/(例/万人)	−5.121	−2.600	1.5	1.31	1.01	0.78	0.60
自杀率/(例/10万人)	−11.054*	−0.110	8.7**	8.62	8.53	8.44	8.34
农村贫困人口发生率/(%)	−13.455	−6.700	5.7	4.03	2.01	1.01	0.50
65岁以上人口比例/(%)	2.442	2.400	9.6	10.8	13.7	17.4	22.0

注：* 为2008~2012年平均增速，** 为2012年数据。农村贫困发生率以2010年农村贫困标准为统计口径，数据来源于《中国统计年鉴2016》。

(4) 中国健康治理指标的前景分析

中国健康治理现代化的前景分析，简要讨论6个定量指标的前景(表3-71)。

表3-71 中国健康治理指标的情景分析

项目	增长率/(%)		2015	2020	2030	2040	2050
参考1990~2015年增长率估算	实际值	预测值					
健康支出占GDP比例/(%)	2.145	2.145	6.0	6.7	8.2	10.2	12.6
公共健康支出占健康支出比/(%)	0.417*	0.820	55.8**	58.6	63.6	69.0	74.9

(续表)

项目	增长率/(%)		2015	2020	2030	2040	2050
参考2000～2015年增长率估算	实际值	预测值					
人均健康支出/美元	17.238	8.600	474	716	1634	3728	8508
人均寿命成本/(美元/岁)	17.092***	8.500	5.5**	9.0	20.3	45.9	103.7
健康支出占GDP比例/(%)	1.792	2.000	6.0	6.6	8.1	9.8	12.0
公共健康支出占健康支出比/(%)	2.72***	0.810	55.8**	58.6	63.5	68.8	74.6
健康产业增加值比例/(%)	8.397****	4.200	1.98**	2.5	3.8	5.8	8.7
健康产业劳动力比例/(%)	8.397****	4.200	3.16**	4.0	6.1	9.2	13.9

注：* 为1990～2014年平均增速；** 为2014年数据；*** 为2000～2014年平均增速；**** 为2010～2014年平均增速；健康产业增加值为"卫生和社会工作"的增加值。

3. 中国健康现代化的机遇和挑战

在21世纪前50年，中国健康现代化将面临什么样的机遇和挑战呢？我们认为，中国健康现代化的机遇和挑战，不仅来源于内部，也来源于世界健康现代化本身和国际环境。

其一，大幅提升护士和助产士人员比例。2014年，中国护士和助产士人员比例仅为2.19‰，远低于日本、德国、英国、加拿大、澳大利亚等发达国家，也低于世界平均值，需要大幅度提升。

其二，大力完善卫生基础设施。2014年，中国卫生设施普及率①仅为75.4%，美国、日本、新加坡等国家已达到100%，德国和英国也已达到99.2%。

其三，大力提高健康产业增加值比重。2014年，中国健康产业增加值占GDP比重为1.98%，而美国、德国、法国、意大利等国家健康产业增加值占GDP比例，在2011年就分别已经达到7.64%、7.13%、9.1%、5.79%，中国健康产业仍有很大的发展空间。

其四，推动劳动力向健康产业转移。2014年，中国健康产业劳动力比例约为3.2%，高收入国家平均约为12.9%。如果中国在2050年健康劳动力比例上升到12.9%左右，需要把9.7%的劳动力转变为健康劳动力；按2014年劳动力总数计算，大约是0.7亿劳动力需要转移。

其五，大力提升生态环境质量。2013年，中国PM2.5年均浓度达到54.36微克/立方米，是世界平均值的1.73倍，也远高于美国、英国、法国等发达国家，分别为他们的5.1倍、5.0倍和3.9倍。未来，生态环境质量尤其是空气质量的提升将是健康现代化的重要任务之一。

其六，进一步提升公共健康投入。2014年，中国公共健康支出占政府支出比例为10.4%，不足美国一半，也低于日本、德国、英国等发达国家；中国健康支出占GDP比例为5.55%，美国、日本、德国、法国等发达国家分别达到了17.1%、10.2%、11.3%和11.5%。

其七，健康科研投入有待加强。2011年，中国医药产业科技经费投入占GDP比例为0.04%，分别为美国、日本、德国、英国、法国的13.3%、15.4%、26.7%、13.3%、26.7%，增加健康科研投入将是提升中国健康水平的关键。

其八，完善健康保险制度，提高健康服务的公平性。

---

① 卫生设施普及率主要指家庭抽水马桶普及率等。

第四节 中国健康现代化的战略分析

健康长寿不仅是人类发展的一个核心目标,而且是我国人民的一个共同愿望,更是中国复兴的一个重要标志。2016年中央和国务院发布《"健康中国2030"规划纲要》,给中国健康现代化提供了政策指引。我们认为:中国健康现代化,就是要努力建设一个国民健康长寿的社会,一个人人享有健康服务的社会,一个家家拥有健康保险的社会,一个健康生活和健康服务达到世界先进水平的社会。下面简要讨论中国健康现代化的战略目标和政策建议。

一、中国健康现代化的目标分析

20世纪50年代以来,中国健康发展取得巨大成就,部分健康指标已经超过世界平均水平,全国平均达到世界健康初等发达水平,处于发展中国家的中间位置。中国健康现代化是中国社会现代化的组成部分,健康现代化的目标分析,应该与社会现代化相呼应。

中国健康现代化的目标分析,可以从总目标和分目标两个层次进行分析。

1. 中国健康现代化的总目标

1987年邓小平同志提出"三步走"发展战略,我国现代化目标是在2050年前后,达到世界中等发达水平,基本实现现代化。预计21世纪下半叶,中国将达到世界发达水平,全面实现现代化。中国健康现代化的国家目标,要与中国现代化的国家目标相协调,并适度超前。据此推论,中国健康现代化的目标包括:在21世纪上半叶达到世界健康中等发达水平,基本实现健康现代化;在21世纪下半叶达到世界健康发达水平,全面实现健康现代化。

中国健康现代化的总目标,可以用"健康现代化指数"来定量描述,它包括健康生活、健康服务和健康质量的12个关键指标。2014年中国健康现代化指数约为41,排名世界131个国家的第59位。根据健康现代化指数的国家分组,2014年中国为健康初等发达国家,处于发展中国家的中间位置。如果按2000~2014年健康现代化指数的年均增长率计算,中国健康现代化指数有可能在2030年达到100(表3-72),即达到2014年发达国家的平均值。

表3-72 中国健康现代化指数的国际比较

项目	2000年健康现代化指数	2014年健康现代化指数	2000~2014年指数年均增长率/(%)	指数达到100需要的年数(按2000~2014年年均增长率计算)	指数达到100的大致年份
中国	19	41	5.71	16	2030
高收入国家	79	100	1.68	0	2014
中等收入国家	16	22	2.53	60	—
低收入国家	3	7	4.59	61	—
世界平均	29	38	1.82	54	—

注:本表健康现代化指数评价的基准值为2014年发达国家的平均值。

根据健康统计指标的面版数据,如果131个参加评价的国家都大致按2000~2014年健康现代化指数的年均增长率计算(部分国家的增长率做出调整),中国健康现代化指数的世界排名,2030~2040年有可能进入前40位左右,进入健康中等发达国家行列;在2050~2060年有可能进入前20位左右,进入健康发达国家行列;在2080年前后有可能进入前10位左右,进入健康发达国家前列,达到世界先进水平(表3-73)。

表 3-73 中国健康现代化指数的世界排名的情景分析

项目	2014	2020	2030	2040	2050	2060	2080	2100
测算一	59	50	42	—	—	—	—	—
测算二	59	51	49	29	11	9	4	4
测算三	59	55	50	48	33	21	13	9
平均	59	52	47	38	22	15	9	7

注:测算一,中国指数年均增长率按5.07%计算,国家指数年均增长率超过5%的按(5%+实际增长率/10)计算。测算二,中国指数年均增长率按4.17%计算,其他国家指数年均增长率超过4%的按(4%+实际增长率/10)计算。预测三,中国指数年均增长率按3.27%计算,其他国家指数年均增长率超过3%的按(3%+实际增长率/10)计算。国家指数年均增长率低于零的按0.5%计算。

2006年《中国现代化报告2006》提出了中国社会现代化的战略目标,包括:

- 实施社会福利化战略,2020年前全面建立社会保障体系,基本建立全国医疗保险体系;2030年建立完全覆盖的、高效运行的国民健康保障体系,建成和谐高效的新型福利国家。
- 实施全民健康发展战略和卫生体系现代化战略,推进卫生体系现代化,增加公共卫生投入,建设健康长寿型国家。2050年人均预期寿命超过80岁,健康寿命超过74岁。

2016年发布的《"健康中国2030"规划纲要》提出了"健康中国"的建设目标:

- 到2020年,建立覆盖城乡居民的中国特色基本医疗卫生制度,健康素养水平持续提高,健康服务体系完善高效,人人享有基本医疗卫生服务和基本体育健身服务,基本形成内涵丰富、结构合理的健康产业体系,主要健康指标居于中高收入国家前列。
- 到2030年,促进全民健康的制度体系更加完善,健康领域发展更加协调,健康生活方式得到普及,健康服务质量和健康保障水平不断提高,健康产业繁荣发展,基本实现健康公平,主要健康指标进入高收入国家行列。
- 到2030年具体实现以下目标(表3-74)。

表 3-74 《"健康中国2030"规划纲要》的主要目标

领域	主要指标	2015	2020	2030
健康水平	人均预期寿命/岁	76.34	77.3	79
	婴儿死亡率/(‰)	8.1	7.5	5
	5岁以下儿童死亡率/(‰)	10.7	9.5	6
	孕产妇死亡率/(例/10万)	20.1	18	12
	城乡居民达到《国民体质测定标准》合格以上的人数比例/(%)	89.6	90.6	92.2
健康生活	居民健康素养水平/(%)	10	20	30
	经常参加体育锻炼人数/亿人	3.6	4.35	5.3
健康服务与保障	重大慢性病过早死亡率/(%)	19.1(2013年)	比2015年降低10%	比2015年降低30%
	每千常住人口执业(助理)医师数/人	2.2	2.5	3
	个人卫生支出占卫生总费用的比重/(%)	29.3	28	25
健康环境	地级及以上城市空气质量优良天数比率/(%)	76.7	>80	持续改善
	地表水质量达到或好于Ⅲ类水体比例/(%)	66	>70	持续改善
健康产业	健康服务业总规模/万亿元		>8	16

2. 中国健康现代化的分目标

根据前面的分析,健康现代化包括健康生活、健康服务、健康环境和健康治理的现代化。中国健康现代化的分目标是这四个方面都达到发达国家水平。目前(2012~2015年),中国四个方面的24个健康指标,距离发达国家水平的差距有比较大的差别,部分指标如病床比例指标已经达到发达国家水平,部分指标如人均健康支出的国际差距很大(表3-75)。

表3-75 中国健康现代化指标的国际比较和预测

指标	中国	年	发达国家	年	中国/发达国家	实际增长率/(%)*	预测增长率/(%)**	需要年数***
健康生活								
出生时平均预期寿命/岁	75.8	2014	80.6	2014	0.94	0.39	0.39	16
出生时预期健康寿命/岁	68.5	2015	72.1	2015	0.95	0.39	0.39	13
婴儿死亡率/(‰)	9.2	2015	4.6	2015	2.00	−7.62	−3.80	18
5岁以下儿童死亡率/(‰)	10.7	2015	5.5	2015	1.95	−7.92	−4.00	16
孕产妇死亡率/(例/10万活产)	20.1	2015	5.1	2014	3.94	−6.26	−6.26	21
5岁以下儿童超重比例/(%)	7.0	2014	6.0	2015	1.17	5.29	−1.00	16
健康服务								
医生比例/(‰)	2.2	2015	3.4	2015	0.65	3.87	3.87	11
全科医生比例/(‰)	0.14	2015	0.79	2015	0.18	9.52	9.52	19
护士和助产士比例/(‰)	2.4	2015	11.3	2015	0.21	5.98	5.98	27
床位比例/(‰)	5.1	2015	4.8	2014	1.07	4.83	****	—
平均住院天数/天	9.6	2015	7.4	2014	1.30	−1.25	−1.25	21
健康保险覆盖率/(%)	91.6	2015	99.5	2015	0.92	2.82	1.00	8
健康环境								
清洁饮水普及率/(%)	95.5	2015	99.5	2015	0.96	1.16	0.60	7
卫生设施普及率/(%)	76.5	2015	99.4	2015	0.77	1.77	1.77	15
PM 2.5年均浓度/(微克/立方米)	57.2	2015	16.3	2015	3.52	0.82	−3.00	41
交通事故受伤比例/(例/万人)	1.5	2015	31.7	2014	0.05	−5.12	*****	—
自杀率/(例/10万人)	8.7	2012	11.7	2013	0.74	−11.05	1.00	30
65岁以上人口比例/(%)	9.6	2015	17.2	2015	0.55	2.44	2.44	24
健康治理								
人均健康支出/美元	474	2015	5251	2014	0.09	17.24	10.00	25
人均寿命成本/(美元/岁)	5.5	2014	65.2	2014	0.08	17.09	10.00	26
健康支出占GDP比例/(%)	6.0	2015	12.3	2014	0.49	1.79	2.00	36
公共健康支出占健康支出比例/(%)	55.8	2014	74.3	2015	0.75	2.73	2.73	11
健康产业增加值比例/(%)	2.0	2014	7.8	2015	0.25	8.40	8.40	17
健康产业劳动力比例/(%)	3.2	2014	12.9	2014	0.25	8.40	8.40	17

注:* 实际增长率为中国指标2000~2015年期间的年均增长率。** 预测增长率,部分指标为实际增长率,部分指标为估计值。*** 指按预测增长率计算,中国指标达到发达国家水平所需年数。**** 2015年中国床位比例高于发达国家平均值。***** 2015年中国交通事故受伤比例低于发达国家。公共健康支出包括政府财政投入和国家健康保险支付,不包括个人和商业保险支付。5岁以下儿童超重比例、床位比例、PM 2.5年均浓度、交通事故受伤比例、自杀率5个指标的国别差异比较大,部分发达国家经历先上升后下降的过程,许多发展中国家目前处于上升阶段;本表预测仅是一种可能性。

如果按2000~2015年期间的年均增长率计算,22个健康指标达到目前(2013~2015年)发达国家的平均水平平均需要 20 年,多的需要 41 年(PM 2.5 平均浓度),少的需要 7 年(清洁饮水普及率)。按照这种测算,中国健康 4 个方面 22 个指标有可能在 2035 年左右,达到当前(2013～2015 年)发达国家的平均水平。

关于中国健康现代化四个方面的目标分析,可以做如下推理:

- 如果上述测算成立,那么,2035 年中国健康 4 个方面 22 个指标与发达国家平均水平的平均差距约为 20 年,大约相当于 2015 年发达国家平均水平。
- 根据世界健康现代化的预测分析(表 1-103～表 1-110),在健康生活、健康服务、健康治理 3 个方面,世界平均水平约比世界先进水平(发达国家平均水平)落后 30 年;2035 年世界健康 3 个方面平均水平大约为 2005 年发达国家平均水平。
- 如果上述两种预测成立,那么,2035 年,中国健康水平相当于发达国家 2015 年水平,世界平均水平相当于发达国家 2005 年水平,中国超过世界平均水平。
- 如果上述分析成立,中国健康现代化的分目标的设计,可以在 2030 年前后超过世界平均水平,在 2050 年左右达到发达国家 2030 年前后的平均水平(表 3-76)。

表 3-76　2050 年中国健康现代化指标的预测分析

指标	中国基线	基线年	发达国家基线	基线年	预测年份差*	预测年份**	预测水平***
健康生活							
出生时平均预期寿命/岁	75.8	2014	80.6	2014	16	2034	84.2
出生时预期健康寿命/岁	68.5	2015	72.1	2015	13	2037	77.4
婴儿死亡率/(‰)	9.2	2015	4.6	2015	18	2032	3.2
5 岁以下儿童死亡率/(‰)	10.7	2015	5.5	2015	16	2034	3.8
孕产妇死亡率/(例/10 万活产)	20.1	2015	5.1	2014	21	2029	4.7
5 岁以下儿童超重比例/(%)	7.0	2014	6.0	2015	16	2034	6.6
健康服务							
医生比例/(‰)	2.2	2015	3.4	2015	11	2039	5.0
全科医生比例/(‰)	0.14	2015	0.79	2015	19	2031	1.0
护士和助产士比例/(‰)	2.4	2015	11.3	2015	27	2023	12.1
床位比例/(‰)	5.1	2015	4.8	2014	—	—	—
平均住院天数/天	9.6	2015	7.4	2014	21	2029	5.6
健康保险覆盖率/(%)	91.6	2015	99.5	2015	8	2042	100
健康环境							
清洁饮水普及率/(%)	95.5	2015	99.5	2015	7	2043	100
卫生设施普及率/(%)	76.5	2015	99.4	2015	15	2035	100
PM 2.5 年均浓度/(微克/立方米)	57.2	2015	16.3	2015	41	2009	16.3
交通事故受伤比例/(例/万人)	1.5	2015	31.7	2014	—	—	—
自杀率/(例/10 万人)	8.7	2012	11.7	2013	30	2020	10.3
65 岁以上人口比例/%	9.6	2015	17.2	2015	24	2026	21.5
健康治理							
人均健康支出/美元	474	2015	5251	2014	25	2025	7168
人均寿命成本/(美元/岁)	5.5	2014	65.2	2014	26	2024	87.5
健康支出占 GDP 比例/(%)	6.0	2015	12.3	2014	36	2014	12.3
公共健康支出占健康支出比例/(%)	55.8	2014	74.3	2015	11	2039	79.3

(续表)

指标	中国基线	基线年	发达国家基线	基线年	预测年份差*	预测年份**	预测水平***
健康治理							
健康产业增加值比例/(%)	2.0	2014	7.8	2015	17	2033	9.7
健康产业劳动力比例/(%)	3.2	2014	12.9	2014	17	2033	15.1
平均	—		—		20	2030	—

注:* 预测年代差指2050年中国指标与发达国家平均水平的年代差。假设2050年中国与发达国家平均水平的年代差大致相当于2035年中国与发达国家平均水平的年代差,那么,2050年预测年代差=按预测增长率计算的中国指标达到发达国家水平所需年数(即2035年的年代差,表3-74)。** 预测年代指2050年中国指标水平大致相当于哪年的发达国家平均水平,预测年代=2050年-预测年代差。*** 预测水平指2050年中国指标的预期水平,预测水平=预测年代的发达国家的平均值(表1-103,表1-105,表1-107,表1-109)。公共健康支出包括政府财政投入和国家健康保险支付,不包括个人和商业保险支付。5岁以下儿童超重比例、床位比例、PM 2.5年均浓度、交通事故受伤比例、自杀率5个指标的国别差异比较大,部分发达国家经历先上升后下降的过程,许多发展中国家目前处于上升阶段;本表预测仅是一种可能性。

二、中国健康现代化的路线图

中国健康现代化路线图是健康现代化的战略目标和基本路径的一种系统集成。

它的基本思路是:根据健康现代化原理,采纳两次健康现代化的精华,迎头赶上健康现代化的世界先进水平;在2030年前后,健康生活和健康服务全面超过世界平均水平,基本实现健康现代化;在2060年前后,健康生活、健康服务、健康环境和健康治理水平越过发达国家水平的底线,进入健康发达国家行列;在2080年左右,国民健康长寿和健康服务水平超过发达国家平均水平,进入健康发达国家前列,全面实现健康现代化。

中国健康现代化路线图包括五个部分内容:战略目标、基本任务、运河路径、动态监测和战略要点。其中,战略要点在后面专题分析。

1. 中国健康现代化路线图之一:战略目标

前面已经分析了中国健康现代化的总目标和分目标。

中国健康现代化的总目标是:全面建立分工合作制国民健康体系,全面提升健康生活和健康服务水平,全面改进健康环境和健康治理,逐步达到健康现代化的世界先进水平,分步实现健康现代化,建成国民健康长寿水平达到世界先进水平的健康长寿社会(表3-77)。

表3-77 中国健康现代化路线图的战略目标

两大阶段	时间	阶段目标
2014~2050	2014~2020	中国健康现代化水平:世界初等发达水平,世界前50名左右
	2020~2030	中国健康现代化水平:世界中等发达水平,世界前40名左右
	2030~2050	中国健康现代化水平:接近发达国家的底线,世界前30名左右
2050~2100	2050~2060	中国健康现代化水平:越过发达国家的底线,世界前20名左右
	2060~2080	中国健康现代化水平:超过发达国家平均水平,世界前10名左右
	2080~2100	中国健康现代化水平:超过发达国家平均水平,世界前10名左右

注:根据131个国家2000~2014年健康现代化指数的年均增长率进行估算和排名。

- 第一步,在2030年前后,建成和完善"分工合作制国民健康体系"和"公益型全民健康保险体系",实现健康服务全覆盖和公共卫生服务均等化,普及健康生活方式,健康生活和健康服务水平全面超过世界平均水平,部分健康指标进入高收入国家行列,基本实现健康现代化。
- 第二步,在2060年前后,建成高效运行的福利型国民健康体系,建成具有世界先进水平的健康服务强国、健康科技强国和绿色健康家园,健康体系、健康生活、健康服务、健康环境和健康治理水平进入发达国家行列,全面实现健康现代化。
- 第三步,在2080年前后,建成高水平的健康长寿社会,健康长寿和健康服务水平进入发达国家前列,高标准实现健康现代化。

我国地区发展不平衡。推动和实现基本健康服务均等化是一个重要目标。与此同时,发展水平比较高的地区,可以适度调高健康战略的发展目标;发展水平比较低的地区,可以适度调低发展目标。不同地区可以因地制宜,制定和实施符合本地条件的地区健康战略。

2. 中国健康现代化路线图之二:基本任务

(1) 两大基本任务

第一项基本任务:中国健康现代化要上三个台阶。第一个台阶:从初等发达水平升级中等发达水平。第二个台阶:从中等发达水平升级为发达国家水平。第三个台阶:从发达国家水平升级为世界先进水平。

第二项基本任务:中国健康现代化水平的世界排名提高40位左右,中国健康与主要发达国家的综合年代差要逐步缩小并最终消失。中国健康与主要发达国家的年代差,在2030年缩小到20年左右,在2050年缩小到10年左右。

(2) 基本任务的时间分解

中国健康现代化的基本任务与战略目标相对应,可以分解成两大阶段的任务。其中,21世纪上半叶的基本任务是接近发达国家水平的底线;下半叶的基本任务是走到发达国家的前列;同时基本任务可以分解到健康生活、健康服务、健康环境和健康治理四个方面。

3. 中国健康现代化路线图之三:运河路径

中国健康现代化的运河路径是:瞄准健康发展的未来世界前沿,两次健康现代化协调发展,加速从传统健康向现代健康和全民全面健康的转型,迎头赶上健康发展的世界前沿;在2030年左右全面超过健康现代化的世界平均水平;在2060年左右进入健康现代化的发达国家行列;在2080年左右超过健康现代化的发达国家的平均水平,健康生活、健康服务、健康环境和健康治理等达到当时世界先进水平,高标准实现健康现代化(图3-5)。

4. 中国健康现代化路线图之四:动态监测

中国健康现代化的动态监测,包括定性指标和定量指标的监测。其中,定量指标的监测指标包括健康生活、健康服务、健康环境和健康治理四个方面的24个指标(表3-75)。这四个方面24个指标的目标和任务如下(表3-78)。根据健康科技发展和健康现代化的推进,可以适时调整健康现代化的监测指标。

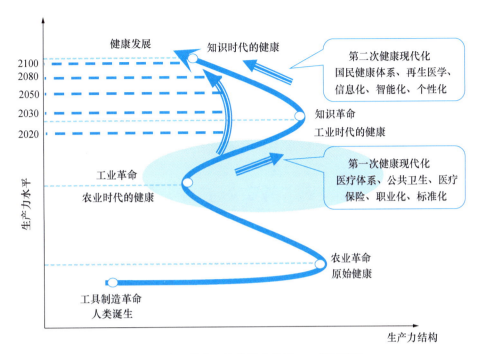

图 3-5 中国健康现代化的路线图——运河路径

表 3-78 中国健康现代化的动态监测

指标	基线值	基线年	增长率/(%)	2020	2030	2040	2050	A	B	对照
健康生活										
出生时平均预期寿命/岁	75.8	2014	0.300	77.2	79.5	81.9	84.4	1.05	1.06	84.2
出生时预期健康寿命/岁	68.5	2015	0.300	69.5	71.6	73.8	76.1	1.05	1.06	75.2
婴儿死亡率/(‰)	9.2	2015	−3.000	7.9	5.8	4.3	3.2	0.63	0.54	3.2
5岁以下儿童死亡率/(‰)	10.7	2015	−3.000	9.2	6.8	5.0	3.7	0.63	0.54	3.8
孕产妇死亡率/(例/10万活产)	20.1	2015	−4.000	16.4	10.9	7.2	4.8	0.54	0.44	4.0
5岁以下儿童超重比例/(%)	7.0	2014	−0.200	6.9	6.8	6.6	6.5	0.97	0.96	6.6
健康服务										
医生比例/(‰)	2.2	2015	2.500	2.5	3.2	4.1	5.2	1.45	1.64	4.3
全科医生比例/(‰)	0.14	2015	6.000	0.2	0.3	0.6	1.1	2.40	3.21	1.0
护士和助产士比例/(‰)	2.4	2015	4.800	3.0	4.8	7.6	12.2	2.02	2.55	14.0
床位比例/(‰)	5.1	2015	0.480*	5.2	5.5	5.7	5.5	1.07	1.00	3.1
平均住院天数/天	9.6	2015	−1.200	9.0	8.0	7.1	6.3	0.83	0.79	5.6
健康保险覆盖率/(%)	91.6	2015	0.600	94.4	100	100	100	1.09	1.00	100
健康环境										
清洁饮水普及率/(%)	95.5	2015	0.500	97.9	100	100	100	1.05	1.00	100
卫生设施普及率/(%)	76.5	2015	0.500	78.4	100	100	100	1.31	1.00	100
PM2.5年均浓度/(微克/立方米)	57.2	2015	−2.000	51.7	42.2	34.5	28.2	0.74	0.67	17.2
交通事故受伤比例/(例/万人)	1.5	2015	5.000	1.9	3.1	5.1	8.3	2.18	2.65	21.8
自杀率/(例/10万人)	8.7	2012	0.500	9.1	9.5	10.0	10.5	1.09	1.10	8.7
65岁以上人口比例/(%)	9.6	2015	2.400	10.8	13.6	17.3	21.9	1.43	1.61	21.5

(续表)

指标	基线值	基线年	增长率/(%)	2020	2030	2040	2050	A	B	对照
健康治理										
人均健康支出/美元	474.0	2015	8.000	696	1504	3246	7008	3.17	4.66	12 043
人均寿命成本/(美元/岁)	5.5	2014	8.000	8.8	19.0	41.0	88.4	3.43	4.66	143
健康支出占GDP比例/(%)	6.0	2015	2.000	6.6	8.1	9.8	12.0	1.35	1.49	14.4
公共健康支出占健康支出比例/(%)	55.8	2014	1.000	59.2	65.4	72.3	79.8	1.17	1.22	77.3
健康产业增加值比例/(%)	2.0	2014	4.500	2.6	4.0	6.2	9.6	2.02	2.41	9.7
健康产业劳动力比例/(%)	3.2	2014	4.500	4.1	6.4	9.9	15.4	1.99	2.37	15.1

注：增长率是根据达到2050年目标值所需要的增长率，参考了2000~2015年健康指标的年均增长率。*床位比例增长率先正后负。A=2030年值/基线值。B=2050年值/2030年值。对照为2030年发达国家平均水平（预测水平）。公共健康支出包括政府财政投入和国家健康保险支付，不包括个人和商业保险支付。5岁以下儿童超重比例、床位比例、PM 2.5 年均浓度、交通事故受伤比例、自杀率等5个指标的国别差异比较大，部分发达国家经历先上升后下降的过程，许多发展中国家目前处于上升阶段；本表动态监测仅代表一种可能性。本表部分指数的预测数据与《"健康中国2030"规划纲要》的目标值有所差别，代表一种预测值。

首先，健康生活现代化的目标和任务。

- 目标：出生时平均预期寿命，2030年提高到79岁，2050年提高到84岁；出生时预期健康寿命，2030年提高到71岁，2050年提高到76岁；婴儿死亡率，2030年下降到6‰，2050年下降到3‰；5岁以下儿童死亡率，2030年下降到7‰，2050年下降到4‰；孕产妇死亡率，2030年下降到10万分之10，2050年下降到10万分之5；5岁以下儿童超重比例，2030年下降到6.8%，2050年下降到6.5%。

- 任务：出生时平均预期寿命和出生时预期健康寿命的年均增长率为0.3%；婴儿死亡率和5岁以下儿童死亡率年均增长率为-3.0%，孕产妇死亡率的年均增长率为-4.0%；5岁以下儿童超重比例的年均增长率从上升转为下降。

其次，健康服务现代化的目标和任务。

- 目标：医生比例，2030年提高到3‰，2050年提高到5‰；全科医生比例，2030年提高0.3‰，2050年提高到1‰；护士和助产士比例，2030年提高到5‰，2050年提高到12‰；平均住院天数，2030年下降到8天，2050年下降到6天；健康保险覆盖率，2030年提高到100%。

- 任务：医生比例、全科医生比例、护士和助产士比例的年均增长率分别为2.5%、6%和4.8%；健康保险覆盖率的年均增长率为0.6%；平均住院天数的年均增长率为-1.2%，病床比例的年均增长率从上升转为下降。

其三，健康环境现代化的目标和任务。

- 目标：清洁饮水普及率和家庭卫生设施普及率，2030年提高到100%；65岁以上人口比例，2030年达到13%，2050年达到21%；PM 2.5 年均浓度，有可能从上升到下降，2050年下降到30以下；交通事故受伤比例和自杀率，2050年控制在万分之8和万分之1以内。

- 任务：清洁饮水普及率和家庭卫生设施普及率的年均增长率为0.5%；65岁以上人口比例年均增长率为2.4%，PM 2.5 年均浓度的年均增长率为-2.0%；交通事故受伤比例和自杀率的年均增长率控制在5%和0.5%以内。

其四，健康治理现代化的目标和任务。

- 目标:人均健康支出,2030年提高到1500美元,2050年提高到7000美元;人均寿命成本,2030年控制在19美元/岁,2050年控制在88美元/岁;健康支出占GDP比例,2030年提高到8%,2050年提高到12%;公共健康支出占健康支出比例,2030年提高到65%,2050年提高到80%;健康产业增加值比例,2030年提高到4%,2050年提高到10%;健康产业劳动力比例,2030年提高到6.3%,2050年提高到15%。
- 任务:人均健康支出和人均寿命成本的年均增长率都为8%;健康支出占GDP比例和公共健康支出占健康支出比例年均增长率为2%和1%,健康产业增加值比例和健康产业劳动力比例的年均增长率为4.5%。

三、中国健康现代化的"健康高铁"战略

在21世纪前50年,健康现代化将是中国社会现代化的一个关键领域。关于中国健康现代化的战略要点,专家学者必然见仁见智。全面落实《"健康中国2030"规划纲要》应该是我国健康现代化的战略重点。同时,具体思路和政策措施还需要与时俱进。

关于健康现代化战略分析大致有三种视角。其一,从健康治理角度进行。其二,从健康服务供给角度进行。其三,从健康服务消费角度进行。这里我们根据世界健康现代化的发展趋势和国际经验,从社会需求和消费角度,讨论中国健康现代化的战略要点。这种讨论只是一家之言,或可作为《"健康中国2030"规划纲要》的一种补充,供大家批评指正。

1. 实施"健康高铁"战略,建设健康长寿社会

我们认为:中国健康现代化包括五个现代化,即健康体系现代化、健康生活现代化、健康服务现代化、健康环境现代化和健康治理现代化;未来30年,可以借鉴中国高铁的发展经验,采用"系统升级、四轮驱动"的发展战略(图3-6),简称"健康高铁"战略(Health Superhighway Strategy)。

- "系统升级"指健康体系现代化,实现从医疗卫生体系向国民健康体系的转型升级;全面实现系统整合,功能升级,"健康服务全覆盖,健康长寿生活美"。
- "四轮驱动"指以健康生活现代化等健康四个方面现代化为动力,实现四化联动。
  健康生活现代化,实现"健康生活少生病",降低和控制健康风险;
  健康服务现代化,实现"有病好治好康复",提升健康服务的质量;
  健康环境现代化,实现"环境安全营养好",提升健康环境的质量;
  健康治理现代化,实现"优质公平可持续",提升健康服务的能力。

这里"健康高铁"是一个形象化比喻。就像中国铁路系统从工业时代的"普通铁路"(Railway System)升级为信息时代的"高速铁路"(High-speed Railway System)一样,中国健康体系也需要转型升级,从医疗卫生体系升级为整合型国民健康体系,即从工业时代分立的医疗卫生体系、医疗保险体系和医疗用品体系,向信息时代整合型国民健康体系的转型升级(表3-79)。"健康高铁"(Health Superhighway System)是高速运行的整合型国民健康体系的一个"形象化说法"。医疗卫生体系是工业社会的产物,国民健康体系是知识社会的前沿。

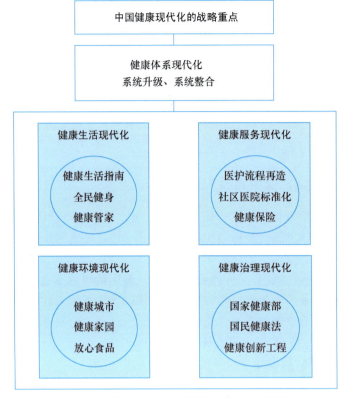

图 3-6 中国健康现代化路线图的"健康高铁"战略

表 3-79 医疗卫生体系和国民健康体系的比较

方面	医疗卫生体系	国民健康体系
原则	以"疾病防治"为本	以人为本
中心	以"救死扶伤"为中心	以人的"健康需求"为中心
目标	以"患者恢复"为目标	以"健康长寿"为目标
系统	分立的医疗卫生体系、医疗保险体系和医疗用品体系	整合型国民健康体系
特点	工业时代的医疗卫生体系	信息时代的国民健康体系

在本《报告》里,"健康高铁"有三种用法(表3-80)。首先,从系统角度看,"健康高铁"是信息时代的整合型国民健康体系的一种"形象化比喻",包括五个子体系和三个影响因子。其次,从战略角度看,"健康高铁"战略是中国健康现代化的一个战略构想,包括"系统升级和四轮驱动"等。其三,从工程角度看,"健康高铁"是一个"健康高速运行系统",包括健康基础设施、健康服务平台和主干线路等。"中国健康高铁工程"采用了第三种用法。

表 3-80 "健康高铁"的三种用法

项目	信息时代的国民健康体系	健康高速运行系统	健康高铁战略
英文翻译	National Health System in the Information Age	High-speed Health System	Health Superhighway Strategy
基本概念	健康高铁是信息时代的整合型国民健康体系的一种形象化比喻(说法)	健康高铁是以健康基础设施、健康物联网、健康大数据和健康服务网等为基础的"健康高速运行系统"	健康高铁战略是中国健康现代化路线图的健康战略的一种形象化比喻(说法)
主要组成	五个子体系和三个影响因子(图 3-9)	健康物理基础设施、健康信息和知识基础设施、健康服务平台和主干线路(图 3-12)	五个现代化,系统升级和四轮驱动(图 3-6)

注:"健康高铁"战略,可以作为中国国家健康战略的一种参考方案。

(1)"健康高铁"战略的宗旨和思路

宗旨:促进全民的健康长寿。健康体系建设是手段,健康长寿社会是目标。

基本思路:以"系统升级"为先导,顶层设计,系统优化;以"四轮驱动"为动力,全民参与,四化协同;以"健康优先、质量优先、公平优先和共建共享"为基本原则(表 3-81),促进国民健康体系的五个子体系的系统整合,推动健康生活现代化等四个方面的协调发展,建设中国健康现代化的"健康高铁"和"健康平台",建成一个具有世界先进水平的健康长寿社会;全面实现"健康生活少生病,有病好治好康复,环境安全营养好,优质公平可持续,健康服务全覆盖,健康长寿生活美"的健康目标。

表 3-81 "健康高铁"战略的原则和理念

项目	主要内容
宗旨	促进全民的健康长寿
基本原则	健康优先、质量优先、公平优先、共建共享
基本理念	健康社会,人人有份;健康生活,家家有责;健康服务,全民覆盖;健康保障,强度递进;健康促进,预防为主;健康体系,分工合作

- 健康优先。健康是人的基本权利,是工作和生活的生理基础,是民族强盛和国家发达的重要标志,健康理应摆在工作和生活的优先位置。把健康理念融入日常生活和所有政策。建立健康影响评价制度,加快形成有利于提高健康水平的健康生活方式和经济社会发展模式。
- 质量优先。健康服务,质量第一。建立健康生活和健康服务的全面质量管理体系,大幅提升健康生活、健康服务、健康用品和健康环境的质量,提高全民的健康水平和健康满意度。
- 公平优先。以人为本,服务全民。优先普及基本公共健康服务。逐步缩小城乡和地区之间的健康服务和健康水平的差异,不断改善健康公平性。坚持基本健康服务的非营利性,同时鼓励营利性健康服务的适度发展,满足人民生活水平提高后的多样化健康需求。
- 共建共享。按照人人参与、人人享有的要求,动员全社会的积极参与,形成健康文化和健康生活方式。促进健康服务的提供方和接受方的相互理解和信任,实现合作共赢。

"健康高铁"战略,要树立"创新、协调、绿色、开放、共享"的发展理念,以提高全民健康水平为核心,以"系统升级和四轮驱动"为抓手,建立全民参与、全程覆盖、分工合作、健康生活和健康服务相互促进的国民健康体系,不断满足人民日益增长的健康需求。

(2)"健康高铁"战略的目标和任务

战略目标:全面建成信息时代的整合型国民健康体系和具有世界先进水平的健康长寿社会,全面实现《"健康中国 2030"规划纲要》和中国健康现代化的战略目标(表 3-77)。

所谓"健康长寿社会",就是国民健康和长寿水平达到世界先进水平的社会。

基本任务:主要包括六项任务和相应措施(图 3-7)。

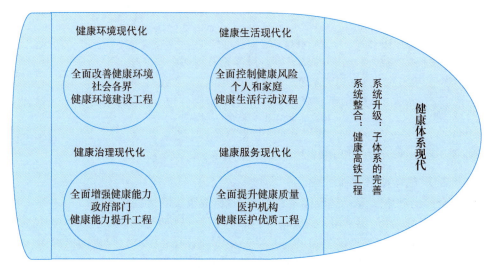

图 3-7 "健康高铁"战略的基本任务和主要措施

- 完成系统升级。完成从工业时代的医疗卫生体系向信息时代的整合型国民健康体系的转型升级。基本任务:建设国民健康体系的五个子体系,完善和提升子体系的结构和功能。
- 全面控制健康风险。不生病或少生病是正常人的基本愿望,但影响身心健康的因素非常多,健康风险普遍存在。这就要求我们,多管齐下,全面控制和降低健康风险,提高人民的健康水平。基本任务:实施健康生活行动议程,制定健康生活全程规划,发布健康生活行为指南,普及健康生活方式,优化公共卫生服务,降低社会和环境因素的健康风险,实现"健康生活少生病"。
- 全面提升健康医护质量。生老病死是生命的本质特征。我们要做的是一旦生病,能够快捷和优质地恢复健康,提升患者的健康质量。在恢复和提升患者健康质量的同时,促进全民健康质量的提高。基本任务:实施健康医护优质工程,推进"以患者为中心"的医护服务流程再造和社区医院标准化,为患者提供及时的、高质量的医护服务,实现"有病早治早康复、有病能治能康复、有病好治好康复"。
- 全面改善健康环境的质量。健康环境是健康生活的外部条件。基本任务:2030 年全面达到《"健康中国 2030"规划纲要》的目标,实现"环境安全营养好"。
- 全面增强国家健康能力。国家健康能力指满足国民健康生活和健康服务需要的国家能力。国民健康需要是与时俱进的,健康能力建设要适度超前。基本任务:实施健康能力提升工程,建立分工合作制国民健康体系,构建健康现代化指标体系,重点提高健康服务和健康治理能力;同时,发展健康产业;实现"健康服务全覆盖、优质公平可持续"。
- 完成系统整合。完成国民健康体系的系统整合。基本任务:实施"中国健康高铁工程",实现国民健康体系的五个子体系的系统整合和功能升级,建成中国"健康高铁"体系。

(3) "健康高铁"战略的行动计划

行动计划分为三大板块:系统升级、四轮驱动、系统整合。

- 系统升级:加速健康体系现代化,建立和完善国民健康体系的五个子体系。

- 四轮驱动：加速健康四个现代化，提升国民健康体系的四个方面能力。
- 系统整合：实施中国"健康高铁"工程，完成国民健体体系的系统整合，全面建设健康长寿社会。

实施"健康高铁"战略，人人有份，家家有责；个人、医院和政府部门的职责不同，但都可以发挥不可替代的作用（表3-82）。

表3-82 "健康高铁"战略的"四轮驱动"

项目	健康生活行动议程	健康医护优质工程	健康环境建设工程	健康能力提升工程
行为主体	个人和家庭 公共卫生机构	医护机构 患者	政府部门 全社会	政府部门 健康机构
理念	少生病	早治早康复	环境好、营养好	全覆盖、可持续
目标	控制健康风险 "健康生活少生病"	提升健康质量 "有病好治好康复"	改善健康环境 "环境安全营养好"	增强健康能力 "优质公平可持续"
任务	提升全民健康素质 控制和降低健康风险	提升患者健康质量 提升健康医护质量	全面提升健康环境的质量，建设健康城市和家园	提高健康服务和健康治理的能力，减少健康不平等
举措	健康生活全程规划 健康生活行为指南	医护服务流程再造 社区医院标准化	健康环境改善计划 食品安全计划	国家健康服务部 健康创新工程

2. 加速健康体系现代化，建设分工合作制国民健康体系

国民健康体系，是以人的"健康需求"为中心的开放体系。人的健康需求，既有共性也有多样性，不同年龄、不同性别和不同职业的人的健康需求是不一样的。国民健康体系既要满足共性的健康需求（基本的健康需求）；也要服务于多样化、个性化的健康需求。

根据健康状态的不同，人可以分为健康人、亚健康人、不健康人。其中，健康人和亚健康人就是常说的"正常人"，不健康人就是常说的"病人"或"患者"（图3-8）。当然，正常人和患者是可以相互转换的，正常人生病了就成为患者，患者康复了就成为正常人。

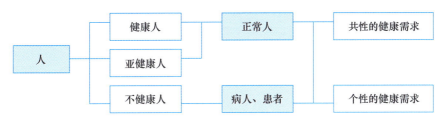

图3-8 人的健康状况和健康需求

显然，正常人和病人的健康需求，既有共性，更有差别；例如，前者需要健康生活、公共卫生服务、健康保险、健康用品和健康环境等，后者既有与前者相同的需要，还需要健康医护、健康关怀和健康帮助等（表3-83）。

表3-83 人的健康需求和健康供给

健康需求	正常人（健康人、亚健康人）	病人（患者、不健康人）	健康需求的提供者
健康生活	√	√	家庭、社会等
公共卫生服务	√	√	政府、公共卫生机构等
健康医护		√	医护机构、家庭等
健康保险	√	√	政府、保险机构等

(续表)

健康需求	正常人(健康人、亚健康人)	病人(患者、不健康人)	健康需求的提供者
健康用品	√	√	健康用品生产企业等
健康环境	√	√	政府、社会
健康知识	√	√	健康机构、学校、社会等
健康制度	√	√	政府、健康 NGO 等
健康文化	√	√	社会

在日常生活中,除残疾人、慢性病患者和失能老人外,健康是常态,不健康是偶然的。在人的健康需求中,健康生活需求是所有人都需要的基本需求;公共卫生服务、健康医护服务和健康保险服务则是专业化的需求,可以合称为健康服务需要;健康用品和健康环境是健康生活和健康服务的支撑条件,健康制度和健康文化则是健康生活和健康服务的社会规范。

按照上述思路,何传启提出了"分工合作制国民健康体系"的设想(图 3-9)。

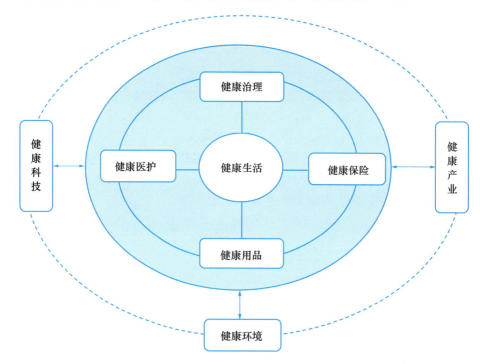

图 3-9 分工合作制国民健康体系的系统结构(5+3 车轮模型)

注:国民健康体系包括五个子系统和三个影响因子。
资料来源:何传启,2016.

他认为:国民健康体系是一个以满足人的健康需求为中心的、健康需求和健康供给协同进化的开放体系,是以国家为基本单元的健康体系;它的功能包括维持健康生活、提供健康服务、改善健康环境、提升健康质量等;它主要包括五个子体系和三个影响因子,即健康生活体系、健康医护体系、健康保险体系、健康用品体系、健康治理体系,以及相关的健康科技、健康环境和健康产业等;公共卫生服务是跨子体系的,其中,公共卫生服务的进入属于健康生活体系,公共卫生服务的提供则属于健康医护体系(何传启,2016)。

根据他的观点(2016),分工合作制国民健康体系(图 3-9),是分工合作、责权明确、全民参与、全程覆盖的整合型国民健康体系。其主要特点是：以促进全民的健康长寿为宗旨，以信息技术为支撑，分工明确，责任到人，健康生活和健康服务相互促进，经济与社会相互支撑。其主要功能是：为全民提供"从胎儿到生命终点"的全程健康服务。

关于"分工合作制国民健康体系"的系统设计和政策措施需要专门研究。我们认为，可以分三步进行。第一步，深化健康体制改革，优化五大健康体系的结构和功能。第二步，推进健康四个现代化，提升国民健康体系的四个方面能力。第三步，实施"中国健康高铁工程"，实现五大健康体系的系统整合和功能升级（表3-84）。三步可以交叉协同进行。

表 3-84　建立分工合作制国民健康体系

项目	主要内容
定义	分工合作、责权明确、全民参与、全程覆盖的整合型国民健康体系
功能	促进全民的健康长寿，以及经济与社会的协调发展
组成	健康生活体系、健康医护体系、健康保险体系、健康用品体系和健康治理体系
措施	第一步：建立和完善国民健康体系的五个子体系 • 建立"以健康为中心"的健康生活体系。明确健康行为主体的职责等 • 建立"以患者为中心"的健康医护体系。医护服务：公立医院和非营利医院占80%、私立营利占医院20%。初诊医护服务：社区医院等占80%、普通医院占20% • 建立"全覆盖可持续的"健康保险体系，完善大病保险制度 • 建立"高质量高水平的"健康用品体系，完善国家基本药物制度 • 建立"合理高效的"健康治理体系，提高政府健康治理能力 第二步：提升国民健康体系的四个方面能力 • 推进健康生活现代化等四个现代化 第三步：实现国民健康体系的五个子体系的系统整合和功能升级 • 实施"中国健康高铁工程"，实现五大健康体系的系统整合和功能升级

（1）健康生活体系

健康生活体系是支撑和维系健康生活的各种要素的总和。健康生活的行为主体包括个人、家庭、幼儿园、中小学等（表3-85）。其主要功能是：普及健康观念和健康知识，发展和推广健康的生活方式，提高公民身体素质和免疫力，减少和控制健康风险，降低发病率和亚健康人群比例，提高全民的健康生活质量。

表 3-85　健康生活体系的行为主体和系统分工

行为主体	法律地位	系统分工（主要职责）
个人	自然法人	学习健康生活知识，建立健康观念，掌握基本健康急救技能
家庭	自然法人	学习健康生活知识，建立健康文化，提供家庭健康互助
幼儿园	非营利机构	向幼儿传递健康知识和健康观念，提供园内幼儿健康服务
小学	非营利机构	向学生传递健康知识和健康观念，提供校内健康服务
中学	非营利机构	向学生传递健康知识和健康观念，提供校内健康服务
养老院	非营利机构	向失能老人提供院内健康服务
健身运动场所	非营利机构	向使用者提供健康活动的场地和服务，"进入便利"
公共交通场所	企业法人	向乘客提供交通安全和公共卫生服务，"进入便利"
公共卫生机构	非营利机构	向公众提供公共卫生服务的"进入便利"和公共卫生服务
公园和博物馆等	非营利机构	传播和普及健康生活的知识，免费进入
健康NGO	非营利机构	传播和普及健康生活的知识，促进健康立法等

主要的政策建议：

- 明确健康行为主体的职责（表 3-85）。
- 促进健康知识和健康观念的传播和普及。
- 促进健康生活场所的现代化和"便利化"。
- 促进健身运动设施的现代化和"便利化"。
- 促进公共卫生设施的现代化和"便利化"等。

(2) 健康医护体系

健康医护体系是提供健康医护服务的服务体系，包括医护服务机构、健康教育机构和健康科研机构等（表 3-86）。其功能是为全民提供公共卫生服务，为患者提供健康医护服务，提升医护服务能力和服务质量，促进健康服务体系的可持续发展。

表 3-86 健康医护体系的行为主体和系统分工

医护机构	法律地位	系统分工（主要职责和服务内容）	系统标识
公立机构			
普通医院	非营利机构	主要职责：常规医护和急救医护	公立医院和公共卫生机构，采用国家规定的统一形象标识：带有白边的四颗红心围绕着白十字简称"红底十字标"
综合医院	非营利机构	服务内容：以手术和住院服务为主	
专科医院	非营利机构		
社区医院	非营利机构	主要职责：常规医护、受委托公共卫生服务	
		服务内容：初诊服务为主，康复和公共服务	
公共卫生机构	非营利机构	主要职责：公共卫生服务	
		服务内容：院前急救、疾病防控、妇幼保健和计划生育、卫生监督和执法	
健康教育机构	非营利机构	主要职责：健康人才培养	
		服务内容：人才培养、健康服务	
健康科研机构	非营利机构	主要职责：健康科技发展	
私立机构			
非营利医院（机构）	非营利机构	主要职责：自选医护服务	私立医院和医疗服务机构，建立采用专用统一标识*
营利性医院（机构）	企业法人	服务内容：自选服务内容	
健康教育机构	非营利机构	主要职责：健康人才培养	
健康科研机构	非营利机构	主要职责：科技用品开发	

注：* 私立营利医疗机构建议统一采用"带有白边的四颗蓝心围绕着白十字"标识，简称"蓝底十字标"；私立非营利医疗机构建议统一采用"带有白边的四颗绿心围绕的白十字"标识，简称"绿底十字标"。

主要的政策建议：

- 深化医护体制改革，规范医护机构的法律地位和系统分工。取消所有医护机构的行政级别，建立医护机构的法律平等地位。其中，非营利医护机构占全部医护机构比例超过 80%，营利医护机构占全部医护机构比例不超过 20%。
- 采用立法形式，规范非营利和营利医护机构的利润率，确保医护服务的公益性占主导地位。其中，非营利医护机构的年盈余率不高于 4%（扣除科研经费部分），营利医护机构的税后年利润率不高于 8%（扣除科研经费部分）。
- 规范公立普通医院的系统定位。主要职责是常规医护和急救医护服务。服务内容以手术和住院服务为主，包括急救服务等。服务对象为需要手术服务的患者和需要急救的患者。建议门诊费用支付比例：保险占 70%，个人占 30%。
- 规范公立社区医院的系统定位。主要职责是常规医护和受委托的公共卫生服务。服务内容以初诊服务为主，包括康复服务和公共卫生服务等。服务对象为社区居民和患者。建议门诊费用支付比例：保险占 90%，个人占 10%。
- 规范公立公共卫生机构的系统定位。主要职责是公共卫生服务。服务内容为院前急救、疾病防控、妇幼保健和计划生育、卫生监督和执法等。服务对象为全体居民。费用支付：公共卫生服务免费服务，急救服务非营利性收费。
- 推进公立医院综合改革，落实公立医院非营利机构法人地位和法人治理。坚持公立医院的公益属性，降低运行成本，推进医疗服务价格改革，完善公立医院补偿机制。建立现代医院管理制度，建立符合医疗卫生行业特点的人事薪酬制度。完善医院质量管理制度和财务审计制度。
- 推进非营利性私立医院和公立医院同等待遇。
- 探索建立普通医院、社区医院、公共卫生机构之间的合作机制。
- 改革健康服务提供方式，发展第三方服务。鼓励发展专业的医学检验中心和影像中心。支持发展第三方健康服务评价、健康市场调查和咨询服务。鼓励社会力量提供食品药品检验服务。完善医药科技中介体系，大力发展医药科技成果转化服务。
- 促进健康教育现代化，完善健康院校的法人治理制度。健康高等院校，促进教学、科研和临床的三结合。健康大专院校，促进教学和临床的双结合。
- 促进健康科研机构现代化，完善健康科研机构的法人治理制度等。

(3) 健康保险体系

健康保险体系是提供健康保险服务的服务体系，是社会保障体系的一个组成部分，它包括医疗救助、基本医疗保险、补充医疗保险、商业医疗保险、免费医疗和特殊人群医疗等。它的主要功能是保障医疗费用支出的可持续性，减少患者的医疗负担，防止因病致贫，提高医护服务的可及性和公平性等。

目前，发达国家的基本健康保险主要有三种类型（表 2-2），即英国的国家福利型健康保险、德国的社会强制型健康保险、美国的混合型健康保险。根据健康回报指数评价的结果，国家福利型和社会强制型健康保险的健康回报指数没有明显差异，前者略好于后者。我们认为，中国可以借鉴国家福利型和社会强制型健康保险的优点，同时减少或避免两者的缺点，建立和完善"公益型全民健康保险体系"（National Public Health Insurance）（图 3-10）。

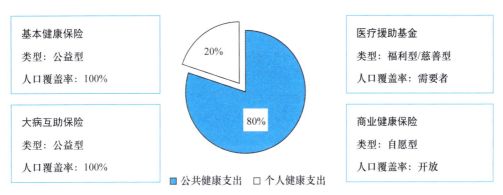

图 3-10 公益型全民健康保险体系的经费支出结构和保险计划人口覆盖率

主要的政策建议：
- 建立和完善"公益型全民健康保险体系"（表 3-87）。包括基本健康保险、大病互助保险、医疗援助基金和商业健康保险等。其中,基本健康保险和大病互助保险是"公益型健康保险"。

- 公益型健康保险(Public Health Insurance):健康保险服务由政府保险机构提供,纳入政府基本公共服务的业务范畴,人口覆盖率为100%;其经费来源包括政府财政拨款、社会健康保险缴费(个人和单位缴费)和健康捐赠等。公共健康支出占总健康支出比例逐步达到80%。
- 公益型健康保险,大致属于国家福利型与社会强制型健康保险之间的一个"变种"。在OECD国家,"国家福利型健康保险",全民健康服务由政府免费提供(Automatic Health Coverage),经费主要来自国家税收;社会强制型健康保险(Social Health Insurance),健康保险服务由私人健康保险机构提供,少数国家由公共健康保险机构提供,经费主要来自社会保险缴费。
- 建立和完善"健康保险卡制度",实现健康支付全国互联互通"一卡通",自动支付。
- 深化健康保险体系改革,建立"三医联动"新机制。建立健康保险机构对医护服务机构的第三方监督机制,医药分开,促进"医疗、医药、医保"的三医联动。

表3-87 公益型全民健康保险体系的系统设想

健康保险	类型	特点
基本健康保险	公益型 (非营利)	覆盖人群:人口覆盖率为100% 保险提供:国家健康保险机构(社会保障中心) 资金来源:政府投入、个人和单位健康保险缴费、健康捐赠 报销范围:按项目划分(如门诊、急诊、诊断、住院、基本药物等) 报销比例:不同项目、不同年龄、不同职业(公务员、军人、非营利单位人员、营利单位人员)的报销比例,需要专题研究
大病互助保险	公益型 (非营利)	覆盖人群:人口覆盖率为100% 保险提供:国家健康保险机构(社会保障中心) 资金来源:政府投入、个人健康保险缴费、健康捐赠 报销范围:大病医疗保险清单中的大病 报销比例:不同大病报销比例,需要专题研究
医疗援助基金	福利或慈善 (非营利)	覆盖人群:需要医疗援助的人群 保险提供:国家健康保险机构、民间慈善机构 资金来源:政府投入、慈善捐赠 报销范围:按项目划分(如门诊、急诊、诊断、住院、基本药物等) 报销比例:基本健康保险报销不能覆盖的部分
商业健康保险	自愿型 (营利) (补充保险)	覆盖人群:开放 保险提供:商业保险公司 资金来源:个人和单位的健康保险缴费 报销范围:根据保险公司的保险合同 报销比例:根据保险公司的保险合同
合计	公益型	覆盖人群:人口覆盖率为100% 保险提供:政府健康保险机构、民间慈善机构、商业保险公司 资金来源:政府投入、个人和单位保险缴费、健康和慈善捐赠 报销范围:四个计划各有不同 支出比例:公共健康支出占80%,个人健康支出占20%

注:《"健康中国2030"规划纲要》要求2030年个人健康支出比例下降到25%。

当条件成熟时,可从"公益型健康保险体系"转型为"福利型健康保险体系"。

(4)健康用品体系

健康用品体系是生产和提供各种健康用品的健康支撑体系(表3-88)。它的功能是生产和提供健康生活和健康服务所需要的健康用品。

表 3-88 健康用品体系的行为主体和系统分工

行为主体	法律地位	系统分工（主要职责）
医疗器械生产商	企业法人	医疗器械的生产和质量保证
药品生产商	企业法人	药品的生产和质量保证，标明药品生产成本
保健用品生产商	企业法人	保健用品的生产和质量保证
体育用品生产商	企业法人	体育用品的生产和质量保证
食品生产商	企业法人	食品的生产和质量保证
饮料生产商	企业法人	饮料的生产和质量保证
健康用品 NGO	非营利机构	健康用品的中介服务

主要的政策建议：

- 完善国家食品药品监督管理总局职能。职能覆盖食品、药品（含中药）、医疗器械等。
- 建立和健全健康用品的国家标准，逐步与发达国家标准接轨。
- 加快健康用品领域的健康物联网建设等。

（5）健康治理体系

健康治理体系是健康治理的相关机构和制度的总和，涉及健康资源的配置、健康行为的规范、健康能力的提升、健康环境的改善和健康产业的发展等。健康治理机构包括政府健康机构和健康领域非政府组织（NGO）等（表 3-89），健康资源涉及健康人力资源和经费资源等，健康行为涉及健康生活、健康医疗和健康保险等，健康能力涉及健康教育和健康科技的发展等，健康环境涉及健康的生态环境和社会环境等。

表 3-89 健康治理体系的行为主体和系统分工

行为主体	法律地位	系统分工（主要职责）
卫生部门	政府机构	公共卫生、医药、健康保险、计划生育等的监管和治理
教育部门	政府机构	健康人才的培养和培训
社会保障部门	政府机构	健康保险、劳动保障的监管和治理
体育总局	政府机构	体育运动和身体锻炼的促进
农业部	政府机构	食品生产的监管和治理
工业和信息化部	政府机构	医疗器械和健康信息化的监管和治理
环境保护部	政府机构	健康环境的监管和治理
科技部	政府机构	健康科技的促进
质检总局	政府机构	健康用品的质量监测
标准化管理	政府机构	健康用品的标准制定和检测
中国海关	政府机构	健康用品的进口检验、防止国际传染病的传入
健康 NGO	非营利机构	参与健康法规和政策的制定

主要的政策建议：

- 组建国家健康部。功能覆盖：计划生育、健康医护、健康保险、健身服务、健康用品等。
- 研究制定《国家健康法》。为国民健康体系建设提供法律依据。
- 加快健康大数据建设，完善国家基本药物制度等。

3. 实施健康生活行动议程,加速健康生活现代化,实现"健康生活少生病"

健康生活是有利于全面健康的日常生活,涉及健康观念、健康行为、健康环境和公共卫生服务等方面,涵盖人生的全生命周期和患者医护过程以外的全部健康相关因素。

关于健康生活现代化,《"健康中国2030"规划纲要》提出了明确要求(表3-90)。例如,全民健康素养大幅提高,健康生活方式得到全面普及,主要健康危险因素得到有效控制等。

表3-90 《"健康中国2030"规划纲要》关于健康生活的要求

方面	主要内容	具体要求
健康教育	提高全民健康素养 加大学校健康教育力度	2030年基本实现以县(市、区)为单位全覆盖 将健康教育纳入国民教育体系
健康行为	引导合理膳食	制定实施国民营养计划,到2030年全国人均每日食盐摄入量降低20%
	开展控烟限酒	到2030年,15岁以上人群吸烟率降低到20%
	促进心理健康	到2030年,常见精神障碍防治和心理行为问题识别干预水平显著提高
	减少不安全性行为和毒品危害	加强全国戒毒医疗服务体系建设
身体素质	完善全民健身公共服务体系	到2030年,基本建成县乡村三级公共体育设施网络,人均体育场地面积不低于2.3平方米,在城镇社区实现15分钟健身圈全覆盖
	广泛开展全民健身运动	继续制定实施全民健身计划 发布体育健身活动指南
	加强体医融合和非医疗健康干预 促进重点人群体育活动	确保学生校内每天体育活动时间不少于1小时,实行工间健身制度
健康产业	积极发展健身休闲运动产业	引导社会力量参与健身休闲设施建设运营

健康长寿,从我做起。树立健康观念,掌握健康知识,养成健康习惯,完善健康行为,维护公共卫生。普及健康生活方式,实现"健康生活少生病、精神饱满身体好"。

健康生活行动议程是促进国民健康长寿的议程。它要求坚持"以健康为中心"的原则,全民动员,全员参与,全程规划,全域覆盖,分工明确,责任到人,建设一个国民健康长寿的社会。

其主要内容包括:健康生活全程规划、健康生活行为指南、健康中国人、国家健康服务平台、母婴健康平安计划、儿童健康成长计划、职业人群远离亚健康计划、健康老人计划、全民健康素养促进行动计划、全民健身活动计划、公共卫生服务能力倍增计划等(表3-91)。

表3-91 健康生活行动议程的行动框架

项目	婴幼儿 (0—3岁)	学习期 (3—18岁)	工作期 (18—60岁)	退休后 (60岁以上)
重点领域	孕期保健 平安分娩 新生儿健康 婴幼儿健康 婴幼儿营养 意外伤害	健康素养 营养与超重 适量运动 心理健康 充足睡眠 视力与口腔 性和青春期 健康习惯 意外伤害	健康素养 合理膳食 适量运动 心理和精神健康 充足睡眠 药物、烟草和酒精 性和生殖健康 慢性病和职业病 意外伤害	健康素养 合理膳食 适量运动 心理和精神健康 适量睡眠 药物、烟草和酒精 健康护理 慢性病和老年病 意外伤害

(续表)

项目	婴幼儿 (0—3岁)	学习期 (3—18岁)	工作期 (18—60岁)	退休后 (60岁以上)
行动计划	母婴健康平安计划	儿童健康成长计划	职业人群远离亚健康计划	健康老人计划
	全民健康素养促进行动计划、全民健身活动计划、重大疾病和传染病防控计划 公共卫生服务能力倍增计划、健康环境改善计划、残疾人健康生活计划 心理健康行动计划、农村健康儿童专项、农村健康老人专项			
重大项目	健康生活全程规划、健康生活行为指南、健康中国人计划、国家健康服务平台、健康日历			
核心目标	让14亿人少生病或不生病,提高健康长寿人口的比例 降低可以避免疾病的发生率,提高健康水平和生活质量,降低健康服务的社会成本			

(1) 健康生活全程规划

健康生活全程规划,是从全生命周期和全民覆盖的角度,对国民的健康理念、健康心理、健康行为、健康环境、健康生活服务和基本健康状况进行系统设计、动态监测和综合评估,提供促进和改善全民健康生活的健康咨询、健康指导、健康服务和健康管理。可五年修订一次。

(2) 健康生活行动指南

健康生活行为指南,以健康生活全程规划和《中国公民健康素养》为基础,针对健康生活重点领域的健康观念、健康心理和健康行为,设计具体的操作细则,提供一份健康生活的"健康说明书"。可五年修订一次。

其一,婴幼儿期的健康生活。从新生命孕育开始到入幼儿园前;包括胎儿期(受孕~出生)、新生儿期(0~28天)、婴儿期(28天~1岁)和幼儿期(1~3岁)。

- 健康责任:父母是第一责任人,相关健康机构是第二责任人。
- 健康风险:孕妇健康、胎儿健康、平安分娩、母乳喂养、婴儿呵护、婴幼儿营养、婴幼儿免疫、意外伤害等。
- 健康行动:健康育儿,母子平安。
- 父母:鼓励孕前检查。学习健康生殖和健康育儿的知识和技能。做好婴幼儿期的自身保健。提倡母乳喂养,精心呵护自己的宝宝。
- 健康机构:为服务对象建立《孕产妇保健手册》和《0~6岁儿童保健手册》,提高孕产妇和0~3岁儿童的健康管理质量。落实住院分娩补助制度,向孕产妇免费提供生育全过程的基本医疗保健服务。
- 健康部门:组织实施母婴健康平安计划,建立覆盖城乡居民,涵盖孕前、孕期、新生儿各阶段的出生缺陷防治免费服务制度;全面实施贫困地区儿童营养改善和新生儿疾病筛查项目;提高孕产妇和0~3岁儿童的健康管理率,降低出生缺陷率和孕产妇死亡率,提高生殖和妇幼健康水平。以省市为单位,组织专家集中编写适合本地区的《孕产妇保健指南》和《健康育儿指南》,开展健康育儿教育。

其二,学习期的健康生活。从3周岁到高中毕业,包括学龄前期(幼儿园期,3岁~入小学前)、学龄期(7~12岁)和青春期(12~18岁)。

- 健康责任:幼儿园期,父母和所在幼儿园是第一责任人,相关健康机构是第二责任人。学龄期和青春期,父母和所在学校是第一责任人,学生和相关健康机构是第二责任人。
- 健康风险:营养不良和肥胖、近视、龋齿、贫血、心理健康、性发育和性健康、早孕、不健康习惯、意外伤害、传染病等。

- 健康行动:健康成长,素质第一。
- 父母:学习儿童和青少年健康知识,为孩子提供健康生活的家庭指导和合理膳食,及时发现和纠正孩子的不健康行为。
- 幼儿园:改善园区健康环境,配合健康机构做好儿童健康管理,培养孩子的健康意识和健康习惯。
- 学校:改善校园健康环境,做好疾病预防和学生体检,开展健康教育和体质健康达标活动,培养学生的健康理念和健康习惯。
- 学生:学习健康知识,养成健康习惯,每天锻炼一小时。
- 健康机构:建立与幼儿园的健康合作关系,建立《0~6岁儿童保健手册》,提高4~6岁儿童的健康管理质量。建立与学校的健康合作关系,为学生提供健康咨询、疾病预防和健康教育服务等。
- 健康部门:联合教育部门,组织实施儿童健康成长计划,提高4~6岁儿童的健康管理率和学龄儿童体质健康达标率;加大妇女儿童重点疾病防治力度,降低儿童死亡率。对学校健康教育进行评估,提供改进学生健康素质的咨询和建议。

其三,工作期的健康生活。从进入大学或参加工作开始到退休前,大致包括青年期(18~45岁)和中年期(45~60岁)。

- 健康责任:个人是第一责任人,家庭和单位是第二责任人。
- 健康风险:意外伤害、运动不足、营养失衡与肥胖、心理失调、性和生殖风险、亚健康、皮肤病、慢性病、职业病、常见疾病等。
- 健康行动:健康工作,身体第一。
- 个人:养成健康生活方式。不吸烟、少饮酒、平衡膳食、适量运动、劳逸结合、心理平衡、拒绝毒品、每年体检和遵守交规。减少不安全性行为,促进生殖健康,避免不良习惯导致的职业病和慢性病等。
- 家庭:注意家庭环境健康和家庭生活健康。
- 单位:改善工作环境,降低职业安全风险,支持健康保险等。
- 健康机构:提高慢性病、重性精神疾病、结核病患者的健康管理质量,加强慢性病、传染病、职业病和地方病的防治等。
- 健康部门:组织实施全民健康素养促进行动计划、全民健身活动计划、职业人群远离亚健康计划等,提升成年人的健康水平。

其四,退休后的健康生活。从退休到生命终点,是正常人生旅程的最后阶段(60岁以后)。

- 健康责任:个人是第一责任人,家庭和健康机构是第二责任人。
- 健康风险:跌倒、慢性病、精神疾病、骨关节病、老年人特有疾病、其他老年常见病、生理机能和活动能力衰退、意外伤害等。
- 健康行动:健康养老,平安第一。
- 个人:了解老年健康知识,改善健康生活方式。合理膳食,适量运动,适量睡眠,心理平衡,每年体检,戒烟限酒,避免乱吃药,发展个人爱好,参加公益活动,参加健康旅游,家庭环境健康等。
- 家庭:尊重老人,关爱老人,呵护老人,提供家庭健康护理。
- 健康机构:每年为老年人提供一次健康管理服务等。发展康复、长期护理、临终关怀等持续性健康服务。

- 健康部门:组织实施健康老人计划,提高老年人的健康管理率和管理质量,提高老年人的中医药健康管理率;完善居家养老和社区养老机制,支持老年健康服务业的发展等。

(3) 健康中国人计划

制定健康中国人标准,推动健康中国人达标行动,每年对达标典型给予奖励。鼓励不同地区和不同部门制定相应的"健康人"行动计划。

健康中国人的基本要求:

- 体检指标正常。
- 品德优良和精神饱满。
- 没有不良嗜好和行为。
- 每天锻炼30分钟。

(4) 健康日历

以健康生活行动指南为基础,研制和发行"健康日历",普及健康生活方式。

(5) 健康管家

以人工智能和健康知识为基础,研制家用"健康仿生人",作为"健康管家"。

(6) 继续推进全民健身运动

继续实施全民健身计划,普及科学健身知识和健身方法,推动全民健身生活化。建设全民健身公共设施,推进健身设施的现代化。

4. 实施健康医护优质工程,促进健康服务现代化,做到"有病好治好康复"

关于健康服务现代化,《"健康中国2030"规划纲要》提出了明确要求(表3-92)。

表3-92 《"健康中国2030"规划纲要》关于健康服务的要求

方面	主要内容	具体要求
公共卫生服务	防治重大疾病 完善计划生育服务管理 推进基本公共卫生服务均等化	到2030年,总体癌症5年生存率提高15% 到2030年,全国出生人口性别比实现自然平衡 使城乡居民享有均等化的基本公共卫生服务
医疗服务	完善医疗卫生服务体系 创新医疗卫生服务供给模式 提升医疗服务水平和质量	到2030年,15分钟基本医疗卫生服务圈基本形成 建立信息共享、互联互通机制 建立与国际接轨、体现中国特色的医疗质量管理与控制体系
中医药服务	提高中医药服务能力 发展中医养生保健治未病服务 推进中医药继承创新	实施中医临床优势培育工程 实施中医治未病健康工程 实施中医药传承创新工程
重点人群服务	提高妇幼健康水平 促进健康老龄化 维护残疾人健康	实施母婴安全计划 推进老年医疗卫生服务体系建设 制定实施残疾预防和残疾人康复条例
健康保险服务	完善全民医保体系 健全医保管理服务体系 积极发展商业健康保险	以基本医疗保障为主体、其他多种形式补充保险和商业健康保险为补充的多层次医疗保障体系 到2030年,全民医保管理服务体系完善高效 到2030年,现代商业健康保险服务业进一步发展

注:公共卫生服务和"重点人群健康服务"与健康生活有交叉。

健康长寿,医护先行。医护部门和医护人员是健康长寿社会建设的主力军。实施健康医护优质工程,全面改善医院的医护环境,全面提高健康医护服务的质量和水平,实现"有病早治早康复、有病能治能康复、有病好治好康复",促进全民健康质量的提升。

健康质量包括全民的和患者的健康质量。健康生活行动议程旨在改善和提升全民的健康质量。健康医护优质工程,要求坚持"以患者为中心"的原则,从医护体系和医护流程两个层次提升健康服务的可及性和及时性,从医护流程和临床路径两个层次提升医护服务的水平和质量,促进患者健康质量的恢复和提高,进而提高全民的健康质量。

主要内容包括:医护服务流程再造、社区医院标准化、临床路径计划、诊疗常规计划、整体护理行动计划、医护人员收入倍增计划、医护质量监督体系计划等(表3-93)。

表3-93 健康医护优质工程的行动框架

项目	进入医护系统	诊断和治疗	康复	退出医护系统
重点领域	医护机构分工合作制 信息化服务平台 急救医护服务体系	医护质量标准认证 临床路径和诊疗常规 第三方监督	康复转诊	医患争议处理机制 患者满意度
重大项目	医护服务流程再造工程、社区医院标准化工程、社区医生制度、国家健康服务平台			
行动计划	临床路径计划、诊疗常规计划、整体护理行动计划、医院医护环境现代化 医护人员收入倍增计划、医护质量监督体系计划、健康教育现代化			
核心目标	让每位患者获得精心医护,让每位医生享有体面生活,有病好治好康复 提高医护服务的可及性和及时性,提高医护的水平和质量,提高患者的健康质量			

医护服务流程再造工程,在医护体系和医院两个层次同时进行。在医护体系层次,建立分工合作制医护服务体系,完善医护机构之间的合作机制,引导患者合理就诊和转诊。在医院层次,对"进入、诊断、治疗、康复和退出"的医护流程全过程的每个环节,进行系统改造、动态监测和综合评估,明确医护服务职责,控制医护成本,降低患者的等待和逗留时间,全面提升医护服务质量和患者满意度。

(1)提升常规医护服务的服务质量

常规医护服务是为常规患者(非急危重症患者和非突发事件患者)提供的医护服务,是医护服务体系的主体业务,主要由普通医院和社区医院来承担。提高常规医护服务质量是医护服务的重中之重。

其一,普通医院医护服务流程再造。普通医院是各类综合医院和专科医院的统称。普通医院是我国常规医护服务的骨干力量。普通医院要全面建立现代医院管理制度,全面推行医护服务流程再造和医护质量标准认证,提高医护服务质量和医护服务竞争力。

- 挂号:非急症患者挂号,逐步实行预约制,建立信息化预约服务平台。建立接受社区医院的转诊服务的合作网络和绿色通道。
- 诊断和治疗:坚持首诊负责制。积极推行"临床路径管理"。鼓励建立"基本医疗保险诊疗常规"。改进护理服务,推进合理用药。完善会诊转诊制度、住院治疗管理规范、医护质量监管机制等。
- 康复:建立从普通医院到社区医院的康复护理转诊绿色通道。
- 退出:提高支付环节的便捷性。建立患者满意度评价机制。完善医护服务的电子档案。完善医护事故和医患争议的处理机制。

其二,社区医院标准化工程。社区医院是各类社区医院和基层医疗机构的统称。社区医院是我国常规医护服务的重要力量。实施"社区医院标准化工程",按照医护服务流程再造的原理和分工合作制医护体系的分工,明确社区医院的定位和职能,标准化配置医护力量,改善医护环境和条件,提升社区医院健康服务的水平和能力。

- 挂号和出诊：实行随诊制和预约制，建立信息化预约服务平台。
- 诊断和治疗：坚持首诊负责制。积极采用"临床路径管理"和"基本医疗保险诊疗常规"。建立家庭医生和全科医生团队制度。提高护理质量，推进合理用药。完善医护质量监管。建立与普通医院的合作网络和转诊服务的绿色通道。
- 康复：提高康复护理的水平和质量。建立接受普通医院康复护理转诊的绿色通道。
- 退出：提高支付环节的便捷性。建立患者满意度评价机制。完善医护服务的电子档案。完善医护事故和医患争议的处理机制。
- 公共卫生服务：完成健康部门委托的公共卫生服务。为社区居民提供"居民健康档案"管理服务等。

其三，医护人员。医护人员既是国家和医院的宝贵财富，也是医护服务的提供者。一方面，医护人员要自觉提高医护水平和服务能力，恪守医护职业规范，保持良好医德医风。另一方面，让医护人员享有体面生活，获得应有社会尊重，是提高医护质量的根本保证。

- 启动医护人员收入倍增计划，建立公立和非营利医疗机构"医护人员收入指导线"。医护人员收入包括基本工资和绩效工资。基本工资一般不低于本地区职工平均工资。绩效工资根据医护服务的服务数量、服务质量和患者满意度来决定。医护人员人均年收入的指导线为：医疗机构医护人员的年人均收入一般为其所在地区职工人均年收入的1.5～2倍，中高级医师的年人均收入一般为其所在地区职工人均年收入的2～5倍。
- 同时，完善医护人力资源管理制度，促进医护人员自主合理流动，及时把严重"不合格医护人员"请出医护系统。

其四，患者。患者既是医护服务的对象，也是医护服务的客户。医护服务是一个互动过程，需要医生和患者的真诚合作。

- 就诊：根据自己的病情和家庭医生的建议，理性选择就医的医院和就医的方式。
- 诊断和治疗：配合诊疗，不瞒报病情。
- 康复：理性接受医护建议，积极主动康复。
- 退出：按规定支付医护费用，完成医护服务质量评价。

（2）提升急救医护服务的服务质量

急救医护服务是为急症患者（危急重症患者和突发事件的伤患者）提供的应急医护服务，是医护服务体系的优先业务。急救医护服务体系包括院前急救、院内急诊、重症监护救治和各科的"绿色生命通道"等。提高急救医护服务质量是医护服务的关键所在。

其一，突发公共事件的医护救援服务。根据《国家突发公共事件总体应急预案》的原则，建立健康应急管理系统，做好突发公共卫生事件的医护救援应急预案，明确组织体制和运行机制，保障常用救援药物和医疗设备的储备；做好非公共卫生领域的突发公共事件的医护救援应急预案，明确职责。国家各级健康管理部门和各类医护服务机构，每年在"世界急救日"，对各项医护救援应急预案进行一次"室内演练"。

其二，平时急症患者的急救医护服务。完善院前急救医疗规范，缩短急救服务半径和呼叫反应时间，提高急救效率和服务质量。急救车辆享有道路通行优先权。做好院前急救、院外转运和院内急救的无缝和高效衔接。急救医疗机构不得因费用问题拒绝或延误院前医护急救服务。救护车不得用于非院前医疗急救服务。除急救医疗机构外,其他任何单位和个人不得使用急救车开展院前医疗急救工作。

其三,常规急诊和重症患者的急救医护服务。完善院内急诊急救制度。坚持首诊负责制和急诊室 24 小时开诊。改善医院急诊环境等。

其四,急救医护人员。严格遵守急救医护服务规范,做好现场救护、转运监护和院内急救,为急症患者提供贴心服务。

其五,急症患者和家属。积极配合急救医护人员的工作。

(3) 提升中医医护服务的服务质量

大力发展中医医护服务,符合我国基本国情。发挥中医"治未病"和"治慢病"的优势,支持发展具有中医药特色的康复服务、养老服务和养生保健。提高社区医院的中医服务能力,增强中医服务的可选性和可及性。鼓励患者选择中医医护服务,提高中医药服务的报销比例。加强中医传承与发展,加快中医现代化。促进中医的国际化。支持民族医学的传承和发展。

(4) 建立和完善"家庭医生制度"和"社区医生制度"

其一,家庭医生制度。制定家庭医生行为准则。规范家庭医生的职责和权利,制定家庭医生收费和报销标准、投诉和处罚条例、争议协商机制、家庭医生服务登记制度等。

其二,社区医生制度。建立社区医院与生活社区的健康服务合作关系。每一个城市社区,可以选择一个社区医院为健康合作单位;社区医院为合作社区,选择一组"社区医生",提供健康咨询服务。制定社区医生的行为准则、职责和权利、收费和报销标准、投诉和处罚条例、争议协商机制、社区医生服务登记制度等。

(5) 构建国家健康服务平台

国家健康服务平台是为全民提供免费健康在线咨询服务的网络平台。它将集成健康生活全程规划、健康生活行为指南、健康营养指南、健康中国人、家庭医生(人工智能全科医生)、健康百科知识、医院指南、急救指南、孕产妇指南、育儿指南、健康老人指南、残疾人健康生活指南、健康高铁的服务平台和主干线路等。

国家健康服务平台,建议由中国医学科学院负责研制和维护。

(6) 健康教育的现代化

健康教育既是国民教育体系的组成部分,也是健康服务体系的组成部分。大力促进健康普及教育、健康职业教育、健康高等教育和健康继续教育的现代化。

5. 全面改善健康环境,加速健康环境现代化,建设健康美丽新家园

关于健康环境现代化,《"健康中国 2030"规划纲要》提出了明确要求(表 3-94)。

表 3-94 《"健康中国 2030"规划纲要》关于健康环境的要求

方面	主要内容	具体要求
爱国卫生	加强城乡环境卫生综合整治 建设健康城市和健康村镇	到 2030 年,全国农村居民基本都能用上无害化卫生厕所,国家卫生城市数量提高到全国城市总数的 50% 到 2030 年,建成一批健康城市、健康村镇建设的示范市和示范村镇
环境治理	开展大气、水、土壤等污染防治 工业污染源全面达标排放计划 建立健全环境与健康监测、调查和风险评估制度	以提高环境质量为核心,推进联防联控和流域共治 全面实施工业污染源排污许可管理,推动企业信息公开 逐步建立健全环境与健康管理制度

（续表）

方面	主要内容	具体要求
食药安全	加强食品安全监管	到2030年，食品安全风险监测与食源性疾病报告网络实现全覆盖
	强化药品安全监管	深化药品（医疗器械）审评审批制度改革
公共安全	强化安全生产和职业健康	进一步完善职业安全卫生标准体系
	促进道路交通安全	到2030年，力争实现道路交通万车死亡率下降30%
	预防和减少伤害	建立伤害综合监测体系，开发重点伤害干预技术指南和标准
	提高突发事件应急能力	到2030年，力争将道路交通事故死伤比基本降低到中等发达国家水平
	健全口岸公共卫生体系	建立全球传染病疫情信息智能监测预警、口岸精准检疫的口岸传染病预防控制体系和种类齐全的现代口岸核生化有害因子防控体系

健康长寿，环境必美。健康环境是健康生活的重要基础。健康环境涉及生态环境、社会环境和经济环境等。改善健康环境，需要全社会的支持和参与。

（1）实施健康环境改善计划，建设健康城镇和乡村

启动健康城镇环境质量达标行动，打造健康城市、健康社区和健康乡镇。加强环境保护和污染治理，建立全国环境暴露人体生物监测网络。加强城乡环境卫生综合整治，推进卫生城镇创建，开展城乡卫生环境整洁行动，全面改善城市空气质量。加强病媒生物防控。加强环境卫生基础设施建设，实施农村饮水安全工程，提高安全饮水和卫生设施普及率。建立生态补偿机制，严格保护饮用水水源地。加强饮用水监管，全面提高饮用水质量。

（2）全面提升食品安全水平，为国民提供放心食品

提高国家食品安全标准，落实企业主体责任制，提高农产品和食品质量，严格控制和降低农产品和食品中有毒和有害物的含量。建立全程可追溯、互联共享的农产品质量信息平台。开展国家农产品质量安全县和食品安全城市创建行动。

（3）全面提高公共健康安全水平

加强交通安全设施建设，降低交通事故伤亡率。改善工作环境和劳动条件，减少职业病发生率。强化安全生产，坚决遏制重特大安全事故频发势头。提高防灾减灾和应急能力，做好应急医护救援预案和突发事件卫生应急。

6. 实施健康能力提升工程，加速健康治理现代化，实现"优质公平可持续"

关于健康治理现代化，《"健康中国2030"规划纲要》提出了明确要求（表3-95）。

表3-95 《"健康中国2030"规划纲要》关于健康治理的要求

方面	主要内容	具体要求
深化改革	把健康融入所有政策	全面建立健康影响评价评估制度
	全面深化医药卫生体制改革	建立基本医疗卫生制度，维护公共医疗卫生的公益性
	完善健康筹资机制	健全政府健康领域相关投入机制，大力发展慈善事业
	加快转变政府职能	推进简政放权，推进政务公开和信息公开
健康人才	加强健康人才培养培训	加强医教协同，建立完善医学人才培养供需平衡机制
	创新人才使用评价激励机制	落实医疗卫生机构用人自主权

(续表)

方面	主要内容	具体要求
健康科技	构建国家医学科技创新体系 推进医学科技进步	实施中国医学科学院医学与健康科技创新工程 实施脑科学与类脑研究、健康保障等重大科技项目
信息化	完善人口健康信息服务体系建设 推进健康医疗大数据应用	到2030年,实现四级人口健康信息平台互通共享 加强健康医疗大数据应用体系建设
药品供应	深化药品、医疗器械流通体制改革 完善国家药物政策	建立药品出厂价格信息可追溯机制 建立药品价格信息监测和信息公开制度
健康产业	优化多元办医格局 发展健康服务新业态 促进医药产业发展	推进和实现非营利性民营医院与公立医院同等待遇 积极促进健康与养老、旅游、互联网、健身休闲、食品融合,催生健康新产业 到2030年,药品、医疗器械质量标准全面与国际接轨
健康法治 国际交流	实施基本医疗卫生法 实施中国全球卫生战略	加强健康领域监督执法体系和能力建设 提升健康领域国际影响力和制度性话语权

健康长寿,政府有责。提升国家健康能力,实现"健康服务全覆盖、优质公平可持续",是政府部门的首要职责。健康能力建设既要立足现实,又要着眼未来,需要政府和医护机构的通力合作。

健康能力提升工程,坚持"以人为本、公平优先、需求导向、适度超前"的原则,主要从健康服务和健康治理两个方面提升健康能力;建立和完善分工合作制国民健康体系,实现人人享有优质、公平、可持续的健康服务(表3-96)。

表3-96 健康能力提升工程的行动框架

项目	健康服务能力	健康治理能力
重点领域	健康服务体系、健康人力资源 健康科技创新、健康信息化 健康用品体系、健康基础设施现代化	健康治理体系、健康监管 卫生执法、健康环境治理 健康产业、健康国际合作
重大项目	分工合作制国民健康体系、健康人才强国工程、健康创新工程、健康扶贫工程 健康服务信息化工程、国家健康指标体系、国民健康法	
核心目标	人人享有优质、公平、可持续的健康服务 为全民提供"从胎儿到生命终点"的全程健康服务	

注:健康治理与健康生活、健康服务和健康环境都有交叉。

(1) 提升健康服务能力,提供全方位的健康服务

健康服务能力主要包括公共卫生服务、医护服务和健康保险服务的服务能力等。

其一,提升公共卫生服务能力,推进公共卫生服务均等化。实施公共卫生服务能力倍增计划,完善国家基本公共卫生服务项目和重大公共卫生服务项目,提升基层公共卫生服务能力,加强妇幼健康、肿瘤筛查和治疗、精神疾病防控、儿科等薄弱环节能力建设。推进流动人口基本公共卫生和计划生育服务均等化。实施国民健康素养提升计划,普及健康知识,引导合理膳食,开展戒烟限酒,减少药物滥用,防止艾滋病传播。实施全民健身活动计划,推行公共体育设施免费或低收费开放。实施慢性病综合防控战略,提高心脑血管疾病、癌症、呼吸系统疾病等疾病的防治能力。实施重大疾病和传染病防控计划,降低乙肝病毒感染率和肺结核发病率。做好重点地方病防控工作。做好学校卫生、放射卫生、职业卫生和口腔卫生工作。开展职业病危害普查和防控。加强口岸卫生检疫能力建设,严防外来重大传染病传入。

其二,提升医护服务的服务能力,优化医护资源的配置。完善普通医院和社区医院的分工合作机制,优先提升社区医院的服务能力。完善区域健康发展战略,推进"健康扶贫"和"健康支援"。全面建立"分工合作诊疗制度",推进"社区首诊、双向转诊、分工诊疗、衔接互补、信息共享"的医护服务模式创新。建立家庭和社区签约医生模式,发挥家庭医生(全科医生)和社区医生的居民健康"守门人"作用。完善医师多点执业制度。推动医疗卫生与养老服务融合发展。加强医护队伍建设,健全住院医师规范化培训制度。优化急救医护服务体系,加强院前医疗急救队伍建设。支持民族医药发展,推广中医药适用技术。

其三,提升健康保险的服务能力。完善基本医疗保险稳定可持续筹资和报销比例调整机制,完善城乡居民大病保险制度,健全重大、特大疾病救助和疾病应急救助制度。改革医保管理和支付方式,发挥基本医疗保险对医护服务行为的监督和引导作用。完善医保缴费参保政策,实现医保基金可持续平衡。改进个人账户,开展门诊费用统筹。加快推进基本医保异地就医结算,实现跨省异地住院医疗费用直接结算。整合城乡居民医保政策和经办管理。将生育保险和基本医疗保险合并实施。鼓励发展补充医疗保险和商业健康保险。探索长期护理保险、医疗责任保险、医疗意外保险等多种形式的医疗执业保险。

其四,实施健康人才强国工程。深化健康人才教育体制改革,建立"院校教育、毕业后教育、继续培训和自主学习"相结合的健康人才培养体系,提高人才培养的针对性、适应性和人才培养质量。院校教育质量显著提高,毕业后教育得到普及,继续教育实现全覆盖,自主学习成为职业风尚。完善健康人才培养、使用、激励和评价机制。

其五,实施健康创新工程。抓住新生物学和新医学革命的战略机遇,构建面向世界前沿和国家需求的健康创新体系(图3-11),全面提升基础医学、临床医学、诊疗技术、护理技术和康复技术的创新能力,重点推进医学理论、医护技术、重大新药、医疗器械和医护模式创新。重点关注再生医学、仿生医学、精准医学、重大疾病防控、医用生物技术、医用信息技术和手术机器人等领域的前沿发展。启动"精准医护研发计划",探索个性化"生命全程健康管理"新模式。将已上市创新药和通过一致性评价的药品优先列入医保目录。

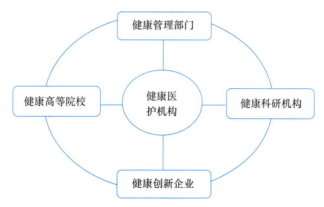

图3-11 健康创新体系的系统结构

其六,实施健康服务信息化工程。推进互联网和健康服务的融合发展,提升健康大数据应用能力,发展远程医疗和智慧医疗。建立人口健康信息化标准规范体系,完善人口健康信息平台,提高居民健康档案建档率,推进健康信息的互联互通和信息共享。推进居民健康卡的信息集成,实现健康服务"一卡通"。加强信息安全防护体系建设。

其七,完善健康用品供应体系。落实《关于促进医药产业健康发展的指导意见》,促进医药和医疗器械产业的健康发展。健全药品研发、注册、生产、流通和使用的体制和机制。完善国家基本药物制度。完善药品短缺监测预警和低价药品供应保障机制,切实保证临床用药供应。增加艾滋病防治等特殊药物免费供给。加快中药标准化建设,提升中药产业水平。实施国家药品标准提高行动计划,健全药品检验检测体系,全面提高药品质量。

其八,建立药品成本免费登记制度。所有药品生产企业,在每年12月向所在地药品管理部门报送"来年企业药品成本登记表"(电子表);同时鼓励药品生产企业在药品使用说明书和药品销售包装盒上注明该药品生产成本。药品管理部门免费接收"企业药品成本登记表",每年元月免费在管理部门网站上向社会公布所辖地区的"药品成本清单"。上级药品管理部门每年进行药品成本抽查,抽查率不低于2%。制定药品成本造假处罚条例。建立药品生产成本核算办法和药品抽查违规举报制度。药品成本造假罚款收入直接纳入地方财政。

药品成本造假的处罚标准需要专题研究,建议的参考标准如下:

- 登记成本高于实际成本20%(20%～49%),处罚:行政警告;责令及时更正。
- 登记成本高于实际成本50%(50%～99%),处罚:罚款(已销售额的2倍),并责令及时更正。
- 登记成本高于实际成本100%(100%～199%),处罚:罚款(已销售额的5倍),并责令及时更正;禁止该企业生产和销售该药品1年。
- 登记成本高于实际成本200%,处罚:罚款(已销售额的10倍),并责令及时更正;禁止该企业生产和销售该药品2年。
- 对药品成本造假的处罚拒不执行者,提请药品管理部门吊销该企业该药品生产许可证。

其九,继续推进健康基础设施现代化。按照《"健康中国2030"规划纲要》的要求,发展健康基础设施,提高健康基础设施的质量和可及性。

其十,有序发展健康NGO,规范健康NGO的制度和行为。

(2)提升健康治理能力,完善健康监管体系

提升健康治理能力是政府的主要职责,需要多部门的协作。

其一,完善健康治理体制。建立健康中国多部门协作机制和社会参与机制,明确职责和分工。适时调整"国家卫生和计划生育委员会"的职责,组建"国家健康服务部"。建立集中和统一的专业化高效的健康体系的监管体系。加强全行业属地化管理。

其二,提高健康体系监管能力。启动健康中国指标体系项目,建立定量化可考核的监测指标体系。实施医护质量监督体系计划,保障医疗安全。完善对医疗保险的监管机制。建设严密高效、社会共治的食品安全治理体系,健全从农田到餐桌的农产品质量安全的全过程监管体系,提高监督检查频次和抽检监测覆盖面。完善国家食品安全风险评估、食源性疾病管理及流行病学调查。加大农村食品安全治理力度。推进国家药品电子监管系统建设。完善对网络销售食品和药品的监管。加强动植物疫病防控能力建设,加强食品和药品进口监管。

其三,提高卫生行政执法能力。提高卫生行政执法人员的整体素质,真正做到"有法可依、有法必依、执法必严、违法必究"。

其四,增加公共健康投入。公共健康支出占健康支出比例,2050年达到80%左右。

(3)适度发展健康产业,坚守健康服务的公益性

健康服务和健康保障既有公益性,也有市场性。规范健康服务和健康保障的公益性,适度发展健康产业,有利于提高人民健康水平。市场性健康产业,必须尊重生命,诚实守信,兼顾公益性。

其一,支持民营医护机构的发展。向社会资本开放医护服务市场,支持社会力量经办非营利和营利性医护机构。非营利医护机构要同时遵守国家卫生法规和非营利机构法规,年盈余率不得超过4%

(扣除科研经费部分)。营利医护机构,要兼顾健康服务的公益性,年利润率不得超过8%(扣除科研经费部分)。实现非营利民营医院和公立医院同等待遇。鼓励发展专业性规模适度的医院管理集团,推动发展专业和规范的护理服务。

其二,支持商业健康服务的发展。鼓励商业保险公司提供多样化健康保险产品和保险服务。鼓励医护机构与养老机构等加强合作,发展健康养老,重点发展社区健康养老服务。

其三,探索健康服务的新业态。支持健康体验和咨询服务等。促进个性化健康管理服务发展。规范母婴照料服务。培育健康文化产业。推动医护旅游业发展。打造具有国际竞争力的医护旅游目的地,发展一批具有知名品牌和良性循环的健康服务产业集群。大力支持第三方医护服务的发展,促进医药和医疗器械等健康相关产业的发展。

7. 实施"中国健康高铁工程",建设高水平的国民健康体系和健康长寿社会

"中国健康高铁工程"是中国健康现代化的一项系统工程,是中国"健康高铁"战略的诸多政策的系统集成和工程化设计,其目标是建成具有世界先进水平的"健康高铁系统"。

从系统工程角度看,"健康高铁"是以健康基础设施、健康物联网、健康大数据和健康服务网为基础的"健康高速运行系统",其功能是为全民的健康生活和健康服务提供全方位的支撑。"中国健康高铁工程"建设,应以人的健康需求为中心。

"中国健康高铁工程"建设,大致可以在三个层次协同进行,即健康物理基础设施建设、健康信息和知识基础设施建设、健康服务平台体系和健康干线体系建设。

(1)"健康高铁"的物理基础设施

健康物理基础设施是"健康高铁"的物理基础(硬件设施),如健身场所、公共卫生设施、医护机构、健康保险机构、健康教育机构和科研机构、健康监管机构等。前面关于"健康高铁"战略的部分政策措施,可以归入健康物理基础设施建设的范畴(表3-97)。

表3-97 "健康高铁"的基础设施建设(举例)

方面	健康物理基础设施建设	健康信息和知识基础设施建设
系统升级		
健康生活体系	健身设施、公共卫生设施、健康养老院等	健康生活指南、健康百科全书等
健康医护体系	医护机构、健康教育和科研机构等	医院信息化平台、医护和急救指南等
健康保险体系	基本健康保险、商业健康保险等	健康保险网络平台、健康一卡通等
健康用品体系	药店标准化、食品药品质量监测等	健康物联网、健康用品标准等
健康治理体系	健康服务部、健康相关部门、健康NGO等	国家健康法、健康大数据等
四轮驱动		
健康生活现代化	健身生活行动议程、健康管家等	健康营养指南、健身活动指南等
健康服务现代化	健康医护优质工程、社区医院标准化等	国家健康服务平台、健康大数据等
健康环境现代化	健康环境监测体系、健康城镇和乡村等	健康环境预警和预报等
健康治理现代化	健康能力提升工程、健康创新工程等	健康治理信息化等

(2)"健康高铁"的信息和知识基础设施

健康信息和知识基础设施是"健康高铁"的信息基础(软件设施),如健康生活指南、健康营养指南、健身指南、健康服务指南、健康服务网络平台、健康大数据、健康物联网、健康标准和健康法规等。前面关于"健康高铁"战略的部分政策措施,可以归入健康信息和知识基础设施建设的范畴(表3-97)。

(3)"健康高铁"的服务平台体系和主干线路体系

"健康高铁"的服务平台体系,大致按三级设置和建设(图3-12)。

- 国家健康服务平台:"健康高铁"的国家总站,由中国医学科学院负责研制和维护。
- 地区健康服务平台:"健康高铁"的地区总站,由地区医学高等院校负责研制和维护。
- 健康机构服务平台:"健康高铁"的单元基站,由健康服务提供方按统一标准研制和维护。

"健康高铁"的主干线路体系,按"纵横"两个维度进行规划和建设(图 3-12)。

- 横向干线:健康快车主干线。根据不同人群的健康需求,设立健康快车(表 3-98),提供便捷、公平、优质的健康服务,包括"健康指南、健康咨询、健康预约、进入/取消、健康服务、满意退出和电子档案"的一条龙服务。
- 纵向干线:健康专列主干线。根据人体不同器官的健康需求,设立健康专列(表 3-98),提供精准、高效、优质的健康服务,包括"健康指南、健康咨询、健康预约、进入/取消、健康服务、满意退出和电子档案"的一条龙服务。
- 无缝衔接:健康快车主要提供健康生活服务、公共卫生服务和初级医疗服务等,健康专列主要提供专科医护服务、综合医护服务和手术治疗服务等,两者有分工有交叉,建立两者之间的合作和转轨衔接机制,形成无缝衔接的健康服务网络。

表 3-98　"健康高铁"的主干线路(举例)

方面	横向干线:健康快车	纵向干线:健康专列
一期工程	**健康生活**:健身运动快车、健康体检快车、健康保险快车、健康用品快车 **健康服务**:孕产妇健康快车、儿童健康快车、老年健康快车、中医保健快车	**内科**:肿瘤专列、神经健康专列、心脏健康专列、肝胆健康专列、消化健康专列 **外科**:骨科专列 **其他**:眼科专列、心理健康专列
二期工程	**健康生活**:营养咨询快车、健康咨询快车、健康免疫快车、健康百科、美容快车等 **健康服务**:学生健康快车、女性健康快车、男性健康快车、残疾人健康快车、家庭健康快车、社区健康快车、健康护理快车等 **健康急救**:健康急救特快、健康应急特快、戒毒特快	**内科**:呼吸健康专列、肾健康专列、血液健康专列、免疫健康专列等 **外科**:泌尿外科专列、血管外科专列、烧伤外科专列、神经外科专列、胸外科专列、心脏外科专列、肝外科专列等 **其他**:传染病专列、生殖健康专列、运动健康专列、皮肤健康专列、口腔健康专列、牙齿健康专列、耳鼻喉专列等
主要功能	**主要提供**:健康生活服务、公共卫生服务、初级医疗服务、健康保健服务、康复护理服务、健康急救服务等	**主要提供**:专科医护服务、综合医护服务、外科手术服务、特需医护服务、健康急救服务等

注:2015 年中国城市居民主要疾病死亡率的前 10 名:恶性肿瘤、心脏病、脑血管病、呼吸系统疾病、外伤和中毒、内分泌营养和代谢疾病、消化系统疾病、神经系统疾病、传染病、泌尿生殖系统疾病。健康快车和健康专列,组成健康服务网络,它们既有分工又有合作,建立完善的转轨衔接机制。

"中国健康高铁工程"一期工程,涉及健康设施、健康平台和16 条健康干线(图 3-12)。建议在我国南方、北方和西部地区各选一个医疗条件较好的城市,先行启动"健康高铁工程"。这三个城市建议分别为武汉市、天津市、西安市。

8. 结束语

16 世纪以来,科技进步与人类健康紧密相关,科技革命影响巨大。科技革命大致发生在三个层次。① 在学科层次,学科重大进展可以用"革命"来表述,如分子生物学革命等。② 在世界科技史层次,科学革命是科学范式的转变,技术革命是技术范式的转变,如化学革命和电力革命等。③ 在人类文明史层次,科技革命是科学革命和技术革命的统称,指引发科技范式、人类的思想观念、生活方式和

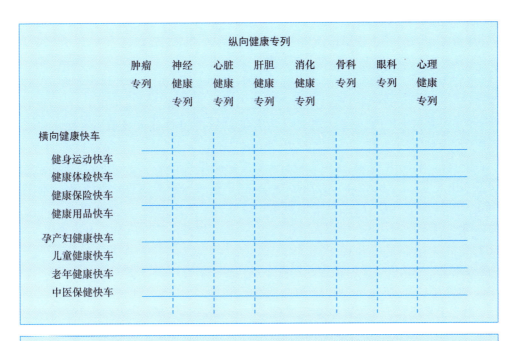

图 3-12 "中国健康高铁工程"的系统结构(一期工程)

生产方式的革命性转变的科技变迁。根据这种定义,16世纪以来世界科技大致发生了五次革命,即现代科学诞生(含近代物理学诞生)、蒸汽机和机械革命、电力和运输革命、相对论和量子论革命、电子和信息革命。21世纪将会发生两次新科技革命,即新生物学和再生革命、新物理学和时空革命(何传启,2017)。

新生物学和再生革命(2020~2050年)将主要发生在生命科技、信息科技和纳米科技的交叉结合部。从科学角度看,它将可能是一次新生物学革命,解释生命和意识的本质。从技术角度看,它将是一次"创生和再生革命",或者说是仿生—创生—再生的"三生技术革命"。从产业角度看,它将是一次"仿生和再生革命"。从经济角度看,它将是一次"新生物经济革命"。从人类文明角度看,它将是一次"再生革命",人类文明将进入再生时代。

在21世纪末,人类将有四种生存形式(自然人、网络人、仿生人和再生人),将有两个家园(地球家园和太空家园),将生活在两个空间(物理空间和网络空间);人类生活的四种形式、两个家园和两个空间的互动,将构成人类文明的新形态,将塑造一个新世界。

新生物学和再生革命,将改变人类的生存方式,将给人类健康带来全新挑战。

中国健康现代化,既要建设健康长寿社会,又要面对"再生时代"的新机遇。

本 章 小 结

中国健康现代化是一种后发追赶型健康现代化。本章关于中国健康现代化的时序分析、截面分析和过程分析,加深了对中国健康现代化的理性认识。关于中国健康现代化的战略分析,可以为制定中国健康现代化政策提供参考。

1. 中国健康生活的事实和前景

首先,健康观念。2014 年中国居民健康素养水平达到 9.79%,比 2008 年的 6.48% 提高 3.31 个百分点,中国居民健康素养水平呈现稳步上升趋势。

其次,健康行为。2000 年以来,女性成人吸烟率下降了 43%,但人均酒精消费翻了一番;剖腹产比例下降了 33%,育龄妇女避孕率、孕妇产前检查比率和专业人员接生比例上升。2010 年中国育龄妇女避孕率、孕妇产前检查比例、专业人员接生比例和 2012 年女性成人吸烟率等反映健康行为的指标,都好于世界平均水平。

其三,健康营养。1980 年以来,中国人均脂肪供应量提升了 1.79 倍,人均蛋白质供应量和人均食物供应量分别提升了 81.5% 和 43.8%。1990 年以来,中国人口营养不良比例下降了 56.5%。2000 年以来,5 岁以下儿童超重比例、成人超重比例和女性成人肥胖比例上升,女性成人肥胖比例提高了 1.35 倍,2013 年达到 8%。2013 年中国人均脂肪供应量、人均蛋白质供应量和人均食物供应量,都超过世界平均水平。

其四,健康状况。中国人出生时平均预期寿命,从 1980 年的 66.5 岁提高到 2014 年的 75.8 岁,提高了 9.3 岁。1980 年以来,婴儿死亡率、新生儿死亡率和 5 岁以下儿童死亡率分别下降了 80%、80% 和 82%,妇女总和生育率和少女生育率分别下降了 38% 和 57%。2000 年以来,孕产妇死亡率、慢性呼吸道疾病死亡率和肺结核发病率均有不同程度降低。2014 年中国平均预期寿命、婴儿死亡率和 5 岁以下儿童死亡率等,都好于世界平均水平。

其五,中国健康生活的前景分析。未来 30 年,中国健康观念将进一步增强,参与体育活动的人数比例将会增加,成人吸烟率和人均酒精消费将会下降;中国人口营养不良比例将会进一步下降,人口超重和肥胖比例有可能会继续增加。同时,中国健康状况将会持续向好,出生时平均预期寿命和出生时预期健康寿命将会继续提高,而婴儿死亡率、新生儿死亡率、5 岁以下儿童死亡率等指标将会继续下降。

2. 中国健康服务的事实和前景

首先,健康医护。医护服务工作量增长较快。中国人年均门诊次数由 2005 年的 1.7 次上升到 2015 年的 5.4 次;医生平均年门诊次数从 2010 年 1759 次上升到 2015 年的 1951 次;2014 年中医诊疗率为 1990 年中医诊疗率的 2.21 倍。2015 年基层医疗机构医生的年均门诊次数高于医院的医生年均门诊次数;村卫生室门诊次数占全国门诊次数的比例为 23.4%。

其次,公共健康。中国免疫水平不断提高,从 1983 年到 2014 年,中国儿童 DPT 免疫接种率和儿童麻疹免疫接种率分别提高了 70.7% 和 26.9%。中国传染病防治水平有所提升,1994 年以来,结核病患病率下降,结核病治愈率提高。2014 年儿童免疫接种率、结核病患病率和结核病治愈率,都好于世界平均水平。

其三,健康保险。目前,中国形成了由城镇职工医保、城镇居民医保和农村"新农合"三大险种为主的医疗保险制度,2015 年"新农合"参合率达到 98.8%。根据统计数据估算,如果扣除重复保险,2015 年中国医疗保险人口覆盖率约为 91.6%。

其四,健康人力资源。1990 年以来,中国医生比例提高了 34%,护士和助产士比例提高了 1.4 倍,医生专业毕业生比例提高了 10.5 倍。2014 年,中国医生比例高于世界平均水平,但护士和助产士比例低于世界平均水平。

其五,健康基础设施。1965 年以来,中国医院密度提高了 1.6 倍,2014 年医院密度达到 18.9 所/百万人;每千人拥有的医疗床位数提高了 2.4 倍,2014 年床位比例为 4.8‰。2005 年以来,公立医院密度不断下降。

其六,中国健康服务的前景分析。未来30年,中国医护水平将会提升,健康医护结构将有所改善;中国公共健康水平将会持续提升,免疫接种率将会继续提高,结核病患病率将会继续下降;中国健康保险覆盖率将会继续提升,健康保险质量将会继续提高;中国医生比例、护士和助产士比例将会继续提高;中国基础设施将会继续完善。

3. 中国健康环境的事实和前景

首先,健康生态环境。1990年以来,中国清洁饮水普及率和卫生设施普及率从1990年的66.9%和47.5%提高到2015年的95.5%和76.5%;PM 2.5年均浓度和PM 2.5浓度超标暴露人口比例分别由1990年的39.3%和99.2%上升到2013年的54.4%和99.6%。2015年清洁饮水普及率和卫生设施普及率高于世界平均水平,2015年中国PM 2.5年均浓度和PM 2.5浓度超标暴露人口比例高于世界平均值。

其次,健康社会环境。1960年以来,中国成人识字率提升了1.24倍,2015年达到96%;65岁以上人口比例提高了1.49倍,2014年达到9.2%。2014年,中国抚养比率、出生率、死亡率和人均国民收入均低于世界平均水平,65岁以上人口比例高于世界平均值。

其三,健康国际合作。1978年以来,中国积极与世界银行、世界卫生组织等国际组织开展健康合作。1960年以来,中国援外医疗队共诊疗患者约2.6亿人次。截至2011年底,中国共帮助52个国家建成100所医院和医疗中心。

其四,中国健康环境的前景分析。未来30年,中国健康生态环境将会日趋受到重视;中国健康社会环境水平将会不断提高;中国将继续加强国际健康合作。

4. 中国健康治理的事实和前景

首先,健康监管。根据世界银行《世界发展指标》的统计数据,1995年以来,中国人均健康支出提高了10.3倍,人均寿命成本增长了9.5倍;健康支出占GDP比例和公共健康支出占健康支出比例分别提高了57.2%和10.5%,公共健康支出占政府支出比例下降了35%,私人健康支出占健康支出比例下降了10.8%;2014年,中国私人健康支出占健康总支出的比例、现金健康支出占健康总支出比例,都高于世界平均值。

其次,健康科技。2011年,中国医药产业科技经费比例约为美国和英国的13.3%,约为日本的15.4%,约为德国的26.7%。

其三,健康用品。中国药品供应能力不断提高,2013年中国七大类医药商品销售额总计13 040亿元,2015年七大类医药商品销售总额达到16 613亿元。

其四,健康产业。2014年健康产业增加值比例比2010年提高了38%。2014年中国健康产业增加值比例和健康产业劳动力比例分别约为2%和3.2%。

其五,中国健康治理的前景分析。未来30年,中国人均健康支出、人均寿命成本有可能会继续增加;健康科技投入将会继续增加,健康药品和医疗设备供给将会更加丰富,医疗设备也将逐步趋向智能化;中国健康产业预计将有较大发展,占GDP比重将会提高。

5. 中国健康现代化的基本事实

中国健康现代化的发端,可以追溯到19世纪中后期。

19世纪后期以来,中国健康现代化大致分为三个阶段:清朝末年的健康现代化起步、民国时期的局部健康现代化、新中国的全面健康现代化。

2014年,中国健康现代化水平属于健康初等发达水平,处于发展中国家的中间位置;中国健康现代化指数为41,排名世界131个国家的第59位。

2014年,中国健康四个方面52个指标的发展水平大致是:11.5%的指标为发达水平,23.1%的指标为中等发达水平,51.9%的指标为初等发达水平,13.5%的指标为欠发达水平。

6. 中国健康现代化的前景分析

根据健康统计指标的版面数据,如果131个参加评价的国家都大致按2000～2014年健康现代化指数的年均增长率计算(部分国家的增长率做出调整),中国健康现代化指数的世界排名,2030～2040年有可能进入前40位左右,进入健康中等发达国家行列;在2050～2060年有可能进入前20位左右,进入健康发达国家行列;在2080年前后有可能进入前10位左右,达到世界先进水平。

7. 中国健康现代化的主要挑战

中国健康生活、健康服务、健康环境和健康治理四个方面都面临挑战,"新生物学和再生革命"将全面改变国际健康环境。这里介绍几个具体挑战。

其一,提高护士和助产士比例。2015年护士和助产士比例,中国约为2.4‰,发达国家(OECD的21个发达国家)平均为11.3‰,英国、德国、日本、瑞典和挪威分别为8.4‰、13.4‰、11.2‰、11.9‰和16.9‰。发达国家护士和助产士比例是中国的3.8倍。

其二,提高健康环境质量。2015年PM 2.5年均浓度,中国为57.2微克/立方米,高收入国家平均值为16.3微克/立方米,世界平均值的41.7微克/立方米。中国PM 2.5年均浓度是高收入国家平均值的2.5倍。

其三,增加公共健康投入。2014年公共健康支出占政府支出比例,中国为10.4%,美国、英国、德国、法国、日本、意大利、瑞典和挪威的比例分别为:21.3%、16.5%、19.7%、15.7%、20.3%、13.7%、19.3%和18.2%,2013年高收入国家平均值为17.4%。

其四,提高健康产业增加值比例。2014年健康产业增加值占GDP比例,中国为2.0%,美国、英国、德国、法国和意大利分别为7.3%、7.3%、7.5%、9.1%和6.1%,发达国家(OECD的21个发达国家)平均为7.8%。发达国家健康产业增加值比例约是中国的3倍。

8. 中国健康现代化的路线图

中国健康现代化路线图是健康现代化的战略目标和基本路径的一种系统集成。

首先,战略目标。全面建立分工合作制国民健康体系,全面提升健康生活和健康服务水平,全面改进健康环境和健康治理,逐步达到健康现代化的世界先进水平,分步实现健康现代化,建成国民健康长寿水平达到世界先进水平的健康长寿社会。

中国健康现代化的分阶段目标:

- 第一步,在2030年前后,建成和完善"分工合作制国民健康体系"和"公益型全民健康保险体系",实现健康服务全覆盖和公共卫生服务均等化,普及健康生活方式,健康生活和健康服务水平全面超过世界平均水平,基本实现健康现代化;
- 第二步,在2060年前后,建成健康服务强国和绿色健康家园,健康生活、健康服务、健康环境和健康治理水平进入发达国家行列,全面实现健康现代化;
- 第三步,在2080年前后,建成高水平的健康长寿社会,健康长寿和健康服务水平进入发达国家前列,高标准实现健康现代化。

中国健康现代化的四个方面目标:

- 健康生活目标:出生时平均预期寿命,2030年提高到79岁,2050年提高到84岁;出生时预期健康寿命,2030年提高到71岁,2050年提高到76岁;婴儿死亡率,2030年下降到6‰,2050年下降到3‰;5岁以下儿童死亡率,2030年下降到7‰,2050年下降到4‰;孕产妇死亡率,2030年下降到10万分之10,2050年下降到10万分之5。

- 健康服务目标：医生比例，2030年提高到3‰，2050年提高到5‰；全科医生比例，2030年提高0.3‰，2050年提高到1‰；护士和助产士比例，2030年提高到5‰，2050年提高到12‰；平均住院天数，2030年下降到8天，2050年下降到6天；健康保险覆盖率，2030年提高到100%。
- 健康环境目标：清洁饮水普及率和家庭卫生设施普及率，2030年提高到100%；65岁以上人口比例，2030年达到13%，2050年达到21%；PM 2.5年均浓度，有可能从上升到下降，2050年下降到30以下等。
- 健康治理目标：人均健康支出，2030年提高到1500国际美元，2050年提高到7000国际美元；人均寿命成本，2030年控制在19国际美元/岁，2050年控制在88国际美元/岁；健康支出占GDP比例，2030年提高到8%，2050年提高到12%；公共健康支出占健康支出比例，2030年提高到65%，2050年提高到80%；健康产业增加值比例，2030年提高到4%，2050年提高到10%；健康产业劳动力比例，2030年提高到6.3%，2050年提高到15%。

其次，运河路径。瞄准健康发展的未来世界前沿，两次健康现代化协调发展，加速从传统健康向现代健康和全民健康的转型，迎头赶上健康发展的世界前沿；在2030年左右全面超过健康现代化的世界平均水平；在2060年左右进入健康现代化的发达国家行列；在2080年左右进入健康现代化的发达国家前列，健康生活、健康服务、健康环境和健康治理等达到当时世界先进水平，全面实现健康现代化。

9. 实施"健康高铁"战略，建设健康长寿社会

中国健康现代化包括五个现代化，即健康体系现代化、健康生活现代化、健康服务现代化、健康环境现代化和健康治理现代化。未来30年，中国健康现代化可以借鉴中国高铁的发展经验，采用"系统升级、四轮驱动"的发展战略，可简称"健康高铁"战略。其中，"系统升级"指健康体系现代化，实现从医疗卫生体系向国民健康体系的转型升级；"四轮驱动"指以健康生活现代化等健康四个方面现代化为动力，实现四化联动。

这里"健康高铁"是一个形象化比喻。就像中国铁路系统从"普通铁路"（Railway System）升级为"高速铁路"（High-speed Railway System）一样，中国健康体系也需要转型升级，从医疗卫生体系升级为整合型国民健康体系，即从工业时代分立的医疗卫生体系、医疗保险体系和医疗用品体系，向信息时代整合型国民健康体系的转型升级。"健康高铁"（Health Superhighway System）是高速运行的整合型国民健康体系的一个"形象化说法"。

国民健康体系，不同于医疗卫生体系。例如，前者以人为本，后者以疾病防治为本；前者以人的"健康需求"为中心，后者以"救死扶伤"为中心；前者以健康长寿为目标，后者以患者康复为目标。医疗卫生体系是工业社会的产物，国民健康体系是知识社会的前沿。

它的基本思路是：以"系统升级"为先导，顶层设计，系统优化；以"四轮驱动"为动力，全民参与，四化协同；以"健康优先、质量优先、公平优先和共建共享"为原则，促进国民健康体系的五个子体系的系统整合，推动健康生活现代化等四个方面的协调发展，建设中国健康现代化的"健康高铁"（Health Super-Highway）和"健康平台"，建成一个具有世界先进水平的健康长寿社会；全面实现"健康生活少生病，有病好治好康复，环境安全营养好，优质公平可持续，健康服务全覆盖，健康长寿生活美"的健康目标。

所谓"健康长寿社会"，就是人民健康长寿水平达到世界先进水平的社会。

10. 加速健康体系现代化，建设分工合作制国民健康体系

国民健康体系是一个以满足人的健康需求为中心的、健康需求和健康供给协同进化的开放体系；主要包括五个子体系和三个影响因子，即健康生活体系、健康医护体系、健康保险体系、健康用品体

系、健康治理体系，以及相关的健康科技、健康环境和健康产业等。

分工合作制国民健康体系，是全民参与、全程覆盖、分工合作、责权明确的整合型国民健康体系。其主要特点是：以促进全民的健康长寿为宗旨，以信息技术为支撑，分工明确，责任到人，健康生活和健康服务相互促进、经济与社会相互支撑。其主要功能是：为全民提供"从胎儿到生命终点"的全程健康服务。

首先，健康生活体系。健康生活体系是支撑和维系健康生活的各种要素的总和。

- 明确健康行为主体的职责。
- 促进健康知识和健康观念的传播和普及。
- 促进健康生活场所的现代化和"便利化"。
- 促进健康运动设施的现代化和"便利化"。
- 促进公共卫生设施的现代化和"便利化"等。

其次，健康医护体系。健康医护体系是提供健康医护服务的服务体系。

- 深化医护体制改革，规范医护机构的法律地位和系统分工。取消所有医护机构的行政级别，建立医护机构的法律平等地位。其中，非营利医护机构占全部医护机构比例超过80%，营利医护机构占全部医护机构比例不超过20%。
- 采用立法形式，规范非营利和营利医护机构的利润率，确保医护服务的公益性占主导地位。其中，非营利医护机构的年盈余率不高于4%（扣除科研经费部分），营利医护机构的税后年利润率不高于8%（扣除科研经费部分）。
- 规范公立普通医院的系统定位。主要职责是常规医护和急救医护服务。服务内容以手术和住院服务为主，包括急救服务等。服务对象为需要手术服务的患者和需要急救的患者。
- 规范公立社会医院的系统定位。主要职责是常规医护和受委托的公共卫生服务。服务内容以初诊服务为主，包括康复服务和公共卫生服务等。服务对象为社区居民和患者。
- 规范公立公共卫生机构的系统定位。主要职责是公共卫生服务。服务内容为院前急救、疾病防控、妇幼保健和计划生育、卫生监督和执法等。服务对象为全体居民。费用支付：公共卫生服务免费服务，急救服务非营利性收费。
- 推进公立医院综合改革，落实公立医院非营利机构法人地位和法人治理。坚持公立医院的公益属性，破除逐利机制，降低运行成本，取消药品加成，推进医疗服务价格改革，完善公立医院补偿机制。建立现代医院管理制度，建立符合医疗卫生行业特点的人事薪酬制度。
- 推进非营利性私立医院和公立医院同等待遇。
- 改革健康服务提供方式，发展第三方服务。鼓励发展专业的医学检验中心和影像中心。支持发展第三方健康服务评价、健康市场调查和咨询服务。鼓励社会力量提供食品药品检验服务。完善医药科技中介体系，大力发展医药科技成果转化服务。
- 促进健康教育现代化，完善健康院校的法人治理制度。健康高等院校，促进教学、科研和临床的三结合。健康大专院校，促进教学和临床的双结合。
- 促进健康科研机构现代化，完善健康科研机构的法人治理制度等。

其三，健康保险体系。健康保险体系是提供健康保险服务的服务体系。

- 建立和完善"公益型全民健康保险体系"。包括基本健康保险、大病互助保险、医疗援助基金和商业健康保险等。其中，基本健康保险是公益性的，人口覆盖率为100%，由政府提供，其经费来自政府投入和社会健康保险缴费(个人和单位缴费)等。公共健康支出占总健康支出比例逐步达到80%。当条件成熟时,"公益型健康保险体系"可转型为"福利型健康保险体系"。
- 建立和完善"健康保险卡制度",实现健康支付全国互联互通"一卡通",自动支付。
- 深化健康保险体系改革,建立"三医联动"新机制。建立健康保险机构对医护服务机构的第三方监督机制,医药分开,促进"医疗、医药、医保"的三医联动。

其四,健康用品体系。健康用品体系是生产和提供各种健康用品的健康支撑体系。
- 完善国家食品药品监督管理总局职能。职能覆盖食品、药品(含中药)、医疗器械等。
- 建立和健全健康用品的国家标准,逐步与发达国家标准接轨。
- 加快健康用品领域的健康物联网建设等。

其五,健康治理体系。健康治理体系是健康治理的相关机构和制度的总和。
- 组建国家健康部。功能覆盖:计划生育、健康医护、健康保险、健康用品等。
- 研究制定《国家健康法》。为国民健康体系建设提供法律依据。
- 加快健康大数据建设,完善国家基本药物制度等。

11. 实施健康生活行动议程,加速健康生活现代化,实现"健康生活少生病"

健康长寿,从我做起。树立健康观念,掌握健康知识,养成健康习惯,完善健康行为,维护公共卫生。普及健康生活方式,实现"健康生活少生病、精神饱满身体好"。

健康生活行动议程是促进国民健康长寿的议程。它要求坚持"以健康为中心"的原则,全民动员,全员参与,全程规划,全域覆盖,分工明确,责任到人,建设一个人民健康长寿的社会。其主要内容包括:健康生活全程规划、健康生活行为指南、健康中国人、国家健康服务平台、母婴健康平安计划、儿童健康成长计划、职业人群远离亚健康计划、健康老人计划、全民健康素养促进行动计划、全民健身运动、公共卫生服务能力倍增计划等。

(1) 健康生活全程规划

健康生活全程规划,是从全生命周期和全民覆盖的角度,对国民的健康理念、健康心理、健康行为、健康环境、健康生活服务和基本健康状况进行系统设计、动态监测和综合评估,提供促进和改善全民健康生活的健康咨询、健康指导、健康服务和健康管理。可五年修订一次。

(2) 健康生活行动指南

健康生活行为指南,以健康生活全程规划和《中国公民健康素养》为基础,针对健康生活重点领域的健康观念、健康心理和健康行为,设计具体的操作细则,提供一份健康生活的"健康说明书"。可五年修订一次。

(3) 健康中国人计划

制定健康中国人标准,推动健康中国人达标行动,每年对达标典型给予奖励。鼓励不同地区和不同部门制定相应的"健康人"行动计划。

(4) 健康日历

以健康生活行动指南为基础,研制和发行"健康日历",普及健康生活方式。

(5) 健康管家

以人工智能和健康知识为基础,研制家用"健康仿生人",作为"健康管家"等。

12. 实施健康医护优质工程,促进健康服务现代化,做到"有病好治好康复"

健康长寿,医护先行。医护部门和医护人员是健康长寿社会建设的主力军。实施健康医护优质工程,全面提高健康医护服务的质量和水平,实现"有病好治好康复"。

健康医护优质工程的内容包括:医护服务流程再造、社区医院标准化、临床路径计划、诊疗常规计划、整体护理行动计划、医护人员收入倍增计划、医护质量监督体系计划等。

医护服务流程再造工程,在医护体系和医院两个层次同时进行。在医护体系层次,建立分工合作制医护服务体系,完善医护机构之间的合作机制,引导患者合理就诊和转诊。在医院层次,对"进入、诊断、治疗、康复和退出"的医护流程全过程的每个环节,进行系统改造、动态监测和综合评估,明确医护服务职责,控制医护成本,降低患者的等待和逗留时间,全面提升医护服务质量和患者满意度。

(1) 提升常规医护服务的服务质量

其一,普通医院医护服务流程再造。全面建立现代医院管理制度,全面推行医护服务流程再造和医护质量标准认证,提高医护服务质量和医护服务竞争力。

其二,社区医院标准化工程。按照医护服务流程再造的原理和分工合作制医护体系的分工,明确社区医院的定位和职能,标准化配置医护力量,改善医护环境和条件,提升社区医院健康服务的水平和能力。

其三,改善医护人员待遇。医护人员既是国家和医院的宝贵财富,也是医护服务的提供者。一方面,医护人员要自觉提高医护水平和服务能力,恪守医护职业规范,保持良好医德医风。另一方面,让医护人员享有体面生活,获得应有社会尊重。

- 启动医护人员收入倍增计划,建立公立和非营利医疗机构"医护人员收入指导线"。医护人员收入包括基本工资和绩效工资。基本工资一般不低于本地区职工平均工资。绩效工资根据医护服务的服务数量、服务质量和患者满意度来决定。医护人员人均年收入的指导线为:医疗机构医护人员的年人均收入一般为其所在地区职工人均年收入的1.5~2倍,中高级医师的年人均收入一般为其所在地区职工人均年收入的2~5倍。
- 同时,完善医护人力资源管理制度,促进医护人员自主合理流动。

其四,做理性患者。患者既是医护服务的对象,也是医护服务的客户。医护服务是一个互动过程,需要医生和患者的真诚合作。

(2) 提升急救医护服务的服务质量

其一,突发公共事件的医护救援服务。其二,平时急症患者的急救医护服务。其三,常规急诊和重症患者的急救医护服务。其四,急救医护人员。其五,急症患者和家属。

(3) 提升中医医护服务的服务质量

大力发展中医医护服务,符合我国基本国情。发挥中医"治未病"优势,支持发展具有中医药特色的康复服务、养老服务和养生保健。提高社区医院的中医服务能力,增强中医服务的可选性和可及性。鼓励患者选择中医医护服务,提高中医药服务的报销比例。

(4) 建立和完善"家庭医生制度"和"社区医生制度"

其一,家庭医生制度。制定家庭医生行为准则。规范家庭医生的职责和权利,制定家庭医生收费和报销标准、投诉和处罚条例、争议协商机制、家庭医生服务登记制度等。

其二,社区医生制度。建立社区医院与生活社会的健康服务合作关系。每一个城市社区,可以选择一个社区医院为健康合作单位;社区医院为合作社区,选择一组"社区医生",提供健康咨询服务。制定社区医生的行为准则、职责和权利、收费和报销标准、投诉和处罚条例、争议协商机制、社区医生服务登记制度等。

(5) 构建国家健康服务平台

国家健康服务平台是为全民提供免费健康在线咨询服务的网络平台。它将集成健康生活全程规划、健康生活行为指南、健康营养指南、健康中国人、家庭医生(人工智能全科医生)、健康百科知识、医院指南、急救指南、孕产妇指南、育儿指南和健康老人指南等。

(6) 健康教育的现代化

健康教育既是国民教育体系的组成部分,也是健康服务体系的组成部分。促进健康普及教育、健康职业教育、健康高等教育和健康继续教育的现代化。

13. 全面改善健康环境,加速健康环境现代化,建设健康美丽新家园

健康长寿,环境必美。健康环境是健康生活的重要基础。健康环境涉及生态环境、社会环境和经济环境等。改善健康环境,需要全社会的支持和参与。

实施健康环境改善计划,建设健康城镇和乡村。全面提升食品安全水平,为国民提供放心食品。全面提高公共健康安全水平。

14. 实施健康能力提升工程,加速健康治理现代化,实现"优质公平可持续"

健康长寿,政府有责。提升国家健康能力,实现"健康服务全覆盖、优质公平可持续",是政府部门的首要职责。健康能力提升工程,坚持"以人为本、公平优先、需求导向、适度超前"的原则,主要从健康服务和健康治理两个方面提升健康能力;建立和完善分工合作制国民健康体系,实现人人享有优质、公平、可持续的健康服务。

(1) 提升健康服务能力,提供全方位的健康服务

健康服务能力主要包括公共卫生服务、医疗服务和健康保险服务的服务能力。以健康服务体制改革为指引,建设国民健康体系,全面提升健康服务能力。

其一,提升公共卫生服务能力,推进基本公共卫生服务均等化。其二,提升医护服务的服务能力,优化医护资源的配置。其三,提升健康保险的服务能力。其四,实施健康人才强国工程。其五,实施健康创新工程。其六,实施健康服务信息化工程。其七,完善健康用品供应体系。其八,建立药品成本免费登记制度。其九,推进健康基础设施现代化。其十,促进健康NGO的有序发展。

(2) 提升健康治理能力,完善健康监管体系

提升健康治理能力是政府的主要职责,需要多部门的协作。其一,完善健康治理体制。其二,提高健康体系监管能力。其三,提高卫生行政执法能力。其四,增加公共健康投入,公共健康支出占健康支出比例,2050年达到80%左右。

(3) 适度发展健康产业,坚守健康服务的公益性

健康服务和健康保障既有公益性,也有市场性。规范健康服务和健康保障的公益性,适度发展健康产业,有利于提高人民健康水平。市场性健康产业,必须尊重生命,诚实守信,兼顾公益性。其一,支持民营医护机构的发展。其二,支持商业健康服务的发展。其三,探索健康服务的新业态。

15. 实施"中国健康高铁工程",建设高水平的国民健康体系和健康长寿社会

"中国健康高铁工程"是中国健康现代化的一项系统工程,是中国"健康高铁"战略的诸多政策的系统集成和工程化设计,其目标是建成具有世界先进水平的"健康高铁系统"。

从系统工程角度看,"健康高铁"是以健康基础设施、健康物联网、健康大数据和健康服务网为基础的"健康高速运行系统",其功能是为全民的健康生活和健康服务提供全方位的支撑。"中国健康高铁工程"建设,应以人的健康需求为中心,可以分两期进行。

"中国健康高铁工程"一期工程建设,可以大致在三个层次协同进行。

(1) "健康高铁"的物理基础设施

健康物理基础设施是"健康高铁"的物理基础(硬件设施),如健身场所、公共卫生设施、医护机构、健康保险机构、健康教育机构、健康科研机构、健康监测和监管机构等。前面关于"健康高铁"战略的部分政策措施,可以归入健康物理基础设施建设的范畴。

(2)"健康高铁"的信息和知识基础设施

健康信息和知识基础设施是"健康高铁"的信息基础(软件设施),如健康生活指南、健康营养指南、健身指南、健康服务指南、健康服务网络平台、健康大数据、健康物联网、健康标准和健康法规等。前面关于"健康高铁"战略的部分政策措施,可以归入健康信息和知识基础设施建设的范畴。

(3)"健康高铁"的服务平台和主干线路

"健康高铁"的服务平台体系,大致按三级设置和建设。

- 国家健康服务平台:健康高铁的国家总站,由中国医学科学院负责研制和维护。
- 地区健康服务平台:健康高铁的地区总站,由地区医学高等院校负责研制和维护。
- 健康机构服务平台:健康高铁的单元基站,由健康服务提供方按统一标准研制和维护。

"健康高铁"的主干线路体系,按"纵横"两个维度进行规划和建设。

- 横向干线:健康快车主干线。根据社会不同人群的健康需求,设立健康快车,提供便捷、公平、优质的健康服务,包括"健康指南、健康咨询、健康预约、进入/取消、健康服务、满意退出和电子档案"的一条龙服务。
- 纵向干线:健康专列主干线。根据人体不同器官的健康需求,设立健康专列,提供精准、高效、优质的健康服务,包括"健康指南、健康咨询、健康预约、进入/取消、健康服务、满意退出和电子档案"的一条龙服务。
- 无缝衔接:健康快车主要提供健康生活服务、公共卫生服务和初级医疗服务等,健康专列主要提供专科医护服务、综合医护服务和手术治疗服务等,两者有分工有交叉,建立两者之间的合作和转轨衔接机制,形成无缝衔接的健康服务网络。

"健康高铁"一期工程:八条健康快车和八条健康专列:

- 健康快车:健身运动快车、健康体检快车、健康保险快车、健康用品快车、孕产妇健康快车、儿童健康快车、老年健康快车、中医保健快车。
- 健康专列:肿瘤专列、神经健康专列、心脏健康专列、肝胆健康专列、消化健康专列、骨科专列、眼科专列、心理健康专列。

建议在我国南方、北方和西部地区各选一个医疗条件较好的城市,先行启动"健康高铁"工程。这三个城市建议分别为武汉市、天津市、西安市。

下 篇

世界和中国现代化评价

"人不能两次踏入同一条河"。变化是永恒的存在。通过对世界现代化进程的客观评价,可以动态监测世界和中国现代化进程。在《中国现代化报告》中,我们提出了国家、地区、经济、社会、文化、生态和国际现代化的评价方法,建立了世界现代化指数(图二)。

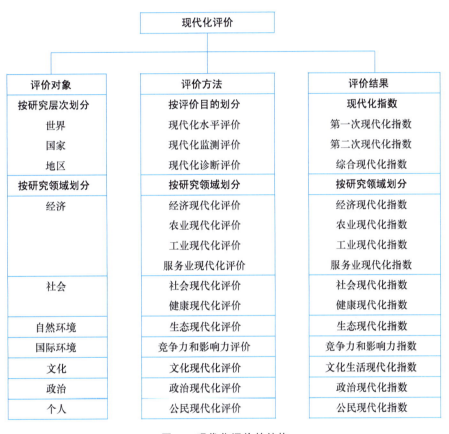

图二 现代化评价的结构

注释:现代化水平评价主要反映国家现代化的实际进展和国际相对水平,现代化监测评价主要反映国家现代化的政策目标的实际进展,现代化诊断评价反映国家现代化过程中的优劣和得失;第一次现代化指数主要反映工业化和城市化的实际水平,第二次现代化指数主要反映知识化和信息化的实际水平,综合现代化水平指数主要反映现代化水平的国际相对差距;各领域的现代化评价,反映该领域现代化的实际进展和国际相对水平;本《报告》不包含政治和国防等的现代化,这些内容需要专门研究。

世界现代化指数主要反映世界现代化在经济、社会、知识和环境等领域的综合成就和相对水平。事实上,现代化不仅包括经济、社会、知识和环境领域的变化,也包括政治等各个领域的变化。所以,世界现代化指数,只是反映了现代化的部分内容,而不是全部内容。此外,统计机构有时会对历史数据进行调整,有些指标的数据不全,这些对评价结果产生一些影响。

本《报告》采用何传启提出的第一次现代化评价模型、第二次现代化评价模型第二版(新版)、综合现代化评价模型第二版(新版),对世界131个国家和中国34个地区进行评价。本《报告》主要反映2014年的评价结果,其他见附录。

第四章 健康现代化二十年

一般而言,健康现代化指 18 世纪工业革命以来人类健康发展的世界前沿,以及达到和保持健康发展的世界前沿的行为和过程。它包括健康生活、健康服务、健康质量、健康制度和健康观念的现代化等。

本《报告》第一章分析了过去 300 年健康现代化的特点,它是以单指标分析为基础的。健康现代化研究不能只见树木不见森林。为了把握健康现代化的整体趋势和现实水平,需要对健康现代化进行评价。健康现代化早期的数据非常有限和不完整,无法进行评价。本章在介绍国内外已有健康现代化评价方法的基础上,建立评价模型,对过去 20 年(1990~2014 年)健康现代化进程进行评价。"健康现代化指数"可以作为世界现代化指数的一个分指数。

第一节 健康现代化评价方法

健康现代化评价是一种综合评价,包括定性评价和定量评价等。反映健康现代化水平的指标很多,影响因素很多,国别差异和时代差异非常大。本节先介绍国内外已有的国家健康现代化评价方法和模型,再介绍本《报告》的评价方法和模型。

一、健康现代化的相关评价

国内外关于健康现代化的评价以定量评价为主,评价模型很多,各具特点。主要包括健康水平评价、健康系统绩效评价和国家健康目标评价等。

1. 健康水平评价

2000 年,WHO 针对卫生服务系统的四个主要功能(管理、筹资、提供服务及筹措资源),提出了一个评估框架,并对其会员国(191 个国家)1997 年健康系统达标程度和绩效进行评价(表 4-1)。它是一个综合评价模型,包含健康水平评价。

表 4-1 WHO 对会员国 1997 年健康系统成就和绩效的评价结构

一级指标	二级指标	三级指标	权重
达标程度	健康水平	残疾调整预期寿命	25%
	健康分布	儿童存活同等性指数	25%
	反应性水平	反应性水平指数	12.5%
	反应性分布	反应性分布指数	12.5%
	资金捐助公正性	资金捐助公正性指数	25%
	整体达标程度	健康系统的整体业绩	
参考指标	人均健康支出		
绩效	按健康水平评估	健康水平评价绩效指数	
	健康系统整体绩效	健康系统整体绩效指数	

资料来源:WHO,2000,pp.152—155;Murray,2000;Evans,2000.

该模型评价健康水平的核心指标是残疾调整预期寿命(DALY),国家健康系统的反应性水平则是根据家庭问卷调查数据(从尊严、自主、保密、即时注意、基本舒适程度、保健期间社会支持网络的可用性和对保健者提供的选择等7个方面评估)进行水平评价。关于健康系统反应性水平评价,不同国家的评价方法、评价指标差异都比较大。

OECD的年度报告《健康概览2015》从健康状态、健康的非医学决定、健康人力资源、健康医护活动、健康可及性、医护质量、健康支出和财政、医药、老龄和长期治疗9个方面监测国民健康和健康发展水平(OECD,2015)。

2. 健康系统绩效评价

不同国际组织提出健康系统绩效评估的概念和指标有所不同(表4-2)。例如,OECD提出一套概念框架,包括三个主要目标:健康促进和结果、反应性和可及性、财务贡献和卫生费用。该框架的四个组成部分,分别为健康促进、反应性、公平和效率(Hurst,2001)。

表4-2 健康系统绩效评价的维度和指标

健康系统绩效评价的维度	WHO	OECD	健康结果评价指标	WHO	OECD	健康反应性评价指标	WHO	OECD
(1) 健康促进/结果	√	√	通过选择条件可避免的死亡		√	患者满意或可接受性:		
适度性			婴儿死亡率		√	患者评分的尊严	√	
容量/能力			围产儿死亡率		√	患者评分的自主和隐私性	√	
安全性			低出生体重		√	患者评分的即时注意	√	
(2) 反应性	√	√	传染病发病率		√	患者评分的基本舒适程度	√	
患者满意度						患者评分的社会支持网络的可用性	√	
患者体验/可及性			可避免的住院治疗		√			
可接受性								
可及性(按服务的时效)			癌症存活率		√	患者评分的健康服务提供者的可选择性	√	
持续性			透析和移植的存活率		√	患者体验:		
(3) 公平	√	√	急性心梗的住院死亡率		√	持续性		
健康结果的公平	√	√	围手术期30天死亡率		√	医生与病人的交流		
可及的公平	√	√	28天内紧急重新接纳率		√	提供信息		
财务的公平	√	√	免疫接种率		√	等待时间		√
(4) 效率	√		乳腺癌/宫颈癌筛查		√	隐私权		
宏观经济的效率		√				取消手术		
总体的微观效率	√	√				延迟出院		
单位支出,等								

资料来源:Hurst,2001.

有学者从健康投入—产出来评估34个OECD国家健康系统的效率,其用到的健康投入指标为医生数量、病床数量和人均健康支出,健康产出指标为预期寿命、婴儿死亡率(Cetin,2016)。国内不少学者也常采用这种评价思路对健康系统,尤其是公共健康体系进行绩效评价(杨启佑,1996;龚向光,2002;崔霞,2011;郭塨,2012;孙玉栋,2016)。

有些学者提出:公共健康绩效评价应更关注结果,而不仅是投入和产出。由此Donabedian提出了结构—过程—结果三维评价框架,Handler提出使命、组织能力、过程、结果、宏观环境五维评价框架,这两种评价方法在评价美国的公共健康系统绩效的实践中都被证明是有效的(Handler,2001;Derose,2002;Scutchfield,2009)。此外,还有学者从医疗系统绩效、就诊者反应、医院医疗需求、医疗等待时间和治疗数量等角度对健康医护系统进行评估(Propper,2006;Valentine,2007;Oliveira,2003;Aben,2015)。

3. 国家健康目标评价

目标评价是为了监测国家健康目标的实现程度。《2010年世界健康统计》中,把与健康相关的千年发展目标按消灭贫困、降低儿童死亡率、改善孕产妇保健和对抗艾滋病毒4个方面,分19个指标进行监测,进而发现指标值的差距(WHO,2010)。《2013年世界卫生统计报告》表明:为实现千年发展目标所开展的工作中,最贫穷国家与最富裕国家之间的健康差距缩小,在降低儿童和孕产妇死亡率、改善营养状况和降低因艾滋病毒感染率、结核病和疟疾导致的死亡率方面,已经取得了长足进步,但由于各项卫生进展比例失衡,不同国家之间以及国家内部还存在较大差距(WHO,2013)。此外,不少中国学者也研究了国家人口健康水平和联合国千年发展目标中涉及健康指标的现实差距和达标状况(彭现美,2012;胡嘉晋,2015;薛澜,2017)。

1999年,加拿大国家统计局和健康信息研究所联合制定了"健康指标框架"(Health Indicator Framework)。该框架分为健康状况、健康的非医学决定因素、健康系统执行力、社区和健康系统特征、公平性五个维度。此指标框架因其良好的适用性,被国际标准化组织借鉴用以制定《健康指标概念框架国际标准》(表4-3)。

表4-3 健康指标概念框架国际标准

二级指标	三级指标	单项指标示例
健康状况	完好状态 健康情况 人体功能 死亡	健康认知等 成人体重指数等 残疾调整期望寿命等 婴儿死亡率
健康因素	健康行为 生活和工作条件 社会和社区因素 环境因素 遗传因素	吸烟等 失业率等 生活满意度等 家庭中暴露于二手烟情况等 —
健康系统业绩	可接受性 可获得性 适用性 可胜任性 持续性 效果 效率 安全性	患者满意度 髋关节损伤治疗等待时间等 剖腹生产术 反复住院接受精神疾病治疗的患者 精神疾病30天复诊率 30天急性心肌梗死住院死亡率等 潜在可避免死亡和潜在寿命损失年 髋关节损失住院
社区与健康系统特点	资源 人口 健康系统	人均医生数 抚养比等 流入流出比等

资料来源:ISO,ISO21667:2010.2010. https://www.iso.org/obp/ui/#iso:std:iso:21667:ed-1:v1:en.

二、健康现代化指数的评价模型

本《报告》在前面分析了健康现代化四个方面的变化,包括健康生活、健康服务、健康环境、健康治理,涉及151个指标;其中,2014年有41个健康指标与国家经济水平正相关,27个健康指标与国家经济水平负相关,34个健康指标与国家经济水平没有显著的相关性。部分健康指标意义重大,但数据难以获取或数据不全,对健康现代化评价构成挑战。

健康现代化评价的依据是:① 根据健康现代化原理,选择代表健康现代化典型特征的关键指标,建立健康现代化的评价模型。② 根据健康现代化的时序分析和截面分析的结果,结合健康指标的政策含义和数据的可获得性,选择健康生活、健康服务和健康质量三个方面,10个维度的指标,构建了健康现代化指数的理论评价模型和操作模型,用以衡量国家健康现代化的相对水平(图4-1,表4-4)。在健康生活评价中包含了健康环境指标,在健康服务评价中包含了政府服务,也就是健康治理指标。

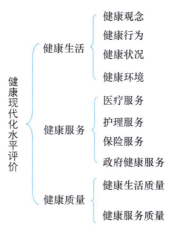

图 4-1 健康现代化水平评价内容

1. 健康现代化水平评价的理论模型

健康现代化水平评价的基本模型为:健康现代化水平等于健康生活、健康服务和健康质量的相对水平的几何平均值,健康现代化指数等于健康生活指数、健康服务指数和健康质量指数的几何平均值,它的数学模型如下:

$$\begin{cases} \text{HMI} = \sqrt[3]{I_L \times I_S \times I_Q} \\ I_L = (\sum L_i)/N_L \quad (i=1,2,\cdots,N_L) \\ I_S = (\sum S_j)/N_S \quad (j=1,2,\cdots,N_S) \\ I_Q = (\sum Q_k)/N_Q \quad (k=1,2,\cdots,N_Q) \\ L_i = 100 \times i_{\text{实际值}}/i_{\text{标准值}} \quad (\text{正指标},L_i \leqslant 100) \\ L_i = 100 \times i_{\text{标准值}}/i_{\text{实际值}} \quad (\text{逆指标},L_i \leqslant 100) \\ S_j = 100 \times j_{\text{实际值}}/j_{\text{标准值}} \quad (\text{正指标},S_j \leqslant 100) \\ S_j = 100 \times j_{\text{标准值}}/j_{\text{实际值}} \quad (\text{逆指标},S_j \leqslant 100) \\ Q_k = 100 \times k_{\text{实际值}}/k_{\text{标准值}} \quad (\text{正指标},Q_k \leqslant 100) \\ Q_k = 100 \times k_{\text{标准值}}/k_{\text{实际值}} \quad (\text{逆指标},Q_k \leqslant 100) \end{cases}$$

其中,HMI为健康现代化指数;I_L为健康生活指数,I_S为健康服务指数,I_Q为健康质量指数;L_i为健康生活第i项指标的指数,i为健康生活评价指标的编号,N_L为健康生活评价指标的总个数;S_j为健康服务第j项指标的指数,j为健康服务评价指标的编号,N_S为健康服务评价指标的总个数;Q_k为健

康服务第 k 项指标的指数,k 为健康服务评价指标的编号,N_Q 为健康服务评价指标的总个数。各项指数的取值小于或等于 100,各个指标实际值为它的实际值,标准值为当年高收入国家该项指标的平均值。

2. 健康现代化水平评价的操作模型

按照健康现代化的理论模型,我们分析了已有的健康统计数据,发现有些健康指标数据获取很困难,有些健康指标已经饱和,有些健康指标国际可比性较差,有些健康指标包含多种解释等等。为了评价的可操作性和可比性,我们简化了健康现代化水平评价的模型,把健康质量中的生活质量指标调整到健康生活指数中,把服务质量的指标调整到健康服务指数中,因此,健康现代化的操作模型最后调整为:

$$\begin{cases} \text{HMI} = \sqrt{I_L \times I_S} \\ I_L = (\sum L_i)/N_L \quad (i=1,2,\cdots,N_L) \\ I_S = (\sum S_j)/N_S \quad (j=1,2,\cdots,N_S) \\ L_i = 100 \times i_{\text{实际值}}/i_{\text{标准值}} \quad (\text{正指标},L_i \leqslant 100) \\ L_i = 100 \times i_{\text{标准值}}/i_{\text{实际值}} \quad (\text{逆指标},L_i \leqslant 100) \\ S_j = 100 \times j_{\text{实际值}}/j_{\text{标准值}} \quad (\text{正指标},S_j \leqslant 100) \\ S_j = 100 \times j_{\text{标准值}}/j_{\text{实际值}} \quad (\text{逆指标},S_j \leqslant 100) \end{cases}$$

根据以上可操作的评价模型,选择代表性的指标数据进行评价(表 4-4):

表 4-4 健康现代化指数的评价指标

项目	评价指标	指标解释和测度	评价维度	指标性质
健康生活	预期健康寿命	出生时预期健康寿命,岁	生活质量	正指标
	婴儿死亡率	婴儿死亡率,‰	健康状况	逆指标
	空气质量	PM 2.5 平均浓度,微克/立方米	健康环境	逆指标
	结核病发病率*	结核病发病率,例/10 万人	健康行为	逆指标
	育龄妇女避孕率	育龄妇女避孕率,%	健康观念	正指标
健康服务	医生比例	医生比例,‰	医疗服务	正指标
	护士比例	护士和助产士比例,‰	护理服务	正指标
	健康保险覆盖率	健康保险的人口覆盖率,%	保险服务	正指标
	人均公共健康支出	人均公共健康支出,美元	治理服务	正指标
	慢性疾病死亡率	慢性呼吸道疾病死亡率,例/10 万人	服务质量	逆指标

注:* 反映健康行为的指标很多,不同指标有不同特点。例如,有些指标存在国别差异,如吸烟、酗酒等;有些指标不敏感,如儿童免疫等;有些指标数据获取性不好,如艾滋病等急性传染病的指标等。这里选用结核病发病率为代表,反映慢性传染性疾病的预防水平。

3. 健康现代化水平评价的标准

健康现代化评价以当年高收入国家指标平均值为基准值(表 4-5)。

表 4-5　健康现代化水平评价指标的标准值

	指标和单位	1990	2000	2010	2014
健康生活	出生时预期健康寿命,岁*	—	69	72	72
	婴儿死亡率,‰	13	9.0	6.6	6.0
	PM 2.5 平均浓度,微克/立方米	22	17.9	16.3	15.6
	结核病发病率,例/10 万人	34	33	25	21
	育龄妇女避孕率,%	69	70	73	73
健康服务	医生比例,‰	2.4	2.8	3.1	3.2
	护士和助产士比例,‰	6.3	7.6	8.6	10
	健康保险的人口覆盖率,%	100	100	100	100
	人均公共健康支出,美元	1471	1503	2974	3252
	慢性呼吸道疾病死亡率,例/10 万人*	—	25	20	20

注:* 由于数据无法获取,1990 年预期健康寿命、慢性疾病死亡率分别用预期寿命和孕产妇死亡终身风险代替。

不同国家的数据质量不同,且面板数据得到的结果与真实的健康状况之间可能存在一定的差异,故本章评价结果仅供参考。

第二节　世界健康现代化二十年

一、2014 年世界健康现代化指数

1. 2014 年世界健康现代化的总体水平

根据健康现代化指数分组,瑞典、澳大利亚等 25 个国家属于健康发达国家,希腊、克罗地亚等 22 个国家属于健康中等发达国家,阿根廷、中国等 33 个国家属于健康初等发达国家,博茨瓦纳等 51 个国家属于健康欠发达国家(表 4-6)。

表 4-6　2014 年健康现代化指数

分组	国家	指数	国家	指数	国家	指数	国家	指数
发达国家 25 个	瑞典	100	奥地利	97	丹麦	94	捷克	88
	法国	99	英国	97	加拿大	94	西班牙	86
	德国	99	新西兰	97	日本	93	葡萄牙	85
	芬兰	99	荷兰	96	意大利	91	斯洛伐克	84
	澳大利亚	99	比利时	95	美国	90	爱沙尼亚	83
	瑞士	99	爱尔兰	94	斯洛文尼亚	89	以色列	83
	挪威	98						
中等发达国家 22 个	匈牙利	78	乌拉圭	69	保加利亚	60	巴西	54
	希腊	77	俄罗斯	67	墨西哥	58	沙特阿拉伯	53
	克罗地亚	77	白俄罗斯	66	罗马尼亚	57	乌克兰	51
	波兰	76	韩国	66	黎巴嫩	56	约旦	50
	新加坡	73	科威特	65	土耳其	55	哈萨克斯坦	50
	立陶宛	70	拉脱维亚	63				

(续表)

分组	国家	指数	国家	指数	国家	指数	国家	指数
初等发达国家 33个	哥斯达黎加	48	亚美尼亚	41	牙买加	38	叙利亚	34
	巴拿马	47	委内瑞拉	41	多米尼加	38	土库曼斯坦	32
	哥伦比亚	47	中国	41	秘鲁	37	尼加拉瓜	32
	智利	45	格鲁吉亚	40	伊朗	37	吉尔吉斯斯坦	31
	阿尔巴尼亚	45	马来西亚	40	摩尔多瓦	36	马其顿	31
	厄瓜多尔	44	乌兹别克斯坦	39	阿尔及利亚	35	泰国	30
	阿根廷	44	巴拉圭	38	蒙古	35	斯里兰卡	30
	突尼斯	44	埃及	38	萨尔瓦多	34	危地马拉	30
	阿塞拜疆	42						
欠发达国家 51个	洪都拉斯	29	刚果共和国	16	贝宁	12	马拉维	10
	南非	28	印度	16	巴布亚新几内亚	12	布隆迪	9
	越南	28	卢旺达	16	尼泊尔	11	埃塞俄比亚	9
	菲律宾	27	也门共和国	15	马达加斯加	11	马里	9
	塔吉克斯坦	26	安哥拉	15	莱索托	11	莫桑比克	9
	博茨瓦纳	26	尼日利亚	14	布基纳法索	11	科特迪瓦	8
	玻利维亚	25	柬埔寨	14	海地	11	乍得	7
	纳米比亚	24	加纳	14	塞内加尔	11	刚果民主共和国	7
	摩洛哥	24	津巴布韦	14	喀麦隆	11	尼日尔	7
	几内亚	19	乌干达	14	孟加拉国	11	中非	7
	肯尼亚	19	缅甸	13	毛里塔尼亚	10	塞拉利昂	7
	印度尼西亚	18	老挝	13	多哥	10	坦桑尼亚	6
	赞比亚	17	巴基斯坦	12	厄立特里亚	10		

注：根据健康现代化指数分组：健康发达国家，健康现代化指数大于80；中等发达国家，指数大于50小于80；初等发达国家，指数小于50大于30；欠发达国家，指数小于30。

2. 2014年世界健康现代化的前沿水平

2014年健康现代化指数世界排名前10位的国家：瑞典、法国、德国、芬兰、澳大利亚、瑞士、挪威、奥地利、英国、新西兰。加拿大排第15位，日本排第16位，美国排第18位。健康发达国家特点如表4-7。

表4-7 2014年世界健康现代化的前沿

	指标和单位	瑞典	法国	德国	英国	加拿大	美国	澳大利亚
健康生活	出生时预期健康寿命，岁	72	72.6	71.3	71.4	72.3	69.1	71.9
	婴儿死亡率，‰	2.4	3.6	3.2	3.7	4.4	5.7	3.2
	PM 2.5平均浓度，微克/立方米	7.3	14.0	15.3	10.8	12.1	10.7	5.9
	结核病发病率，例/10万人	7.5	8.7	6.2	12	5.2	3.1	6.4
	育龄妇女避孕率，%	75	76	66	84	74	76	72
健康服务	医生比例，‰	3.9	3.2	3.9	2.8	2.1	2.5	3.3
	护士和助产士比例，‰	11.9	9.3	11.5	8.8	9.3	9.8	10.6
	健康保险的人口覆盖率，%	100	100	100	100	100	89	100
	人均公共健康支出，美元	5721	3878	4165	3272	3753	4541	4043
	慢性呼吸道疾病死亡率，例/10万人	15.2	12.4	19.4	—	22.5	37	22.2

3. 2014年世界健康现代化的末尾水平

2014年健康现代化指数排世界后10位的国家：埃塞俄比亚、马里、莫桑比克、科特迪瓦、乍得、刚果民主共和国、尼日尔、中非、塞拉利昂、坦桑尼亚。

4. 2014年世界健康现代化的国际差距

2014年世界健康现代化的国际差距体现在三个方面。首先是健康指标的水平差距，请参考第一章的健康截面分析。其次是健康现代化的水平差距，由健康现代化指数反映出的国家健康现代化水平相差15倍。具体来说，健康生活指数的差距是4.3倍；健康服务的差距最大，是67倍（表4-8）。

表4-8 2014年世界健康现代化水平的国家差距

	健康现代化指数	健康生活指数	健康服务指数
最大值	100	100	100
最小值	6	19	1
平均值	44	61	34
极差（最大值－最小值）	94	81	99
标准差	31	27	32
相对差（最大值÷最小值）	16	5.3	68
变异系数（标准差÷平均值）	0.70	0.45	0.92

5. 2014年世界健康现代化的国际追赶

首先，健康现代化指数的变化。

2014年与1990年相比，有113个国家健康现代化指数上升，有11个国家健康现代化指数下降，有7个国家健康现代化指数没有显著变化。2014年与2000年相比，有64个国家健康现代化指数上升；有23个国家健康现代化指数下降；有44个国家健康现代化指数没有显著变化。

其次，根据健康现代化指数排名的变化。

2014年与1990年相比，有71个国家健康现代化排名上升，有57个国家健康现代化排名下降，有3个国家健康现代化排名没有变化。2014年与2000年相比，有56个国家健康现代化排名上升；有64个国家健康现代化排名下降；有11个国家健康现代化排名没有变化。

其三，健康现代化水平分组的变化（表4-9）。

表4-9 世界健康现代化的国家地位的转移概率（马尔可夫链分析）

分组	国家数	发达	中等	初等	欠发达	国家数	发达	中等	初等	欠发达
	1990年	1990～2014年转移概率/(%)				2000年	2000～2014年转移概率/(%)			
发达	24	96	4	0	0	24	96	4	0	0
中等	13	15	69	15	0	20	10	70	20	0
初等	13	0	62	38	0	32	0	22	75	3
欠发达	81	0	0	5	32	63	55	0	0	9	91

注：① 以健康现代化指数进行国家分组：发达国家：≥80，中等发达国家：50～80，初等发达：30～50，欠发达：30。② 由于数据无法获取，1990年评价指数选用了2个替代指标，该年的健康现代化指数可能会带来一定的误差；此外，受数据获取率的影响，统计结果也具有一定的系统误差。

在1990～2014年期间，

- 健康发达国家降级概率：4%降级为中等发达国家；
- 健康中等发达国家升级概率：15%升级为发达国家；
- 健康初等发达国家升级概率：62%升级为中等发达国家；

- 健康欠发达国家升级概率:32%升级为初等发达国家。

在 2000~2014 年期间,

- 健康发达国家降级概率:4%降级为中等发达国家;
- 健康中等发达国家升级概率:10%升级为发达国家;
- 健康初等发达国家升级概率:22%升级为中等发达国家;
- 健康欠发达国家升级概率:9%升级为初等发达国家。

如果说,发达国家是相对现代化的国家,那么,其他国家(中等发达、初等发达和欠发达国家)就是相对非现代化的国家。在过去 25 年里,相对健康现代化国家降级为健康非现代化国家的概率约为 4%,相对非现代化的国家升级为现代化国家的概率约为 1%~2%。

6. 2014 年世界健康现代化的不平衡性

世界健康现代化的不平衡性非常显著,集中反映在四个方面。

- 健康指标发展的不平衡,各项指标之间的差别很明显。
- 健康现代化水平不平衡,国家健康现代化水平的相对差距为 15 倍,健康服务的相对差距则高达 67 倍。
- 健康现代化速度不平衡,有些国家快速增长,有些国家负增长。
- 健康现代化的地理不平衡,非洲仍然是最落后的地区。这与世界现代化的不平衡性是一致的。

健康现代化评价可进行水平评价和阶段评价。健康现代化分为两个阶段,各具特点。第一次健康现代化包括公共卫生、医疗体系、现代医学与医疗技术、医生的职业化、护士的专业化培训、现代医药等;第二次健康现代化包括精准医学、大数据背景下医疗体系的信息化、医疗的国际化、再生医学、健康生活、医学伦理的争议等。由于部分指标的数据获取困难,本章只做健康现代化的水平评价,不再进行健康现代化的阶段定量划分和评价。

二、1990~2014 年世界健康现代化进程

20 世纪后 10 年是世界健康现代化的重要时期。在此期间,部分国家完成了第一次健康现代化并先后进入第二次健康现代化;部分国家没有完成第一次健康现代化,但已经引进了第二次健康现代化的要素;同时有些国家健康现代化出现负增长和倒退,有些国家仍然是传统农业社会的健康水平。我们对过去 20 年的健康现代化进行了评价。

1. 过去 20 年世界健康现代化的若干特点

(1) 国家健康现代化的表现差别比较大

1990~2014 年期间,健康现代化指数的国际差距略有缩小(表 4-10)。

表 4-10 1990~2014 年世界健康现代化指数的国际差距

项目	1990	2000	2010	2014
最大值	100	100	100	100
最小值	3	5	5	6
平均值	35	42	44	44
极差	97	95	95	94
标准差	32	30	31	30
相对差	40	20	22	16
变异系数	0.93	0.72	0.69	0.70

在过去 20 年里,不同国家健康现代化的表现相差较大。这种差别既反映在每年健康现代化指数的变化上,更体现在国家健康现代化水平的级别变化上。有些国家从健康发达国家降级为中等发达国家,有些国家从欠发达国家升级为初等发达国家,有些国家从初等发达国家升级为中等发达国家,有些国家从中等发达国家升级为健康发达国家。

在 2000～2014 年期间,健康现代化地位升级国家 14 个,降级国家 6 个(表 4-11)。

表 4-11 2000～2014 年健康现代化的世界地位发生升降的国家

升级的国家			降级的国家		
国家	2000 年分组	2014 年分组	国家	2000 年分组	2014 年分组
斯洛伐克	中等发达	发达	希腊	发达	中等发达
爱沙尼亚	中等发达	发达			
约旦	初等发达	中等发达	阿根廷	中等发达	初等发达
土耳其	初等发达	中等发达	巴拿马	中等发达	初等发达
乌克兰	初等发达	中等发达	哥斯达黎加	中等发达	初等发达
罗马尼亚	初等发达	中等发达	牙买加	中等发达	初等发达
巴西	初等发达	中等发达			
沙特阿拉伯	初等发达	中等发达			
哈萨克斯坦	初等发达	中等发达			
中国	欠发达	初等发达	洪都拉斯	初等发达	欠发达
阿塞拜疆	欠发达	初等发达			
吉尔吉斯斯坦	欠发达	初等发达			
泰国	欠发达	初等发达			
斯里兰卡	欠发达	初等发达			

(2) 世界健康现代化的水平结构发生一定变化

在过去 20 年里,世界健康现代化的水平结构发生了一定变化(表 4-12)。

表 4-12 2000～2014 年世界健康现代化水平的结构

项目	2000	2010	2014	2000	2010	2014
分组	国家个数			占总数的比例/(%)		
发达组	24	25	25	18.3	19.1	19.1
中等发达组	20	23	22	15.3	17.6	16.8
初等发达组	32	31	33	24.4	23.7	25.2
欠发达组	55	52	51	42.0	39.7	38.9
合计	131	131	131	100	100	100

注:由于数据无法获取,1990 年评价指数选用了 2 个替代指标,该年的健康现代化指数可能会带来一定的误差,故 1990 年的健康现代化水平未列入比较。

例如,2000 年的 24 个健康发达国家,到 2014 年有 23 个国家仍然是发达国家,有 1 个国家下降(希腊下降为中等发达国家);2000 年的 55 个健康欠发达国家,到 2014 年有 50 个仍然是欠发达国家,中国等 5 个国家等升级为初等发达国家(表 4-11)。

2. 1990～2010年世界健康现代化的历史进程

(1) 1990年世界健康现代化水平

首先,1990年国家健康现代化水平。健康现代化指数排前10位的国家是:瑞典、挪威、丹麦、瑞士、法国、芬兰、加拿大、比利时、美国、德国;瑞典、挪威等24个国家健康现代化指数超过80,属于健康现代化的发达国家,它们的健康现代化水平代表了当年世界先进水平;斯洛伐克、匈牙利等13个国家的健康现代化指数超过50,属于健康中等发达国家;科威特、俄罗斯等13个国家健康现代化指数超过30,属于健康初等发达国家;哈萨克斯坦、中国等81个国家健康现代化指数小于30,属于健康欠发达国家;健康现代化指数最低的10个国家是:乌干达、中非、乍得、厄立特里亚、塞拉利昂、马拉维、莫桑比克、埃塞俄比亚、尼日尔、刚果民主共和国。

其二,1990年世界健康现代化的国际差距(表4-10)。国家健康现代化指数的最大差距为97,相对差距为40倍。

其三,1990年世界健康现代化的不平衡性。23个国家属于健康发达国家,约占国家有效样本的18%;14个国家属于健康中等发达国家,约占国家有效样本的11%;13个国家属于健康初等发达国家,约占国家有效样本的10%;81个国家属于健康欠发达国家,约占国家有效样本的62%(附表1-3-4)。

(2) 2000年世界健康现代化水平

首先,2000年国家健康现代化水平。健康现代化指数排前10位的国家是:瑞典、瑞士、挪威、德国、法国、加拿大、芬兰、奥地利、澳大利亚、荷兰;瑞典等24个国家健康现代化指数超过80,属于健康现代化的发达国家,它们的健康现代化水平代表了当年世界先进水平;匈牙利、斯洛伐克等20个国家的健康现代化指数超过50,属于健康中等发达国家;约旦、土耳其等32个国家健康现代化指数超过30,属于健康初等发达国家;南非、中国等55个国家健康现代化指数小于30,属于健康欠发达国家;现代化指数最低的10个国家分别是:中非、马拉维、刚果民主共和国、科特迪瓦、布隆迪、尼日尔、乍得、塞拉利昂、埃塞俄比亚、坦桑尼亚。

其二,世界健康现代化的国际差距(表4-10)。国家健康现代化指数的最大差距为95,相对差距为20倍。

其三,世界健康现代化的不平衡性。24个国家属于健康发达国家,约占国家有效样本的18%;20个国家属于健康中等发达国家,约占国家有效样本的15%;32个国家属于健康初等发达国家,约占国家有效样本的24%;55个国家属于健康欠发达国家,约占国家有效样本的42%(附表1-3-4)。

(3) 2010年世界健康现代化水平

首先,国家健康现代化水平。2010年,健康现代化指数排前10位的国家是:瑞典、瑞士、法国、芬兰、德国、澳大利亚、奥地利、英国、挪威、新西兰;有25个国家健康现代化指数超过80,属于健康现代化的发达国家,它们的健康现代化水平代表了当年世界先进水平;希腊、匈牙利等23个国家的健康现代化指数超过50,属于健康中等发达国家;哈萨克斯坦、中国等31个国家健康现代化指数超过30,属于健康初等发达国家;南非等52个国家健康现代化指数小于30,属于健康欠发达国家;现代化指数最低的10个国家分别是:马里、布隆迪、科特迪瓦、埃塞俄比亚、乍得、尼日尔、刚果民主共和国、中非、塞拉利昂、坦桑尼亚。

其二,世界健康现代化的国际差距(表4-10)。国家健康现代化指数的最大差距为95,相对差距为22倍。

其三,世界健康现代化的不平衡性。25个国家属于健康发达国家,约占国家有效样本的19%;23个国家属于健康中等发达国家,约占国家有效样本的18%;31个国家属于健康初等发达国家,约占国家有效样本的24%;52个国家属于健康欠发达国家,约占国家有效样本的40%(附表1-3-4)。

关于2014年世界健康现代化水平,前面已有分析,不再赘述。

第三节 中国健康现代化二十年

在过去20年里,中国健康现代化水平有较大提高,其中,中国健康现代化指数从22提高到41,提高了19。这个数字从一个角度说明,我国健康现代化建设取得了很大成就,但目前与世界先进水平的差距仍然十分明显(表4-13)。

表4-13 1990~2014年中国健康现代化指数

年份	健康现代化指数	排名	国家样本数
2014	41	59	131
2010	38	66	131
2000	24	84	131
1990	22	76	131

一、2014年中国健康现代化水平

1. 2014年中国健康现代化的总体水平

2014年中国属于健康初等发达国家,中国健康现代化指数为41,排世界131个国家的第59位。中国处于健康发展中国家的中间水平,距离世界先进水平的差距比较大。

2. 2014年中国健康现代化的国际差距

2014年中国健康现代化的整体水平和多数指标水平,都有明显的国际差距(表4-14)。

表4-14 2014年中国健康现代化水平的国际差距

	指标	单位	性质	高收入国家	中国	绝对差距	相对差距
健康现代化指数	健康现代化指数	分	正指标	100	41	59	2.4
	健康生活指数	分	正指标	100	55	45	1.8
	健康服务指数	分	正指标	100	30	70	3.3
健康生活	育龄妇女避孕率	%	正指标	73	88	—	—
	结核病发病率	例/10万人	逆指标	21	68	47	3.2
	婴儿死亡率	‰	逆指标	6.0	9.8	3.8	1.6
	PM 2.5年均浓度	微克/立方米	逆指标	15.6	54	38.4	3.5
	预期健康寿命*	岁	正指标	72	68.5	3.5	1.1
健康服务	医生比例	‰	正指标	3.2	2.06	1.14	1.6
	护士和助产士比例	‰	正指标	10	2.05	7.95	4.9
	健康保险覆盖率	%	正指标	100	97	3	1.0
	人均公共健康支出	美元	正指标	3252	234	3018	13.9
	慢性呼吸道疾病死亡率	例/10万人	逆指标	20	77	57	3.9

注:正指标:绝对差距=高收入国家值-中国值,相对差距=高收入国家值÷中国值。逆指标:绝对差距=中国值-高收入国家值,相对差距=中国值÷高收入国家值。

① 健康现代化指数的国际差距。2014年,中国健康现代化指数与高收入国家平均值相比,绝对差距为58,相对差距约为2.4倍。其中,中国健康服务的国际差距最大,比高收入国家差2.3倍。

② 健康生活指标的国际差距。2014年,中国与高收入国家相比,差距最大的是空气质量,差2.5

倍;结核病发病率相差 2.2 倍;婴儿死亡率差 60%,预期健康寿命差 10%。

③ 健康服务指标的国际差距。2014 年,中国与高收入国家相比,人均公共健康支出差 12.9 倍,护士和助产士比例差 3.9 倍,慢性呼吸道疾病死亡率差 2.9 倍,医生比例差 60%,健康保险覆盖率几乎没有差距。

3. 2014 年中国健康现代化的国际追赶

2014 年中国健康现代化水平处于上升趋势。2014 年与 2000 年相比,中国健康现代化指数从 24 上升到 41,提高了 17,世界排名从第 84 名上升到第 59 名。

二、1990～2014 年中国健康现代化进程

1. 过去 20 年中国健康现代化取得显著成绩

在 1990～2014 年期间,中国健康现代化指数从 22 上升到 41,提高了 19(图 4-2)。世界排名从 1990 年的第 76 位上升到 2014 年的第 59 位,提高了 17 位(表 4-15)。

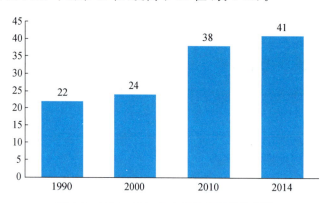

图 4-2　1990～2014 年中国健康现代化指数

表 4-15　1990～2014 年中国健康现代化进程

项目	1990	2000	2010	2014
中国健康现代化指数	22	24	38	41
世界指数最大值	100	100	100	100
世界指数最小值	3	5	5	6
世界指数平均值(计算)	35	42	44	44
中国与最大值的绝对差距	78	76	62	59
中国与最大值的相对差距	4.5	4.2	2.6	2.4
中国与平均值的绝对差距	13	18	6	2.6
中国与平均值的相对差距	1.6	1.8	1.2	1.1
中国排名	76	84	66	59
国家样本数	131	131	131	131

注:由于数据无法获取,1990 年评价指数选用了 2 个替代指标,该年的健康现代化指数可能会带来一定的误差。

2. 1990 年以来中国健康现代化水平与世界先进水平的相对差距在缩小

在 1990～2014 年期间,中国健康现代化与世界先进水平的绝对差距和相对差距都在缩小;中国健康现代化与世界平均水平的绝对差距和相对差距也都在缩小(表 4-15)。

3. 过去 20 年中国健康现代化单项指标的表现有差异

健康生活指标。表现较好的指标是育龄妇女避孕率和预期健康寿命,表现较差的指标是婴儿死亡率、结核病发病率和空气质量(表 4-16)。

健康服务指标。医生比例等指标表现较好;护士和助产士比例、人均公共健康支出、慢性病死亡率等指标表现较差(表 4-16);健康保险覆盖率等指标从 1990 到 2014 年增长很快。

表 4-16 1990～2014 年中国健康现代化评价指标的表现

	指标	单位	性质	1990	2000	2010	2014	2014 年参考值
健康生活	预期健康寿命	岁	正指标	—	65	68	68.5	72
	婴儿死亡率	‰	逆指标	42	30	13.5	9.8	6.0
	空气质量	微克/立方米	逆指标	39	44	54	54	15.6
	结核病发病率	例/10 万人	逆指标	152	109	78	68	21
	育龄妇女避孕率	%	正指标	71	84	89	88	73
健康服务	医生比例	‰	正指标	1.12	1.25	1.46	2.06	3.2
	护士和助产士比例	‰	正指标	0.84	0.99	1.51	2.05	10
	健康保险覆盖率	%	正指标	16	16	96.6	97	100
	人均公共健康支出	美元	正指标	11	17	120	234	3252
	慢性呼吸道疾病死亡率	例/10 万人	逆指标	—	148	77	77	20

注:① 各年的参考值均为当年高收入国家平均值;② 由于数据无法获取,1990 年预期健康寿命、慢性疾病死亡率分别用预期寿命和孕产妇死亡终身风险代替,因参考值不一致,故在此表中代替指标的数据没有列出。

总而言之,过去 20 年是中国健康现代化建设取得很大成绩的 20 年,中国健康现代化的绝对水平在持续提高,相对水平也在提高。虽然成绩是明显的,但我们与世界先进水平的差距也是客观存在的。

中国地区健康现代化的地区差异比较大,统计数据的获取性不好,数据质量存在争议,故我们没有对中国地区的健康现代化水平进行评价。

本 章 小 结

本章完成了 1990～2014 年世界 131 个国家的健康现代化评价。

1. 世界健康现代化评价的方法和模型

关于健康现代化的评价以定量评价为主,评价模型很多,各具特点。

本《报告》根据健康现代化原理,选择代表健康现代化典型特征的关键指标,同时结合健康指标的政策含义和数据的可获得性,选择了健康生活、健康服务和健康质量三个方面的 10 个指标,构建健康现代化指数的评价模型,用以衡量国家健康现代化的相对水平。

2. 1990～2014 年世界健康现代化评价

2014 年健康现代化指数世界排名前 10 位的国家:瑞典、法国、德国、芬兰、澳大利亚、瑞士、挪威、奥地利、英国、新西兰。加拿大排第 15 位,日本排第 16 位,美国排第 18 位。

2014 年,在 131 个国家中,25 个国家是健康发达国家,22 个国家是健康中等发达国家,33 个国家是健康初等发达国家,51 个国家是健康欠发达国家。

在 2000～2014 年期间,健康现代化地位发生变化的国家有 20 个;其中,升级国家有 14 个,降级国家有 6 个。

在 2000～2014 年期间,健康发达国家的比例约为 18%～19%,健康发展中国家的比例约为

81%～82%。健康水平从高到低的排序大致是:欧洲、美洲、亚洲和非洲。

3. 1990～2014年中国健康现代化评价

2014年中国属于健康初等发达国家,健康现代化指数为41,排世界131个国家的第59位。

2014年,中国健康现代化指数与高收入国家平均值相比,绝对差距为59,相对差距约为2.4倍。中国健康现代化的整体水平和多数单指标水平,都有明显的国际差距。

1990～2014年期间,中国健康现代化指数从22上升到41,提高了19。世界排名从1990年的第76位上升到2014年的第59位,提高了17位。

第五章 2014年世界和中国现代化指数

2014年，美国等29个国家已经进入第二次现代化，中国等99个国家处于第一次现代化，乍得等3个国家仍然处于传统农业社会，有些原住民族仍然生活在原始社会（图5-1）。根据第二次现代化指数的国家分组，2014年美国等20个国家为发达国家，俄罗斯等26个国家为中等发达国家，中国等34个国家为初等发达国家，肯尼亚等51个国家为欠发达国家。

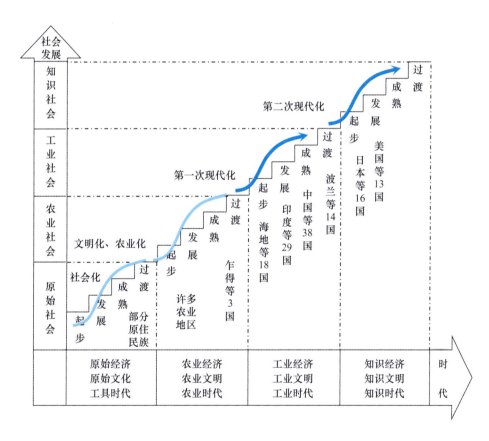

图 5-1　2014年世界现代化进程的坐标图

2014年中国是一个发展中国家，具有初等发达国家水平，处于发展中国家的中间水平，与发达国家的差距仍然较大。2014年中国第一次现代化指数达到99，排名世界131个国家的第51位；第二次现代化指数和综合现代化指数分别为45和42，分别排名第51位和第62位。

第一节　2014年世界现代化指数

世界现代化指数反映世界131个国家、不同组国家和世界平均的现代化水平，包括世界第一次现代化指数（实现程度）、第二次现代化指数和综合现代化指数（表5-1）。它体现世界现代化在经济、社会、知识和环境等领域的综合水平,它没有包括政治等领域的现代化水平。关于现代化指数的评价方法,请阅读技术注释。关于现代化指数的评价数据,请阅读附录二。

表 5-1 世界现代化指数的组成

项目	第一次现代化指数	第二次现代化指数	综合现代化指数
用途	反映不同国家和地区完成第一次现代化的进展(第一次现代化是以工业化、城市化和民主化为典型特征的经典现代化)	反映不同国家和地区第二次现代化的进展(第二次现代化是以知识化、信息化和绿色化为典型特征的新现代化)	反映不同国家和地区现代化水平与世界先进水平的相对差距(综合现代化是以两次现代化协调发展为主要特征的新型现代化)
特点	① 比较好地表征发展中国家的实际水平 ② 不能完全反映发达国家的实际水平 ③ 随着越来越多国家完成第一次现代化,其适用对象减少 ④ 指标和标准值是固定的	① 比较好地表征发达国家的实际水平 ② 不能完全反映发展中国家的实际水平 ③ 随着越来越多国家进入第二次现代化,其适用对象增多 ④ 指标和基准值是可变的	① 同时表征发达国家和发展中国家的相对水平 ② 适用范围比较广 ③ 与前两者有一些重复 ④ 与前两者有所衔接 ⑤ 指标和参考值是可变的 ⑥ 可称为相对现代化指数
性质	主要反映"绝对水平"	主要反映"绝对水平"	主要反映"相对水平"

一、2014 年世界现代化的总体水平

2014 年参加评价的 131 个国家中(表 5-2),进入第二次现代化的国家有 29 个,约占国家样本数的 22%;第一次现代化指数达到 100 的国家有 46 个,第一次现代化指数大于 90 小于 100 的国家有 28 个,已经完成和基本实现第一次现代化的国家有 74 个,约占国家样本数的 56%。

表 5-2 2000~2014 年的世界现代化进程   单位:个

项目	2000	2010	2012	2013	2014
已经完成第一次现代化的国家	27	42	47	46	46
其中:进入第二次现代化的国家	24	27	27	27	29
没有完成第一次现代化的国家	104	89	84	85	85
其中:基本实现第一次现代化的国家	31	27	29	27	28
处于传统农业社会的国家	13	6	4	4	3

注:参加评价的国家为 2000 年人口超过 130 万的 131 个国家。第一次现代化指数达到 100,表示达到 1960 年工业化国家平均水平,完成第一次现代化。第一次现代化指数超过 90 但低于 100,表示基本实现第一次现代化。2010~2014 年的现代化评价,是根据评价模型第二版的评价结果,评价模型第二版见技术注释。后同。

2014 年根据第二次现代化指数分组,发达国家、中等发达国家、初等发达和欠发达国家分别占国家样本数的 15%、20%、26% 和 39%(表 5-3)。

表 5-3　2000～2014 年根据第二次现代化水平的国家分组

项目	2000	2010	2011	2012	2013	2014
发达国家/个	17	20	21	21	20	20
中等发达国家/个	30	23	21	20	25	26
初等发达国家/个	33	34	34	43	34	34
欠发达国家/个	51	54	55	47	52	51
发达国家/(%)	13	15	16	16	15	15
中等发达国家/(%)	23	18	16	15	19	20
初等发达国家/(%)	25	26	26	33	26	26
欠发达国家/(%)	39	41	42	36	40	39

2014 年,发达国家全部进入第二次现代化,8 个国家处于起步期,12 个处于发展期;中等发达国家有 9 个进入第二次现代化,17 个处于第一次现代化;初等发达国家全部处于第一次现代化;欠发达国家有 48 个处于第一次现代化,有 3 个处于传统农业社会(表 5-4)。

表 5-4　2014 年国家现代化的水平与阶段的关系

国家现代化水平	国家现代化阶段							合计
	传统社会	F 起步期	F 发展期	F 成熟期	F 过渡期	S 起步期	S 发展期	
发达国家/个	—	—	—	—	—	8	12	20
中等发达国家/个	—	—	—	8	9	8	1	26
初等发达国家/个	—	—	7	22	5	—	—	34
欠发达国家/个	3	18	22	8	—	—	—	51

注:国家现代化的阶段是根据产业结构和就业结构的划分。其中,传统社会指传统农业社会,F 代表第一次现代化,S 代表第二次现代化。国家水平分组方法:第二次现代化指数:发达国家超过 80,中等发达国家低于 80 但高于世界平均值,初等发达国家低于世界平均值但高于欠发达国家,欠发达国家低于 30。

根据国家的现代化阶段和现代化水平,可以构建世界现代化的国家定位图;横坐标为国家现代化的阶段,纵坐标为国家现代化的水平(现代化指数和国家分组),例如,基于现代化阶段和第二次现代化水平的国家定位图(图 5-2),基于现代化阶段和综合现代化水平的国家定位图。

1. 2014 年发达国家水平

根据第二次现代化水平分组,2014 年美国等 20 个发达国家的第二次现代化指数在 87 至 108 之间,它们均已完成第一次现代化;它们的综合现代化指数在 83 至 100 之间(表 5-5)。

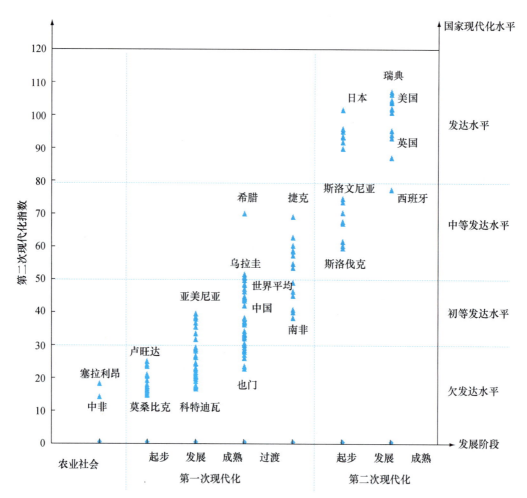

图 5-2　2014 年世界现代化的定位图（基于现代化阶段和第二次现代化水平）

注：图中 131 个点代表不同国家的定位，显示国家的现代化阶段、第二次现代化指数和国家分组。

表 5-5　20 个发达国家的现代化指数

国家	第一次现代化指数	2014 年排名	2013 年排名	第二次现代化指数	2014 年排名	2013 年排名	综合现代化指数	2014 年排名	2013 年排名
瑞典	100.0	1	1	108.1	1	1	98.6	4	4
新加坡	100.0	1	1	107.4	2	2	97.2	7	7
荷兰	100.0	1	1	105.6	3	6	99.2	3	3
美国	100.0	1	1	105.0	4	5	96.9	8	6
丹麦	100.0	1	1	104.8	5	3	100.0	1	1
芬兰	100.0	1	1	103.0	6	4	97.9	5	5
瑞士	100.0	1	1	102.8	7	7	97.4	6	8
日本	100.0	1	1	102.6	8	8	94.7	11	11
比利时	100.0	1	1	101.7	9	9	100.0	2	2
挪威	100.0	1	1	96.6	10	11	93.5	13	12

(续表)

国家	第一次现代化指数	2014年排名	2013年排名	第二次现代化指数	2014年排名	2013年排名	综合现代化指数	2014年排名	2013年排名
爱尔兰	100.0	1	1	96.1	11	13	95.3	9	10
德国	100.0	1	1	95.9	12	12	94.1	12	13
奥地利	100.0	1	1	95.9	13	10	94.9	10	9
法国	100.0	1	1	94.9	14	16	92.9	14	15
韩国	100.0	1	1	94.5	15	15	83.8	20	20
澳大利亚	100.0	1	1	94.2	16	14	91.7	15	14
英国	100.0	1	1	93.9	17	17	91.6	16	16
加拿大	100.0	1	1	92.7	18	18	89.3	18	19
以色列	100.0	1	1	90.7	19	19	90.1	17	17
新西兰	100.0	1	1	87.7	20	20	87.0	19	18

注：第一次现代化指数达到100时，排名都为1，不分先后。后同。表5-5～5-8的排名都是131个国家的排名。2001～2008年的《中国现代化报告》中的排名为108个国家的排名。

2. 2014年中等发达国家水平

2014年西班牙等26个中等发达国家的第二次现代化指数在47至78之间（第二次现代化指数世界平均值为47）；它们中有21个国家完成了第一次现代化，5个国家基本实现了第一次现代化；它们的综合现代化指数在50至80之间（表5-6）。

表5-6 26个中等发达国家的现代化指数

国家	第一次现代化指数	2014年排名	2013年排名	第二次现代化指数	2014年排名	2013年排名	综合现代化指数	2014年排名	2013年排名
西班牙	100.0	1	1	77.8	21	22	79.9	22	22
斯洛文尼亚	99.9	1	1	75.1	22	21	73.3	23	23
意大利	100.0	1	1	74.1	23	23	80.2	21	21
葡萄牙	100.0	1	1	70.7	24	24	70.3	25	26
希腊	100.0	1	1	70.6	25	25	70.3	26	24
捷克	100.0	1	1	69.6	26	27	71.7	24	25
匈牙利	100.0	1	1	67.9	27	26	68.6	27	27
爱沙尼亚	100.0	1	1	67.4	28	28	67.2	30	30
科威特	97.8	53	55	63.2	29	29	68.0	28	29
立陶宛	100.0	1	1	61.9	30	30	65.8	31	33
沙特阿拉伯	99.1	49	50	60.8	31	32	67.4	29	31
俄罗斯	100.0	1	1	60.6	32	31	61.3	37	36
斯洛伐克	100.0	1	1	59.9	33	33	65.5	32	32
克罗地亚	100.0	1	1	59.0	34	35	62.4	36	37
波兰	100.0	1	1	59.0	35	34	60.0	38	40
拉脱维亚	100.0	1	1	57.6	36	36	64.6	33	35
智利	100.0	1	1	54.9	37	38	58.0	41	38
阿根廷	100.0	1	1	53.9	38	37	63.5	35	28
乌拉圭	100.0	1	1	51.7	39	41	64.4	34	34
哥斯达黎加	100.0	1	1	51.0	40	42	55.4	44	45

(续表)

国家	第一次现代化指数	2014年排名	2013年排名	第二次现代化指数	2014年排名	2013年排名	综合现代化指数	2014年排名	2013年排名
白俄罗斯	98.5	52	51	50.8	41	39	53.7	46	48
巴西	100.0	1	1	50.0	42	58	57.2	42	44
保加利亚	99.0	50	49	49.1	43	45	59.0	40	42
土耳其	100.0	1	1	48.7	44	43	54.6	45	43
马来西亚	100.0	1	1	48.6	45	44	50.0	53	51
哈萨克斯坦	100.0	1	1	47.1	46	47	50.8	52	53

3. 2014年初等发达国家水平

2014年中国等34个初等发达国家,第二次现代化指数在30至46之间;其中有4个国家完成了第一次现代化,有23国家基本实现了第一次现代化;它们的综合现代化指数在30至59之间(表5-7)。

表5-7　34个初等发达国家的现代化指数

国家	第一次现代化指数	2014年排名	2013年排名	第二次现代化指数	2014年排名	2013年排名	综合现代化指数	2014年排名	2013年排名
伊朗	96.5	57	54	46.4	47	51	44.7	59	61
委内瑞拉	100.0	1	47	46.3	48	46	59.4	39	39
黎巴嫩	99.3	48	1	45.3	49	40	56.4	43	41
罗马尼亚	100.0	1	1	45.0	50	48	51.5	48	54
中国	98.8	51	52	44.5	51	57	42.3	63	67
巴拿马	100.0	1	1	44.3	52	49	51.9	47	46
乌克兰	94.1	65	63	44.2	53	52	47.2	56	56
马其顿	96.0	58	58	43.7	54	55	46.6	57	57
哥伦比亚	99.3	47	48	43.5	55	53	51.3	49	50
秘鲁	97.4	54	53	42.1	56	56	48.2	55	55
墨西哥	100.0	1	1	41.0	57	54	50.9	51	49
约旦	95.3	61	59	40.1	58	50	49.9	54	47
亚美尼亚	90.3	74	73	39.6	59	60	46.3	58	58
泰国	87.7	77	77	38.5	60	61	36.4	76	78
南非	92.6	67	67	38.4	61	59	40.3	69	65
突尼斯	94.9	63	61	38.2	62	63	40.2	70	69
斯里兰卡	84.6	84	85	38.2	63	66	33.0	80	86
阿尔巴尼亚	86.8	79	78	37.9	64	67	40.1	71	72
多米尼加	97.1	56	56	37.3	65	64	51.3	50	52
牙买加	95.6	60	60	37.2	66	62	43.2	62	59
厄瓜多尔	97.2	55	57	36.8	67	65	43.5	61	60
格鲁吉亚	90.8	73	74	36.7	68	68	41.9	64	66
阿塞拜疆	95.0	62	65	36.2	69	70	44.4	60	63
摩尔多瓦	91.7	72	70	35.5	70	69	40.9	68	68
萨尔瓦多	94.5	64	62	34.2	71	71	40.1	72	71

(续表)

国家	第一次现代化指数	2014年排名	2013年排名	第二次现代化指数	2014年排名	2013年排名	综合现代化指数	2014年排名	2013年排名
蒙古	93.5	66	66	33.5	72	72	41.8	65	62
巴拉圭	92.4	69	68	33.4	73	74	39.2	73	74
阿尔及利亚	96.0	59	64	33.3	74	73	40.9	67	70
菲律宾	91.8	70	72	33.0	75	76	38.2	74	75
摩洛哥	85.8	81	81	32.4	76	78	35.8	77	79
博茨瓦纳	89.2	76	75	32.3	77	77	35.8	78	77
埃及	91.7	71	71	31.9	78	75	37.9	75	76
越南	82.4	87	87	31.8	79	79	30.7	85	87
土库曼斯坦	84.5	85	86	30.4	80	82	31.6	84	85

4. 2014年欠发达国家水平

2014年印度等51个欠发达国家的第二次现代化指数在13至30之间,它们中有1个国家基本实现第一次现代化;它们的综合现代化指数在9至33之间(表5-8)。

表5-8　51个欠发达国家的现代化指数

国家	第一次现代化指数	2014年排名	2013年排名	第二次现代化指数	2014年排名	2013年排名	综合现代化指数	2014年排名	2013年排名
玻利维亚	85.1	82	83	29.9	81	83	32.7	81	82
叙利亚	89.3	75	76	29.2	82	84	41.4	66	64
吉尔吉斯斯坦	86.8	80	79	29.2	83	85	32.2	82	83
乌兹别克斯坦	80.7	89	89	28.7	84	81	27.8	89	84
印度尼西亚	84.2	86	84	28.4	85	87	29.0	86	88
纳米比亚	81.8	88	88	28.2	86	86	31.8	83	81
危地马拉	92.4	68	69	27.9	87	88	33.2	79	80
洪都拉斯	84.7	83	82	27.0	88	89	28.4	88	91
尼加拉瓜	87.0	78	80	26.7	89	90	28.9	87	89
塔吉克斯坦	77.7	90	90	26.5	90	95	24.3	96	97
加纳	70.7	95	96	26.1	91	93	27.2	92	95
莱索托	69.3	98	97	25.8	92	91	27.7	90	92
卢旺达	57.3	114	116	24.9	93	112	15.1	118	116
印度	76.0	91	91	24.3	94	94	23.6	99	99
老挝	65.2	105	105	24.0	95	97	21.5	103	103
肯尼亚	57.1	115	115	23.9	96	98	21.0	105	106
刚果共和国	72.3	93	94	23.5	97	92	25.4	95	93
尼泊尔	67.4	101	100	23.3	98	96	18.5	111	111
孟加拉国	73.0	92	92	22.8	99	101	24.0	98	101
也门共和国	69.6	97	93	22.6	100	99	24.1	97	90

(续表)

国家	第一次现代化指数	2014年排名	2013年排名	第二次现代化指数	2014年排名	2013年排名	综合现代化指数	2014年排名	2013年排名
尼日利亚	67.0	102	101	22.5	101	102	25.9	94	96
安哥拉	65.8	104	103	21.5	102	80	27.4	91	73
塞内加尔	63.6	107	106	21.5	103	104	21.3	104	107
赞比亚	69.9	96	98	21.0	104	116	22.1	101	102
马达加斯加	57.0	116	114	20.8	105	103	18.0	113	112
喀麦隆	71.0	94	95	20.6	106	110	27.0	93	94
巴布亚新几内亚	47.3	124	123	20.5	107	105	13.0	126	124
柬埔寨	66.4	103	102	20.4	108	109	18.6	110	113
巴基斯坦	68.2	100	99	20.2	109	108	23.0	100	100
缅甸	68.6	99	104	20.1	110	100	18.7	109	98
贝宁	61.0	111	110	19.6	111	111	21.6	102	104
乌干达	52.7	120	120	19.0	112	113	13.9	122	123
马拉维	47.2	125	124	18.9	113	115	13.0	125	126
津巴布韦	61.3	109	109	18.8	114	106	17.8	114	109
塞拉利昂	43.6	129	128	18.0	115	114	11.2	130	130
厄立特里亚	61.2	110	111	17.7	116	119	19.8	107	105
几内亚	53.3	119	119	17.4	117	117	14.8	120	117
海地	65.1	106	107	17.3	118	131	20.0	106	122
毛里塔尼亚	57.5	112	112	17.1	119	118	18.3	112	110
刚果民主共和国	62.8	108	108	17.1	120	107	15.8	117	115
布基纳法索	45.4	128	125	16.9	121	121	12.7	127	125
科特迪瓦	57.5	113	113	16.6	122	120	19.3	108	108
马里	47.6	123	122	16.5	123	123	16.9	115	114
坦桑尼亚	56.4	117	118	16.4	124	122	14.8	119	119
埃塞俄比亚	49.7	122	127	16.1	125	126	12.3	128	129
多哥	55.2	118	117	15.6	126	125	13.4	123	121
布隆迪	46.1	127	126	15.3	127	127	9.2	131	131
尼日尔	38.9	131	131	14.7	128	124	13.0	124	127
莫桑比克	51.5	121	121	14.3	129	128	14.7	121	118
乍得	41.4	130	130	14.1	130	129	11.8	129	128
中非	46.3	126	129	13.9	131	130	16.2	116	120

二、2014年世界现代化的国际差距

1. 2014年世界现代化的前沿水平

世界现代化的前沿水平可以从两个方面来反映,一是现代化阶段,一是现代化指数。

2014年世界现代化前沿已经到达第二次现代化的发展期。2014年处于第二次现代化发展期的国家大约有13个,它们的现代化水平是世界前沿水平的一种反映(表5-9)。

表 5-9　2014 年处于第二次现代化发展期的国家

国家	知识创新指数	知识传播指数	生活质量指数	经济质量指数	第二次现代化指数	排名
瑞典	97.2	113.3	107.8	114.2	108.1	1
新加坡	97.7	110.0	111.9	110.0	107.4	2
荷兰	87.7	111.0	105.7	118.0	105.6	3
美国	114.0	89.4	105.1	111.4	105.0	4
丹麦	96.6	108.0	97.8	116.8	104.8	5
芬兰	99.2	104.8	108.5	99.6	103.0	6
瑞士	94.6	101.9	102.4	112.2	102.8	7
比利时	81.5	105.7	106.3	113.3	101.7	9
爱尔兰	75.7	104.9	94.4	109.2	96.1	11
法国	76.6	91.0	97.9	114.2	94.9	14
英国	79.4	88.5	92.4	115.3	93.9	17
新西兰	56.8	99.8	93.7	100.5	87.7	20
西班牙	31.7	88.3	87.8	103.3	77.8	21

2014 年,第二次现代化指数和综合现代化指数排世界前 10 名的国家水平,可以反映世界现代化的先进水平(表 5-10)。

表 5-10　2014 年世界现代化的前沿国家

项目	处于第二次现代化的发展期	第二次现代化指数的前 10 名	综合现代化指数的前 10 名
国家	瑞典、新加坡、荷兰、美国、丹麦、芬兰、瑞士、比利时、爱尔兰、法国、英国、新西兰、西班牙	瑞典、新加坡、荷兰、美国、丹麦、芬兰、瑞士、日本、比利时、挪威	丹麦、比利时、荷兰、瑞典、芬兰、瑞士、新加坡、美国、爱尔兰、奥地利

2. 2014 年世界现代化的末尾水平

世界现代化的末尾水平可以从两个方面来反映,一是现代化阶段,一是现代化指数。

2014 年第一次现代化指数、第二次现代化指数和综合现代化指数排世界后 10 名的国家,它们的水平,反映了世界现代化的最低水平(表 5-11)。2014 年有 3 个国家仍然是传统农业社会,没有进入现代化行列。

表 5-11　2014 年世界现代化的后进国家

项目	传统农业社会	第一次现代化指数的后 10 名	第二次现代化指数的后 10 名	综合现代化指数的后 10 名
国家	乍得 中非共和国 塞拉利昂	埃塞俄比亚、马里、巴布亚新几内亚、马拉维、中非、布隆迪、布基纳法索、塞拉利昂、乍得、尼日尔	科特迪瓦、马里、坦桑尼亚、埃塞俄比亚、多哥、布隆迪、尼日尔、莫桑比克、乍得、中非	乌干达、多哥、尼日尔、马拉维、巴布亚新几内亚、布基纳法索、埃塞俄比亚、乍得、塞拉利昂、布隆迪

3. 2014 年世界现代化的国际差距

2014 年国际差距与 2000 年相比,不同指标的表现有所差别(表 5-12)。

表 5-12 世界现代化水平的国际差距

项目	第一次现代化指数			第二次现代化指数			综合现代化指数		
	2014	2000	1990	2014	2000	1990	2014	2000	1990
最大值	100	100	100	108	109	98	100	98	98
最小值	39	31	32	14	9	16	9	14	20
平均值	84	77	72	45	42	42	47	44	48
绝对差距	61	69	68	94	100	82	91	84	78
标准差	19	22	23	27	26	23	27	23	22
相对差距	3	3	3	8	12	6	11	7	5
变异系数	0.22	0.29	0.32	0.61	0.62	0.55	0.57	0.53	0.46

- 第一次现代化指数,2014年绝对差距比2000年有所减小,相对差距没有变化。
- 第二次现代化指数,2014年绝对差距和相对差距比2000年有所减小。
- 综合现代化指数,2014年绝对差距和相对差距比2000年有所增加。

4. 2014年世界现代化的地理分布

2014年世界现代化的地理分布不平衡,世界五大洲的平均现代化水平是不同的。相对而言,欧洲和北美水平比较高,南美和亚洲相当,非洲比较落后。

三、2014年世界现代化的国际追赶

1. 2014年世界现代化的国际体系变化

在2000～2014年期间,根据第二次现代化指数分组,在131个参加评价的国家中,有20个国家的分组发生了变化,其中,组别上升国家有11个,组别下降国家有9个(表5-13)。

表 5-13 2000～2014年世界现代化的国际地位发生变化的国家

升级的国家			降级的国家		
国家	2000年分组	2014年分组	国家	2000年分组	2014年分组
新西兰	2	1	黎巴嫩	2	3
新加坡	2	1	巴拿马	2	3
爱尔兰	2	1	哥伦比亚	2	3
哈萨克斯坦	3	2	牙买加	2	3
巴西	3	2	乌克兰	2	3
马来西亚	3	2	格鲁吉亚	2	3
哥斯达黎加	3	2	乌兹别克斯坦	3	4
土耳其	3	2	吉尔吉斯斯坦	3	4
斯里兰卡	4	3	塔吉克斯坦	3	4
阿尔巴尼亚	4	3			
越南	4	3			

注:1代表发达国家,2代表中等发达国家,3代表初等发达国家,4代表欠发达国家。

在1960～2014年期间,有31个国家的分组发生了变化(5-14)。其中,地位上升的国家有15个,地位下降的国家有16个。

表 5-14　1960～2014 年世界现代化的国际地位发生变化的国家

升级的国家			降级的国家		
国家	1960 年分组	2014 年分组	国家	1960 年分组	2014 年分组
芬兰	2	1	俄罗斯	1	2
日本	2	1	黎巴嫩	2	3
奥地利	2	1	巴拿马	2	3
新加坡	2	1	牙买加	2	3
爱尔兰	2	1	罗马尼亚	2	3
韩国	3	1	委内瑞拉	2	3
沙特阿拉伯	4	2	墨西哥	2	3
葡萄牙	3	2	南非	2	3
哥斯达黎加	3	2	蒙古	2	3
巴西	3	2	玻利维亚	3	4
土耳其	3	2	津巴布韦	3	4
马来西亚	3	2	尼加拉瓜	3	4
中国	4	3	刚果共和国	3	4
越南	4	3	赞比亚	3	4
博茨瓦纳	4	3	危地马拉	3	4
			叙利亚	3	4

注：1 代表发达国家，2 代表中等发达国家，3 代表初等发达国家，4 代表欠发达国家。1960 年根据第一次现代化指数分组，2014 年根据第二次现代化指数分组。

2. 2014 年世界现代化的世界排名变化

根据综合现代化指数的排名变化，从 2000 年到 2014 年，在参加评价的 131 个国家中，综合现代化水平上升的国家有 44 个（指数排名上升在 5 位及以上的），下降的国家有 46 个（排名下降在 5 位及以上的），变化不大的国家约有 41 个（排名变化小于 5 位的）。

3. 2014 年世界现代化的国际转移概率

在 1960～2014 年期间，不同水平国家之间的转移概率如表 5-15。

表 5-15　世界现代化的国家地位的转移概率（马尔科夫链分析）

分组	国家数	发达	中等	初等	欠发达	国家数	发达	中等	初等	欠发达
	1960	1960～2014 年转移概率/(%)				1970	1970～2014 年转移概率/(%)			
发达	15	93	7	0	0	15	80	20	0	0
中等	23	22	43	35	0	16	44	38	19	0
初等	29	3	17	55	24	26	4	27	50	19
欠发达	40	0	3	8	90	47	0	2	15	83
	1980	1980～2014 年转移概率/(%)				1990	1990～2014 年转移概率/(%)			
发达	17	88	12	0	0	16	94	6	0	0
中等	13	23	54	23	0	18	28	56	17	0
初等	41	5	20	49	27	37	0	16	51	32
欠发达	39	0	0	10	90	35	0	0	6	94

注：发达代表发达国家，中等代表中等发达国家，初等代表初等发达国家，欠发达代表欠发达国家。1960 年根据第一次现代化指数分组的分组标准：发达国家＞90%，中等发达 60%～90%，初等发达 40%～60%，欠发达＜40%。1970～2014 年根据第二次现代化指数分组的分组标准：发达国家的指数大于高收入平均值的 80%，中等发达国家的指数高于世界平均值但低于发达国家，初等发达的指数低于世界平均值但高于欠发达国家，欠发达国家的指数低于高收入国家平均值的 30%；高收入国家平均值为 100。数值差异是因为四舍五入的原因。

- 发达国家保持为发达国家的概率:约 80%~94%;降级发展中国家的概率约:6%~20%。
- 发展中国家保持为发展中国家的概率:约 91%~95%;升级发达国家的概率约:5%~9%。其中,1960~2014 年期间升级概率约 6.5%,1970~2014 年期间升级概率约 9%,1980~2014 年期间升级概率约 5.4%,1990~2014 年期间升级概率:约 5.6%。
- 发展中国家包括中等发达国家、初等发达国家和欠发达国家。
- 中等发达国家升级为发达国家的概率:约 22%~44%,降级概率:约 17%~35%。
- 初等发达国家升级中等发达国家的概率:约 16%~27%,降级概率:约 19%~32%;
- 初等发达国家直接升级为发达国家的概率为 0~5%。
- 欠发达国家升级初等发达国家的概率:约 6%~15%;
- 欠发达国家直接升级为中等发达国家的概率:约 0~3%;
- 欠发达国家直接升级为发达国家的概率:0。

第二节 2014 年中国现代化指数

中国现代化指数包括中国第一次现代化指数、第二次现代化指数和综合现代化指数,反映中国现代化在经济、社会、文化和环境等领域的综合水平。关于中国政治等领域的现代化水平,需要专门研究。中国现代化指数的评价方法和评价数据来源,与世界现代化指数相同。

一、2014 年中国现代化的总体水平

2014 年中国是一个发展中国家,处于初等发达国家行列,大约处于发展中国家的中间水平;中国现代化水平与世界中等发达国家的差距比较小,但与发达国家的差距比较大。

2014 年,中国第一次现代化指数约为 99,在世界 131 个国家中排第 51 位,比 2013 年提高 1 位;中国第二次现代化指数为 45(44.5),世界排名第 51 位,比 2013 年提高 6 位;综合现代化指数为 42,世界排名第 63 位,比 2013 年提高 4 位(表 5-16)。

表 5-16 1950~2014 年中国现代化指数

年份	第一次现代化指数	排名	第二次现代化指数	排名	综合现代化指数	排名
2014	99	51	45	51	42	63
2013	98	52	41	57	40	67
2012	96	58	38	59	38	73
2011	94	61	36	63	36	74
2010	92	62	33	64	34	76
2000	76	80	31	78	31	79
1990	63	67	26	73	28	103
1980	54	69	25	66	21	103
1970	40	72	21	60	—	—
1960	37	72	—	—	—	—
1950	26	—	—	—	—	—

注:2010~2013 年根据评价模型第二版(新版)进行评价,1950~2000 年根据评价模型第一版进行评价。2014 年第二次现代化指数评价的基准值为高收入国家的平均值,2010~2013 年第二次现代化指数评价的基准值为高收入 OECD 国家的平均值。高收入 OECD 国家的平均值一般高于高收入国家的平均值。2017 年版世界银行的世界发展指标数据库没有高收入 OECD 国家的平均值的数据,故用高收入国家平均值为基准值。

1. 2014年中国第一次现代化指数

2014年中国进入第一次现代化的成熟期,第一次现代化指数为99,比2013年提高1点。

2014年中国第一次现代化的9个指标已经达标,1个指标没有达到标准,即人均国民收入没有达到标准;人均国民收入的达标率约为88%(图5-3)。

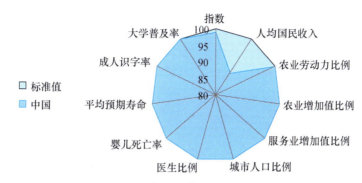

图5-3 2014年中国第一次现代化的特点

中国第一次现代化指数达到100所需要的时间,与第一次现代化指数的年均增长率正相关。如果按照1960~2000年速度估算,中国第一次现代化指数达到100约需15年(从2000年算起)。如果按2000~2014年速度估算,中国第一次现代化指数达到100约需1年(从2014年算起)。从面版数据看,中国有可能在2015年前后完成第一次现代化,达到1960年的发达国家水平。

2. 2014年中国第二次现代化指数

2014年中国尚没有完成第一次现代化,也没有进入第二次现代化。由于中国参与全球化进程,第二次现代化的许多要素已经传入中国。如果按第二次现代化评价模型进行评价,可以大概了解中国第二次现代化的进展。这种评价,仅有参考意义。

2014年中国第二次现代化指数为45,在131个国家中排第51位。中国第二次现代化4类指标发展不平衡,生活质量指数和知识传播达到世界平均水平(图5-4)。

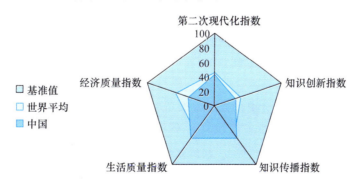

图5-4 2014年中国第二次现代化的特点

以2014年高收入国家平均值100为对照,2014年中国知识创新指数为32(世界平均38),知识传播指数为54(世界平均48),生活质量指数为55(世界平均45),经济质量指数为38(世界平均57)。2014年中国经济质量与发达国家的差距最大。

在2000~2014年期间,中国第二次现代化指数提高了13,知识创新指数提高了10,知识传播指数提高了21,生活质量指数提高了9,经济质量指数提高了10(表5-17)。

表 5-17　1970～2017 年中国第二次现代化指数

年份	知识创新指数	知识传播指数	生活质量指数	经济质量指数	第二次现代化指数
2014	31.7	53.6	55.1	37.7	44.5
2013	26.8	48.6	52.1	35.3	40.7
2012	22.2	45.5	50.8	33.9	38.1
2011	18.5	42.6	48.8	32.6	35.6
2010	14.8	40.0	46.7	31.2	33.2
2000	21	32	46	27	31
1990	11	24	42	27	26
1980	—	17	33	25	25
1970	—	13	24	26	21

注：2010～2014 年的现代化评价，是根据第二版评价模型（新版）的评价结果，评价模型见技术注释。1970～2000 年的现代化评价，是根据第一版评价模型的评价结果。

3. 2014 年中国综合现代化指数

综合现代化指数反映国家水平与世界先进水平的相对差距。2014 年中国综合现代化指数为 42，在 131 个国家中排第 63 位。中国综合现代化三类指标发展不平衡（图 5-5）。

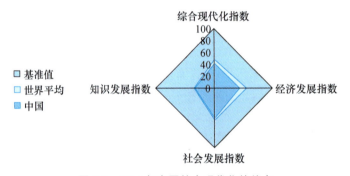

图 5-5　2014 年中国综合现代化的特点

以 2014 年高收入国家平均值 100 为对照，2014 年中国经济发展指数为 44（世界平均 55），社会发展指数为 50（世界平均 54），知识发展指数为 33（世界平均 35）。2014 年中国知识发展指数和经济发展指数与发达国家的差距最大。

在 2000～2014 年期间，中国综合现代化指数提高了 11，排名提高了 16 位。在 1990～2014 年期间，中国综合现代化指数提高了 14，排名提高了 40 位（表 5-18）。

表 5-18　1980～2014 年中国综合现代化指数

项目	1980[a]	1990[a]	2000[a]	2010[b]	2011[b]	2012[b]	2013[b]	2014[c]
中国指数	21	28	31	34	36	38	40	42
中国排名	103	103	79	76	74	73	67	63
高收入国家－中国	79	72	69	66	64	62	60	58
世界平均－中国	39	25	19	10	9	9	7	5

(续表)

项目	1980[a]	1990[a]	2000[a]	2010[b]	2011[b]	2012[b]	2013[b]	2014[c]
高收入国家[d]	100	100	100	100	100	100	100	100
中等收入国家	52	44	42	32	33	31	34	36
低收入国家	28	32	24	14	14	14	14	14
世界平均	60	53	50	44	46	46	47	48

注:a. 采用综合现代化评价模型第一版的评价结果,以当年高收入国家平均值为参考值的评价。b. 采用综合现代化评价模型第二版的评价结果,以高收入OECD国家平均值为参考值。c. 采用综合现代化评价模型第二版的评价结果,以高收入国家平均值为参考值。d. 1980~2000年和2014年数据为高收入国家的平均值,2010~2013年数据为高收入OECD国家的平均值。2014年没有高收入OECD国家平均值的数据。

二、2014年中国现代化的国际差距

2014年中国现代化的国际差距(表5-19),第一次现代化指数与完成第一次现代化的国家相差1;第二次现代化指数与高收入国家相差56,与世界平均相差2;综合现代化指数与高收入国家相差58,与世界平均相差5。

表5-19　2014年中国现代化指数的国际比较

项目	中国	高收入国家	中收入国家	低收入国家	世界	高收入国家 －中国	世界平均 －中国
第一次现代化指数	98.8	100.0	95.5	53.9	99.2	1.2	0.4
第二次现代化指数	44.5	100.1	33.4	16.0	46.9	55.6	2.4
综合现代化指数	42.3	100.0	36.3	14.3	47.5	57.7	5.2

1. 中国第一次现代化评价指标的国际差距

2014年中国第一次现代化评价指标中,人均国民收入指标没有达标(表5-20)。

表5-20　2014年中国第一次现代化评价指标的差距

指标	中国	标准值	世界	标准值－中国	世界－中国	注
人均国民收入/美元	7520	8587	10898	1067	3378	正指标

2. 中国第二次现代化评价指标的国际差距

2014年的统计数据比较齐全。2014年中国第二次现代化评价指标中,知识产权出口比例、人均知识产权进口、人均知识创新经费、知识创新人员比例、人均国民收入、人均购买力、单位GDP的能源消耗等指标,国际差距很大(表5-21)。

表5-21　2014年中国第二次现代化评价指标的国际比较

指标	中国	高收入 国家	中等收 入国家	低收入 国家	世界平均	高收入国 家÷中国	世界÷中国
人均知识创新经费*	157	1043	69.7	3.8	229	6.6	1.5
知识创新人员比例*	11	40	7		13	3.6	1.2
发明专利申请比例*	5.9	7.1	1.6		2.4	1.2	0.4
知识产权出口比例/(%)	0.01	0.65	0.01	0.01	0.42	100.6	65.0

(续表)

指标	中国	高收入国家	中等收入国家	低收入国家	世界平均	高收入国家÷中国	世界÷中国
中学普及率/(%)	94	106	76	41	75	1.1	0.8
大学普及率/(%)	39	74	32	7	34	1.9	0.9
人均知识产权进口/美元	17	261	11	0	51	15.7	3.1
互联网普及率/(%)	47.9	79.0	35.9	7.5	40.6	1.6	0.8
平均预期寿命/岁	75.8	80.6	70.6	61.3	71.5	1.1	0.9
人均购买力/国际美元	13 460	44 981	10 344	1556	15 212	3.3	1.1
婴儿死亡率/(‰)	9.8	4.7	31.4	54.7	32.6	0.5	3.3
人均能源消费/千克石油	2226	4606	1376	359	1894	2.1	0.9
人均国民收入/美元	7520	43 218	5086	628	10 898	5.7	1.4
单位 GDP 的能源消耗**	0.31	0.11	0.27	0.56	0.18	0.3	0.6
物质产业增加值比例/(%)	52.2	26.2	44.5	52.5	31.7	0.5	0.6
物质产业劳动力比例/(%)	59.4	28.6	54.6		49.1	0.5	0.8

注:* 人均知识创新经费:人均 R&D 经费(美元);知识创新人员比例:"研究与开发"人员/万人;发明专利申请比例:发明专利申请/万人;知识产权出口比例:知识产权出口收入占 GDP 比例。** 单位 GDP 的能源消耗:千克石油当量/美元。人均购买力指按购买力平价计算的人均国民收入。物质产业指农业和工业的加总。

3. 中国综合现代化评价指标的国际差距

2014 年中国综合现代化评价指标中,人均知识产权贸易、人均知识创新经费、人均国民收入、人均购买力、能源使用效率、人均制造业等指标,国际差距比较大(表 5-22)。

表 5-22　2014 年中国综合现代化评价指标的国际比较

指标	中国	高收入国家	中等收入国家	低收入国家	世界平均	高收入国家÷中国	世界÷中国
人均国民收入/美元	7520	43 218	5086	628	10 898	5.7	1.4
人均制造业增加值/美元	2143	5773	974	56	1672	2.7	0.8
服务业增加值比例/(%)	47.8	73.8	55.5	47.5	68.3	1.5	1.4
服务业劳动力比例/(%)	40.6	71.4	45.4		50.9	1.8	1.3
城镇人口比例/(%)	54.4	80.9	50.2	30.3	53.4	1.5	1.0
医生比例/每千人	1.9	2.9	1.4	0.1	1.5	1.5	0.8
人均购买力/国际美元	13 460	44 981	10 344	1556	15 212	3.3	1.1
能源使用效率*	3.2	9.2	3.6	1.8	5.6	2.9	1.8
人均知识创新经费/美元	157	1043	70	4	229	6.6	1.5
人均知识产权贸易/美元	17	536	12	0	96	31.4	5.6
大学普及率/(%)	39.4	73.7	31.7	7.5	34.5	1.9	0.9
互联网普及率/(%)	47.9	79.0	35.9	7.5	40.6	1.6	0.8

注:* 能源使用效率:美元/千克石油当量。人均知识产权贸易指人均知识产权进口和出口总值。

4. 中国现代化进程的不平衡性

中国现代化的不平衡表现在多个方面,如地区不平衡和指标不平衡等。例如,2014 年中国第一次现代化有 9 个指标已经达到标准,表现最差的指标(人均国民收入)达标程度仅为 88%。第二次现代化的四大类指标和综合现代化的三类指标也不平衡。

三、2014 年中国现代化的国际追赶

1. 中国现代化指数的国际追赶

在 2000～2014 年期间，中国现代化水平有较大提高（表 5-16）。

2014 年与 2000 年相比，中国现代化水平的变化如下：

- 第一次现代化指数：提高了 23；世界排名提高 29 位；
- 第二次现代化指数：提高了 14；世界排名提高 27 位；
- 综合现代化指数：提高了 11；世界排名提高 16 位。

在 1950～2014 年期间，中国第一次现代化指数提高了 73；在 1970～2014 年期间，第二次现代化指数提高了 24（图 5-6）；在 1980～2014 年期间，综合现代化指数提高了 21。

图 5-6　1950～2014 年中国现代化指数的增长

在 1970～2014 年期间，中国从第一次现代化的起步期、发展期到达成熟期，国家现代化水平从欠发达水平上升为初等发达水平，中国与中等发达水平的差距缩小（图 5-7）。

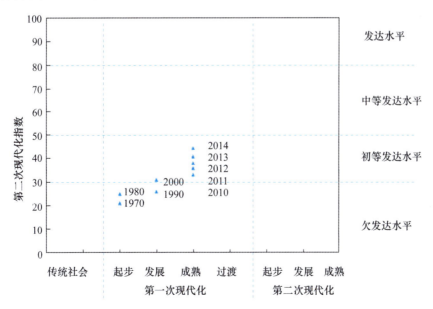

图 5-7　1970～2014 年中国现代化水平的提高

2. 中国现代化前景的情景分析

(1) 按照"线性外推法"估算中国第二次现代化指数的世界排名

2014年在131个国家中,中国第二次现代化指数排名第51位。在未来90年里,131个国家如果能够按照它们的1990~2014年或2000~2014年第二次现代化指数的年均增长率估算它们的现代化水平,那么,中国有可能在2030年前后成为中等发达国家,在2060年前后成为发达国家,在2080年前后进入世界前列(表5-23)。

表5-23　21世纪中国第二次现代化指数的世界排名的估算

时间	按1990~2014年年均增值率估算 (中国估算年均增长率为4.04%)	按2000~2014年年均增值率估算 (中国估算年均增长率为4.20%)
2020年	进入131个国家的前50名左右	进入131个国家的前50名左右
2030年	进入131个国家的前40名左右	进入131个国家的前40名左右
2040年	进入131个国家的前30名左右	进入131个国家的前40名左右
2050年	进入131个国家的前30名左右	进入131个国家的前30名左右
2060年	进入131个国家的前20名左右	进入131个国家的前20名左右
2080年	进入131个国家的前10名左右	进入131个国家的前10名左右
2100年	进入131个国家的前10名左右	进入131个国家的前10名左右

(2) 按照"经验外推法"估算中国现代化的水平

2014年,中国为初等发达国家。根据1960~2014年的世界经验(表5-15),在50年里,初等发达国家升级中等发达国家的概率约为16%~27%,中等发达国家升级为发达国家的概率约为22%~44%。

如果沿用世界历史经验,那么,2050年中国成为中等发达国家的概率为20%左右;如果2050年中国成为中等发达国家,那么,2100年中国成为发达国家的概率为30%左右;如果直接推算,中国2014年是一个初等发达国家,2100年成为发达国家的总概率约为6%(表5-24)。

表5-24　21世纪中国现代化水平的推算

项目	世界历史经验	中国现代化水平的推算	
2014年,一个初等发达国家		2014年,初等发达国家	
50年,初等发达升级中等发达的概率	16%~27%	50年,成为中等发达国家概率	20%
50年,中等发达升级发达国家的概率	22%~44%	50年,成为发达国家的概率	30%
100年,初等发达升级发达国家的概率	3.5%~11.9%	100年,成为发达国家的概率	6%
2100年,成为一个发达国家的概率	7.7%	2100年,成为发达国家的概率	6%

第一种情景分析,根据世界和中国第二次现代化指数的年均增长率进行估算,中国现代化的前景比较乐观;第二种情景分析,根据世界现代化的历史经验进行估算,中国现代化的前景不太乐观。如果考虑到中国人口、世界资源和国际冲突等因素,21世纪中国现代化的前景具有很大不确定性。中国现代化的全面实现,不是容易的事情,需要全国人民的共同努力。

第三节 2014年中国地区现代化指数

中国地区现代化指数包括中国34个省级行政地区的第一次现代化指数、第二次现代化指数和综合现代化指数,反映34个省级地区现代化在经济、社会、文化和环境等领域的综合水平。

2014年,北京等5个地区进入第二次现代化,天津等29个地区处于第一次现代化,局部地区属于传统农业社会,局部地区还有原始社会的痕迹,如"刀耕火种"和"母系社会"(图5-8)。根据第二次现代化指数分组,2014年北京等14个地区为发达地区或中等发达地区,吉林等19个地区为初等发达地区,云南和贵州现代化水平比较低。

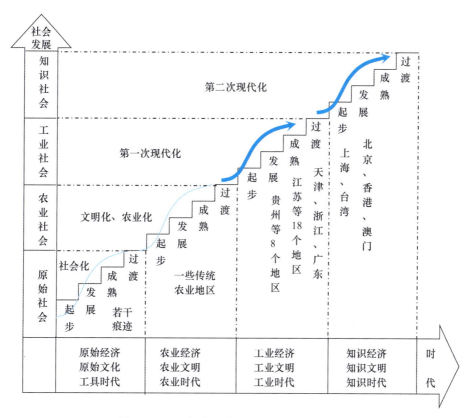

图5-8　2014年中国地区现代化进程的坐标图

一、2014年中国地区现代化的总体水平

2014年,中国属于发展中国家,处于发展中国家的中间位置。根据第二次现代化指数分组,2014年中国多数地区属于发展中地区;北京、上海、香港、澳门和台湾5个地区具有发达国家水平的部分特征,天津、江苏、广东、浙江、山东、辽宁、陕西、福建和重庆9个地区具有中等发达国家水平的部分特征,吉林等19个地区具有初等发达水平的特征(表5-25)。

表 5-25 2014 年中国地区现代化指数

地区和分组	第一次现代化指数	2014 年排名	2013 年排名	第二次现代化指数	2014 年排名	2013 年排名	综合现代化指数	2014 年排名	2013 年排名
发达									
北京	100.0	1	1	87.5	1	1	77.8	1	1
上海	100.0	1	1	83.1	2	2	72.8	2	2
中等发达									
天津	100.0	1	1	78.0	3	3	69.3	3	3
江苏	100.0	1	1	67.8	4	4	55.5	4	5
广东	100.0	1	1	59.0	5	6	51.0	7	6
浙江	100.0	1	1	58.2	6	5	53.7	5	4
山东	99.4	7	9	55.6	7	9	46.6	9	9
辽宁	99.3	8	8	52.9	8	7	51.3	6	7
陕西	94.9	15	14	50.5	9	11	40.7	14	16
福建	98.8	9	7	50.5	10	10	48.3	8	8
重庆	98.2	10	10	50.0	11	8	44.8	11	11
初等发达									
吉林	95.7	12	12	46.9	12	15	44.4	12	12
黑龙江	92.8	22	20	46.3	13	14	39.7	15	15
湖北	95.6	13	15	45.6	14	12	43.0	13	14
安徽	93.4	19	21	45.2	15	18	36.3	21	24
内蒙古	96.1	11	11	44.3	16	16	45.7	10	10
湖南	94.2	17	17	41.0	17	22	38.6	17	19
河北	93.0	21	19	40.9	18	20	38.0	19	18
宁夏	94.2	18	16	40.4	19	17	36.7	20	20
山西	95.0	14	13	39.8	20	19	38.4	18	17
四川	92.1	23	23	39.7	21	21	36.1	24	25
河南	91.7	24	24	39.3	22	24	35.4	26	26
青海	93.2	20	22	38.1	23	26	35.8	25	22
广西	89.4	27	27	37.9	24	25	33.7	27	27
新疆	91.6	25	26	37.6	25	23	36.2	23	21
海南	90.9	26	25	37.5	26	13	39.5	16	13
江西	94.5	16	18	35.4	27	27	36.2	22	23
甘肃	88.1	28	28	33.7	28	28	30.3	30	30
西藏	84.6	31	31	32.3	29	29	30.5	28	28
贵州	86.1	30	30	31.5	30	30	28.6	31	31
云南	87.2	29	29	30.0	31	31	30.3	29	29
港澳台									
香港	100.0			87.1			79.3		
澳门	100.0			86.8			78.7		
台湾	100.0			87.4			73.1		

(续表)

地区和分组	第一次现代化指数	2014年排名	2013年排名	第二次现代化指数	2014年排名	2013年排名	综合现代化指数	2014年排名	2013年排名
对照									
中国	98.8			44.5			42.3		
高收入国家	100.0			100.1			100.0		
中等收入国家	95.5			33.4			36.3		
低收入国家	53.9			15.8			12.5		
世界平均	99.2			46.9			47.5		

2014年,中国有9个地区完成第一次现代化,其中,5个地区进入第二次现代化;25个地区处于第一次现代化,其中,20个地区基本实现第一次现代化(表5-26)。

表5-26 1990~2014年的中国现代化进程　　　　　　　　　　　　　　　单位:个

项目	1990	2000	2010	2011	2012	2013	2014
已经完成第一次现代化的地区	3	3	6	8	9	9	9
其中:进入第二次现代化的地区	1	2	4	4	5	5	5
没有完成第一次现代化的地区	31	31	28	26	25	25	25
其中:基本实现第一次现代化的地区	1	3	16	18	20	17	20

根据地区的现代化阶段和现代化水平,可以构建中国现代化的地区定位图;横坐标为地区现代化的阶段,纵坐标为地区现代化的水平(现代化指数和地区分组)。例如,基于现代化阶段和第二次现代化水平的地区定位图(图5-9),基于现代化阶段和综合现代化水平的地区定位图。

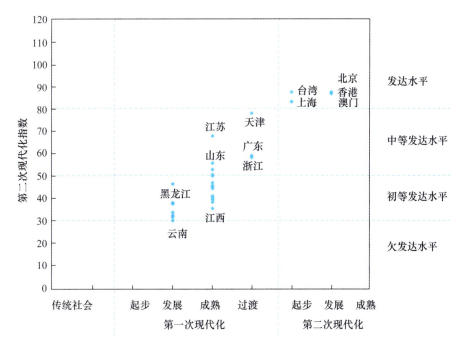

图5-9 2014年中国现代化的地区定位图(第二次现代化水平的定位)

注:图中34个点代表不同地区的定位,显示地区的现代化阶段、第二次现代化指数和地区分组。

1. 2014 年中国内地地区第一次现代化指数

2014 年中国内地 31 个地区中,6 个地区已经完成第一次现代化,它们是北京、上海、天津、浙江、江苏和广东;20 个地区基本实现第一次现代化,包括山东、辽宁、福建和重庆(图 5-10)。

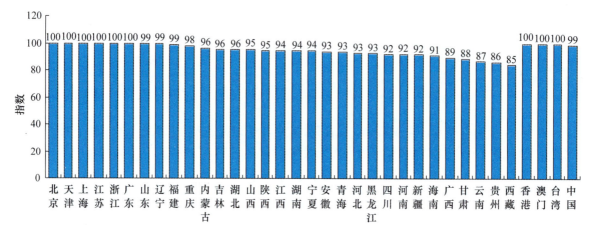

图 5-10　2014 年中国地区第一次现代化指数

如果按照 1990～2014 年年均增长率估算,全国多数地区有可能在 2020 年前完成第一次现代化(附表 3-2-4)。完成第一次现代化,表示大约达到 1960 年工业化国家的平均水平。

2. 2014 年中国内地地区第二次现代化指数

根据第二次现代化指数分组,2014 年,北京和上海第二次现代化指数的数值已经达到发达国家组的水平,天津、江苏、广东、浙江、山东、辽宁、陕西、福建和重庆 9 个地区已经达到中等发达国家组的水平,吉林等 19 个地区达到初等发达国家组的水平(图 5-11)。

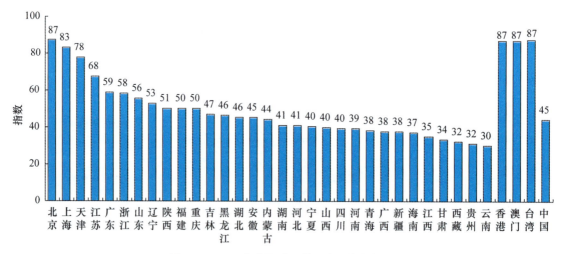

图 5-11　2014 年中国地区第二次现代化指数

3. 2014 中国内地地区综合现代化指数

根据综合现代化指数分组,2014 年,北京、上海、天津、江苏、浙江、广东、辽宁和福建 8 个地区达到中等发达国家组的水平,山东等 22 个地区达到初等发达国家组的水平(图 5-12)。

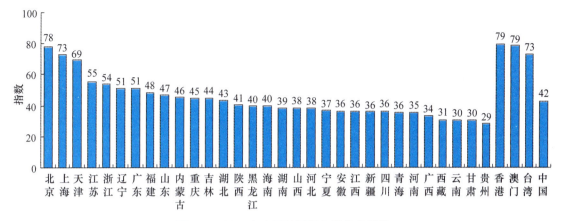

图 5-12　2014 年中国地区综合现代化指数

4. 中国内地不同区域的现代化水平

关于中国区域划分有多种方案。这里采用"三带、三片和八区"的划分（表 5-27）。

表 5-27　2014 年中国不同区域的现代化水平的比较

地区	第一次现代化指数	第二次现代化指数	综合现代化指数	人均 GDP /美元
东部	97.6	59.1	53.1	11 158
中部	94.3	42.6	39.7	7038
西部	91.0	38.5	34.9	5802
北方片	96.2	52.9	47.9	9631
南方片	96.1	51.0	46.2	8993
西部片	90.6	37.0	34.4	5689
东北地区	95.9	48.7	45.1	8388
华北沿海	98.1	65.5	57.9	12 457
黄河中游	94.4	43.5	40.0	7737
华东沿海	100.0	69.7	60.7	13 687
华南沿海	94.8	46.2	43.1	8097
长江中游	94.4	41.8	38.5	6370
西南地区	89.7	36.7	34.1	5402
西北地区	91.8	37.5	34.7	6047
中国	98.8	44.5	42.3	7520
高收入国家	100.0	100.1	100.0	43 218
中等收入国家	95.5	33.4	36.3	5086
低收入国家	53.9	15.8	12.5	628
世界平均	99.2	46.9	47.5	10 898

注：三大带、三大片和八大区的数值为该区有关地区数值的简单算术平均值。

2014 年，从中国统计年鉴的面版数据的评价结果看：

首先，三大带不平衡，东部现代化水平高于中部，中部现代化水平高于西部。

其次，三大片不平衡，北方片和南方片现代化水平大体相当，都高于西部片。

其三，八大地区不平衡，华东沿海和华北沿海是现代化水平较高的地区，东北地区、华南沿海、长江中游、黄河中游是现代化水平的第二集团，西北地区和西南地区是现代化水平较低的地区。

其四,在八大区中,华东沿海地区水平最高,西南地区水平最低。

5. 中国港澳台地区的现代化水平

中国香港、澳门和台湾地区的现代化水平处于中国地区水平的前列。

2014年中国香港、澳门和台湾都已经进入第二次现代化,其中,香港和澳门进入第二次现代化的发展期,台湾进入第二次现代化的起步期。2014年,香港、澳门和台湾的第二次现代化指数超过80。

中国香港、澳门和台湾的第一次现代化指数都早已达到100。

二、2014年中国地区现代化的国际差距

1. 2014年中国内地地区现代化的前沿水平

2014年,中国内地地区现代化的前沿已经进入第二次现代化的发展期,地区现代化的前沿水平接近发达国家的底线,部分指标达到发达国家的底线。例如,2014年北京处于第二次现代化的发展期,北京和上海的部分指标接近或达到意大利和西班牙的水平(表5-28)。

表5-28 2014年中国内地地区现代化的前沿水平和国际比较

指标	北京	上海	天津	浙江	江苏	广东	西班牙	意大利	希腊	葡萄牙	俄罗斯
第一次现代化指数	100	100	100	100	100	100	100	100	100	100	100
第二次现代化指数	87	83	78	58	68	59	78	74	71	71	61
综合现代化指数	78	73	69	54	55	51	80	80	70	70	61
人均GDP或人均GNI	16 278	15 851	17 130	11 884	13 328	10 332	29 390	34 530	21 890	21 290	14 350
人均GDP(PPP)	28 489	27 741	29 980	20 798	23 326	18 082	33 690	36 070	26 390	28 420	24 260
城市人口比例	86	90	82	65	65	68	79	69	78	63	74
大学普及率	81	65	90	37	42	24	89	63	110	66	79
互联网普及率	74	71	60	63	54	68	76	62	63	65	71

注:意大利等5个国家人均GDP(PPP)的数据为人均GNI(PPP)的数值。

2. 2014年中国内地地区现代化的地区差距

2014年中国内地31个省级地区之间,第一次现代化指数的绝对差距约为15点,相对差距约为1.2;第二次现代化指数的绝对差距是57点,相对差距是2.9;综合现代化指数的绝对差距是49,相对差距是2.7;第二次现代化指数的地区差距最大(表5-29)。

表5-29 1990~2014年中国内地地区现代化的地区差距

项目	第一次现代化指数			第二次现代化指数			综合现代化指数		
	2014	2000	1990	2014	2000	1990	2014	2000	1990
最大值	100	97	91	87	74	55	78	65	52
最小值	85	59	44	30	22	19	29	24	23
平均值	95	75	64	48	33	28	43	33	31
绝对差距	15	38	47	57	52	36	49	41	29
标准差	4	9	10	14	12	8	12	9	7
相对差距	1.2	1.6	2.0	2.9	3.4	2.9	2.7	2.8	2.3
变异系数	0.05	0.12	0.16	0.30	0.35	0.29	0.28	0.28	0.21

注:绝对差距=最大值−最小值。相对差距=最大值÷最小值。数值差异是因为四舍五入的原因。

在2000~2014年期间,中国内地地区现代化的地区差距有所扩大。其中,第二次现代化指数的

绝对差距扩大,相对差距缩小;综合现代化指数的绝对差距扩大,相对差距扩大;但是,第一次现代化指数的地区差距缩小,因为完成第一次现代化的地区增加了(表5-27)。

3. 2014年中国内地地区现代化的国际差距

2014年中国内地省级31个地区中,地区第一次现代化水平与已经完成第一次现代化的国家的最大差距约为15,平均差距为5;地区第二次现代化水平与世界先进水平的最大差距是70,最小差距是13,平均差距是52;地区综合现代化水平与世界先进水平的最大差距是71,最小差距22,平均差距57(表5-30)。

表5-30 1990～2014年中国内地地区现代化的国际差距

项目		第一次现代化			第二次现代化			综合现代化		
		2014	2000	1990	2013	2000	1990	2014	2000	1990
与发达国家的差距	最小差距	0	6	10	13	26	34	22	35	48
	最大差距	15	41	56	70	78	70	71	76	77
	平均差距	5	24	40	52	69	63	57	68	72
与世界平均值的差距	最小差距	—	—	—	—	—	—	—	—	—
	最大差距	9	30	37	20	24	28	25	26	30
	平均差距	−1	23	21	2	15	21	10	18	25

在2000～2014年期间,中国内地地区现代化的国际差距有所缩小。其中,第一次现代化指数的平均差距从24减少到5,减少19;第二次现代化指数的平均差距从69减少到52,减少17;综合现代化指数的平均差距从68减少到57,减少11(表5-28)。

4. 中国地区现代化的不平衡性

中国地区现代化的不平衡性是非常突出的,包括地区现代化进程的不同步(图5-8)、地区现代化速度有快有慢、地区现代化水平差距比较大、地区现代化指标的表现差别比较大、地区现代化水平的地理分布不均衡等。

三、2014年中国地区现代化的国际追赶

根据第二次现代化指数分组,2014年与2000年相比,中国内地25个地区分组发生变化,6个地区(天津、山西、吉林、黑龙江、湖北、四川)的分组没有变化。其中,2个地区从中等发达水平上升为发达水平,7个地区从初等发达水平上升为中等发达水平,15个地区从欠发达水平上升为初等发达水平,重庆从欠发达水平上升为中等发达水平(表5-31)。

表5-31 2000～2014年中国内地地区第二次现代化指数的地区分组变化

2000年分组	2014年分组	地区	地区个数
2	1	北京、上海	2
3	2	江苏、浙江、广东、辽宁、山东、福建、陕西	7
4	3	河北、内蒙古、安徽、江西、河南、湖南、广西、海南、贵州、云南、西藏、甘肃、青海、宁夏、新疆	15
4	2	重庆	1

注:1代表发达水平,2代表中等发达水平,3代表初等发达水平,4代表欠发达水平。

根据综合现代化指数分组,2014年与2000年相比,中国内地18个地区分组发生变化,13个地区的分组没有变化。其中,6个地区从初等发达水平上升为中等发达水平,12个地区从欠发达水平上升

为初等发达水平(表 5-32)。

表 5-32　2000～2014 年中国内地地区综合现代化指数的分组变化

2000 年分组	2014 年分组	地区	地区个数
3	2	天津、江苏、浙江、广东、辽宁、福建	6
4	3	云南、西藏、河南、甘肃、安徽、广西、河北、宁夏、青海、江西、湖南、四川	12

注:1 代表发达水平,2 代表中等发达水平,3 代表初等发达水平,4 代表欠发达水平。

本 章 小 结

本《报告》采用何传启提出的第一次现代化评价模型、第二次现代化评价模型第二版和综合现代化评价模型第二版(新版),对 2014 年的世界 131 个国家和中国 34 个地区进行评价。同时构建了世界现代化的国家定位图和中国现代化的地区定位图。

1. 2014 年世界现代化水平

2014 年,美国等 29 个国家已经进入第二次现代化,中国等 99 个国家处于第一次现代化,乍得等 3 个国家仍然处于传统农业社会,有些原住民仍然生活在原始社会。

根据第二次现代化指数的国家分组,2014 年美国等 20 个国家为发达国家,俄罗斯等 26 个国家为中等发达国家,中国等 34 个国家为初等发达国家,肯尼亚等 51 个国家为欠发达国家;发达国家、中等发达国家、初等发达和欠发达国家分别占国家样本数的 15%、20%、26% 和 39%。

2014 年第二次现代化指数排世界前 10 名的国家是:瑞典、新加坡、荷兰、美国、丹麦、芬兰、瑞士、日本、比利时、挪威。

2014 年参加评价的 131 个国家中,进入第二次现代化的国家有 29 个,约占国家样本数的 21%;第一次现代化指数达到 100 的国家有 46 个,第一次现代化指数大于 90 小于 100 的国家有 27 个,已经完成和基本实现第一次现代化的国家有 73 个,约占国家样本数的 56%。

在 2000～2014 年期间,根据第二次现代化水平分组,在 131 个参加评价的国家中,有 20 个国家的分组发生了变化,其中,组别上升国家有 11 个,组别下降国家有 9 个。

2. 2014 年中国现代化水平

2014 年中国是一个发展中国家,具有初等发达国家水平,处于发展中国家的中间水平。中国与世界中等发达国家的差距比较小,但与世界发达国家的差距仍然较大。

2014 年中国第一次现代化指数为 99,排名世界 131 个国家的第 51 位;第二次现代化指数和综合现代化指数分别为 45 和 42,排名第 51 位和第 63 位。2014 年与 2013 年相比,中国第一次现代化指数、第二次现代化指数和综合现代化指数的排名分别提高了 1 位、6 位和 4 位。

2014 年中国第一次现代化评价的 9 个指标已经达标,1 个指标(人均国民收入)没有达到标准。按 2000～2014 年年均增长率计算,中国有可能在 2015 年前后完成第一次现代化,达到 1960 年的发达国家平均水平。

2014 年中国第二次现代化指数的发展不平衡。知识传播指数和生活质量指数超过世界平均水平,知识创新指数和经济质量指数低于世界平均水平;经济质量与发达国家的差距最大。

3. 2014 年中国地区现代化水平

2014 年,北京等 5 个地区进入第二次现代化,天津等 29 个地区处于第一次现代化,局部地区属于传统农业社会,局部地区还有原始社会的痕迹,如"刀耕火种"和"母系社会"。

根据《中国统计年鉴》的面板数据和第二次现代化指数分组,2014年中国多数地区属于发展中地区;北京、上海、香港、澳门和台湾5个地区具有发达国家水平的部分特征,天津、江苏、广东、浙江、山东、辽宁、陕西、福建和重庆9个地区具有中等发达国家水平的部分特征,吉林等19个地区具有初等发达水平的特征。

2014年,中国内地地区现代化的前沿已经进入第二次现代化的发展期,地区现代化的前沿水平接近发达国家的底线,部分指标达到发达国家的底线。例如,2014年北京处于第二次现代化的发展期,北京和上海的部分指标接近或达到意大利和西班牙的水平。

如果北京、天津、上海、香港、澳门和台湾不参加排名,2014年中国地区现代化排名如下:

- 第二次现代化指数排名前10位的地区为:江苏、广东、浙江、山东、辽宁、陕西、福建、重庆、吉林、黑龙江。
- 综合现代化指数排前10位的地区为:江苏、浙江、辽宁、广东、福建、山东、内蒙古、重庆、吉林、湖北。

技 术 注 释

《中国现代化报告2017》采用国际机构、有关国家官方统计机构公布的数据,它包括世界131个国家和中国34个地区2014年的发展数据和评价数据等。由于世界不同国家的统计方法不完全相同,统计方法在不断发展,统计数据的可比性和一致性问题需要特别关注。

一、资料来源

世界现代化的300年的历史数据主要来自米切尔的《帕尔格雷夫世界历史统计》、麦迪森的《世界经济千年史》、库兹涅茨的《各国的经济增长》、世界银行的《世界发展指标》、联合国统计年鉴、联合国贸易与发展会议(UNCTAD)统计数据、世界贸易组织(WTO)、经济合作与发展组织(OECD)、美国经济分析局(BEA)的数据等。

现代化进程评价所用数据,除少数年份的几个指标的中国数据(世界银行数据集中缺少的数据)来自《中国统计年鉴》外,其他全部采用世界银行《世界发展指标》2016年10月网络版数据、联合国出版的《统计年鉴》、经济合作与发展组织(OECD)的网络数据库等。中国地区现代化评价所用数据,主要来自《中国统计年鉴2015》。

二、数据一致性和可靠性

世界现代化进程评价,以世界银行出版的《世界发展指标》的系列数据为基本数据来源;部分年份的数据来自联合国贸易与发展会议的《世界投资报告》、世界贸易组织的《国际贸易统计》、联合国《统计年鉴》、联合国教科文组织《统计年鉴》、国际劳工组织《劳动力统计年鉴》、OECD出版物;少数几个中国数据来自《中国统计年鉴》。

许多发展中国家的统计制度还很薄弱,统计方法在不断发展,统计指标的概念存在差异,统计方法在国与国之间差别较大,它们会影响数据的一致性和可靠性。许多国家的统计机构常常修改其历史统计数据。世界银行在历年《世界发展指标》中对数据来源、数据一致性和可靠性进行了说明。世界银行有时根据一些国家提供的新数据,对过去年份的数据进行调整。在不同年份出版的《世界发展指标》中,关于某年的数据不完全一致。如果出现这种情况,一般采用最近年份《世界发展指标》中公布的数据。2014年世界现代化评价统一采用《世界发展指标》2016年网络版数据。数据汇总方法在《世界发展指标》中有专门说明。

中国地区现代化进程评价,以《中国统计年鉴2015》的系列数据为基本数据来源;《中国统计年鉴》中没有的数据,采用《中国科技统计年鉴》《中国能源统计年鉴》和中国31个省级行政地区统计机构出版的地方《统计年鉴》的数据等。

在世界银行和联合国有关机构出版的统计资料中,中国数据的数值一般为中国内地31个省级行政地区统计数据的加总;在《中国统计年鉴》中,香港特区、澳门特区和台湾省的统计数据单列,全国的加总数在数值上为内地 31 个省级行政地区统计数据的加和。

苏联和东欧国家(捷克斯洛伐克等),1990 年前后发生变化。1990 年前采用原国家数据。1990 年后,分别为俄罗斯、捷克和斯洛伐克的数据。1990 年前德国数据采用联邦德国的值。

三、国家分组

关于国家分组的方法有很多。《中国现代化报告 2003》对此进行了专门分析。例如,世界银行根据人均收入大小分组、联合国开发计划署根据人类发展指数分组、联合国工作分组、联合国地区分组、《中国现代化报告》根据第二次现代化指数分组等。一般而言,国家分组是相对的,更多是为了分析和操作的方便。本《报告》沿用《中国现代化报告 2003》国家分组方法。

《中国现代化报告 2003》采用四种国家分组方法,① 工业化国家和发展中国家;② 发达国家和发展中国家;③ 高收入国家、中等收入国家和低收入国家;④ 发达国家、中等发达国家、初等发达国家和欠发达国家。四种方法具有一定可比性(表 a)。

表 a 《中国现代化报告 2003》的国家分组

国家分组	类别	分组方法或标准
按地区分组	发达国家[a] OECD 国家 比较发达国家 比较不发达国家(发展中国家) 最不发达国家(发展中国家)	高收入国家(不含石油输出国) OECD 国家 按联合国统计署的划分 按联合国统计署的划分 按联合国统计署的划分
按人均国民收入分组 (2000 年)	高收入国家 中等收入国家(中高、中低收入国家) 低收入国家	人均 GNI 大于 9266 美元 人均 GNI 为 756~9265 美元 人均 GNI 小于 755 美元
按第一次现代化实现程度分组 (2000 年)	工业化国家 发展中国家	完成第一次现代化的国家 没有完成第一次现代化的国家
按第二次现代化指数分组 (2000 年)	发达国家[a](高现代化水平) 中等发达国家(中等现代化水平) 初等发达国家(初等现代化水平) 欠发达国家(低现代化水平)	第二次现代化指数大于 80 第二次现代化指数 46~79.9 第二次现代化指数 30~45.9 第二次现代化指数小于 30

注:a. "发达国家"有两种划分方法:按第二次现代化指数划分的发达国家、按人均收入划分(习惯分法)的发达国家(一般指不包含石油输出国家的高收入国家),它们(划分的结果)是基本一致的。

四、第一次现代化指数的评价方法和评价指标

第一次现代化进展评价方法主要有三种:定性评价、定量评价和综合评价(定性和定量相结合)。本《报告》主要进行经济和社会第一次现代化的实现程度的定量评价。

1. 评价指标

20 世纪 80 年代,美国学者英克尔斯教授访问中国,并提出经典现代化的 11 个评价指标(孙立平,1988)。何传启选择其中的 10 个指标作为第一次现代化的评价指标(表 b)。

表 b 第一次现代化的评价指标和评价标准（1960 年工业化国家指标平均值）

项目	指标、单位和指标编号	标准	备注[b]
经济指标	1. 人均国民收入（人均 GNI），美元	逐年计算[a]	正指标
	2. 农业劳动力比例（农业劳动力占总就业劳动力比例），%	30% 以下	逆指标
	3. 农业增加值比例（农业增加值占 GDP 比例），%	15% 以下	逆指标
	4. 服务业增加值比例（服务业增加值占 GDP 比例），%	45% 以上	正指标
社会指标	5. 城市人口比例（城市人口占总人口比例），%	50% 以上	正指标
	6. 医生比例（每千人中的医生人数），‰	1‰ 以上	正指标
	7. 婴儿死亡率，‰	30‰ 以下	逆指标
	8. 平均预期寿命（出生时平均预期寿命），岁	70 岁以上	正指标
知识指标	9. 成人识字率，%	80% 以上	正指标
	10. 大学普及率（在校大学生占 20~24 岁人口比例），%	15% 以上	正指标

注：参考英克尔斯教授的评价指标（孙立平，1988）。a. 以 1960 年 19 个市场化工业国家人均国民收入平均值 1280 美元为基准值，以后逐年根据美元通货膨胀率（或 GDP 物价折算系数）计算标准值。例如，1960 年标准值为 1280 美元，1970 年为 1702 美元，1980 年为 3411 美元，1990 年为 5147 美元，2000 年为 6399 美元，2009 年为 7870 美元，2010 年为 8000 美元，2011 年 8165 美元，2012 年为 8312 美元，2013 年为 8436 美元，2014 年为 8587 美元。b. 正指标，评价对象数值等于或大于标准值时，表示它达到或超过经典现代化标准；逆指标，评价对象数值等于或小于标准值时，表示它达到或超过经典现代化标准。

2. 评价模型

2001 年何传启设计"第一次现代化评价模型"，包括 10 个经济、社会和知识指标，以及评价方法和发展阶段评价。评价标准参考 1960 年 19 个工业化国家发展指标的平均值。

$$\begin{cases} \text{FMI} = \sum S_i / n \quad (i = 1, 2, \cdots, n) \\ S_i = 100 \times i_{实际值} / i_{标准值} \quad （正指标，S_i \leqslant 100） \\ S_i = 100 \times i_{标准值} / i_{实际值} \quad （逆指标，S_i \leqslant 100） \end{cases}$$

其中，FMI 为第一次现代化指数，n 为参加评价的指标总个数，S_i 为第 i 项指标的达标程度（$S_i \leqslant 100$）；i 为评价指标的编号；$i_{实际值}$ 为 i 号指标的实际值，$i_{标准值}$ 为 i 号指标的标准值（具体数值见表 b）。

3. 评价方法

首先，检验评价指标的相关性。在地区现代化评价时，可以调整部分评价指标。

其次，计算人均 GNI 的标准值。

其三，采用"比值法"计算单个指标达标程度。单个指标达标程度最大值为 100%（如果超过 100%，取值 100%），达到 100% 表明该指标已经达到第一次现代化水平。

其四，采用"简单算术平均值"法，计算第一次现代化指数。

其五，评价的有效性。如果参加评价国家，有效指标个数占指标总数的比例低于 60%（即指标个数少于 6 个），则视为无效样本，不进行评价。

其六，计算方法。所有评价由计算机自动完成。计算机计算数据时，计算机内部保留小数点后 12 位小数；显示数据结果时，一般保留整数或 1~2 位小数。

其七，评价的精确性。在阅读和利用评价数据和结果时，需要特别注意小数"四舍五入"带来的影响。第二次现代化和综合现代化评价，也是如此。

其八，评价误差。有些国家样本，统计数据不全，对评价结果有比较大的影响。水平高的指标的数据缺失，可能拉低评价结果。水平低的指标的数据缺失，可能抬高评价结果。一般而言，指标缺少的越多，影响越大。

4. 第一次现代化的阶段评价

$$\begin{cases} P_{\text{FM}} = (P_{\text{农业增加值比例}} + P_{\text{农业/工业增加值}} + P_{\text{农业劳动力比例}} + P_{\text{农业/工业劳动力}})/4 \\ P_{\text{农业增加值比例}} = (4,3,2,1,0),\text{根据实际值与标准值的比较判断阶段并赋值} \\ P_{\text{农业/工业增加值}} = (4,3,2,1,0),\text{根据实际值与标准值的比较判断阶段并赋值} \\ P_{\text{农业劳动力比例}} = (4,3,2,1,0),\text{根据实际值与标准值的比较判断阶段并赋值} \\ P_{\text{农业/工业劳动力}} = (4,3,2,1,0),\text{根据实际值与标准值的比较判断阶段并赋值} \end{cases}$$

其中，P_{FM}代表第一次现代化的阶段，$P_{\text{农业增加值比例}}$代表根据农业增加值占GDP比例判断的阶段和赋值，$P_{\text{农业/工业增加值}}$代表根据农业增加值比例与工业增加值比例的比值判断的阶段和赋值，$P_{\text{农业劳动力比例}}$代表根据农业劳动力占全部就业劳动力比例判断的阶段和赋值，$P_{\text{农业/工业劳动力}}$代表根据农业劳动力比例与工业劳动力比例的比值判断的阶段和赋值。

首先，根据信号指标实际值与标准值的比较判断阶段并赋值。其次，计算赋值的平均值。其三，综合判断第一次现代化的阶段。第一次现代化阶段评价的4个信号指标的标准值和赋值见表c。第一次现代化阶段评价的信号指标的变化如图a所示。

表c 第一次现代化信号指标的划分标准和赋值

	农业增加值占GDP比例/(%)	农业增加值/工业增加值	赋值	说明
过渡期	<5	<0.2	4	农业增加值占GDP比例低于15%为完成第一次现代化的标准，结合工业化国家200年经济史制定
成熟期	5～15，<15	0.2～0.8，<0.8	3	
发展期	15～30，<30	0.8～2.0，<2.0	2	
起步期	30～50，<50	2.0～5.0，<5.0	1	
传统社会	≥50	≥5.0	0	
	农业劳动力占总劳动力比例/(%)	农业劳动力/工业劳动力	赋值	
过渡期	<10	<0.2	4	农业劳动力占总劳动力比例低于30%为完成第一次现代化的标准，结合工业化国家200年经济史制定
成熟期	10～30，<30	0.2～0.8，<0.8	3	
发展期	30～50，<50	0.8～2.0，<2.0	2	
起步期	50～80，<80	2.0～5.0，<5.0	1	
传统社会	≥80	≥5.0	0	

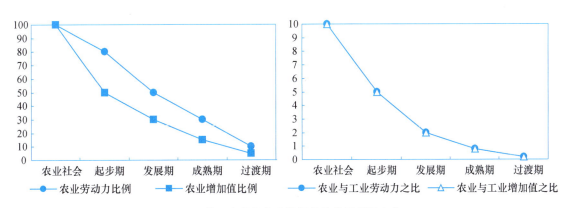

图a 第一次现代化阶段评价的信号指标变化

有些时候，可能是统计数据或者国家差异的原因，产业结构和就业结构的分析结果与现代化总体水平不协调，需要根据第一次现代化实现程度对发展阶段进行调整。

发达国家在20世纪60年代前后完成第一次现代化，在70年代前后进入第二次现代化。第一次现代化评价比较适合于发展中国家,第二次现代化评价比较适合于发达国家。

五、第二次现代化指数的评价方法和评价指标

第二次现代化进展评价同样有定性评价、定量评价和综合评价等三种方法。第二次现代化启动已经超过40多年。随着第二次现代化的发展,第二次现代化的评价指标和评价方法应该作相应的调整。何传启2001年提出第二次现代化评价模型第一版,2012年提出第二次现代化评价模型第二版,包括评价指标、评价方法和发展阶段评价等。

1. 评价指标

第二次现代化理论认为,知识的创新、传播和应用是第二次现代化的动力,知识创新、知识传播和知识应用的水平反映了第二次现代化的水平。

第二次现代化评价包括知识创新、知识传播、知识应用Ⅰ和Ⅱ(生活质量和经济质量)四大类指标和16个具体指标(表d)。其中,知识创新指在世界上首次发现、发明、创造或应用某种新知识,包括科学发现、技术发明、知识创造和新知识首次应用;知识应用Ⅰ为改进生活质量,知识应用Ⅱ为改进经济质量;物质产业包括农业和工业。

表d 第二次现代化评价指标

二级指标	第二次现代化评价模型第一版(2001年版)		第二次现代化评价模型第二版(2012年新版)	
	三级指标和编号	指标解释和单位	三级指标和编号	指标解释和单位
知识创新	1. 知识创新经费投入	人均研究与发展经费占GDP的比例(R&D经费/GDP),%	1. 知识创新经费投入	人均研究与发展经费投入,美元
	2. 知识创新人员投入	从事研究与发展活动的研究人员比例,人/万人	2. 知识创新人员投入	从事研究与发展活动的研究人员比例,人/万人
	3. 知识创新专利产出	居民申请发明专利比例,项/万人	3. 知识创新专利产出	居民申请发明专利比例,项/万人
			4. 知识产权出口比例	知识产权出口收入占GDP比例,%
知识传播	4. 中学普及率	在校中学生人数占适龄人口(一般12~17岁)比例,%	5. 中学普及率	在校中学生人数占适龄人口(一般12~17岁)比例,%
	5. 大学普及率	在校大学生人数占适龄人口(一般20~24岁)比例,%	6. 大学普及率	在校大学生人数占适龄人口(一般20~24岁)比例,%
	6. 电视普及率	电视用户/百人,%	7. 人均知识产权进口	人均知识产权进口费用,美元
	7. 互联网普及率	互联网用户/百人,%	8. 互联网普及率	互联网用户/百人,%
生活质量	8. 城镇人口比例	城镇人口占总人口比例,%	9. 平均预期寿命	新生儿平均预期寿命,岁
	9. 医生比例	每千人中的医生数,‰	10. 人均购买力	按购买力平价PPP计算的人均国民收入,国际美元
	10. 婴儿死亡率	每千例活产婴儿在1岁内的死亡率,‰	11. 婴儿死亡率	每千例活产婴儿在1岁内的死亡率,‰
	11. 平均预期寿命	新生儿平均预期寿命,岁	12. 人均能源消费	人均商业能源消费,千克石油当量
	12. 人均能源消费	人均商业能源消费,千克石油当量		

(续表)

二级指标	第二次现代化评价模型第一版(2001年版)		第二次现代化评价模型第二版(2012年新版)	
	三级指标和编号	指标解释和单位	三级指标和编号	指标解释和单位
经济质量	13. 人均国民收入	人均国民收入,美元	13. 人均国民收入	人均国民收入,美元
	14. 人均购买力	按购买力平价PPP计算的人均国民收入,国际美元	14. 单位GDP的能源消耗	单位GDP的能源消耗,千克石油当量/美元
	15. 物质产业增加值比例	农业和工业增加值占GDP的比例,%	15. 物质产业增加值比例	农业和工业增加值占GDP的比例,%
	16. 物质产业劳动力比例	农业和工业劳动力占总就业劳动力比例,%	16. 物质产业劳动力比例	农业和工业劳动力占总就业劳动力比例,%
基准值	高收入国家的平均值		高收入国家的平均值	

注:中国地区大学普及率为大学在校学生人数占18～21岁人口比例。

第二次现代化评价模型第二版与第一版相比,既有继承也有变化;主要特点是:增加知识产权和环境指标,减少重复性指标,关注知识创新和传播的质量。

(1) 不变部分(继承)

评价原理不变,二级指标不变,三级指标总数不变,13个三级指标保留不变等。

(2) 变化部分

增加3个指标,包括2个知识产权指标和1个环境指标;减少3个指标,包括2个重复性指标(在第一次现代化评价和综合现代化评价中已经采用的指标)和1个数据不可获指标(电视普及率已经饱和,世界银行的世界发展指标已经不包括这个指标);调整1个指标,人均购买力指标从经济质量部分调到生活质量部分。

2. 评价模型

第二次现代化评价包括第二次现代化指数、知识创新指数、知识传播指数、生活质量指数、经济质量数和16个指标的评价,指标评价采用"比值法",指数评价采用算术平均值法,指标和指数采用等权重法。

$$\begin{cases} SMI = (KII + KTI + LQI + EQI)/4 \\ KII = \sum D_i/4 \quad (i = 1,2,3,4) \\ KTI = \sum D_i/4 \quad (i = 5,6,7,8) \\ LQI = \sum D_i/4 \quad (i = 9,10,11,12) \\ EQI = \sum D_i/4 \quad (i = 13,14,15,16) \\ D_i = 100 \times i_{实际值}/i_{基准值} \quad (正指标, D_i \leqslant 120) \\ D_i = 100 \times i_{基准值}/i_{实际值} \quad (逆指标, D_i \leqslant 120) \\ (i = 1,2,3,4,5,6,7,8,9,10,11,12,13,14,15,16) \end{cases}$$

其中,SMI是第二次现代化指数,KII是知识创新指数,KTI是知识传播指数,LQI是生活质量指数,EQI是经济质量指数,D_i是第i号评价指标的发展指数($D_i \leqslant 120$,避免单个指标数值过高影响总评价结果);i为16个评价指标的编号,从1到16;$i_{实际值}$为i号指标的实际值,$i_{基准值}$为i号指标的基准值。16个评价指标的基准值为最新年高收入指标的平均值。

3. 评价方法

首先,检验评价指标的相关性。在地区现代化评价时,可以调整部分评价指标。

其次,确定评价的基准值,为最新年高收入国家的平均值(发达国家平均值)。

其三,采用"比值法"计算单个指标的发展指数。单个指标的发展指数的最高值为120点(如果超过120点,取值120点),避免单个指标过高造成评价"失真"。

其四,采用"简单算术平均值"法,分别计算知识创新指数、知识传播指数、生活质量指数和经济质量指数。

其五,采用"简单算术平均值"法计算第二次现代化指数。

其六,评价的有效性。如果参加评估的有效指标个数占指标总数的比例低于60%,则视为无效样本,不进行评价。

其七,评价的可比性。由于评价基准值不同,《中国现代化报告2014~2015》之后的2本报告与前面的13本报告关于第二次现代化进程的评价结果,只具有相对可比性。

其八,评价误差。有些国家样本,统计数据不全,对评价结果有比较大的影响。

4. 第二次现代化的阶段评价

$$P_{SM} = (P_{物质产业增加值比例} + P_{物质产业劳动力比例})/2$$

$$P_{物质产业增加值比例} = (3,2,1), 根据实际值与标准值的比较判断阶段并赋值$$

$$P_{物质产业劳动力比例} = (3,2,1), 根据实际值与标准值的比较判断阶段并赋值$$

其中,P_{SM}代表第二次现代化的阶段,$P_{物质产业增加值比例}$代表根据物质产业增加值比例判断的阶段的赋值,$P_{物质产业劳动力比例}$代表根据物质产业劳动力比例判断的阶段的赋值。

首先,筛选出处于第一次现代化过渡期和第二次现代化指数超过60的国家。

其次,根据这些国家信号指标实际值与标准值的比较,判断这些国家的阶段并赋值。

其三,计算赋值的平均值,判断第二次现代化的阶段。

第二次现代化阶段的信号指标的标准值和赋值见表e。

表e 第二次现代化信号指标的标准和赋值

阶段	物质产业增加值比例/(%)	物质产业劳动力比例/(%)	赋值	备注(前提条件)
成熟期	<20	<20	3	
发展期	20~30,<30	20~30,<30	2	处于第一次现代化过渡期
起步期	30~40,<40	30~40,<40	1	第二次现代化指数高于60
准备阶段	40~50,<50	40~50,<50	0	

注:进入第一次现代化过渡期和第二次现代化指数高于60的国家,才进一步判断第二次现代化阶段。

有些时候,可能是统计数据或者国家差异的原因,产业结构和就业结构的分析结果与现代化总体水平不协调,需要根据第二次现代化指数对发展阶段进行调整。

六、综合现代化指数的评价方法和评价指标

综合现代化指数,主要反映被评价对象的现代化水平与世界先进水平的相对差距。世界第一次现代化是经典的,第二次现代化是新型的。随着第二次现代化的发展,综合现代化水平的评价指标和评价方法应该作相应的调整。何传启2004年提出综合现代化评价模型第一版,2012年提出综合现代化评价模型第二版,包括评价指标和评价方法等。

1. 评价指标

综合现代化是两次现代化的协调发展。综合现代化评价,选择第一次现代化和第二次现代化的共性指标,同时适用于发达国家和发展中国家,可以反映发达国家和发展中国家的相对水平。综合现

代化水平评价包括经济、社会和知识三大类指标和 12 个具体指标(表 f)。

表 f 综合现代化评价指标

二级指标	综合现代化评价模型第一版(2004 年版)		综合现代化评价模型第二版(2012 年新版)	
	三级指标和编号	指标解释和单位	三级指标和编号	指标解释和单位
经济发展	1. 人均国民收入	人均国民收入,美元	1. 人均国民收入	人均国民收入,美元
	2. 人均购买力	按购买力平价 PPP 计算的人均国民收入,国际美元	2. 人均制造业增加值	人均制造业增加值,美元
	3. 服务业增加值比例	服务业增加值占 GDP 比例,%	3. 服务业增加值比例	服务业增加值占 GDP 比例,%
	4. 服务业劳动力比例	服务业劳动力占总就业劳动力比例,%	4. 服务业劳动力比例	服务业劳动力占总就业劳动力比例,%
社会发展	5. 城镇人口比例	城镇人口占总人口比例,%	5. 城镇人口比例	城镇人口占总人口比例,%
	6. 医生比例	每千人口中的医生数,‰	6. 医生比例	每千人口中的医生数,‰
	7. 平均预期寿命	新生儿平均预期寿命,岁	7. 生活水平	按购买力平价 PPP 计算的人均国民收入,国际美元
	8. 生态效益(能源使用效率)	人均 GDP/人均能源消费,美元/千克标准油	8. 能源使用效率	人均 GDP/人均能源消费,美元/千克标准油
知识发展	9. 知识创新经费投入	研究与发展经费占 GDP 的比例(R&D 经费/GDP),%	9. 知识创新经费投入	人均研究与发展经费投入,美元
	10. 知识创新专利产出	居民申请发明专利数/万人,项/万人	10. 人均知识产权费用	人均知识产权贸易(人均知识产权进口和出口总值),美元
	11. 大学普及率	在校大学生人数占适龄人口(一般为 20~24 岁)比例,%	11. 大学普及率	在校大学生人数占适龄人口(一般为 20~24 岁)比例,%
	12. 互联网普及率	互联网用户/百人,%	12. 互联网普及率	互联网用户/百人,%
参考值	高收入国家的平均值		高收入国家的平均值	

注:中国地区大学普及率为大学在校学生人数占 18~21 岁人口比例。

综合现代化评价模型第二版与第一版相比,既有变化,也有不变;主要特点是:增加知识产权和制造业指标,减少重复性指标,关注社会和知识发展的质量。

(1)不变部分(继承)

评价原理不变,二级指标不变,三级指标总数不变,9 个三级指标保留不变等。

(2)变化部分

增加 3 个指标,包括 1 个知识产权指标、1 个社会指标和 1 个环境指标;减少 3 个重复性指标(在第一次现代化评价或第二次现代化评价中已经采用的指标)。

2. 评价模型

综合现代化指数评价,要选择两次现代化的典型特征指标和两次现代化都适用的指标作为评价指标。综合现代化评价包括经济、社会和知识等三大类指标和 12 个具体指标。

$$\begin{cases} \text{IMI} = (\text{EI} + \text{SI} + \text{KI})/3 \\ \text{EI} = \sum D_i/4 \quad (i = 1,2,3,4) \\ \text{SI} = \sum D_i/4 \quad (i = 5,6,7,8) \\ \text{KI} = \sum D_i/4 \quad (i = 9,10,11,12) \\ D_i = 100 \times i_{\text{实际值}}/i_{\text{参考值}} \quad (\text{正指标}, D_i \leqslant 100) \\ D_i = 100 \times i_{\text{参考值}}/i_{\text{实际值}} \quad (\text{逆指标}, D_i \leqslant 100) \\ (i = 1,2,3,4,5,6,7,8,9,10,11,12) \end{cases}$$

其中，IMI 是综合现代化指数，EI 是经济发展指数，SI 是社会发展指数，KI 是知识发展指数，D_i 是第 i 号评价指标的相对发展水平（$D_i \leqslant 100$）；i 为 12 个评价指标的编号，从 1 到 12；$i_{\text{实际值}}$ 为 i 号指标的实际值，$i_{\text{参考值}}$ 为 i 号指标的参考值。12 个评价指标的参考值为当年高收入国家（发达国家）指标的平均值。

3. 评价方法

首先，检验评价指标的相关性。在地区现代化评价时，可以调整部分评价指标。

其次，确定评价的参考值，为当年高收入国家（发达国家）的平均值。

其三，采用"比值法"计算单个指标的发展水平。单个指标的发展水平的最高值为 100 点（如果超过 100 点，取值 100 点），达到 100 点表明该指标已经达到世界前沿水平。

其四，采用"简单算术平均值"法，分别计算经济发展、社会发展和知识发展指数。

其五，采用"简单算术平均值"法计算综合现代化水平。

其六，评价的有效性。如果参加评估国家，有效指标个数占指标总数的比例低于 60%，则视为无效样本，不进行评价。有效指标的多少，对评价结果有比较大影响。

参考文献

陈焕生,于丽华. 1997. 德国医院管理特点. 中华医院管理杂志, 13(01): 60—63.
陈坤. 2012. 全人全程健康管理. 北京: 科学出版社.
陈天辉,李鲁,施卫星,等. 2002. 全科医生培养模式的现状与思考. 中国高等医学教育, 01: 28—31.
陈校云,许树强,陈钢,等. 2014. 美国的医师培养对我国医学教育改革的启示. 中国卫生人才, 09: 78—81.
陈友华. 2010. 从分化到趋同——世界生育率转变及对中国的启示. 学海, 1: 26—34.
崔霞. 2011. 中国公共卫生服务体系绩效评价. 中国公共卫生, 27(12): 1612—1613.
邓铁涛,程之范. 1999. 中国医学通史近代卷. 北京: 人民卫生出版社.
段白鸽. 2015. 我国全年龄段人口平均预期寿命的动态演变. 人口与经济, 208: 49—63.
樊明. 2002. 健康经济学——健康对劳动市场表现的影响. 北京: 社会科学文献出版.
法伦, 兹戈德泽斯克. 2012. 公共卫生管理学精要(第二版). 赵大海, 马东梅, 杨春, 译. 上海: 格致出版社.
高芳英. 2010. 美国医疗保健服务体系的形成、发展与改革. 史学集刊, 06: 10—17.
葛辉,周脉耕,于石成,等. 2015. 2010年中国营养缺乏性疾病负担及20年间的变化规律. 中华疾病控制杂志. 19(6): 609—613.
龚向光,雷海潮,张鹭鹭等. 2002. 区域卫生规划监督和评价框架的构建. 中国卫生经济, 21(10): 8—12.
顾海. 2010. 公共卫生事业管理. 北京: 科学出版社.
郭塨,何琼,孙振球,等. 2012. 湖南省卫生事业发展水平的综合评价. 中南大学学报(医学版), 37(5): 532—536.
国家发改委国际合作中心健康服务产业办公室. 2015. 中国健康服务产业发展报告. 北京: 当代中国出版社.
国家卫生计生委宣传司. 2016. 健康中国2030热点问题专家谈. 北京: 中国人口出版社.
赫敏,王璞,彭芳. 2011. 中德医师培养制度的差异比较. 医学与社会, 24(01): 98—99.
郝模. 2013. 卫生政策学. 北京: 人民卫生出版社.
何传启. 1999. 第二次现代化——人类文明进程的启示. 北京: 高等教育出版社.
何传启. 2003. 东方复兴: 现代化的三条道路. 北京: 商务印书馆.
何传启. 2010. 现代化科学: 国家发达的科学原理. 北京: 科学出版社.
何传启. 2016. 合力建设一个人民健康长寿的社会. 国家卫生计生委宣传司. 2016. 健康中国2030热点问题专家谈. 北京: 中国人口出版社. 第58~88页.
何传启主编. 2015. 中国现代化报告2014~2015——工业现代化研究. 北京: 北京大学出版社.
何传启主编. 2016. 中国现代化报告2016——服务业现代化研究. 北京: 北京大学出版社.
何林,袁建华. 1989. 从世界范围看经济发展与生育率的关系. 人口与经济, 4: 59—64.
侯立平. 2006. 英国医疗保险制度改革. 中国改革, 08: 64—54.
侯文若. 1987. 世界人口死亡率趋势比较研究. 中国人口科学, 3: 59—64.
侯宗忠,冯鹏程. 2009. 美国商业保险市场的发展及启示. 保险职业学院学报, 23(01): 69—72.
胡爱平,王明叶. 2010. 管理式医疗——美国的医疗服务于医疗保险. 北京: 高等教育出版社.
胡嘉晋,赵忠毅,魏晓彤. 2015. 全球千年发展妇幼健康目标的差距与实现. 医学与哲学, 36(8A): 11—13.
黄海. 2013. 美国医疗机构分类的管理做法及启示——责任和利益的博弈. 医院院长论坛—首都医科大学学报(社会科学版), 04: 57—61.
健康中国2020战略研究报告编委会. 2012. 健康中国2020战略研究报告. 北京: 人民卫生出版社.
靳永爱. 2014. 低生育率陷阱: 理论、事实与启示. 人口研究, 38(1): 3—17.
蓝十字蓝盾网站: http://www.bcbs.com/.

李超民. 2009. 美国社会保障制度. 上海:上海人民出版社.

李鲁,郭岩. 2006. 卫生事业管理. 北京:中国人民大学出版社.

李滔,王秀峰. 2016. 健康中国的内涵与实现路径. 卫生经济研究,345(1):4—9.

李小华,董军. 2006. 国外医疗救助政策比较. 卫生经济研究,10:17—19.

李妍嫣,袁祥飞. 2009. 主要发达国家医疗卫生体制模式比较及启示——以英国、美国和德国为例. 价格理论与实践, 05:44—45.

李岩,张弘. 2003. 美国医疗体系宏观结构与特点. 医院管理论坛,11:41—45.

梁鸿. 1994. 经济与人口死亡率的模型分析. 人口与经济,85:3—8.

梁君林. 2006. 人口健康与中国健康保障制度研究. 北京:群言出版社.

梁万年. 2003. 卫生事业管理学. 北京:人民卫生出版社.

廖彬池,胡明,周乃彤,等. 2016. 基本药物可及性评价指标体系研究. 中国药房,27(18):2449—2451.

刘滨,王家耀. 2007. 浅析美国医学教育概况. 中国社会医学杂志,01:22—24.

刘金章. 2010. 社会保障理论与实务. 北京:清华大学出版社.

刘丽杭. 2015. 国际社会健康治理的理念与实践. 中国卫生政策研究,8:69—75.

刘青. 2015. 德国商业健康保险及经验借鉴. 中国医疗保险,04:63—66.

刘涛. 2014. 德国法定医疗保险制度改革及其启示. 中共公共政策评论,00:110—122.

刘小娜,常春,孙昕霙. 2012. 健康素养全球研究概况及其在中国的发展展望. 中国健康教育,28(2):150—153.

刘毅,黄莉. 2016. 卫生事业管理学. 北京:高等教育出版社.

卢祖洵,姜润生. 2013. 社会医学. 北京:人民卫生出版社.

罗荣渠. 1990. 从西化到现代化. 北京:北京大学出版社.

罗荣渠,牛大勇. 1992. 中国现代化历程的探索. 北京:北京大学出版社.

罗荣渠. 1993. 现代化新论. 北京:北京大学出版社.

吕岩. 2011. 健康产业:我国现代化进程中的巨大机遇和挑战. 理论与现代化,1:16—20.

麦迪森. 2003. 世界经济千年史. 伍晓鹰,等,译. 北京:北京大学出版社.

美国医院协会. 统计数据[EB/OL]. 2011004-07. http://www.aha.org.

孟庆跃. 2013. 卫生经济学. 北京:人民卫生出版社.

米切尔. 2002. 帕尔格雷夫世界历史统计:欧洲卷(1750—1993)(第4版). 北京:经济出版社.

闵凡祥. 2013. 英国国民健康服务体系60年. 英国研究,00:85—111.

穆怀中. 2009. 国际社会保障制度教程. 北京:中国人民大学出版社.

牛胜利. 1987. 美国公共卫生发展的历史回顾(1800—1980年). 国外医学(社会医学分册),02:74—78.

彭现美. 2012. 孕产妇健康目标及全球进程差异分析. 妇女研究论丛,4:88—95.

彭玉. 2015. 联合国关于食物权之规定及态度分析. 人权,3:128—142.

任静,张振忠,等. 2013. 我国健康产业发展现状研究. 卫生经济研究,6:25—28.

邵刚,徐爱军,等. 2015. 国外健康产业发展的研究进展. 中国医药导报,17:147—151.

孙炳耀. 2000. 当代英国瑞典社会保障制度. 北京:法律出版社.

孙丁,李幼平,周荣乐,等. 2006. 从国内外医院质量评审体系对比看中国医院评审改革. 中国西部科技. 17:1—4.

孙轶康. 2011. 我国创新药注册的相关制度探讨. 上海:复旦大学.

孙玉栋,臧芝红. 2016. 新医改视角下我国政府卫生支出绩效评价. 中国特色社会主义研究,2:78—85.

汤晓莉. 2001. 英国国家卫生服务制度的起源及几次重大变革. 中国卫生资源,4(06):280—282.

万建民. 2016. 全球约有20亿人在遭受隐性饥饿. 中国青年网. 2016年9月3日. http://d.youth.cn/sk/201609/t20160903_8621353.htm.

王春荣. 2011. 护理模式的回顾与发展(综述). 中国城乡企业卫生,145:90—93.

王继平. 1998. 德国医疗保险体制及其改革. 德国研究,3(13):14—20.

王萍. 2010. 国内外健康素养研究进展. 中国健康教育,26(4):298—302.

王晓阳. 2007. 美国的医学教育. 世界教育信息,05:72—75.
王亚峰,化前珍. 2004. 人文社会医学概论. 北京:人民军医出版社.
汪林茂. 1998. 中国走向近代化的里程碑. 北京:机械工业出版社.
沃林斯基. 1994. 健康社会学. 孙牧虹,等,译. 北京:社会科学文献出版社.
吴楚升. 2005. 我国药品定价制度研究. 广州:暨南大学.
吴静娜,卢建华,王福影 等. 2008. 论健康管理的历史和现实. 医学与社会,21:31—32.
吴忠观. 1997. 人口科学辞典. 成都:西南财经大学出版社.
乌日图. 2003. 医疗保障制度国际比较. 北京:化学工业出版社.
乌云特娜,七十三. 2015. 精神健康是心理健康教育的核心价值追求. 华东师范大学学报(教育科学版),2:77—81.
谢士威,米光明. 1998. 美国健康历史沿革. 中国健康教育,14(04):30—32.
《新中国卫生事业60年》编辑委员会. 2009. 新中国卫生事业60年. 北京:人民卫生出版社.
薛澜,翁凌飞. 2017. 中国实现联合国2030年可持续发展目标的政策机遇和挑战. 中国软科学,1:1—12.
杨启佑,胡淑礼,罗珍淮. 1996. 卫生综合效益评价方法的研究. 中国卫生经济,15(5):29—31.
杨团. 2008. 农村社会健康治理的思路. 中国卫生政策研究,3:15—21.
余臻峥. 2010. 国外典型国家医疗救助制度经验及其借鉴. 现代商贸工业,19:97—98.
游述华. 2003. 我国药品监督管理体制研究. 沈阳:沈阳药科大学.
殷俊. 2013. 公共事业管理概论. 北京:人民卫生出版社.
殷振红,闫静,李新辉,王桂生. 2007. 国内外城市社区居民体育锻炼的现状. 社区医学杂志,5(17):57—59.
虞和平. 2002. 中国现代化历程. 南京:江苏人民出版社.
詹姆斯·郝圣格. 2015. 当代美国公共卫生:原理、实践与政策. 赵莉,石超明,译. 北京:社会科学文献出版社.
詹姆斯·亨德森. 2008. 健康经济学. 向运华,钟建威,季华璐,译. 北京:人民邮电出版社.
张红专. 2013. 英国商业健康保险的发展及启示. 中国保险,03:60—61.
张亮,胡志. 2012. 卫生事业管理学. 北京:人民卫生出版社.
张玲玉,薛罡. 2008. 德国商业健康保险发展现状及经验借鉴. 金融经济,20:93—94.
张奇林. 2005. 美国医疗保障制度研究. 北京:人民出版社.
张奇林,杨红燕. 2007. 中国医疗保障制度改革研究——以美国为借鉴. 武汉:武汉大学出版社.
张艳,王卫红. 2012. 美、日等国健康产业的发展经验及其对我国的启示. 现代商业,13:64—70.
张瑶,张淑玲. 2010. 英国商业健康保险经验借鉴. 保险研究,2:124—127.
赵梓伶,蒋莉华,何琳坤,等. 2016. 国内外新生儿死亡率、婴儿死亡率与5岁以下儿童死亡率关系研究. 中国妇幼保健,31(13):2585—2588.
郑小曼,王小丽. 2011. 英国国民医疗保健体系(NHS)探析. 中国卫生事业管理. 12:919—921.
中国现代化战略研究课题组、中国科学院中国现代化研究中心. 2006. 中国现代化报告2006——社会现代化研究. 北京:北京大学出版社.
周长洪. 2015. 经济社会发展与生育率变动关系的量化分析. 人口研究,39(2):40—47.
朱毅. 2004. 美国医疗机构分类及医疗保险浅探. 医学研究生学报,17(08):763—766.
邹春华. 2008. 当前我国医疗器械流通领域问题分析及解决对策研究. 上海:上海交通大学.

Abeney A, Yu K. 2015. Measuring the Efficiency of the Canadian Health Care System. Canadian Public Policy-Analyse De Politiques, 41(4):320—331.

Anna S, Sarah T. 2016. Voluntary health insurance in Europe: Country experience. Observatory Studies Series No. 42. ISBN 978-92-890-5037-1.

Arnold M, et al. 1994. Krankenhaus Report 1994. Stuttgart: Gustay Fischer Verlag.

Beck U, Giddens A, Lash S. 1994. Reflexive Modernization: Politics, Tradition and Aesthetics in The Modern Social Order. Standford, California: Standford University Press.

Beck U. 1992 [1986]. Risk Society: Toward a New Modernity. London: Sage.

Bell D. 1973. The Coming of Postindustrial Society. New York: Penguin.

Black C. 1966. The Dynamics of Modernization: a Study in Comparative History. New York, Evanston, and London: Harper & Row, Publishers.

Black C. 1976. Comparative Modernization: a Reader. New York: The Free Press.

Briggs A. 2016. Sugar tax could sweeten a market failure. Nature, 531:551.

Bundesversicherungsanstalt für Angestellte (Hrsg): Unsere sozial Versicherung, Juni 1996, Berlin.

Busse R, Blümel M. 2014. Germany health system review. Health Systems in Transition, 16(2): 1—296.

Busse R. et al. 2004. Health Care Systems in Transition: Germany. Copenhagen: WHO Regional Office for Europ.

Butler J. 2001. Principles of Health Education and Health Promotion. USA: Wadsworth/Thomson learning, Inc.

Cassels A. 1995. Health sector reform: some key issues in less developed countries. Journal of International Development, 7(3): 329—348.

Cetin V, Bahce S. 2016. Measuring the efficiency of health systems of OECD countries by data envelopment analysis. Applied Economics, 48(37): 3497—3507.

Cockerham C. 2011. Medical Sociology. 12th. New Jersey: Prentice Hall.

Colombo F, Tapay N. 2004. Private Health Insurance in OECD Countries: The Benefits and Costs for Individuals and Health Systems. OECD Health Working Papers, No. 15, OECD Publishing.

Committee on Leading Health Indicators for Healthy People 2020. 2011. Leading Health Indicators for Healthy People 2020: Letter Report. Washington, D.C.: The National Academies Press.

Committee on the Medical Effects of Air Pollutants. 2010. The Mortality Effects of Long-Term Exposure to Particulate Air Pollution in the United Kingdom. London: Health Protection Agency.

Crook S, Pakulski J, Waters M. 1992. Post-modernization: Change in Advanced Society. London: Sage.

Darzi L. 2007. Our NHS, Our Future. London: Richmond House.

Department of Health Education and Welfare. 1979. Healthy People: The Surgeon General's Report on Health Promotion and Disease Prevention. Washington: Public Health Service. U.S. Government Printing Office.

Deapartment of Health and Human Services. 1980. Promoting Health/Preventing Disease: Objectives of the Nation. Washington: Public Health Service.

Department of Health and Human Services (DHHS). 1991. Healthy People 2000: National Health Promotion and Disease Prevention Objectives. Washington, DC: DHHS, Public Health Service.

Department of Health and Human Services. 2000. Healthy People 2010. 2nd ed. With Understanding and Improving Health and Objectives for Improving Health. 2 vols. Washington: U.S. Government Pringting Office.

Derose S, Schuster M, Fielding J, et al. 2002. Public health qualitymeasurement: Concepts and challenges. Annual Review of Public Health. 23:1—21.

Dong X, Milholland B, Vijg J. 2016. Evidence for a limit to human lifespan. Nature, 538:257—259.

European Commission. 2013. Health inequalities in the EU—Final report of a consortium. Consortium lead: Sir Michael Marmot. Brussels: European Commission Directorate-General for Health and Consumers.

Evans D, Tandon A, Murray C, Lauer J. 2000. The Comparative Efficiency of National Health Systems in Producing Health: An Analysis of 191 Countries. Geneva: World Health Organization (GPE Discussion Paper No. 29).

Fujisawa R, Lafortune G. 2008. The Remuneration of General Practitioners and Specialists in 14 OECD Countries: What are the factors Influencing Variationsacross Countries? OECD Health Working Papers, No. 41, OECD Publishing.

Gandhi S. 2012. Differences between non-profit and for-profit hospices: patient selection and quality. International Journal of Health Care Finance & Economics, 12(2):107—27.

General Medical Council. 2009. Tomorrow's Doctors. Manchester: GMC.

Getzen T. 2012. Health Economics and Financing. Hoboken, NJ: John Wiley & Sons, c2010.

Golden C. 2016. Fall in fish catch threatens human health. Nature. Vol 534: 317—320.

Handler A. 2001. A conceptual framework to measure performance of the public health system. American Journal of Public Health. 91(8):1235—1239.

Health Canada. 1993. The Victoria on Heart Health. Ottawa: Advisory Board for the International Heart Health Conference.

Healthy People 2000. https://www.cdc.gov/nchs/healthy_people/hp2000.htm

Healthy People 2010. https://www.cdc.gov/nchs/healthy_people/hp2010.htm

Healthy People 2020. https://www.cdc.gov/nchs/healthy_people/hp2020.htm

Hsiao W. 2001. Behind the ideology and theory: what is the empirical evidence for medical savings accounts? Journal of Health Politics, Policy and Law, 26(4): 733—737.

Hsiao W, Shaw P. 2007. Social health insurance for developing nations. The International Bank for Reconstruction and Development / The World Bank. ISBN-10: 0-8213-6949-0, ISBN-13: 978-0-8213-6949-4.

Hurst J, Jee-Hughes M. 2001. Performance Measurement and Performance Management in OECD Health Systems. Labour Market and Social Policy-Occasional papers No. 47.

Inglehare R. 1997. Modernization and Postmodernization: Cultural, Economic and Political Change in 43 Societies. Princeton: Princeton University Press.

ISO. 2010. ISO21667-2010. https://www.iso.org/obp/ui/#iso:std:iso:21667:ed-1:v1:en.

Japhson A. 2001. The Problem of NHS. Academic Journal of St James's Hostital, 7(5): 343—345.

Jones H. 1994. Health and Society in 20th Century Britain. London and New York: Longman.

Jones J. 2013. In U.S., 40% Get Less Than Recommended Amount of Sleep. GALLUP. Dec. 19 2013.

Lehmann K, Schultz J. 2001. Anesthesiology education and training in Germany. Results from a representative questionnaire, DerAnaesthesist, 50(4):248—261.

Liu L, Forgione D, Younis M. 2012. A comparative analysis of the CVP structure of nonprofit teaching and for-profit non-teaching hospitals. Journal of Health Care Finance, 39(1):12—38.

Luke B. 2011. State of Medicine Education and Practice in the UK. Manchester: General Medical Council.

Medicaid 官方网站. http://www.medicaid.gov.

Murray C, et al. 2013. UK health performance: findings of the Global Burden of Disease Study 2010. Lancet. 381(9871):997—1020.

Murray C, Frenk J, Tandon A, Lauer J. 2000. Overall Health System Achievement for 191 Countries. Geneva: World Health Organization (GPE Discussion Paper No. 28).

Nature Outlook: Precision Medicine. 2016. Medicial histories. Nature, 537: S52—S53.

NCD Risk Factor Collaboration. 2016. Trends in adult body-mass index in 200 countries from 1975 to 2014: a pooled analysis of 1698 polution-based measurement studies with 19.2 million participants. Lancet, 387:1377—1396.

NCD Risk Factor Collaboration. 2016. Worldwide trends in diabetes since 1980: a pooled analysis of 751 population-based studies with 4.4 million participants. Lancet, 387:1513—1517.

Obama B. 2016. United States health care reform progress to date and next steps. Journal of the American Medical Association, 316(5): 525—532.

OECD. 2011. OECD Health at a Glance 2011: OECD Indicator. Paris: Organisation for Economic Co-operation and Development.

OECD. 2013. Health at a Glance 2013: OECD Indicators. Paris: Organisation for Economic Co-operation and Development.

OECD. 2015. Health at a Glance 2015: OECD Indicators. Paris: OECD Publishing.

OECD. 2016. OECD. Stat. http://stats.oecd.org.

OECD. 2017. Health. https://data.oecd.org/health.htm

OECD. 2017. OECD Health Statistics 2016. http://www.oecd.org/health/health-data.htm

Oliveira M, Bevan G. 2003. Measuring geographic inequities in the Portuguese health care system: an estimation of hospital care needs. Health Policy, 66(3): 277—293.

Oliver A. 2005. The English National Health Service: 1979—2005. Health Economics, 14(S1): 75—99.

ONS. 2014. Mortality in the United Kingdom, 1983—2013. London: Office for National Statistics

Paris V, Devaux M, Wei L. 2010. Health Systems Institutional Characteristics: A Survey of 29 OECD Countries. OECD Health Working Papers, No. 50, OECD Publishing.

Propper C, Wilson D. 2012. The use of performance measures in health care systems. //Andrew M. Jones. The Elgar Companion to Health Economics(2nd), Edward Elgar Pub: 350—358.

Public Health England. 2014. Tuberculosis (TB) in the UK: Annual Report. London: Public Health England.

Richard B, Reinhard B, Josep F. 2004. Social Health Insurance Systems in Western Europe. European Observatory on Health Care Systems series. Berkshire: Open University Press.

Richard B, Reinhard B, Josep F. 2009. 社会医疗保险体制国际比较. 北京:中国劳动社会保障出版社.

Rivett G. 1998. From Cradle to Grave: Fifty Years of the NHS. London: King's Fund.

Roemer M. 1982. An Introduction to the U.S. Health Care System. New York: Springer.

Rosemary S. 1998. Management of Healthcare. England: Dartmouth Publishing Co Ltd.

Rostow W. 1960. The Stages of Economic Growth: A Non-communist Manifesto. Cambridge: Cambridge University Press.

Rothenbacher F. 2002. The Societies of Europe: The European Population 1850—1945. New York: Palgrave MacMillan.

Sawers D. 2013. Health Insurance Market Intelligence 2013. London: Health Insurance.

Scutchfield F, Bhandari M, Lawhorn N, et al. 2009. Public healthperformance. American Journal of Preventive Medicine. 36(3):266—272.

Statistisches Bundesamt. Gesundheit auf einen Blick. Ausgabe 2009. Wiesbaden, Statistisches Bundesamt.

Statistisches Bundesamt. Datenreport 2013. Wiesbaden, Statistisches Bundesamt.

Suzuki E, Sharan M, Bos E. 2012. Poverty and health monitoring report. Health, Nutrition and Population (HNP) Discussion Paper 69099.

The European Parliament and the Council. 2014. REGULATION (EU) No 282/2014 of the European Parliament and the Council of 11 March 2014 on the establishment of a third Programme for the Union's action in the field of health (2014—2020) and repealing Decision No 1350/2007/ED.

UK Department of Health. 2004. Accessibility Planning: An Introduction for the NHS. London: Doh.

UK Department of Health. 2004. Choosing Health: Making Health Choices Easier. London: Stationary Publishing Office.

UK Department of Health. 2006. Our health, Our Care, Our Say: A New Direction for Community Services. London: Stationary Publishing Office.

UK Secretary of State for Health. 2000. The NHS Plan: A Plan for Investment, A Plan for Reform. London: Stationary Publishing Office.

UK Secretary of State for Health. 2002. Delivering the NHS Plan: Next Steps on Investment, Next Steps on Reform. London: Stationary Publishing Office.

U.S. Department of Health and Human Services, Centers for Disease Control and Prevention, National Center for Health Statistics. 2016. Health, United States, 2015: With Special Feature on Racial and Ethnic Health Disparities. Hyattsville Maryland.

U.S. Department of Health and Human Services, Office of Disease Prevention and Health Promotion. 2010. National Action Plan to Improve Health Literacy. Washington, DC: U.S. Department of Health and Human Services.

Valentine N, et al. 2007. Measuring quality of health care from the user's perspective in 41 countries: psychometric properties of WHO's questions on health systems responsiveness. Quality Of Life Research, 16(7): 1107—1125.

Värnik P. Suicide in the World. 2012. International Journal of Environment Research and Public Health, 9: 760—771.

Volker E. 2013. Healthcare Management: Managed Care Organisations and Instruments. Berlin-Heidelberg: Springer-Verlag Berlin Heidelberg.

Wang H, et al. 2014. Global, regional, and national levels of neonatal, infant, and under-5 mortality during 1990—2013: a systematic analysis for the Global Burden of Disease Study 2013. Lancet, 384(9947): 957—979.

Wang H, Switlick K, Ortiz C, Zurita B, Connor C. 2010. Health insurance handbook: how to make it work. World Bank Working Paper No. 219. World Bank. ISBN 978-0-8213-8982-9, ISBN 978-0-8213-8953-9.

Wanless D. 2002. Securing our Future Health: Taking a Long-term View. London: The Public Enquiry Unit.

WHO. 2014. Global Status Report on Noncommunicable Diseases 2014: "attaining the nine global noncommunicable diseases targets: a shared responsibility". Geneva: WHO Press. ISBN 978-92-4-156485-4.

WHO. 2000. The World health report 2000: Health Systems: Improving Performance. Geneva: WHO Press.

WHO. 2002. The World Health Report 2002: Reducing Risks, Promoting Healthy Life. Geneva: WHO Press.

WHO. 2006. The World Health Report 2006: Working Together for Health. Geneva: WHO Press.

WHO. 2007. The World Health Report 2007: Everybody's Business: Strengthening Health Systems to Improve Health Outcomes: WHO's Framework for Action. Geneva: WHO Press.

WHO. 2010. World Health Statistics 2010. Geneva: World Health Organization.

WHO. 2011. Monitoring, Evaluation and Review of National Health Strategies. A Country-led Platform for Information and Accountability. Geneva: WHO Press.

WHO. 2015. Global Reference List of 100 Core Health Indicators. World Health Organization.

WHO. 2015. The World Health Report 2013: Research for Universal Health Coverage. Geneva: WHO Press.

WHO, The World Bank. 2014. Monitoring Progress Towards Universal Health Coverage at Country and Global Levels: Framework, Measuresand Targets. Geneva: WHO Press.

World Bank, World Health Organization, Ministry of Finance, National Health and Family Planning Commission, Ministry of Human Resources and Social Security, The People's Republic of China. 2016. Deepening health reform in China: building high-quality and value-based service delivery.

World Bank. 1993. World Development Report 1993: Investing in Health. New York: Oxford University Press.

World Bank. 2017. World developmentindicators. http://databank.worldbank.org/data/reports.aspx?source=world-development-indicators.

Yip W. Hsiao W. 2014. Harnessing the privatisation of China's fragmented health-care delivery. Lancet. 384: 805—818.

2020 LHI Topics. 2017. [2017-10-10] https://www.healthypeople.gov/2020/leading-health-indicators/2020-LHI-Topics.

数据资料来源

本《报告》的统计数据和资料主要来自世界组织、有关国家和地区的官方统计出版物。如果没有相关世界组织、国家和地区的统计专家和工作人员通过长期的、艰苦的、系统的努力而积累的高质量的统计数据，本《报告》是无法完成的。特此向她们表示最诚挚的感谢！

本《报告》的数据资料来源主要包括：

李晓超. 新中国六十年统计资料汇编, 2010. 北京：中国统计出版社

国家统计局、国家科技部. 中国科技统计年鉴, 1991～2015. 北京：中国统计出版社

国家统计局. 中国能源统计年鉴, 1991～2015. 北京：中国统计出版社

国家统计局. 中国统计年鉴, 1982～2016. 北京：中国统计出版社

国家卫计委. 2015 年我国卫生和计划生育事业发展统计公报. http://www.gov.cn/shuju/2016-07/21/content_5093411.htm

国家卫计委. 2015. 中国卫生和计划生育统计年鉴 2015. 北京：中国协和医科大学出版社.

BEA. 2015. Industry Economic Accounts. http://www.bea.gov/industry/index.htm.

BEA. 2015. Industry Data. Interactive Access to Industry Economic Accounts Data: GDP by Industry. http://www.bea.gov/iTable/iTable.cfm? ReqID=51&step=1♯reqid=51&step=2&isuri=1.

BEA. 2015. National Data. National Income and Product Accounts Tables. Income and Employment by Industry. http://www.bea.gov/iTable/iTable.cfm? ReqID=9&step=1♯reqid=9&step=1&isuri=1.

International Labor Office. Yearbook of Labor Statistics, 1945～2009. http://www.ilo.org/

OECD. 2000. OECD Historical Statistics 1970—1999. Paris: OECD.

OECD. 2017. Health. https://data.oecd.org/health.htm

UNCTAD. World Investment Report, 1997～2012. New York and Geneva: United Nations.

UNDP. Human Development Report, 1990—2015. http://www.undp.org/

United Nations. Statistics Yearbook, 1951～2010. New York: United Nations.

WHO. 2017. Global Health Observatory (GHO) data. http://www.who.int/gho/en/

World Bank. World Development Indicators 2016. http://databank.worldbank.org/data/home.aspx.

World Bank. World Development Indicators, 1997～2015. Washington D.C.: World Bank

World Bank. World Development Report, 1978～2016. Washington D.C.: World Bank.

World Trade Organization. International Trade Statistics, 2003～2005. Geneva: WTO.

附 录

附录一 健康现代化的数据集

附表 1-1-1	健康现代化的分析指标	272
附表 1-1-2	健康现代化的 100 个核心指标	277
附表 1-1-3	世界 131 个国家的健康投入和健康产出(2015 年或最近年数据)	281
附表 1-1-4	世界 131 个国家的健康回报指数(2015 年或最近年数据)	284
附表 1-1-5	世界 131 个国家的健康支出和经费来源(2014 年)	287
附表 1-1-6	OECD 国家的健康回报指数(2000 年和 2015 年)	291
附表 1-1-7	OECD 国家的健康经费来源(2014 年)	292
附表 1-1-8	OECD 国家基本健康保险的报销比例(2008 年)	293
附表 1-2-1	全球健康观察指标体系的主题和领域	294
附表 1-2-2	世界卫生组织 100 个核心健康指标的主题和领域	294
附表 1-2-3	OECD 健康概览统计指标	295
附表 1-2-4	欧盟"欧盟健康计划(2014—2020)"核心指标	296
附表 1-2-5	美国"健康国民 2020"健康指标	297
附表 1-2-6	"健康日本 21"主要健康指标	297
附表 1-2-7	加拿大"健康指标工程"指标体系	298
附表 1-2-8	"健康中国 2030"规划纲要主要指标	299
附表 1-3-1	2014 年世界健康现代化指数和国家分组	300
附表 1-3-2	2014 年世界健康现代化指标的指数	303
附表 1-3-3	2014 年世界健康现代化指标的数值	306
附表 1-3-4	1990~2010 年世界健康现代化指数和国家分组	309

附表 1-1-1　健康现代化的分析指标

指标和变量	解释和单位	来源
(1) 健康观念	5 个指标	
国民健康素养水平	具有基本健康素养的国民比例，%	CHN
成人拥有艾滋病知识的比例	15—49 岁女性拥有艾滋病正确知识的比例，%	HNP
健康体检和筛查比例	乳腺癌筛查比例，%	OECD
成人自我感觉健康良好的比例	15 岁以上成人自我感觉健康良好的人口比例，%	OECD
老龄人自我感觉健康良好的比例	65 岁及以上老龄人自我感觉健康良好的人口比例，%	OECD
(2) 健康行为	11 个指标	
成人吸烟率	女性成人吸烟率，%	HNP
人均酒精消费	升	OECD
睡眠不足人数比例	%	LIT
缺乏体育锻炼比例	%	GHO
育龄妇女避孕率	15—49 岁妇女避孕率，%	HNP
青年避孕套使用率	15—24 岁男性避孕套使用率，%	HNP
孕妇产前检查比例	%	HNP
产妇产后护理比例	%	HNP
专业人员接生比例	由熟练卫生人员接生的比例，%	HNP
剖腹产比例	%	WHS
非法药物使用的比例	%	ECHI
(3) 健康营养	10 个指标	
人均食物供应量	千卡/天	FAO
人均脂肪供应量	克/天	FAO
人均蛋白质供应量	克/天	FAO
母乳喂养比例	6 个月内婴儿母乳喂养比例，%	HNP
营养不良人口比例	%	HNP
育龄妇女贫血发生率	15—49 岁妇女贫血发生率，%	HNP
新生儿低体重的比例	%	HNP
5 岁以下儿童超重比例	%	HNP
成人超重比例	%	HNP
成人肥胖比例	%	WHS
(4) 健康状况	27 个指标	
出生时平均预期寿命	岁	HNP
出生时预期健康寿命	岁	WHS
潜在的寿命损失	岁	OECD
总和生育率	妇女平均生育孩子数，胎/妇女	HNP
少女生育率	每 1000 名年龄在 15—19 岁妇女有过生育经历的人数，名/千妇女(15—19 岁)	HNP
婴儿死亡率	‰	HNP
新生儿死亡率	‰	HNP
5 岁以下儿童死亡率	‰	HNP
孕产妇死亡率	例/10 万活产	HNP
心血管病死亡率	例/10 万人	OECD
癌症死亡率	例/10 万人	OECD

(续表)

指标和变量	解释和单位	来源
（4）健康状况	27个指标	
慢性呼吸道疾病死亡率	例/10万人	GHO
传染性疾病等致死的比重	传染性疾病等致死占死亡的比重，%	HNP
非传染性疾病致死的比重	非传染性疾病致死占死亡的比重，%	HNP
伤害致死的比重	伤害致死占死亡的比重，%	HNP
艾滋病发病率	例/10万人	OECD
肺结核发病率	例/10万人	HNP
恶性肿瘤发病率	例/10万人	OECD
糖尿病患病率	20—79岁人口糖尿病患病率，%	HNP
哮喘患病率	登记患病率，%	ECHI
痴呆患病率	‰	OECD
自杀率	例/10万人	WHS
身体和感官功能的局限性	‰	ECHI
交通伤害致死率	例/10万人	HNP
成人自我感觉健康中等的比例	15岁以上成人自我感觉健康中等的人口比例，%	OECD
口腔卫生	高龋失补指数	OECD
抑郁症患病率	自报患病率，%	ECHI
（5）健康医护	29个指标	
成人因费用放弃治疗的比例	16岁以上成人放弃治疗的比例，%	OECD
等待专家治疗超过4周的比例	%	OECD
白内障手术等待时间	天	OECD
成人心力衰竭住院率	15岁以上成人心力衰竭住院率，例/10万人	OECD
门诊咨询率	人均次数	OECD
医生年均门诊次数	人次/执业医师，人次	OECD
牙医门诊咨询率	人均次数	OECD
CT检查率	次/千人	OECD
核磁共振检查率	次/千人	OECD
出院率	例/10万人	OECD
平均住院天数	天	OECD
外科手术率	例/10万人	HNP
医院的护士和病床之比	比值	OECD
长期护理的护理员密度	‰	OECD
长期护理的病床密度	‰	OECD
成人乳腺癌5年存活率	%	OECD
成人结肠癌5年存活率	%	OECD
住院一天占全部患者比例	一天内完成住出院的患者占全部就诊患者的百分比，%	ECHI
出院30天内再住院率	%	CAN
抗菌剂的日使用量	DDDs/千人每天	OECD
急性心肌梗死住院30天死亡率	45岁以上成人心梗死亡率，%	OECD
出血性卒中住院30天内死亡率	45岁以上成人卒中死亡率，%	OECD
精神病人住院自杀率	%	OECD

(续表)

指标和变量	解释和单位	来源
（5）健康医护	29个指标	
成人出院后手术异物遗留率	例/10万人	OECD
成人手术后伤口开裂率	例/10万人	OECD
成人手术后感染率（脓毒症）	例/10万人	OECD
中医诊疗率	‰	CHN
患者对门诊时间的满意率	%	OECD
患者对门诊解释的满意率	%	OECD
（6）公共健康	9个指标	
儿童DPT免疫接种率	12—23个月儿童接种率，%	HNP
儿童麻疹免疫接种率	12—23个月儿童接种率，%	HNP
成人流感免疫接种率	65岁以上成人接种率，%	OECD
传染病和寄生虫病出院率	例/10万人	OECD
传染病和寄生虫病住院时间	天	OECD
艾滋病患病率	15—49岁成人艾滋病感染率，%	HNP
抗逆转录病毒疗法的覆盖率	占艾滋病毒孕妇感染者的比例，%	HNP
结核患病率	例/10万人	HNP
结核治愈率	%	HNP
（7）健康保险	3个指标	
公共和私人健康保险的人口覆盖率	%	OECD
政府/社会健康保险的人口覆盖率	%	OECD
私人健康保险的人口覆盖率	%	OECD
（8）健康人力资源	15个指标	
健康和社会工作人员比例	健康和社会工作人员占人口比例，‰	OECD
医生比例	‰	HNP
全科医生比例	‰	OECD
护士和助产士比例	‰	HNP
专科手术人员比例	人/10万人	HNP
护工比例	‰	OECD
牙医比例	‰	OECD
药剂师比例	‰	OECD
理疗医生比例	‰	OECD
医院雇员比例	‰	OECD
社区健康工作者比例	‰	HNP
医护人员收入	美元/年	OECD
执业医师收入	美元/年	OECD
医学毕业生比例	人/10万人	OECD
护士毕业生比例	人/10万人	OECD
（9）健康基础设施	4个指标	
医院密度	所/百万人	OECD
公立医院密度	所/百万人	OECD
床位比例	‰	HNP
人均体育场地面积	平方米/人	LIT

(续表)

指标和变量	解释和单位	来源
(10) 健康生态环境	4个指标	
清洁饮水普及率	%	HNP
卫生设施普及率	%	HNP
PM 2.5年均浓度	微克/立方米	WDI
PM 2.5浓度超标暴露人口比例	%	WDI
(11) 健康社会环境	8个指标	
抚养比率	工作年龄人口的百分比,%	HNP
65岁以上人口比例	%	HNP
出生率	‰	HNP
死亡率	‰	HNP
成人识字率	%	HNP
失业率	%	HNP
人均国民收入	美元	HNP
贫困人口比率	国家贫穷线以下人口比例,%	HNP
(12) 健康国际合作	2个指标	
外来医生的比例	外国培训的医生占全部医生的比例,%	OECD
外来护士的比例	外国培训的护士占全部护士的比例,%	OECD
(13) 健康监管	12个指标	
人均健康支出	美元(或国际美元)	HNP
人均寿命成本	国际美元/岁(或美元/岁)	HNP
健康支出占GDP比例	%	HNP
公共健康支出占健康支出比例	%	HNP
公共健康支出占政府支出比例	%	HNP
私人健康支出占健康支出比例	%	HNP
现金健康支出占健康支出比例	%	HNP
疾病治疗引发财务危机的人口比例	%	HNP
疾病治疗致贫人口比例	%	HNP
药物支出占健康支出比例	%	OECD
基本药物可获得性	%	WHO
家庭食品不安全	%	CAN
(14) 健康科技	3个指标	
医药产业科技经费比例	医药产业科技经费占GDP比例,%	OECD
出生率的公民登记覆盖率	%	WHS
死亡率的公民登记覆盖率	%	WHS
(15) 健康用品	6个指标	
人均药物销售	美元	OECD
医院售药比例	医院售药占全部药物的比例,%	OECD
心血管药的日使用量	DDDs/千人每天	OECD
CT扫描仪比例	台/百万人	OECD
核磁共振仪比例	台/百万人	OECD
放射治疗仪比例	台/百万人	OECD

(续表)

指标和变量	解释和单位	来源
（16）健康产业	3 个指标	
健康产业增加值比例	国际标准产业分类 4.0 版中"健康和社会工作"部分增加值占 GDP 比例，%	OECD
健康产业劳动力比例	国际标准产业分类 4.0 版中"健康和社会工作"部分劳动力占就业劳动力比例，%	OECD
健康产业劳动生产率	健康产业人均产出，美元	OECD

注：HNP 为世界银行健康营养人口数据库数据。WHO 为世界卫生组织数据库数据。WDI 为世界银行世界发展指标数据库数据。OECD 为经济合作与发展组织数据库数据。ECHI 为欧盟委员会欧洲核心健康指标数据库数据。LIT 为研究文献或者官方报告数据。CAN 为加拿大政府统计数据。CHN 为中国国家统计局数据。

附表 1-1-2　健康现代化的 100 个核心指标

编号	分类	类型	健康指标	单位或指标解释	发达国家值（括号内数字为年份）	世界平均值（括号内数字为年份）	中国现状值（括号内数字为年份）	数据来源[①]	备注[②]
1		营养失衡	营养不良人口比例	%，5岁以下儿童[③]	0.95(2015)	10.8(2015)	9.3(2015)	WB	I
2			新生儿低体重的比例	%	7.5(2010)	10.54(2010)	2.38(2012)	HNP	I
3			5岁以下儿童超重比例	%	5.96(2015)	6.11(2014)	7(2014)	HNP	I
4			成人肥胖比例	%，女性	27.43(2014)	15.2(2014)	8(2014)	WHS	II
5		疾病风险	乙肝表面抗原患病率	%，成人	<1(2012)	3.7(2005)	5%~7%(2012)	Ott,2012[④]	
6			艾滋病病毒感染率	%，15—49岁	0.3(2014)	0.8(2012)	0.0369(2015,发病率,‰)	WB,CHS	I
7			育龄妇女贫血发生率	%	18.24(2011)	29.4(2011)	19.5(2011)	HNP	I
8			成人血压升高	%，男性	27.57(2015)	23.7(2015)	22.5(2015)	GHO	II
9			成人血糖/糖尿病升高	%	7(2014)	8.5(2014)	9.4(2014)	GHO	I
10	健康风险	非健康行为	成人吸烟率	%	19.3(2012)	6.97(2012)	2(2012)	GHO、WB	I
11			人均酒精消费	升/(人·年)，15岁以上	10.37(2008)	4.4(2005)	5.56(2008)	GHO	I
12			睡眠不足人数比例	%	40(2013)	—	—	Jones,2013[⑤]	III
13			缺乏体育锻炼比例	%，成人	32.7(2010)	23.3(2010)	23.8(2010)	GHO	I
14			少女生育率	每千名15—19岁妇女	13.30(2015)	44.03(2015)	7.3(2015)	HNP、WB	I
15			非法药物使用的比例	%，15—65岁	6.3(2013)	—	—	ECHI	II
16			盐摄入量	克/(人·天)	3.5—4.24(2010,20岁以上,钠盐摄入)		10.5(2012,食盐)	WHO[⑦]、CHS	
17		环境风险	清洁饮水普及率	%	99.53(2015)	90.97(2015)	95.5(2015)	HNP、WB	I
18			卫生设施普及率	%	99.41(2015)	67.5(2015)	76.5(2015)	HNP、WB	I
19			PM 2.5年均浓度	微克/立方米	16.26(2015)	41.7(2015)	57.2(2015)	WDI、WB	I
20			室内空气污染[⑦]	每百万人死亡率	19.97(2012)	610(2012)	1049.54(2012)	GHO	I
21			地级及以上城市空气质量优良天数比率	%	—	—	76.7(2015)	健康中国	
22			地表水质量达到或好于Ⅲ类水体比例(%)	%	—	—	66(2015)	健康中国	
23			血铅浓度	μg/L,儿童 B-Pb 的可接受上限	100(1992)	—	—	CDC	III
24			双酚 A 浓度	μg/g,尿液双酚A浓度（肌酐校正）	14.28(2013—2014)	—	—	CDC	III
25		社会风险	失业率	%，占劳动力	7.2(2014)	5.9(2014)	4.70(2014)	HNP、WB	I
26			贫困人口比率	%，根据各国贫困线确定	0.12(2013)	7.4(2014,巴西)	5.7(2015,农村)	OECD	II
27			交通事故受伤率	人/10 万人	31.69(2014)	23.4(2014,墨西哥)	1.5(2015)	WDI	II
28			家庭暴力发生率	%	23.2(2010)	30(2010)	—	GHO	I
29			精神压力	%，抑郁症患病率	4.87(2008)	—	—	ECHI	II
30			食品不安全性	例/万人，食源性疾病	4.1(2015)	—	1.55(2015)	CDC、CHS	III

（续表）

编号	分类	类型	健康指标	单位或指标解释	发达国家值（括号内数字为年份）	世界平均值（括号内数字为年份）	中国现状值（括号内数字为年份）	数据来源①	备注②
31	人口结构		出生时平均预期寿命	岁	80.58(2014)	71.5(2014)	75.8(2014)	HNP、WB	I
32			出生时预期健康寿命	岁	72.10(2015)	62.2(2015)	68.5(2015)	WHS	I
33			65岁以上人口比例	%	17.23(2015)	8.1(2015)	9.6(2015)	WDI	I
34			出生率	人/千人	11.02(2014)	19.35(2014)	12.4(2014)	HNP、WB	I
35			死亡率	人/千人	8.36(2014)	7.75(2014)	7.2(2014)	HNP、WB	I
36			总和生育率	出生人数每位妇女	1.72(2014)	2.45(2014)	1.562(2014)	HNP、WB	I
37			城乡居民达到《国民体质测定标准》合格以上的人数比例	%	—	—	89.6(2014)	健康中国	
38	健康感知		成人自我感觉健康良好比例	%,15岁以上	74.86(2014)	—	—	OECD	II
39			成人自我感觉健康中等比例	%,15岁以上	18.79(2014)	—	—	OECD	II
40			老龄人自我感觉健康良好比例	%	56.18(2014)	—	—	OECD	II
41			自杀率	例/10万人	11.7(2013)	11.4(2012,墨西哥)	8.7(2012)	WDI	II
42			身体和感官功能的局限性	%,15岁以上	36.13(2008)	—	—	ECHI	II
43	健康状况	发病率	结核发病率	例/10万人	12(2015)	142(2015)	67(2015)	HNP、WB	I
44			恶性肿瘤发病率	例/10万人	293.43(2012)	131.5(2012,墨西哥)	159.78(2015,恶性肿瘤死亡率)	OECD	II
45			糖尿病患病率	%,20~79岁	8.10(2015)	8.53(2015)	9.8(2015)	HNP、WB	I
46			哮喘患病率	%	5.02(2008)	—	—	ECHI	II
47			痴呆患病率	人/千人	15.84(2015)	—	—	OECD	II
48			心血管病患病率	人/千人	—	—	180.3(2013③)	CHS	
49			口腔卫生	12岁龋失补牙平均数目	0.8(2014)	—	—	OECD	II
50			关节炎患病率	%,18岁以上	22.7(2013—2015)	22.7(2013—2015)		CDC、CHS	III
51		死亡率	婴儿死亡率	‰	4.6(2015)	31.7(2015)	9.2(2015)	WDI、WB	I
52			新生儿死亡率	‰	3(2015)	19.2(2015)	5.5(2015)	HNP、WB	I
53			5岁以下儿童死亡率	‰	5.5(2015)	43.9(2015)	10.7(2015)	WDI、WB	I
54			孕产妇死亡率	例/10万例活产	5.1(2014)	38.9(2015,墨西哥)	20.1(2015)	OECD、WB	II
55			心血管病死亡率	例/10万人	2.67(2014)	—	264.84(2015,城市居民心脏病和脑血管病)	OECD、CHS	II
56			癌症死亡率	例/10万人	227.16(2014)	—	159.78(2015,恶性肿瘤)	OECD	II
57			慢性呼吸道疾病死亡率	例/10万人	21.165(2012)	—	53.32(2015,城市,慢性下呼吸道疾病)	OECD、CHS	II
58			传染性疾病等致死的比重	%	6.53(2012)	30.9(2000)	5.3(2012)	HNP、WB	I
59			非传染性疾病致死的比重	%	87.53(2012)	59.5(2000)	87.1(2012)	HNP、WB	I
60			伤害致死的比重	%	5.93(2012)	9.22(2012)	7.5(2012)	HNP、WB	I

(续表)

编号	分类	类型	健康指标	单位或指标解释	发达国家值（括号内数字为年份）	世界平均值（括号内数字为年份）	中国现状值（括号内数字为年份）	数据来源①	备注②
61			国民健康素养水平	%	—	—	10.25(2015)	健康中国	
62			健康体检和筛查比例	%,50—69岁女性乳腺癌筛查	67.82(2014)	—	61.6(2015③)	OECD,CHS	Ⅱ
63	健康生活		育龄妇女避孕率	%,15—49岁	73.4(2010)	63.32(2012)	87.9(2012)	HNP,WB	Ⅱ
64			母乳喂养比例	%,婴儿出生后6个月内纯母乳喂养	18.1(2007—2014)	37(2005—2011)	28(2007—2014)	WHS	Ⅱ
65			儿童DPT免疫接种率	%,12—23月儿童	95.83(2015)	85.4(2015)	99(2015)	WDI,WB	Ⅰ
66			孕妇产前检查比例	%	99.68(2004)	83.3(2012)	96.5(2015)	HNP,CHS	Ⅱ
67			产妇产后护理比例	%	—	86.8(2007,乌克兰)	94.5(2015,产后访视率)	HNP,CHS	
68			专业人员接生比例	%	99.9(2004)	70.45(2012)	99.9(2015)	HNP,CHS	Ⅱ
69			剖腹产比例	%	24.25(2007—2014)	17(2007—2014)	27(2007—2014)	WHS	Ⅱ
70	健康响应		白内障手术等待时间	平均天数	90.825(2015)	—	—	OECD	Ⅱ
71			成人心力衰竭住院率	例/10万人,15岁以上	219.11(2013)	—	—	OECD	Ⅱ
72			CT检查率	‰	136.81(2014)	—	—	OECD	Ⅱ
73			核磁共振检查率	‰	60.41(2014)	—	—	OECD	Ⅱ
74			出院率	人/10万人	16427.04(2014)	16427.04(2014)	14872(2014)	OECD、CHS	Ⅱ
75		健康服务	平均住院天数	天	7.4(2014)	3.6(2015,墨西哥)	9.6(2015)	OECD	Ⅱ
76			住院一天占全部患者比例	%	31.81(2013)	—	—	ECHI	Ⅱ
77			抗菌剂的日使用量	每千人每天用药频度	14.78(2013)	—	—	OECD	Ⅱ
78			成人乳腺癌五年存活率	%,15岁以上	85.98(2014)	74.8(2013,波兰)	73(2000)	OECD	Ⅱ
79			成人结肠癌五年存活率	%,15岁以上	62.32(2008—2013)	—	62.32(2008—2013)	OECD	Ⅱ
80			成人出院后手术异物遗留率	例/10万出院人员,15岁以上	6.27(2013)	—	—	OECD	Ⅱ
81			成人手术后伤口开裂率	例/10万出院人员,15岁以上	146.65(2013)	—	—	OECD	Ⅱ
82			成人手术后感染率（脓毒症）	例/10万出院人员,15岁以上	1213.23(2013)	—	—	OECD	Ⅱ

（续表）

编号	分类	类型	健康指标	单位或指标解释	发达国家值（括号内数字为年份）	世界平均值（括号内数字为年份）	中国现状值（括号内数字为年份）	数据来源[①]	备注[②]
83			医生比例	‰	3.4(2015)	1.54(2015)	2.2(2015)	WDI	Ⅰ
84			全科医生比例	‰	0.76(2015)	0.61(2014,墨西哥)	0.138(2015)	OECD	Ⅱ
85			护士和助产士比例	‰	11.3(2015)	2.7(2014,墨西哥)	2.4(2015)	WDI	Ⅱ
86			牙医比例	‰	0.66(2014)	—	0.11(2015)	OECD、CHS	Ⅱ
87			床位比例	‰	4.79(2014)	2.9(2005)	5.1(2015)		Ⅰ
88			人均健康支出	美元	5251.2(2014)	1061(2014)	474(2015)	WDI	Ⅰ
89			健康支出占GDP比例	%	12.27(2014)	10.0(2014)	6(2015)	WDI	Ⅰ
90			公共健康支出占健康支出比例	%	62.3(2014)	60.1(2014)	55.8(2014)	WDI、WB	Ⅰ
91	健康响应	健康体系	私人健康支出占健康支出比例	%	38.07(2014)	39.95(2014)	44.21(2014)	HNP	Ⅰ
92			健康保险覆盖率	%	99.48(2015)	92.3(2015,墨西哥)	91.6(2015)	OECD	Ⅱ
93			药物支出占健康支出比例	%	9.20(2014)	—	—	OECD	Ⅰ
94			基本药物可获得性	%,公立	42.6(2007—2013,墨西哥)	42.6(2007—2013)	15.5(2007—2013)	WHO100	
95			人均药物销售	美元	530.46(2015)	—	—	OECD	Ⅰ
96			出生率的公民登记覆盖率	%	99.99(2013)	69.9(2013)	—	WDI	Ⅰ
97			死亡率的公民登记覆盖率	%,死亡原因登记	98.82(2010)	51.23(2010)	—	HNP、WB	Ⅰ
98			健康产业增加值比例	%,占GDP	7.84(2015)	2.42(2015,墨西哥)	2(2014)	OECD	Ⅱ
99			健康产业劳动力比例	%	12.9(2015)	3.05(2014,墨西哥)	3.2(2014)	OECD	Ⅱ
100			人均寿命成本	国际美元/岁	65.2(2014)	14.8(2014)	5.5(2014)	WDI合成	Ⅰ

注：① HNP：世界银行的健康、营养和人口统计数据库，WDI：世界银行的世界发展指数数据库，WHS：《世界卫生统计》，GHO：世界卫生组织全球健康观察数据，WHO：世界卫生组织，OECD：OECD健康统计，CDC：美国疾病控制和预防中心数据库，健康中国："健康中国2030"规划纲要，ECHI：欧盟健康核心指标数据工具，CHS：中国卫生和计划生育统计年鉴。

② 备注列中，Ⅰ代表该指标的世界参考值由世界银行高收入国家的平均值表征，Ⅱ代表该指标的世界参考值由澳大利亚、奥地利、比利时、加拿大、丹麦、芬兰、法国、德国、爱尔兰、以色列、意大利、日本、韩国、荷兰、新西兰、挪威、西班牙、瑞典、瑞士、英国、美国这21个OECD国家中有数据国家的平均值表征，Ⅲ代表该指标的世界参考值由美国数据来表征。

③ 5岁以下儿童营养不良发生率指年龄体重比0—59个月大的国际参考年龄组儿童的中间值低两个标准差以上的5岁以下儿童人数的百分比，数据根据世界卫生组织（WHO）2006年发布的新的儿童发育标准得出的。

④ Ott, Stevens, Groeger, Wiersma. Global epidemiology of hepatitis B virus infection: new estimates of age-specific HBsAg seroprevalence and endemicity. Vaccine. 2012; 30(12):2212—2219. 该指标处于世界前沿的国家包括奥地利、比利时、巴西、加拿大、丹麦、芬兰、法国、德国、意大利、美国等。

⑤ Jones. In U.S., 40% Get Less Than Recommended Amount of Sleep. GALLUP. Dec. 19 2013.

⑥ WHO. SHAKE the salt habit, the SHAKE technical package for salt reduction. Geneva, 2016

⑦ 室内空气污染死亡率根据世界卫生组织全球健康观察数据库提供的所有年龄因室内空气污染导致的各种病因死亡人数除以人口总数获得。指标参考 http://apps.who.int/gho/indicatorregistry/App_Main/view_indicator.aspx?iid=2256

⑧ 中国数据为循环系统疾病患病率，包括心脏病、高血压、脑血管病。

⑨ 中国数据为调查地区15岁以上类关节炎患病率。

⑩ 中国数据为妇女病检查率，根据妇女病查治情况统计，包括阴道炎、宫颈炎、尖锐湿疣、宫颈癌、乳腺癌、卵巢癌。

附表 1-1-3　世界 131 个国家的健康投入和健康产出（2015 年或最近年数据）

国别	编号	健康投入 人均健康支出	公共健康支出占健康支出比例	医生比例	护士比例	健康产出	预期寿命	健康寿命	婴儿死亡率	儿童死亡率
		2014	2014	2013 或近年	2013 或近年		2014	2013	2015	2015
瑞典	1	5219	84	4	12		82	72	2	3
美国	2	9403	48	2	10		79	69	6	7
芬兰	3	3701	75	3	11		81	71	2	2
澳大利亚	4	4357	67	3	11		82	73	3	4
瑞士	5	6468	66	4	17		83	72	3	4
挪威	6	6347	85	4	17		82	71	2	3
日本	7	3727	84	2	11		84	75	2	3
丹麦	8	4782	85	3	17		81	70	3	4
德国	9	5182	77	4	11		81	71	3	4
荷兰	10	5202	87	3			81	71	3	4
加拿大	11	4641	71	2	9		82	72	4	5
新加坡	12	4047	42	2	6		83	76	2	3
英国	13	3377	83	3	9		81	71	4	4
法国	14	4508	78	3	9		82	72	4	4
比利时	15	4392	78	5	17		81	71	3	4
奥地利	16	5039	78	5	8		81	71	3	4
新西兰	17	4018	82	3	11		81	72	5	6
韩国	18	2531	54	2	5		82	73	3	3
以色列	19	2599	61	3	5		82	72	3	4
意大利	20	3239	76	4	0		83	73	3	4
爱尔兰	21	3801	66	3	16		81	71	3	4
西班牙	22	2966	71	5	6		83	73	4	4
爱沙尼亚	23	1668	79	3	6		77	67	2	3
斯洛文尼亚	24	2698	72	3	8		81	69	2	3
乌拉圭	25	1792	71	4	6		77	68	9	10
俄罗斯	26	1836	52	4	9		70	61	8	10
斯洛伐克	27	2179	73	3	6		77	67	6	7
希腊	28	2098	62	6			81	71	4	5
匈牙利	29	1827	66	3	6		76	65	5	6
捷克	30	2146	85	4	8		78	69	3	3
葡萄牙	31	2690	65	4	6		81	71	3	4
白俄罗斯	32	1031	66	4	11		73	62	3	5
拉脱维亚	33	940	63	4	3		74	65	7	8
立陶宛	34	1718	68	4	7		74	65	3	5
格鲁吉亚	35	628	21	4	3		75	65	11	12
乌克兰	36	584	51	4	8		71	63	8	9
保加利亚	37	1399	55	4	5		75	65	9	10
黎巴嫩	38	987	48	3	3		79	70	7	8
哈萨克斯坦	39	1068	54	4	8		72	60	13	14
波兰	40	1570	71	2	6		77	67	5	5
阿根廷	41	1137	55	4			76	67	11	13
巴拿马	42	1677	73	2	1		78	67	15	17
克罗地亚	43	1652	82	3	5		77	68	4	4
沙特阿拉伯	44	2466	75	2	5		74	65	13	15
哥伦比亚	45	962	75	1	1		74	67	14	16

(续表)

国别	编号	健康投入	人均健康支出	公共健康支出占健康支出比例	医生比例	护士比例	健康产出	预期寿命	健康寿命	婴儿死亡率	儿童死亡率
			2014	2014	2013 或近年	2013 或近年		2014	2013	2015	2015
科威特	46		2320	86	3	5		75	68	7	9
智利	47		1749	49	1	0		81	70	7	8
马其顿	48		851	63	3	1		75	66	5	6
阿塞拜疆	49		1047	20	3	7		71	63	28	32
摩尔多瓦	50		514	51	3	6		71	62	14	16
罗马尼亚	51		1079	80	2	6		75	66	10	11
委内瑞拉	52		923	29				74	66	13	15
乌兹别克斯坦	53		340	53	3	12		68	61	34	39
多米尼加	54		580	67	1	1		74	63	26	31
亚美尼亚	55		362	43	3	5		75	62	13	14
巴拉圭	56		873	46	1	1		73	65	18	21
哥斯达黎加	57		1389	73	1	1		79	69	9	10
巴西	58		1318	46	2	8		74	65	15	16
墨西哥	59		1122	52	2	3		77	67	11	13
博茨瓦纳	60		871	59	0	3		64	54	35	44
秘鲁	61		656	61	1	2		75	67	13	17
牙买加	62		476	52				76	63	14	16
约旦	63		798	70	3	4		74	64	15	18
南非	64		1148	48	1	5		57	52	34	41
土耳其	65		1036	77	2	2		75	65	12	14
厄瓜多尔	66		1040	49	2	2		76	66	18	22
伊朗	67		1082	41	1	1		75	64	13	16
蒙古	68		565	55	3	4		69	60	19	22
摩洛哥	69		447	34	1	1		74	61	24	28
马来西亚	70		1040	55	1	3		75	65	6	7
萨尔瓦多	71		565	66	2	0		73	63	14	17
埃及	72		594	38	3	4		71	62	20	24
中国	73		731	56	2	2		76	68	9	11
阿尔及利亚	74		932	73	1	2		75	62	22	26
土库曼斯坦	75		320	65	2	4		66	56	44	51
突尼斯	76		785	57	1	3		74	66	12	14
阿尔巴尼亚	77		615	50	1	4		78	65	13	14
吉尔吉斯斯坦	78		215	56	2	6		70	61	19	21
塔吉克斯坦	79		185	29	2	5		70	60	39	45
玻利维亚	80		427	72	0	1		68	59	31	38
缅甸	81		103	46	1	1		66	57	40	50
菲律宾	82		329	34				68	60	22	28
泰国	83		950	86	0	2		74	66	11	12
纳米比亚	84		869	60	0	3		65	58	33	45
津巴布韦	85		115	38	0	1		57	50	47	71
洪都拉斯	86		400	51				73	64	17	20
尼加拉瓜	87		445	56	1	1		75	64	19	22
越南	88		390	54	1	1		76	66	17	22
肯尼亚	89		169	61	0	1		62	53	36	49
斯里兰卡	90		369	56	1	2		75	65	8	10

(续表)

国别	编号	健康投入 人均健康支出	公共健康支出占健康支出比例	医生比例	护士比例	健康产出	预期寿命	健康寿命	婴儿死亡率	儿童死亡率
		2014	2014	2013或近年	2013或近年		2014	2013	2015	2015
刚果(布)	91	323	82	0	1		62	50	33	45
印度尼西亚	92	299	38	0	1		69	62	23	27
赞比亚	93	195	55	0	1		60	50	43	64
危地马拉	94	473	38				72	62	24	29
毛里塔尼亚	95	148	50	0	1		63	54	65	85
科特迪瓦	96	187	29				52	46	67	93
印度	97	267	30	1	2		68	58	38	48
巴基斯坦	98	129	35	1			66	57	66	81
莱索托	99	276	76				50	43	69	90
柬埔寨	100	183	22	0	1		68	62	25	29
喀麦隆	101	122	23				55	49	57	88
厄立特里亚	102	51	46				64	55	34	47
叙利亚	103	376	46	1	2		70	66	11	13
加纳	104	145	60	0	1		61	54	43	62
乍得	105	79	55				52	44	85	139
莫桑比克	106	79	56	0	0		55	46	57	79
赤道几内亚	107	1163	77				58	50	68	94
也门	108	202	23	0	1		64	55	34	42
巴布亚新几内亚	109	109	81	0	1		63	53	45	57
海地	110	229	10				63	52	52	69
尼泊尔	111	137	40				70	59	29	36
塞内加尔	112	107	52	0	0		66	55	42	47
塞拉利昂	113	224	17	0	0		51	39	87	120
刚果(金)	114	20	6				59	44	75	98
老挝	115	98	51	0	1		66	57	51	67
马拉维	116	79	63	0	0		63	51	43	64
多哥	117	76	38	0	0		60	50	52	78
马达加斯加	118	44	48	0			65	55	36	50
马里	119	108	23	0	0		58	49	75	115
尼日利亚	120	217	25	0	2		53	47	69	109
孟加拉国	121	88	28	0	0		72	61	31	38
坦桑尼亚	122	137	46	0	0		65	53	35	49
贝宁	123	86	49	0	1		60	50	64	100
尼日尔	124	54	55	0	0		61	51	57	96
安哥拉	125	239	64				52	44	96	157
乌干达	126	133	25	0	1		58	50	38	55
中非共和国	127	25	49				51	44	92	130
布基纳法索	128	82	52	0	1		59	51	61	89
埃塞俄比亚	129	73	59	0	0		64	56	41	59
布隆迪	130	58	53				57	48	54	82
卢旺达	131	125	38	0	1		64	56	31	42
高收入国家		4611	62	3	9		79	72	6	7
中等收入国家		539	52	1	2		71	98	31	41
低收入国家		93	39	0			61	54	53	76
世界		1275	60	2	3		71	76	32	43

附表 1-1-4　世界 131 个国家的健康回报指数（2015 年或最近年数据）

国别	编号	人均健康支出指数	公共健康支出占健康支出指数	医生比例指数	护士比例指数	预期寿命指数	健康寿命指数	婴儿死亡率指数	儿童死亡率指数	投入指数	产出指数	回报指数
瑞典	1	55.5	96.6	63.7	68.3	98.0	94.7	79.2	76.7	71.0	87.2	1.23
美国	2	100.0	55.5	39.8	56.5	94.4	90.8	33.9	35.4	63.0	63.6	1.01
芬兰	3	39.4	86.6	47.1	62.6	97.1	93.4	100.0	100.0	58.9	97.6	1.66
澳大利亚	4	46.3	77.1	53.1	61.3	98.4	96.1	63.3	60.5	59.5	79.6	1.34
瑞士	5	68.8	75.9	65.7	100.0	99.1	94.7	55.9	59.0	77.6	77.2	0.99
挪威	6	67.5	98.3	69.4	99.5	97.8	93.4	95.0	88.5	83.7	93.7	1.12
日本	7	39.6	96.1	37.2	66.2	100.0	98.7	95.0	85.2	59.8	94.7	1.58
丹麦	8	50.9	97.4	56.5	96.7	96.4	92.1	65.5	65.7	75.4	79.9	1.06
德国	9	55.1	88.5	63.1	66.2	96.7	93.4	61.3	62.2	68.2	78.4	1.15
荷兰	10	55.3	100.0	46.4	0.0	97.3	93.4	59.4	60.5	67.2	77.7	1.16
加拿大	11	49.4	81.5	33.5	53.5	98.0	94.7	44.2	46.9	54.5	71.0	1.30
新加坡	12	43.0	48.0	31.6	33.2	98.9	100.0	90.5	85.2	39.0	93.6	2.40
英国	13	35.9	95.6	45.5	50.7	97.0	93.4	54.3	54.8	56.9	74.9	1.31
法国	14	47.9	89.9	51.7	53.6	98.5	94.7	54.3	53.5	60.8	75.3	1.24
比利时	15	46.7	89.5	79.2	96.6	96.4	93.4	57.6	56.1	78.0	75.9	0.97
奥地利	16	53.6	89.5	78.3	45.6	97.3	93.4	65.5	65.7	66.8	80.5	1.21
新西兰	17	42.7	94.6	44.3	62.6	97.4	94.7	40.4	40.4	61.1	68.2	1.12
韩国	18	26.9	62.1	34.7	28.9	98.3	96.1	65.5	67.6	38.2	81.9	2.15
以色列	19	27.6	69.9	54.2	28.6	98.3	94.7	59.4	57.5	45.1	77.5	1.72
意大利	20	34.4	86.9	61.0	1.7	98.9	96.1	65.5	65.7	46.0	81.6	1.77
爱尔兰	21	40.4	75.9	43.3	90.3	97.1	93.4	63.3	63.3	62.5	79.4	1.27
西班牙	22	31.5	81.5	80.2	32.6	99.4	96.1	54.3	56.1	56.5	76.5	1.35
爱沙尼亚	23	17.7	90.6	52.6	36.7	92.4	88.2	82.6	79.3	49.4	85.6	1.73
斯洛文尼亚	24	28.7	82.4	40.8	48.7	96.3	90.8	90.5	88.5	50.2	91.5	1.82
乌拉圭	25	19.1	81.9	60.6	32.0	92.1	89.5	21.8	22.8	48.4	56.6	1.17
俄罗斯	26	19.5	60.0	69.9	49.1	84.2	80.3	23.2	24.0	49.6	52.9	1.07
斯洛伐克	27	23.2	83.3	53.8	34.9	91.8	88.2	32.8	31.5	48.8	61.1	1.25
希腊	28	22.3	70.9	100.0	0.0	97.2	93.4	52.8	50.0	48.3	73.4	1.52
匈牙利	29	19.4	75.8	49.9	37.3	90.8	85.5	35.8	39.0	45.6	62.8	1.38
捷克	30	22.8	97.2	58.8	48.6	93.6	90.8	67.9	67.6	56.8	80.0	1.41
葡萄牙	31	28.6	74.5	66.5	35.2	96.6	93.4	63.3	63.9	51.2	79.3	1.55
白俄罗斯	32	11.0	75.6	63.6	61.3	87.3	81.6	55.9	50.0	52.9	68.7	1.30
拉脱维亚	33	10.0	72.6	58.0	19.8	88.8	85.5	27.5	29.1	40.1	57.7	1.44
立陶宛	34	18.3	78.0	66.7	41.3	88.5	85.5	57.6	44.2	51.1	69.0	1.35
格鲁吉亚	35	6.7	24.1	69.3	18.5	89.3	85.5	17.9	19.3	29.6	53.0	1.79
乌克兰	36	6.2	58.4	57.5	44.2	85.2	82.9	24.7	25.6	41.6	54.6	1.31
保加利亚	37	14.9	62.7	62.7	27.5	90.2	85.5	20.4	22.1	42.0	54.6	1.30
黎巴嫩	38	10.5	54.7	51.9	15.7	95.0	92.1	26.8	27.7	33.2	60.4	1.82
哈萨克斯坦	39	11.4	62.5	58.7	47.6	85.7	78.9	15.1	16.3	45.0	49.0	1.09
波兰	40	16.7	81.6	36.0	35.5	92.4	88.2	42.2	44.2	42.4	66.8	1.57
阿根廷	41	12.1	63.7	62.6	0.0	91.1	88.2	17.1	18.4	34.6	53.7	1.55
巴拿马	42	17.8	84.2	26.8	8.1	92.8	88.2	13.0	13.5	34.2	51.9	1.52
克罗地亚	43	17.6	94.1	48.6	30.4	92.5	89.5	52.8	53.7	47.7	72.1	1.51
沙特阿拉伯	44	26.2	85.7	40.4	28.0	88.9	85.5	15.1	15.9	45.1	51.4	1.14
哥伦比亚	45	10.2	86.3	23.9	3.5	88.5	88.2	14.0	14.5	31.0	51.3	1.65

(续表)

国别	编号	人均健康支出指数	公共健康支出占健康支出指数	医生比例指数	护士比例指数	预期寿命指数	健康寿命指数	婴儿死亡率指数	儿童死亡率指数	投入指数	产出指数	回报指数
科威特	46	24.7	98.8	43.8	26.2	89.2	89.5	26.0	26.7	48.4	57.9	1.20
智利	47	18.6	56.9	16.6	0.8	97.5	92.1	27.1	28.4	23.2	61.3	2.64
马其顿	48	9.1	72.8	42.6	3.5	90.1	86.8	39.6	41.8	32.0	64.6	2.02
阿塞拜疆	49	11.1	23.4	55.2	37.7	84.7	82.9	6.8	7.3	31.9	45.4	1.43
摩尔多瓦	50	5.5	59.1	48.4	36.8	85.5	81.6	14.0	14.6	37.4	48.9	1.31
罗马尼亚	51	11.5	92.4	39.7	32.3	89.8	86.8	19.6	20.7	44.0	54.2	1.23
委内瑞拉	52	9.8	33.7	0.0	0.0	88.8	86.8	14.7	15.4	21.8	51.5	2.36
乌兹别克斯坦	53	3.6	61.2	41.1	68.8	81.8	80.3	5.6	5.9	43.7	43.4	0.99
多米尼加	54	6.2	76.9	24.2	7.7	87.9	82.9	7.4	7.4	28.7	46.4	1.62
亚美尼亚	55	3.9	49.4	43.7	27.8	89.3	81.6	15.1	16.3	31.2	50.6	1.62
巴拉圭	56	9.3	52.7	19.9	5.8	87.2	85.5	10.9	11.2	21.9	48.7	2.22
哥斯达黎加	57	14.8	83.5	18.0	4.4	95.0	90.8	22.4	23.7	30.2	58.0	1.92
巴西	58	14.0	52.9	30.7	43.8	89.0	85.5	13.0	14.0	35.4	50.4	1.43
墨西哥	59	11.9	59.5	34.0	14.6	91.8	88.2	16.8	17.4	30.0	53.6	1.79
博茨瓦纳	60	9.3	67.8	5.4	16.4	77.1	71.1	5.5	5.3	24.7	39.7	1.61
秘鲁	61	7.0	69.7	18.4	8.7	89.2	88.2	14.5	13.6	25.9	51.4	1.98
牙买加	62	5.1	60.2	0.0	0.0	90.5	82.9	14.1	14.6	32.6	50.5	1.55
约旦	63	8.5	80.1	41.5	23.3	88.6	84.2	12.3	12.8	38.3	49.5	1.29
南非	64	12.2	55.4	12.6	29.5	68.4	68.4	5.7	5.7	27.4	37.0	1.35
土耳其	65	11.0	89.0	27.7	13.8	89.9	85.5	16.4	17.0	35.4	52.2	1.47
厄瓜多尔	66	11.1	56.6	28.0	12.4	90.8	86.8	10.3	10.6	27.0	49.7	1.84
伊朗	67	11.5	47.4	14.4	8.1	90.2	84.2	14.2	14.8	20.4	50.9	2.50
蒙古	68	6.0	63.7	46.0	20.9	83.1	78.9	10.0	10.3	34.1	45.6	1.34
摩洛哥	69	4.8	38.9	10.1	5.1	88.5	80.3	8.0	8.3	14.7	46.3	3.15
马来西亚	70	11.1	63.4	19.4	18.9	89.4	85.5	31.7	32.9	28.2	59.9	2.12
萨尔瓦多	71	6.0	75.9	25.9	2.3	87.0	82.9	13.2	13.7	27.5	49.2	1.79
埃及	72	6.3	43.9	45.9	20.3	85.1	81.6	9.4	9.6	29.1	46.4	1.59
中国	73	7.8	64.1	31.5	10.7	90.7	89.5	20.7	21.5	28.5	55.6	1.95
阿尔及利亚	74	9.9	83.6	19.6	11.2	89.5	81.6	8.7	9.0	31.1	47.2	1.52
土库曼斯坦	75	3.4	75.0	38.7	25.5	78.5	73.7	4.3	4.5	35.7	40.3	1.13
突尼斯	76	8.4	65.1	19.8	18.9	88.7	86.8	15.7	16.4	28.1	51.9	1.85
阿尔巴尼亚	77	6.5	57.4	18.6	22.2	93.1	85.5	15.2	16.4	26.2	52.6	2.01
吉尔吉斯斯坦	78	2.3	64.5	31.9	35.8	84.2	80.3	10.0	10.8	33.6	46.3	1.38
塔吉克斯坦	79	2.0	33.1	31.1	28.9	83.3	78.9	4.9	5.1	23.8	43.1	1.81
玻利维亚	80	4.5	82.8	7.7	5.8	81.8	77.6	6.2	6.0	25.2	42.9	1.70
缅甸	81	1.1	52.8	9.9	5.8	78.8	75.0	4.8	4.6	17.4	40.8	2.35
菲律宾	82	3.5	39.4	0.0	0.0	81.7	78.9	8.6	8.2	21.5	44.4	2.07
泰国	83	10.1	98.8	6.4	12.0	89.0	86.8	18.1	18.7	31.8	53.2	1.67
纳米比亚	84	9.2	69.0	6.1	16.0	77.4	76.3	5.8	5.1	25.1	41.1	1.64
津巴布韦	85	1.2	44.0	1.3	7.7	68.8	65.8	4.1	3.3	13.6	35.5	2.61
洪都拉斯	86	4.3	58.2	0.0	0.0	87.5	84.2	10.9	11.3	31.2	48.5	1.55
尼加拉瓜	87	4.7	64.8	14.6	7.9	89.5	84.2	10.1	10.4	23.0	48.6	2.11
越南	88	4.2	62.1	19.3	7.1	90.5	86.8	11.0	10.6	23.2	49.7	2.15
肯尼亚	89	1.8	70.4	3.2	5.0	73.7	69.7	5.4	4.7	20.1	38.4	1.91
斯里兰卡	90	3.9	64.4	11.0	9.5	89.5	85.5	22.6	23.5	22.2	55.3	2.49

(续表)

国别	编号	人均健康支出指数	公共健康支出占健康支出指数	医生比例指数	护士比例指数	预期寿命指数	健康寿命指数	婴儿死亡率指数	儿童死亡率指数	投入指数	产出指数	回报指数
刚果(布)	91	3.4	94.0	1.5	4.7	74.5	65.8	5.7	5.1	25.9	37.8	1.46
印度尼西亚	92	3.2	43.4	3.3	8.0	82.4	81.6	8.3	8.5	14.5	45.2	3.12
赞比亚	93	2.1	63.6	2.8	4.5	71.8	65.8	4.4	3.6	18.3	36.4	1.99
危地马拉	94	5.0	43.3	0.0	0.0	85.8	81.6	7.8	7.9	24.2	45.8	1.90
毛里塔尼亚	95	1.6	57.0	1.1	3.8	75.4	71.1	2.9	2.7	15.9	38.0	2.39
科特迪瓦	96	2.0	33.8	2.3	0.0	61.7	60.5	2.9	2.5	12.7	31.9	2.51
印度	97	2.8	34.5	11.4	9.9	81.4	76.3	5.0	4.8	14.7	41.9	2.86
巴基斯坦	98	1.4	40.4	13.4	0.0	79.2	75.0	2.9	2.8	18.4	40.0	2.17
莱索托	99	2.9	87.5	0.0	0.0	59.5	56.6	2.7	2.5	45.2	30.3	0.67
柬埔寨	100	1.9	25.3	2.7	4.6	81.6	81.6	7.7	8.0	8.7	44.7	5.17
喀麦隆	101	1.3	26.3	0.0	0.0	66.4	64.5	3.3	2.6	13.8	34.2	2.48
厄立特里亚	102	0.5	52.6	0.0	0.0	76.2	72.4	5.6	4.9	26.6	39.8	1.50
叙利亚	103	4.0	53.2	23.6	10.8	83.8	86.8	17.1	17.8	22.9	51.4	2.25
加纳	104	1.5	68.8	1.6	5.3	73.3	71.1	4.4	3.7	19.3	38.1	1.98
乍得	105	0.8	62.8	0.0	0.0	61.7	57.9	2.2	1.7	31.8	30.9	0.97
莫桑比克	106	0.8	64.9	0.6	2.4	65.8	60.5	3.4	2.9	17.2	33.2	1.93
赤道几内亚	107	12.4	88.6	0.0	0.0	69.0	65.8	2.8	2.4	50.5	35.0	0.69
也门	108	2.2	25.9	3.2	3.9	76.3	72.4	5.6	5.5	8.8	40.0	4.54
巴布亚新几内亚	109	1.2	93.4	0.9	3.3	74.9	69.7	4.3	4.0	24.7	38.2	1.55
海地	110	2.4	11.0	0.0	0.0	75.1	68.4	3.6	3.3	6.7	37.6	5.59
尼泊尔	111	1.5	46.3	0.0	0.0	83.3	77.6	6.5	6.4	23.9	43.5	1.82
塞内加尔	112	1.1	59.6	1.0	2.4	79.4	72.4	4.6	4.9	16.0	40.3	2.52
塞拉利昂	113	2.4	19.5	0.4	1.0	60.9	51.3	2.2	1.9	5.8	29.1	5.01
刚果(金)	114	0.2	7.4	0.0	0.0	70.2	57.9	2.6	2.3	3.8	33.2	8.75
老挝	115	1.0	58.1	3.0	5.0	79.1	75.0	3.7	3.4	16.8	40.3	2.40
马拉维	116	0.8	72.1	0.3	1.6	75.0	67.1	4.4	3.6	18.7	37.5	2.01
多哥	117	0.8	44.2	0.9	1.6	71.4	65.8	3.6	2.9	11.9	35.9	3.03
马达加斯加	118	0.5	55.7	2.6	0.0	77.9	72.4	5.3	4.6	19.6	40.0	2.04
马里	119	1.1	26.3	1.3	2.5	69.4	64.5	2.6	2.0	7.8	34.6	4.43
尼日利亚	120	2.3	28.9	6.4	9.2	63.1	61.8	2.7	2.1	11.7	32.5	2.77
孟加拉国	121	0.9	32.1	5.8	1.3	85.7	80.3	6.2	6.1	10.0	44.6	4.45
坦桑尼亚	122	1.5	53.3	0.5	2.5	77.7	69.7	5.4	4.7	14.5	39.4	2.72
贝宁	123	0.9	56.3	1.0	4.4	71.2	65.8	3.0	2.3	15.7	35.6	2.27
尼日尔	124	0.6	63.5	0.3	0.8	73.5	67.1	3.3	2.4	16.3	36.6	2.25
安哥拉	125	2.5	73.9	0.0	0.0	62.5	57.9	2.0	1.5	38.2	31.0	0.81
乌干达	126	1.4	28.7	1.9	7.5	69.9	65.8	5.0	4.2	9.9	36.3	3.67
中非共和国	127	0.3	56.3	0.0	0.0	60.6	57.9	2.1	1.8	28.3	30.6	1.08
布基纳法索	128	0.9	60.1	0.8	3.3	70.1	67.1	3.1	2.6	16.3	35.7	2.20
埃塞俄比亚	129	0.8	67.5	0.4	1.4	76.6	73.7	4.6	3.9	17.5	39.7	2.27
布隆迪	130	0.6	60.6	0.0	0.0	67.8	63.2	3.5	2.8	30.6	34.3	1.12
卢旺达	131	1.3	43.8	0.9	4.0	76.5	73.7	6.1	5.5	12.5	40.5	3.24
高收入国家		49.0	71.2	50.3	49.5	94.8	94.6	32.8	33.8	55.0	64.0	1.16
中等收入国家		5.7	60.2	20.2	12.4	84.4	85.0	6.1	5.6	24.6	45.3	1.84
低收入国家		1.0	45.0	1.2	0.0	73.4	70.9	3.6	3.0	15.7	37.7	2.40
世界		13.6	69.0	24.9	18.9	85.5	81.0	6.0	5.4	31.6	44.5	1.41

附表 1-1-5　世界 131 个国家的健康支出和经费来源(2014 年)

国家	编号	人均健康支出/美元	健康支出占GDP比例	公共健康支出占总健康支出比例	社会保障支出占总健康支出比例	政府健康支出占总健康支出比例	政府健康支出占公共健康支出比例	私人健康支出占总健康支出比例	私人健康保险占总健康支出比例	为家庭提供健康服务的机构支出占总健康支出比例	个人(家庭)健康现金支出占总健康支出比例	其他私人健康支出占总健康支出比例
瑞典	1	5219	11.9	84.0	0.0	84.0	100.0	16.0	0.5	0.1	14.1	1.3
美国	2	9403	17.1	48.3	43.0	6.0	12.4	51.7	33.2	4.4	11.0	3.0
芬兰	3	3701	9.7	75.3	13.0	62.0	82.3	24.7	2.0	1.0	18.2	3.5
澳大利亚	4	4357	9.4	67.0	0.0	67.0	100.0	33.0	8.4	1.1	18.8	4.7
瑞士	5	6468	11.7	66.0	0.0	66.0	100.0	34.0	0.0	0.0	26.8	7.2
挪威	6	6347	9.7	85.5	10.0	75.0	87.7	14.5	0.0	0.0	13.6	0.9
日本	7	3727	10.2	83.6	73.0	11.0	13.2	16.4	2.4	0.0	13.9	0.1
丹麦	8	4782	10.8	84.8	0.0	85.0	100.2	15.2	1.8	0.1	13.4	0.0
德国	9	5182	11.3	77.0	69.0	8.0	10.4	23.0	8.9	0.4	13.2	0.5
荷兰	10	5202	10.9	87.0	81.0	6.0	6.9	13.0	5.9	0.2	5.2	1.6
加拿大	11	4641	10.4	70.9	1.0	70.0	98.7	29.1	12.6	1.2	13.6	1.6
新加坡	12	4047	4.9	41.7	4.0	37.0	88.7	58.3	1.9	0.0	54.8	1.6
英国	13	3377	9.1	83.1	0.0	83.0	99.9	16.9	3.4	3.7	9.7	0.0
法国	14	4508	11.5	78.2	74.0	4.0	5.1	21.8	13.3	0.0	6.3	2.2
比利时	15	4392	10.6	77.9	66.0	11.0	14.1	22.1	4.1	0.1	17.8	0.0
奥地利	16	5039	11.2	77.9	44.0	34.0	43.6	22.1	4.6	1.2	16.1	0.2
新西兰	17	4018	11.0	82.3	7.0	76.0	92.3	17.7	4.3	2.3	11.0	0.0
韩国	18	2531	7.4	54.1	43.0	11.0	20.3	45.9	5.8	0.6	36.1	3.5
以色列	19	2599	7.8	60.9	46.0	15.0	24.6	39.1	10.3	0.7	27.0	1.1
意大利	20	3239	9.2	75.6	0.0	75.0	99.2	24.4	0.9	0.0	21.2	2.3
爱尔兰	21	3801	7.8	66.1	0.0	66.0	99.8	33.9	14.0		17.7	
西班牙	22	2966	9.0	70.9	5.0	66.0	93.1	29.1	4.4	0.4	24.0	0.3
爱沙尼亚	23	1668	6.4	78.8	62.0	17.0	21.6	21.2	0.2		20.7	
斯洛文尼亚	24	2698	9.2	71.7	65.0	7.0	9.8	28.3	14.1	0.1	12.1	2.0
乌拉圭	25	1792	8.6	71.2	43.0	29.0	40.7	28.8	13.2	0.0	15.6	0.0
俄罗斯	26	1836	7.1	52.2	28.0	24.0	46.0	47.8	1.7	0.0	45.8	0.3
斯洛伐克	27	2179	8.1	72.5	66.0	7.0	9.7	27.5	0.0	1.5	22.5	3.4
希腊	28	2098	8.1	61.7	38.0	24.0	38.9	38.3	3.4	0.1	34.9	0.0
匈牙利	29	1827	7.4	66.0	55.0	11.0	16.7	34.0	2.6	1.7	26.6	3.2
捷克	30	2146	7.4	84.5	77.0	7.0	8.3	15.5	0.2	0.6	14.3	0.3
葡萄牙	31	2690	9.5	64.8	1.0	64.0	98.8	35.2	0.0	0.0	26.8	8.3
白俄罗斯	32	1031	5.7	65.8	0.0	66.0	100.3	34.2	0.5	0.0	32.0	1.7
拉脱维亚	33	940	5.9	63.2	0.0	64.0	101.3	36.8	1.6	0.1	35.1	0.0
立陶宛	34	1718	6.6	67.9	55.0	13.0	19.1	32.1	0.8		31.3	
格鲁吉亚	35	628	7.4	20.9	11.0	10.0	47.8	79.1	19.2	0.0	58.6	1.3
乌克兰	36	584	7.1	50.8	0.0	51.0	100.4	49.2	1.0	0.0	46.2	1.9

（续表）

国家	编号	人均健康支出/美元	健康支出占GDP比例	公共健康支出占总健康支出比例	社会保障支出占总健康支出比例	政府健康支出占总健康支出比例	政府健康支出占公共健康支出比例	私人健康支出占总健康支出比例	私人健康保险占总健康支出比例	为家庭提供健康服务的机构支出占总健康支出比例	个人（家庭）健康现金支出占总健康支出比例	其他私人健康支出占总健康支出比例
保加利亚	37	1399	8.4	54.6	44.0	10.0	18.3	45.4	0.3	0.5	44.2	0.4
黎巴嫩	38	987	6.4	47.6	25.0	22.0	46.2	52.4	15.5	0.5	36.4	0.0
哈萨克斯坦	39	1068	4.4	54.4	0.0	54.0	99.3	45.6	0.1	0.0	45.1	0.4
波兰	40	1570	6.4	71.0	61.0	9.0	12.7	29.0	4.0	1.0	23.5	0.6
阿根廷	41	1137	4.8	55.4	46.0	10.0	18.1	44.6	9.7	3.5	30.7	0.7
巴拿马	42	1677	8.0	73.2	30.0	43.0	58.7	26.8	4.5	0.0	22.3	0.0
克罗地亚	43	1652	7.8	81.9	77.0	5.0	6.1	18.1	6.9	0.0	11.2	0.0
沙特阿拉伯	44	2466	4.7	74.5	0.0	74.0	99.3	25.5	5.7	0.1	14.3	5.3
哥伦比亚	45	962	7.2	75.1	63.0	12.0	16.0	24.9	9.5	0.0	15.4	0.0
科威特	46	2320	3.0	85.9	0.0	86.0	100.1	14.1	1.3	0.0	12.7	0.0
智利	47	1749	7.8	49.5	4.0	45.0	90.9	50.5	19.0		31.5	
马其顿	48	851	6.5	63.3	58.0	5.0	7.9	36.7		0.0	36.7	
阿塞拜疆	49	1047	6.0	20.4	0.0	20.0	98.0	79.6	0.6	3.7	72.1	3.3
摩尔多瓦	50	514	10.3	51.4	41.0	10.0	19.5	48.6	0.2	9.2	38.4	0.9
罗马尼亚	51	1079	5.6	80.4	66.0	15.0	18.7	19.6	0.1	0.3	18.9	0.3
委内瑞拉	52	923	5.3	29.3	9.0	20.0	68.3	70.7	2.4	3.9	64.3	0.0
乌兹别克斯坦	53	340	5.8	53.3	0.0	53.0	99.4	46.7	2.6	0.1	43.9	0.0
多米尼加	54	580	4.4	66.9	32.0	36.0	53.8	33.1	10.9	1.0	21.1	0.0
亚美尼亚	55	362	4.5	43.0	0.0	43.0	100.0	57.0	3.5	0.0	53.5	0.0
巴拉圭	56	873	9.8	45.9	11.0	35.0	76.3	54.1	4.7	0.0	49.4	0.0
哥斯达黎加	57	1389	9.3	72.7	62.0	10.0	13.8	27.3	1.4	0.4	24.9	0.7
巴西	58	1318	8.3	46.0	0.0	46.0	100.0	54.0	26.8	1.7	25.5	0.0
墨西哥	59	1122	6.3	51.8	29.0	23.0	44.4	48.2	4.2	0.0	44.0	0.0
博茨瓦纳	60	871	5.4	59.0	0.0	59.0	100.0	41.0	32.8	2.9	5.2	0.1
秘鲁	61	656	5.5	60.6	21.0	39.0	64.4	39.4	4.6	1.5	28.6	4.6
牙买加	62	476	5.4	52.4	0.0	52.0	99.2	47.6	18.1	1.7	27.8	0.0
约旦	63	798	7.5	69.7	6.0	63.0	90.4	30.3	6.9	1.1	20.9	1.4
南非	64	1148	8.8	48.2	1.0	47.0	97.5	51.8	42.9	1.8	6.5	0.6
土耳其	65	1036	5.4	77.4	54.0	23.0	29.7	22.6	0.0	0.0	17.8	4.8
厄瓜多尔	66	1040	9.2	49.2	25.0	24.0	48.8	50.8	1.4	0.8	48.4	0.1
伊朗	67	1082	6.9	41.2	13.0	28.0	68.0	58.8	3.9	1.1	47.8	6.0
蒙古	68	565	4.7	55.4	17.0	39.0	70.4	44.6	0.3	1.0	41.6	1.6
摩洛哥	69	447	5.9	33.9	8.0	25.0	73.7	66.1	7.7	0.0	58.4	0.0
马来西亚	70	1040	4.2	55.2	1.0	55.0	99.6	44.8	7.1	0.9	35.3	1.5

(续表)

国家	编号	人均健康支出/美元	健康支出占GDP比例	公共健康支出占总健康支出比例	社会保障支出占总健康支出比例	政府健康支出占总健康支出比例	政府健康支出占公共健康支出比例	私人健康支出占总健康支出比例	私人健康保险占总健康支出比例	为家庭提供健康服务的机构支出占总健康支出比例	个人(家庭)健康现金支出占总健康支出比例	其他私人健康支出占总健康支出比例
萨尔瓦多	71	565	6.8	66.0	27.0	39.0	59.1	34.0	5.2	0.0	28.8	0.0
埃及	72	594	5.6	38.2	8.0	30.0	78.5	61.8	1.0	0.5	55.7	4.6
中国	73	731	5.5	55.8	38.0	18.0	32.3	44.2	4.5	0.2	32.0	7.6
阿尔及利亚	74	932	7.2	72.8	26.0	46.0	63.2	27.2	0.7	0.0	26.5	0.0
土库曼斯坦	75	320	2.1	65.2	4.0	61.0	93.6	34.8	0.0	0.0	34.8	0.0
突尼斯	76	785	7.0	56.7	32.0	25.0	44.1	43.3	4.5	0.0	37.7	1.1
阿尔巴尼亚	77	615	5.9	49.9	41.0	9.0	18.0	50.1	0.0	0.2	49.9	0.0
吉尔吉斯斯坦	78	215	6.5	56.1	36.0	20.0	35.7	43.9	0.0	4.5	39.4	0.0
塔吉克斯坦	79	185	6.9	28.8	0.0	29.0	100.7	71.2	0.0	9.3	61.7	0.1
玻利维亚	80	427	6.3	72.1	27.0	45.0	62.4	27.9	3.0	1.8	23.1	0.0
缅甸	81	103	2.3	45.9	1.0	45.0	98.0	54.1	0.0	3.4	50.7	0.0
菲律宾	82	329	4.7	34.3	14.0	20.0	58.3	65.7	8.6	0.0	53.7	3.4
泰国	83	950	6.5	86.0	5.0	81.0	94.2	14.0	4.4	0.6	7.9	1.1
纳米比亚	84	869	8.9	60.0	1.0	58.0	96.7	40.0	24.5	8.1	7.2	0.2
津巴布韦	85	115	6.4	38.3	8.0	31.0	80.9	61.7	9.6	15.1	35.9	1.1
洪都拉斯	86	400	8.7	50.6	12.0	38.0	75.1	49.4	4.3	1.6	43.5	0.0
尼加拉瓜	87	445	9.0	56.4	18.0	38.0	67.4	43.6	4.5	1.3	37.5	0.3
越南	88	390	7.1	54.1	24.0	30.0	55.5	45.9	0.0	3.1	36.8	6.1
肯尼亚	89	169	5.7	61.3	5.0	57.0	93.0	38.7	8.4	1.9	26.1	2.3
斯里兰卡	90	369	3.5	56.1	0.0	56.0	99.8	43.9	1.1	0.1	42.1	0.7
刚果(布)	91	323	5.2	81.8	0.0	82.0	100.2	18.2	0.7	0.1	17.5	0.0
印度尼西亚	92	299	2.8	37.8	7.0	30.0	79.4	62.2	1.8	0.8	46.9	12.7
赞比亚	93	195	5.0	55.3	0.0	56.0	101.3	44.7	1.6	9.0	30.0	4.1
危地马拉	94	473	6.2	37.6	19.0	19.0	50.5	62.4	3.0	6.4	52.2	0.8
毛里塔尼亚	95	148	3.8	49.6	9.0	41.0	82.7	50.4	2.2	2.3	43.8	2.0
科特迪瓦	96	187	5.7	29.4	2.0	27.0	91.8	70.6	3.2	5.5	50.8	11.1
印度	97	267	4.7	30.0	2.0	29.0	96.7	70.0	1.8	0.7	62.4	5.0
巴基斯坦	98	129	2.6	35.2	1.0	34.0	96.6	64.8	0.6	8.0	56.3	0.0
莱索托	99	276	10.6	76.1	0.0	76.0	99.9	23.9	0.0	7.4	16.5	0.0
柬埔寨	100	183	5.7	22.0	0.0	22.0	100.0	78.0	0.2	3.5	74.2	0.0
喀麦隆	101	122	4.1	22.9	0.0	23.0	100.4	77.1	0.0	0.0	66.3	10.8
厄立特里亚	102	51	3.3	45.8	0.0	46.0	100.4	54.2	0.0	0.0	54.2	0.0
叙利亚	103	376	3.3	46.3	0.0	46.0	99.4	53.7	0.0	0.0	53.7	0.0
加纳	104	145	3.6	59.8	19.0	41.0	68.6	40.2	0.8	8.1	26.8	4.4
乍得	105	79	3.6	54.6	0.0	55.0	100.7	45.4	4.4	1.8	39.2	0.0

(续表)

国家	编号	人均健康支出/美元	健康支出占GDP比例	公共健康支出占总健康支出比例	社会保障支出占总健康支出比例	政府健康支出占总健康支出比例	政府健康支出占公共健康支出比例	私人健康支出占总健康支出比例	私人健康保险占总健康支出比例	为家庭提供健康服务的机构支出占总健康支出比例	个人（家庭）健康现金支出占总健康支出比例	其他私人健康支出占总健康支出比例
莫桑比克	106	79	7.0	56.4	13.0	44.0	78.0	43.6	0.0	31.1	9.5	2.9
赤道几内亚	107	1163	3.8	77.1	0.0	77.0	99.9	22.9	0.0	0.0	20.1	2.8
也门	108	202	5.6	22.6	0.0	23.0	101.8	77.4	1.0	0.0	76.4	0.0
巴布亚新几内亚	109	109	4.3	81.3	0.0	81.0	99.6	18.7	1.0	6.9	10.5	0.3
海地	110	229	13.2	20.6	0.0	21.0	101.9	79.4	0.0	44.5	34.8	0.0
尼泊尔	111	137	5.8	40.3	7.0	33.0	81.9	59.7	0.1	10.3	47.7	1.6
塞内加尔	112	107	4.7	51.8	2.0	50.0	96.5	48.2	10.2	0.7	37.3	0.0
塞拉利昂	113	224	11.1	17.0	0.0	17.0	100.0	83.0	0.2	21.6	61.0	0.2
刚果(金)	114	20	2.6	36.9	0.0	37.0	100.3	63.1	3.1	17.0	38.8	4.2
老挝	115	98	1.9	50.5	2.0	49.0	97.0	49.5	0.9	9.5	39.0	0.0
马拉维	116	79	9.6	52.7	0.0	52.0	98.7	47.3	2.2	33.3	10.6	1.1
多哥	117	76	5.2	38.4	5.0	34.0	88.5	61.6	1.2	9.8	46.2	4.3
马达加斯加	118	44	3.0	48.4	0.0	48.0	99.2	51.6	5.0	2.0	41.4	3.2
马里	119	108	6.9	28.0	1.0	27.0	96.4	72.0	0.6	25.1	46.0	0.3
尼日利亚	120	217	3.7	25.1	0.0	26.0	103.6	74.9	2.3	0.1	71.7	0.8
孟加拉国	121	88	2.8	27.9	0.0	28.0	100.4	72.1	0.1	1.8	67.0	3.2
坦桑尼亚	122	137	5.6	46.4	2.0	44.0	94.8	53.6	3.6	26.0	23.2	0.8
贝宁	123	86	4.6	49.0	1.0	48.0	98.0	51.0	5.0	6.8	39.1	0.1
尼日尔	124	54	5.8	39.6	1.0	39.0	98.5	60.4	1.1	2.2	54.7	2.4
安哥拉	125	239	3.3	64.3	0.0	64.0	99.5	35.7	0.0	2.6	24.0	9.1
乌干达	126	133	7.2	24.9	0.0	25.0	100.4	75.1	2.0	0.0	41.0	32.1
中非共和国	127	25	4.2	49.0	0.0	49.0	100.0	51.0	0.9	3.4	46.2	0.5
布基纳法索	128	82	5.0	52.3	0.0	52.0	99.4	47.7	1.6	3.2	39.1	3.8
埃塞俄比亚	129	73	4.9	58.7	0.0	59.0	100.5	41.3	0.4	7.9	32.3	0.7
布隆迪	130	58	7.5	52.7	0.0	52.0	98.7	47.3	0.8	24.6	21.0	0.8
卢旺达	131	125	7.5	38.1	10.0	28.0	73.5	61.9	4.8	28.2	28.1	0.7

数据来源：世界银行国家健康会计(NHA)数据库。

附表 1-1-6 OECD 国家的健康回报指数（2000 年和 2015 年）

项目	国家	投入指数	产出指数	回报指数	投入—产出相关系数	投入—回报相关关系	产出—回报相关关系	人均国民收入/美元	公共健康支出占健康支出比例/(%)	健康绩效*
年份		2015	2015	2015	2015	2015	2015	2014	2014	1997
福利型		61.4	80.7	1.34	0.42	−0.75	0.26	50 625	75.9	0.873
强制型		60.5	77.0	1.33	0.24	−0.87	0.21	38 436	73.7	0.858
混合型		44.3	57.6	1.38	0.95	−0.97	−0.87	23 420	62.5	0.791
国家福利型	澳大利亚	59.5	79.6	1.34				64 600	67.0	0.844
	加拿大	54.5	71.0	1.30				51 630	70.9	0.849
	丹麦	75.4	79.9	1.06				61 330	84.8	0.785
	芬兰	58.9	97.6	1.66				48 440	75.3	0.829
	爱尔兰	62.5	79.4	1.27				46 520	66.1	0.859
	意大利	46.0	81.6	1.77				34 580	75.6	0.976
	新西兰	61.1	68.2	1.12				41 070	82.3	0.766
	挪威	83.7	93.7	1.12				103 620	85.5	0.897
	葡萄牙	51.2	79.3	1.55				21 360	64.8	0.929
	西班牙	56.5	76.5	1.35				29 390	70.9	0.968
	瑞典	71.0	87.2	1.23				61 570	84.0	0.890
	英国	56.9	74.9	1.31				43 390	83.1	0.883
社会强制型	奥地利	66.8	80.5	1.21				49 600	77.9	0.914
	比利时	78.0	75.9	0.97				47 240	77.9	0.878
	捷克	56.8	80.0	1.41				18 350	84.5	0.765
	法国	60.8	75.3	1.24				42 950	78.2	0.974
	德国	68.2	78.4	1.15				47 590	77.0	0.836
	希腊	64.4	73.4	1.14				22 810	61.7	0.936
	匈牙利	45.6	62.8	1.38				13 340	66.0	0.698
	日本	59.8	94.7	1.58				42 000	83.6	0.945
	韩国	38.2	81.9	2.15				27 090	54.1	0.834
	波兰	42.4	66.8	1.57				13 680	71.0	0.742
	荷兰	67.2	77.7	1.16				51 860	87.0	0.893
	瑞士	77.6	77.2	0.99				84 720	66.0	0.879
混合型	墨西哥	30.0	53.6	1.79				9870	51.8	0.789
	斯洛伐克	48.8	61.1	1.25				17 750	72.5	0.742
	土耳其	35.4	52.2	1.47				10 830	77.4	0.858
	美国	63.0	63.6	1.01				55 230	48.3	0.774
年份		2000	2000	2000	2000	2000	2000	2000	2000	1997
福利型		61.1	81.6	1.35	0.61	−0.71	0.11	23 954	75.2	0.873
强制型		58.5	78.4	1.43	0.37	−0.85	0.08	21 008	70.6	0.858
混合型		44.1	57.3	1.43	0.96	−0.96	−0.83	12 885	60.5	0.791
国家福利型	澳大利亚	58.7	80.1	1.37				21 110	66.8	0.844
	加拿大	59.4	79.5	1.34				22 610	70.4	0.849
	丹麦	51.5	81.7	1.58				32 660	83.9	0.785
	芬兰	66.4	93.0	1.40				26 420	71.3	0.829
	爱尔兰	65.0	74.2	1.14				24 170	74.1	0.859
	意大利	61.6	83.6	1.36				21 820	72.1	0.976
	新西兰	54.2	74.1	1.37				14 070	78.0	0.766
	挪威	79.1	88.0	1.11				36 560	82.5	0.897
	葡萄牙	50.6	74.5	1.47				12 140	67.8	0.929
	西班牙	58.9	78.4	1.33				15 790	71.6	0.968
	瑞典	67.6	96.1	1.42				31 220	84.9	0.890
	英国	60.5	76.6	1.27				28 880	79.6	0.883
社会强制型	奥地利	67.3	82.8	1.23				26 690	74.9	0.914
	比利时	62.0	81.0	1.31				26 040	74.6	0.878
	捷克	61.9	74.8	1.21				6320	90.3	0.765
	法国	63.1	84.5	1.34				25 150	79.4	0.974
	德国	68.4	84.2	1.23				26 210	79.2	0.836
	希腊	52.9	71.7	1.36				13 330	60.0	0.936
	匈牙利	56.8	60.6	1.07				4660	70.7	0.698
	日本	56.7	95.7	1.69				36 230	80.8	0.945
	韩国	27.1	77.4	2.85				10 750	49.0	0.834
	波兰	41.6	65.1	1.56				4660	70.0	0.742
	荷兰	69.2	79.0	1.14				28 560	63.1	0.893
	瑞士	75.3	83.6	1.11				43 490	55.4	0.879
混合型	墨西哥	27.3	52.1	1.90				5750	46.6	0.789
	斯洛伐克	55.0	60.7	1.10				5520	89.4	0.742
	土耳其	28.9	47.2	1.63				4200	62.9	0.858
	美国	65.0	69.5	1.07				36 070	43.3	0.774

注：* 世界卫生组织，2000 世界卫生报告。

附表 1-1-7　OECD 国家的健康经费来源（2014 年）

类型	国家	公共健康支出占总健康支出比例/(%)	社会保障支出占总健康支出比例/(%)	政府健康支出占总健康支出比例/(%)	私人健康支出占总健康支出比例/(%)	私人保险支出占总健康支出比例/(%)	为家庭提供服务的机构支出占总健康支出比例/(%)	个人/家庭现金支付支出占总健康支出比例/(%)	其他私人健康支出占总健康支出比例/(%)
福利型		75.9	3.2	72.7	24.1	4.4	0.8	16.8	2.1
强制型		73.7	56.8	17.0	26.3	4.6	0.5	19.6	1.6
混合型		62.5	47.9	14.6	37.5	9.4	1.5	23.8	2.8
福利型	澳大利亚	67	0	67	33	8.4	1.1	18.8	4.7
	加拿大	70.9	1.4	69.5	29.1	12.6	1.2	13.6	1.6
	丹麦	84.8	0	84.8	15.2	1.8	0.1	13.4	0
	芬兰	75.3	13.2	62.1	24.7	2	1	18.2	3.5
	爱尔兰	66.1	0.1	65.9	33.9	14	0	17.7	2.3
	意大利	75.6	0.3	75.3	24.4	0.9	0	21.2	2.3
	新西兰	82.3	7.1	75.2	17.7	4.3	2.3	11	0
	挪威	85.5	10.3	75.2	14.5	0	0	13.6	0.9
	葡萄牙	64.8	1.1	63.7	35.2	0	0	26.8	8.3
	西班牙	70.9	4.9	66	29.1	4.4	0.4	24	0.3
	瑞典	84	0	84	16	0.5	0.1	14.1	1.3
	英国	83.1	0	83.1	16.9	3.4	3.7	9.7	0
强制型	奥地利	77.9	43.6	34.3	22.1	4.6	1.2	16.1	0.2
	比利时	77.9	66.4	11.4	22.1	4.1	0.1	17.8	0
	捷克	84.5	77.4	7.1	15.5	0.2	0.6	14.3	0.3
	法国	78.2	74.1	4.2	21.8	13.3	0	6.3	2.2
	德国	77	68.7	8.3	23	8.9	0.4	13.2	0.5
	希腊	61.7	38.1	23.6	38.3	3.4	0.1	34.9	0
	匈牙利	66	54.9	11.1	34	2.6	1.7	26.6	3.2
	日本	83.6	72.9	10.6	16.4	2.4	0	13.9	0.1
	韩国	54.1	42.9	11.2	45.9	5.8	0.6	36.1	3.5
	波兰	71	61.1	9.9	29	4	1	23.5	0.6
	荷兰	87	80.9	6.1	13	5.9	0.2	5.2	1.6
	瑞士	66	0	66	34	0	0	26.8	7.2
混合型	墨西哥	51.8	29.2	22.5	48.2	4.2	0	44	0
	斯洛伐克	72.5	65.6	6.9	27.5	0	1.5	22.5	3.4
	土耳其	77.4	54.2	23.2	22.6	0	0	17.8	4.8
	美国	48.3	42.6	5.7	51.7	33.2	4.4	11	3

数据来源：世界银行国家健康会计（NHA）数据库。

附表 1-1-8　OECD 国家基本健康保险的报销比例*（2008 年）

类型	国家	急诊住院	门诊签约医生	门诊签约专科	诊所实验室检测	诊断影像	理疗服务	药物	眼镜或隐形眼镜	牙科治疗	假牙
福利型	澳大利亚	100	76～99	76～99	51～75	51～75	1～99	76～99	全自费	全自费	全自费
	加拿大	100	100	100	100	100	全自费	51～75	全自费	全自费	全自费
	丹麦	100	100	100	100	100	1～99	51～75	全自费	1～50	全自费
	芬兰	76～99	76～99	76～99	76～99	100	1～99	51～75	全自费	76～99	76～99
	冰岛	76～99	76～99	76～99	76～99	76～99	1～99	76～99	76～99	76～99	76～99
	爱尔兰	100	全自费	100(1)	100	100	100	—	全自费	全自费	全自费
	意大利	100	100	76～99	76～99	76～99	1～99	100	全自费	1～50	全自费
	新西兰	100	51～75	100	100	76～99	1～99	76～99	全自费	全自费	全自费
	挪威	100	76～99	76～99	76～99	76～99	1～99	76～99	全自费	全自费	全自费
	葡萄牙	100	100	100	100	100	100	1～50	1～50	1～50	1～50
	西班牙	100	100	100	100	100	100	76～99	全自费	100	全自费
	瑞典	76～99	76～99	76～99	100	76～99	全自费	51～75	全自费	1～50	1～50
	英国	100	100	100	100	100	100	100	全自费	76～99	76～99
强制型	奥地利	76～99	100	100	100	100	100	76～99	1～50	100	51～75
	比利时	76～99	76～99	76～99	76～99	100	1～99	76～99	76～99	76～99	76～99
	捷克	76～99	76～99	76～99	100	100	100	51～75	1～50	1～50	1～50
	法国	76～99	51～75	51～75	51～75	76～99	1～99	51～75	1～50	1～50	1～50
	德国	100	76～99	76～99	100	100	1～99	76～99	全自费	76～99	1～50
	希腊	76～99	76～99	76～99	76～99	76～99	76～99	76～99	76～99	76～99	76～99
	匈牙利	100	100	100	100	100	100	76～99	1～50	1～50	1～50
	日本	76～99	76～99	76～99	76～99	76～99	1～99	76～99	全自费	76～99	76～99
	韩国	76～99	51～75	51～75	76～99	76～99	76～99	51～75	全自费	51～75	全自费
	卢森堡	76～99	76～99	76～99	76～99	76～99	76～99	76～99	1～50	51～75	51～75
	波兰	100	100	100	100	100	100	51～75	1～50	100	100
	荷兰	100	100	100	100	100	1～99	100	全自费	1～50	全自费
	瑞士	100	76～99	76～99	76～99	76～99	1～99	76～99	1～50	全自费	全自费
混合型	墨西哥	100	100	100	100	100	100	100	全自费	100	全自费
	斯洛伐克	100	100	100	100	100	全自费	76～99	51～75	51～75	51～75
	土耳其	100	76～99	76～99	100	100	100	76～99	51～75	100	51～75

注：* 报销比例均为百分比（%）。
(1) 第二类患者公共签约专科门诊的覆盖率为 100%，但不包括私人专科门诊。"—"表示没有数据。
资料来源：Paris，Devaux and Wei，2010。

附表 1-2-1　全球健康观察指标体系的主题和领域

主题/领域	主题/领域	主题/领域
死亡率和全球健康估计 　成人死亡率 　疾病负担 　死亡原因 　儿童死亡率 　健康预期寿命 　预期寿命 　生命表 **健康系统** 　基本药物 　健康人力资源 　健康筹资 　治理和援助效力 　优先健康技术 　服务提供 **公共健康和环境** 　环境空气污染 　化学品 　儿童：环境健康	气候变化 电磁场 室内空气污染 空气污染联合效应 职业风险因素 二手烟 总体环境 紫外辐射 清洁水，卫生设施 **健康公平监测** 　生殖健康干预 　孕产期保健干预 　新生儿和儿童健康干预 　生殖、产妇、新生儿、儿童健康 　　干预（组合） 　健康产出 **非传染性疾病** 　医疗系统反应和能力 　死亡率/发病率	**健康风险** 　烟草使用 **药物使用和精神健康** 　全球酒精和健康信息系统 　心理健康 　预防和治疗药物滥用资源 **传染性疾病** 　霍乱 　全球流感病毒 　<u>流行性脑髓脊膜炎</u> 　<u>性传染病</u> 　其他传染疾病 **伤害和暴力** 　道路安全 　对妇女的暴力行为 　预防暴力 <u>国际健康法律监测框架(2005)</u>

附表 1-2-2　世界卫生组织 100 个核心健康指标的主题和领域

主题/领域	主题/领域	主题/领域
健康状况 　按年龄和性别死亡率 　按原因死亡率 　生育率 　发病率 **危险因素** 　营养 　传染病 　环境风险因素 　非传染性疾病 　伤害	**健康系统服务覆盖** 　生殖、产妇、新生儿、儿童和青少年 　免疫 　艾滋病 　艾滋病/结核 　结核病 　疟疾 　被忽视的热带病 　筛查和预防护理 　精神健康	**健康系统** 　护理质量和安全 　进入 　健康人力资源 　健康信息 　健康财务 　健康安全

附表 1-2-3　OECD 健康概览统计指标

领域/指标	领域/指标	领域/指标
健康状况	**健康服务活动**	儿童接种疫苗计划
出生时预期寿命	咨询医生	老年人流行性感冒接种
按性别和受教育程度预期寿命	医务技术	门诊病人体验
心血管疾病死亡率	医院病床	**健康支出和财务**
癌症死亡率	医院出院率	人均健康支出
交通事故死亡率	在医院平均停留时间	健康支出与 GDP 的关系
自杀率	心脏手术	按活动的健康支出
婴儿死亡率	髋膝关节置换	健康服务融资
婴儿健康：低出生体重	剖腹产术	按疾病和年龄支出
可感知的健康状况	门诊外科	健康部门非经常支出
癌症发生率	**健康服务获得**	**制药行业**
健康非医疗因素	健康服务覆盖	药物开支
成人烟草消耗	未满足的医疗护理和牙科护理需求	药物开支融资
成人酒精消耗	现金支付的医疗支出	药剂师和药店
成人水果和蔬菜消耗	医生的地理分布	药物消费
成人肥胖率	择期手术的等待时间	通用类药物市场的份额
儿童超重和肥胖率	**健康服务质量**	制药部门的研发
健康人力资源	可避免的入院	**老龄化和长期护理**
医生总数	糖尿病照料	人口趋势
按年龄、性别、专业分医生	初级保健处方	65 岁时预期寿命及健康预期寿命
医学毕业生	急性心肌梗死后死亡率	65 岁时自报告健康和失能
医生国际流动	中风后死亡率	痴呆患病率
医生报酬（全科医生和专科医生）	髋骨骨折手术等待时间	接受长期护理
护士	手术并发症	非正式护理人员
护理学毕业生	产科创伤	长期护理工作者
护士国际流动	精神健康障碍患者筛查	机构和医院长期护理床位
护士报酬	宫颈癌筛查的存活率和死亡率	长期护理开支
	乳腺癌的存活率和死亡率	
	结肠直肠癌的存活率和死亡率	

附表1-2-4 "欧盟健康计划(2014—2020)"核心指标

领域/指标	领域/指标	领域/指标
人口和社会经济状态	伤害:家,休闲,学校:自报率/登记发生率	宫颈癌筛查
分性别/年龄人口数	伤害:道路交通:自报/登记发生率	结肠癌筛查
出生率	伤害:工作场所	孕妇第一次产前检查时间
妈妈年龄分布	自杀倾向	病床
总生育率	自我感知健康	执业医师
人口预测	自报慢性病发病率	执业护士
受教育人口	长期活动限制	专业人士流动
按职业划分人口	身体和感官功能的局限性	医疗技术:核磁共振和CT扫描
总失业率	一般的肌肉骨骼疼痛	住院病人出院率,有限诊断
贫困线以下人口/收入不平等	心理困扰	住院一天情况,有限诊断
健康状态	心理幸福感	住院一天情况占总病患比例
预期寿命/按教育分的预期寿命	健康预期:健康寿命年	平均住院天数,有限诊断
婴儿死亡率	健康预期,其他	全科医生使用
围产儿死亡率	**健康决定**	选择门诊就诊/自报就诊牙医门诊
疾病别死亡率	体重指数	手术
药物相关死亡	血压	药物使用,选择性人群
吸烟相关死亡	烟民	患者流动
酒精相关死亡	怀孕妇女吸烟	保险覆盖
热浪引起过量死亡	所有(记录+未记录)酒精消耗	医疗保健支出占GDP比重
传染疾病	酗酒	癌症存活率
艾滋病	非法药物使用	30天住院急性心肌梗死与缺血性脑卒中致死率
癌症发病率	水果消耗	获得医疗保健服务的公平性(牙科)
糖尿病:自报患病率/登记患病率	蔬菜消耗	择期手术等待时间
痴呆症预测患者数(30—95岁以上)	母乳喂养	手术伤口感染
抑郁症:自报患病率/登记发病率	体育活动	癌症治疗质量
急性心肌梗死	工作相关健康风险	糖尿病控制
中风	社会支持	**健康干预:健康促进**
哮喘:自报患病率/登记患病率	可吸入颗粒物(颗粒物质)暴露	环境性吸烟暴露政策
慢性阻塞性肺病:自报患病率/登记患病率	**健康服务**	健康营养政策
低出生体重	儿童疫苗接种率	健康生活方式政策与实践
	老年人流感疫苗接种率	设置综合方案:工作场所、学校、医院
	乳腺癌筛查	

资料来源:Euro Commission,2016.

附表 1-2-5　美国"健康国民 2020"健康指标

领域/指标	领域/指标	领域/指标
卫生服务可及性 　参加医疗保险比例 　基层医疗服务人员比例	**精神健康** 　自杀比例 　青少年抑郁症患者比例	**营养、体育活动和肥胖** 　满足有氧运动要求的比例 　成人肥胖比例 　儿童、青少年肥胖比例 　人均日摄入蔬菜量
医疗预防服务 　儿童预防接种比例 　成人高血压患者接受治疗比例 　成人糖尿病患者接受治疗比例 　接受大肠癌筛查比例	**生殖和性健康** 　接受过生殖健康服务比例 　知晓自身血清状况的 HIV 携带者比例	**母婴和儿童健康** 　婴儿死亡率 　早产儿比例
环境质量 　空气质量指数超 100 　暴露于二手烟儿童的比例	**酗酒及药物滥用** 　青少年酗酒、药物滥用者比例 　成人酗酒者比例	**口腔健康** 　接受过口腔保健的比例
伤害和暴力 　伤害致死率 　谋杀死亡率	**烟草** 　成人吸烟比例 　青少年吸烟比例	**社会因素** 　九年级后的 4 年可获得文凭的学生比例

资料来源：由美国国家健康统计中心数据库资料整理，2016.

附表 1-2-6　"健康日本 21"主要健康指标

领域/主要指标	领域/主要指标	领域/主要指标
营养与饮食 　适当营养的摄取水平 　摄取适当营养的行动变化 　为摄取适当营养的行动变化相关环境	**吸烟** 　吸烟有害健康相关知识的普及率 　未成年人吸烟率 　专门吸烟场所的设置比例 　戒烟援助	**糖尿病** 　糖尿病筛查 　确诊后的健康指导 　糖尿病患病率 　糖尿病合并症
身体活动与体育活动 　成人活动 　高龄者活动	**饮酒** 　酗酒者比例 　未成年饮酒比例 　节度和适当饮酒知识普及率	**循环系统疾病** 　高血脂人群比例 　健康筛查
休养与心理健康 　精神压力 　充足睡眠 　自杀率	**口腔卫生** 　幼儿龋齿预防 　学龄期龋齿预防 　成人期牙周病预防 　防止牙齿脱落	**肿瘤** 　胃癌、子宫癌、乳腺癌、肺癌、大肠癌的筛查

资料来源：孔繁学，等. 日本"21 世纪国民健康增进运动". 中国公共卫生，2002 年第 10 期.

附表 1-2-7　加拿大"健康指标工程"指标体系

领域/指标	领域/指标	领域/指标
幸福 　健康认知 　精神健康认知 　生活压力认知 **健康状态** 　成人体重指数 　青年体重指数 　关节炎 　糖尿病 　哮喘 　高血压 　慢性阻塞性肺病 　有碍活动的疼痛与不适 　严重的疼痛与不适 　情绪异常 　出生相关指标 　低出生体重 　高出生体重 　癌症发病率 　住院伤害 　伤害 　住院中风率 　住院急性心肌梗死率 **人体功能** 　功能性健康水平 　活动受限 　无残疾期望寿命 　残疾调整期望寿命 　健康调整寿命 **死亡** 　婴儿死亡率 　产期死亡率 　预期寿命 　死亡率 　减寿人年数 　过早死及其减寿人年数 **健康行为** 　吸烟 　酗酒 　体育活动 　母乳喂养	水果、蔬菜消费 　自行车头盔使用 **生活和工作条件** 　高中生 　职业中学生 　失业率 　长期失业率 　低收入率 　低收入家庭儿童 　人均收入 　中等收入 　政府转让收入 　人居舒适度 　犯罪率 　犯罪指控率 　食品不安全性 **个人资源** 　社区意识 　生活满意度 **环境因素** 　家庭中暴露于二手烟情况 　公共场所暴露于二手烟情况 　血铅浓度 　双酚A浓度 　汞浓度 **可接受性** 　患者满意度 **可及性** 　流感免疫 　早期胸部肿瘤X射线透视 　柏氏子宫颈抹片检查 　大肠癌筛检 　家庭医生 　髋关节损伤治疗等待时间 **合理性** 　剖腹生产术 　反复住院接受精神病治疗的患者 **持续性** 　精神疾病30天复诊率 **有效性** 　非卧床护理	30天急性心肌梗死住院死亡率 　30天中风住院死亡率 　30天急性心肌梗死复诊率 　30天产科复诊率 　19岁以上患者30天复诊率 　30天外科复诊率 　30天医疗复诊率 　个人致伤住院率 　潜在可避免死亡和潜在寿命损失 　年数 　可预防性死亡 　可治疗性死亡 **安全** 　髋关节损失住院 **社区** 　人口 　人口分布 　人口密度 　抚养比 　原住民 　移民 　内部人口流动 　城市流感区域 　单亲家庭 　直观性少数民族 **健康体系** 　流入流出比 　冠状动脉旁路搭桥术 　经皮冠状动脉介入治疗 　心血管再成型 　髋关节置换 　膝关节置换 　子宫切除 　与可选择的健康护理提供者的接触 　与医生的接触 　与专业精神专家的接触 　与口腔专家的接触 　精神疾病住院 　精神疾病患者患病周期 **资源** 　人均医生数

附表 1-2-8 "健康中国 2030"规划纲要主要指标

领域	主要指标	2015	2020	2030
健康水平	人均预期寿命/岁	76.34	77.3	79
	婴儿死亡率/(‰)	8.1	7.5	5
	5 岁以下儿童死亡率/(‰)	10.7	9.5	6
	孕产妇死亡率/(1/10 万)	20.1	18	12
	城乡居民达到《国民体质测定标准》合格以上的人数比例/(%)	89.6	90.6	92.2
健康生活	居民健康素养水平/(%)	10	20	30
	经常参加体育锻炼人数/亿人	3.6	4.35	5.3
健康服务与保障	重大慢性病过早死亡率/(%)	19.1（2013 年）	比 2015 年降低 10%	比 2015 年降低 30%
	每千常住人口执业（助理）医师数/人	2.2	2.5	3
	个人卫生支出占卫生总费用的比重/(%)	29.3	28	25
健康环境	地级及以上城市空气质量优良天数比率/(%)	76.7	>80	持续改善
	地表水质量达到或好于Ⅲ类水体比例/(%)	66	>70	持续改善
健康产业	健康服务业总规模/万亿元		>8	16

附表 1-3-1　2014 年世界健康现代化指数和国家分组

国家	编号	健康生活指数	健康服务指数	健康现代化指数	排名	国家分组
瑞典	1	100	100	100	1	1
美国	2	99	82	90	18	1
芬兰	3	100	98	99	4	1
澳大利亚	4	100	98	99	5	1
瑞士	5	98	100	99	6	1
挪威	6	100	96	98	7	1
日本	7	94	93	93	16	1
丹麦	8	100	89	94	14	1
德国	9	98	100	99	3	1
荷兰	10	97	95	96	11	1
加拿大	11	100	88	94	15	1
新加坡	12	82	66	73	30	1
英国	13	100	94	97	9	1
法国	14	100	98	99	2	1
比利时	15	96	95	95	12	1
奥地利	16	99	95	97	8	1
新西兰	17	100	94	97	10	1
韩国	18	67	65	66	35	1
以色列	19	89	77	83	25	1
意大利	20	94	88	91	17	1
爱尔兰	21	100	89	94	13	2
西班牙	22	98	76	86	21	1
爱沙尼亚	23	97	71	83	24	1
斯洛文尼亚	24	100	79	89	19	1
乌拉圭	25	85	56	69	32	1
俄罗斯	26	69	66	67	33	2
斯洛伐克	27	98	71	84	23	2
希腊	28	100	60	77	27	2
匈牙利	29	98	62	78	26	2
捷克	30	98	79	88	20	2
葡萄牙	31	96	75	85	22	1
白俄罗斯	32	80	55	66	34	2
拉脱维亚	33	79	50	63	37	3
立陶宛	34	77	63	70	31	2
格鲁吉亚	35	59	27	40	60	2
乌克兰	36	67	39	51	45	3
保加利亚	37	84	43	60	38	2
黎巴嫩	38	82	39	56	41	2
哈萨克斯坦	39	56	44	50	47	2
波兰	40	97	59	76	29	3
阿根廷	41	84	23	44	54	3
巴拿马	42	66	34	47	49	2
克罗地亚	43	98	60	77	28	2
沙特阿拉伯	44	52	53	53	44	2
哥伦比亚	45	75	29	47	50	3

（续表）

国家	编号	健康生活指数	健康服务指数	健康现代化指数	排名	国家分组
科威特	46	69	61	65	36	2
智利	47	91	23	45	51	3
马其顿	48	64	15	31	77	3
阿塞拜疆	49	48	36	42	56	2
摩尔多瓦	50	47	28	36	69	2
罗马尼亚	51	66	49	57	40	3
委内瑞拉	52	81	21	41	58	2
乌兹别克斯坦	53	46	32	39	62	3
多米尼加	54	59	24	38	66	3
亚美尼亚	55	67	25	41	57	3
巴拉圭	56	68	21	38	63	2
哥斯达黎加	57	92	25	48	48	3
巴西	58	70	42	54	43	3
墨西哥	59	86	40	58	39	3
博茨瓦纳	60	35	19	26	86	3
秘鲁	61	59	23	37	67	3
牙买加	62	83	17	38	65	3
约旦	63	71	35	50	46	3
南非	64	31	25	28	82	4
土耳其	65	84	36	55	42	3
厄瓜多尔	66	65	31	44	53	3
伊朗	67	71	19	37	68	3
蒙古	68	47	27	35	71	3
摩洛哥	69	52	11	24	89	3
马来西亚	70	66	24	40	61	3
萨尔瓦多	71	71	17	34	72	3
埃及	72	61	24	38	64	3
中国	73	55	30	41	59	3
阿尔及利亚	74	49	25	35	70	3
土库曼斯坦	75	39	26	32	74	3
突尼斯	76	74	26	44	55	3
阿尔巴尼亚	77	84	24	45	52	3
吉尔吉斯斯坦	78	45	22	31	76	3
塔吉克斯坦	79	39	17	26	85	3
玻利维亚	80	47	14	25	87	3
缅甸	81	30	6	13	104	4
菲律宾	82	41	18	27	84	4
泰国	83	53	17	30	78	4
纳米比亚	84	33	18	24	88	4
津巴布韦	85	36	5	14	102	4
洪都拉斯	86	68	13	29	81	4
尼加拉瓜	87	63	16	32	75	4
越南	88	49	15	28	83	4
肯尼亚	89	39	9	19	91	4
斯里兰卡	90	71	13	30	79	4

(续表)

国家	编号	健康生活指数	健康服务指数	健康现代化指数	排名	国家分组
刚果共和国	91	34	8	16	94	4
印度尼西亚	92	40	8	18	92	4
赞比亚	93	32	8	17	93	4
危地马拉	94	56	16	30	80	4
毛里塔尼亚	95	21	5	10	117	4
科特迪瓦	96	27	3	8	125	4
印度	97	33	8	16	95	4
巴基斯坦	98	25	6	12	106	4
莱索托	99	26	5	11	111	4
柬埔寨	100	36	6	14	100	4
喀麦隆	101	30	4	11	115	4
厄立特里亚	102	30	4	10	119	4
叙利亚	103	72	16	34	73	4
加纳	104	31	7	14	101	4
乍得	105	19	3	7	126	4
莫桑比克	106	21	4	9	124	4
几内亚	107	27	14	19	90	4
也门共和国	108	41	6	15	97	4
巴布亚新几内亚	109	30	5	12	108	4
海地	110	34	4	11	113	4
尼泊尔	111	35	4	11	109	4
塞内加尔	112	29	4	11	114	4
塞拉利昂	113	21	2	7	130	4
刚果民主共和国	114	25	2	7	127	4
老挝	115	33	5	13	105	4
马拉维	116	37	3	10	120	4
多哥	117	35	3	10	118	4
马达加斯加	118	36	3	11	110	4
马里	119	26	3	9	123	4
尼日利亚	120	21	10	14	99	4
孟加拉国	121	33	3	11	116	4
坦桑尼亚	122	27	1	6	131	4
贝宁	123	32	4	12	107	4
尼日尔	124	26	2	7	128	4
安哥拉	125	24	10	15	98	4
乌干达	126	35	6	14	103	4
中非	127	21	2	7	129	4
布基纳法索	128	32	4	11	112	4
埃塞俄比亚	129	34	2	9	122	4
布隆迪	130	32	2	9	121	4
卢旺达	131	50	5	16	96	4
高收入国家		100	100	100		
中等收入国家		32	16	22		
低收入国家		24	2	7		
世界平均		41	35	38		

注:"—"表示没有数据,后同。国家分组是根据健康现代化指数的分组,1代表健康发达国家,2代表健康中等发达国家,3代表健康初等发达国家,4代表健康欠发达国家。

附表 1-3-2　2014 年世界健康现代化指标的指数

国家	编号	预期健康寿命	婴儿死亡率	PM 2.5年均浓度	结核病发病率	育龄妇女避孕率	医生比例	护士比例	健康保险覆盖率	人均公共健康支出	慢性病死亡率
		2015	2014	2013	2014	2014	2013	2013	2014	2014	2012
瑞典	1	100	100	100	100	100	100.0	100	100	100	100
美国	2	96	100	100	100	100	76.6	98	89	100	54
芬兰	3	99	100	100	100	100	90.8	100	100	100	100
澳大利亚	4	100	100	100	100	99	100.0	100	100	100	90
瑞士	5	100	100	89	100	100	100.0	100	100	100	100
挪威	6	100	100	100	100	100	100.0	100	100	100	81
日本	7	100	100	97	100	74	71.8	100	100	95	100
丹麦	8	99	100	100	100	100	100.0	100	100	100	56
德国	9	99	100	100	100	91	100.0	100	100	100	100
荷兰	10	100	100	93	100	95	89.3	100	100	100	89
加拿大	11	100	100	100	100	100	64.6	93	100	100	89
新加坡	12	100	100	94	43	92	60.9	58	100	35	100
英国	13	99	100	100	100	100	87.8	88	100	100	
法国	14	100	100	100	100	100	99.7	93	100	100	100
比利时	15	99	100	84	100	96	100.0	100	99	100	78
奥地利	16	100	100	100	100	95	100.0	79	100	100	100
新西兰	17	99	100	100	100	100	85.5	100	100	100	84
韩国	18	100	100	54	24	100	67.0	50	100	34	100
以色列	19	100	100	61	100	93	100.0	50	100	54	100
意大利	20	100	100	85	100	86	100.0	69	100	76	100
爱尔兰	21	99	100	100	100	100	83.4	100	100	86	78
西班牙	22	100	100	100	100	90	100.0	57	100	58	75
爱沙尼亚	23	96	100	100	100	92	100.0	64	94	30	100
斯洛文尼亚	24	99	100	100	100	100	78.6	85	100	48	100
乌拉圭	25	94	66	100	70	100	100.0	55		32	57
俄罗斯	26	88	71	100	25	100	100.0	85	100	14	100
斯洛伐克	27	95	98	98	100	100	100.0	61	94	32	100
希腊	28	100	100	100	100	100	100.0	37	86	33	72
匈牙利	29	94	100	99	100	100	96.3	65	95	21	74
捷克	30	96	100	94	100	100	100.0	84	100	36	100
葡萄牙	31	99	100	100	84	100	100.0	61	100	42	91
白俄罗斯	32	91	100	100	36	99	100.0	100		9	100
拉脱维亚	33	93	83	100	43	93	100.0	34		18	100
立陶宛	34	92	100	100	34	86	100.0	72		22	100
格鲁吉亚	35	92	53	100	20	73	100.0	35		2	81
乌克兰	36	89	74	100	22	91	100.0	77		3	100
保加利亚	37	92	62	98	78	95	100.0	48		11	63
黎巴嫩	38	91	82	66	100	74	100.0	27		8	100
哈萨克斯坦	39	88	44	100	21	69	100.0	83		9	49
波兰	40	95	100	92	100	100	69.3	62	91	20	96
阿根廷	41	94	52	100	88	100	100.0	5		10	57
巴拿马	42	95	40	100	46	72	51.6	14		22	85
克罗地亚	43	96	100	100	100	95	93.8	53		26	100
沙特阿拉伯	44	89	47	29	100	33	77.8	49		26	81
哥伦比亚	45	91	43	100	64	100	46.0	6	97	13	55

(续表)

国家	编号	预期健康寿命	婴儿死亡率	PM 2.5 年均浓度	结核病发病率	育龄妇女避孕率	医生比例	护士比例	健康保险覆盖率	人均公共健康支出	慢性病死亡率
		2015	2014	2013	2014	2014	2013	2013	2014	2014	2012
科威特	46	91	78	32	100	71	84.4	46		37	100
智利	47	98	83	85	100	88	32.1	1	94	17	77
马其顿	48		100	92	100	18	82.1	6		7	
阿塞拜疆	49	90	21	75	27	70	100.0	65		3	90
摩尔多瓦	50		43	91	14	93	93.3	64		4	
罗马尼亚	51	93	59	93	26	96	76.5	56		14	100
委内瑞拉	52	91	45	100	88	96		11		8	98
乌兹别克斯坦	53	87	17	61	26	89	79.2	100		2	67
多米尼加	54	90	23	100	35	95	46.6	13		6	100
亚美尼亚	55	93	45	88	47	75	84.3	48		2	47
巴拉圭	56	91	33	100	49	100	38.3	10		7	81
哥斯达黎加	57	97	70	100	100	100	34.8	8		22	71
巴西	58	91	42	95	48	100	59.1	76		13	52
墨西哥	59	94	50	100	100	99	65.5	25	93	11	59
博茨瓦纳	60	79	17	100	5	72	10.5	28		7	65
秘鲁	61	91	44	100	18	100	35.4	15		7	80
牙买加	62	93	43	100	100	99	19.1	11		4	100
约旦	63	90	38	61	100	84	79.9	40		8	62
南非	64	76	17	100	3	82	24.3	51		8	38
土耳其	65	92	49	91	100	100	53.5	24	98	14	37
厄瓜多尔	66	93	32	100	39	100	53.9	22		9	85
伊朗	67	92	43	49	95	100	27.8	14		4	69
蒙古	68	86	30	100	12	75	88.7	36		3	46
摩洛哥	69	90	24	90	20	92	19.4	9		2	46
马来西亚	70	92	97	100	20	67	37.4	33		8	37
萨尔瓦多	71	89	40	100	51	99	49.9	4		6	67
埃及	72	86	29	43	100	80	88.4	35		2	49
中国	73	95	61	29	31	100	64.4	21	97	7	26
阿尔及利亚	74	64	27	81	27	78	37.7	19		8	70
土库曼斯坦	75	83	13	37	33	66	74.7	44		4	39
突尼斯	76	93	48	95	64	86	38.2	33		5	64
阿尔巴尼亚	77	96	47	98	100	95	35.8	38		4	58
吉尔吉斯斯坦	78	89	30	85	15	58	61.5	62		1	41
塔吉克斯坦	79	86	15	80	23	38	59.9	50		1	44
玻利维亚	80	87	19	100	18	83	14.8	10		5	51
缅甸	81	82	15	54	6	63	19.1	10		0	18
菲律宾	82	85	26	100	7	75	36.0	61		1	33
泰国	83	93	55	70	12	100	12.3	21		10	36
纳米比亚	84	80	18	100	4	77	11.7	28		9	32
津巴布韦	85	72	13	100	8	92	2.6	13		1	37
洪都拉斯	86	90	33	100	49	100	14.7	11		3	50
尼加拉瓜	87	89	31	100	36	100	28.2	14		3	58
越南	88	93	34	61	15	100	37.2	12		2	52
肯尼亚	89	77	16	100	9	79	6.2	9		1	100
斯里兰卡	90	93	70	91	32	94	21.3	16		2	37

(续表)

国家	编号	预期健康寿命	婴儿死亡率	PM 2.5 年均浓度	结核病发病率	育龄妇女避孕率	医生比例	护士比例	健康保险覆盖率	人均公共健康支出	慢性病死亡率
		2015	2014	2013	2014	2014	2013	2013	2014	2014	2012
刚果共和国	91	79	17	100	6	61	3.0	8		4	37
印度尼西亚	92	86	25	100	5	86	6.4	14		1	35
赞比亚	93	75	13	100	5	67	5.4	8		1	84
危地马拉	94	86	24	100	37	74	29.1	9		3	87
毛里塔尼亚	95	77	9	22	19	16	2.1	7		1	62
科特迪瓦	96	64	9	77	13	25	4.5	5		1	
印度	97	83	15	33	13	75	21.9	17		1	13
巴基斯坦	98	80	9	34	8	48	25.8	6		0	22
莱索托	99	65	9	100	2	82	1.5	6		2	22
柬埔寨	100	81	23	79	5	77	5.3	8		0	60
喀麦隆	101	70	10	73	10	47	2.4	4		0	53
厄立特里亚	102	77	17	63	27	12	1.6	6		0	47
叙利亚	103	78	51	66	100	74	45.5	19		1	84
加纳	104	77	14	59	13	37	3.0	9		1	62
乍得	105	64	7	51	13	8	1.3	2		1	39
莫桑比克	106	69	10	100	4	16	1.3	4		1	45
几内亚	107	72	9	100	13	17	9.4	5		16	47
也门共和国	108	80	17	43	44	46	6.2	7		1	40
巴布亚新几内亚	109	78	13	100	5	44	1.8	6		2	19
海地	110	77	11	100	11	47	7.8	1		0	100
尼泊尔	111	85	20	34	13	68	6.5	5		0	13
塞内加尔	112	81	14	38	15	30	1.8	4		1	45
塞拉利昂	113	62	7	65	7	23	0.7	2		0	33
刚果民主共和国	114	79	8	86	6	28	3.3	5		0	33
老挝	115	80	11	57	11	68	5.7	9		1	25
马拉维	116	71	13	100	9	80	0.6	3		1	50
多哥	117	73	11	61	36	27	1.7	3		0	54
马达加斯加	118	79	16	100	9	55	5.0	3		0	46
马里	119	71	8	43	36	14	2.6	4		0	20
尼日利亚	120	66	8	53	7	21	12.3	16		1	54
孟加拉国	121	87	19	32	9	85	11.1	2		0	19
坦桑尼亚	122		17	100	6	47	1.0	4		1	
贝宁	123	73	9	58	34	25	1.8	8		1	47
尼日尔	124	75	10	41	21	19	0.6	1		0	45
安哥拉	125	93	6	100	6	24	5.2	17		4	27
乌干达	126	75	15	88	13	37	3.7	13		0	53
中非	127	64	6	81	6	21	1.5	3		0	25
布基纳法索	128	73	10	53	39	23	1.5	6		1	41
埃塞俄比亚	129	78	14	89	10	47	0.7	2		0	36
布隆迪	130	73	11	91	17	30	1.3	2		0	44
卢旺达	131	79	18	92	33	73	1.8	7		1	78
高收入国家		100	100	100	100	100	100.0	100	100	100	99
中等收入国家			19	43	14	89	38.9	21		5	
低收入国家			11	77	9	43	2.3	6		0	
世界平均		88	18	49	16	87	54.7	40		20	36
标准值											

附表 1-3-3　2014 年世界健康现代化指标的数值

国家	编号	预期健康寿命	婴儿死亡率	PM 2.5 年均浓度	结核病发病率	育龄妇女避孕率	医生比例	护士比例	健康保险覆盖率	人均公共健康支出	慢性病死亡率
		2015	2014	2013	2014	2014	2013	2013	2014	2014	2012
瑞典	1	72	2	7	8	75	3.9	12	100	5721	15
美国	2	69	6	11	3	76	2.5	10	89	4541	37
芬兰	3	71	2	7	6	77	2.9	11	100	3473	13
澳大利亚	4	72	3	6	6	72	3.3	11	100	4043	22
瑞士	5	73	4	18	6	82	4.0	17	100	6385	13
挪威	6	72	2	6	8	88	4.3	17	100	8141	25
日本	7	75	2	16	18	54	2.3	11	100	3095	16
丹麦	8	71	3	11	7	77	3.5	17	100	5479	36
德国	9	71	3	15	6	66	3.9	11	100	4165	19
荷兰	10	72	3	17	6	69	2.9	15	100	4954	23
加拿大	11	72	4	12	5	74	2.1	9	100	3753	23
新加坡	12	74	2	17	49	67	2.0	6	100	1149	12
英国	13	71	4	11	12	84	2.8	9	100	3272	
法国	14	73	4	14	9	76	3.2	9	100	3878	12
比利时	15	71	3	19	9	70	4.9	17	99	3803	26
奥地利	16	72	3	15	8	70	4.8	8	100	4345	15
新西兰	17	72	5	9	7	75	2.7	11	100	4032	24
韩国	18	73	3	29	86	80	2.1	5	100	1114	19
以色列	19	73	3	26	6	68	3.3	5	100	1771	19
意大利	20	73	3	18	6	63	3.8	7	100	2463	15
爱尔兰	21	72	3	8	7	76	2.7	16	100	2800	26
西班牙	22	72	4	12	12	66	4.9	6	100	1884	27
爱沙尼亚	23	69	3	9	20	67	3.2	6	94	984	10
斯洛文尼亚	24	71	2	14	8	79	2.5	8	100	1550	11
乌拉圭	25	68	9	7	30	78	3.7	6		1027	35
俄罗斯	26	63	9	14	84	80	4.3	9	100	466	17
斯洛伐克	27	68	6	16	7	80	3.3	6	94	1055	13
希腊	28	72	4	15	5	76	6.2	4	86	1075	28
匈牙利	29	67	5	16	12	73	3.1	6	95	684	27
捷克	30	69	3	17	5	86	3.6	8	100	1165	15
葡萄牙	31	71	3	10	25	87	4.1	6	100	1359	22
白俄罗斯	32	65	4	14	58	73	3.9	11		296	16
拉脱维亚	33	67	7	12	49	68	3.6	3		582	9
立陶宛	34	66	4	14	62	63	4.1	7		722	12
格鲁吉亚	35	66	11	16	106	53	4.3	4		63	25
乌克兰	36	64	8	15	94	67	3.5	8		103	16
保加利亚	37	66	10	16	27	69	3.9	5		361	32
黎巴嫩	38	66	7	24	16	54	3.2	3		271	19
哈萨克斯坦	39	63	14	14	99	51	3.6	8		293	41
波兰	40	69	5	17	21	73	2.2	6	91	646	21
阿根廷	41	68	12	9	24	79	3.9	0		335	35
巴拿马	42	68	15	7	46	52	1.7	1		702	23
克罗地亚	43	69	4	14	12	69	3.0	5		860	17
沙特阿拉伯	44	64	13	54	12	24	2.5	5		855	25
哥伦比亚	45	65	14	13	33	79	1.5	1	97	428	36

(续表)

国家	编号	预期健康寿命	婴儿死亡率	PM 2.5年均浓度	结核病发病率	育龄妇女避孕率	医生比例	护士比例	健康保险覆盖率	人均公共健康支出	慢性病死亡率
		2015	2014	2013	2014	2014	2013	2013	2014	2014	2012
科威特	46	66	8	49	21	52	2.7	5		1191	13
智利	47	71	7	18	16	64	1.0	0	94	563	26
马其顿	48		5	17	15	14	2.6	1		224	
阿塞拜疆	49	65	29	21	77	51	3.4	7		96	22
摩尔多瓦	50		14	17	153	68	3.0	6		118	
罗马尼亚	51	67	10	17	81	70	2.4	6		448	20
委内瑞拉	52	65	13	13	24	70		1		256	20
乌兹别克斯坦	53	62	35	26	82	65	2.5	12		66	30
多米尼加	54	65	26	12	60	70	1.5	1		180	15
亚美尼亚	55	67	13	18	45	55	2.7	5		69	43
巴拉圭	56	65	18	14	43	79	1.2	1		213	25
哥斯达黎加	57	70	9	9	11	76	1.1	1		705	28
巴西	58	66	14	16	44	80	1.9	8		436	38
墨西哥	59	67	12	12	21	73	2.1	3	93	351	34
博茨瓦纳	60	57	36	10	385	53	0.3	3		227	31
秘鲁	61	66	14	13	120	75	1.1	2		217	25
牙买加	62	67	14	11	5	73	0.6	1		139	17
约旦	63	65	16	26	6	61	2.6	4		250	32
南非	64	54	34	14	834	60	0.8	5		275	52
土耳其	65	66	12	17	18	74	1.7	2	98	440	54
厄瓜多尔	66	67	19	14	54	80	1.7	2		285	23
伊朗	67	67	14	32	22	77	0.9	1		145	29
蒙古	68	62	20	8	170	55	2.8	4		108	43
摩洛哥	69	65	25	17	106	67	0.6	1		64	43
马来西亚	70	67	6	14	103	49	1.2	3		252	55
埃及	72	62	21	36	15	59	2.8	4		68	41
中国	73	69	10	54	68	88	2.1	2	97	234	77
阿尔及利亚	74	46	22	19	78	57	1.2	2		263	28
土库曼斯坦	75	60	45	42	64	48	2.4	4		122	51
突尼斯	76	67	13	16	33	63	1.2	3		173	31
阿尔巴尼亚	77	69	13	16	19	69	1.1	4		136	34
吉尔吉斯斯坦	78	64	20	18	142	42	2.0	6		46	49
塔吉克斯坦	79	62	40	20	91	28	1.9	5		22	45
玻利维亚	80	63	32	11	120	61	0.5	1		150	39
缅甸	81	59	41	29	369	46	0.6	1		9	114
菲律宾	82	61	23	9	288	55	1.2	6		46	61
泰国	83	67	11	22	171	79	0.4	2		310	55
纳米比亚	84	58	33	8	561	56	0.4	3		299	63
津巴布韦	85	52	48	9	278	67	0.1	1		22	54
洪都拉斯	86	65	18	9	43	73	0.5	1		108	40
尼加拉瓜	87	64	19	7	58	80	0.9	1		100	35
越南	88	67	18	25	140	76	1.2	1		77	39
肯尼亚	89	56	37	11	246	58	0.2	1		48	20
斯里兰卡	90	67	9	17	65	68	0.7	2		71	54

（续表）

国家	编号	预期健康寿命	婴儿死亡率	PM 2.5 年均浓度	结核病发病率	育龄妇女避孕率	医生比例	护士比例	健康保险覆盖率	人均公共健康支出	慢性病死亡率
		2015	2014	2013	2014	2014	2013	2013	2014	2014	2012
刚果共和国	91	57	34	14	381	45	0.1	1		132	55
印度尼西亚	92	62	24	15	399	63	0.2	1		38	56
赞比亚	93	54	45	12	406	49	0.2	1		48	24
危地马拉	94	62	25	12	57	54	0.9	1		88	23
毛里塔尼亚	95	55	66	70	111	11	0.1	1		24	32
科特迪瓦	96	46	69	20	165	18	0.1	0		26	
印度	97	60	39	47	167	55	0.7	2		23	155
巴基斯坦	98	58	67	46	270	35	0.8	1		13	91
莱索托	99	47	71	11	852	60	0.0	1		80	92
柬埔寨	100	58	26	20	390	56	0.2	1		14	34
喀麦隆	101	50	59	21	220	34	0.1	0		13	38
厄立特里亚	102	56	35	25	78	8	0.1	1		12	43
叙利亚	103	56	12	24	17	54	1.5	2		31	24
加纳	104	55	44	27	165	27	0.1	1		35	32
乍得	105	46	87	31	159	6	0.0	0		20	51
莫桑比克	106	50	59	7	551	12	0.0	0		24	45
几内亚	107	52	70	11	162	13	0.3	1		511	43
也门共和国	108	58	35	36	48	34	0.2	1		18	50
巴布亚新几内亚	109	56	46	6	417	32	0.1	1		75	106
海地	110	55	54	13	200	35	0.3	0		6	18
尼泊尔	111	61	31	46	158	50	0.2	0		16	152
塞内加尔	112	58	42	41	138	22	0.1	0		26	45
塞拉利昂	113	44	90	24	310	17	0.0	0		15	61
刚果民主共和国	114	57	77	18	325	20	0.1	1		1	61
老挝	115	58	52	27	189	50	0.2	1		16	80
马拉维	116	51	45	9	227	59	0.0	0		18	40
多哥	117	53	54	25	58	20	0.1	0		13	37
马达加斯加	118	57	37	6	235	40	0.2	0		7	43
马里	119	51	76	36	58	10	0.1	0		11	103
尼日利亚	120	48	72	30	322	15	0.4	2		30	37
孟加拉国	121	62	32	48	227	62	0.4	0		9	107
坦桑尼亚	122		36	9	327	34	0.0	0		24	
贝宁	123	53	66	27	61	18	0.1	1		19	43
尼日尔	124	54	58	38	98	14	0.0	0		13	44
安哥拉	125	67	99	14	370	18	0.2	2		115	74
乌干达	126	54	39	18	161	27	0.1	1		13	38
中非	127	46	94	19	375	15	0.0	0		8	80
布基纳法索	128	53	62	29	54	17	0.0	1		18	48
埃塞俄比亚	129	56	43	18	207	34	0.0	0		16	55
布隆迪	130	52	56	17	126	22	0.0	0		11	45
卢旺达	131	57	33	17	63	53	0.1	1		20	26
高收入国家		72	6	16	21	73	3.2	10	100	3252	20
中等收入国家			32	36	150	65	1.2	2		153	
低收入国家			55	20	238	31	0.1	1		14	
世界平均		63	33	32	133	63	1.8	4		637	55

注：指标单位见附表1-1-1。人均健康支出单位为美元。

附表 1-3-4 1990～2010 年世界健康现代化指数和国家分组

国家	编号	指数				排名			国家分组		
		2014	2010	2000	1990	2010	2000	1990	2010	2000	1990
瑞典	1	100	100	100	100	1	1	1	1	1	1
美国	2	90	90	94	96	19	14	9	1	1	1
芬兰	3	99	99	97	97	4	7	6	1	1	1
澳大利亚	4	99	99	96	95	6	9	11	1	1	1
瑞士	5	99	100	100	100	2	2	5	1	1	1
挪威	6	98	98	100	100	9	3	2	1	1	1
日本	7	93	93	94	92	16	13	17	1	1	1
丹麦	8	94	94	95	100	15	11	3	1	1	1
德国	9	99	99	99	96	5	4	10	1	1	1
荷兰	10	96	97	95	92	11	10	15	1	1	1
加拿大	11	94	95	97	97	14	6	7	1	1	1
新加坡	12	73	76	66	63	30	30	28	2	2	2
英国	13	97	98	94	94	8	12	13	1	1	1
法国	14	99	100	99	98	3	5	4	1	1	1
比利时	15	95	95	92	97	13	15	8	1	1	1
奥地利	16	97	99	97	94	7	8	12	1	1	1
新西兰	17	97	97	91	88	10	17	18	1	1	1
韩国	18	66	66	56	52	34	33	40	2	2	2
以色列	19	83	85	89	90	24	19	20	1	1	1
意大利	20	91	92	91	92	17	16	16	1	1	1
爱尔兰	21	94	96	90	92	12	18	14	1	1	1
西班牙	22	86	88	86	89	21	21	19	1	1	1
爱沙尼亚	23	83	84	74	56	25	29	30	1	2	2
斯洛文尼亚	24	89	91	89	85	18	20	22	1	1	1
乌拉圭	25	69	72	54	57	31	35	39	2	2	2
俄罗斯	26	67	67	51	44	33	42	38	2	2	3
斯洛伐克	27	84	85	78	73	23	26	25	1	2	2
希腊	28	77	79	83	88	26	24	21	2	1	1
匈牙利	29	78	79	79	71	27	25	27	2	2	2
捷克	30	88	90	85	80	20	22	23	1	1	2
葡萄牙	31	85	86	83	82	22	23	24	1	1	1
白俄罗斯	32	66	66	53	47	35	37	33	2	2	3
拉脱维亚	33	63	66	55	55	36	34	35	2	2	2
立陶宛	34	70	71	64	50	32	31	32	2	2	2
格鲁吉亚	35	40	39	32	18	61	71	68	3	3	4
乌克兰	36	51	52	45	41	45	49	41	2	3	3
保加利亚	37	60	59	53	51	38	36	31	2	2	2
黎巴嫩	38	56	56	51	41	41	39	43	2	2	3
哈萨克斯坦	39	50	48	38	29	49	61	46	3	3	4
波兰	40	76	76	74	58	29	28	29	2	2	2
阿根廷	41	44	45	51	51	53	41	37	3	2	2
巴拿马	42	47	51	52	36	46	38	47	2	2	3
克罗地亚	43	77	78	75	69	28	27	26	2	2	2
沙特阿拉伯	44	53	54	39	31	43	59	51	2	3	3
哥伦比亚	45	47	48	44	28	50	50	63	3	3	4

(续表)

国家	编号	指数				排名			国家分组		
		2014	2010	2000	1990	2010	2000	1990	2010	2000	1990
科威特	46	65	65	63	49	37	32	34	2	2	3
智利	47	45	46	46	53	51	48	36	3	3	2
马其顿	48	31	31	30	46	79	76	45	3	4	3
阿塞拜疆	49	42	42	28	17	59	80	72	3	4	4
摩尔多瓦	50	36	39	30	32	64	74	44	3	3	3
罗马尼亚	51	57	57	44	27	40	51	74	2	3	4
委内瑞拉	52	41	42	46	33	56	47	54	3	3	3
乌兹别克斯坦	53	39	39	38	25	63	62	53	3	3	4
多米尼加	54	38	38	41	20	67	54	70	3	3	4
亚美尼亚	55	41	40	38	27	60	60	48	3	3	4
巴拉圭	56	38	42	41	21	58	56	66	3	3	4
哥斯达黎加	57	48	50	51	47	48	40	42	2	2	3
巴西	58	54	56	44	30	42	52	57	2	3	4
墨西哥	59	58	58	50	29	39	43	58	2	2	4
博茨瓦纳	60	26	26	24	13	86	85	85	4	4	4
秘鲁	61	37	36	31	19	71	73	81	3	3	4
牙买加	62	38	37	50	28	69	44	55	3	2	4
约旦	63	50	51	47	28	47	45	49	2	3	4
南非	64	28	28	28	23	81	79	62	4	4	4
土耳其	65	55	53	47	34	44	46	50	2	3	3
厄瓜多尔	66	44	45	33	24	54	69	69	3	3	4
伊朗	67	37	37	40	18	68	57	75	3	3	4
蒙古	68	35	35	32	17	72	72	77	3	3	4
摩洛哥	69	24	25	23	12	88	86	90	4	4	4
马来西亚	70	40	42	36	27	57	64	56	3	3	4
萨尔瓦多	71	34	36	39	22	70	58	73	3	3	4
埃及	72	38	39	35	19	62	66	71	3	3	4
中国	73	41	38	24	22	66	84	76	3	4	4
阿尔及利亚	74	35	38	35	21	65	67	64	3	3	4
土库曼斯坦	75	32	32	34	23	78	68	61	3	3	4
突尼斯	76	44	45	41	25	52	55	59	3	3	4
阿尔巴尼亚	77	45	45	41	26	55	53	52	3	3	3
吉尔吉斯斯坦	78	31	33	27	22	74	82	60	3	4	4
塔吉克斯坦	79	26	27	22	13	85	88	83	4	4	4
玻利维亚	80	25	25	29	11	87	77	88	4	4	4
缅甸	81	13	13	10	4	105	116	117	4	4	4
菲律宾	82	27	28	24	11	82	83	89	4	4	4
泰国	83	30	32	29	25	77	78	65	3	4	4
纳米比亚	84	24	24	22	15	89	87	82	4	4	4
津巴布韦	85	14	13	14	15	104	99	86	4	4	4
洪都拉斯	86	29	29	30	15	80	75	84	4	4	4
尼加拉瓜	87	32	32	33	19	75	70	79	3	3	4
越南	88	28	28	21	12	84	89	87	4	4	4
肯尼亚	89	19	18	17	6	91	92	98	4	4	4
斯里兰卡	90	30	32	27	21	76	81	80	3	4	4

(续表)

国家	编号	指数				排名			国家分组		
		2014	2010	2000	1990	2010	2000	1990	2010	2000	1990
刚果共和国	91	16	17	18	10	93	90	91	4	4	4
印度尼西亚	92	18	17	15	10	92	95	93	4	4	4
赞比亚	93	17	14	15	5	101	96	101	4	4	4
危地马拉	94	30	28	35	16	83	65	78	4	3	4
毛里塔尼亚	95	10	11	11	4	111	109	118	4	4	4
科特迪瓦	96	8	8	8	6	124	125	106	4	4	4
印度	97	16	16	15	11	94	94	92	4	4	4
巴基斯坦	98	12	12	12	8	106	105	102	4	4	4
莱索托	99	11	11	10	7	113	114	100	4	4	4
柬埔寨	100	14	15	12	5	98	106	108	4	4	4
喀麦隆	101	11	11	15	6	114	97	95	4	4	4
厄立特里亚	102	10	10	10	3	118	117	121	4	4	4
叙利亚	103	34	35	37	19	73	63	67	3	3	4
加纳	104	14	15	14	6	100	98	103	4	4	4
乍得	105	7	8	7	4	126	128	130	4	4	4
莫桑比克	106	9	9	9	3	121	119	127	4	4	4
几内亚	107	19	20	17	7	90	91	97	4	4	4
也门共和国	108	15	15	16	6	96	93	119	4	4	4
巴布亚新几内亚	109	12	12	12	8	108	107	94	4	4	4
海地	110	11	11	13	6	117	102	114	4	4	4
尼泊尔	111	11	12	9	5	109	118	112	4	4	4
塞内加尔	112	11	11	11	5	116	112	111	4	4	4
塞拉利昂	113	7	7	7	3	130	129	126	4	4	4
刚果民主共和国	114	7	7	9	3	128	124	128	4	4	4
老挝	115	13	14	13	9	102	101	99	4	4	4
马拉维	116	10	9	9	3	120	123	125	4	4	4
多哥	117	10	10	12	7	119	104	96	4	4	4
马达加斯加	118	11	12	11	5	110	111	113	4	4	4
马里	119	9	9	9	4	122	121	115	4	4	4
尼日利亚	120	14	15	14	5	99	100	107	4	4	4
孟加拉国	121	11	11	11	7	115	110	105	4	4	4
坦桑尼亚	122	6	5	5	4	131	131	122	4	4	4
贝宁	123	12	12	12	6	107	103	104	4	4	4
尼日尔	124	7	8	8	3	127	127	131	4	4	4
安哥拉	125	15	15	11	7	97	108	110	4	4	4
乌干达	126	14	14	11	4	103	113	120	4	4	4
中非	127	7	7	9	4	129	122	123	4	4	4
布基纳法索	128	11	11	10	5	112	115	109	4	4	4
埃塞俄比亚	129	9	8	7	3	125	130	129	4	4	4
布隆迪	130	9	9	8	4	123	126	124	4	4	4
卢旺达	131	16	16	9	4	95	120	116	4	4	4
高收入国家		100	100	100	100						
中等收入国家		22	26	21	17						
低收入国家		7	6	5	4						
世界平均		38	37	39	25						

附录二　世界现代化水平评价的数据集

附表 2-1-1	2014年世界现代化水平	313
附表 2-1-2	2014年根据第二次现代化指数的国家分组	315
附表 2-2-1	2014年世界第一次现代化指数	317
附表 2-2-2	2014年世界第一次现代化评价指标	319
附表 2-2-3	2014年世界第一次现代化发展阶段	321
附表 2-2-4	世界第一次现代化指数的增长率和预期完成时间	323
附表 2-2-5	1950～2014年世界第一次现代化指数	325
附表 2-2-6	1950～2014年世界第一次现代化指数的排名	327
附表 2-3-1	2014年世界第二次现代化指数	329
附表 2-3-2	2014年世界知识创新指数	331
附表 2-3-3	2014年世界知识传播指数	333
附表 2-3-4	2014年世界生活质量指数	335
附表 2-3-5	2014年世界经济质量指数	337
附表 2-3-6	2014年世界第二次现代化发展阶段	339
附表 2-3-7	1970～2014年世界第二次现代化指数	341
附表 2-3-8	1970～2014年世界第二次现代化指数的排名	343
附表 2-4-1	2014年世界综合现代化指数	345
附表 2-4-2	2014年世界经济发展指数	347
附表 2-4-3	2014年世界社会发展指数	349
附表 2-4-4	2014年世界知识发展指数	351
附表 2-4-5	1980～2014年世界综合现代化指数	353
附表 2-4-6	1980～2014年世界综合现代化指数的排名	355

附表 2-1-1 2014 年世界现代化水平

国家	编号	人口/100万	第一次现代化 指数	排名[a]	阶段[b]	第二次现代化 指数	排名	阶段[c]	综合现代化 指数	排名	国家阶段[d]	国家分组[e]
瑞典	1	9.7	100.0	1	4	108.1	1	2	98.6	4	6	1
美国	2	318.9	100.0	1	4	105.0	4	2	96.9	8	6	1
芬兰	3	5.5	100.0	1	4	103.0	6	2	97.9	5	6	1
澳大利亚	4	23.5	100.0	1	4	94.2	16	1	91.7	15	5	1
瑞士	5	8.2	100.0	1	4	102.8	7	2	97.4	6	6	1
挪威	6	5.1	100.0	1	4	96.6	10	1	93.5	13	6	1
日本	7	127.1	100.0	1	4	102.6	8	1	94.7	11	5	1
丹麦	8	5.6	100.0	1	4	104.8	5	2	100.0	1	6	1
德国	9	81.0	100.0	1	4	95.9	12	1	94.1	12	5	1
荷兰	10	16.9	100.0	1	4	105.6	3	2	99.2	3	6	1
加拿大	11	35.5	100.0	1	4	92.7	18	1	89.3	18	5	1
新加坡	12	5.5	100.0	1	4	107.4	2	2	97.2	7	6	1
英国	13	64.6	100.0	1	4	93.9	17	2	91.6	16	6	1
法国	14	66.5	100.0	1	4	94.9	14	2	92.9	14	6	1
比利时	15	11.2	100.0	1	4	101.7	9	2	100.0	2	6	1
奥地利	16	8.5	100.0	1	4	95.9	13	1	94.9	10	5	1
新西兰	17	4.5	100.0	1	4	87.7	20	2	87.0	19	6	1
韩国	18	50.4	100.0	1	4	94.5	15	1	83.8	20	5	1
以色列	19	8.2	100.0	1	4	90.7	19	1	90.1	17	5	1
意大利	20	60.8	100.0	1	4	74.1	23	1	80.2	21	5	2
爱尔兰	21	4.6	100.0	1	4	96.1	11	2	95.3	9	6	1
西班牙	22	46.5	100.0	1	4	77.8	21	2	79.9	22	6	2
爱沙尼亚	23	1.3	100.0	1	4	67.4	28	1	67.2	30	5	2
斯洛文尼亚	24	2.1	99.9	1	4	75.1	22	1	73.3	23	5	2
乌拉圭	25	3.4	100.0	1	3	51.7	39		64.4	34	3	2
俄罗斯	26	143.8	100.0	1	4	60.6	32	1	61.3	37	5	2
斯洛伐克	27	5.4	100.0	1	4	59.9	33	1	65.5	32	5	2
希腊	28	10.9	100.0	1	3	70.6	25		70.3	26	3	2
匈牙利	29	9.9	100.0	1	4	67.9	27	1	68.6	27	5	2
捷克	30	10.5	100.0	1	4	69.6	26		71.7	24	4	2
葡萄牙	31	10.4	100.0	1	4	70.7	24	1	70.3	25	5	2
白俄罗斯	32	9.5	98.5	52	3	50.8	41		53.7	46	3	2
拉脱维亚	33	2.0	100.0	1	4	57.6	36		64.6	33	4	2
立陶宛	34	2.9	100.0	1	4	61.9	30	1	65.8	31	5	2
格鲁吉亚	35	3.7	90.8	73	2	36.7	68		41.9	64	2	3
乌克兰	36	45.4	94.1	65	3	44.2	53		47.2	56	3	3
保加利亚	37	7.2	99.0	50	4	49.1	43		59.0	40	4	2
黎巴嫩	38	5.6	99.3	48	4	45.3	49		56.4	43	4	2
哈萨克斯坦	39	17.3	100.0	1	3	47.1	46		50.8	52	3	2
波兰	40	38.0	100.0	1	4	59.0	35		60.0	38	4	2
阿根廷	41	43.0	100.0	1	4	53.9	38		63.5	35	4	2
巴拿马	42	3.9	100.0	1	3	44.3	52		51.9	47	3	3
克罗地亚	43	4.2	100.0	1	4	59.0	34		62.4	36	4	2
沙特阿拉伯	44	30.9	99.1	49	4	60.8	31		67.4	29	4	2
哥伦比亚	45	47.8	99.3	47	3	43.5	55		51.3	49	3	3
科威特	46	3.8	97.8	53	4	63.2	29		68.0	28	4	2
智利	47	17.8	100.0	1	4	54.9	37		58.0	41	4	2
马其顿	48	2.1	96.0	58	3	43.7	54		46.6	57	3	3
阿塞拜疆	49	9.5	95.0	62	3	36.2	69		44.4	60	3	3
摩尔多瓦	50	3.6	91.7	72	2	35.5	70		40.9	68	3	3
罗马尼亚	51	19.9	100.0	1	3	45.0	50		51.5	48	3	3
委内瑞拉	52	30.7	100.0	1	4	46.3	48		59.4	39	4	3
乌兹别克斯坦	53	30.8	80.7	89	2	28.7	84		27.8	89	2	4
多米尼加	54	10.4	97.1	56	3	37.3	65		51.3	50	3	3
亚美尼亚	55	3.0	90.3	74	3	39.6	59		46.3	58	3	2
巴拉圭	56	6.6	92.4	69	3	33.4	73		39.2	73	3	3
哥斯达黎加	57	4.8	100.0	1	3	51.0	40		55.4	44	3	2
巴西	58	206.1	100.0	1	3	50.0	42		57.2	42	3	2
墨西哥	59	125.4	100.0	1	4	41.0	57		50.9	51	4	3
博茨瓦纳	60	2.2	89.2	76	3	32.3	77		35.8	78	3	3
秘鲁	61	31.0	97.4	54	3	42.1	56		48.2	55	3	3
牙买加	62	2.7	95.6	60	3	37.2	66		43.2	62	3	3
约旦	63	7.4	95.3	61	4	40.1	58		49.9	54	4	3
南非	64	54.1	92.6	67	4	38.4	61		40.3	69	3	3
土耳其	65	77.5	100.0	1	4	48.7	44		54.6	45	3	2
厄瓜多尔	66	15.9	97.2	55	3	36.8	67		43.5	61	3	3
伊朗	67	78.1	96.5	57	3	46.4	47		44.7	59	3	2
蒙古	68	2.9	93.5	66	2	33.5	72		41.8	65	2	3
摩洛哥	69	33.9	85.8	81	3	32.4	76		35.8	77	3	2
马来西亚	70	29.9	100.0	1	3	48.6	45		50.0	53	3	2

(续表)

国家	编号	人口/100万	第一次现代化 指数	第一次现代化 排名[a]	第一次现代化 阶段[b]	第二次现代化 指数	第二次现代化 排名	第二次现代化 阶段[c]	综合现代化 指数	综合现代化 排名	国家阶段[d]	国家分组[e]
萨尔瓦多	71	6.1	94.5	64	3	34.2	71		40.1	72	3	3
埃及	72	89.6	91.7	71	3	31.9	78		37.9	75	3	3
中国	73	1364.3	98.8	51	3	44.5	51		42.3	63	3	3
阿尔及利亚	74	38.9	96.0	59	3	33.3	74		40.9	67	3	3
土库曼斯坦	75	5.3	84.5	85	3	30.4	80		31.6	84	3	3
突尼斯	76	11.0	94.9	63	3	38.2	62		40.2	70	3	3
阿尔巴尼亚	77	2.9	86.8	79	2	37.9	64		40.1	71	2	3
吉尔吉斯斯坦	78	5.8	86.8	80	2	29.2	83		32.2	82	2	4
塔吉克斯坦	79	8.3	77.7	90	2	26.5	90		24.3	96	2	4
玻利维亚	80	10.6	85.1	82	3	29.9	81		32.7	81	3	4
缅甸	81	53.4	68.6	99	2	20.1	110		18.7	109	2	4
菲律宾	82	99.1	91.8	70	3	33.0	75		38.2	74	3	3
泰国	83	67.7	87.7	77	2	38.5	60		36.4	76	2	3
纳米比亚	84	2.4	81.8	88	2	28.2	86		31.8	83	2	4
津巴布韦	85	15.2	61.3	109	2	18.8	114		17.8	114	2	4
洪都拉斯	86	8.0	84.7	83	3	27.0	88		28.4	88	3	4
尼加拉瓜	87	6.0	87.0	78	2	26.7	89		28.9	87	2	4
越南	88	90.7	82.4	87	2	31.8	79		30.7	85	2	3
肯尼亚	89	44.9	57.1	115	1	23.9	96		21.0	105	1	4
斯里兰卡	90	20.8	84.6	84	3	38.2	63		33.0	80	3	3
刚果共和国	91	4.5	72.3	93	3	23.5	97		25.4	95	3	4
印度尼西亚	92	254.5	84.2	86	3	28.4	85		29.0	86	3	3
赞比亚	93	15.7	69.9	96	2	21.0	104		22.1	101	2	4
危地马拉	94	16.0	92.4	68	3	27.9	87		33.2	79	3	4
毛里塔尼亚	95	4.0	57.5	112	2	17.1	119		18.3	112	2	4
科特迪瓦	96	22.2	57.5	113	2	16.6	122		19.3	108	2	4
印度	97	1295.3	76.0	91	2	24.3	94		23.6	99	2	4
巴基斯坦	98	185.0	68.2	100	2	20.2	109		23.0	100	2	4
莱索托	99	2.1	69.3	98	3	25.8	92		27.7	90	3	4
柬埔寨	100	15.3	66.4	103	1	20.4	108		18.6	110	1	4
喀麦隆	101	22.8	71.0	94	2	20.6	106		27.0	93	2	4
厄立特里亚	102	4.8	61.2	110	1	17.7	116		19.8	107	1	4
叙利亚	103	18.8	89.3	75	3	29.2	82		41.4	66	3	4
加纳	104	26.8	70.7	95	2	26.1	91		27.2	92	2	4
乍得	105	13.6	41.4	130	0	14.1	130		11.8	129	0	4
莫桑比克	106	27.2	51.5	121	1	14.3	129		14.7	121	1	4
几内亚	107	12.3	53.3	119	2	17.4	117		14.8	120	2	4
也门共和国	108	26.2	69.6	97	3	22.6	100		24.1	97	3	4
巴布亚新几内亚	109	7.5	47.3	124	1	20.5	107		13.0	126	1	4
海地	110	10.6	65.1	106	1	17.3	118		20.0	106	1	4
尼泊尔	111	28.2	67.4	101	1	23.3	98		18.5	111	1	4
塞内加尔	112	14.7	63.6	107	2	21.5	103		21.3	104	2	4
塞拉利昂	113	6.3	43.6	129	0	18.0	115		11.1	130	0	4
刚果民主共和国	114	74.9	62.8	108	2	17.1	120		15.8	117	2	4
老挝	115	6.7	65.2	105	2	24.0	95		21.5	103	2	4
马拉维	116	16.7	47.2	125	1	18.9	113		13.0	125	1	4
多哥	117	7.1	55.2	118	1	15.6	126		13.4	123	1	4
马达加斯加	118	23.6	57.0	116	1	20.8	105		18.0	113	1	4
马里	119	17.1	47.6	123	1	16.5	123		16.9	115	1	4
尼日利亚	120	177.5	67.0	102	2	22.5	101		25.9	94	2	4
孟加拉国	121	159.1	73.0	92	2	22.8	99		24.0	98	2	4
坦桑尼亚	122	51.8	56.4	117	1	16.4	124		14.8	119	1	4
贝宁	123	10.6	61.0	111	2	19.6	111		21.6	102	2	4
尼日尔	124	19.1	38.9	131	1	14.7	128		13.0	124	1	4
安哥拉	125	24.2	65.8	104	2	21.5	102		27.4	91	2	4
乌干达	126	37.8	52.7	120	1	19.0	112		13.9	122	1	4
中非	127	4.8	46.3	126	0	13.9	131		16.2	116	0	4
布基纳法索	128	17.6	45.4	128	1	16.9	121		12.7	127	1	4
埃塞俄比亚	129	97.0	49.7	122	1	16.1	125		12.3	128	1	4
布隆迪	130	10.8	46.1	127	1	15.3	127		9.2	131	1	4
卢旺达	131	11.3	57.3	114	1	24.9	93		15.1	118	1	4
高收入国家		1180.6	100.0		4	100.1		2	100.0		6	
中等收入国家		5458.9	95.5		3	33.4			36.3		3	
低收入国家		621.3	53.9		1	16.0			14.3		1	
世界平均		7260.8	99.2		4	46.9						

注:a. 第一次现代化指数达到100%时,排名不分先后。b. 第一次现代化的阶段:4代表过渡期,3代表成熟期,2代表发展期,1代表起步期,0代表传统农业社会。c. 第二次现代化的阶段:2代表发展期,1代表起步期。d. 国家阶段划分:0代表传统农业社会,1代表第一次现代化起步期,2代表第一次现代化发展期,3代表第一次现代化成熟期,4代表第一次现代化过渡期,5代表第二次现代化起步期,6代表第二次现代化发展期,7代表第二次现代化成熟期,8代表第二次现代化过渡期。e. 国家分组为根据第二次现代化指数的分组,1代表发达国家,2代表中等发达国家,3代表初等发达国家,4代表欠发达国家。"—"表示没有数据,后同。

附表 2-1-2 2014 年根据第二次现代化指数的国家分组

国家	编号	第二次现代化指数	第一次现代化指数	综合现代化指数	人均国民收入	2014年分组[a]	2013年分组[a]
瑞典	1	108.1	100.0	98.6	60 750	1	1
美国	2	105.0	100.0	96.9	55 320	1	1
芬兰	3	103.0	100.0	97.9	48 960	1	1
澳大利亚	4	94.2	100.0	91.7	64 620	1	1
瑞士	5	102.8	100.0	97.4	86 220	1	1
挪威	6	96.6	100.0	93.5	105 950	1	1
日本	7	102.6	100.0	94.7	43 990	1	1
丹麦	8	104.8	100.0	100.0	62 350	1	1
德国	9	95.9	100.0	94.1	47 680	1	1
荷兰	10	105.6	100.0	99.2	51 330	1	1
加拿大	11	92.7	100.0	89.3	51 620	1	1
新加坡	12	107.4	100.0	97.2	53 960	1	1
英国	13	93.9	100.0	91.6	43 760	1	1
法国	14	94.9	100.0	92.9	42 660	1	1
比利时	15	101.7	100.0	100.0	47 270	1	1
奥地利	16	95.9	100.0	94.9	50 150	1	1
新西兰	17	87.7	100.0	87.0	41 670	1	1
韩国	18	94.5	100.0	83.8	26 970	1	1
以色列	19	90.7	100.0	90.1	35 670	1	1
意大利	20	74.1	100.0	80.2	34 530	2	2
爱尔兰	21	96.1	100.0	95.3	46 880	1	1
西班牙	22	77.8	100.0	79.9	29 390	2	2
爱沙尼亚	23	67.4	100.0	67.2	19 020	2	2
斯洛文尼亚	24	75.1	99.9	73.3	23 580	2	2
乌拉圭	25	51.7	100.0	64.4	16 210	2	2
俄罗斯	26	60.6	100.0	61.3	14 350	2	2
斯洛伐克	27	59.9	100.0	65.5	18 110	2	2
希腊	28	70.6	100.0	70.3	21 890	2	2
匈牙利	29	67.9	100.0	68.6	13 330	2	2
捷克	30	69.6	100.0	71.7	18 790	2	2
葡萄牙	31	70.7	100.0	70.3	21 290	2	2
白俄罗斯	32	50.8	98.5	53.7	7340	2	2
拉脱维亚	33	57.6	100.0	64.6	15 320	2	2
立陶宛	34	61.9	100.0	65.8	15 970	2	2
格鲁吉亚	35	36.7	90.8	41.9	4490	3	3
乌克兰	36	44.2	94.1	47.2	3560	3	3
保加利亚	37	49.1	99.0	59.0	7720	2	2
黎巴嫩	38	45.3	99.3	56.4	7950	3	2
哈萨克斯坦	39	47.1	100.0	50.8	12 090	2	3
波兰	40	59.0	100.0	60.0	13 660	2	2
阿根廷	41	53.9	100.0	63.5	12 330	2	2
巴拿马	42	44.3	100.0	51.9	11 490	3	3
克罗地亚	43	59.0	100.0	62.4	13 160	2	2
沙特阿拉伯	44	60.8	99.1	67.4	25 500	2	2
哥伦比亚	45	43.5	99.3	51.3	7970	3	3
科威特	46	63.2	97.8	68.0	49 910	2	2
智利	47	54.9	100.0	58.0	14 980	2	2
马其顿	48	43.7	96.0	46.6	5190	3	3
阿塞拜疆	49	36.2	95.0	44.4	7600	3	3
摩尔多瓦	50	35.5	91.7	40.9	2560	3	3
罗马尼亚	51	45.0	100.0	51.5	9600	3	3
委内瑞拉	52	46.3	100.0	59.4	11 780	3	3
乌兹别克斯坦	53	28.7	80.7	27.8	2090	4	4
多米尼加	54	37.3	97.1	51.3	6110	3	3
亚美尼亚	55	39.6	90.3	46.3	4010	3	3
巴拉圭	56	33.4	92.4	39.2	4390	3	3
哥斯达黎加	57	51.0	100.0	55.4	10 110	2	2
巴西	58	50.0	100.0	57.2	11 790	2	3
墨西哥	59	41.0	100.0	50.9	10 090	3	3
博茨瓦纳	60	32.3	89.2	35.8	7030	3	3
秘鲁	61	42.1	97.4	48.2	6360	3	3
牙买加	62	37.2	95.6	43.2	5200	3	3
约旦	63	40.1	95.3	49.9	4590	3	3
南非	64	38.4	92.6	40.3	6810	3	3
土耳其	65	48.7	100.0	54.6	10 630	2	2
厄瓜多尔	66	36.8	97.2	43.5	6150	3	3
伊朗	67	46.4	96.5	44.7	6550	3	3
蒙古	68	33.5	93.5	41.8	4260	3	3
摩洛哥	69	32.4	85.8	35.8	3070	2	2
马来西亚	70	48.6	100.0	50.0	11 120	2	2

(续表)

国家	编号	第二次现代化指数	第一次现代化指数	综合现代化指数	人均国民收入	2014年分组[a]	2013年分组[a]
萨尔瓦多	71	34	95	40	3890	3	3
埃及	72	32	92	38	3210	3	3
中国	73	45	99	42	7520	3	3
阿尔及利亚	74	33	96	41	5490	3	3
土库曼斯坦	75	30	84	32	7530	3	4
突尼斯	76	38	95	40	4180	3	3
阿尔巴尼亚	77	38	87	40	4440	3	3
吉尔吉斯斯坦	78	29	87	32	1260	4	4
塔吉克斯坦	79	27	78	24	1370	4	4
玻利维亚	80	30	85	33	2870	4	4
缅甸	81	20	69	19	1200	4	4
菲律宾	82	33	92	38	3500	3	3
泰国	83	39	88	36	5810	3	3
纳米比亚	84	28	82	32	5680	4	4
津巴布韦	85	19	61	18	840	4	4
洪都拉斯	86	27	85	28	2260	4	4
尼加拉瓜	87	27	87	29	1870	4	4
越南	88	32	82	31	1900	3	3
肯尼亚	89	24	57	21	1300	4	4
斯里兰卡	90	38	85	33	3650	3	3
刚果共和国	91	23	72	25	2720	4	4
印度尼西亚	92	28	84	29	3630	4	4
赞比亚	93	21	70	22	1740	4	4
危地马拉	94	28	92	33	3440	4	4
毛里塔尼亚	95	17	58	18	1370	4	4
科特迪瓦	96	17	57	19	1450	4	4
印度	97	24	76	24	1560	4	4
巴基斯坦	98	20	68	23	1400	4	4
莱索托	99	26	69	28	1470	4	4
柬埔寨	100	20	66	19	1020	4	4
喀麦隆	101	21	71	27	1350	4	4
厄立特里亚	102	18	61	20	480	4	4
叙利亚	103	29	89	41	1530	4	4
加纳	104	26	71	27	1590	4	4
乍得	105	14	41	12	980	4	4
莫桑比克	106	14	52	15	620	4	4
几内亚	107	17	53	15	470	4	4
也门共和国	108	23	70	24	1440	4	4
巴布亚新几内亚	109	21	47	13	2240	4	4
海地	110	17	65	20	820	4	4
尼泊尔	111	23	67	19	740	4	4
塞内加尔	112	22	64	21	1040	4	4
塞拉利昂	113	18	44	11	770	4	4
刚果民主共和国	114	17	63	16	400	4	4
老挝	115	24	65	22	1640	4	4
马拉维	116	19	47	13	360	4	4
多哥	117	16	55	13	550	4	4
马达加斯加	118	21	57	18	440	4	4
马里	119	16	48	17	790	4	4
尼日利亚	120	22	67	26	2970	4	4
孟加拉国	121	23	73	24	1080	4	4
坦桑尼亚	122	16	56	15	920	4	4
贝宁	123	20	61	22	900	4	4
尼日尔	124	15	39	13	420	4	4
安哥拉	125	22	66	27	4800	4	4
乌干达	126	19	53	14	690	4	4
中非	127	14	46	16	320	4	4
布基纳法索	128	17	45	13	680	4	4
埃塞俄比亚	129	16	50	12	550	4	4
布隆迪	130	15	46	9	270	4	4
卢旺达	131	25	57	15	690	4	4
高收入国家		100	100	100	43 218		
中等收入国家		33	95	36	5086		
低收入国家		16	54	14	628		
世界平均		47	99	48	10 898		

注：a. 1代表发达国家，2代表中等发达国家，3代表初等发达国家，4代表欠发达国家。

附表 2-2-1 2014 年世界第一次现代化指数

国家	编号	经济指标[a]				社会指标[a]				知识指标		指数	排名	达标个数
		人均国民收入	农业劳动力比例[b]	农业增加值比例[b]	服务业增加值比例[b]	城市人口比例	医生比例[b]	婴儿死亡率	预期寿命	成人识字率	大学入学率[b]			
瑞典	1	100	100	100	100	100	100	100	100	100	100	100	1	10
美国	2	100	100	100	100	100	100	100	100	100	100	100	1	10
芬兰	3	100	100	100	100	100	100	100	100	100	100	100	1	10
澳大利亚	4	100	100	100	100	100	100	100	100	100	100	100	1	10
瑞士	5	100	100	100	100	100	100	100	100	100	100	100	1	10
挪威	6	100	100	100	100	100	100	100	100	100	100	100	1	10
日本	7	100	100	100	100	100	100	100	100	100	100	100	1	10
丹麦	8	100	100	100	100	100	100	100	100	100	100	100	1	10
德国	9	100	100	100	100	100	100	100	100	100	100	100	1	10
荷兰	10	100	100	100	100	100	100	100	100	100	100	100	1	10
加拿大	11	100	100	100	100	100	100	100	100	100	100	100	1	10
新加坡	12	100	100	100	100	100	100	100	100	100	—	100	1	9
英国	13	100	100	100	100	100	100	100	100	100	100	100	1	10
法国	14	100	100	100	100	100	100	100	100	100	100	100	1	10
比利时	15	100	100	100	100	100	100	100	100	100	100	100	1	10
奥地利	16	100	100	100	100	100	100	100	100	100	100	100	1	10
新西兰	17	100	100	100	100	100	100	100	100	100	100	100	1	10
韩国	18	100	100	100	100	100	100	100	100	100	100	100	1	10
以色列	19	100	100	—	—	100	100	100	100	100	100	100	1	8
意大利	20	100	100	100	100	100	100	100	100	100	100	100	1	10
爱尔兰	21	100	100	100	100	100	100	100	100	100	100	100	1	10
西班牙	22	100	100	100	100	100	100	100	100	100	100	100	1	10
爱沙尼亚	23	100	100	100	100	100	100	100	100	100	100	100	1	10
斯洛文尼亚	24	100	100	100	100	99	100	100	100	100	100	100	1	9
乌拉圭	25	100	100	100	100	100	100	100	100	100	100	100	1	10
俄罗斯	26	100	100	100	100	100	100	100	100	100	100	100	1	10
斯洛伐克	27	100	100	100	100	100	100	100	100	—	100	100	1	9
希腊	28	100	100	100	100	100	100	100	100	100	100	100	1	10
匈牙利	29	100	100	100	100	100	100	100	100	100	100	100	1	10
捷克	30	100	100	100	100	100	100	100	100	100	100	100	1	10
葡萄牙	31	100	100	100	100	100	100	100	100	100	100	100	1	10
白俄罗斯	32	85	100	100	100	100	100	100	100	100	100	99	52	9
拉脱维亚	33	100	100	100	100	100	100	100	100	100	100	100	1	10
立陶宛	34	100	100	100	100	100	100	100	100	100	100	100	1	10
格鲁吉亚	35	52	56	100	100	100	100	100	100	100	100	91	73	8
乌克兰	36	41	100	100	100	100	100	100	100	100	100	94	65	9
保加利亚	37	90	100	100	100	100	100	100	100	100	100	99	50	9
黎巴嫩	38	93	100	100	100	100	100	100	100	100	100	99	48	9
哈萨克斯坦	39	100	100	100	100	100	100	100	100	100	100	100	1	10
波兰	40	100	100	100	100	100	100	100	100	100	100	100	1	10
阿根廷	41	100	100	100	100	100	100	100	100	100	100	100	1	10
巴拿马	42	100	100	100	100	100	100	100	100	100	100	100	1	10
克罗地亚	43	100	100	100	100	100	100	100	100	100	100	100	1	10
沙特阿拉伯	44	100	100	100	91	100	100	100	100	100	100	99	49	9
哥伦比亚	45	93	100	100	100	100	100	100	100	100	100	99	47	9
科威特	46	100	100	100	78	100	100	100	100	100	100	98	53	9
智利	47	100	100	100	100	100	100	100	100	100	100	100	1	10
马其顿	48	60	100	100	100	100	100	100	100	100	100	96	58	9
阿塞拜疆	49	89	82	100	80	100	100	100	100	100	100	95	62	7
摩尔多瓦	50	30	100	97	100	90	100	100	100	100	100	92	72	7
罗马尼亚	51	100	100	100	100	100	100	100	100	100	100	100	1	10
委内瑞拉	52	100	100	100	100	100	—	100	100	100	100	100	1	9
乌兹别克斯坦	53	24	87	80	100	73	100	86	98	100	60	81	89	3
多米尼加	54	71	100	100	100	100	100	100	100	100	100	97	56	9
亚美尼亚	55	47	83	74	100	100	100	100	100	100	100	90	74	7
巴拉圭	56	51	100	73	100	100	100	100	100	100	100	92	69	8
哥斯达黎加	57	100	100	100	100	100	100	100	100	100	100	100	1	10
巴西	58	100	100	100	100	100	100	100	100	100	100	100	1	10
墨西哥	59	100	100	100	100	100	100	100	100	100	100	100	1	10
博茨瓦纳	60	82	100	100	100	100	34	84	92	100	100	89	76	6
秘鲁	61	74	100	100	100	100	100	100	100	100	100	97	54	9
牙买加	62	61	100	100	100	100	—	100	100	100	100	96	60	8
约旦	63	53	100	100	100	100	100	100	100	100	100	95	61	9
南非	64	79	100	100	100	100	78	87	82	100	100	93	67	6
土耳其	65	100	100	100	100	100	100	100	100	100	100	100	1	10
厄瓜多尔	66	72	100	100	100	100	100	100	100	100	100	97	55	9
伊朗	67	76	100	100	100	100	89	100	100	100	100	97	57	8
蒙古	68	50	86	100	100	100	100	100	99	100	100	93	66	7
摩洛哥	69	36	77	100	100	100	62	100	100	84	100	86	81	6
马来西亚	70	100	100	100	100	100	100	100	100	100	100	100	1	10

(续表)

国家	编号	经济指标[a]				社会指标[a]				知识指标		指数	排名	达标个数
		人均国民收入	农业劳动力比例[b]	农业增加值比例[b]	服务业增加值比例[b]	城市人口比例	医生比例[b]	婴儿死亡率	预期寿命	成人识字率	大学入学率[b]			
萨尔瓦多	71	45	100	100	100	100	100	100	100	100	100	95	64	9
埃及	72	37	100	100	100	86	100	100	100	94	100	92	71	7
中国	73	88	100	100	100	100	100	100	100	100	100	99	51	9
阿尔及利亚	74	64	100	100	96	100	100	100	100	100	100	96	59	7
土库曼斯坦	75	88	62	100	82	99	100	67	94	100	53	84	85	3
突尼斯	76	49	100	100	100	100	100	100	100	100	100	95	63	9
阿尔巴尼亚	77	52	51	65	100	100	100	100	100	100	100	87	79	7
吉尔吉斯斯坦	78	15	95	88	100	71	100	100	100	100	100	87	80	6
塔吉克斯坦	79	16	—	55	100	53	100	76	99	100	100	78	90	4
玻利维亚	80	33	78	100	100	100	47	95	98	100	100	85	82	5
缅甸	81	14	48	54	84	67	61	74	94	100	90	69	99	1
菲律宾	82	41	99	100	100	89	—	100	98	100	100	92	70	5
泰国	83	68	72	100	100	98	39	100	100	100	100	88	77	6
纳米比亚	84	66	96	100	100	91	37	90	92	100	46	82	88	3
津巴布韦	85	10	46	100	100	65	8	63	82	100	39	61	109	3
洪都拉斯	86	26	84	100	100	100	37	100	100	100	100	85	83	7
尼加拉瓜	87	22	93	78	100	100	90	100	100	100	—	87	78	5
越南	88	22	64	85	87	66	100	100	100	100	100	82	87	5
肯尼亚	89	15	49	50	100	50	20	82	88	98	20	57	115	1
斯里兰卡	90	43	99	100	100	37	68	100	100	100	100	85	84	6
刚果共和国	91	32	85	100	57	100	10	87	89	99	65	72	93	2
印度尼西亚	92	42	87	100	94	100	20	100	98	100	100	84	86	5
赞比亚	93	20	57	100	100	81	17	67	86	100	—	70	96	3
危地马拉	94	40	92	100	100	100	—	100	100	100	100	92	68	7
毛里塔尼亚	95	16	54	72	89	100	7	45	90	65	36	58	112	1
科特迪瓦	96	17	50	71	96	100	14	44	74	51	58	57	113	1
印度	97	18	60	86	100	65	70	76	97	87	100	76	91	2
巴基斯坦	98	16	69	60	100	77	83	45	95	69	69	68	100	1
莱索托	99	17	75	100	100	54	—	43	71	99	66	69	98	2
柬埔寨	100	12	55	49	94	41	17	100	97	98	100	66	103	2
喀麦隆	101	16	56	68	100	100	—	51	79	89	80	71	94	2
厄立特里亚	102	6	37	62	100	—	—	86	91	91	17	61	110	1
叙利亚	103	18	100	77	98	100	100	100	100	100	100	89	75	7
加纳	104	19	67	67	100	100	10	68	88	89	100	71	95	3
乍得	105	11	36	29	72	45	—	35	74	49	23	41	130	0
莫桑比克	106	7	37	60	100	64	4	51	79	74	40	52	121	1
几内亚	107	5	40	75	94	73	10	48	84	32	72	53	119	0
也门共和国	108	17	100	100	62	68	20	85	91	86	66	70	97	2
巴布亚新几内亚	109	26	41	42	51	26	6	66	89	79	—	47	124	0
海地	110	10	59	—	—	100	—	56	90	76	—	65	106	1
尼泊尔	111	9	45	44	100	36	—	98	99	75	100	67	101	2
塞内加尔	112	12	65	97	100	87	6	71	95	54	49	64	107	1
塞拉利昂	113	9	43	28	66	79	2	33	73	59	—	44	129	1
刚果民主共和国	114	5	44	71	100	84	—	39	84	94	44	63	108	1
老挝	115	19	42	54	91	75	18	57	94	100	100	65	105	1
马拉维	116	4	47	49	100	32	2	67	90	77	5	47	125	1
多哥	117	6	55	36	86	79	5	56	85	76	67	55	118	0
马达加斯加	118	5	40	57	100	69	16	81	93	81	28	57	116	1
马里	119	9	45	37	87	78	8	40	83	42	46	48	123	0
尼日利亚	120	35	67	74	100	94	40	42	75	74	69	67	102	1
孟加拉国	121	13	63	93	100	67	36	93	100	76	90	73	92	2
坦桑尼亚	122	11	45	48	98	62	3	83	93	98	24	56	117	1
贝宁	123	10	67	62	100	87	6	46	85	48	100	61	111	2
尼日尔	124	5	53	41	81	37	2	51	88	19	11	39	131	0
安哥拉	125	56	40	100	49	87	—	30	75	89	66	66	104	1
乌干达	126	4	42	56	100	32	12	77	84	88	30	53	120	1
中非	127	4	37	36	92	80	—	32	72	46	18	46	126	0
布基纳法索	128	8	35	42	99	58	5	48	84	43	32	45	128	0
埃塞俄比亚	129	6	41	36	96	38	2	70	91	61	54	50	122	0
布隆迪	130	3	38	38	94	24	5	54	81	100	29	46	127	1
卢旺达	131	8	40	45	100	56	6	92	91	85	50	57	114	1
高收入国家		100	100	100	100	100	100	100	100	100	100	100		10
中等收入国家		59	100	100	100	100	100	96	100	100	100	95		8
低收入国家		7	53	48	100	61	7	55	88	71	50	54		1
世界平均		100	100	100	100	100	100	92	100	100	100	99		9

注：a. "—"表示没有数据，后同。
b. 为2005～2014年期间最近年的数据。

附表 2-2-2 2014 年世界第一次现代化评价指标

国家	编号	经济指标[a]				社会指标				知识指标	
		人均国民收入	农业劳动力比例[b]	农业增加值比例[b]	服务业增加值比例[b]	城市人口比例	医生比例[b]	婴儿死亡率	预期寿命	成人识字率	大学入学率[b]
瑞典	1	60 750	2	1	73	86	3.9	2	82	100	62
美国	2	55 320	2	1	78	81	2.5	6	79	100	87
芬兰	3	48 960	4	3	70	84	2.9	2	81	100	89
澳大利亚	4	64 620	3	2	70	89	3.3	3	82	100	87
瑞士	5	86 200	3	1	74	74	4.0	4	83	100	57
挪威	6	105 950	2	2	60	80	4.3	2	82	100	77
日本	7	43 990	4	1	73	93	2.3	2	84	100	62
丹麦	8	62 350	2	2	76	88	3.5	3	81	100	82
德国	9	47 680	1	1	69	75	3.9	3	81	100	65
荷兰	10	51 330	2	2	78	90	2.9	3	81	100	79
加拿大	11	51 620	2	2	69	82	2.1	4	82	100	59
新加坡	12	53 960	1	0	75	100	2.0	2	83	97	0
英国	13	43 760	1	1	79	82	2.8	4	81	100	56
法国	14	42 660	3	2	79	79	3.2	4	82	100	64
比利时	15	47 270	1	1	77	98	4.9	3	81	100	73
奥地利	16	50 150	4	1	70	66	4.8	3	81	100	80
新西兰	17	41 670	6	6	71	86	2.7	5	81	100	81
韩国	18	26 970	6	2	60	82	2.1	3	82	100	95
以色列	19	35 670	1	—	—	92	3.3	3	82	100	66
意大利	20	34 530	4	2	74	69	3.8	3	83	99	63
爱尔兰	21	46 880	6	1	72	63	2.7	3	81	99	73
西班牙	22	29 390	4	3	75	79	4.9	4	83	98	89
爱沙尼亚	23	19 020	4	4	68	68	3.2	3	77	100	73
斯洛文尼亚	24	23 580	8	2	65	50	2.5	2	81	100	83
乌拉圭	25	16 210	9	8	64	95	3.7	9	77	98	63
俄罗斯	26	14 350	7	4	64	74	4.3	9	70	100	79
斯洛伐克	27	18 110	4	4	61	54	3.3	6	77	—	53
希腊	28	21 890	13	4	80	78	6.2	4	81	98	110
匈牙利	29	13 330	5	5	64	71	3.1	5	76	99	53
捷克	30	18 790	3	3	59	73	3.6	3	78	99	66
葡萄牙	31	21 290	6	2	76	63	4.1	3	81	94	66
白俄罗斯	32	7340	10	9	50	76	3.9	4	73	100	89
拉脱维亚	33	15 320	7	3	73	67	3.6	7	74	100	67
立陶宛	34	15 970	9	3	66	67	4.1	4	74	100	69
格鲁吉亚	35	4490	53	9	67	53	4.3	11	75	100	39
乌克兰	36	3560	15	12	62	69	3.5	8	71	100	82
保加利亚	37	7720	7	5	68	74	3.9	10	75	98	71
黎巴嫩	38	7950	7	5	78	88	3.2	7	79	94	43
哈萨克斯坦	39	12 090	24	5	59	53	3.6	14	72	100	48
波兰	40	13 660	11	3	64	61	2.2	5	77	100	71
阿根廷	41	12 330	1	8	63	92	3.9	12	76	98	80
巴拿马	42	11 490	17	3	70	66	1.7	15	78	94	39
克罗地亚	43	13 160	9	4	69	59	3.0	4	77	99	70
沙特阿拉伯	44	25 500	5	2	41	83	2.5	13	74	94	61
哥伦比亚	45	7970	16	6	58	76	1.5	14	74	94	51
科威特	46	49 910	1	0	35	98	2.7	8	75	96	27
智利	47	14 980	9	4	62	89	1.0	7	81	96	87
马其顿	48	5190	18	12	63	57	2.6	5	75	98	39
阿塞拜疆	49	7600	37	6	36	54	3.4	29	71	100	23
摩尔多瓦	50	2560	29	15	67	45	3.0	14	71	99	41
罗马尼亚	51	9600	25	5	59	54	2.4	10	75	99	53
委内瑞拉	52	11 780	7	6	53	89	0.0	13	74	95	78
乌兹别克斯坦	53	2090	34	19	48	36	2.5	35	68	100	9
多米尼加	54	6110	15	5	66	78	1.5	26	74	92	48
亚美尼亚	55	4010	36	20	51	63	2.7	13	75	100	44
巴拉圭	56	4390	23	21	51	59	1.2	18	73	95	35
哥斯达黎加	57	10 110	13	6	72	76	1.1	9	79	97	53
巴西	58	11 790	15	5	71	85	1.9	14	74	91	46
墨西哥	59	10 090	13	4	62	79	2.1	12	77	95	30
博茨瓦纳	60	7030	26	2	59	57	0.3	36	64	88	28
秘鲁	61	6360	11	7	58	78	1.1	14	75	94	41
牙买加	62	5200	18	7	71	55	0.0	14	76	88	28
约旦	63	4590	2	4	66	83	2.6	16	74	98	48
南非	64	6810	5	2	69	64	0.8	34	57	94	20
土耳其	65	10 630	20	8	65	73	1.7	12	75	95	79
厄瓜多尔	66	6150	25	9	52	64	1.7	19	76	94	40
伊朗	67	6550	18	9	52	73	0.9	14	75	85	66
蒙古	68	4260	35	15	51	71	2.8	20	69	98	64
摩洛哥	69	3070	39	13	58	60	0.6	25	74	67	25
马来西亚	70	11 120	12	9	54	74	1.2	8	75	93	30

(续表)

国家	编号	经济指标[a]				社会指标				知识指标	
		人均国民收入	农业劳动力比例[b]	农业增加值比例[b]	服务业增加值比例[b]	城市人口比例	医生比例[b]	婴儿死亡率	预期寿命	成人识字率	大学入学率[b]
萨尔瓦多	71	3890	20	11	62	66	1.6	15	73	87	29
埃及	72	3210	28	11	50	43	2.8	21	71	75	32
中国	73	7520	30	9	48	54	1.9	10	76	95	39
阿尔及利亚	74	5490	11	11	43	70	1.2	22	75	80	35
土库曼斯坦	75	7530	49	15	37	50	2.4	45	66	100	8
突尼斯	76	4180	15	10	61	67	1.2	13	74	80	35
阿尔巴尼亚	77	4440	59	23	52	56	1.1	13	78	97	63
吉尔吉斯斯坦	78	1260	32	17	55	36	2.0	20	70	100	46
塔吉克斯坦	79	1370	—	27	47	27	1.9	40	70	100	24
玻利维亚	80	2870	39	13	50	68	0.5	32	68	94	39
缅甸	81	1200	63	28	38	34	0.6	41	66	93	14
菲律宾	82	3500	30	11	57	44	0.0	23	68	96	36
泰国	83	5810	42	10	53	49	0.4	11	74	94	53
纳米比亚	84	5680	31	7	61	46	0.4	33	65	89	7
津巴布韦	85	840	66	14	57	33	0.1	48	57	84	6
洪都拉斯	86	2260	36	14	60	54	0.4	18	73	87	21
尼加拉瓜	87	1870	32	19	54	58	0.9	19	75	82	0
越南	88	1900	47	18	39	33	1.2	18	76	95	30
肯尼亚	89	1300	61	30	50	25	0.2	37	62	78	3
斯里兰卡	90	3650	30	9	61	18	0.7	9	75	91	21
刚果共和国	91	2720	35	5	26	65	0.1	34	62	79	10
印度尼西亚	92	3630	34	13	42	53	0.2	24	69	95	31
赞比亚	93	1740	52	7	57	40	0.2	45	60	83	0
危地马拉	94	3440	33	11	60	51	0.0	25	72	81	18
毛里塔尼亚	95	1370	55	21	40	59	0.1	66	63	52	5
科特迪瓦	96	1450	60	21	43	53	0.1	69	52	41	9
印度	97	1560	50	17	53	32	0.7	39	68	69	24
巴基斯坦	98	1400	44	25	54	38	0.8	67	66	56	10
莱索托	99	1470	40	6	61	27	0.0	71	50	79	10
柬埔寨	100	1020	54	31	42	21	0.2	26	68	78	16
喀麦隆	101	1350	53	22	48	54	0.0	59	55	71	12
厄立特里亚	102	480	81	24	54	0	0.0	35	64	73	3
叙利亚	103	1530	13	19	44	57	1.5	12	70	86	33
加纳	104	1590	45	22	50	53	0.1	44	61	71	16
乍得	105	980	83	53	32	22	0.0	87	52	39	3
莫桑比克	106	620	81	25	54	32	0.0	59	55	59	6
几内亚	107	470	75	20	42	37	0.1	63	59	25	11
也门共和国	108	1440	25	8	28	34	0.2	35	64	69	10
巴布亚新几内亚	109	2240	72	36	23	13	0.1	46	63	63	0
海地	110	820	51	0	0	57	0.0	54	63	61	0
尼泊尔	111	740	67	34	51	18	0.0	31	70	60	16
塞内加尔	112	1040	46	15	60	43	0.1	42	66	43	7
塞拉利昂	113	770	69	54	30	40	0.0	90	51	47	0
刚果民主共和国	114	400	68	21	46	42	0.0	77	59	75	7
老挝	115	1640	71	28	41	38	0.2	52	66	80	17
马拉维	116	360	64	31	53	16	0.0	45	63	61	1
多哥	117	550	54	42	39	39	0.1	54	60	60	10
马达加斯加	118	440	75	26	58	34	0.2	37	65	65	4
马里	119	790	66	40	39	39	0.1	76	58	34	7
尼日利亚	120	2970	45	20	55	47	0.4	72	53	60	10
孟加拉国	121	1080	48	16	56	34	0.4	32	72	61	13
坦桑尼亚	122	920	67	31	44	31	0.0	36	65	78	4
贝宁	123	900	45	24	52	44	0.1	66	60	38	15
尼日尔	124	420	57	37	37	18	0.0	58	61	15	2
安哥拉	125	4800	75	6	22	43	0.0	99	52	71	10
乌干达	126	690	72	27	52	16	0.0	39	58	70	4
中非	127	320	80	42	41	40	0.0	94	51	37	3
布基纳法索	128	680	85	36	44	29	0.0	62	59	35	5
埃塞俄比亚	129	550	73	42	43	19	0.0	43	64	49	8
布隆迪	130	270	92	39	42	12	0.1	56	57	85	4
卢旺达	131	690	75	33	52	28	0.1	33	64	68	8
高收入国家		43 218	4	1	74	81	2.9	5	81	99	74
中等收入国家		5086	24	9	56	50	1.4	31	71	84	32
低收入国家		628	57	31	48	30	0.1	55	61	57	7
世界平均		10 898	20	4	68	53	1.5	33	71	85	34
标准值		8587	30	15	45	50	1.0	30	70	80	15

注：a. "—"表示没有数据，后同。
b. 为2005~2014年期间最近年的数据。

附表 2-2-3 2014 年世界第一次现代化发展阶段

国家	编号	信号指标				信号赋值				平均值	发展阶段[a]	指数
		农业增加产值占GDP比例	农业增加值/工业增加值	农业劳动力占总劳动力比例	农业劳动力/工业劳动力	农业增加产值占GDP比例	农业增加值/工业增加值	农业劳动力占总劳动力比例	农业劳动力/工业劳动力			
瑞典	1	1	0.05	2	0.09	4	4	4	4	4.0	4	100
美国	2	1	0.06	2	0.09	4	4	4	4	4.0	4	100
芬兰	3	3	0.10	4	0.18	4	4	4	4	4.0	4	100
澳大利亚	4	2	0.09	3	0.13	4	4	4	4	4.0	4	100
瑞士	5	1	0.03	3	0.16	4	4	4	4	4.0	4	100
挪威	6	2	0.04	2	0.10	4	4	4	4	4.0	4	100
日本	7	1	0.04	4	0.14	4	4	4	4	4.0	4	100
丹麦	8	2	0.07	2	0.12	4	4	4	4	4.0	4	100
德国	9	1	0.03	1	0.05	4	4	4	4	4.0	4	100
荷兰	10	2	0.09	2	0.13	4	4	4	4	4.0	4	100
加拿大	11	2	0.06	2	0.11	4	4	4	4	4.0	4	100
新加坡	12	0	0.00	1	0.04	4	4	4	4	4.0	4	100
英国	13	1	0.03	1	0.06	4	4	4	4	4.0	4	100
法国	14	2	0.09	3	0.16	4	4	4	4	4.0	4	100
比利时	15	1	0.03	1	0.05	4	4	4	4	4.0	4	100
奥地利	16	1	0.05	4	0.16	4	4	4	4	4.0	4	100
新西兰	17	6	0.27	6	0.32	3	3	4	3	3.3	4	100
韩国	18		0.06	6	0.25	4	4	4	3	3.8	4	100
以色列	19			1	0.06			4	4	4.0	4	100
意大利	20	2	0.09	4	0.13	4	4	4	4	4.0	4	100
爱尔兰	21	1	0.05	6	0.33	4	4	4	3	3.8	4	100
西班牙	22	3	0.11	4	0.22	4	4	4	3	3.8	4	100
爱沙尼亚	23	4	0.12	4	0.13	4	4	4	4	4.0	4	100
斯洛文尼亚	24	2	0.07	8	0.24	4	4	4	3	3.8	4	100
乌拉圭	25	8	0.27	9	0.43	3	3	4	3	3.3	3	100
俄罗斯	26	4	0.13	7	0.24	4	4	4	3	3.8	4	100
斯洛伐克	27	4	0.13	4	0.13	4	4	4	4	4.0	4	100
希腊	28	4	0.23	13	0.86	4	3	3	2	3.0	3	100
匈牙利	29	5	0.15	5	0.15	4	4	4	4	4.0	4	100
捷克	30	2	0.07	3	0.07	4	4	4	4	4.0	4	100
葡萄牙	31	2	0.11	6	0.22	4	4	4	3	3.8	4	100
白俄罗斯	32	9	0.21	10	0.29	3	3	4	3	3.3	3	99
拉脱维亚	33	4	0.14	7	0.30	4	4	4	3	3.8	4	100
立陶宛	34	3	0.11	9	0.34	4	4	4	3	3.8	4	100
格鲁吉亚	35	9	0.39	53	5.13	3	3	1	0	1.8	2	91
乌克兰	36	12	0.45	15	0.57	3	3	3	2	2.8	3	94
保加利亚	37	5	0.19	7	0.23	3	4	4	3	3.5	4	99
黎巴嫩	38	5	0.29	7		4	3	4		3.7	4	99
哈萨克斯坦	39	5	0.13	24	1.22	4	4	3	2	3.3	3	98
波兰	40	3	0.09	11	0.36	4	4	3	3	3.5	4	100
阿根廷	41	8	0.28	1	0.02	3	3	4	4	3.5	4	100
巴拿马	42	3	0.12	17	0.92	4	4	3	2	3.3	4	100
克罗地亚	43	4	0.16	9	0.32	4	4	4	3	3.8	4	100
沙特阿拉伯	44	2	0.03	5	0.20	4	4	4	3	3.8	4	99
哥伦比亚	45	6	0.18	16	0.83	3	4	3	2	3.0	3	99
科威特	46	0	0.01	1	0.03	4	4	4	4	4.0	4	98
智利	47	4	0.11	9	0.39	4	4	4	3	3.8	4	100
马其顿	48	12	0.46	18	0.59	3	3	3	3	3.0	3	96
阿塞拜疆	49	6	0.10	37	2.57	3	4	2	1	2.5	3	95
摩尔多瓦	50	15	0.90	29	1.63	2	2	2	2	2.0	2	92
罗马尼亚	51	5	0.15	25	0.84	3	4	3	2	3.0	3	100
委内瑞拉	52	6	0.13	7	0.35	3	4	4	3	3.5	4	100
乌兹别克斯坦	53	19	0.56	34		2	3	2		2.3	2	81
多米尼加	54	5	0.19	15	0.83	3	4	3	2	3.0	3	97
亚美尼亚	55	20	0.72	36	2.14	2	2	2	1	2.0	2	90
巴拉圭	56	21	0.71	23	1.21	2	2	3	2	2.5	3	92
哥斯达黎加	57	6	0.26	13	0.67	3	3	3	3	3.0	3	100
巴西	58	5	0.22	15	0.63	3	3	3	3	3.0	3	100
墨西哥	59	4	0.10	13	0.57	4	4	3	3	3.5	4	100
博茨瓦纳	60	2	0.06	26	1.51	4	4	3	2	3.3	3	89
秘鲁	61	7	0.21	11	0.47	3	3	3	3	3.0	3	97
牙买加	62	7	0.33	18	1.20	3	3	3	2	2.8	3	96
约旦	63	4	0.13	2	0.10	4	4	4	4	4.0	4	95
南非	64	2	0.08	5	0.20	4	4	4	3	3.8	4	93
土耳其	65	8	0.30	20	0.69	3	3	3	3	3.0	3	100
厄瓜多尔	66	9	0.25	25	1.24	3	3	3	2	2.8	3	97
伊朗	67	9	0.24	18	0.53	3	3	3	3	3.0	3	97
蒙古	68	15	0.42	35	1.92	3	3	2	2	2.5	2	93
摩洛哥	69	13	0.44	39	1.83	3	3	2	2	2.5	3	86
马来西亚	70	9	0.24	12	0.45	3	3	3	3	3.0	3	100

(续表)

国家	编号	信号指标				信号赋值				平均值	发展阶段[a]	指数
		农业增加产值占GDP比例	农业增加值/工业增加值	农业劳动力占总劳动力比例	农业劳动力/工业劳动力	农业增加产值占GDP比例	农业增加值/工业增加值	农业劳动力占总劳动力比例	农业劳动力/工业劳动力			
萨尔瓦多	71	11	0.42	20	0.96	3	3	3	2	2.8	3	95
埃及	72	11	0.28	28	1.16	3	3	3	2	2.8	3	92
中国	73	9	0.21	30	0.99	3	3	3	2	2.8	3	99
阿尔及利亚	74	11	0.24	11	0.35	3	3	3	3	3.0	3	96
土库曼斯坦	75	15	0.30	49		3	3	2		2.7	3	84
突尼斯	76	10	0.33	15	0.44	3	3	3	3	3.0	3	95
阿尔巴尼亚	77	23	0.93	59	4.33	2	2	2	1	1.8	2	87
吉尔吉斯斯坦	78	17	0.62	32	1.57	2	3	2	2	2.3	2	87
塔吉克斯坦	79	27	1.05			2	2			2.0	2	78
玻利维亚	80	13	0.35	39	1.99	3	3	2	2	2.5	3	85
缅甸	81	28	0.81	63		2	2	1		1.7	2	69
菲律宾	82	11	0.36	30	1.91	3	3	2	2	2.5	3	92
泰国	83	10	0.28	42	2.06	3	3	2	1	2.3	2	88
纳米比亚	84	7	0.22	31	2.18	3	3	2	1	2.3	2	82
津巴布韦	85	14	0.48	66	7.23	3	3	3	0	2.3	2	61
洪都拉斯	86	14	0.52	36	1.90	3	3	2	2	2.5	3	85
尼加拉瓜	87	19	0.72	32	1.95	2	2	2	2	2.3	2	87
越南	88	18	0.53	47	2.21	2	3	2	1	2.0	2	82
肯尼亚	89	30	1.56	61	9.12	1	2	1	0	1.0	1	57
斯里兰卡	90	9	0.28	30	1.19	3	3	2	2	2.5	3	85
刚果共和国	91	5	0.07	35	1.72	4	4	2	2	3.0	3	72
印度尼西亚	92	13	0.32	34	1.63	3	3	2	2	2.5	3	84
赞比亚	93	7	0.21	52	5.49	2	3	1	0	1.5	2	70
危地马拉	94	11	0.39	33	1.91	3	3	2	2	2.5	3	92
毛里塔尼亚	95	21	0.53	55		2	3	1		2.0	2	58
科特迪瓦	96	21	0.86	60		2	2	1		1.7	2	57
印度	97	17	0.58	50	2.31	2	3	2	1	2.0	2	76
巴基斯坦	98	25	1.19	44	1.93	2	2	2	2	2.0	2	68
莱索托	99	6	0.18	40		3	4	2		3.0	3	69
柬埔寨	100	31	1.13	54	3.34	1	2	1	1	1.3	1	66
喀麦隆	101	22	0.74	53	4.23	2	3	1	1	1.8	2	71
厄立特里亚	102	24	1.10	81		2	2	0		1.3	1	61
叙利亚	103	19	0.54	13	0.42	2	3	3	3	2.8	3	89
加纳	104	22	0.81	45	3.10	2	2	2	1	1.8	2	71
乍得	105	53	3.49	83		0	1	0		0.3	0	41
莫桑比克	106	25	1.21	81		2	2	0		1.3	1	52
几内亚	107	20	0.54	75	13.36	2	3	1	0	1.5	2	53
也门共和国	108	8	0.18	25	1.31	3	4	3	2	3.0	3	70
巴布亚新几内亚	109	36	0.86	72	20.08	1	2	1	0	1.0	1	47
海地	110			51				1		1.0	1	65
尼泊尔	111	34	2.19	67	5.94	1	1	1	0	0.8	1	67
塞内加尔	112	15	0.64	46	2.55	2	3	2	1	2.0	2	64
塞拉利昂	113	54	3.32	69		0	1	1		0.7	0	44
刚果民主共和国	114	21	0.64	68		2	3	1		2.0	2	63
老挝	115	28	0.88	71	8.59	2	3	1	0	1.5	2	65
马拉维	116	31	1.96	64	8.66	1	2	1	0	1.0	1	47
多哥	117	42	2.18	54	7.96	1	1	1	0	0.8	1	55
马达加斯加	118	26	1.66	75	9.53	2	2	1	0	1.3	1	57
马里	119	40	1.97	66	11.79	1	2	1	0	1.0	1	48
尼日利亚	120	20	0.81	45		2	2	2		2.0	2	67
孟加拉国	121	16	0.58	48	2.68	2	3	2	1	2.0	2	73
坦桑尼亚	122	31	1.24	67	10.45	1	2	1	0	1.0	1	56
贝宁	123	24	1.03	45	4.34	2	2	2	1	1.8	2	61
尼日尔	124	37	1.84	57	5.13	1	2	1	0	1.0	1	39
安哥拉	125	6	0.08	75		3	4	1		2.7	2	66
乌干达	126	27	1.23	72	16.34	2	2	1	0	1.3	1	53
中非	127	42	2.53	80		1	1	0		0.7	0	46
布基纳法索	128	36	1.79	85	27.35	1	2	0	0	0.8	1	45
埃塞俄比亚	129	42	2.86	73	9.82	1	1	1	0	0.8	1	50
布隆迪	130	39	2.14	92		1	1	0		0.7	1	46
卢旺达	131	33	2.31	75	11.24	1	1	1	0	0.8	1	57
高收入国家		1	0.06	4	0.16	4	4	4	4	4.0	4	100
中等收入国家		9	0.26	24	0.78	3	3	3	3	3.0	3	95
低收入国家		31	1.47	57		1	2	1		1.3	1	54
世界平均		4	0.14	20	0.69	4	4	3	3	3.5	3	99

注：a. 4 代表第一次现代化的过渡期，3 代表成熟期，2 代表发展期，1 代表起步期，0 代表传统农业社会。

附表 2-2-4 世界第一次现代化指数的增长率和预期完成时间

国家	编号	2000年指数	2014年指数	2000~2014年年均增长率	指数达到100需要的年数（按2000~2014年速度）
瑞典	1	100	100	0.0	
美国	2	100	100	0.0	
芬兰	3	100	100	0.0	
澳大利亚	4	100	100	0.0	
瑞士	5	100	100	0.0	
挪威	6	100	100	0.0	
日本	7	100	100	0.0	
丹麦	8	100	100	0.0	
德国	9	100	100	0.0	
荷兰	10	100	100	0.0	
加拿大	11	100	100	0.0	
新加坡	12	100	100	0.0	
英国	13	100	100	0.0	
法国	14	100	100	0.0	
比利时	15	100	100	0.0	
奥地利	16	100	100	0.0	
新西兰	17	100	100	0.0	
韩国	18	100	100	0.0	
以色列	19	100	100	0.0	
意大利	20	100	100	0.0	
爱尔兰	21	100	100	0.0	
西班牙	22	100	100	0.0	
爱沙尼亚	23	95	100	0.4	0
斯洛文尼亚	24	100	100	0.0	
乌拉圭	25	99	100	0.0	0
俄罗斯	26	91	100	0.7	0
斯洛伐克	27	95	100	0.3	0
希腊	28	100	100	0.0	
匈牙利	29	97	100	0.2	0
捷克	30	98	100	0.1	0
葡萄牙	31	100	100	0.0	
白俄罗斯	32	93	99	0.5	3
拉脱维亚	33	95	100	0.4	0
立陶宛	34	95	100	0.4	0
格鲁吉亚	35	82	91	0.7	13
乌克兰	36	90	94	0.3	18
保加利亚	37	92	99	0.5	2
黎巴嫩	38	96	99	0.3	3
哈萨克斯坦	39	90	100	0.7	0
波兰	40	96	100	0.3	0
阿根廷	41	100	100	0.0	
巴拿马	42	95	100	0.4	0
克罗地亚	43	97	100	0.2	0
沙特阿拉伯	44	99	99	0.0	
哥伦比亚	45	92	99	0.5	1
科威特	46	100	98	-0.2	
智利	47	97	100	0.2	0
马其顿	48	92	96	0.3	13
阿塞拜疆	49	84	95	0.9	6
摩尔多瓦	50	79	92	1.1	8
罗马尼亚	51	89	100	0.9	0
委内瑞拉	52	96	100	0.3	0
乌兹别克斯坦	53	77	81	0.3	64
多米尼加	54	90	97	0.6	5
亚美尼亚	55	82	90	0.7	14
巴拉圭	56	88	92	0.3	25
哥斯达黎加	57	94	100	0.4	0
巴西	58	94	100	0.5	0
墨西哥	59	98	100	0.2	0
博茨瓦纳	60	70	89	1.7	7
秘鲁	61	92	97	0.4	6
牙买加	62	90	96	0.4	10
约旦	63	92	95	0.3	18
南非	64	80	93	1.1	7
土耳其	65	88	100	0.9	0
厄瓜多尔	66	91	97	0.5	6
伊朗	67	84	97	1.0	4
蒙古	68	78	93	1.3	5
摩洛哥	69	75	86	1.0	16
马来西亚	70	91	100	0.7	0

（续表）

国家	编号	2000年指数	2014年指数	2000~2014年年均增长率	指数达到100需要的年数（按2000~2014年速度）
萨尔瓦多	71	92	95	0.2	33
埃及	72	84	92	0.6	14
中国	73	76	99	1.9	1
阿尔及利亚	74	85	96	0.9	5
土库曼斯坦	75	72	84	1.2	14
突尼斯	76	89	95	0.4	12
阿尔巴尼亚	77	75	87	1.0	14
吉尔吉斯斯坦	78	71	87	1.5	10
塔吉克斯坦	79	78	78	0.0	
玻利维亚	80	79	85	0.6	28
缅甸	81	55	69	1.6	24
菲律宾	82	88	92	0.3	32
泰国	83	77	88	0.9	14
纳米比亚	84	65	82	1.6	12
津巴布韦	85	64	61	−0.3	
洪都拉斯	86	82	85	0.3	65
尼加拉瓜	87	76	87	1.0	14
越南	88	66	82	1.6	13
肯尼亚	89	58	57	−0.1	
斯里兰卡	90	72	85	1.2	14
刚果共和国	91	63	72	1.0	33
印度尼西亚	92	68	84	1.6	11
赞比亚	93	50	70	2.4	15
危地马拉	94	78	92	1.2	6
毛里塔尼亚	95	53	58	0.6	96
科特迪瓦	96	51	57	0.8	69
印度	97	59	76	1.9	15
巴基斯坦	98	60	68	0.9	43
莱索托	99	51	69	2.3	16
柬埔寨	100	44	66	2.9	14
喀麦隆	101	52	71	2.2	16
厄立特里亚	102	48	61	1.7	29
叙利亚	103	79	89	0.9	13
加纳	104	55	71	1.8	19
乍得	105	43	41	−0.3	
莫桑比克	106	48	52	0.4	153
几内亚	107	47	53	0.8	76
也门共和国	108	56	70	1.5	24
巴布亚新几内亚	109	46	47	0.3	
海地	110	53	65	1.4	31
尼泊尔	111	39	67	4.0	10
塞内加尔	112	55	64	1.1	41
塞拉利昂	113	34	44	1.7	49
刚果民主共和国	114	42	63	2.8	17
老挝	115	38	65	3.8	11
马拉维	116	37	47	1.7	43
多哥	117	46	55	1.3	47
马达加斯加	118	47	57	1.4	39
马里	119	37	48	1.8	43
尼日利亚	120	50	67	2.1	19
孟加拉国	121	51	73	2.6	12
坦桑尼亚	122	42	56	2.1	27
贝宁	123	46	61	2.0	25
尼日尔	124	37	39	0.4	
安哥拉	125	40	66	3.7	12
乌干达	126	39	53	2.1	30
中非	127	38	46	1.5	53
布基纳法索	128	39	45	1.1	69
埃塞俄比亚	129	33	50	3.0	24
布隆迪	130	31	46	2.9	27
卢旺达	131	34	57	3.9	15
高收入国家		100	100	0.0	
中等收入国家		93	95	0.2	21
低收入国家		58	54	−0.5	
世界平均		89	99	0.7	1

附表 2-2-5　1950～2014 年世界第一次现代化指数

国家	编号	1950	1960	1970	1980	1990	2000	2010	2013	2014
瑞典	1	81	96	100	100	100	100	100	100	100
美国	2	100	100	100	100	100	100	100	100	100
芬兰	3	61	84	100	100	100	100	100	100	100
澳大利亚	4	86	99	100	100	100	100	100	100	100
瑞士	5	84	93	100	100	100	100	100	100	100
挪威	6	85	91	100	100	100	100	100	100	100
日本	7	63	88	100	100	100	100	100	100	100
丹麦	8	84	97	100	100	100	100	100	100	100
德国	9	75	92	100	100	100	100	100	100	100
荷兰	10	80	97	100	100	100	100	100	100	100
加拿大	11	90	100	100	100	100	100	100	100	100
新加坡	12	55	77	90	94	94	100	100	100	100
英国	13	84	96	100	100	100	100	100	100	100
法国	14	76	97	100	100	100	100	100	100	100
比利时	15	83	95	100	100	100	100	100	100	100
奥地利	16	73	90	100	100	100	100	100	100	100
新西兰	17	85	98	100	100	100	100	100	100	100
韩国	18	35	52	71	87	97	100	100	100	100
以色列	19	85	95	91	100	100	100	100	100	100
意大利	20	63	87	100	100	100	100	100	100	100
爱尔兰	21	65	85	96	100	100	100	100	100	100
西班牙	22	58	73	95	100	100	100	100	100	100
爱沙尼亚	23	—	—	—	—	—	95	100	100	100
斯洛文尼亚	24	—	—	—	—	—	100	100	100	100
乌拉圭	25	—	81	85	96	94	99	100	100	100
俄罗斯	26	—	90	—	—	—	91	100	100	100
斯洛伐克	27	—	—	—	—	—	95	100	100	100
希腊	28	63	74	92	100	99	100	100	100	100
匈牙利	29	72	79	92	95	95	97	100	100	100
捷克	30	—	—	100	96	93	98	100	100	100
葡萄牙	31	48	60	73	86	95	100	100	100	100
白俄罗斯	32	—	—	—	—	—	93	97	98	99
拉脱维亚	33	—	—	—	97	—	95	100	100	100
立陶宛	34	—	—	—	—	—	95	100	100	100
格鲁吉亚	35	—	—	—	—	92	82	89	90	91
乌克兰	36	—	—	—	—	—	90	94	94	94
保加利亚	37	—	—	81	95	97	87	92	98	99	99
黎巴嫩	38	—	77	85	93	—	96	100	100	99
哈萨克斯坦	39	—	—	—	—	—	90	99	100	100
波兰	40	50	80	95	100	93	96	100	100	100
阿根廷	41	81	86	91	94	93	100	100	100	100
巴拿马	42	48	63	83	94	94	95	100	100	100
克罗地亚	43	—	—	—	—	—	97	100	100	100
沙特阿拉伯	44	—	27	52	66	91	99	97	98	99
哥伦比亚	45	36	54	66	78	87	92	88	99	99
科威特	46	—	77	88	91	98	100	100	97	98
智利	47	68	73	77	92	86	97	100	100	100
马其顿	48	—	—	—	—	—	92	96	96	96
阿塞拜疆	49	—	—	—	—	—	84	89	94	95
摩尔多瓦	50	—	—	—	—	—	79	91	92	92
罗马尼亚	51	—	68	82	90	83	89	100	100	100
委内瑞拉	52	52	75	89	96	94	94	99	99	100
乌兹别克斯坦	53	—	—	—	—	—	77	78	80	81
多米尼加	54	40	48	62	76	82	90	95	97	97
亚美尼亚	55	—	—	—	—	—	82	88	90	90
巴拉圭	56	47	56	69	68	73	88	89	92	92
哥斯达黎加	57	55	58	73	90	92	94	98	100	100
巴西	58	53	59	72	81	87	94	100	100	100
墨西哥	59	53	64	79	88	91	98	100	100	100
博茨瓦纳	60	—	25	29	47	66	70	84	90	89
秘鲁	61	36	59	72	79	82	92	95	97	97
牙买加	62	47	68	78	81	83	90	100	96	96
约旦	63	—	44	55	85	87	92	95	96	95
南非	64	56	63	76	78	80	80	92	93	93
土耳其	65	34	45	54	61	79	88	100	100	100
厄瓜多尔	66	48	53	65	82	86	91	95	97	97
伊朗	67	—	42	57	72	65	84	99	97	97
蒙古	68	—	66	—	87	87	78	89	93	93
摩洛哥	69	36	41	49	54	66	75	82	86	86
马来西亚	70	—	46	55	69	77	91	99	100	100

(续表)

国家	编号	1950	1960	1970	1980	1990	2000	2010	2013	2014
萨尔瓦多	71	43	47	54	60	81	92	94	95	95
埃及	72	32	48	60	71	73	84	90	91	92
中国	73	26	37	40	54	63	76	92	98	99
阿尔及利亚	74	38	43	54	72	80	85	91	94	96
土库曼斯坦	75	—	—	—	—	—	72	86	84	84
突尼斯	76	—	43	54	68	78	89	94	95	95
阿尔巴尼亚	77	—	48	—	58	—	75	90	87	87
吉尔吉斯斯坦	78	—	—	—	—	—	71	85	87	87
塔吉克斯坦	79	—	—	—	—	—	78	76	77	78
玻利维亚	80	37	45	61	61	72	79	86	84	85
缅甸	81	—	40	25	40	—	55	78	64	69
菲律宾	82	43	58	53	61	71	88	90	91	92
泰国	83	37	41	55	62	73	77	82	88	88
纳米比亚	84	—	—	—	—	64	65	81	82	82
津巴布韦	85	—	44	48	52	59	64	68	61	61
洪都拉斯	86	31	40	52	57	66	82	90	85	85
尼加拉瓜	87	—	49	65	70	—	76	87	87	87
越南	88	—	37	—	—	—	66	79	83	82
肯尼亚	89	24	31	37	42	48	58	59	57	57
斯里兰卡	90	—	50	54	52	66	72	80	84	85
刚果共和国	91	—	41	55	62	64	63	60	71	72
印度尼西亚	92	16	30	41	43	59	68	82	84	84
赞比亚	93	—	42	47	52	52	50	55	68	70
危地马拉	94	27	46	46	62	65	78	81	92	92
毛里塔尼亚	95	—	26	32	44	53	53	56	58	58
科特迪瓦	96	—	—	37	54	51	51	59	58	57
印度	97	30	33	39	44	51	59	71	75	76
巴基斯坦	98	20	34	42	45	49	60	66	68	68
莱索托	99	—	23	34	49	54	51	63	70	69
柬埔寨	100	—	25	—	—	—	44	59	65	66
喀麦隆	101	35	35	48	52	52	71	70	71	
厄立特里亚	102	—	—	—	—	—	48	62	58	61
叙利亚	103	—	48	62	75	79	79	89	89	89
加纳	104	—	37	39	42	53	55	62	70	71
乍得	105	—	26	28	37	38	43	49	41	41
莫桑比克	106	—	24	13	23	36	48	47	50	52
几内亚	107	—	15	—	27	44	47	52	53	53
也门共和国	108	—	19	—	26	61	56	67	72	70
巴布亚新几内亚	109	—	31	36	39	48	46	46	47	47
海地	110	17	31	30	30	47	53	60	62	65
尼泊尔	111	—	16	23	26	32	39	60	67	67
塞内加尔	112	—	34	42	47	48	55	64	63	64
塞拉利昂	113	—	19	39	38	42	34	41	43	44
刚果民主共和国	114	—	—	—	46	—	42	49	62	63
老挝	115	—	24	25	34	34	38	67	64	65
马拉维	116	—	26	28	28	37	37	46	46	47
多哥	117	—	27	34	42	48	46	55	57	55
马达加斯加	118	—	33	41	39	47	47	55	57	57
马里	119	—	24	28	31	37	37	43	48	48
尼日利亚	120	21	25	37	46	48	50	57	65	67
孟加拉国	121	—	29	—	32	43	51	65	72	73
坦桑尼亚	122	—	27	35	39	32	42	50	55	56
贝宁	123	—	30	38	40	55	46	56	60	61
尼日尔	124	—	21	24	30	35	37	32	40	39
安哥拉	125	—	30	—	29	59	40	66	65	66
乌干达	126	—	28	24	30	33	39	50	52	53
中非	127	—	31	35	37	43	38	44	42	46
布基纳法索	128	—	—	25	32	32	39	42	43	45
埃塞俄比亚	129	—	18	26	26	33	33	44	43	50
布隆迪	130	—	17	21	27	34	31	47	43	46
卢旺达	131	—	20	24	29	35	34	51	57	57
高收入国家		—	100	100	100	100	100	100	100	100
中等收入国家		—	51	—	84	84	93	91	94	95
低收入国家		—	34	33	45	52	58	56	54	54
世界平均		—	—	68	80	81	89	96	99	99

附表 2-2-6　1950～2014 年世界第一次现代化指数的排名

国家	编号	1950	1960	1970	1980	1990	2000	2010	2013	2014
瑞典	1	12	9	1	1	1	1	1	1	1
美国	2	1	1	1	1	1	1	1	1	1
芬兰	3	23	21	1	1	1	1	1	1	1
澳大利亚	4	3	3	1	1	1	1	1	1	1
瑞士	5	8	12	1	1	1	1	1	1	1
挪威	6	4	14	1	1	1	1	1	1	1
日本	7	22	17	1	1	1	1	1	1	1
丹麦	8	7	5	1	1	1	1	1	1	1
德国	9	15	13	1	1	1	1	1	1	1
荷兰	10	13	7	1	1	1	1	1	1	1
加拿大	11	2	1	1	1	1	1	1	1	1
新加坡	12	27	27	27	31	27	1	1	1	1
英国	13	9	8	1	1	1	1	1	1	1
法国	14	14	6	1	1	1	1	1	1	1
比利时	15	10	11	1	1	1	1	1	1	1
奥地利	16	16	16	1	1	1	1	1	1	1
新西兰	17	5	4	1	1	1	1	1	1	1
韩国	18	46	47	42	40	23	1	1	1	1
以色列	19	6	10	25	1	1	1	1	1	1
意大利	20	21	18	1	1	1	1	1	1	1
爱尔兰	21	19	20	19	1	1	1	1	1	1
西班牙	22	24	32	20	1	1	1	1	1	1
爱沙尼亚	23	—	—	—	—	—	39	1	1	1
斯洛文尼亚	24	—	—	—	—	—	1	1	1	1
乌拉圭	25	—	23	30	25	26	28	1	1	1
俄罗斯	26	—	15	—	—	—	52	43	1	1
斯洛伐克	27	—	—	—	—	—	38	1	1	1
希腊	28	20	30	24	1	21	1	1	1	1
匈牙利	29	17	25	23	28	25	32	1	1	1
捷克	30	—	—	1	26	30	30	1	1	1
葡萄牙	31	32	39	38	41	24	1	1	1	1
白俄罗斯	32	—	—	—	—	—	45	53	51	52
拉脱维亚	33	—	—	—	23	—	41	1	1	1
立陶宛	34	—	—	—	—	—	40	1	1	1
格鲁吉亚	35	—	—	—	33	—	68	71	74	73
乌克兰	36	—	—	—	—	—	57	61	63	65
保加利亚	37	—	22	22	24	38	47	51	49	50
黎巴嫩	38	—	26	31	32	—	37	1	1	48
哈萨克斯坦	39	—	—	—	—	—	55	46	1	1
波兰	40	31	24	21	1	32	36	1	1	1
阿根廷	41	11	19	26	29	31	1	1	1	1
巴拿马	42	33	37	32	30	29	42	49	1	1
克罗地亚	43	—	—	—	—	—	34	1	1	1
沙特阿拉伯	44	—	87	63	58	35	29	52	50	49
哥伦比亚	45	43	45	44	48	36	46	76	48	47
科威特	46	—	28	29	35	22	1	1	55	53
智利	47	18	31	36	34	42	33	1	1	1
马其顿	48	—	—	—	—	—	49	54	58	58
阿塞拜疆	49	—	—	—	—	—	66	74	65	62
摩尔多瓦	50	—	—	—	—	—	73	64	70	72
罗马尼亚	51	—	34	33	36	43	60	44	1	1
委内瑞拉	52	30	29	28	27	28	35	45	47	1
乌兹别克斯坦	53	—	—	—	—	—	79	89	89	89
多米尼加	54	39	52	47	49	46	58	55	56	56
亚美尼亚	55	—	—	—	—	—	70	75	73	74
巴拉圭	56	36	44	43	56	56	61	70	68	69
哥斯达黎加	57	26	43	39	37	33	43	50	1	1
巴西	58	29	40	40	44	39	44	1	1	1
墨西哥	59	28	36	34	38	34	31	1	1	1
博茨瓦纳	60	—	93	88	76	62	87	81	75	76
秘鲁	61	45	41	41	46	45	50	58	53	54
牙买加	62	35	33	35	45	44	56	1	60	60
约旦	63	—	59	52	42	40	51	56	59	61
南非	64	25	38	37	47	48	71	63	67	67
土耳其	65	47	57	60	64	51	62	1	1	1
厄瓜多尔	66	34	46	46	43	41	53	57	57	55
伊朗	67	—	64	51	52	63	65	48	54	57
蒙古	68	—	35	—	39	37	75	73	66	66
摩洛哥	69	44	67	64	68	61	83	82	81	81
马来西亚	70	—	55	53	55	53	54	47	1	1

(续表)

国家	编号	1950	1960	1970	1980	1990	2000	2010	2012	2013
萨尔瓦多	71	37	54	59	65	47	48	60	62	64
埃及	72	48	50	50	53	55	67	66	71	71
中国	73	52	72	72	69	67	80	62	52	51
阿尔及利亚	74	40	61	57	51	49	64	65	64	59
土库曼斯坦	75	—	—	—	—	—	85	78	86	85
突尼斯	76	—	62	56	57	52	59	59	61	63
阿尔巴尼亚	77	—	51	—	66	—	82	68	78	79
吉尔吉斯斯坦	78	—	—	—	—	—	86	80	79	80
塔吉克斯坦	79	—	—	—	—	—	77	91	90	90
玻利维亚	80	42	58	49	62	57	74	79	83	82
缅甸	81	—	69	95	87	—	97	90	104	99
菲律宾	82	38	42	61	63	58	63	69	72	70
泰国	83	41	66	55	59	54	78	84	77	77
纳米比亚	84	—	—	—	—	65	90	85	88	88
津巴布韦	85	—	60	65	72	70	91	94	109	109
洪都拉斯	86	49	68	62	67	59	69	67	82	83
尼加拉瓜	87	—	49	45	54	—	81	77	80	78
越南	88	—	70	—	—	—	89	88	87	87
肯尼亚	89	53	80	79	85	81	95	107	115	115
斯里兰卡	90	—	48	58	71	60	84	87	85	84
刚果共和国	91	—	65	54	60	66	92	105	94	93
印度尼西亚	92	57	84	71	83	71	88	83	84	86
赞比亚	93	—	63	66	73	76	106	113	98	96
危地马拉	94	51	56	67	61	64	76	86	69	68
毛里塔尼亚	95	—	90	86	81	74	101	111	112	112
科特迪瓦	96	—	—	78	70	78	103	108	113	113
印度	97	50	76	75	82	79	94	92	91	91
巴基斯坦	98	55	75	68	80	80	93	98	99	100
莱索托	99	—	99	85	74	73	105	101	97	98
柬埔寨	100	—	95	—	—	—	115	109	102	103
喀麦隆	101	—	73	81	75	77	102	93	95	94
厄立特里亚	102	—	—	—	—	—	109	102	111	110
叙利亚	103	—	53	48	50	50	72	72	76	75
加纳	104	—	71	74	84	75	98	103	96	95
乍得	105	—	92	90	94	92	116	120	130	130
莫桑比克	106	—	96	101	110	95	108	122	121	121
几内亚	107	—	107	—	106	88	110	116	119	119
也门共和国	108	—	103	—	109	68	96	96	93	97
巴布亚新几内亚	109	—	78	80	90	84	114	125	123	124
海地	110	56	79	87	99	86	100	104	107	106
尼泊尔	111	—	106	99	108	104	121	106	100	101
塞内加尔	112	—	74	69	77	85	99	100	106	107
塞拉利昂	113	—	102	73	92	91	128	130	128	129
刚果民主共和国	114	—	—	—	78	—	117	121	108	108
老挝	115	—	97	93	95	99	123	95	105	105
马拉维	116	—	91	89	104	94	126	124	124	125
多哥	117	—	88	84	86	82	112	114	117	118
马达加斯加	118	—	77	70	89	87	111	115	114	116
马里	119	—	98	91	98	93	125	128	122	123
尼日利亚	120	54	94	77	79	83	107	110	101	102
孟加拉国	121	—	85	—	96	89	104	99	92	92
坦桑尼亚	122	—	89	82	91	102	118	118	118	117
贝宁	123	—	83	76	88	72	113	112	110	111
尼日尔	124	—	100	97	100	96	127	131	131	131
安哥拉	125	—	82	—	102	69	119	97	103	104
乌干达	126	—	86	96	101	101	120	119	120	120
中非	127	—	81	83	93	90	124	126	129	126
布基纳法索	128	—	—	94	97	103	122	129	125	128
埃塞俄比亚	129	—	104	92	107	100	130	127	127	122
布隆迪	130	—	105	100	105	98	131	123	126	127
卢旺达	131	—	101	98	103	97	129	117	116	114

注：第一次现代化指数达到100，排名不分先后。排名为131个国家的排名。

附表 2-3-1 2014 年世界第二次现代化指数

国家	编号	知识创新指数	知识传播指数	生活质量指数	经济质量指数	第二次现代化指数	国家排名	发展阶段[a]	国家分组
瑞典	1	97	113	108	114	108	1	2	1
美国	2	114	89	105	111	105	4	2	1
芬兰	3	99	105	108	100	103	6	2	1
澳大利亚	4	64	97	110	106	94	16	1	1
瑞士	5	95	102	102	112	103	7	2	1
挪威	6	71	93	115	107	97	10	1	1
日本	7	120	90	97	103	103	8	1	1
丹麦	8	97	108	98	117	105	5	2	1
德国	9	93	85	102	103	96	12	1	1
荷兰	10	88	111	106	118	106	3	2	1
加拿大	11	61	102	107	100	93	18	1	1
新加坡	12	98	110	112	110	107	2	2	1
英国	13	79	89	92	115	94	17	2	1
法国	14	77	91	98	114	95	14	2	1
比利时	15	81	106	106	113	102	9	2	1
奥地利	16	79	97	103	105	96	13	1	1
新西兰	17	57	100	94	100	88	20	2	1
韩国	18	103	102	103	70	94	15	1	1
以色列	19	81	84	90	108	91	19	1	1
意大利	20	34	74	89	99	74	23	1	2
爱尔兰	21	76	105	94	109	96	11	2	1
西班牙	22	32	88	88	103	78	21	2	2
爱沙尼亚	23	30	81	95	64	67	28	1	2
斯洛文尼亚	24	53	87	90	70	75	22	1	2
乌拉圭	25	5	66	55	81	52	39		2
俄罗斯	26	31	79	77	56	61	32		2
斯洛伐克	27	24	78	74	64	60	33	1	2
希腊	28	25	79	81	97	71	25		2
匈牙利	29	53	84	72	63	68	27	1	2
捷克	30	43	85	92	58	70	26		2
葡萄牙	31	34	74	82	93	71	24	1	2
白俄罗斯	32	8	76	78	41	51	41		2
拉脱维亚	33	17	74	64	75	58	36		2
立陶宛	34	26	73	81	68	62	30	1	2
格鲁吉亚	35	5	53	44	45	37	68		3
乌克兰	36	12	68	55	41	44	53		3
保加利亚	37	16	70	58	53	49	43		2
黎巴嫩	38	1	55	56	69	45	49		3
哈萨克斯坦	39	9	63	69	47	47	46		2
波兰	40	22	78	77	59	59	35		2
阿根廷	41	11	77	55	72	54	38		2
巴拿马	42	1	49	49	79	44	52		3
克罗地亚	43	15	76	76	69	59	34		2
沙特阿拉伯	44	2	88	92	61	61	31		2
哥伦比亚	45	2	60	42	70	44	55		3
科威特	46	8	77	98	70	63	29		2
智利	47	6	82	66	66	55	37		2
马其顿	48	10	58	61	46	44	54		3
阿塞拜疆	49	1	57	43	43	36	69		3
摩尔多瓦	50	8	51	38	44	35	70		3
罗马尼亚	51	11	63	55	51	45	50		3
委内瑞拉	52	4	69	54	59	46	48		3
乌兹别克斯坦	53	5	51	36	23	29	84		4
多米尼加	54	1	52	38	58	37	65		3
亚美尼亚	55	3	73	42	40	40	59		3
巴拉圭	56	2	45	38	49	33	73		3
哥斯达黎加	57	4	68	52	80	51	40		2
巴西	58	9	61	48	82	50	42		2
墨西哥	59	4	47	51	61	41	57		3
博茨瓦纳	60	2	37	38	53	32	77		3
秘鲁	61	1	51	42	74	42	56		3
牙买加	62	4	41	43	61	37	66		3
约旦	63	2	52	42	64	40	58		3
南非	64	5	49	43	57	38	61		3
土耳其	65	16	69	52	58	49	44		2
厄瓜多尔	66	2	54	41	50	37	67		3
伊朗	67	15	76	58	38	46	47		3
蒙古	68	4	51	43	36	33	72		3
摩洛哥	69	6	44	35	44	32	76		3
马来西亚	70	19	54	72	49	49	45		2

(续表)

国家	编号	知识创新指数	知识传播指数	生活质量指数	经济质量指数	第二次现代化指数	国家排名	发展阶段[a]	国家分组
萨尔瓦多	71	6	39	39	53	34	71		3
埃及	72	7	43	38	39	32	78		3
中国	73	32	54	55	38	45	51		3
阿尔及利亚	74	1	45	43	44	33	74		3
土库曼斯坦	75	1	37	58	25	30	80		3
突尼斯	76	15	48	44	46	38	62		3
阿尔巴尼亚	77	1	65	44	41	38	64		3
吉尔吉斯斯坦	78	2	47	33	34	29	83		4
塔吉克斯坦	79	0	48	28	30	27	90		4
玻利维亚	80	3	46	33	37	30	81		4
缅甸	81	3	22	28	28	20	110		4
菲律宾	82	2	47	34	50	33	75		3
泰国	83	8	56	53	37	39	60		3
纳米比亚	84	0	23	33	56	28	86		4
津巴布韦	85	2	19	25	28	19	114		4
洪都拉斯	86	1	31	35	40	27	88		4
尼加拉瓜	87	1	32	35	39	27	89		4
越南	88	1	60	37	30	32	79		4
肯尼亚	89	6	32	27	32	24	96		4
斯里兰卡	90	2	53	46	52	38	63		3
刚果共和国	91	1	26	29	39	23	97		4
印度尼西亚	92	2	37	37	38	28	85		4
赞比亚	93	0		27	36	21	104		4
危地马拉	94	1	31	35	45	28	87		4
毛里塔尼亚	95	1	13	31	23	17	119		4
科特迪瓦	96	1	18	23	25	17	122		4
印度	97	3	32	30	31	24	94		4
巴基斯坦	98	1	18	28	33	20	109		4
莱索托	99	1	20	19	64	26	92		4
柬埔寨	100	1	22	29	29	20	108		4
喀麦隆	101	1	23	23	35	21	106		4
厄立特里亚	102	1	13	25	32	18	116		4
叙利亚	103	1	33	47	36	29	82		4
加纳	104	1	37	26	41	26	91		4
乍得	105	1	10	25	20	14	130		4
莫桑比克	106	0	10	22	25	14	129		4
几内亚	107	1	14	28	27	17	117		4
也门共和国	108	1	23	27	40	23	100		4
巴布亚新几内亚	109	1	24	31	25	21	107		4
海地	110	25	7	25	12	17	118		4
尼泊尔	111	0	36	29	28	23	98		4
塞内加尔	112	5	18	26	37	22	103		4
塞拉利昂	113	13	15	24	20	18	115		4
刚果民主共和国	114	11	14	22	22	17	120		4
老挝	115	1	33	34	28	24	95		4
马拉维	116	1	12	30	32	19	113		4
多哥	117	0	19	24	19	16	126		4
马达加斯加	118	6	12	32	32	21	105		4
马里	119	0	15	27	22	16	123		4
尼日利亚	120	1	28	25	36	22	101		4
孟加拉国	121	0	24	29	39	23	99		4
坦桑尼亚	122	0	11	27	27	16	124		4
贝宁	123	1	21	24	33	20	111		4
尼日尔	124	0	8	22	28	15	128		4
安哥拉	125	2	15	25	45	22	102		4
乌干达	126	2	14	29	31	19	112		4
中非	127	1	9	23	23	14	131		4
布基纳法索	128	1	12	28	27	17	121		4
埃塞俄比亚	129	0	14	26	24	16	125		4
布隆迪	130	0	11	27	23	15	127		4
卢旺达	131	21	16	32	30	25	93		4
高收入国家		100	100	100	100	100		2	
中等收入国家		12	42	39	41	33			
低收入国家		1	15	24	24	16			
世界平均		38	48	45	57	47			

注：a. 第二次现代化的阶段：2代表发展期，1代表起步期，0代表准备阶段。

附表 2-3-2　2014 年世界知识创新指数

国家	编号	知识创新指标的实际值				知识创新指标的指数				平均值	知识创新指数[e]
		人均知识创新经费[a]	知识创新人员比例[b]	发明专利申请比例[c]	知识产权出口比例[d]	知识创新经费指数	知识创新人员指数	知识创新专利指数	知识产权出口指数		
瑞典	1	1870.6	68.7	2.0	1.6	120	120	29	120	97	97
美国	2	1486.4	40.2	8.9	0.7	120	101	120	115	114	114
芬兰	3	1583.4	69.9	2.6	1.0	120	120	37	120	99	99
澳大利亚	4	1361.3	45.3	0.8	0.1	120	114	12	9	64	64
瑞士	5	2545.8	44.8	1.8	2.6	120	113	25	120	95	95
挪威	6	1659.0	56.8	2.2	0.1	120	120	30	15	71	71
日本	7	1367.0	53.9	20.9	0.8	120	120	120	118	120	120
丹麦	8	1892.0	72.0	2.4	0.7	120	120	34	112	97	97
德国	9	1374.1	43.8	5.9	0.4	120	110	84	59	93	93
荷兰	10	1029.0	44.8	1.4	4.3	99	113	19	120	88	88
加拿大	11	808.8	45.2	1.2	0.2	78	114	17	37	61	61
新加坡	12	1224.2	66.6	2.4	1.2	117	120	34	120	98	98
英国	13	789.3	42.5	2.4	0.7	76	107	33	102	79	79
法国	14	963.2	42.0	2.2	0.5	92	106	31	77	77	77
比利时	15	1166.9	41.8	0.8	0.6	112	105	11	98	81	81
奥地利	16	1532.5	48.1	2.4	0.3	120	120	35	41	79	79
新西兰	17	520.0	40.1	3.6	0.2	50	101	51	25	57	57
韩国	18	1201.2	69.0	32.5	0.4	115	120	120	56	103	103
以色列	19	1544.1	82.6	1.4	0.4	120	120	19	64	81	81
意大利	20	455.1	20.1	1.4	0.2	44	51	20	24	34	34
爱尔兰	21	843.0	37.3	0.6	2.5	81	94	8	120	76	76
西班牙	22	366.0	26.4	0.6	0.1	35	67	9	16	32	32
爱沙尼亚	23	286.4	32.8	0.3	0.0	27	83	5	7	30	30
斯洛文尼亚	24	573.2	41.5	2.3	0.1	55	105	32	22	53	53
乌拉圭	25	56.0	5.0	0.1	0.0	5	13	2	0	5	5
俄罗斯	26	166.8	31.0	1.7	0.0	16	78	24	5	31	31
斯洛伐克	27	164.8	27.2	0.4	0.0	16	68	5	4	24	24
希腊	28	181.7	27.2	0.6	0.0	17	68	8	7	25	25
匈牙利	29	193.5	26.5	0.6	1.5	19	67	8	120	53	53
捷克	30	394.4	34.2	0.9	0.2	38	86	12	37	43	43
葡萄牙	31	284.3	37.0	0.7	0.0	27	93	10	6	34	34
白俄罗斯	32		54.1	0.7	0.1		10	8	8	8	8
拉脱维亚	33	108.5	18.8	0.5	0.1	10	47	7	3	17	17
立陶宛	34	167.3	29.6	0.4	0.1	16	75	6	8	26	26
格鲁吉亚	35	4.4	5.9	0.3	0.1	0	15	4	2	5	5
乌克兰	36	20.5	10.3	0.5	0.1	2	26	9	13	12	12
保加利亚	37	62.4	18.3	0.3	0.1	6	46	4	9	16	16
黎巴嫩	38				0.0				6	1	1
哈萨克斯坦	39	22.4	7.3	1.0	0.0	2	18	14	0	9	9
波兰	40	134.9	20.4	1.0	0.1	13	51	15	10	22	22
阿根廷	41	75.6	12.0	0.1	0.1	7	30	2	6	11	11
巴拿马	42	8.4	0.4	0.0	0.0	1	1	0	3	1	1
克罗地亚	43	106.5	14.4	0.4	0.0	10	36	6	7	15	15
沙特阿拉伯	44	10.3		0.2		1		3		2	2
哥伦比亚	45		1.5	0.1			4	1	2	2	2
科威特	46	130.7	1.3			13	3			8	8
智利	47	55.2	4.3	0.3	0.0	5	11	4	5	6	6
马其顿	48	24.0	8.4	0.2	0.1	2	21	3	14	10	10
阿塞拜疆	49	16.6		0.0	0.0	2		0	1	1	1
摩尔多瓦	50	8.3	6.5	0.2	0.1	1	16	3	14	8	8
罗马尼亚	51	38.4	9.2	0.5	0.1	4	23	7	11	11	11
委内瑞拉	52		2.9	0.0			7	0		4	4
乌兹别克斯坦	53	4.0	5.3	0.1	0.0	0	13	2	5	5	5
多米尼加	54			0.0				0		1	1
亚美尼亚	55	9.3		0.4		1		6		3	3
巴拉圭	56	4.2	1.7	0.0		0	4	0		2	2
哥斯达黎加	57	59.2	3.6	0.0	0.0	6	9	0	0	4	4
巴西	58	145.0	7.0	0.3	0.0	14	18	3	2	9	9
墨西哥	59	55.7	3.2	0.1	0.0	5	8	1	2	4	4
博茨瓦纳	60	18.0	1.6	0.0	0.0	2	4	0	0	2	2
秘鲁	61	7.4		0.0	0.0	1		1	1	1	1
牙买加	62			0.1	0.0		2	7	4	4	4
约旦	63	19.3		0.1	0.0	2		1	5	2	2
南非	64	47.5	4.0	0.1	0.0	5	10	2	5	5	5
土耳其	65	103.8	11.6	0.6		10	29	9		16	16
厄瓜多尔	66	21.9	1.8	0.0		2	5	0		2	2
伊朗	67	17.7	6.9	1.8		2	17	25		15	15
蒙古	68	9.6		0.5	0.0	1		7	3	4	4
摩洛哥	69	22.8	8.6	0.1	0.0	2	22	1	0	6	6
马来西亚	70	142.7	20.5	0.5	0.0	14	52	6	3	19	19

（续表）

国家	编号	知识创新指标的实际值				知识创新指标的指数				平均值	知识创新指数[e]
		人均知识创新经费[a]	知识创新人员比例[b]	发明专利申请比例[c]	知识产权出口比例[d]	知识创新经费指数	知识创新人员指数	知识创新专利指数	知识产权出口指数		
萨尔瓦多	71	3.5			0.1	0			12	6	6
埃及	72	22.8	6.8	0.1	0.1	2	17	1	8	7	7
中国	73	157.2	11.1	5.9	0.0	15	28	83	1	32	32
阿尔及利亚	74	3.6	1.7	0.0	0.0	0	4	0	0	1	1
土库曼斯坦	75										1
突尼斯	76	27.7	18.0	0.1	0.1	3	45	2	9	15	15
阿尔巴尼亚	77	9.1	1.5	0.0	0.0	1	4	0	1	1	1
吉尔吉斯斯坦	78	1.6		0.2	0.0	0		3	3	2	2
塔吉克斯坦	79	1.3		0.0	0.0	0		0	0	0	0
玻利维亚	80	9.0	1.7	0.0	0.1	1	4	0	9	3	3
缅甸	81	1.4			0.0	0			6	3	3
菲律宾	82	4.0	1.9	0.0	0.0	0	5	0	1	2	2
泰国	83	28.8	9.7	0.1	0.0	3	25	2	2	8	8
纳米比亚	84	7.6			0.0	1			0	0	0
津巴布韦	85		0.9		0.0		2		2	2	2
洪都拉斯	86	1.1		0.0	0.0	0		0	2	1	1
尼加拉瓜	87			0.0				0			1
越南	88	3.9		0.1		0		1		1	1
肯尼亚	89	10.8	2.3	0.0	0.1	1	6	0	15	6	6
斯里兰卡	90	3.9	1.1	0.2		0	3	2		2	2
刚果共和国	91		0.3				1				1
印度尼西亚	92	3.0	2.1	0.1	0.0	0	5	0	1	2	2
赞比亚	93	0.4	0.4			0	1			0	0
危地马拉	94	1.6	0.3	0.0	0.0	0	1	0	4	1	1
毛里塔尼亚	95										1
科特迪瓦	96		0.7	0.0	0.0		2	0	0	1	1
印度	97	13.0	1.6	0.1	0.0	1	4	1	5	3	3
巴基斯坦	98	3.9	1.7	0.0	0.0	0	4	0	1	1	1
莱索托	99	0.2	0.1	0.0	0.0	0	0	0	2	1	1
柬埔寨	100		0.0		0.0		0		2	1	1
喀麦隆	101				0.0				0		1
厄立特里亚	102										1
叙利亚	103			0.1	0.0			1	1	1	1
加纳	104	5.4	0.4	0.0	0.0	1	1	0	1	1	1
乍得	105										1
莫桑比克	106	2.6	0.4	0.0	0.0	0	1	0	0	0	0
几内亚	107				0.0				1	1	1
也门共和国	108			0.0				0			1
巴布亚新几内亚	109			0.0				0			1
海地	110			0.0	0.3			0	50	25	25
尼泊尔	111	2.1		0.0		0		0		0	0
塞内加尔	112	5.6	3.6		0.0	1	9		4	5	5
塞拉利昂	113				0.1				13	13	13
刚果民主共和国	114	0.3			0.1	0			22	11	11
老挝	115										1
马拉维	116		0.5				1				1
多哥	117	1.7	0.4	0.0	0.0	0	1	0	0	0	0
马达加斯加	118	0.1	0.5	0.0	0.2	0	1	0	24	6	6
马里	119	5.5	0.3		0.0	1	1		0	0	0
尼日利亚	120	6.4	0.4	0.0		1	1	0		1	1
孟加拉国	121			0.0	0.0			0	0	0	0
坦桑尼亚	122	5.1	0.2			0	0			0	0
贝宁	123				0.0				0		1
尼日尔	124		0.1		0.0		0		0	0	0
安哥拉	125		0.5		0.0		1		3	2	2
乌干达	126	3.5	0.4	0.0	0.0	0	1	0	7	2	2
中非	127										1
布基纳法索	128	1.2	0.5	0.0	0.0	0	1	0	1	1	1
埃塞俄比亚	129	3.5	0.5	0.0	0.0	0	1	0	0	0	0
布隆迪	130	0.3			0.0				0	0	0
卢旺达	131		0.1	0.0	0.4		0	0	63	21	21
高收入国家		1043.4	39.7	7.1	0.6	100	100	100	100	100	100
中等收入国家		69.7	6.6	1.6	0.0	7	17	23	2	12	12
低收入国家		3.8				0			2	1	1
世界平均		229.3	12.8	2.4	0.4	22	32	33	65	38	38
基准值		1043.4	39.7	7.1	0.6						

注：a. 指人均R&D经费，其数据为2005～2014年期间最近年的数据。
　　b. 指从事研究与发展活动的研究人员全时当量/万人，其数据为2005～2014年期间最近年的数据。
　　c. 指居民申请国内发明专利数/万人，其数据为2005～2014年期间最近年数据。
　　d. 指知识产权出口收入占GDP比例(%)，其数据为2005～2014年期间最近年数据。
　　e. 知识创新指数最小值设为1。减少发展中国家数据缺失带来的评价误差。

附表 2-3-3 2014 年世界知识传播指数

国家	编号	知识传播指标的实际值				知识传播指标的指数				知识传播指数
		中学普及率[a]	大学普及率[b]	人均知识产权进口	互联网普及率	中学普及指数	大学普及指数	知识产权进口指数	互联网普及指数	
瑞典	1	133	62	397	93	100	84	152	117	113
美国	2	98	87	132	73	98	117	51	92	89
芬兰	3	145	89	215	92	100	120	82	117	105
澳大利亚	4	138	87	170	84	100	117	65	106	97
瑞士	5	100	57	1727	87	100	77	120	111	102
挪威	6	113	77	127	96	100	104	49	120	93
日本	7	102	62	165	89	100	84	63	113	90
丹麦	8	130	82	266	96	100	110	102	120	108
德国	9	102	65	115	86	100	88	44	109	85
荷兰	10	132	79	2805	93	100	106	120	118	111
加拿大	11	110	59	312	87	100	80	119	110	102
新加坡	12			3616	79			120	100	110
英国	13	128	56	161	92	100	76	62	116	89
法国	14	111	64	185	84	100	87	71	106	91
比利时	15	165	73	303	85	100	99	116	108	106
奥地利	16	99	80	208	81	99	108	80	103	97
新西兰	17	117	81	213	86	100	109	81	108	100
韩国	18	98	95	209	88	98	120	80	111	102
以色列	19	102	66	138	75	100	89	53	95	84
意大利	20	102	63	85	62	100	86	33	78	74
爱尔兰	21	126	73	13907	80	100	99	120	101	105
西班牙	22	130	89	96	76	100	120	37	96	88
爱沙尼亚	23	109	73	46	84	100	99	18	107	81
斯洛文尼亚	24	111	83	117	72	100	112	45	91	87
乌拉圭	25	94	63	14	61	94	85	5	78	66
俄罗斯	26	101	79	56	71	100	106	21	89	79
斯洛伐克	27	92	53	124	80	92	72	48	101	78
希腊	28	108	110	41	63	100	120	16	80	79
匈牙利	29	107	53	172	76	100	72	66	96	84
捷克	30	105	66	128	80	100	89	49	101	85
葡萄牙	31	116	66	65	65	100	89	25	82	74
白俄罗斯	32	107	89	25	59	100	120	10	75	76
拉脱维亚	33	115	67	23	76	100	91	9	96	74
立陶宛	34	107	69	16	72	100	93	6	91	73
格鲁吉亚	35	99	39	5	44	99	53	2	56	53
乌克兰	36	99	82	12	46	99	111	5	59	68
保加利亚	37	101	71	32	55	100	96	12	70	70
黎巴嫩	38	68	43	6	73	68	58	2	92	55
哈萨克斯坦	39	105	48	10	66	100	66	4	84	63
波兰	40	109	71	77	67	100	96	30	84	78
阿根廷	41	106	80	47	65	100	108	18	82	77
巴拿马	42	75	39	26	45	75	52	10	57	49
克罗地亚	43	99	70	65	69	99	94	25	87	76
沙特阿拉伯	44	108	61		65	100	83		82	88
哥伦比亚	45	99	51	11	53	99	69	4	67	60
科威特	46	94	27		79	94	37		100	77
智利	47	100	87	87	61	100	117	33	77	82
马其顿	48	82	39	25	68	82	53	10	86	58
阿塞拜疆	49	103	23	3	75	100	31	1	95	57
摩尔多瓦	50	87	41	7	47	87	56	3	59	51
罗马尼亚	51	95	53	44	54	95	72	17	68	63
委内瑞拉	52	92	78	13	57	92	106	5	72	69
乌兹别克斯坦	53	95	9		36	95	12		45	51
多米尼加	54	78	48	8	50	78	64	3	63	52
亚美尼亚	55	91	44		55	91	60		69	73
巴拉圭	56	77	35	3	43	77	47	1	54	45
哥斯达黎加	57	120	53	90	53	100	72	35	67	68
巴西	58	102	46	29	55	100	63	11	69	61
墨西哥	59	91	30	4	44	91	40	2	56	47
博茨瓦纳	60	84	28	4	19	84	37	2	23	37
秘鲁	61	96	41	9	40	96	55	3	51	51
牙买加	62	69	28	19	40	69	38	7	51	41
约旦	63	84	48	0	46	84	64	0	58	52
南非	64	94	20	32	49	94	27	12	62	49
土耳其	65	100	79	9	51	100	107	3	65	69
厄瓜多尔	66	104	40	7	46	100	55	3	58	54
伊朗	67	88	66		39	88	89		50	76
蒙古	68	91	64	4	20	91	87	2	25	51
摩洛哥	69	69	25	3	57	69	33	1	72	44
马来西亚	70	79	30	48	64	79	40	18	81	54

(续表)

国家	编号	知识传播指标的实际值				知识传播指标的指数				知识传播指数
		中学普及率[a]	大学普及率[b]	人均知识产权进口	互联网普及率	中学普及指数	大学普及指数	知识产权进口指数	互联网普及指数	
萨尔瓦多	71	81	29	11	25	81	39	4	31	39
埃及	72	86	32	3	34	86	43	1	43	43
中国	73	94	39	17	48	94	53	6	61	54
阿尔及利亚	74	100	35	4	25	100	47	1	32	45
土库曼斯坦	75	85	8		12	85	11		15	37
突尼斯	76	88	35	2	46	88	47	1	58	48
阿尔巴尼亚	77	96	63	8	60	96	85	3	76	65
吉尔吉斯斯坦	78	91	46	1	28	91	62	0	36	47
塔吉克斯坦	79	88	24		17	88	33		22	48
玻利维亚	80	85	39	6	35	85	52	2	44	46
缅甸	81	51	14	6	12	51	18	2	15	22
菲律宾	82	88	36	6	40	88	48	2	50	47
泰国	83	86	53	59	35	86	71	22	44	56
纳米比亚	84	64	7	4	15	64	9	1	19	23
津巴布韦	85	48	6	1	16	48	8	0	21	19
洪都拉斯	86	68	21	11	19	68	29	4	24	31
尼加拉瓜	87	74		0	18	74		0	22	32
越南	88	77	30		48	77	41		61	60
肯尼亚	89	68	3	3	43	68	4	1	55	32
斯里兰卡	90	100	21		26	100	28		33	53
刚果共和国	91	55	10		7	55	13		9	26
印度尼西亚	92	82	31	7	17	82	42	3	22	37
赞比亚	93				19				24	
危地马拉	94	64	18	11	23	64	25	4	30	31
毛里塔尼亚	95	30	5	3	11	30	7	1	14	13
科特迪瓦	96	40	9	0	15	40	12	0	18	18
印度	97	69	24	4	21	69	32	1	27	32
巴基斯坦	98	42	10	1	14	42	14	0	17	18
莱索托	99	52	10	2	11	52	13	1	14	20
柬埔寨	100	47	16	1	14	47	21	0	17	22
喀麦隆	101	56	12		16	56	16	0	21	23
厄立特里亚	102	36	3		1	36	3		1	13
叙利亚	103	50	33	2	28	50	45	1	36	33
加纳	104	67	16		19	67	21		24	37
乍得	105	22	3		3	22	5		3	10
莫桑比克	106	25	6	1	6	25	8	0	8	10
几内亚	107	39	11	0	2	39	15	0	2	14
也门共和国	108	49	10	0	23	49	13	0	29	23
巴布亚新几内亚	109	40			7	40			8	24
海地	110			0	11			0	14	7
尼泊尔	111	67	16		15	67	21		20	36
塞内加尔	112	40	7	0	18	40	10	0	22	18
塞拉利昂	113	43		0	2	43		0	3	15
刚果民主共和国	114	44	7		3	44	9		4	14
老挝	115	57	17		14	57	23		18	33
马拉维	116	39	1	0	6	39	1	0	7	12
多哥	117	55	10	0	6	55	14	0	7	19
马达加斯加	118	38	4	1	4	38	6	0	5	12
马里	119	44	7	0	7	44	9	0	9	15
尼日利亚	120	44	10	1	43	44	14	1	54	28
孟加拉国	121	58	13	0	14	58	18	0	18	24
坦桑尼亚	122	32	4	0	5	32	5	0	6	11
贝宁	123	54	15	0	6	54	21	0	8	21
尼日尔	124	19	2		2	19	2		2	8
安哥拉	125	29	10	10	10	29	13	4	13	15
乌干达	126	28	4	0	18	28	6	0	22	14
中非	127	17	3		4	17	4		5	9
布基纳法索	128	30	5	0	9	30	6	0	12	12
埃塞俄比亚	129	36	8	0	8	36	11	0	10	14
布隆迪	130	38	4	0	1	38	6	0	2	11
卢旺达	131	39	8	0	11	39	11	0	13	16
高收入国家		106	74	261	79	100	100	100	100	100
中等收入国家		76	32	11	36	76	43	4	45	42
低收入国家		41	7	0	8	41	10	0	10	15
世界平均		75	34	51	41	75	47	19	51	48
基准值		100	74	261	79					

注：a. 为2005～2014年期间最近年的数据。中学普及率数据包括职业培训，中学普及率指数最大值设为100。

b. 为2005～2014年期间最近年的数据。

附表 2-3-4 2014 年世界生活质量指数

国家	编号	生活质量指标的实际值				生活质量指标的指数				生活质量指数
		预期寿命	人均购买力[a]	婴儿死亡率	人均能源消费	预期寿命指数	人均购买力指数	婴儿死亡率指数	能源消费指数	
瑞典	1	82	47 270	2	4811	102	105	120	104	108
美国	2	79	56 130	6	6917	98	120	82	120	105
芬兰	3	81	41 900	2	6267	101	93	120	120	108
澳大利亚	4	82	45 060	3	5485	102	100	120	119	110
瑞士	5	83	61 880	4	3075	103	120	120	67	102
挪威	6	82	68 850	2	5854	101	120	120	120	115
日本	7	84	40 880	2	3470	104	91	120	75	97
丹麦	8	81	48 650	3	2904	100	108	120	63	98
德国	9	81	48 150	3	3749	100	107	120	81	102
荷兰	10	81	48 930	3	4289	101	109	120	93	106
加拿大	11	82	44 230	4	7247	102	98	107	120	107
新加坡	12	83	79 660	2	4833	103	120	120	105	112
英国	13	81	40 210	4	2752	101	89	120	60	92
法国	14	82	40 680	4	3641	102	90	120	79	98
比利时	15	81	45 400	3	4810	100	101	120	104	106
奥地利	16	81	48 760	3	3754	101	108	120	82	103
新西兰	17	81	35 630	5	4455	101	79	98	97	94
韩国	18	82	33 960	3	5262	102	75	120	114	103
以色列	19	82	34 550	3	2850	102	77	120	62	90
意大利	20	83	36 070	3	2405	103	80	120	52	89
爱尔兰	21	81	43 540	3	2767	101	97	120	60	94
西班牙	22	83	33 690	4	2450	103	75	120	53	88
爱沙尼亚	23	77	28 150	3	4600	96	63	120	100	95
斯洛文尼亚	24	81	30 950	2	3272	100	69	120	71	90
乌拉圭	25	77	20 150	9	1351	96	45	52	29	55
俄罗斯	26	70	24 260	9	5093	87	54	55	111	77
斯洛伐克	27	77	28 530	6	2847	95	63	77	62	74
希腊	28	81	26 390	4	2061	101	59	120	45	81
匈牙利	29	76	24 220	5	2292	94	54	89	50	72
捷克	30	78	30 200	3	3945	97	67	120	86	92
葡萄牙	31	81	28 420	3	2028	100	63	120	44	82
白俄罗斯	32	73	17 720	4	2882	91	39	120	63	78
拉脱维亚	33	74	23 820	7	2159	92	53	65	47	64
立陶宛	34	74	27 730	4	2357	92	62	120	51	81
格鲁吉亚	35	75	9130	11	1032	93	20	42	22	44
乌克兰	36	71	8580	8	2553	88	19	58	55	55
保加利亚	37	75	17 260	10	2327	94	38	48	51	58
黎巴嫩	38	79	14 000	7	1337	98	31	64	29	56
哈萨克斯坦	39	72	22 310	14	4787	89	50	35	104	69
波兰	40	77	24 820	5	2496	96	55	104	54	77
阿根廷	41	76	19 500	12	1895	94	43	41	41	55
巴拿马	42	78	19 820	15	1057	96	44	31	23	49
克罗地亚	43	77	21 560	4	1814	96	48	120	39	76
沙特阿拉伯	44	74	53 410	13	6363	92	119	36	120	92
哥伦比亚	45	74	12 950	14	669	92	29	33	15	42
科威特	46	75	82 020	8	9757	93	120	61	120	98
智利	47	81	22 230	7	2187	101	49	65	47	66
马其顿	48	75	13 220	5	1349	93	29	90	29	61
阿塞拜疆	49	71	17 000	29	1474	88	38	16	32	43
摩尔多瓦	50	71	5540	14	863	89	12	34	19	38
罗马尼亚	51	75	20 530	10	1592	93	46	47	35	55
委内瑞拉	52	74	17 310	13	2271	92	38	36	49	54
乌兹别克斯坦	53	68	5880	35	1419	85	13	13	31	36
多米尼加	54	74	12 650	26	731	91	28	18	16	38
亚美尼亚	55	75	8500	13	969	93	19	36	21	42
巴拉圭	56	73	8510	18	764	90	19	26	17	38
哥斯达黎加	57	79	14 410	9	1029	99	32	55	22	52
巴西	58	74	15 650	14	1438	92	35	33	31	48
墨西哥	59	77	17 070	13	1510	95	38	39	33	51
博茨瓦纳	60	64	15 660	36	1098	80	35	13	24	38
秘鲁	61	75	11 650	14	708	92	26	35	15	42
牙买加	62	76	8540	14	1084	94	19	34	24	43
约旦	63	74	10 660	16	1071	92	24	30	23	42
南非	64	57	12 750	34	2656	71	28	14	58	43
土耳其	65	75	19 450	12	1540	93	43	38	33	52
厄瓜多尔	66	76	11 330	19	980	94	25	25	21	41
伊朗	67	75	17 430	14	2960	94	39	34	64	58
蒙古	68	69	11 040	20	1826	86	25	24	40	43
摩洛哥	69	74	7340	25	564	92	16	19	12	35
马来西亚	70	75	24 900	6	3020	93	55	76	66	72

(续表)

国家	编号	生活质量指标的实际值				生活质量指标的指数				生活质量指数
		预期寿命	人均购买力[a]	婴儿死亡率	人均能源消费	预期寿命指数	人均购买力指数	婴儿死亡率指数	能源消费指数	
萨尔瓦多	71	73	7990	15	693	90	18	32	15	39
埃及	72	71	10330	21	885	88	23	22	19	38
中国	73	76	13460	10	2226	94	30	48	48	55
阿尔及利亚	74	75	13960	22	1246	93	31	21	27	43
土库曼斯坦	75	66	14360	45	5012	81	32	10	109	58
突尼斯	76	74	10930	13	956	92	24	37	21	44
阿尔巴尼亚	77	78	11170	13	801	97	25	36	17	44
吉尔吉斯斯坦	78	70	3250	20	690	87	7	23	15	33
塔吉克斯坦	79	70	3390	40	303	86	8	12	7	28
玻利维亚	80	68	6320	32	786	85	14	15	17	33
缅甸	81	66	4680	41	313	82	10	12	7	28
菲律宾	82	68	8480	23	457	85	19	21	10	34
泰国	83	74	14990	11	1988	92	33	43	43	53
纳米比亚	84	65	9990	33	742	80	22	14	16	33
津巴布韦	85	57	1660	48	758	71	4	10	16	25
洪都拉斯	86	73	4600	18	662	91	10	26	14	35
尼加拉瓜	87	75	4830	19	594	93	11	24	13	35
越南	88	76	5390	18	668	94	12	26	14	37
肯尼亚	89	62	2950	37	492	76	7	13	11	27
斯里兰卡	90	75	10960	9	488	93	24	55	11	46
刚果共和国	91	62	5220	34	556	77	12	14	12	29
印度尼西亚	92	69	10210	24	850	85	23	20	18	37
赞比亚	93	60	3670	45	631	75	8	11	14	27
危地马拉	94	72	7290	25	768	89	16	19	17	35
毛里塔尼亚	95	63	3710	66		78	8	7		31
科特迪瓦	96	52	3140	69	605	64	7	7	13	23
印度	97	68	5610	39	606	84	12	12	13	30
巴基斯坦	98	66	5110	67	475	82	11	7	10	28
莱索托	99	50	3390	71	17	62	8	7	0	19
柬埔寨	100	68	3090	26	396	85	7	18	9	29
喀麦隆	101	55	2960	59	331	69	7	8	7	23
厄立特里亚	102	64	1400	35	160	79	3	13	3	25
叙利亚	103	70		12	668	87		40	15	47
加纳	104	61	3920	44	344	76	9	11	7	26
乍得	105	52	2080	87		64	5	5		25
莫桑比克	106	55	1120	59	407	68	2	8	9	22
几内亚	107	59	1140	63		73	3	7		28
也门共和国	108	64	3740	35	324	79	8	13	7	27
巴布亚新几内亚	109	63	2800	46		78	6	10		31
海地	110	63	1740	54	393	78	4	9	9	25
尼泊尔	111	70	2440	31	370	86	5	15	8	29
塞内加尔	112	66	2290	42	261	82	5	11	6	26
塞拉利昂	113	51	1950	90		63	4	5		24
刚果民主共和国	114	59	680	77	292	73	2	6	6	22
老挝	115	66	5070	52		82	11	9		34
马拉维	116	63	1140	45		78	3	10		30
多哥	117	60	1270	54	463	74	3	9	10	24
马达加斯加	118	65	1410	37		81	3	13		32
马里	119	58	1900	76		72	4	6		27
尼日利亚	120	53	5740	72	773	65	13	7	17	25
孟加拉国	121	72	3350	32	216	89	7	15	5	29
坦桑尼亚	122	65	2520	36	470	81	6	13	10	27
贝宁	123	60	2030	66	393	74	5	7	9	24
尼日尔	124	61	930	58	152	76	2	8	3	22
安哥拉	125	52	6590	99	655	65	15	5	14	25
乌干达	126	58	1760	39		73	4	12		29
中非	127	51	600	94		63	1	5		23
布基纳法索	128	59	1610	62		73	4	8		28
埃塞俄比亚	129	64	1500	43	507	79	3	11	11	26
布隆迪	130	57	770	56		70	2	8		27
卢旺达	131	64	1640	33		79	4	14		32
高收入国家		81	44 981	5	4606	100	100	100	100	100
中等收入国家		71	10 344	31	1376	88	23	15	30	39
低收入国家		61	1556	55	359	76	3	9	8	24
世界平均		71	15 212	33	1894	89	34	14	41	45
基准值		81	44 981	5	4606					

注：a. 为按购买力平价(PPP)计算的人均国民收入。

附表 2-3-5　2014 年世界经济质量指数

国家	编号	经济质量指标的实际值				经济质量指标的指数				经济质量指数
		人均国民收入	单位 GDP 的能源消耗[a]	物质产业增加值比例[b]	物质产业劳动力比例[b]	人均国民收入指数	单位 GDP 的能源消耗指数	物质产业增加值指数	物质产业劳动力指数	
瑞典	1	60 750	0.1	27.1	21.0	120	120	97	120	114
美国	2	55 320	0.1	22.0	18.8	120	87	119	120	111
芬兰	3	48 960	0.1	29.5	26.3	113	88	89	109	100
澳大利亚	4	64 620	0.1	29.5	30.5	120	120	89	94	106
瑞士	5	86 200	0.0	26.4	26.1	120	120	99	110	112
挪威	6	105 950	0.1	39.7	23.0	120	120	66	120	107
日本	7	43 990	0.1	26.6	30.9	102	120	99	93	103
丹麦	8	62 350	0.0	24.4	22.0	120	120	107	120	117
德国	9	47 680	0.1	31.3	29.6	110	120	84	97	103
荷兰	10	51 330	0.1	22.3	24.7	119	120	117	116	118
加拿大	11	51 620	0.1	30.6	21.8	119	76	85	120	100
新加坡	12	53 960	0.1	25.5	29.4	120	120	103	97	110
英国	13	43 760	0.1	20.8	20.9	101	120	120	120	115
法国	14	42 660	0.1	21.3	24.2	99	120	120	118	114
比利时	15	47 270	0.1	22.7	22.6	109	108	115	120	113
奥地利	16	50 150	0.1	29.6	30.3	116	120	88	94	105
新西兰	17	41 670	0.1	29.1	27.0	96	110	90	106	100
韩国	18	26 970	0.2	40.4	30.5	62	59	65	94	70
以色列	19	35 670	0.1		20.3	83	120		120	108
意大利	20	34 530	0.1	25.5	30.5	80	120	103	94	99
爱尔兰	21	46 880	0.0	28.1	24.8	108	120	93	115	109
西班牙	22	29 390	0.1	24.9	23.7	68	120	105	120	103
爱沙尼亚	23	19 020	0.2	32.2	34.5	44	48	81	83	64
斯洛文尼亚	24	23 580	0.1	35.5	39.8	55	81	74	72	70
乌拉圭	25	16 210	0.1	35.8	30.9	38	120	73	93	81
俄罗斯	26	14 350	0.3	36.3	34.2	33	34	72	84	56
斯洛伐克	27	18 110	0.2	38.9	39.1	42	72	67	73	64
希腊	28	21 890	0.1	19.7	28.2	51	116	120	101	97
匈牙利	29	13 330	0.2	35.5	35.5	31	68	74	81	63
捷克	30	18 790	0.2	40.6	41.1	43	55	64	70	58
葡萄牙	31	21 290	0.1	23.9	30.5	49	120	110	94	93
白俄罗斯	32	7340	0.4	50.0	42.8	17	29	52	67	41
拉脱维亚	33	15 320	0.1	26.7	31.4	35	77	98	91	75
立陶宛	34	15 970	0.2	34.0	34.2	37	73	77	84	68
格鲁吉亚	35	4490	0.2	33.3	63.6	10	46	79	45	45
乌克兰	36	3560	0.6	37.8	40.9	8	17	69	70	41
保加利亚	37	7720	0.3	32.4	37.2	18	36	81	77	53
黎巴嫩	38	7950	0.2	21.8		18	69	120		69
哈萨克斯坦	39	12 090	0.3	40.6	44.0	28	32	64	65	47
波兰	40	13 660	0.2	36.2	42.1	32	63	72	68	59
阿根廷	41	12 330	0.1	36.6	25.3	29	76	72	113	72
巴拿马	42	11 490	0.1	30.4	35.0	27	120	86	82	79
克罗地亚	43	13 160	0.1	30.6	36.1	30	82	86	79	69
沙特阿拉伯	44	25 500	0.3	59.3	29.1	59	43	44	98	61
哥伦比亚	45	7970	0.1	42.0	35.9	18	120	62	80	70
科威特	46	49 910	0.2	65.0	41.4	115	55	40	69	70
智利	47	14 980	0.2	38.3	32.9	35	73	68	87	66
马其顿	48	5190	0.3	36.9	48.6	12	43	71	59	46
阿塞拜疆	49	7600	0.2	64.0	51.1	18	58	41	56	43
摩尔多瓦	50	2560	0.4	32.7	46.5	6	29	80	62	44
罗马尼亚	51	9600	0.2	41.0	55.5	22	66	64	52	51
委内瑞拉	52	11 780	0.2	47.4	28.9	27	55	55	99	59
乌兹别克斯坦	53	2090	0.7	52.5		5	15	50		23
多米尼加	54	6110	0.1	33.9	58.1	14	91	77	49	58
亚美尼亚	55	4010	0.3	48.9	53.3	9	42	54	54	40
巴拉圭	56	4390	0.2	49.4	41.8	10	64	53	68	49
哥斯达黎加	57	10 110	0.1	27.8	31.8	23	113	94	90	80
巴西	58	11 790	0.1	29.2	23.4	27	92	90	120	82
墨西哥	59	10 090	0.1	37.9	37.6	23	75	69	76	61
博茨瓦纳	60	7030	0.2	41.1	43.9	16	68	64	65	53
秘鲁	61	6360	0.1	42.3	24.1	15	102	62	119	74
牙买加	62	5200	0.2	28.6	33.5	12	53	91	85	61
约旦	63	4590	0.2	33.6	20.4	11	48	78	120	64
南非	64	6810	0.4	32.2	28.1	16	29	81	102	57
土耳其	65	10 630	0.1	35.1	48.1	25	74	75	59	58
厄瓜多尔	66	6150	0.2	48.1	45.7	14	68	54	63	50
伊朗	67	6550	0.4	47.6	51.7	15	25	55	55	38
蒙古	68	4260	0.4	49.5	53.2	10	27	53	54	36
摩洛哥	69	3070	0.2	42.4	60.6	7	61	62	47	44
马来西亚	70	11 120	0.3	46.0	39.7	26	40	57	72	49

(续表)

国家	编号	经济质量指标的实际值				经济质量指标的指数				经济质量指数
		人均国民收入	单位GDP的能源消耗[a]	物质产业增加值比例[b]	物质产业劳动力比例[b]	人均国民收入指数	单位GDP的能源消耗指数	物质产业增加值指数	物质产业劳动力指数	
萨尔瓦多	71	3890	0.2	38.1	39.9	9	63	69	72	53
埃及	72	3210	0.3	50.1	52.1	7	41	52	55	39
中国	73	7520	0.3	52.2	59.4	17	35	50	48	38
阿尔及利亚	74	5490	0.2	56.7	41.6	13	48	46	69	44
土库曼斯坦	75	7530	0.7	63.0		17	16	42		25
突尼斯	76	4180	0.2	39.0	48.5	10	49	67	59	46
阿尔巴尼亚	77	4440	0.2	47.6	72.2	10	61	55	40	41
吉尔吉斯斯坦	78	1260	0.5	44.9	51.9	3	20	58	55	34
塔吉克斯坦	79	1370	0.3	53.2		3	38	49		30
玻利维亚	80	2870	0.3	49.8	58.0	7	41	53	49	37
缅甸	81	1200	0.3	62.3		3	40	42		28
菲律宾	82	3500	0.2	42.6	46.4	8	67	61	62	50
泰国	83	5810	0.3	47.0	62.5	13	34	56	46	37
纳米比亚	84	5680	0.1	38.9	45.8	13	80	67	62	56
津巴布韦	85	840	0.8	43.4	75.0	2	13	60	38	28
洪都拉斯	86	2260	0.3	40.2	54.6	5	39	65	52	40
尼加拉瓜	87	1870	0.3	45.8	48.7	4	34	57	59	39
越南	88	1900	0.3	61.0	68.0	4	31	43	42	30
肯尼亚	89	1300	0.4	49.6	67.8	3	28	53	42	32
斯里兰卡	90	3650	0.1	39.2	56.6	8	81	67	51	52
刚果共和国	91	2720	0.2	74.3	57.8	6	63	35	49	39
印度尼西亚	92	3630	0.2	57.7	55.2	8	47	45	52	38
赞比亚	93	1740	0.3	42.6	61.7	4	32	61	46	36
危地马拉	94	3440	0.2	40.4	49.8	8	49	65	57	45
毛里塔尼亚	95	1370		60.0		3		44		23
科特迪瓦	96	1450	0.4	56.6		3	26	46		25
印度	97	1560	0.4	47.4	71.3	4	26	55	40	31
巴基斯坦	98	1400	0.4	45.8	66.0	3	30	57	43	33
莱索托	99	1470	0.0	38.9		3	120	67		64
柬埔寨	100	1020	0.4	57.6	70.4	2	28	46	41	29
喀麦隆	101	1350	0.2	52.2	65.9	3	44	50	43	35
厄立特里亚	102	480	0.3	46.1		1	37	57		32
叙利亚	103	1530	0.4	55.7	44.7	4	30	47	64	36
加纳	104	1590	0.2	50.1	59.1	4	58	52	48	41
乍得	105	980		67.7		2		39		20
莫桑比克	106	620	0.7	45.7		1	16	57		25
几内亚	107	470		57.7	80.7	1		45	35	27
也门共和国	108	1440	0.2	72.0	43.8	3	54	36	65	40
巴布亚新几内亚	109	2240		77.2	77.3	5		34	37	25
海地	110	820	0.5			2	23			12
尼泊尔	111	740	0.5	49.3	77.6	2	21	53	37	28
塞内加尔	112	1040	0.3	39.5	77.6	2	44	66	37	37
塞拉利昂	113	770		70.2		2		37		20
刚果民主共和国	114	400	0.7	54.3		1	16	48		22
老挝	115	1640		59.0	79.8	4		44	36	28
马拉维	116	360		46.5	71.5	1		56	40	32
多哥	117	550	0.8	61.2		1	14	43		19
马达加斯加	118	440		42.4	83.1	1		62	34	32
马里	119	790		60.8		2		43		22
尼日利亚	120	2970		45.2		7		42	58	36
孟加拉国	121	1080	0.2	43.7	64.7	2	49	60	44	39
坦桑尼亚	122	920	0.5	56.0	73.4	2	21	47	39	27
贝宁	123	900	0.4	47.8	56.0	2	25	55	51	33
尼日尔	124	420	0.4	63.4	68.9	1	30	41	42	28
安哥拉	125	4800	0.1	77.8		11	89	34		45
乌干达	126	690		48.4	79.8	2		54	36	31
中非	127	320		58.8		1		45		23
布基纳法索	128	680		55.7	87.8	2		47	33	27
埃塞俄比亚	129	550	1.0	56.6	80.1	1	11	46	36	24
布隆迪	130	270		57.6		1		46		23
卢旺达	131	690		47.5	83.8	2		55	34	30
高收入国家		43 218	0.1	26.2	28.6	100	101	100	100	100
中等收入国家		5086	0.3	44.5	54.6	12	40	59	52	41
低收入国家		628	0.6	52.5		1	19	50		24
世界平均		10 898	0.2	31.7	49.1	25	62	83	58	57
基准值		43 218	0.1	26.2	28.6					

注:a. 为人均能源消费与人均GDP之比,为2005~2014年期间最近年数据。
b. 为2005~2014年期间最近年的数据。

附表 2-3-6　2014 年世界第二次现代化发展阶段

国家	编号	第一次现代化阶段[a]	产业结构信号 物质产业增加值占 GDP 比例	赋值	劳动力结构信号 物质产业劳动力占总劳动力比例	赋值	平均值	第二次现代化的阶段[b]	第二次现代化指数
瑞典	1	4	27.1	2	21.0	2	2.0	2	108
美国	2	4	22.0	2	18.8	3	2.5	2	105
芬兰	3	4	29.5	2	26.3	2	2.0	2	103
澳大利亚	4	4	29.5	2	30.5	1	1.5	1	94
瑞士	5	4	26.4	2	26.1	2	2.0	2	103
挪威	6	4	39.7	1	23.0	2	1.5	1	97
日本	7	4	26.6	2	30.9	1	1.5	1	103
丹麦	8	4	24.4	2	22.0	2	2.0	2	105
德国	9	4	31.3	1	29.6	2	1.5	1	96
荷兰	10	4	22.3	2	24.7	2	2.0	2	106
加拿大	11	4	30.6	1	21.8	2	1.5	1	93
新加坡	12	4	25.5	2	29.4	2	2.0	2	107
英国	13	4	20.8	2	20.9	2	2.0	2	94
法国	14	4	21.3	2	24.2	2	2.0	2	95
比利时	15	4	22.7	2	22.6	2	2.0	2	102
奥地利	16	4	29.6	2	30.3	1	1.5	1	96
新西兰	17	4	29.1	2	27.0	2	2.0	2	88
韩国	18	4	40.4		30.5	1	0.5	1	94
以色列	19	4			20.3	2			91
意大利	20	4	25.5	2	30.5	1	1.5	1	74
爱尔兰	21	4	28.1	2	24.8	2	2.0	2	96
西班牙	22	4	24.9	2	23.7	2	2.0	2	78
爱沙尼亚	23	4	32.2	1	34.5	1	1.0	1	67
斯洛文尼亚	24	4	35.5	1	39.8	1	1.0	1	75
乌拉圭	25	3	35.8		30.9				52
俄罗斯	26	4	36.3	1	34.2	1	1.0	1	61
斯洛伐克	27	4	38.9	1	39.1	1	1.0	1	60
希腊	28	4	19.7		28.2				71
匈牙利	29	4	35.5	1	35.5	1	1.0	1	68
捷克	30	4	40.6		41.1				70
葡萄牙	31	4	23.9	2	30.5	1	1.5	1	71
白俄罗斯	32	3	50.0		42.8				51
拉脱维亚	33	4	26.7		31.4				58
立陶宛	34	4	34.0	1	34.2	1	1.0	1	62
格鲁吉亚	35	2	33.3		63.6				37
乌克兰	36	3	37.8		40.9				44
保加利亚	37	4	32.4		37.2				49
黎巴嫩	38	4	21.8	1			0.5		60
哈萨克斯坦	39	3	40.6		44.0				47
波兰	40	4	36.2		42.1				59
阿根廷	41	4	36.6		25.3				54
巴拿马	42	3	30.4		35.0				44
克罗地亚	43	4	30.6		36.1				59
沙特阿拉伯	44	4	59.3		29.1	2	1.0		61
哥伦比亚	45	3	42.0		35.9				44
科威特	46	4	65.0		41.4				63
智利	47	4	38.3		32.9				55
马其顿	48	3	36.9		48.6				44
阿塞拜疆	49	3	64.0		51.1				36
摩尔多瓦	50	2	32.7		46.5				35
罗马尼亚	51	3	41.0		55.5				45
委内瑞拉	52	4	47.4		28.9				46
乌兹别克斯坦	53	2	52.5						29
多米尼加	54	3	33.9		58.1				49
亚美尼亚	55	2	48.9		53.3				40
巴拉圭	56	3	49.4		41.8				33
哥斯达黎加	57	3	27.8		31.8				51
巴西	58	3	29.2		23.4				50
墨西哥	59	4	37.9		37.6				41
博茨瓦纳	60	3	41.1		43.9				32
秘鲁	61	3	42.3		24.1				42
牙买加	62	3	28.6		33.5				37
约旦	63	3	33.6		20.4				40
南非	64	4	32.2		28.1				38
土耳其	65	3	35.1		48.1				49
厄瓜多尔	66	3	48.1		45.7				37
伊朗	67	3	47.6		51.7				46
蒙古	68	2	49.5		53.2				33
摩洛哥	69	3	42.4		60.6				32
马来西亚	70	3	46.0		39.7				49

(续表)

国家	编号	第一次现代化阶段[a]	产业结构信号 物质产业增加值占GDP比例	赋值	劳动力结构信号 物质产业劳动力占总劳动力比例	赋值	平均值	第二次现代化的阶段[b]	第二次现代化指数
萨尔瓦多	71	3	38.1		39.9				34
埃及	72	3	50.1		52.1				32
中国	73	3	52.2		59.4				45
阿尔及利亚	74	3	56.7		41.6				33
土库曼斯坦	75	3	63.0						40
突尼斯	76	3	39.0		48.5				38
阿尔巴尼亚	77	2	47.6		72.2				38
吉尔吉斯斯坦	78	2	44.9		51.9				29
塔吉克斯坦	79	2	53.2						27
玻利维亚	80	3	49.8		58.0				30
缅甸	81	2	62.3						20
菲律宾	82	3	42.6		46.4				33
泰国	83	2	47.0		62.5				39
纳米比亚	84	2	38.9		45.8				28
津巴布韦	85	2	43.4		75.0				19
洪都拉斯	86	3	40.2		54.6				27
尼加拉瓜	87	2	45.8		48.7				35
越南	88	2	61.0		68.0				32
肯尼亚	89	1	49.6		67.8				24
斯里兰卡	90	3	39.2		56.6				38
刚果共和国	91	3	74.3		57.8				31
印度尼西亚	92	3	57.7		55.2				28
赞比亚	93	2	42.6		61.7				21
危地马拉	94	3	40.4		49.8				28
毛里塔尼亚	95	2	60.0						23
科特迪瓦	96	2	56.6						17
印度	97	2	47.4		71.3				24
巴基斯坦	98	2	45.8		66.0				20
莱索托	99	3	38.9						26
柬埔寨	100	1	57.6		70.4				20
喀麦隆	101	2	52.2		65.9				27
厄立特里亚	102	1	46.1						23
叙利亚	103	3	55.7		44.7				29
加纳	104	2	50.1		59.1				26
乍得	105	0	67.7						18
莫桑比克	106	1	45.7						14
几内亚	107	2	57.7		80.7				17
也门共和国	108	3	72.0		43.8				30
巴布亚新几内亚	109	1	77.2		77.3				27
海地	110	1							17
尼泊尔	111	1	49.3		77.6				23
塞内加尔	112	2	39.5		77.6				22
塞拉利昂	113	0	70.2						18
刚果民主共和国	114	2	54.3						17
老挝	115	2	59.0		79.8				32
马拉维	116	1	46.5		71.5				25
多哥	117	1	61.2						16
马达加斯加	118	1	42.4		83.1				21
马里	119	1	60.8						16
尼日利亚	120	2	45.2						22
孟加拉国	121	2	43.7		64.7				23
坦桑尼亚	122	1	56.0		73.4				16
贝宁	123	2	47.8		56.0				26
尼日尔	124	1	63.4		68.9				15
安哥拉	125	3	77.8						22
乌干达	126	1	48.4		79.8				19
中非	127	0	58.8						18
布基纳法索	128	1	55.7		87.8				17
埃塞俄比亚	129	1	56.6		80.1				16
布隆迪	130	1	57.6						15
卢旺达	131	1	47.5		83.8				25
高收入国家		4	26.2	2	28.6	2	2.0	2	100
中等收入国家		3	44.5		54.6				33
低收入国家		1	52.5						16
世界平均		4	31.7		49.1				47

注：a. 第一次现代化的阶段：4代表过渡期，3代表成熟期，2代表发展期，1代表起步期，0代表传统农业社会。

b. 第一次现代化过渡期时，再判断第二次现代化阶段，并根据第二次现代化指数进行调整（必须大于60分）；第二次现代化的阶段：2代表发展期，1代表起步期，0代表准备阶段。

附表 2-3-7　1970~2014 年世界第二次现代化指数

国家	编号	1970[a]	1980[a]	1990[a]	2000[a]	1990[b]	2000[b]	2010[b]	2013[b]	2014[c]
瑞典	1	58	75	93	109	67	85	102	106	108
美国	2	71	79	97	108	68	80	100	105	105
芬兰	3	49	62	85	103	61	82	102	105	103
澳大利亚	4	54	61	77	99	53	65	88	93	94
瑞士	5	51	65	98	99	79	88	96	102	103
挪威	6	56	65	87	100	62	78	96	96	97
日本	7	58	72	88	103	71	82	97	101	103
丹麦	8	54	66	87	102	61	80	102	105	105
德国	9	56	62	80	97	58	68	89	94	96
荷兰	10	60	68	85	93	62	73	99	104	106
加拿大	11	59	69	89	92	63	71	90	91	93
新加坡	12	41	41	69	76	50	73	96	106	107
英国	13	54	64	75	92	55	72	91	92	94
法国	14	48	67	78	90	54	65	91	92	95
比利时	15	53	74	83	90	58	68	92	99	102
奥地利	16	44	55	78	82	52	65	93	96	96
新西兰	17	47	62	69	77	49	63	80	83	88
韩国	18	25	35	55	84	43	63	88	92	94
以色列	19	45	64	65	81	44	69	85	89	91
意大利	20	39	47	66	74	47	54	74	74	74
爱尔兰	21	38	44	59	76	49	69	93	94	96
西班牙	22	31	55	62	72	42	51	73	74	78
爱沙尼亚	23	—	81	—	66	45	41	63	66	67
斯洛文尼亚	24	—	—	—	67	43	49	74	75	75
乌拉圭	25	34	48	59	69	30	38	46	50	52
俄罗斯	26	—	97	—	57	49	38	45	59	61
斯洛伐克	27	—	—	—	57	37	37	55	58	60
希腊	28	35	56	52	62	37	46	69	69	71
匈牙利	29	50	53	51	57	37	39	65	67	68
捷克	30	66	70	62	60	40	41	64	67	70
葡萄牙	31	24	28	39	68	33	46	69	70	71
白俄罗斯	32	—	70	—	51	37	30	44	50	51
拉脱维亚	33	—	60	—	56	51	36	53	56	58
立陶宛	34	—	79	—	55	43	37	55	59	62
格鲁吉亚	35	—	63	—	49	25	26	28	35	37
乌克兰	36	—	75	—	49	33	30	40	43	44
保加利亚	37	50	68	63	48	34	32	43	47	49
黎巴嫩	38	—	52	—	54	24	32	43	50	45
哈萨克斯坦	39	—	74	—	41	30	28	32	45	47
波兰	40	55	51	47	51	30	38	54	57	59
阿根廷	41	36	40	54	54	32	41	50	55	54
巴拿马	42	41	48	53	52	28	33	41	44	44
克罗地亚	43	—	—	—	51	42	40	54	57	59
沙特阿拉伯	44	26	40	52	50	25	36	48	59	61
哥伦比亚	45	23	27	43	47	23	29	38	42	44
科威特	46	59	53	90	54	42	48	62	63	63
智利	47	30	36	38	48	27	35	47	54	55
马其顿	48	—	—	—	41	21	29	37	41	44
阿塞拜疆	49	—	65	—	43	24	22	31	34	36
摩尔多瓦	50	—	61	—	39	27	24	33	34	35
罗马尼亚	51	36	42	41	42	26	26	44	44	45
委内瑞拉	52	32	34	39	40	26	29	39	46	46
乌兹别克斯坦	53	—	60	—	40	31	25	33	29	29
多米尼加	54	26	35	44	42	21	25	33	36	37
亚美尼亚	55	—	—	—	36	25	26	32	37	40
巴拉圭	56	24	22	31	40	22	32	38	32	33
哥斯达黎加	57	33	31	35	37	26	29	43	48	51
巴西	58	30	29	43	40	22	31	40	40	50
墨西哥	59	26	33	46	40	24	30	37	42	41
博茨瓦纳	60	11	23	28	33	18	22	25	31	32
秘鲁	61	25	29	37	38	27	30	38	41	42
牙买加	62	25	39	42	46	24	30	36	37	37
约旦	63	20	32	50	38	25	34	41	43	40
南非	64	39	33	38	37	23	28	37	38	38
土耳其	65	20	25	32	36	21	27	42	48	49
厄瓜多尔	66	25	40	28	33	24	27	32	36	37
伊朗	67	21	22	30	33	21	28	41	43	46
蒙古	68	—	55	52	30	22	21	29	32	33
摩洛哥	69	23	26	30	33	20	23	29	31	32
马来西亚	70	25	24	29	39	24	31	44	47	49

(续表)

国家	编号	1970[a]	1980[a]	1990[a]	2000[a]	1990[b]	2000[b]	2010[b]	2013[b]	2014[c]
萨尔瓦多	71	22	25	29	40	20	23	29	33	34
埃及	72	25	26	35	40	21	25	28	32	32
中国	73	21	25	26	31	15	19	33	41	45
阿尔及利亚	74	19	30	39	33	19	22	30	32	33
土库曼斯坦	75	—	—	—	35	26	24	19	29	30
突尼斯	76	20	29	28	33	19	27	39	37	38
阿尔巴尼亚	77	—	35	—	22	17	21	30	36	38
吉尔吉斯斯坦	78	—	56	—	32	25	21	26	28	29
塔吉克斯坦	79	—	—	—	32	21	16	22	23	27
玻利维亚	80	29	25	36	29	21	23	26	29	30
缅甸	81	16	21	21	27	18	21	21	22	20
菲律宾	82	25	26	29	32	21	23	25	32	33
泰国	83	18	26	24	30	19	26	35	37	39
纳米比亚	84	—	—	35	28	20	25	24	28	28
津巴布韦	85	20	21	27	26	15	12	15	20	19
洪都拉斯	86	17	27	29	28	17	19	26	27	27
尼加拉瓜	87	22	31	34	25	16	20	25	26	27
越南	88	—	17	—	22	14	20	24	30	32
肯尼亚	89	16	15	24	26	15	15	18	23	24
斯里兰卡	90	22	21	34	24	21	24	33	36	38
刚果共和国	91	33	28	23	22	18	18	19	24	23
印度尼西亚	92	19	19	29	22	16	19	25	28	28
赞比亚	93	15	22	22	20	11	13	15	18	21
危地马拉	94	17	25	38	22	16	20	26	27	28
毛里塔尼亚	95	21	21	25	24	14	14	16	17	17
科特迪瓦	96	9	28	31	20	13	13	14	17	17
印度	97	17	19	24	21	14	17	22	23	24
巴基斯坦	98	16	17	18	25	14	16	18	19	20
莱索托	99	20	24	32	19	14	16	19	25	26
柬埔寨	100	—	4	—	19	13	12	15	19	20
喀麦隆	101	16	23	24	19	13	12	15	19	21
厄立特里亚	102	—	—	—	19	15	15	15	17	18
叙利亚	103	31	35	38	24	22	22	30	29	29
加纳	104	18	25	22	18	12	15	18	24	26
乍得	105	16	26	18	16	13	12	14	14	14
莫桑比克	106	8	11	18	18	9	10	13	14	14
几内亚	107	8	14	26	18	12	15	14	17	17
也门共和国	108	4	14	40	23	15	17	21	22	23
巴布亚新几内亚	109	13	19	19	19	13	15	14	20	21
海地	110	14	15	24	17	17	14	10	11	17
尼泊尔	111	15	13	21	18	12	15	21	23	23
塞内加尔	112	24	19	25	16	16	15	19	20	22
塞拉利昂	113	24	19	23	14	10	9	13	18	18
刚果民主共和国	114	—	17	—	14	11	12	15	20	17
老挝	115	6	15	17	18	14	17	21	23	24
马拉维	116	21	15	23	16	10	14	17	18	19
多哥	117	19	22	23	17	12	12	13	16	16
马达加斯加	118	18	15	17	16	15	16	23	20	21
马里	119	20	17	17	16	12	13	15	16	16
尼日利亚	120	15	16	25	15	10	20	21	22
孟加拉国	121	5	16	21	16	14	17	21	22	23
坦桑尼亚	122	15	14	17	14	9	12	15	16	16
贝宁	123	20	21	25	15	12	14	15	19	20
尼日尔	124	13	16	18	15	12	14	16	16	15
安哥拉	125	19	16	35	15	14	19	30	22
乌干达	126	11	15	17	14	11	14	18	18	19
中非	127	13	15	20	12	11	11	11	13	14
布基纳法索	128	2	17	16	13	13	13	15	16	17
埃塞俄比亚	129	14	15	18	15	10	11	18	15	16
布隆迪	130	10	12	16	11	10	12	15	15	16
卢旺达	131	13	10	16	9	11	13	18	19	25
高收入国家		72	76	89	100	58	72	95	100	100
中等收入国家		20	36	33	38	16	20	28	31	33
低收入国家		9	20	22	20	13	15	17	16	16
世界平均		33	44	47	46	26	32	43	46	47

注:a. 1970～2000 年是以 2000 年高收入国家平均值为基准值的评价。
其中,1970 年和 1990 年没有知识创新和知识传播的数据,评价结果仅供参考。
　b. 采用第二次现代化评价模型第二版(新版)的评价结果,以 OECD 高收入国家平均值为基准值,见技术注释。
　c. 采用第二次现代化评价模型第二版(新版)的评价结果,以高收入国家平均值为基准值。

附表 2-3-8　1970～2014 年世界第二次现代化指数的排名

国家	编号	1970[a]	1980[a]	1990[a]	2000[a]	1990[b]	2000[b]	2010[b]	2013[b]	2014[c]
瑞典	1	7	2	3	1	4	2	2	1	1
美国	2	1	1	2	2	3	6	4	5	4
芬兰	3	18	15	10	4	8	4	3	4	6
澳大利亚	4	13	18	15	7	14	18	18	14	16
瑞士	5	15	11	1	8	1	1	9	7	7
挪威	6	8	12	7	6	6	7	8	11	10
日本	7	6	4	6	3	2	3	6	8	8
丹麦	8	12	10	8	5	9	5	1	3	5
德国	9	9	16	12	9	11	15	16	12	12
荷兰	10	3	7	9	10	7	8	5	6	3
加拿大	11	4	6	5	12	5	11	15	18	18
新加坡	12	23	32	18	19	17	9	7	2	2
英国	13	11	14	16	11	12	10	14	17	17
法国	14	19	9	13	13	13	17	13	16	14
比利时	15	14	3	11	14	10	14	12	9	9
奥地利	16	22	20	14	16	15	16	11	10	13
新西兰	17	20	17	17	18	20	19	20	20	20
韩国	18	46	41	26	15	25	20	17	15	15
以色列	19	21	13	20	17	23	13	19	19	19
意大利	20	26	29	19	21	21	21	22	23	23
爱尔兰	21	27	30	25	20	19	12	10	13	11
西班牙	22	35	21	22	22	28	22	23	22	21
爱沙尼亚	23	—	—	—	26	22	28	28	28	28
斯洛文尼亚	24	—	—	—	25	24	23	21	21	22
乌拉圭	25	31	27	24	23	42	34	38	41	39
俄罗斯	26	—	—	—	29	18	32	39	31	32
斯洛伐克	27	—	—	—	30	32	35	31	33	33
希腊	28	30	19	30	27	34	26	24	25	25
匈牙利	29	17	24	32	31	33	31	26	26	27
捷克	30	2	5	23	28	30	29	27	27	26
葡萄牙	31	51	53	42	24	36	25	25	24	24
白俄罗斯	32	—	—	—	39	31	47	40	39	41
拉脱维亚	33	—	—	—	32	16	37	34	36	36
立陶宛	34	—	—	—	33	26	36	30	30	30
格鲁吉亚	35	—	—	—	43	53	64	78	68	68
乌克兰	36	—	—	—	42	37	50	50	52	53
保加利亚	37	16	8	21	45	35	42	45	45	43
黎巴嫩	38	—	25	—	34	57	43	43	40	49
哈萨克斯坦	39	—	—	—	51	41	58	67	47	46
波兰	40	10	26	34	38	40	33	32	34	35
阿根廷	41	29	33	27	35	38	27	35	37	38
巴拿马	42	24	28	28	37	43	41	47	49	52
克罗地亚	43	—	—	—	40	29	30	33	35	34
沙特阿拉伯	44	40	34	29	41	51	38	36	32	31
哥伦比亚	45	55	55	38	46	62	52	55	53	55
科威特	46	5	23	4	36	27	24	29	29	29
智利	47	38	37	45	44	46	39	37	38	37
马其顿	48	—	—	—	52	68	55	57	55	54
阿塞拜疆	49	—	—	—	48	59	80	70	70	69
摩尔多瓦	50	—	—	—	61	45	70	65	69	70
罗马尼亚	51	28	31	40	50	48	61	42	48	50
委内瑞拉	52	34	42	43	56	49	54	53	46	48
乌兹别克斯坦	53	—	—	—	53	39	65	66	81	84
多米尼加	54	42	39	36	49	72	66	62	64	65
亚美尼亚	55	—	—	—	67	55	63	68	60	59
巴拉圭	56	50	72	59	55	64	44	56	74	73
哥斯达黎加	57	32	47	53	65	47	53	44	42	40
巴西	58	37	50	37	57	66	46	51	58	42
墨西哥	59	41	43	35	58	56	51	59	54	57
博茨瓦纳	60	96	71	69	70	84	76	85	77	77
秘鲁	61	47	51	49	62	44	48	54	56	56
牙买加	62	45	36	39	47	58	49	60	62	66
约旦	63	69	45	33	63	52	40	48	50	58
南非	64	25	44	47	64	63	57	58	59	61
土耳其	65	65	63	57	66	76	59	46	43	44
厄瓜多尔	66	48	35	70	71	60	77	69	65	67
伊朗	67	61	74	62	73	69	56	49	51	47
蒙古	68	—	22	31	80	65	84	75	72	72
摩洛哥	69	54	58	61	69	77	74	74	78	76
马来西亚	70	44	69	65	60	61	45	41	44	45

(续表)

国家	编号	1970[a]	1980[a]	1990[a]	2000[a]	1990[b]	2000[b]	2010[b]	2013[b]	2014[c]
萨尔瓦多	71	57	62	67	54	79	72	76	71	71
埃及	72	49	57	54	59	74	67	77	75	78
中国	73	60	66	73	78	95	88	64	57	51
阿尔及利亚	74	72	48	44	72	81	79	72	73	74
土库曼斯坦	75	—	—	—	68	50	69	101	82	80
突尼斯	76	63	49	68	74	80	60	52	63	62
阿尔巴尼亚	77	—	38	—	94	87	82	71	67	64
吉尔吉斯斯坦	78	—	—	—	76	54	81	79	85	83
塔吉克斯坦	79	—	—	—	75	73	97	90	95	90
玻利维亚	80	39	65	50	81	70	75	80	83	81
缅甸	81	82	80	91	84	83	83	93	100	110
菲律宾	82	43	61	66	77	75	73	84	76	75
泰国	83	74	60	80	79	82	62	61	61	60
纳米比亚	84	—	—	51	83	78	68	88	86	86
津巴布韦	85	64	76	71	86	94	122	119	106	114
洪都拉斯	86	79	56	64	82	88	90	81	89	88
尼加拉瓜	87	58	46	56	87	90	86	86	90	89
越南	88	—	88	—	95	104	85	87	79	79
肯尼亚	89	80	98	82	85	98	100	108	98	96
斯里兰卡	90	56	78	55	89	71	71	63	66	63
刚果共和国	91	33	54	83	97	85	91	102	92	97
印度尼西亚	92	73	85	63	93	89	89	83	87	85
赞比亚	93	86	75	88	100	120	116	115	116	104
危地马拉	94	78	64	48	96	91	87	82	88	87
毛里塔尼亚	95	59	79	75	91	101	108	110	118	119
科特迪瓦	96	98	52	60	99	109	117	125	120	122
印度	97	77	81	81	98	103	95	91	94	94
巴基斯坦	98	84	90	95	88	99	99	103	108	109
莱索托	99	67	68	58	104	100	98	99	91	92
柬埔寨	100	—	110	—	101	107	121	114	109	108
喀麦隆	101	81	70	78	103	106	119	121	110	106
厄立特里亚	102	—	—	—	102	93	105	117	119	116
叙利亚	103	36	40	46	90	67	78	73	84	82
加纳	104	75	67	87	106	112	106	107	93	91
乍得	105	83	59	94	113	110	120	126	129	130
莫桑比克	106	100	108	97	107	131	129	127	128	129
几内亚	107	99	104	72	109	114	104	123	117	117
也门共和国	108	103	103	41	92	96	92	95	99	100
巴布亚新几内亚	109	94	84	93	105	108	101	124	105	107
海地	110	90	95	79	112	86	107	131	131	118
尼泊尔	111	88	106	90	110	113	102	92	96	98
塞内加尔	112	53	83	77	117	92	103	98	104	103
塞拉利昂	113	52	82	86	126	126	131	129	114	115
刚果民主共和国	114	—	86	—	127	124	124	118	107	120
老挝	115	101	100	99	108	105	94	94	97	95
马拉维	116	62	99	85	118	125	110	109	115	113
多哥	117	71	73	84	111	115	123	128	125	126
马达加斯加	118	76	101	100	114	97	96	89	103	105
马里	119	66	89	101	116	118	118	113	123	123
尼日利亚	120	87	93	76	123	128	130	97	102	101
孟加拉国	121	102	92	89	115	102	93	96	101	99
坦桑尼亚	122	85	105	103	124	130	126	112	122	124
贝宁	123	68	77	74	120	117	112	116	111	111
尼日尔	124	92	91	96	119	116	113	111	124	128
安哥拉	125	70	94	52	121	121	109	100	80	102
乌干达	126	95	102	102	125	122	111	106	113	112
中非	127	91	97	92	129	119	127	130	130	131
布基纳法索	128	104	87	104	128	111	115	120	121	121
埃塞俄比亚	129	89	96	98	122	129	128	104	126	125
布隆迪	130	97	107	106	130	127	125	122	127	127
卢旺达	131	93	109	105	131	123	114	105	112	93

注：a. 1970—2000 年是以 2000 年高收入国家平均值为基准值的评价。
其中，1970 年和 1990 年没有知识创新和知识传播的数据，评价结果仅供参考。
b. 采用第二次现代化评价模型第二版(新版)的评价结果，以 OECD 高收入国家平均值为基准值，见技术注释。
c. 采用第二次现代化评价模型第二版(新版)的评价结果，以高收入国家平均值为基准值。

附表 2-4-1　2014 年世界综合现代化指数

国家	编号	经济发展指数	社会发展指数	知识发展指数	综合现代化指数	排名
瑞典	1	100	100	96	99	4
美国	2	100	93	98	97	8
芬兰	3	99	95	100	98	5
澳大利亚	4	90	100	85	92	15
瑞士	5	100	98	94	97	6
挪威	6	95	100	85	93	13
日本	7	99	93	93	95	11
丹麦	8	100	100	100	100	1
德国	9	98	98	86	94	12
荷兰	10	98	100	100	99	3
加拿大	11	97	86	85	89	18
新加坡	12	100	92	100	97	7
英国	13	93	97	85	92	16
法国	14	93	97	89	93	14
比利时	15	100	100	100	100	2
奥地利	16	98	95	91	95	10
新西兰	17	92	93	76	87	19
韩国	18	85	77	90	84	20
以色列	19	91	94	85	90	17
意大利	20	91	91	59	80	21
爱尔兰	21	99	92	95	95	9
西班牙	22	83	93	64	80	22
爱沙尼亚	23	69	73	59	67	30
斯洛文尼亚	24	77	74	68	73	23
乌拉圭	25	64	86	43	64	34
俄罗斯	26	60	70	54	61	37
斯洛伐克	27	68	75	53	66	32
希腊	28	71	89	52	70	26
匈牙利	29	64	77	65	69	27
捷克	30	72	78	65	72	24
葡萄牙	31	73	85	53	70	25
白俄罗斯	32	49	66	46	54	46
拉脱维亚	33	65	78	51	65	33
立陶宛	34	67	79	51	66	31
格鲁吉亚	35	40	58	28	42	64
乌克兰	36	45	56	41	47	56
保加利亚	37	66	66	45	59	40
黎巴嫩	38	43	75	51	56	43
哈萨克斯坦	39	52	62	38	51	52
波兰	40	60	67	52	60	38
阿根廷	41	61	80	50	64	35
巴拿马	42	56	71	29	52	47
克罗地亚	43	61	75	51	62	36
沙特阿拉伯	44	65	82	55	67	29
哥伦比亚	45	51	68	35	51	49
科威特	46	68	87	50	68	28
智利	47	60	64	50	58	41
马其顿	48	45	58	37	47	57
阿塞拜疆	49	35	66	32	44	60
摩尔多瓦	50	44	49	29	41	68
罗马尼亚	51	50	66	38	51	48
委内瑞拉	52	56	64	58	59	39
乌兹别克斯坦	53	24	40	19	28	89
多米尼加	54	45	66	43	51	50
亚美尼亚	55	38	58	43	46	58
巴拉圭	56	42	50	26	39	73
哥斯达黎加	57	60	66	40	55	44
巴西	58	61	73	38	57	42
墨西哥	59	56	71	26	51	51
博茨瓦纳	60	45	46	16	36	78
秘鲁	61	52	65	27	48	55
牙买加	62	52	46	31	43	62
约旦	63	54	65	31	50	54
南非	64	55	41	25	40	69
土耳其	65	53	66	44	55	45
厄瓜多尔	66	44	58	29	44	61
伊朗	67	41	46	47	45	59
蒙古	68	38	59	29	42	65
摩洛哥	69	37	43	27	36	77
马来西亚	70	57	57	36	50	53

（续表）

国家	编号	经济发展指数	社会发展指数	知识发展指数	综合现代化指数	排名
萨尔瓦多	71	48	54	18	40	72
埃及	72	38	53	22	38	75
中国	73	44	50	33	42	63
阿尔及利亚	74	51	52	20	41	67
土库曼斯坦	75	34	48	13	32	84
突尼斯	76	44	49	27	40	70
阿尔巴尼亚	77	31	48	41	40	71
吉尔吉斯斯坦	78	37	35	25	32	82
塔吉克斯坦	79	23	36	14	24	96
玻利维亚	80	35	39	25	33	81
缅甸	81	19	28	9	19	109
菲律宾	82	43	47	25	38	74
泰国	83	42	35	32	36	76
纳米比亚	84	45	43	7	32	83
津巴布韦	85	29	15	10	18	114
洪都拉斯	86	39	32	14	28	88
尼加拉瓜	87	39	37	11	29	87
越南	88	27	31	34	31	85
肯尼亚	89	30	18	15	21	105
斯里兰卡	90	41	38	20	33	80
刚果共和国	91	26	39	11	25	95
印度尼西亚	92	35	35	16	29	86
赞比亚	93	34	24	8	22	101
危地马拉	94	43	43	14	33	79
毛里塔尼亚	95	20	28	7	18	112
科特迪瓦	96	22	26	10	19	108
印度	97	30	26	15	24	99
巴基斯坦	98	32	29	8	23	100
莱索托	99	29	47	7	28	90
柬埔寨	100	26	17	13	19	110
喀麦隆	101	30	39	12	27	93
厄立特里亚	102	37	20	2	20	107
叙利亚	103	47	50	27	41	66
加纳	104	32	34	15	27	92
乍得	105	16	16	4	12	129
莫桑比克	106	25	15	4	15	121
几内亚	107	22	17	6	15	120
也门共和国	108	31	28	14	24	97
巴布亚新几内亚	109	23	8	8	13	126
海地	110		32	7	20	106
尼泊尔	111	26	16	14	19	111
塞内加尔	112	29	26	8	21	104
塞拉利昂	113	14	18	1	11	130
刚果民主共和国	114	21	23	3	16	117
老挝	115	23	21	21	22	103
马拉维	116	28	8	3	13	125
多哥	117	18	17	5	13	123
马达加斯加	118	34	17	3	18	113
马里	119	27	18	5	17	115
尼日利亚	120	29	32	17	26	94
孟加拉国	121	33	27	12	24	98
坦桑尼亚	122	25	16	3	15	119
贝宁	123	34	21	9	22	102
尼日尔	124	24	14	2	13	124
安哥拉	125	21	52	9	27	91
乌干达	126	25	9	7	14	122
中非	127	19	25	4	16	116
布基纳法索	128	20	14	5	13	127
埃塞俄比亚	129	22	10	5	12	128
布隆迪	130	20	6	2	9	131
卢旺达	131	24	13	8	15	118
高收入国家		100	100	100	100	
中等收入国家		42	43	24	36	
低收入国家		22	16	5	14	
世界平均		55	54	35	48	

附表 2-4-2　2014年世界经济发展指数

国家	编号	经济发展指标的实际值					经济发展指标的指数					经济发展指数
		人均国民收入	人均制造业	服务业增加值比例[a]	服务业劳动力比例[a]		人均国民收入	人均制造业	服务业增加值比例	服务业劳动力比例	
瑞典	1	60 750	8647	73	79		100	100	99	100	100
美国	2	55 320	6485	78	81		100	100	100	100	100
芬兰	3	48 960	7253	70	74		100	100	95	100	99
澳大利亚	4	64 620	3983	70	70		100	69	96	97	90
瑞士	5	86 200	15432	74	74		100	100	100	100	100
挪威	6	105 950	6604	60	77		100	100	82	100	95
日本	7	43 990	6693	73	69		100	100	99	97	99
丹麦	8	62 350	7171	76	78		100	100	100	100	100
德国	9	47 680	9903	69	70		100	100	93	99	98
荷兰	10	51 330	5350	78	75		100	93	100	100	98
加拿大	11	51 620	5448	69	78		100	94	94	100	97
新加坡	12	53 960	9950	75	71		100	100	100	99	100
英国	13	43 760	4203	79	76		100	73	100	100	93
法国	14	42 660	4263	79	76		99	74	100	100	93
比利时	15	47 270	5924	77	77		100	100	100	100	100
奥地利	16	50 150	8478	70	70		100	100	95	98	98
新西兰	17	41 670	4350	71	73		96	75	96	100	92
韩国	18	26 970	7694	60	70		62	100	81	97	85
以色列	19	35 670			80		83			100	91
意大利	20	34 530	4926	74	70		80	85	100	97	91
爱尔兰	21	46 880	10658	72	75		100	100	97	100	99
西班牙	22	29 390	3584	75	76		68	62	100	100	83
爱沙尼亚	23	19 020	2803	68	66		44	49	92	92	69
斯洛文尼亚	24	23 580	4781	65	60		55	83	87	84	77
乌拉圭	25	16 210	2033	64	69		38	35	87	97	64
俄罗斯	26	14 350	1686	64	66		33	29	86	92	60
斯洛伐克	27	18 110	3684	61	61		42	64	83	85	68
希腊	28	21 890	1820	80	72		51	32	100	100	71
匈牙利	29	13 330	2775	64	65		31	48	87	90	64
捷克	30	18 790	4775	59	59		43	83	80	82	72
葡萄牙	31	21 290	2569	76	70		49	44	100	97	73
白俄罗斯	32	7340	1778	50	57		17	31	68	80	49
拉脱维亚	33	15 320	1737	73	69		35	30	99	96	65
立陶宛	34	15 970	2870	66	66		37	50	89	92	67
格鲁吉亚	35	4490	512	67	36		10	9	90	51	40
乌克兰	36	3560	360	62	59		8	6	84	83	45
保加利亚	37	7720		68	63		18		92	88	66
黎巴嫩	38	7950	696	78			18	12	100		43
哈萨克斯坦	39	12 090	1321	59	56		28	23	80	78	52
波兰	40	13 660	2406	64	58		32	42	87	81	60
阿根廷	41	12 330	1807	63	75		29	31	86	100	61
巴拿马	42	11 490	744	70	65		27	13	94	91	56
克罗地亚	43	13 160	1648	69	64		30	29	94	94	61
沙特阿拉伯	44	25 500	2644	41	71		59	46	55	99	65
哥伦比亚	45	7970	903	58	64		18	16	79	90	51
科威特	46	49 910	2401	35	59		100	42	47	82	68
智利	47	14 980	1553	62	67		35	27	84	94	60
马其顿	48	5190	582	63	51		12	10	86	72	45
阿塞拜疆	49	7600	377	36	49		18	7	49	68	35
摩尔多瓦	50	2560	273	67	54		6	5	91	75	44
罗马尼亚	51	9600	2097	59	45		22	36	80	62	50
委内瑞拉	52	11 780	1412	53	71		27	24	71	100	56
乌兹别克斯坦	53	2090	229	48			5	4	64		24
多米尼加	54	6110	909	66	42		14	16	90	59	45
亚美尼亚	55	4010	373	51	47		9	6	69	65	38
巴拉圭	56	4390	511	51	58		10	9	69	82	42
哥斯达黎加	57	10 110	1297	72	68		23	22	98	96	60
巴西	58	11 790	1174	71	77		27	20	96	100	61
墨西哥	59	10 090	1733	62	62		23	30	84	87	56
博茨瓦纳	60	7030	388	59	56		16	7	80	79	45
秘鲁	61	6360	905	58	76		14	15	78	100	52
牙买加	62	5200	411	71	67		12	7	97	93	52
约旦	63	4590	808	66	80		11	14	90	100	54
南非	64	6810	789	68	72		16	14	92	100	55
土耳其	65	10 630	1630	65	52		25	28	88	73	53
厄瓜多尔	66	6150	889	52	54		14	15	70	76	44
伊朗	67	6550	631	52	48		15	11	71	68	41
蒙古	68	4260	369	51	47		10	6	68	66	38
摩洛哥	69	3070	532	58	39		7	9	78	55	37
马来西亚	70	11 120	2589	54	60		26	45	73	84	57

(续表)

国家	编号	经济发展指标的实际值				经济发展指标的指数				经济发展指数
		人均国民收入	人均制造业	服务业增加值比例[a]	服务业劳动力比例[a]	人均国民收入	人均制造业	服务业增加值比例	服务业劳动力比例	
萨尔瓦多	71	3890	771	62	60	9	13	84	84	48
埃及	72	3210	572	50	48	7	10	68	67	38
中国	73	7520	2143	48	41	17	37	65	57	44
阿尔及利亚	74	5490		43	58	13		59	82	51
土库曼斯坦	75	7530		37		17		50		34
突尼斯	76	4180	675	61	52	10	12	83	72	44
阿尔巴尼亚	77	4440	219	52	28	10	4	71	39	31
吉尔吉斯斯坦	78	1260	175	55	48	3	3	75	67	37
塔吉克斯坦	79	1370	102	47		3	2	63		23
玻利维亚	80	2870	304	50	42	7	5	68	59	35
缅甸	81	1200	245	38		3	4	51		19
菲律宾	82	3500	592	57	54	8	10	78	75	43
泰国	83	5810	1646	53	38	13	29	72	53	42
纳米比亚	84	5680	525	61	54	13	9	83	76	45
津巴布韦	85	840	95	57	25	2	2	77	35	29
洪都拉斯	86	2260	414	60	45	5	7	81	64	39
尼加拉瓜	87	1870	277	54	51	4	5	73	72	39
越南	88	1900	270	39	32	4	5	53	45	27
肯尼亚	89	1300	137	50	32	3	2	68	45	30
斯里兰卡	90	3650	679	61	43	8	12	82	61	41
刚果共和国	91	2720	149	26	42	6	3	35	59	26
印度尼西亚	92	3630	735	42	45	8	13	57	63	35
赞比亚	93	1740	118	57	38	4	2	78	54	34
危地马拉	94	3440	689	60	50	8	12	81	70	43
毛里塔尼亚	95	1370	110	40		3	2	54		20
科特迪瓦	96	1450	195	43		3	3	59		22
印度	97	1560	233	53	29	4	4	71	40	30
巴基斯坦	98	1400	179	54	34	3	3	73	48	32
莱索托	99	1470	120	61		3	2	83		29
柬埔寨	100	1020	168	42	30	2	3	57	41	26
喀麦隆	101	1350	185	48	34	3	3	65	48	30
厄立特里亚	102	480		54		1		73		37
叙利亚	103	1530		44	55	4		60	77	47
加纳	104	1590	68	50	41	4	1	68	57	32
乍得	105	980	28	32		2	0	44		16
莫桑比克	106	620	56	54		1	1	74		25
几内亚	107	470	32	42	19	1	1	57	27	22
也门共和国	108	1440	141	28	56	3	2	38	79	31
巴布亚新几内亚	109	2240		23	23	5		31	32	23
海地	110	820				2				
尼泊尔	111	740	40	51	22	2	1	69	31	26
塞内加尔	112	1040	123	60	22	2	2	82	31	29
塞拉利昂	113	770	12	30		2	0	40		14
刚果民主共和国	114	400	74	46		1	1	62		21
老挝	115	1640	148	41	20	4	3	56	28	23
马拉维	116	360	35	53	29	1	1	72	40	28
多哥	117	550	36	39		1	1	53		18
马达加斯加	118	440		58	17	1		78	24	34
马里	119	790		39		2		53		27
尼日利亚	120	2970	309	55		7	5	74		29
孟加拉国	121	1080	181	56	35	2	3	76	49	33
坦桑尼亚	122	920	52	44	27	2	1	60	37	25
贝宁	123	900	121	52	44	2	2	71	62	34
尼日尔	124	420	27	37	31	1	0	50	44	24
安哥拉	125	4800		22		11		30		21
乌干达	126	690	61	52	20	2	1	70	28	25
中非	127	320	28	41		1	0	56		19
布基纳法索	128	680	38	44	12	2	1	60	17	20
埃塞俄比亚	129	550	23	43	20	1	0	59	28	22
布隆迪	130	270	25	42		1	0	57		20
卢旺达	131	690	34	52	16	2	1	71	23	24
高收入国家		43 218	5773	74	71	100	100	100	100	100
中等收入国家		5086	974	56	45	12	17	75	64	42
低收入国家		628		48		1		64		22
世界平均		10 898	1672	68	51	25	29	93	71	55
参考值		43 218	5773	73.8	71.4					

注：a. 为 2005～2014 年期间最近年的数据。

附表 2-4-3 2014 年世界社会发展指数

国家	编号	社会发展指标的实际值				社会发展指标的指数				社会发展指数
		城市人口比例	医生比例	生活水平[a]	能源效率[b]	城市人口比例	医生比例	生活水平	能源效率	
瑞典	1	86	3.9	47 270	12.3	100	100	100	100	100
美国	2	81	2.5	56 130	7.9	100	85	100	86	93
芬兰	3	84	2.9	41 900	8.0	100	100	93	87	95
澳大利亚	4	89	3.3	45 060	11.3	100	100	100	100	100
瑞士	5	74	4.0	61 880	27.9	91	100	100	100	98
挪威	6	80	4.3	68 850	16.6	99	100	100	100	100
日本	7	93	2.3	40 880	11.0	100	79	91	100	93
丹麦	8	88	3.5	48 650	21.1	100	100	100	100	100
德国	9	75	3.9	48 150	12.8	93	100	100	100	98
荷兰	10	90	2.9	48 930	12.2	100	99	100	100	100
加拿大	11	82	2.1	44 230	6.9	100	71	98	75	86
新加坡	12	100	2.0	79 660	11.5	100	67	100	100	92
英国	13	82	2.8	40 210	16.9	100	97	89	100	97
法国	14	79	3.2	40 680	11.7	98	100	90	100	97
比利时	15	98	4.9	45 400	9.8	100	100	100	100	100
奥地利	16	66	4.8	48 760	13.7	81	100	100	100	95
新西兰	17	86	2.7	35 630	10.0	100	94	79	100	93
韩国	18	82	2.1	33 960	5.3	100	74	75	58	77
以色列	19	92	3.3	34 550	13.2	100	100	77	100	94
意大利	20	69	3.8	36 070	14.7	85	100	80	100	91
爱尔兰	21	63	2.7	43 540	20.1	78	92	97	100	92
西班牙	22	79	4.9	33 690	12.1	98	100	75	100	93
爱沙尼亚	23	68	3.2	28 510	4.3	84	100	63	47	73
斯洛文尼亚	24	50	2.5	30 950	7.3	61	87	69	80	74
乌拉圭	25	95	3.7	20 150	12.5	100	100	45	100	86
俄罗斯	26	74	4.3	24 260	3.1	91	100	54	33	70
斯洛伐克	27	54	3.3	28 530	6.3	66	100	63	71	75
希腊	28	78	6.2	26 390	10.5	96	100	59	100	89
匈牙利	29	71	3.1	24 220	6.2	87	100	54	67	77
捷克	30	73	3.6	30 200	5.0	90	100	67	54	78
葡萄牙	31	63	4.1	28 420	10.9	78	100	63	100	85
白俄罗斯	32	76	3.9	17 720	2.7	94	100	39	29	66
拉脱维亚	33	67	3.6	23 820	7.0	83	100	53	76	78
立陶宛	34	67	4.1	27 730	6.7	82	100	62	72	79
格鲁吉亚	35	53	4.3	9130	4.1	66	100	20	45	58
乌克兰	36	69	3.5	8580	1.6	86	100	19	17	56
保加利亚	37	74	3.9	17 260	3.3	91	100	38	36	66
黎巴嫩	38	88	3.2	14 000	6.3	100	100	31	68	75
哈萨克斯坦	39	53	3.6	22 310	2.9	66	100	50	32	62
波兰	40	61	2.2	24 820	5.7	75	77	55	62	67
阿根廷	41	92	3.9	19 500	6.9	100	100	43	75	80
巴拿马	42	66	1.7	19 820	11.1	82	57	44	100	71
克罗地亚	43	59	3.0	21 560	7.5	73	100	48	81	75
沙特阿拉伯	44	83	2.5	53 410	3.9	100	86	100	42	82
哥伦比亚	45	76	1.5	12 950	12.0	94	51	29	100	68
科威特	46	98	2.7	82 020	5.0	100	93	100	54	87
智利	47	89	1.0	22 230	6.7	100	35	49	72	64
马其顿	48	57	2.6	13 220	3.9	70	91	29	42	58
阿塞拜疆	49	54	3.4	17 000	5.3	67	100	38	58	66
摩尔多瓦	50	45	3.0	5540	2.6	56	100	12	28	49
罗马尼亚	51	54	2.4	20 530	6.0	67	84	46	65	66
委内瑞拉	52	89		17 310	5.0	100		38	54	64
乌兹别克斯坦	53	36	2.5	5880	1.3	45	87	13	15	40
多米尼加	54	78	1.5	12 650	8.2	96	51	28	90	66
亚美尼亚	55	63	2.7	8500	3.8	78	93	19	42	58
巴拉圭	56	59	1.2	8510	5.9	73	42	19	64	50
哥斯达黎加	57	76	1.1	14 410	10.2	94	38	32	100	66
巴西	58	85	1.9	15 650	8.4	100	65	35	91	73
墨西哥	59	79	2.1	17 070	6.9	98	72	38	75	71
博茨瓦纳	60	57	0.3	15 660	6.2	71	12	35	67	46
秘鲁	61	78	1.1	11 650	9.3	97	39	26	100	65
牙买加	62	55		8540	4.9	67		19	53	46
约旦	63	83	2.6	10 660	4.3	100	88	24	47	65
南非	64	64	0.8	12 750	2.6	79	27	28	28	41
土耳其	65	73	1.7	19 450	6.7	90	59	43	73	66
厄瓜多尔	66	64	1.7	11 330	6.2	79	59	25	67	58
伊朗	67	73	0.9	17 430	2.2	90	31	39	24	46
蒙古	68	71	2.8	11 040	2.4	88	98	25	26	59
摩洛哥	69	60	0.6	7340	5.6	74	21	16	61	43
马来西亚	70	74	1.2	24 900	3.6	91	41	55	39	57

(续表)

国家	编号	社会发展指标的实际值				社会发展指标的指数				社会发展指数
		城市人口比例	医生比例	生活水平[a]	能源效率[b]	城市人口比例	医生比例	生活水平	能源效率	
萨尔瓦多	71	66	1.6	7990	5.8	82	55	18	63	54
埃及	72	43	2.8	10 330	3.7	53	98	23	40	53
中国	73	54	1.9	13 460	3.2	67	67	30	35	50
阿尔及利亚	74	70	1.2	13 960	4.4	87	42	31	48	52
土库曼斯坦	75	50	2.4	14 360	1.5	61	82	32	16	48
突尼斯	76	67	1.2	10 930	4.4	82	42	24	48	49
阿尔巴尼亚	77	56	1.1	11 170	5.5	70	39	25	60	48
吉尔吉斯斯坦	78	36	2.0	3250	1.9	44	68	7	20	35
塔吉克斯坦	79	27	1.9	3390	3.5	33	66	8	38	36
玻利维亚	80	68	0.5	6320	3.8	84	16	14	41	39
缅甸	81	34	0.6	4680	3.6	41	21	10	39	28
菲律宾	82	44		8480	6.1	55		19	66	47
泰国	83	49	0.4	14 990	3.1	61	14	33	34	35
纳米比亚	84	46	0.4	9990	7.3	56	13	22	79	43
津巴布韦	85	33	0.1	1660	1.2	40	3	4	13	15
洪都拉斯	86	54	0.4	4600	3.5	67	13	10	38	32
尼加拉瓜	87	58	0.9	4830	3.1	72	31	11	33	37
越南	88	33	1.2	5390	2.9	41	41	12	31	31
肯尼亚	89	25	0.2	2950	2.6	31	7	7	28	18
斯里兰卡	90	18	0.7	10 960	7.4	23	23	24	81	38
刚果共和国	91	65	0.1	5220	5.8	80	3	12	63	39
印度尼西亚	92	53	0.2	10 210	4.3	66	7	23	46	35
赞比亚	93	40	0.2	3670	2.9	50	6	8	32	24
危地马拉	94	51		7290	4.5	63		16	49	43
毛里塔尼亚	95	59	0.1	3710		73	2	8		28
科特迪瓦	96	53	0.1	3140	2.4	66	5	7	26	26
印度	97	32	0.7	5610	2.4	40	24	12	26	26
巴基斯坦	98	38	0.8	5110	2.7	47	29	11	29	29
莱索托	99	27		3390	41.5	33		8	100	47
柬埔寨	100	21	0.2	3090	2.6	25	6	7	28	17
喀麦隆	101	54		2960	4.0	67		7	44	39
厄立特里亚	102			1400	3.4			3	37	20
叙利亚	103	57	1.5		2.7	71	50		30	50
加纳	104	53	0.1	3920	5.3	66	3	9	58	34
乍得	105	22		2080		28		5		16
莫桑比克	106	32	0.0	1120	1.5	39	1	2	16	15
几内亚	107	37	0.1	1140		45	3	3		17
也门共和国	108	34	0.2	3740	4.9	42	7	8	53	28
巴布亚新几内亚	109	13	0.1	2800		16	2	6		8
海地	110	57		1740	2.1	71		4	22	32
尼泊尔	111	18		2440	1.9	23		5	20	16
塞内加尔	112	43	0.1	2290	4.0	54	2	5	43	26
塞拉利昂	113	40	0.0	1950		49	1	4		18
刚果民主共和国	114	42		680	1.4	52		2	15	23
老挝	115	38	0.2	5070		46	6	11		21
马拉维	116	16	0.0	1140		20	1	3		8
多哥	117	39	0.1	1270	1.3	49	2	3	14	17
马达加斯加	118	34	0.2	1410		43	6	3		17
马里	119	39		1900		48		4		18
尼日利亚	120	47	0.4	5740	3.9	58	14	13	42	32
孟加拉国	121	34	0.4	3350	4.4	41	12	7	48	27
坦桑尼亚	122	31	0.0	2520	1.9	38	1	6	21	16
贝宁	123	44	0.1	2030	2.3	54	2	5	25	21
尼日尔	124	18	0.0	930	2.7	23	1	2	30	14
安哥拉	125	43		6590	8.1	53		15	88	52
乌干达	126	16	0.1	1760		19	4	4		9
中非	127	40		600		49		1		25
布基纳法索	128	29	0.0	1610		36	2	4		14
埃塞俄比亚	129	19	0.0	1500	1.0	24	1	3	11	10
布隆迪	130	12	0.1	770		15	2	2		6
卢旺达	131	28	0.1	1640		34	2	4		13
高收入国家		81	2.9	44 981	9.2	100	100	100	100	100
中等收入国家		50	1.4	10 344	3.6	62	47	23	40	43
低收入国家		30	0.1	1556	1.8	37	2	3	19	16
世界平均		53	1.5	15 212	5.6	66	53	34	61	54
参考值		81	2.9	44 981	9.2					

注：a. 指人均购买力，按购买力平价 PPP 计算的人均 GNI（国际美元）。
b. 为能源使用效率，人均 GDP/人均能源消费。

附表 2-4-4 2014 年世界知识发展指数

国家	编号	知识发展指标的实际值				知识发展指标的指数				知识发展指数
		人均知识创新经费[a]	人均知识产权贸易[b]	大学普及率	互联网普及率	知识生产经费投入	人均知识产权贸易	大学普及率	互联网普及率	
瑞典	1	1871	1339	62	93	100	100	85	100	96
美国	2	1486	540	87	73	100	100	100	92	98
芬兰	3	1583	700	89	92	100	100	100	100	100
澳大利亚	4	1361	207	87	84	100	39	100	100	85
瑞士	5	2546	3952	57	87	100	100	78	100	94
挪威	6	1659	220	77	96	100	41	100	100	85
日本	7	1367	458	62	89	100	86	85	100	93
丹麦	8	1892	712	82	96	100	100	100	100	100
德国	9	1374	300	65	86	100	56	89	100	86
荷兰	10	1029	5066	79	93	99	100	100	100	100
加拿大	11	809	433	59	87	78	81	80	100	85
新加坡	12	1224	4307		79	100	100		100	100
英国	13	789	468	56	92	76	87	77	100	85
法国	14	963	400	64	84	92	75	87	100	89
比利时	15	1167	603	73	85	100	100	99	100	100
奥地利	16	1533	343	80	81	100	64	100	100	91
新西兰	17	520	286	81	86	50	53	100	100	76
韩国	18	1201	312	95	88	100	58	100	100	90
以色列	19	1544	294	66	75	100	55	90	95	85
意大利	20	455	139	63	62	44	26	86	78	59
爱尔兰	21	843	15277	73	80	81	100	99	100	95
西班牙	22	366	127	89	76	35	24	100	96	64
爱沙尼亚	23	286	55	73	84	27	10	99	100	59
斯洛文尼亚	24	573	152	83	72	55	28	100	91	68
乌拉圭	25	56	14	63	61	5	3	86	78	43
俄罗斯	26	167	60	79	71	16	11	100	89	54
斯洛伐克	27	165	129	53	80	16	24	72	100	53
希腊	28	182	51	110	63	17	9	100	80	52
匈牙利	29	194	384	53	76	19	72	72	96	65
捷克	30	394	175	66	80	38	33	90	100	65
葡萄牙	31	284	74	66	65	27	14	89	82	53
白俄罗斯	32	54	29	89	59	5	5	100	75	46
拉脱维亚	33	108	25	67	76	10	5	91	96	51
立陶宛	34	167	25	69	72	16	5	93	91	51
格鲁吉亚	35	4	6	39	44	0	1	53	56	28
乌克兰	36	20	15	82	46	2	3	100	59	41
保加利亚	37	62	36	71	55	6	7	96	70	45
黎巴嫩	38		9	43	73		2	58	92	51
哈萨克斯坦	39	22	10	48	66	2	2	66	84	38
波兰	40	135	86	71	67	13	16	97	84	52
阿根廷	41	76	52	80	65	7	10	100	82	50
巴拿马	42	8	28	39	45	1	5	53	57	29
克罗地亚	43	106	71	70	69	10	13	94	87	51
沙特阿拉伯	44	10		61	65	1		83	82	55
哥伦比亚	45	15	12	51	53	1	2	70	67	35
科威特	46	131		27	79	13		37	100	50
智利	47	55	92	87	61	5	17	100	77	50
马其顿	48	24	30	39	68	2	6	53	86	37
阿塞拜疆	49	17	3	23	75	2	1	31	95	32
摩尔多瓦	50	8	9	41	47	1	2	56	59	29
罗马尼亚	51	38	51	53	54	4	10	72	68	38
委内瑞拉	52		13	78	57		2	100	72	58
乌兹别克斯坦	53	4		9	36	0		12	45	19
多米尼加	54		8	48	50		1	64	63	43
亚美尼亚	55	9		44	55	1		60	69	43
巴拉圭	56	4	3	35	43	0	1	48	54	26
哥斯达黎加	57	59	91	53	53	6	17	72	67	40
巴西	58	145	31	46	55	14	6	63	69	38
墨西哥	59	56	6	30	44	5	1	41	56	26
博茨瓦纳	60	18	4	28	19	2	1	37	23	16
秘鲁	61	7	9	41	40	1	2	55	51	27
牙买加	62		21	28	40		4	38	51	31
约旦	63	19	2	48	46	2	0	65	58	31
南非	64	48	34	20	49	5	6	27	62	25
土耳其	65	104	9	79	51	10	2	100	65	44
厄瓜多尔	66	22	7	40	46	2	1	55	58	29
伊朗	67	18		66	39	2		89	50	47
蒙古	68	10	5	64	20	1	1	87	25	29
摩洛哥	69	23	3	25	57	2	1	33	72	27
马来西亚	70	143	50	30	64	14	9	40	81	36

(续表)

国家	编号	知识发展指标的实际值				知识发展指标的指数				知识发展指数
		人均知识创新经费[a]	人均知识产权贸易[b]	大学普及率	互联网普及率	知识生产经费投入	人均知识产权贸易	大学普及率	互联网普及率	
萨尔瓦多	71	3	14	29	25	0	3	39	31	18
埃及	72	23	5	32	34	2	1	43	43	22
中国	73	157	17	39	48	15	3	53	61	33
阿尔及利亚	74	4	4	35	25	0	1	47	32	20
土库曼斯坦	75			8	12			11	15	13
突尼斯	76	28	4	35	46	3	1	47	58	27
阿尔巴尼亚	77	9	8	63	60	1	1	85	76	41
吉尔吉斯斯坦	78	2	1	46	28	0	0	62	36	25
塔吉克斯坦	79	1	0	24	17	0	0	33	22	14
玻利维亚	80	9	8	39	35	1	2	52	44	25
缅甸	81	1	6	14	12	0	1	18	15	9
菲律宾	82	4	6	36	40	0	1	49	50	25
泰国	83	29	59	53	35	3	11	71	44	32
纳米比亚	84	8	4	7	15	1	1	9	19	7
津巴布韦	85		1	6	16		0	8	21	10
洪都拉斯	86	1	12	21	19	0	2	29	24	14
尼加拉瓜	87		0		18		0		22	11
越南	88	4		30	48	0		41	61	34
肯尼亚	89	11	5	3	43	1	1	4	55	15
斯里兰卡	90	4		21	26	0		28	33	20
刚果共和国	91			10	7			13	9	11
印度尼西亚	92	3	8	31	17	0	1	42	22	16
赞比亚	93	0	0		19	0	0		24	8
危地马拉	94	2	12	18	23	0	2	25	30	14
毛里塔尼亚	95		3	5	11		1	7	14	7
科特迪瓦	96		0	9	15		0	12	18	10
印度	97	13	4	24	21	1	1	32	27	15
巴基斯坦	98	4	1	10	14	0	0	14	17	8
莱索托	99	0	2	10	11	0	0	13	14	7
柬埔寨	100		2	16	14		0	22	18	13
喀麦隆	101		0	12	16		0	16	21	12
厄立特里亚	102			3	1			3	1	2
叙利亚	103		2	33	28		0	45	36	27
加纳	104	5		16	19	1		21	24	15
乍得	105			3	3			5	3	4
莫桑比克	106	3	1	6	6	0	0	8	8	4
几内亚	107		0	11	2		0	15	2	6
也门共和国	108		0	10	23		0	14	29	14
巴布亚新几内亚	109				7				8	8
海地	110		3		11		1		14	7
尼泊尔	111	2		16	15	0		21	20	14
塞内加尔	112	6	1	7	18	1	0	10	22	8
塞拉利昂	113		1		2		0		3	1
刚果民主共和国	114	0	1	7	3	0	0	9	4	3
老挝	115			17	14			23	18	21
马拉维	116		0	1	6		0	1	7	3
多哥	117	2	0	10	6	0	0	14	7	5
马达加斯加	118	0	2	4	4	0	0	6	5	3
马里	119	6	0	7	7	1	0	9	9	5
尼日利亚	120	6	1	10	43	1	0	14	54	17
孟加拉国	121		0	13	14		0	18	18	12
坦桑尼亚	122	5	0	4	5	0	0	5	6	3
贝宁	123		0	15	6		0	21	8	9
尼日尔	124		0	2	2		0	2	2	2
安哥拉	125		11	10	10		2	13	13	9
乌干达	126	3	1	4	18	0	0	6	22	7
中非	127			3	4			4	5	4
布基纳法索	128	1	0	5	9	0	0	6	12	5
埃塞俄比亚	129	3	0	8	8	0	0	11	10	5
布隆迪	130	0	0	4	1	0	0	6	2	2
卢旺达	131		3	8	11		1	10	13	8
高收入国家		1043	536	74	79	100	100	100	100	100
中等收入国家		70	12	32	36	7	2	43	45	24
低收入国家		4	0	7	8	0	0	10	10	5
世界平均		229	96	34	41	22	18	47	51	35
参考值		1043	536	74	79					

注:a. 指人均R&D经费,其数据为2005~2014年期间最近年的数据。
b. 指人均知识产权贸易(进口和出口),其数据为2005~2014年期间最近年数据。

附表 2-4-5　1980～2014 年世界综合现代化指数

国家	编号	1980[a]	1990[a]	2000[a]	2010[b]	2013[b]	2014[c]
瑞典	1	98.0	98.1	98.3	99.3	98.5	98.6
美国	2	92.4	90.7	95.3	96.2	97.3	96.9
芬兰	3	87.0	91.8	89.4	96.8	98.3	97.9
澳大利亚	4	90.8	87.8	86.2	92.2	92.6	91.7
瑞士	5	89.0	92.1	95.9	95.6	97.0	97.4
挪威	6	91.2	91.4	90.2	93.5	93.2	93.5
日本	7	94.4	93.1	93.9	93.3	93.4	94.7
丹麦	8	92.8	97.7	95.1	99.7	100.0	100.0
德国	9	93.0	93.5	94.7	93.2	93.0	94.1
荷兰	10	91.0	95.8	90.2	97.6	98.8	99.2
加拿大	11	92.6	85.0	82.0	90.7	88.9	89.3
新加坡	12	59.8	63.9	87.6	95.6	97.2	97.2
英国	13	88.4	88.7	88.4	91.1	90.4	91.6
法国	14	89.2	89.8	85.6	93.1	91.1	92.9
比利时	15	90.9	94.4	85.7	97.1	99.2	100.0
奥地利	16	87.2	92.0	86.9	93.8	95.3	94.9
新西兰	17	87.4	78.4	74.1	85.0	88.9	87.0
韩国	18	47.1	63.2	78.7	80.2	83.3	83.8
以色列	19	82.1	80.6	83.5	86.9	89.9	90.1
意大利	20	74.6	84.6	77.9	82.9	80.4	80.2
爱尔兰	21	68.3	71.0	75.0	95.0	93.8	95.3
西班牙	22	72.7	83.5	74.0	80.9	78.9	79.9
爱沙尼亚	23	76.4	56.1	62.5	63.3	66.8	67.2
斯洛文尼亚	24	—	71.0	64.5	73.9	73.3	73.3
乌拉圭	25	64.0	66.4	62.8	60.5	63.5	64.4
俄罗斯	26	85.4	56.3	53.9	55.4	60.7	61.3
斯洛伐克	27	—	69.3	53.1	61.6	64.0	65.5
希腊	28	68.8	67.4	60.4	74.7	70.3	70.3
匈牙利	29	63.0	57.9	58.2	67.4	68.7	68.6
捷克	30	72.7	58.7	57.0	68.2	69.8	71.7
葡萄牙	31	52.5	60.5	69.3	70.1	69.8	70.3
白俄罗斯	32	—	62.9	46.6	48.5	52.3	53.7
拉脱维亚	33	74.7	56.8	56.0	60.7	63.3	64.6
立陶宛	34	—	57.4	53.7	61.3	64.0	65.8
格鲁吉亚	35	76.9	48.0	40.9	39.6	40.3	41.9
乌克兰	36	91.3	50.6	46.0	43.8	46.7	47.2
保加利亚	37	62.8	52.2	48.0	54.9	57.2	59.0
黎巴嫩	38	71.8	54.2	56.7	53.9	57.7	56.4
哈萨克斯坦	39	—	52.9	43.2	45.1	50.0	50.8
波兰	40	65.2	50.8	53.3	57.2	58.6	60.0
阿根廷	41	66.6	54.7	64.0	63.9	68.7	63.5
巴拿马	42	56.3	49.4	50.8	50.7	52.5	51.9
克罗地亚	43	—	61.9	49.5	58.2	60.6	62.4
沙特阿拉伯	44	57.4	55.6	43.0	58.9	65.2	67.4
哥伦比亚	45	50.1	51.3	45.8	47.1	50.6	51.3
科威特	46	74.0	61.8	54.2	63.9	67.7	68.0
智利	47	59.5	47.6	54.4	53.1	59.4	58.0
马其顿	48	—	44.4	46.8	43.8	45.3	46.6
阿塞拜疆	49	—	—	38.4	39.0	41.4	44.4
摩尔多瓦	50	59.4	42.5	39.9	37.4	40.1	40.9
罗马尼亚	51	50.0	40.2	38.9	48.5	49.6	51.5
委内瑞拉	52	57.6	52.0	50.2	64.6	58.7	59.4
乌兹别克斯坦	53	—	19.8	28.9	29.3	30.8	27.8
多米尼加	54	49.6	63.2	59.9	52.2	50.0	51.3
亚美尼亚	55	—	21.4	37.1	42.1	44.0	46.3
巴拉圭	56	41.4	40.4	54.6	39.8	37.5	39.2
哥斯达黎加	57	54.3	49.6	46.7	50.5	52.7	55.4
巴西	58	51.0	55.9	47.9	52.7	53.5	57.2
墨西哥	59	57.0	53.4	50.9	46.9	50.9	50.9
博茨瓦纳	60	20.1	33.3	36.6	31.8	35.8	35.8
秘鲁	61	47.2	54.3	50.0	47.7	47.3	48.2
牙买加	62	41.7	43.7	42.1	41.4	43.4	43.2
约旦	63	49.0	56.1	48.6	54.1	52.4	49.9
南非	64	50.7	44.6	35.8	38.7	40.5	40.3
土耳其	65	41.8	45.3	42.3	54.0	54.6	54.6
厄瓜多尔	66	55.7	42.7	38.0	47.2	42.5	43.5
伊朗	67	38.8	36.7	33.5	42.4	42.5	44.7
蒙古	68	65.3	38.9	35.2	37.5	41.8	41.8
摩洛哥	69	35.3	38.1	37.2	33.6	34.0	35.8
马来西亚	70	39.4	37.2	43.2	47.5	50.4	50.0

(续表)

国家	编号	1980[a]	1990[a]	2000[a]	2010[b]	2013[b]	2014[c]
萨尔瓦多	71	43.4	48.7	48.8	36.9	39.1	40.1
埃及	72	38.2	39.9	39.6	37.5	36.5	37.9
中国	73	21.1	27.7	31.3	34.2	40.3	42.3
阿尔及利亚	74	45.6	40.0	30.4	38.6	39.7	40.9
土库曼斯坦	75	—	—	26.3	26.0	30.7	31.6
突尼斯	76	40.6	40.0	41.9	41.6	39.7	40.2
阿尔巴尼亚	77	35.0	31.8	30.2	39.2	39.0	40.1
吉尔吉斯斯坦	78	—	21.7	35.9	30.1	31.2	32.2
塔吉克斯坦	79		5.5	30.5	23.2	24.0	24.3
玻利维亚	80	33.2	53.8	40.7	34.1	31.9	32.7
缅甸	81	25.6	30.2	23.6	21.2	22.9	18.7
菲律宾	82	39.6	40.1	39.1	35.7	37.2	38.2
泰国	83	34.2	36.6	32.2	36.6	35.7	36.4
纳米比亚	84	—	32.5	30.7	31.1	32.3	31.8
津巴布韦	85	30.4	26.3	24.0	19.4	19.7	17.8
洪都拉斯	86	36.6	37.8	32.7	32.1	28.0	28.4
尼加拉瓜	87	42.0	36.7	34.4	30.0	28.4	28.9
越南	88	—	21.3	22.3	30.2	29.0	30.7
肯尼亚	89	26.1	27.0	26.5	18.3	20.2	21.0
斯里兰卡	90	31.8	35.0	27.8	27.7	30.2	33.0
刚果共和国	91	33.6	37.2	24.6	25.2	26.9	25.4
印度尼西亚	92	30.7	27.1	30.0	27.4	28.7	29.0
赞比亚	93	29.6	21.0	18.7	19.1	21.3	22.1
危地马拉	94	41.2	36.8	30.9	29.7	32.7	33.2
毛里塔尼亚	95	32.7	37.8	25.5	17.3	18.3	18.3
科特迪瓦	96	61.7	49.5	23.4	19.5	19.9	19.3
印度	97	30.0	27.4	29.5	20.8	22.5	23.6
巴基斯坦	98	29.8	25.7	31.2	21.7	22.4	23.0
莱索托	99	26.7	44.9	18.6	17.1	27.2	27.7
柬埔寨	100	—	30.8	19.9	15.8	17.2	18.6
喀麦隆	101	34.3	31.6	21.3	21.9	25.1	27.0
厄立特里亚	102	—	—	19.9	22.2	20.3	19.8
叙利亚	103	44.6	39.3	29.2	41.3	40.5	41.4
加纳	104	33.9	33.4	19.4	22.7	24.7	27.2
乍得	105	28.4	25.6	23.7	11.6	11.8	11.8
莫桑比克	106	18.0	20.7	21.7	13.4	14.4	14.7
几内亚	107	14.2	42.6	28.5	14.1	14.5	14.8
也门共和国	108	13.0	30.8	23.3	28.1	28.3	24.1
巴布亚新几内亚	109	25.9	23.6	19.3	10.3	12.9	13.0
海地	110	24.3	42.6	22.4	12.2	13.4	20.0
尼泊尔	111	20.2	22.8	16.9	16.2	18.0	18.5
塞内加尔	112	29.8	30.4	23.9	19.3	20.1	21.3
塞拉利昂	113	26.7	27.2	15.4	11.4	10.6	11.2
刚果民主共和国	114	35.4	33.4	13.8	15.0	15.3	15.8
老挝	115	18.9	20.1	17.5	18.4	20.8	21.5
马拉维	116	21.0	31.6	19.4	12.2	12.2	13.0
多哥	117	28.7	33.7	21.2	14.6	14.1	13.4
马达加斯加	118	27.3	27.8	22.1	16.9	17.8	18.0
马里	119	22.6	22.1	17.5	15.8	16.2	16.9
尼日利亚	120	29.7	30.7	19.1	25.5	24.5	25.9
孟加拉国	121	25.1	31.3	24.0	20.7	22.3	24.0
坦桑尼亚	122	18.2	22.7	15.7	14.0	14.3	14.8
贝宁	123	29.5	36.1	20.9	19.4	20.8	21.6
尼日尔	124	25.9	23.7	17.4	11.7	11.8	13.0
安哥拉	125	19.5	44.0	14.6	27.7	38.3	27.4
乌干达	126	21.3	24.0	21.7	13.6	13.4	13.9
中非	127	26.7	28.4	17.3	14.5	14.3	16.2
布基纳法索	128	33.4	22.2	18.7	11.4	12.2	12.7
埃塞俄比亚	129	17.0	23.8	15.3	16.5	10.9	12.3
布隆迪	130	24.9	24.0	17.7	9.6	9.0	9.2
卢旺达	131	19.2	21.5	16.4	14.1	14.6	15.1
高收入国家		99.9	99.9	99.9	100.0	100.0	100.0
中等收入国家		51.5	44.4	42.4	31.7	34.2	36.3
低收入国家		28.2	31.7	23.6	13.6	13.8	14.3
世界平均		59.8	52.9	50.2	44.5	47.1	47.5

注：a. 采用综合现代化评价模型第一版的评价结果，以当年高收入国家平均值为参考值的评价。
b. 采用综合现代化评价模型第二版(新版)的评价结果，以OECD高收入国家平均值为参考值，见技术注释。
c. 采用综合现代化评价模型第二版(新版)的评价结果，以高收入国家平均值为参考值。

附表 2-4-6　1980～2014 年世界综合现代化指数的排名

国家	编号	1980[a]	1990[a]	2000[a]	2010[b]	2013[b]	2014[c]
瑞典	1	1	1	1	2	4	4
美国	2	6	11	3	6	6	8
芬兰	3	17	9	9	5	5	5
澳大利亚	4	11	14	13	15	14	15
瑞士	5	13	7	2	8	8	6
挪威	6	8	10	7	11	12	13
日本	7	2	6	6	12	11	11
丹麦	8	4	2	4	1	1	1
德国	9	3	5	5	13	13	12
荷兰	10	9	3	8	3	3	3
加拿大	11	5	15	17	17	19	18
新加坡	12	37	25	11	7	7	7
英国	13	14	13	10	16	16	16
法国	14	12	12	15	14	15	14
比利时	15	10	4	14	4	2	2
奥地利	16	16	8	12	10	9	10
新西兰	17	15	19	21	19	18	19
韩国	18	54	27	18	22	20	20
以色列	19	19	18	16	18	17	17
意大利	20	23	16	19	20	21	21
爱尔兰	21	29	20	20	9	10	9
西班牙	22	26	17	22	21	22	22
爱沙尼亚	23	21	38	27	31	30	30
斯洛文尼亚	24	—	21	24	24	23	23
乌拉圭	25	33	24	26	35	34	34
俄罗斯	26	18	36	37	39	36	37
斯洛伐克	27	—	22	40	32	32	32
希腊	28	28	23	28	23	24	26
匈牙利	29	34	33	30	27	27	27
捷克	30	25	32	31	26	25	24
葡萄牙	31	46	31	23	25	26	25
白俄罗斯	32	—	28	52	49	48	46
拉脱维亚	33	22	35	33	34	35	33
立陶宛	34	—	34	38	33	33	31
格鲁吉亚	35	20	56	61	65	66	64
乌克兰	36	7	51	53	58	56	56
保加利亚	37	35	47	48	40	42	40
黎巴嫩	38	27	43	32	43	41	43
哈萨克斯坦	39	—	46	55	56	53	52
波兰	40	32	50	39	38	40	38
阿根廷	41	30	41	25	30	28	35
巴拿马	42	43	54	42	47	46	47
克罗地亚	43	—	29	45	37	37	36
沙特阿拉伯	44	41	40	57	36	31	29
哥伦比亚	45	49	49	54	54	50	49
科威特	46	24	30	36	29	29	28
智利	47	38	57	35	44	38	41
马其顿	48	—	61	50	57	57	57
阿塞拜疆	49	—	—	67	67	63	60
摩尔多瓦	50	39	67	63	72	68	68
罗马尼亚	51	50	69	66	50	54	48
委内瑞拉	52	40	48	43	28	39	39
乌兹别克斯坦	53	—	127	89	86	84	89
多米尼加	54	51	26	29	46	52	50
亚美尼亚	55	—	122	70	60	58	58
巴拉圭	56	61	68	34	64	74	73
哥斯达黎加	57	45	52	51	48	45	44
巴西	58	47	39	49	45	44	42
墨西哥	59	42	45	41	55	49	51
博茨瓦纳	60	106	90	71	80	77	78
秘鲁	61	53	42	44	51	55	55
牙买加	62	60	63	59	62	59	62
约旦	63	52	37	47	41	47	54
南非	64	48	60	73	68	65	69
土耳其	65	59	58	58	42	43	45
厄瓜多尔	66	44	64	68	53	60	61
伊朗	67	66	82	76	59	61	59
蒙古	68	31	75	74	71	62	65
摩洛哥	69	70	76	69	78	79	77
马来西亚	70	65	79	56	52	51	53

(续表)

国家	编号	1980[a]	1990[a]	2000[a]	2010[b]	2013[b]	2014[c]
萨尔瓦多	71	57	55	46	73	71	72
埃及	72	67	73	64	70	76	75
中国	73	103	103	79	76	67	63
阿尔及利亚	74	55	71	84	69	70	67
土库曼斯坦	75	—	—	93	91	85	84
突尼斯	76	63	72	60	61	69	70
阿尔巴尼亚	77	71	92	85	66	72	71
吉尔吉斯斯坦	78	—	120	72	83	83	82
塔吉克斯坦	79	—	128	83	94	97	96
玻利维亚	80	77	44	62	77	82	81
缅甸	81	97	100	100	99	98	109
菲律宾	82	64	70	65	75	75	74
泰国	83	73	84	78	74	78	76
纳米比亚	84	—	91	82	81	81	83
津巴布韦	85	81	108	97	104	109	114
洪都拉斯	86	68	77	77	79	91	88
尼加拉瓜	87	58	83	75	84	89	87
越南	88	—	123	104	82	87	85
肯尼亚	89	94	107	92	108	106	105
斯里兰卡	90	79	86	91	89	86	80
刚果共和国	91	75	80	95	93	93	95
印度尼西亚	92	80	106	86	90	88	86
赞比亚	93	86	124	117	106	102	101
危地马拉	94	62	81	81	85	80	79
毛里塔尼亚	95	78	78	94	109	110	112
科特迪瓦	96	36	53	101	102	108	108
印度	97	82	104	87	100	99	99
巴基斯坦	98	84	109	80	98	100	100
莱索托	99	91	59	119	110	92	90
柬埔寨	100	—	96	111	115	113	110
喀麦隆	101	72	94	108	97	94	93
厄立特里亚	102	—	—	112	96	105	107
叙利亚	103	56	74	88	63	64	66
加纳	104	74	89	114	95	95	92
乍得	105	89	110	99	127	128	129
莫桑比克	106	111	125	107	123	118	121
几内亚	107	113	66	90	119	117	120
也门共和国	108	114	97	102	87	90	97
巴布亚新几内亚	109	96	115	115	130	124	126
海地	110	100	65	103	124	122	106
尼泊尔	111	105	116	125	113	111	111
塞内加尔	112	83	99	98	105	107	104
塞拉利昂	113	92	105	128	128	130	130
刚果民主共和国	114	69	88	131	116	115	117
老挝	115	109	126	122	107	103	103
马拉维	116	104	93	113	125	126	125
多哥	117	88	87	109	117	121	123
马达加斯加	118	90	102	105	111	112	113
马里	119	101	119	121	114	114	115
尼日利亚	120	85	98	116	92	96	94
孟加拉国	121	98	95	96	101	101	98
坦桑尼亚	122	110	117	127	121	119	119
贝宁	123	87	85	110	103	104	102
尼日尔	124	95	114	123	126	127	124
安哥拉	125	107	62	130	88	73	91
乌干达	126	102	111	106	122	123	122
中非	127	93	101	124	118	120	116
布基纳法索	128	76	118	118	129	125	127
埃塞俄比亚	129	112	113	129	112	129	128
布隆迪	130	99	112	120	131	131	131
卢旺达	131	108	121	126	120	116	118

注：a. 采用综合现代化评价模型第一版的评价结果，以当年高收入国家平均值为参考值的评价。

b. 采用综合现代化评价模型第二版（新版）的评价结果，以OECD高收入国家平均值为参考值，见技术注释。

c. 采用综合现代化评价模型第二版（新版）的评价结果，以高收入国家平均值为参考值。

附录三 中国地区现代化水平评价的数据集

附表 3-1-1	2014年中国地区现代化水平	358
附表 3-1-2	2014年中国现代化的地区分组	359
附表 3-2-1	2014年中国地区第一次现代化指数和排名	360
附表 3-2-2	2014年中国地区第一次现代化评价指标	361
附表 3-2-3	2014年中国地区第一次现代化发展阶段	362
附表 3-2-4	中国地区第一次现代化指数的增长率和预期完成时间	363
附表 3-2-5	1970～2014年中国地区第一次现代化指数和排名	364
附表 3-3-1	2014年中国地区第二次现代化指数和排名	365
附表 3-3-2	2014年中国地区知识创新指数	366
附表 3-3-3	2014年中国地区知识传播指数	367
附表 3-3-4	2014年中国地区生活质量指数	368
附表 3-3-5	2014年中国地区经济质量指数	369
附表 3-3-6	2014年中国地区第二次现代化发展阶段	370
附表 3-3-7	1970～2014年中国地区第二次现代化指数	371
附表 3-3-8	1970～2014年中国地区第二次现代化指数的排名	372
附表 3-4-1	2014年中国地区综合现代化指数和排名	373
附表 3-4-2	2014年中国地区经济发展指数	374
附表 3-4-3	2014年中国地区社会发展指数	375
附表 3-4-4	2014年中国地区知识发展指数	376
附表 3-4-5	1980～2014年中国地区综合现代化指数	377
附表 3-4-6	1980～2014年中国地区综合现代化指数的排名	378

附表 3-1-1　2014 年中国地区现代化水平

地区	编号	人口/万	第一次现代化				第二次现代化			综合现代化	
			指数	排名	达标个数	发展阶段[a]	指数	排名	发展阶段[b]	指数	排名
北京	1	2152	100	1	10	F4	87	1	S2	78	1
天津	2	1517	100	1	10	F4	78	3		69	3
河北	3	7384	93	21	6	F3	41	18		38	19
山西	4	3648	95	14	7	F3	40	20		38	18
内蒙古	5	2505	96	11	8	F3	44	16		46	10
辽宁	6	4391	99	8	9	F3	53	8		51	6
吉林	7	2752	96	12	7	F3	47	12		44	12
黑龙江	8	3833	93	22	7	F2	46	13		40	15
上海	9	2426	100	1	10	F4	83	2	S1	73	2
江苏	10	7960	100	1	10	F3	68	4		55	4
浙江	11	5508	100	1	10	F4	58	6		54	5
安徽	12	6083	93	19	6	F3	45	15		36	21
福建	13	3806	99	9	9	F3	50	10		48	8
江西	14	4542	94	16	7	F3	35	27		36	22
山东	15	9789	99	7	8	F3	56	7		47	9
河南	16	9436	92	24	6	F3	39	22		35	26
湖北	17	5816	96	13	7	F3	46	14		43	13
湖南	18	6737	94	17	6	F3	41	17		39	17
广东	19	10 724	100	1	10	F4	59	5		51	7
广西	20	4754	89	27	5	F2	38	24		34	27
海南	21	903	91	26	7	F2	37	26		40	16
重庆	22	2991	98	10	8	F3	50	11		45	11
四川	23	8140	92	23	6	F3	40	21		36	24
贵州	24	3508	86	30	5	F2	32	30		29	31
云南	25	4714	87	29	4	F2	30	31		30	29
西藏	26	318	85	31	4	F2	32	29		31	28
陕西	27	3775	95	15	7	F3	51	9		41	14
甘肃	28	2591	88	28	6	F2	34	28		30	30
青海	29	583	93	20	5	F3	38	23		36	25
宁夏	30	662	94	18	7	F3	40	19		37	20
新疆	31	2298	92	25	5	F2	38	25		36	23
香港	32	724	100		10	F4	87		S2	79	
澳门	33	62	100		10	F4	87		S2	79	
台湾	34	2343	100		10	F4	87		S1	73	
中国		136 782	99		9	F3	45			42	
高收入国家			100		10	F4	100		S2	100	
中等收入国家			95		8	F3	33			36	
低收入国家			54		1	F1	16			12	
世界平均			99		9	F4	47			48	

注：a. F 代表第一次现代化，F4 代表过渡期，F3 代表成熟期，F2 代表发展期，F1 代表起步期。
b. S 代表第二次现代化，S2 代表发展期，S1 代表起步期，香港的发展阶段根据第二次现代化指数进行了调整。

附表 3-1-2　2014 年中国现代化的地区分组

地区	编号	第二次现代化指数	第一次现代化指数	综合现代化指数	人均国民收入[a]	阶段[b]	根据第二次现代化指数的分组	根据综合现代化指数的分组
北京	1	87	100	78	16 278	6	1	2
天津	2	78	100	69	17 130	4	2	2
河北	3	41	93	38	6509	3	3	3
山西	4	40	95	38	5709	3	3	3
内蒙古	5	44	96	46	11 565	3	3	3
辽宁	6	53	99	51	10 614	2	2	2
吉林	7	47	96	44	8165	3	3	3
黑龙江	8	46	93	40	6386	2	3	3
上海	9	83	100	73	15 851	5	1	2
江苏	10	68	100	55	13 328	3	2	2
浙江	11	58	100	54	11 884	4	2	2
安徽	12	45	93	36	5604	3	3	3
福建	13	50	99	48	10 332	3	2	3
江西	14	35	94	36	5644	3	3	3
山东	15	56	99	47	9910	3	2	3
河南	16	39	92	35	6035	3	3	3
湖北	17	46	96	43	7675	3	3	3
湖南	18	41	94	39	6556	3	3	3
广东	19	59	100	51	10 332	4	2	2
广西	20	38	89	34	5387	2	3	3
海南	21	37	91	40	6336	2	3	3
重庆	22	50	98	45	7789	3	2	3
四川	23	40	92	36	5718	3	3	3
贵州	24	32	86	29	4304	2	3	4
云南	25	30	87	30	4438	2	3	3
西藏	26	32	85	31	4762	2	3	3
陕西	27	51	95	41	7639	3	2	3
甘肃	28	34	88	30	4303	2	3	3
青海	29	38	93	36	6458	3	3	3
宁夏	30	40	94	37	6810	3	3	3
新疆	31	38	92	36	6617	2	3	3
香港	32	87	100	79	40 215	6	1	2
澳门	33	87	100	79	96 075	6	1	2
台湾	34	87	100	73	23 308	5	1	2
中国		45	99	42	7520	3	3	3
高收入国家		100	100	100	43 218	6	1	1
中等收入国家		33	95	36	5086	3	3	3
低收入国家		16	54	12	628	1	4	4
世界平均		47	99	48	10 898	4		

注：a. 中国内地为人均 GDP。
　　b. 阶段划分：0 代表传统农业社会，1 代表第一次现代化起步期，2 代表第一次现代化发展期，3 代表第一次现代化成熟期，4 代表第一次现代化过渡期，5 代表第二次现代化起步期，6 代表第二次现代化发展期。分组：1 代表发达水平，2 代表中等发达水平，3 代表初等发达水平，4 代表欠发达水平。

附表 3-2-1 2014 年中国地区第一次现代化指数和排名

地区	编号	经济指标达标程度				社会和知识指标达标程度						指数	排名	达标个数
		人均国民收入[a]	农业劳动力比例[b]	农业增加值比例	服务业增加值比例	城市人口比例	医生比例	婴儿死亡率[c]	预期寿命[d]	成人识字率	大学入学率[e]			
北京	1	100	100	100	100	100	100	100	100	100	100	100	1	10
天津	2	100	100	100	100	100	100	100	100	100	100	100	1	10
河北	3	76	73	100	83	99	100	100	100	100	100	93	21	6
山西	4	66	84	100	99	100	100	100	100	100	100	95	14	7
内蒙古	5	100	73	100	88	100	100	100	100	100	100	96	11	8
辽宁	6	100	100	100	93	100	100	100	100	100	100	99	8	9
吉林	7	95	81	100	80	100	100	100	100	100	100	96	12	7
黑龙江	8	74	68	86	100	100	100	100	100	100	100	93	22	7
上海	9	100	100	100	100	100	100	100	100	100	100	100	1	10
江苏	10	100	100	100	100	100	100	100	100	100	100	100	1	10
浙江	11	100	100	100	100	100	100	100	100	100	100	100	1	10
安徽	12	65	91	100	79	98	100	100	100	100	100	93	19	6
福建	13	100	100	100	88	100	100	100	100	100	100	99	9	9
江西	14	66	97	100	82	100	100	100	100	100	100	94	16	7
山东	15	100	98	100	97	100	100	100	100	100	100	99	7	8
河南	16	70	74	100	82	90	100	100	100	100	100	92	24	6
湖北	17	89	74	100	92	100	100	100	100	100	100	96	13	7
湖南	18	76	74	100	94	99	100	100	100	100	100	94	17	6
广东	19	100	100	100	100	100	100	100	100	100	100	100	1	10
广西	20	63	58	97	84	92	100	100	100	100	100	89	27	5
海南	21	74	70	65	100	100	100	100	100	100	100	91	26	7
重庆	22	91	92	100	100	100	100	100	100	100	100	98	10	8
四川	23	67	76	100	86	93	100	100	100	100	100	92	23	6
贵州	24	50	49	100	99	80	100	83	100	100	100	86	30	5
云南	25	52	56	97	96	83	100	88	100	100	100	87	29	4
西藏	26	55	69	100	100	52	100	97	98	75	100	85	31	4
陕西	27	89	78	100	82	100	100	100	100	100	100	95	15	7
甘肃	28	50	50	100	98	83	100	100	100	100	100	88	28	6
青海	29	75	82	100	82	100	100	100	100	100	93	93	20	5
宁夏	30	79	66	100	96	100	100	100	100	100	100	94	18	7
新疆	31	77	66	90	91	92	100	100	100	100	100	92	25	5
香港	32	100	100	100	100	100	100	100	100	100	100	100		10
澳门	33	100	100	100	100	100	100	100	100	100	100	100		10
台湾	34	100	100	100	100	100	100	100	100	100	100	100		10
中国		88	100	100	100	100	100	100	100	100	100	99		9
高收入国家		100	100	100	100	100	100	100	100	100	100	100		10
中等收入国家		59	100	100	100	100	100	96	100	100	100	95		8
低收入国家		7	53	48	100	61	7	55	88	71	50	54		1
世界平均		100	100	100	100	100	100	100	92	100	100	99		9

注：a. 中国内地地区为人均居民生产总值（人均 GDP）。
　　b. 中国内地地区为 2014 年或近年的数值。
　　c. 中国内地地区为估计值,为根据 2000 年人口普查结果和 2014 年全国婴儿死亡率的换算。
　　d. 中国内地地区为估计值,为根据 2010 年人口普查结果和 2014 年全国平均预期寿命的换算。
　　e. 中国地区为在校大学生占 18～21 岁人口比例,根据在校大学生人数和 2010 年人口普查数据计算。

附表 3-2-2 2014年中国地区第一次现代化评价指标

地区	编号	经济指标				社会和知识指标					
		人均国民收入[a]	农业劳动力比例[b]	农业增加值比例	服务业增加值比例	城市人口比例	医生比例	婴儿死亡率[c]	预期寿命[d]	成人识字率	大学入学率[e]
北京	1	16 278	5	1	78	86	4	2	81	99	81
天津	2	17 130	9	1	50	82	2	3	80	98	90
河北	3	6 509	41	12	37	49	2	6	76	97	30
山西	4	5 709	36	6	44	54	2	10	76	97	28
内蒙古	5	11 565	45	9	40	60	2	10	75	95	32
辽宁	6	10 614	29	8	42	67	2	6	77	98	53
吉林	7	8 165	41	11	36	55	2	4	77	97	50
黑龙江	8	6 386	44	17	46	58	2	3	77	97	43
上海	9	15 851	4	1	65	90	3	5	81	97	65
江苏	10	13 328	21	6	47	65	2	5	77	95	42
浙江	11	11 884	14	4	48	65	3	9	79	94	37
安徽	12	5 604	36	11	35	49	2	11	76	93	30
福建	13	10 332	25	8	40	62	2	8	77	94	37
江西	14	5 644	33	11	37	50	2	10	75	97	34
山东	15	9 910	33	8	43	55	2	5	77	94	42
河南	16	6 035	42	12	37	45	2	6	75	95	30
湖北	17	7 675	44	12	41	56	2	8	76	94	42
湖南	18	6 556	42	12	42	49	2	6	75	97	35
广东	19	10 332	24	5	49	68	2	7	77	97	24
广西	20	5 387	53	15	38	46	2	9	76	96	26
海南	21	6 336	48	23	52	54	2	14	77	96	31
重庆	22	7 789	36	7	47	60	2	9	77	95	41
四川	23	5 718	42	12	39	46	2	8	76	93	28
贵州	24	4 304	65	14	45	40	2	36	72	89	19
云南	25	4 438	57	16	43	42	2	34	70	92	20
西藏	26	4 762	46	10	53	26	2	31	69	60	16
陕西	27	7 639	39	9	37	53	2	5	75	94	46
甘肃	28	4 303	60	13	44	42	2	19	73	91	25
青海	29	6 458	37	9	37	50	2	27	71	87	14
宁夏	30	6 810	49	8	43	54	2	25	74	92	26
新疆	31	6 617	49	17	41	46	2	19	73	97	21
香港	32	40 215	0	0	93	100	2	2	84	100	69
澳门	33	96 075	0	0	94	100	3	2	81	96	69
台湾	34	23 308	5	2	63	83	2	6	80	98	84
中国		7 520	30	9	48	54	2	10	76	95	39
高收入国家		43 218	4	1	74	81	3	5	81	99	74
中等收入国家		5 086	24	9	56	50	1	31	71	84	32
低收入国家		628	57	31	48	30	0	55	61	57	7
世界平均		10 898	20	4	68	53	2	33	71	85	34
标准值		8 587	30	15	45	50	1	30	70	80	15

注: a. 中国内地地区为人均居民生产总值(人均 GDP)。
   b. 中国内地地区为 2014 年或近年的数值。
   c. 中国内地地区为估计值,为根据 2000 年人口普查结果和 2014 年全国婴儿死亡率的换算。
   d. 中国内地地区为估计值,为根据 2010 年人口普查结果和 2014 年全国平均预期寿命的换算。
   e. 中国地区为在校大学生占 18～21 岁人口比例,根据在校大学生人数和 2010 年人口普查数据计算。

附表 3-2-3 2014年中国地区第一次现代化发展阶段

地区	编号	产业结构信号				劳动力结构信号				平均值	发展阶段[a]
		农业增加产值占GDP比例	赋值	农业增加值/工业增加值	赋值	农业劳动力占总劳动力比例[b]	赋值	农业劳动力/工业劳动力	赋值		
北京	1	1	4	0.03	4	4.5	4	0.25	3	3.8	F4
天津	2	1	4	0.03	4	7.7	4	0.20	3	3.8	F4
河北	3	12	3	0.23	3	41	2	1.97	2	2.5	F3
山西	4	6	3	0.13	4	36	2	1.31	2	2.8	F3
内蒙古	5	9	3	0.18	4	41.2	2	2.19	1	2.5	F3
辽宁	6	8	3	0.16	4	26.8	3	0.97	2	3.0	F3
吉林	7	11	3	0.21	3	36.9	2	1.55	2	2.5	F3
黑龙江	8	17	2	0.47	3	44	2	2.30	1	2.0	F2
上海	9	1	4	0.02	4	3	4	0.09	4	4.0	F4
江苏	10	6	3	0.12	4	19.3	3	0.45	3	3.3	F3
浙江	11	4	4	0.09	4	13.5	3	0.27	3	3.5	F4
安徽	12	11	3	0.22	3	32.8	2	1.17	2	2.5	F3
福建	13	8	3	0.16	4	23.2	3	0.61	3	3.3	F3
江西	14	11	3	0.20	3	30.8	2	0.96	2	2.5	F3
山东	15	8	3	0.17	4	30.7	2	0.88	2	2.8	F3
河南	16	12	3	0.23	3	40.7	2	1.33	2	2.5	F3
湖北	17	12	3	0.25	3	40.3	3	1.78	2	2.8	F3
湖南	18	12	3	0.25	3	40.8	2	1.72	2	2.5	F3
广东	19	5	4	0.10	4	22.4	3	0.54	3	3.5	F4
广西	20	15	2	0.33	3	51.9	1	2.69	1	1.8	F2
海南	21	23	2	0.92	2	43	2	3.36	1	1.8	F2
重庆	22	7	3	0.16	4	32.7	2	1.19	2	2.8	F3
四川	23	12	3	0.25	3	39.5	2	1.50	2	2.5	F3
贵州	24	14	3	0.33	3	61.3	1	4.01	1	2.0	F2
云南	25	16	2	0.38	3	53.7	1	4.07	1	1.8	F2
西藏	26	10	3	0.27	3	43.7	2	2.97	1	2.3	F2
陕西	27	9	3	0.16	4	39	2	2.67	1	2.5	F3
甘肃	28	13	3	0.31	3	60	1	3.87	1	2.0	F2
青海	29	9	3	0.17	4	37	2	1.60	2	2.8	F3
宁夏	30	8	3	0.16	4	45.3	2	2.36	1	2.5	F3
新疆	31	17	2	0.39	3	45	1	2.84	1	1.8	F2
香港	32	0.1	4	0.01	4	0.3	4	0.03	4	4.0	F4
澳门	33	0.0	4	0.00	4	0.20	4	0.01	4	4.0	F4
台湾	34	1.8	4	0.05	4	5.0	4	0.14	4	4.0	F4
中国		9	3	0.21	3	30	3	0.99	2	2.8	F3

注：a. F代表第一次现代化，F4代表过渡期，F3代表成熟期，F2代表发展期，F1代表起步期。
b. 中国内地地区为2012年的数据。

附表 3-2-4　中国地区第一次现代化指数的增长率和预期完成时间

地区	编号	1990年指数	2000年指数	2014年指数	1990～2014年均增长率	指数达到100需要的年数（按1990～2014年速度）	2000～2014年均增长率	指数达到100需要的年数（按2000～2014年速度）
北京	1	90.5	94.2	100.0	0.42		0.42	
天津	2	84.2	93.4	100.0	0.72		0.49	
河北	3	62.9	73.6	93.0	1.64	4	1.69	4
山西	4	69.0	77.4	95.0	1.34	4	1.47	4
内蒙古	5	65.3	72.1	96.1	1.62	2	2.07	2
辽宁	6	79.2	87.2	99.3	0.94	1	0.93	1
吉林	7	68.6	78.7	95.7	1.39	3	1.40	3
黑龙江	8	72.0	80.8	92.8	1.06	7	0.99	8
上海	9	89.4	96.5	100.0	0.47		0.25	
江苏	10	64.2	83.1	100.0	1.86		1.33	
浙江	11	66.3	82.8	100.0	1.73		1.36	
安徽	12	56.7	68.9	93.4	2.10	3	2.19	3
福建	13	65.0	78.7	98.8	1.76	1	1.64	1
江西	14	56.2	68.1	94.5	2.19	3	2.37	2
山东	15	63.4	77.2	99.4	1.89		1.82	
河南	16	59.1	67.1	91.7	1.85	5	2.25	4
湖北	17	62.7	79.5	95.6	1.77	3	1.33	3
湖南	18	57.5	72.5	94.2	2.08	3	1.89	3
广东	19	69.2	81.2	100.0	1.55		1.50	
广西	20	56.4	68.1	89.4	1.94	6	1.97	6
海南	21	61.7	70.0	90.9	1.63	6	1.89	5
重庆	22	—	77	98.2			1.79	1
四川	23	57.0	69.1	92.1	2.02	4	2.08	4
贵州	24	51.3	60.0	86.1	2.19	7	2.62	6
云南	25	49.8	60.5	87.2	2.36	6	2.65	5
西藏	26	44.3	59.2	84.6	2.74	6	2.58	7
陕西	27	64.3	78.3	94.9	1.63	3	1.38	4
甘肃	28	59.9	67.0	88.1	1.62	8	1.98	6
青海	29	57.0	71.3	93.2	2.07	3	1.94	4
宁夏	30	61.7	72.5	94.2	1.78	3	1.89	3
新疆	31	60.2	72.2	91.6	1.77	5	1.72	5
香港	32	100.0	100.0	100.0	0.00		0	
澳门	33	100.0	100.0	100.0	0.00		0	
台湾	34	100.0	100.0	100.0	0.00		0	
中国		63.0	75.5	98.8	1.89	1	1.93	1

附表 3-2-5　1970～2014 年中国地区第一次现代化指数和排名

地区	编号	第一次现代化指数								排名							
		1970	1980	1990	2000	2010	2012	2013	2014	1970	1980	1990	2000	2010	2012	2013	2014
北京	1	64	83	91	94	100	100	100	100	3	1	1	2	1	1	1	1
天津	2	66	78	84	93	100	100	100	100	2	3	3	3	1	1	1	1
河北	3	35	56	63	74	90	92	92	93	19	10	15	16	17	17	19	21
山西	4	43	62	69	77	91	93	94	95	9	7	7	13	15	15	13	14
内蒙古	5	46	59	65	72	93	94	95	96	8	9	10	20	11	12	11	11
辽宁	6	60	69	79	87	96	98	99	99	4	4	4	4	8	8	8	8
吉林	7	49	65	69	79	91	93	94	96	6	5	8	10	14	14	12	12
黑龙江	8	56	64	72	81	90	92	92	93	5	6	5	8	16	16	20	22
上海	9	70	82	89	97	100	100	100	100	1	2	2	1	1	1	1	1
江苏	10	41	56	64	83	99	100	100	100	11	11	13	5	5	1	1	1
浙江	11	36	53	66	83	99	100	100	100	17	18	9	6	4	1	1	1
安徽	12	34	52	57	69	87	90	91	93	22	20	25	24	21	21	21	19
福建	13	41	55	65	79	96	99	99	99	13	12	11	11	7	7	7	9
江西	14	34	52	56	68	88	91	93	94	21	19	27	25	20	20	18	16
山东	15	33	51	63	77	94	97	98	99	24	21	14	14	9	9	9	7
河南	16	38	51	59	67	85	88	90	92	15	24	21	27	25	25	24	24
湖北	17	38	54	63	79	94	96	93	96	14	14	16	9	10	10	15	13
湖南	18	32	51	58	73	88	91	93	94	26	22	22	18	19	19	17	17
广东	19	42	59	69	81	98	100	100	100	10	8	6	7	6	1	1	1
广西	20	33	53	56	68	84	87	88	89	23	16	26	26	30	29	27	27
海南	21	—	31*	62	70	86	88	89	91	—	30	17	22	23	24	25	26
重庆	22	—	—	—	77	92	95	96	98	—	—	—	15	12	11	10	10
四川	23	31	49	57	69	87	89	90	92	27	25	23	23	22	22	23	23
贵州	24	34	45	51	60	85	87	87	86	20	27	28	30	26	27	30	30
云南	25	33	44	50	61	85	86	87	87	25	28	29	29	27	30	29	29
西藏	26	—	38	44	59	81	83	83	85	—	29	30	31	31	31	31	31
陕西	27	37	53	64	78	89	92	94	95	16	15	12	12	18	18	14	15
甘肃	28	28	46	60	67	84	87	87	88	28	26	20	28	28	28	28	28
青海	29	41	53	57	71	86	89	90	93	12	17	24	21	24	23	22	20
宁夏	30	47	54	62	73	91	94	93	94	7	13	18	17	13	13	16	18
新疆	31	35	51	60	72	84	88	89	92	18	23	19	19	29	26	26	25
香港	32	—	—	100	100	100	100	100	100								
澳门	33	—	—	100	100	100	100	100	100								
台湾	34	—	—	100	100	100	100	100	100								
中国		40	54	63	76	93	96	98	99								
高收入国家		100	100	100	100	100	100	100	100								
中等收入国家		—	84	84	93	91	92	94	95								
低收入国家		33	45	52	58	56	58	54	54								
世界平均		68	80	81	89	96	99	99	99								

注：* 根据回溯数据的评价结果。

附表 3-3-1 2014 年中国地区第二次现代化指数和排名[a]

地区	编号	知识创新指数	知识传播指数	生活质量指数	经济质量指数	第二次现代化指数	指数排名	水平分组[b]
北京	1	89.4	88.0	83.3	89.3	87	1	1
天津	2	82.0	87.3	91.8	50.8	78	3	2
河北	3	17.7	49.8	63.9	32.2	41	18	3
山西	4	17.8	49.2	61.6	30.6	40	20	3
内蒙古	5	17.4	49.5	74.5	35.7	44	16	3
辽宁	6	37.0	63.2	72.4	38.9	53	8	2
吉林	7	21.0	55.9	73.6	37.1	47	12	3
黑龙江	8	28.5	49.9	71.9	35.0	46	13	3
上海	9	100.8	89.0	82.6	60.1	83	2	1
江苏	10	85.8	58.6	81.2	45.5	68	4	2
浙江	11	67.7	59.0	61.6	44.4	58	6	2
安徽	12	50.7	46.4	47.3	36.3	45	15	3
福建	13	40.7	59.6	60.5	41.2	50	10	2
江西	14	13.0	43.3	47.8	37.5	35	27	3
山东	15	55.3	55.1	73.1	38.7	56	7	2
河南	16	20.5	45.0	57.8	33.8	39	22	3
湖北	17	36.8	51.8	56.2	37.7	46	14	3
湖南	18	21.0	46.7	58.7	37.5	41	17	3
广东	19	70.2	59.1	62.0	44.7	59	5	2
广西	20	23.2	44.4	49.6	34.3	38	24	3
海南	21	11.0	50.3	46.1	42.6	37	26	3
重庆	22	40.5	64.2	56.0	39.4	50	11	2
四川	23	28.4	43.9	52.4	34.0	40	21	3
贵州	24	16.2	39.9	40.2	29.7	32	30	3
云南	25	12.2	37.4	38.0	32.7	30	31	3
西藏	26	4.8	45.9	39.8	38.8	32	29	3
陕西	27	45.0	55.7	67.3	34.1	51	9	2
甘肃	28	17.7	43.3	44.2	29.4	34	28	3
青海	29	21.3	42.8	58.5	29.9	38	23	3
宁夏	30	22.3	46.4	62.8	30.2	40	19	3
新疆	31	14.0	45.7	60.1	30.6	38	25	3
香港	32	39.4	99.3	96.6	113.3	87		1
澳门	33	14.3	99.5	113.3	120.0	87		1
台湾	34	108.6	85.5	94.7	60.8	87		1
中国		31.7	53.6	55.1	37.7	45		3
高收入国家		100.0	99.9	100.0	100.4	100		1
中等收入国家		12.0	42.0	38.9	40.8	33		3
低收入国家		0.6	15.0	24.0	23.6	16		4
世界平均		38.0	48.1	44.5	57.0	47		

注：a. 采用第二次现代化评价模型第二版（新版）的评价结果，以高收入国家平均值为基准值，见技术注释。后同。
　　b. 根据第二次现代化指数分组，1 代表发达水平，2 代表中等发达水平，3 代表初等发达水平，4 代表欠发达水平。

附表 3-3-2　2014 年中国地区知识创新指数

地区	编号	知识创新指标的实际值				知识创新指标的指数				知识创新指数
		人均知识创新经费[a]	知识创新人员比例[b]	发明专利申请比例[c]	知识产权出口比例[d]	知识创新经费指数	知识创新人员指数	知识创新专利指数	知识产权出口比例指数	
北京	1	960.0	114.0	36.3	0.16	92	120	120	25	89.4
天津	2	498.9	74.7	15.4	0.26	48	120	120	40	82.0
河北	3	69.0	13.7	1.1	0.09	7	34	16	14	17.7
山西	4	67.9	13.4	1.7	0.05	7	34	24	7	17.8
内蒙古	5	79.4	14.5	0.8	0.09	8	37	11	14	17.4
辽宁	6	161.3	22.7	4.2	0.10	15	57	59	16	37.0
吉林	7	77.3	18.1	1.9	0.02	7	46	27	4	21.0
黑龙江	8	68.5	16.3	3.5	0.11	7	41	50	17	28.5
上海	9	578.6	69.3	16.1	0.70	55	120	120	108	100.8
江苏	10	338.0	62.7	18.4	0.46	32	120	120	71	85.8
浙江	11	268.4	61.4	9.5	0.03	26	120	120	5	67.7
安徽	12	105.3	21.3	8.2	0.15	10	54	116	23	50.7
福建	13	151.9	35.7	3.3	0.08	15	90	46	12	40.7
江西	14	54.9	9.6	1.0	0.05	5	24	15	8	13.0
山东	15	216.9	29.3	7.9	0.10	21	74	111	16	55.3
河南	16	69.0	17.1	2.1	0.02	7	43	29	3	20.5
湖北	17	143.1	24.2	3.9	0.12	14	61	55	18	36.8
湖南	18	88.9	15.9	2.1	0.03	9	40	30	5	21.0
广东	19	243.8	47.3	7.0	0.26	23	119	99	40	70.2
广西	20	38.3	8.7	4.7	0.01	4	22	66	1	23.2
海南	21	30.5	8.3	1.1	0.03	3	21	15	5	11.0
重庆	22	110.2	19.5	6.5	0.07	11	49	92	11	40.5
四川	23	89.9	14.7	3.7	0.11	9	37	52	16	28.4
贵州	24	25.8	6.8	2.3	0.08	2	17	33	12	16.2
云南	25	29.7	6.5	1.0	0.10	3	16	14	15	12.2
西藏	26	12.1	4.0	0.3	0.02	1	10	4	4	4.8
陕西	27	158.2	25.7	6.5	0.06	15	65	91	9	45.0
甘肃	28	48.3	10.5	1.9	0.08	5	26	27	13	17.7
青海	29	40.0	8.1	1.1	0.29	4	20	16	45	21.3
宁夏	30	58.7	14.4	3.3	0.01	6	36	47	1	22.3
新疆	31	34.9	6.6	1.0	0.14	3	17	14	21	14.0
香港	32	293.6	31.4	1.3	0.21	28	79	18	33	39.4
澳门	33	83.4	10.5	0.6		8	27	8		14.3
台湾	34	726.3	76.6	4.5		70	193	63		108.6
中国		157.2	11.1	5.9	0.01	15	28	83	1	31.7
高收入国家		1043.4	39.7	7.1	0.65	100	100	100	100	100.0
中等收入国家		69.7	6.6	1.6	0.01	7	17	23	2	12.0
低收入国家		3.8			0.01	0	0	0	2	0.6
世界平均		229.3	12.8	2.4	0.42	22	32	33	65	38.0
基准值		1043.4	39.7	7.1	0.65					

注：a. 指人均 R&D 经费，其数据为 2005~2014 年期间最近年的数据。
　　b. 指从事研究与发展活动的研究人员全时当量/万人，其数据为 2005~2014 年期间最近年的数据。
　　c. 指居民申请国内发明专利数/万人，其数据为 2005~2014 年期间最近年数据。
　　d. 指技术转让收入占 GDP 比例(%)，其数据为 2005~2014 年期间最近年数据。

附表 3-3-3　2014 年中国地区知识传播指数

地区	编号	知识传播指标的实际值				知识传播指标的指数				知识传播指数
		中学普及率[a,d]	大学普及率[b,d]	人均知识产权进口[c]	互联网普及率	中学普及指数	大学普及指数	人均知识产权进口指数	互联网普及指数	
北京	1	102	81	126	74	100	110	48	94	88
天津	2	109	90	140	60	100	120	54	75	87
河北	3	96	30	2	49	96	41	1	62	50
山西	4	91	28	8	50	91	38	3	64	49
内蒙古	5	96	32	2	46	96	44	1	58	49
辽宁	6	97	53	25	59	97	72	10	74	63
吉林	7	89	50	25	45	89	68	10	57	56
黑龙江	8	88	43	1	42	88	58	0	53	50
上海	9	102	65	206	71	100	87	79	90	89
江苏	10	94	42	41	54	94	57	16	68	59
浙江	11	99	37	19	63	99	50	7	79	59
安徽	12	97	30	4	37	97	41	2	46	46
福建	13	103	37	17	65	100	50	6	82	60
江西	14	83	34	3	34	83	46	1	43	43
山东	15	100	42	8	47	100	57	3	60	55
河南	16	93	30	1	37	93	40	0	47	45
湖北	17	89	42	12	45	89	57	5	57	52
湖南	18	90	35	1	38	90	48	0	48	47
广东	19	96	24	56	68	96	33	22	86	59
广西	20	93	26	1	39	93	35	0	49	44
海南	21	95	31	13	47	95	42	5	59	50
重庆	22	96	41	127	45	96	55	49	57	64
四川	23	89	28	5	37	89	38	2	47	44
贵州	24	89	19	0	35	89	26	0	44	40
云南	25	78	20	1	35	78	27	0	44	37
西藏	26	67	16		39	67	21		49	46
陕西	27	103	46	6	46	100	62	2	59	56
甘肃	28	93	25	0	37	93	34	0	46	43
青海	29	82	14	21	50	82	19	8	63	43
宁夏	30	92	26	5	45	92	35	2	56	46
新疆	31	90	21	2	50	90	29	1	63	46
香港	32	101	69	268	80	101	93	103	101	99
澳门	33	96	69	353	70	96	94	120	88	100
台湾	34	100	84		34	100	113		43	86
中国		94	39	17	48	94	53	6	61	54
高收入国家		106	74	261	79	100	100	100	100	100
中等收入国家		76	32	11	36	76	43	4	45	42
低收入国家		41	7	0	8	41	10	0	10	15
世界平均		75	34	51	41	75	47	19	51	48
基准值		100	73.7	261	79.0					

注：a. 中国地区为在校中学生占 12～17 岁人口比例，根据在校中学生人数和 2010 年人口普查数据计算。
　　b. 中国地区为在校大学生占 18～21 岁人口比例，根据在校大学生人数和 2010 年人口普查数据计算。
　　c. 中国内地地区为人均技术进口费用。
　　d. 中国内地地区的数据，没有考虑出国留学和外地借读的影响。

附表 3-3-4　2014 年中国地区生活质量指数

地区	编号	生活质量指标的实际值				生活质量指标的指数				生活质量指数
		预期寿命[a]	人均购买力[b]	婴儿死亡率[c]	人均能源消费	预期寿命指数	人均购买力指数	婴儿死亡率指数	能源消费指数	
北京	1	82	28 489	2	2222	102	63	120	48	83
天津	2	80	29 980	3	3759	99	67	120	82	92
河北	3	76	11 391	6	2780	94	25	76	60	64
山西	4	76	9991	10	3811	94	22	48	83	62
内蒙古	5	75	20 241	10	5117	93	45	49	111	75
辽宁	6	77	18 576	6	3476	96	41	77	75	72
吉林	7	77	14 291	4	2177	96	32	120	47	74
黑龙江	8	77	11 176	3	2183	95	25	120	47	72
上海	9	82	27 741	5	3199	102	62	97	69	83
江苏	10	77	23 326	3	2626	96	52	120	57	81
浙江	11	79	20 798	9	2393	97	46	51	52	62
安徽	12	76	9808	11	1382	94	22	43	30	47
福建	13	77	18 083	8	2227	95	40	58	48	60
江西	14	75	9879	10	1241	93	22	49	27	48
山东	15	77	17 344	5	2611	96	39	101	57	73
河南	16	75	10 562	6	1698	94	23	77	37	58
湖北	17	76	13 432	8	1964	94	30	58	43	56
湖南	18	75	11 473	6	1591	94	26	81	35	59
广东	19	77	18 082	7	1932	96	40	70	42	62
广西	20	76	9427	9	1401	94	21	53	30	50
海南	21	77	11 089	14	1410	96	25	33	31	46
重庆	22	77	13 632	9	2011	95	30	55	44	56
四川	23	76	10 008	8	1709	94	22	56	37	52
贵州	24	72	7532	36	1937	89	17	13	42	40
云南	25	70	7767	34	1553	87	17	14	34	38
西藏	26	69	8334	31		85	19	15		40
陕西	27	75	13 370	5	2081	94	30	101	45	67
甘肃	28	73	7531	19	2032	91	17	25	44	44
青海	29	71	11 302	27	4790	88	25	17	104	58
宁夏	30	74	11 919	25	5233	92	26	19	114	63
新疆	31	73	11 581	19	4546	91	26	25	99	60
香港	32	84	56 680	2	1938	104	120	120	42	97
澳门	33	81	121 040	2		100	120	120		113
台湾	34	80	37 806	6	5277	99	84	81	115	95
中国		76	13 460	10	2226	94	30	48	48	55
高收入国家		81	44 981	5	4606	100	100	100	100	100
中等收入国家		71	10 344	31	1376	88	23	15	30	39
低收入国家		61	1556	55	359	76	3	9	8	24
世界平均		71	15 212	33	1894	89	34	14	41	45
基准值		81	44 981	4.7	4606					

注：a. 中国内地地区数据为估算值，为根据 2010 年地区普查数据和中国 2014 年数据的换算。
　　b. 中国内地地区数据为按购买力平价计算的人均 GDP，其他为按购买力平价计算的人均 GNI。
　　c. 中国内地地区为估计值，为根据 2000 年人口普查结果和 2014 年全国婴儿死亡率的换算。

附表 3-3-5　2014 年中国地区经济质量指数

地区	编号	经济质量指标的实际值				经济质量指标的指数				经济质量指数
		人均居民收入[a]	单位GDP的能源消耗	物质产业增加值比例	物质产业劳动力比例[b]	人均居民收入	单位GDP的能源消耗	物质产业增加值指数	物质产业劳动力指数	
北京	1	16 278	0.14	22	23	38	81	119	120	89
天津	2	17 130	0.22	50	47	40	50	52	61	51
河北	3	6509	0.43	63	62	15	26	42	46	32
山西	4	5709	0.67	56	63	13	16	47	46	31
内蒙古	5	11 565	0.44	60	60	27	25	43	48	36
辽宁	6	10 614	0.33	58	55	25	34	45	52	39
吉林	7	8165	0.27	64	61	19	41	41	47	37
黑龙江	8	6386	0.34	54	64	15	32	48	45	35
上海	9	15 851	0.20	35	38	37	55	74	75	60
江苏	10	13 328	0.20	53	62	31	56	49	46	46
浙江	11	11 884	0.20	52	63	27	55	50	45	44
安徽	12	5604	0.25	65	61	13	45	41	47	36
福建	13	10 332	0.22	60	61	24	51	43	47	41
江西	14	5644	0.22	63	63	13	50	41	45	37
山东	15	9910	0.26	57	65	23	42	46	44	39
河南	16	6035	0.28	63	70	14	39	42	41	34
湖北	17	7675	0.26	59	63	18	43	45	45	38
湖南	18	6556	0.24	58	65	15	45	45	44	38
广东	19	10 332	0.19	51	64	24	59	51	45	45
广西	20	5387	0.26	62	71	12	42	42	40	34
海南	21	6336	0.22	48	55	15	49	54	52	43
重庆	22	7789	0.26	53	60	18	43	49	48	39
四川	23	5718	0.30	61	66	13	37	43	43	34
贵州	24	4304	0.45	55	77	10	24	47	37	30
云南	25	4438	0.35	57	67	10	31	46	43	33
西藏	26	4762		47	58	11		56	49	39
陕西	27	7639	0.27	63	78	18	40	42	37	34
甘肃	28	4303	0.47	56	76	10	23	47	38	29
青海	29	6458	0.74	63	59	15	15	42	48	30
宁夏	30	6810	0.77	57	65	16	14	46	44	30
新疆	31	6617	0.69	59	61	15	16	44	47	31
香港	32	40 215	0.05	7	20	93	120	120	120	113
澳门	33	96 075		6	16	120		120	120	120
台湾	34	23 308	0.23	37	41	54	49	71	70	61
中国		7520	0.31	52	59	17	35	50	48	38
高收入国家		43 218	0.11	26	29	100	101	100	100	100
中等收入国家		5086	0.27	44	55	12	40	59	52	41
低收入国家		628	0.56	52		1	19	50		24
世界平均		10 898	0.18	32	49	25	62	83	58	57
基准值		44 314	0.11	25.2	28.6					

注：a. 中国内地地区数据为人均 GDP 的值，单位为当年价格美元。
　　b. 中国内地地区数据为 2014 年或近年的值。

附表 3-3-6 2014 年中国地区第二次现代化发展阶段

地区	编号	第一次现代化的阶段[a]	产业结构信号		劳动力结构信号		平均值	第二次现代化的阶段[b]
			物质产业增加值占 GDP 比例	赋值	物质产业劳动力占总劳动力比例[c]	赋值		
北京	1	F4	22	2	23	2	2.0	S2
天津	2	F4	50		47			
河北	3	F3	63		62			
山西	4	F3	56		63			
内蒙古	5	F3	60		60			
辽宁	6	F3	58		55			
吉林	7	F3	64		61			
黑龙江	8	F2	54		64			
上海	9	F4	35	1	38	1	1	S1
江苏	10	F3	53		62			
浙江	11	F4	52		63			
安徽	12	F3	65		61			
福建	13	F3	60		61			
江西	14	F3	63		63			
山东	15	F3	57		65			
河南	16	F3	63		70			
湖北	17	F3	59		63			
湖南	18	F3	58		65			
广东	19	F4	51		64			
广西	20	F2	62		71			
海南	21	F2	48		55			
重庆	22	F3	53		60			
四川	23	F3	61		66			
贵州	24	F2	55		77			
云南	25	F2	57		67			
西藏	26	F2	47		58			
陕西	27	F3	63		78			
甘肃	28	F2	56		76			
青海	29	F3	63		59			
宁夏	30	F3	57		65			
新疆	31	F2	59		61			
香港	32	F4	7	3	20	2	2.5	S2
澳门	33	F4	6	3	16	3	3.0	S2
台湾	34	F4	37	1	41		0.5	S1
中国		F3	52		59			
高收入国家		F4	26	2	29	2	2	S2
中等收入国家		F3	44		55			
低收入国家		F1	52					
世界平均		F4	32		49			

注：a. F 代表第一次现代化，F4 代表过渡期，F3 代表成熟期，F2 代表发展期，F1 代表起步期。
b. S 代表第二次现代化，S2 代表发展期，S1 代表起步期，香港的发展阶段根据第二次现代化指数进行了调整。
c. 中国内地地区为 2010 年数据。

附表 3-3-7　1970～2014 年中国地区第二次现代化指数

地区	编号	1970[a]	1980[a]	1990[a]	2000[a]	2000[b]	2010[b]	2013[b]	2014[c]
北京	1	31	44	55	74	47	75	86	87
天津	2	31	40	43	54	36	62	77	78
河北	3	17	29	25	29	21	34	39	41
山西	4	24	36	28	32	21	37	40	40
内蒙古	5	26	31	27	29	19	37	43	44
辽宁	6	28	34	35	40	26	47	55	53
吉林	7	25	34	30	34	21	37	43	47
黑龙江	8	25	33	30	35	23	39	44	46
上海	9	39	44	49	66	48	74	84	83
江苏	10	20	29	32	35	25	52	65	68
浙江	11	17	24	27	35	24	49	61	58
安徽	12	16	25	22	27	19	31	41	45
福建	13	18	26	23	31	22	40	49	50
江西	14	18	25	22	26	19	29	33	35
山东	15	18	26	28	32	22	39	52	56
河南	16	18	27	23	26	19	32	37	39
湖北	17	17	28	27	31	20	37	45	46
湖南	18	17	25	24	28	19	32	38	41
广东	19	22	26	27	34	22	45	58	59
广西	20	17	25	21	25	18	29	35	38
海南	21	—	—	21	26	20	34	44	37
重庆	22	—	—	—	27	29	44	54	50
四川	23	—	22	24	30	19	32	38	40
贵州	24	20	23	19	22	15	26	29	32
云南	25	19	22	20	23	16	25	28	30
西藏	26	—	15	20	22	16	26	30	32
陕西	27	22	31	26	39	21	36	45	51
甘肃	28	12	22	24	27	18	29	33	34
青海	29	20	28	24	27	18	31	35	38
宁夏	30	26	28	26	29	21	38	42	40
新疆	31	18	30	26	28	19	31	37	38
香港	32	—	—	75	93	66	83	86	87
澳门	33	—	—	51	79	56	83	85	87
台湾	34	—	—	65	80	55	76	74	87
中国		22	26	26	31	19	33	41	45
高收入国家		72	76	89	100	72	95	100	100
中等收入国家		20	36	32	38	20	28	31	33
低收入国家		9	20	27	20	15	17	16	16
世界平均		33	44	47	46	32	43	46	47

注：a. 1970～2000 年是以 2000 年高收入国家平均值为基准值的评价。
　　b. 为第二次现代化评价模型第二版（新版）的评价结果，以 OECD 高收入国家平均值为基准值。
　　c. 为第二次现代化评价模型第二版（新版）的评价结果，以高收入国家平均值为基准值。

附表 3-3-8　1970～2014 年中国地区第二次现代化指数的排名

地区	编号	1970[a]	1980[a]	1990[a]	2000[a]	2000[b]	2010[b]	2013[b]	2014[c]
北京	1	3	1	1	1	2	1	1	1
天津	2	2	3	3	3	3	3	3	3
河北	3	23	11	17	16	16	19	20	18
山西	4	9	4	8	12	14	16	19	20
内蒙古	5	6	9	13	17	24	15	16	16
辽宁	6	4	5	4	4	5	6	7	8
吉林	7	8	6	7	9	12	14	15	12
黑龙江	8	7	7	6	7	8	11	14	13
上海	9	1	2	2	2	1	2	2	2
江苏	10	14	12	5	8	6	4	4	4
浙江	11	24	24	10	6	7	5	5	6
安徽	12	26	22	25	21	21	24	18	15
福建	13	18	19	22	14	11	9	10	10
江西	14	20	21	24	26	20	27	27	27
山东	15	17	18	9	11	10	10	9	7
河南	16	16	16	23	25	23	21	24	22
湖北	17	22	14	12	13	17	13	12	14
湖南	18	25	20	21	20	22	22	22	17
广东	19	10	17	11	10	9	7	6	5
广西	20	21	23	27	28	27	26	25	24
海南	21			26	27	18	18	13	26
重庆	22				22	4	8	8	11
四川	23		26	19	15	19	20	21	21
贵州	24	13	25	30	30	31	29	30	30
云南	25	15	27	28	29	30	31	31	31
西藏	26		29	29	31	29	30	29	29
陕西	27	11	8	15	5	15	17	11	9
甘肃	28	27	28	20	23	28	28	28	28
青海	29	12	15	18	24	26	25	26	23
宁夏	30	5	13	16	18	13	12	17	19
新疆	31	19	10	14	19	25	23	23	25
香港	32								
澳门	33								
台湾	34								

注：a. 1970～2000 年是以 2000 年高收入国家平均值为基准值的评价。
　　b. 为第二次现代化评价模型第二版（新版）的评价结果，以 OECD 高收入国家平均值为基准值。
　　c. 为第二次现代化评价模型第二版（新版）的评价结果，以高收入国家平均值为基准值。

附表 3-4-1 2014 年中国地区综合现代化指数和排名[a]

地区	编号	经济发展指数	社会发展指数	知识发展指数	综合现代化指数	指数排名	水平分组[b]
北京	1	69	86	79	77.8	1	2
天津	2	70	73	64	69.3	3	2
河北	3	40	46	28	38.0	19	3
山西	4	40	47	28	38.4	18	3
内蒙古	5	52	57	28	45.7	10	3
辽宁	6	52	59	42	51.3	6	2
吉林	7	44	55	34	44.4	12	3
黑龙江	8	39	50	30	39.7	15	3
上海	9	70	76	73	72.8	2	2
江苏	10	56	66	44	55.5	4	2
浙江	11	53	68	40	53.7	5	2
安徽	12	38	46	25	36.3	21	3
福建	13	48	59	38	48.3	8	2
江西	14	37	48	24	36.2	22	3
山东	15	47	57	35	46.6	9	3
河南	16	36	47	23	35.4	26	3
湖北	17	42	54	33	43.0	13	3
湖南	18	40	50	26	38.6	17	3
广东	19	51	63	39	51.0	7	2
广西	20	33	46	22	33.7	27	3
海南	21	40	52	27	39.5	16	3
重庆	22	44	53	37	44.8	11	3
四川	23	37	48	24	36.1	24	3
贵州	24	31	37	18	28.6	31	4
云南	25	33	39	19	30.3	29	3
西藏	26	37	37	18	30.5	28	3
陕西	27	37	51	34	40.7	14	3
甘肃	28	31	39	21	30.3	30	3
青海	29	40	44	23	35.8	25	3
宁夏	30	39	46	25	36.7	20	3
新疆	31	39	45	24	36.2	23	3
香港	32	75	91	72	79.3		2
澳门	33	77	95	64	78.7		2
台湾	34	74	74	71	73.1		2
中国		44	50	33	42.3		3
高收入国家		100	100	100	100.0		1
中等收入国家		42	43	24	36.3		3
低收入国家		17	16	5	12.5		4
世界平均		55	54	35	47.5		

注:a. 采用第二次现代化评价模型第二版(新版)的评价结果,以高收入国家平均值为参考值,见技术注释。后同。
　　b. 根据综合现代化指数分组,1 代表发达水平,2 代表中等发达水平,3 代表初等发达水平,4 代表欠发达水平。

附表 3-4-2 2014 年中国地区经济发展指数

地区	编号	经济指标的实际值				经济指标的指数				经济发展指数
		人均国民收入[a]	人均制造业[b]	服务业增加值比例	服务业劳动力比例[c]	人均国民收入	人均制造业	服务业增加值比例	服务业劳动力比例	
北京	1	16 278	2268	78	77.3	38	39	100	100	69
天津	2	17 130	6078	50	53.4	40	100	67	75	70
河北	3	6509	2351	37	38	15	41	50	53	40
山西	4	5709	1953	44	37	13	34	60	52	40
内蒙古	5	11 565	4110	40	40.0	27	71	54	56	52
辽宁	6	10 614	3754	42	45.4	25	65	57	64	52
吉林	7	8165	3040	36	39.2	19	53	49	55	44
黑龙江	8	6386	1625	46	36	15	28	62	51	39
上海	9	15 851	3953	65	62	37	68	88	87	70
江苏	10	13 328	4411	47	37.7	31	76	64	53	56
浙江	11	11 884	3965	48	36.8	27	69	65	52	53
安徽	12	5604	2024	35	39.1	13	35	48	55	38
福建	13	10 332	3568	40	38.6	24	62	54	54	48
江西	14	5644	1964	37	37.0	13	34	50	52	37
山东	15	9910	3371	43	34.6	23	58	59	48	47
河南	16	6035	2182	37	29.7	14	38	50	42	36
湖北	17	7675	2461	41	37.1	18	43	56	52	42
湖南	18	6556	2078	42	35.5	15	36	57	50	40
广东	19	10 332	3539	49	36.2	24	61	66	51	51
广西	20	5387	1662	38	28.8	12	29	51	40	33
海南	21	6336	741	52	45	15	13	70	63	40
重庆	22	7789	2253	47	39.9	18	39	63	56	44
四川	23	5718	1896	39	34.1	13	33	52	48	37
贵州	24	4304	1166	45	23.4	10	20	60	33	31
云南	25	4438	1077	43	33.1	10	19	59	46	33
西藏	26	4762	271	53	41.6	11	5	72	58	37
陕西	27	7639	2757	37	22	18	48	50	31	37
甘肃	28	4303	1138	44	24	10	20	60	33	31
青海	29	6458	2130	37	41	15	37	50	57	40
宁夏	30	6810	1916	43	35.5	16	33	59	50	39
新疆	31	6617	1802	41	39	15	31	55	54	39
香港	32	40 215	497	92.6	80	93	9	100	100	75
澳门	33	96 075	349	93.8	84	100	6	100	100	77
台湾	34	23 308		63	59	54		86	82	74
中国		7520	2143	48	41	17	37	65	57	44
高收入国家		43 218	5773	74	71	100	100	100	100	100
中等收入国家		5086	974	56	45	12	17	75	64	42
低收入国家		628	56	48		1	1	64		17
世界平均		10 898	1672	68	51	25	29	93	71	55
参考值		43 218	5773	73.8	71.4					

注：a. 中国内地地区数据为人均 GDP。

b. 中国内地地区为估计值，为估计值，为人均工业增加值的 80%，工业增加值包括采矿业、制造业和公共事业的增加值。

c. 中国内地地区为 2014 年或近年的数据。

附表 3-4-3　2014 年中国地区社会发展指数

地区	编号	社会指标的实际值				社会指标的指数				社会发展指数
		城市人口比例	医生比例	生活水平[a]	能源效率[b]	城市人口比例	医生比例	生活水平	能源效率	
北京	1	86	3.7	28 489	7.3	100	100	63	80	86
天津	2	82	2.2	29 980	4.6	100	76	67	50	73
河北	3	49	2.1	11 391	2.3	61	74	25	25	46
山西	4	54	2.5	9991	1.5	66	85	22	16	47
内蒙古	5	60	2.5	20 241	2.3	74	86	45	25	57
辽宁	6	67	2.3	18 576	3.1	83	80	41	33	59
吉林	7	55	2.3	14 291	3.8	68	79	32	41	55
黑龙江	8	58	2.1	11 176	2.9	72	73	25	32	50
上海	9	90	2.5	27 741	5.0	100	87	62	54	76
江苏	10	65	2.2	23 326	5.1	81	77	52	55	66
浙江	11	65	2.6	20 798	5.0	80	91	46	54	68
安徽	12	49	1.7	9808	4.1	61	59	22	44	46
福建	13	62	2.0	18 083	4.6	76	68	40	50	59
江西	14	50	1.6	9879	4.5	62	57	22	49	48
山东	15	55	2.4	17 344	3.8	68	81	39	41	57
河南	16	45	2.0	10 562	3.6	56	69	23	39	47
湖北	17	56	2.2	13 432	3.9	69	75	30	42	54
湖南	18	49	2.0	11 473	4.1	61	68	26	45	50
广东	19	68	2.0	18 082	5.3	84	70	40	58	63
广西	20	46	1.8	9427	3.8	57	63	21	42	46
海南	21	54	2.0	11 089	4.5	66	67	25	49	52
重庆	22	60	1.9	13 632	3.9	74	67	30	42	53
四川	23	46	2.2	10 008	3.3	57	76	22	36	48
贵州	24	40	1.6	7532	2.2	49	57	17	24	37
云南	25	42	1.6	7767	2.9	52	55	17	31	39
西藏	26	26	1.8	8334		32	61	19		37
陕西	27	53	2.0	13 370	3.7	65	70	30	40	51
甘肃	28	42	1.8	7531	2.1	52	63	17	23	39
青海	29	50	2.2	11 302	1.3	62	77	25	15	44
宁夏	30	54	2.3	11 919	1.3	66	78	26	14	46
新疆	31	46	2.4	11 581	1.5	57	82	26	16	45
香港	32	100	1.8	56 680	20.7	100	62	100	100	91
澳门	33	100	2.5	121 040		100	86	100		95
台湾	34	83	1.9	37 806	4.4	100	66	84	48	74
中国		54	1.9	13 460	3.2	67	67	30	35	50
高收入国家		81	2.9	44 981	9.2	100	100	100	100	100
中等收入国家		50	1.4	10 344	3.6	62	47	23	40	43
低收入国家		30	0.1	1556	1.8	37	2	3	19	16
世界平均		53	1.5	15 212	5.6	66	53	34	61	54
参考值	150	81	2.9	44 981	9.2					

注：a. 中国内地地区数据为按购买力平价计算的人均 GDP，其他为按购买力平价计算的人均 GNI。
　　b. 人均 GDP 与人均能源消费之比。

附表 3-4-4　2014 年中国地区知识发展指数

地区	编号	知识指标的实际值				知识指标的指数				知识发展指数
		人均知识创新经费[a]	人均知识产权贸易[b]	大学普及率[c]	互联网普及率	知识创新经费投入	人均知识产权费用	大学普及率	互联网普及率	
北京	1	960.0	153	81	74	92	29	100	94	79
天津	2	498.9	184	90	60	48	34	100	75	64
河北	3	69.0	8	30	49	7	1	41	62	28
山西	4	67.9	11	28	50	7	2	39	64	28
内蒙古	5	79.4	13	32	46	8	2	44	58	28
辽宁	6	161.3	36	53	59	15	7	72	74	42
吉林	7	77.3	27	50	45	7	5	68	57	34
黑龙江	8	68.5	8	43	42	7	1	59	53	30
上海	9	578.6	317	65	71	55	59	88	90	73
江苏	10	338.0	103	42	54	32	19	57	68	44
浙江	11	268.4	23	37	63	26	4	50	79	40
安徽	12	105.3	12	30	37	10	2	41	46	25
福建	13	151.9	25	37	65	15	5	50	82	38
江西	14	54.9	6	34	34	5	1	47	43	24
山东	15	216.9	18	42	47	21	3	58	60	35
河南	16	69.0	2	30	37	7	0	40	47	23
湖北	17	143.1	21	42	45	14	4	57	57	33
湖南	18	88.9	3	35	38	9	1	48	48	26
广东	19	243.8	83	24	68	23	15	33	86	39
广西	20	38.3	1	26	39	4	0	35	49	22
海南	21	30.5	15	31	47	3	3	42	59	27
重庆	22	110.2	133	41	45	11	25	55	57	37
四川	23	89.9	11	28	37	9	2	38	47	24
贵州	24	25.8	4	19	35	2	1	26	44	18
云南	25	29.7	5	20	35	3	1	27	44	19
西藏	26	12.1	1	16	39	1	0	21	49	18
陕西	27	158.2	10	46	46	15	2	62	59	34
甘肃	28	48.3	4	25	37	5	1	34	46	21
青海	29	40.0	40	14	50	4	7	19	63	23
宁夏	30	58.7	6	26	45	6	1	35	56	25
新疆	31	34.9	11	21	50	3	2	29	63	24
香港	32	293.6	354	69	80	28	66	93	100	72
澳门	33	83.4	353	69	70	8	66	94	88	64
台湾	34	726.3		84	34	70		100	43	71
中国		157.2	17	39	48	15	3	53	61	33
高收入国家		1043.4	536	74	79	100	100	100	100	100
中等收入国家		69.7	12	32	36	7	2	43	45	24
低收入国家		3.8	0	7	8	0	0	10	10	5
世界平均		229.3	96	34	41	22	18	47	51	35
参考值		1043.4	536	73.7	79.0					

注：a. 指人均 R&D 经费，其数据为 2005～2014 年期间最近年的数据。
　　b. 中国内地地区数据为估计值，为人均技术转让费用和人均技术进口费用的总和。
　　c. 中国内地地区为在校大学生占 18—21 岁人口比例，根据在校大学生人数和 2010 年人口普查数据计算。

附表 3-4-5　1980~2014 年中国地区综合现代化指数

地区	编号	1980[a]	1990[a]	2000[a]	2010[b]	2013[b]	2014[c]
北京	1	42	52	65	66	76	78
天津	2	36	43	50	57	70	69
河北	3	25	29	28	30	36	38
山西	4	26	31	32	33	37	38
内蒙古	5	27	31	30	36	44	46
辽宁	6	29	38	39	41	49	51
吉林	7	28	33	35	35	42	44
黑龙江	8	28	34	33	34	38	40
上海	9	42	49	62	63	71	73
江苏	10	28	32	35	43	52	55
浙江	11	23	31	36	45	53	54
安徽	12	22	24	27	27	34	36
福建	13	24	29	34	38	46	48
江西	14	23	26	29	27	34	36
山东	15	20	29	32	36	44	47
河南	16	19	25	25	26	32	35
湖北	17	25	30	33	33	39	43
湖南	18	22	26	30	29	36	39
广东	19	26	32	37	43	50	51
广西	20	22	25	28	25	31	34
海南	21	—	33	31	32	40	40
重庆	22	—	—	30	34	43	45
四川	23	21	28	30	27	33	36
贵州	24	19	23	24	23	26	29
云南	25	21	24	25	23	29	30
西藏	26	27	28	25	26	29	31
陕西	27	27	29	37	32	38	41
甘肃	28	17	26	27	25	28	30
青海	29	28	29	29	29	34	36
宁夏	30	25	29	29	30	35	37
新疆	31	26	31	30	30	34	36
香港	32	64	77	76	80	78	79
澳门	33	—	75	65	83	79	79
台湾	34	—	74	74	70	74	73
中国		23	28	32	34	40	42
高收入国家		100	100	100	100	100	100
中等收入国家		52	48	43	32	34	36
低收入国家		28	38	24	14	14	12
世界平均		60	59	50	44	47	48

注：a. 采用综合现代化评价模型第一版的评价结果，以当年高收入国家平均值为参考值的评价。
　　b. 采用综合现代化评价模型第二版（新版）的评价结果，以 OECD 高收入国家平均值为参考值，见技术注释。
　　c. 采用综合现代化评价模型第二版（新版）的评价结果，以高收入国家平均值为参考值。

附表 3-4-6　1980～2014 年中国地区综合现代化指数的排名

地区	编号	1980[a]	1990[a]	2000[a]	2010[b]	2013[b]	2014[c]
北京	1	1	1	1	1	1	1
天津	2	3	3	3	3	3	3
河北	3	16	15	24	20	18	19
山西	4	12	11	13	14	17	18
内蒙古	5	9	12	16	9	10	10
辽宁	6	4	4	4	7	7	6
吉林	7	5	6	8	11	12	12
黑龙江	8	6	5	11	13	15	15
上海	9	2	2	2	2	2	2
江苏	10	8	8	9	6	5	4
浙江	11	19	10	7	4	4	5
安徽	12	22	28	26	25	24	21
福建	13	18	18	10	8	8	8
江西	14	20	25	21	24	23	22
山东	15	26	17	14	10	9	9
河南	16	28	27	28	27	26	26
湖北	17	17	14	12	15	14	13
湖南	18	23	24	20	21	19	17
广东	19	13	9	5	5	6	7
广西	20	21	26	25	28	27	27
海南	21		7	15	17	13	16
重庆	22			18	12	11	11
四川	23	24	22	19	23	25	24
贵州	24	27	30	31	31	31	31
云南	25	25	29	30	30	29	29
西藏	26	11	21	29	26	28	28
陕西	27	10	16	6	16	16	14
甘肃	28	29	23	27	29	30	30
青海	29	7	20	22	22	22	25
宁夏	30	15	19	23	19	20	20
新疆	31	14	13	17	18	21	23
香港	32						
澳门	33						
台湾	34						

注：a. 采用综合现代化评价模型第一版的评价结果，以当年高收入国家平均值为参考值的评价。
　　b. 采用综合现代化评价模型第二版(新版)的评价结果，以 OECD 高收入国家平均值为参考值，见技术注释。
　　c. 采用综合现代化评价模型第二版(新版)的评价结果，以高收入国家平均值为参考值。

"中国现代化报告系列"详目

中国现代化报告课题组. 中国现代化报告2001——现代化与评价. 北京:北京大学出版社,2001

中国现代化战略研究课题组、中国科学院中国现代化研究中心. 中国现代化报告2002——知识经济与现代化. 北京:北京大学出版社,2002

中国现代化战略研究课题组、中国科学院中国现代化研究中心. 中国现代化报告2003——现代化理论与展望. 北京:北京大学出版社,2003

中国现代化战略研究课题组、中国科学院中国现代化研究中心. 中国现代化报告2004——地区现代化之路. 北京:北京大学出版社,2004

中国现代化战略研究课题组、中国科学院中国现代化研究中心. 中国现代化报告2005——经济现代化研究. 北京:北京大学出版社,2005

中国现代化战略研究课题组、中国科学院中国现代化研究中心. 中国现代化报告2006——社会现代化研究. 北京:北京大学出版社,2006

中国现代化战略研究课题组、中国科学院中国现代化研究中心. 中国现代化报告2007——生态现代化研究. 北京:北京大学出版社,2007

中国现代化战略研究课题组、中国科学院中国现代化研究中心. 中国现代化报告2008——国际现代化研究. 北京:北京大学出版社,2008

中国现代化战略研究课题组、中国科学院中国现代化研究中心. 中国现代化报告2009——文化现代化研究. 北京:北京大学出版社,2009

中国现代化战略研究课题组、中国科学院中国现代化研究中心. 中国现代化报告2010——世界现代化概览. 北京:北京大学出版社,2010

何传启主编. 中国现代化报告2011——现代化科学概论. 北京:北京大学出版社,2011

何传启主编. 中国现代化报告2012——农业现代化研究. 北京:北京大学出版社,2012

何传启主编. 中国现代化报告2013——城市现代化研究. 北京:北京大学出版社,2014

何传启主编. 中国现代化报告2014~2015——工业现代化研究. 北京:北京大学出版社,2015

何传启主编. 中国现代化报告2016——服务业现代化研究. 北京:北京大学出版社,2016

何传启主编. 中国现代化报告2017——健康现代化研究. 北京:北京大学出版社,2017

中国现代化战略研究课题组、中国科学院中国现代化研究中心. 中国现代化报告概要(2001~2007). 北京:北京大学出版社,2007

何传启主编. 中国现代化报告概要(2001~2010). 北京:北京大学出版社,2010

何传启主编. 如何成为一个现代化国家:中国现代化报告概要(2001~2016). 北京:北京大学出版社,2017

Chuanqi He. (Ed.) China Modernization Report Outlook (2001~2010). Beijing: Peking University Press, 2010

Чуаньци Хэ. Обзорный доклад о модернизация в мире и Китае (2001~2010). Москва: Весь мир. 2011

Chuanqi He. (Ed.) How to Become a Modernized Country: China Modernization Report Outlook (2001~2016). Beijing: Peking University Press, 2017

"第二次现代化丛书"详目

何传启. 第二次现代化——人类文明进程的启示. 北京:高等教育出版社,1999
张凤、何传启. 国家创新系统——第二次现代化的发动机. 北京:高等教育出版社,1999
何传启. 公民意识现代化(第二次现代化的行动议程 I). 北京:中国经济出版社,2000
何传启. K 管理:企业管理现代化(第二次现代化的行动议程 II). 北京:中国经济出版社,2000
何传启、张凤. 知识创新——竞争新焦点(第二次现代化前沿 I). 北京:经济管理出版社,2001
何传启. 分配革命——按贡献分配(第二次现代化前沿 II). 北京:经济管理出版社,2001
何传启. 东方复兴:现代化的三条道路. 北京:商务印书馆,2003
何传启. 现代化科学:国家发达的科学原理. 北京:科学出版社,2010
Chuanqi He. Modernization Science: The Principles and Methods of National Advancement. New York: Springer, 2012
何传启. 第二次现代化理论:人类发展的世界前沿和科学逻辑. 北京:科学出版社,2013